《课程·教材·教法》论文精选

教师教育卷

刘立德◎主编
余宏亮◎副主编

总主编/郭 戈
副总主编/赵占良 张廷凯

KECHENG
JIAOCAI
JIAOFA
LUNWEN
JINGXUAN
JIAOSHI
JIAOYU
JUAN

中国教育出版传媒集团
人民教育出版社
·北京·

图书在版编目（CIP）数据

《课程·教材·教法》论文精选. 教师教育卷/刘立德主编；余宏亮副主编；郭戈总主编. —北京 ：人民教育出版社，2023.10

ISBN 978-7-107-37297-1

Ⅰ. ①课…　Ⅱ. ①刘…　②余…　③郭…　Ⅲ. ①教学研究—文集　Ⅳ. ①G633-53

中国国家版本馆 CIP 数据核字（2023）第 201380 号

《课程·教材·教法》论文精选　教师教育卷

出版发行　人民教育出版社

（北京市海淀区中关村南大街 17 号院 1 号楼　邮编：100081）

网　　址　http://www.pep.com.cn

经　　销　全国新华书店

印　　刷　保定市中画美凯印刷有限公司

版　　次　2023年10月第 1 版

印　　次　2024年 4 月第 1 次印刷

开　　本　890 毫米×1 240 毫米　1/16

印　　张　29

字　　数　709 千字

印　　数　0 001～1 000

定　　价　85.00元

《〈课程·教材·教法〉论文精选》编辑出版委员会

本卷主编　刘立德
本卷副主编　余宏亮

丛书责编　刘立德　韩华球　李　红　王维花
本卷责编　程　军

总　序

人民教育出版社（课程教材研究所）主办的《课程·教材·教法》自1981年创刊以来，已经走过了40年的历程。这40年是中华民族历史上发展最快也是最好的一个时期。40年来，《课程·教材·教法》始终坚持为我国基础教育课程改革、教材编写与教学改革服务，努力成为“教师的挚友，教研的助手，教改的参谋”；坚持理论与实践相结合，以读者为本，以内容为王，质量第一；把握方向，坚守宗旨，准确定位，凸显特色，以永葆期刊内在发展的生命力。

伴随着我国改革开放的稳步推进，以及各级各类教育的大发展，《课程·教材·教法》也走过了一段不平凡的道路，发挥了它应有的作用，为课程论、教材论、教学论，以及学科教育、教师教育理论体系的建设做出了积极贡献，并逐步成为我国基础教育学术研究的领军刊物，受到了教育界尤其是中小学课程、教材和教学工作者的普遍关注和肯定。

为了回顾过去、总结经验并启发当下、面向未来，更好地提升办刊水平，并且为基础教育各学科课程教材教学改革提供相对集中的参考资料，我们组织编选了《〈课程·教材·教法〉论文精选》丛书。本丛书以精选精编为基本原则，统筹兼顾历史价值和现实意义，分门别类地收录了40年来《课程·教材·教法》发表的一些有代表性的论文，按不同学科或不同专题汇编成书，以满足不同读者群体的阅读需求。丛书共计18卷，旨在以点带面梳理我国课程教材教学改革的探索历程，以史为鉴推进我国课程教材教学改革和学科发展，给广大教育理论研究者和学校教育工作者提供有益的借鉴。

40岁恰是不惑之年，本刊任重道远。我们要力争在新时代有新作为。面对当今世界百年未有之大变局和中华民族伟大复兴的战略全局，如何发挥好创新理论、服务决策、指导实践、引导舆论的重要作用，进一步为加快推进教育现代化和建设教育强国提供智力支持，是摆在我们面前的一项光荣而神圣的使命。衷心希望这套丛书的出版，对于读者了解和促进我国基础教育发展和改革，探讨和完善课程论、教材论、教学论和学科教育理论体系，以及促进教师专业能力的提升与职业发展都能够有所助益。

我们将努力在《课程·教材·教法》这块园地里辛勤耕耘，进一步使其百花竞放，成为广大课程教材教法研究者和一线教师的精神家园。众人拾柴火焰高。我们也衷心希望教育界同仁贡献更多扎根中国大地的相关研究成果，以进一步提升本刊的质量和水平，共同为加快构建中国特色、中国风格、中国气派的基础教育课程教材体系做出更大的贡献。

郭戈

2021 年 12 月 1 日

本卷前言

教师教育课程教材与基础教育课程教材密不可分。教师教育是整个教育的工作“母机”。任何教育工作都离不开教师教育，各级各类教育、各项教育工作，都与教师教育息息相关，基础教育课程尤其与教师教育密不可分。教师教育院校培养出来的教师主要面向中小学和幼儿园，为中小幼学生服务，教师教育课程教材对中小学和幼儿园影响极大。此外，中小学和幼儿园课程改革的一系列工作，包括课程目标、课程开发、课程结构、课程内容、课程实施、课程管理和课程评价等能否有效落实到位，在很大程度上取决于教师的素质。凡此种种，都必然对各级教师教育提出新的挑战和要求，促使教师教育进一步深化改革，适应并促进基础教育的发展。基础教育与教师教育必须也必然同频共振，做到同呼吸、共命运。

人民教育出版社（以下简称人教社）是我国教师教育课程教材研究开发和编辑出版事业的重要基地。人教社不仅是我国中小学教材编研的国家队、专业队，也是我国教师教育教材的出版重镇。自1950年12月1日成立以来，人教社就一直把教师教育教材特别是教育学科和心理学科教材编辑出版工作放在十分重要的地位，人教社编辑出版的教师教育教材，覆盖了从中师、师专到本科、研究生教育的各个阶段。另外，还策划出版了一大批全国中小学教师继续教育教材等。不少教材荣获全国教师教育优秀课程资源、国家级优秀教材奖等荣誉。如全国高师通用教材《教育学》（著名教育学家王道俊领衔主编）已经持续畅销40多年，累计发行700多万册，是同类教材中销量最多、影响最大的一种，先后获得国家图书奖、全国优秀畅销书奖、全国教育科学研究优秀成果一等奖、全国教材建设奖（高等教育类·全国优秀教材）等奖项，对教师培养培训和教育科学知识传播普及产生了深远影响。

与人教社教师教育课程教材研究开发和编辑出版工作相适应，《课程·教材·教法》自创刊之日起，就一直设有“师范院校课程和教学”（今名“教师教育”）专栏。《课程·教材·教法》发刊词开宗明义地指出：“本刊也准备为研究各级师范学校教育学科的教学内容和方法服务，借以提高未来教师的专业训练水平；同时，要总结和交流编辑教材、使用教材和改进教法的经验，以帮助在职教师进修，提高他们的业务能力。"《课程·教材·教法》编辑部于1985年对杂志的任务和选材范围进行了进一步明晰和具体化，除了规定"推动对中小学课程、教材和教法的理论研究""总结和交流改革中小学课程以及各学科教材教法的经验""探讨教学理论、教学规律，交流和推广行之有效的教学方法"外，还规定："研究各级师范学校课程设置、教材建设特别是教育学科的教学内容与方法。"创刊40年来，《课程·教材·教法》一直心系教师教育，为之鼓与呼，为之大声呐喊，为之鸣锣开道，为我国教师教育（包括职前教师培养和职后教师培训）课程教材教法改革发挥了学术先导、思想引领、智慧启迪、舆论营造的作用。

40年来，《课程·教材·教法》坚持刊发教师教育课程教材教法方面的论文，逐步形成了教师教育栏目的优良传统和风格。为了庆祝《课程·教材·教法》创刊40周年，检阅40年来教师教育课程教材教法研究领域的学术成果，展现40年来教师教育课程教材教法研究的光辉历程和巨大成就，为进一步深化新时代教师教育课程教材和教学改革提供历史借鉴和学术智慧参考，推动教师教育和基础教育的科学发展，我们特编选出版本书。

本卷分门别类收录40年来《课程·教材·教法》发表的专家学者关于教师教育课程教材教法研究的优秀文章近70篇，包括"教师教育课程研究""高师教育学科课程教材研究""教师课程教学观研究""教师专业发展研究""教师角色和教师素养研究""教师教育政策研究"等共计六编，从一定意义上集中体现和反映了我国教师教育课程教材教法研究的历史轨迹和基本经验。40年来，在《课程·教材·教法》发表的教师教育课程教材教法研究领域的优秀成果很多，由于版面所限，本书不可能收录所有文章。因此，本书只是40年来这些优秀成果的一个缩影和写照。

我们坚持精选精编的原则，在落实质量标准的基础上尽可能比较全面地兼顾40年来各个历史阶段、教师教育学科不同领域和方面的代表性。对所有收录的文章，我们又根据目前的学术规范和出版规范重新做了编审工作。限于篇幅和主题，我们对个别文章进行了少量删节和技术性处理。

新中国成立以来，党和政府高度重视教师教育工作。特别是党的十八大以来，我国教师教育更是获得了突飞猛进的发展。本卷收录的教师教育领域有关专家的一系列专题论文，有力地印证了我国教师教育改革发展所取得的成就和经验，从不同侧面阐发了教师教育课程教材建设的目标、原则、过程、路径和方法，揭示了我国教师教育演进的脉络和趋势，为当今教师教育课程教材治理能力和治理体系现代化提供了思路。本书对中国特色社会主义教师教育课程教材教法体系构建和完善有重要参考借鉴价值，适合广大教育工作者特别是教师教育行政管理人员、师范院校师生和广大中小学幼儿园教师阅读和参考。

百年大计，教育为本；教育大计，教师为本。加快推进教育现代化，建设教师教育强国，迫切需要进一步加强教师教育课程教材教法研究。这是历史的嘱托，时代的呼唤。希望本书的出版，能为广大读者的研读提供便利，为进一步深化教师教育课程教材建设和改革尽绵薄之力。欢迎大家对本书编辑出版工作提出宝贵意见。

本卷由刘立德担任主编，余宏亮担任副主编。在编选过程中，我们得到了有关专家和同志的大力支持和帮助。郭戈研究员、吕达编审、任长松编审、韩华球编审和责任编辑程军同志提出了宝贵的意见和建议。谨在此一并表示衷心感谢！

编者

2021 年春

目　录

第一编　教师教育课程研究

第二编　高师教育学科课程教材研究

第三编 教师课程教学观研究

第四编　教师专业发展研究

第五编　教师角色和教师素养研究

第六编　教师教育政策研究

第一编

教师教育课程研究

浅谈我国师范院校的课程问题

陈　侠

学校课程是实现学校教育目标的手段。师范院校是以培养师资为目标的，师范院校的课程必须能够实现这个目标。目前我国师范院校课程中存在的主要问题是在多数全日制的师范院校，追求课程的高、尖、精，忽视培养教师的需要。因此有些师范毕业生或者不愿意当教师，或者当了教师也不称职；多数教师进修院校也单纯帮助在职教师掌握中小学教材，没有从培养合格的教师来全面考虑。共同缺点是只把教师看作“教书匠”，而没有把教师看作全面发展教育方针的忠实执行者和社会主义一代新人的精心培育者，来加以培养。

根据上述情况，我想就全日制师范院校的课程问题，谈几点不成熟的意见。

一、端正办学思想

要解决师范院校的课程问题，首先要端正办学思想。目前在主管师范教育的同志中，特别是在高等师范学校的领导干部中，往往有人认为师范教育可有可无，只要大学毕业生教高中，大专毕业生教初中，高中毕业生教小学，仿佛就算是合格教师了。他们认为师范生只要学好他专攻的那门学科就行了，以为有了知识的人就不愁当不好教师。——这种思想在现代教育学、心理学、生理学、卫生学、管理学已经成为教育工作者不可缺少的学问的时候是错误的，即使在我国古代也早已被否定了。

在两千多年前写成的我国最早的教育专著《学记》里，就明确提出了对教师的要求：“君子既知教之所由兴，又知教之所由废，然后可以为人师也。……能博喻然后能为师。”又如，“记问之学，不足以为人师”等两千多年以前的我国教育思想家，就总结了教师的经验，认为当教师必须懂得教育成功和失败的道理，要善于启发诱导，难道在科学发达的现代，当教师倒反而不需要懂得教育的成败之道了？这显然是不对的。

端正办学思想不仅是师范院校领导同志的事，而且是各系各科专家、学者的事。我们希望在师范院校执教的每一位教师，既是他掌握的那门学科的专家，又是一位教育家。他既能精通自己的专业学科，了解这门学科最新的科学成就；又能针对未来教师的需要，使师范生掌握好这门学科的渊博的知识技能，并且学会如何把这门学科的基础知识和基本技能传授给中小学的学生；还要能培养少年儿童对这门学科的兴趣，使更多的人能爱好这门学科，立志献身于这门学科，以促进这门学科的繁荣和发展。千万不要只把眼光放在自己专精的那一门学问上，片面要求学生向高、尖、精发展。在师范生中有少数在某一方面有特殊才能的人，当然也可以引导他们从事专门的研究，但是这并非师范教育的办学方向。师范教育培养出来的师资，需要有渊博的知识，不仅要深，而且要广，要做到这一点并不容易。一味追求高深并不符合未来教师的需要。

我们应当想到，社会主义现代化建设不是一代人两代人的事情，共产主义建设那就更是个长远的目标了，我们不能只考虑为目前的某一门科学培养几位专家，而不考虑今后还要培养一代又一代社会主义、共产主义建设者。这些人都需要教师来培养。党的十二大把教育定为发展国民经济的战略重点，因为教育是现代化建设的基础。我们办的师范教育可以说是基础的基础，职责重要，任务崇高。所有师范教育战线上的同志，都要想到社会主义建设不仅是长期的事业，而且是群众性的事业。我们如果仅仅培养出几位科学专家，固然可以为社会做出贡献；如果培养出大批合格而又称职的教师，他们每个人又可以为培养出许许多多人才打好基础，对社会的贡献当然就更大了。

总之，无论从历史的、现实的、长远的、群众的观点来看，师范教育不仅是必要的，而且是重要的。我们要按照师范教育的特点来办好师范教育。

二、突出师范特点

怎样才能按照师范教育的特点来办好师范教育呢？这是一个值得研究的课题。师范教育的特点是培养合格的教师。为了突出师范教育的这个特点，师范院校的课程设置和教材选择必须针对师范教育的培养目标。现在从政治要求和业务要求两方面来看这些目标。

我们社会主义国家对合格教师的政治要求包括：第一是教师必须能坚持四项基本原则。第二是教师必须能遵守"五爱"社会公德。第三是教师必须具有雷锋精神（即向雷锋同志学习四个方面：憎爱分明的阶级立场，言行一致的革命精神，公而忘私的共产主义风格，奋不顾身的无产阶级斗志）。简单地说就是教师要有高尚的道德修养和精神境界，能够以身作则，为人师表。我们要把新生一代培养成为有理想、有道德、有文化、守纪律的人，教师自己首先就要成为这样的人。

我们对合格教师的业务要求包括：第一是要有渊博的知识，他不仅要精通自己所教的这门学科的内容，而且对中小学学生学习的所有学科的内容都能有正确的了解。第二是要懂得教育科学，正确理解党的培养全面发展的人的教育方针、任教学校的培养目标以及每门学科甚至每一节课的教学目的；了解受教育者的身心发展规律和个体差异，能够按照教育规律进行教育和教学工作。第三要有健康的体质，高尚的审美情操，一定的劳动技术本领。第四要热爱教育事业，热爱教育对象，热爱人民教师工作，愿意为培养共产主义事业的接班人贡献出毕生精力。

第四个要求不仅是业务的要求，也可以说是政治的要求，或者说是对教师的道德要求。现在我们提倡各行各业都要讲职业道德，我看这一条可以算作教师的职业道德。任何一位优秀教师之所以会受到学生的爱戴和人们的尊敬，主要就是因为他们具有这样的职业道德。

为了突出师范教育的特点，各级各类师范教育的课程应当包括这样三类。

第一类是政治道德修养课——各级师范学校政治理论课的水平应当不低于同级学校的水平，而且还要尽可能结合师范教育的实际。高等师范学校一般要讲中共党史、政治经济学、辩证唯物主义和历史唯物主义、科学社会主义四门课。这四门课要分散在四个学年里，每年学一门。全部上课时数约占总上课时数的15%。这类学科的教学要使学生认识到，马克思列宁主义是放之四海而皆准的普遍真理，毛泽东思想是马克思列宁主义普遍真理同中国革命和建设实践相结合的产物，是指引我们走向胜利的指导思想，随着实践的进程，它还要不断发展；要帮助学生养成理论联系实际、一切从实际出发的实事求是的学风；要联系教育在社会主义革命和社会主义建设中的地位和作用，使他们懂得教育是物质文明建设的基础和精神文明建设的重要组成部分，没有教育的普及和提高，社会主义现代化建设就是一句空话；要使他们知道教育是需要毕生为之奋斗的艰苦的事业，有志于振兴中华的青年应当立志献身教育事业，为祖国培养社会主义新人。

第二类是文化科学技术课——中师的这类课程应当不低于六年制重点中学的水平。师范学院和师范大学的这类课程，在理论基础课、专业基础课方面，应不低于综合大学文理科的水平。未来的教师要打好他所专攻的这门学科的基础，学好专业课，而且在毕业以后要进行在职进修，学习他所专攻的这门学科的新成就。所以基础课一定不能减少。但是专业课就要考虑到未来教师的实际需要进行适当安排。特别是师范专科学校的专业课，应当同师范学院和师范大学本科的专业课有所区别，不能好高骛远，强求一致。这类课程包括理论基础课、专业基础课和专业课，应占上课总时数的60%左右。师范大学、师范学院和师范专科学校还要考虑到毕业生将来到小规模的中学任教，每位教师可能要教两门课，在重视基础课的同时，要为他们教两门课做准备，为他们设置教两门学科的专业课（和教材教法课）。两门课的搭配要适当，基础课大部分应是共同的，如政治和历史、语文和历史，数学和物理，化学和生物，体育和生理卫生等。有些学科也可以互相搭配，如体育和音乐，音乐和美术，历史和地理，物理和劳动技术，化学和劳动技术，生物和劳动技术等。为了提高劳动技术教育的质量，希望高等工业、农业、林业、牧业、渔业、医药等学校能有计划地为普通中学和中等专业学校培养各种劳动技术课和职业学科的教师。

第三类是教育知识技能课——这是体现师范教育特点必不可少的课程，每个师范生必须认真学习，才能懂得教育科学，掌握教育艺术。师范教育之所以必要，正是因为有教育科学存在。如果不存在教育科学，也就没有必要办师范教育了。办师范教育而不重视教育科学，那么师范教育就会有名无实，不能培养出合格教师来。目前我国各级师范学校只开设了教育学、心理学和分科教材教法三门课，而且教学时数不多，仅占总上课时数的5%左右；外加时间不长的教育实习，很容易“走过场”。对于培养一个合格的教师来说，这一点课时是远远不足的。想要在有限的时间内把师范生培养成某一门学科的专家一样的人，往往千方百计削减教育课的教学时数，结果师范教育有名无实，师范毕业生仍然缺乏教育科学知识，不能胜任教师工作。这种现象不是个别的，甚至某些著名的师范大学也是如此。与此同时，许多综合大学毕业生被分配到学校担任教师工作。他们在学校里几乎没有接触到任何教育科学知识，对于要把学生培养成什么样的人、怎样来培养这一问题茫然无知。这些都是我国教育质量不高的根本原因。师范教育要突出自己的特点，绝不能学综合大学的样子；相反，综合大学毕业生既然要当教师，他们就必须在校学习教育科学，预先从事教育实习。无论是师范院校，还是有培养师资任务的综合大学，必须在教学计划中列入教育学、心理学、分科教材和教学法等学科，上课时数应占总上课时数的15%左右，此外还要用将近一个学期的时间，指导学生从事教育实习。总之，教育知识技能课在修业四年的师范院校应占总上课时数的25%左右；在修业五年的师范院校应占总上课时数的20%左右。即师范生至少要有四分之一或五分之一的时间直接为教师职业作准备，接受教育专业训练。

三、培养合格师资

为了培养合格师资，课程设置要全面不能片面。但是课程问题同学制、教材有密切的关系，孤立地谈课程，还不能解决问题。要培养合格教师，首先要考虑适当延长师范院校的学制。不过为了照顾目前条件（主要是合格教师缺乏，教育经费不足），不要求完全一样。凡条件许可的应当力争做到，以提高未来教师的水平。

（一）中等师范学校的学制和课程

许多中师现在还只招收初中毕业生，修业两年。这是不能达到重点高中毕业生应有的文化科学知识水平的。为了提高小学教育的质量，中等师范学校最好招收合格的初中毕业生，修业四年。这样可以保证师范生既学好高级中学的文化科学知识，又能学好教育课，并有足够的时间从事教育实习。目前有些师范学校招收两年制高中毕业生，可以把修业年限定为两年，用一年时间提高文化科学知识水平，用一年时间学习教育科学并从事教育实习。如果招收三年制高中毕业生，可以把修业年限定为一年，专门为任小学教师（或幼儿园教师）接受教育专业训练。中等师范学校毕业生必须都分配到小学（幼儿园）任教，不得分配到初中任教。等到小学教师绝大多数都达到中师毕业水平，再逐步由师范专科学校来培养小学、幼儿园教师。这恐怕是下一个世纪的事了！

（二）师范专科学校的学制和课程

培养初中体育、音乐、美术、劳动等科教师的师专，可以招收六年制重点中学高中毕业生，修业两年，培养其他各科初中教师的师专，都要招收六年制重点中学高中毕业生，修业三年。如果要培养兼教两门学科的教师，最好能修业四年。这个学制越早实现越好。目前初中教师不合格不称职的比例最大，师范专科学校的任务艰巨。将来条件许可，绝大多数初中教师都达到师专毕业以上的水平了，再逐步改由师范学院、师范大学来培养初中教师。

（三）师范学院和师范大学的学制和课程

现在除个别师大外，本科一律招收高中毕业生，修业四年。今后最好招收六年制重点中学高中毕业生，修业年限逐渐延长为五年。这样可以使师范生的文化科学技术知识不低于文理科大学的本科毕业生，又可以受到足够的教育专业训练。将来可以由四年制的师范学院培养初中教师，五年制的师范大学培养高中教师。到高中教师绝大多数达到高等师范本科毕业水平了，再由师范大学设研究生班，招收大学本科毕业生专门研究教育理论和开展教学实践，来培养高级中等学校的教师。

（四）必须选修教育课和从事教育实习

综合大学既然承担了一部分培养教师的任务，那么学生在修业期间就必须选修教育课和从事教育实习。不仅文理科各系要培养师资，工、农、林、牧、渔、医等各科系也要为中学和中等专业学校培养师资。凡是有培养师资任务的高等学校，都要开设教育课并进行教育实习。

以上是从学制来谈师范院校课程如何培养合格师资。下面再说师范院校的教材如何保证培养合格的师资。这个问题很复杂，不可能讲得具体，只能讲一点精神或原则。这就是师范院校课程和教材的专业化问题。

课程和教材专业化的第一个要求，就是要合理安排教育学科的课内教学和课外活动。目前教育学科上课时数过少的情况必须改变。现在我们没有开设教育史这门课，要在教育学教材中补充教育史的教材，因为未来的教师对教育史的知识一无所知是不行的。我们还没有开设教育心理学这门课，要在心理学教材中多讲点教育心理学，这也是教师起码应有的知识。师范院校应当有师范院校的学术气氛，这种气氛要体现在教育学术问题的研究讨论上。师范院校应经常举行有关教育专题的学术报告会、座谈会、讨论会、辩论会等；要有计划地安排师范生参加附属中小学、幼儿园的各项活动；

要组织师范生参观工读学校、盲聋哑学校等，让他们学习这些学校教师的献身精神，增强对教育的信心；要组织师范生向特级教师、优秀教师学习，学习他们的教学或班级管理工作；等等。又如，师范院校的学报要把教育科研的成果发表出来，以体现师范教育的特点。

课程和教材专业化的第二个要求是要教好分科教材教法课，在这门课里指导师范生研究教学大纲和教科书；研究如何在知识教学的同时培养学生的智力，发展学生的能力；如何结合本科的教材向学生进行思想品德教育；等等。同时还要在各系科的基础课和专业课里有意识地为师范生将来任教做好准备。例如，对于中文系的中国文学史，要让师范生多了解历代文学名家的生平，多阅读他们的著作；又如历史系的中国思想史，要多讲一点教育思想史；自然科学各系，不仅要让学生学会动手做实验、写实验报告，还要教他们学会准备实验仪器，指导学生实验，注意实验的安全；等等。在目前学校教学设备简陋的情况下，还要教会师范生自制教具、模型，绘制图表，采制标本等。当然也要教会师范生使用幻灯机、投影机、录音机、电视机、电影放映机等现代化的教学手段。中等师范学校语文课要讲点文字学的知识，帮助师范生辨析汉字的形、音、义；讲点儿童文学知识，让他们学会写儿歌，自编乡土语文教材，或把适合儿童阅读的古代故事、寓言等译成可供儿童阅读的现代语；等等。

课程和教材专业化的第三个要求是要让师范生有计划有目的地经常到附中、附小、附属幼儿园去参观和实习。目前教育学科的教育质量不高，主要原因是脱离实际。如果结合教育学、心理学、教学法等内容的教学，让师范生到附属学校去印证所讲的理论和方法在实践中的应用，效果一定会好得多。师范院校必须有附属学校。附属学校要随时接待从师范院校来参观、调查、研究、实验和实习的师生。附属学校必须按照教育规律办学，按照教学规律教学。

（原载 1984 年第 3 期）

中等师范学校的课程改革

——兼析现行《三年制中等师范学校教学方案》

施良方 胡惠闵 王鉴君 郭良菁

自20世纪80年代以来，中等师范学校在全国范围内开展了深入而卓有成效的建设和改革，成为我国师范教育花园里一朵引人注目的奇葩。由于我国整体教育水平的快速发展，基础教育特别是小学教育对师资规格的要求在近十几年当中发生了重大的变化。对这些变化做出及时而准确的反应，成为中等师范学校面临的重大课题。在这种形势下，认真地总结以往中等师范教育的工作经验，评析中等师范教育存在的一些观念，也就成为一件很有现实意义的事情。本文将从课程这一角度，对中等师范学校课程改革中的一些关系做些探讨和评析。

一、培养目标的价值取向：知识与技能

培养目标是学校课程编制的依据，它关系到学校课程目标的厘定、课程内容的选择、课程结构的组合；反过来，培养目标的实现又依赖于学校课程运作的成效。学校课程改革首先必须明确的问题就是：培养目标是什么。

新中国成立以来，对中等师范学校的培养目标一直有不同认识。论争的焦点主要有两个：一是培养目标的定位问题，即究竟是培养合格的中师毕业生还是合格的小学教师；二是培养目标的体系构建问题，即从形式逻辑还是从实践逻辑来构建培养目标体系。

长期以来，中师的培养目标一直定位在合格的中师毕业生上，所引发的问题是学生毕业以后职业素质不高，难以适应小学的教育教学工作。为此现行《三年制中等师范学校教学方案》（以下简称《教学方案》）在制定过程中听取了多方意见，最终定位在合格的小学教师上，力图使培养的师范生一毕业即能胜任小学教育教学工作。

那么，什么是合格的小学教师？合格的小学教师应当具备哪些素质？长期以来，我们一直按照人的全面发展的理论，从德、智、体等几方面来框定教师的素质要求，即根据形式逻辑推导而来。形式逻辑是从理念的角度对教师应当具有的素质加以罗列和规范。于是有人从四个方面，有人从五个方面，甚至有人从更多方面来规范教师素质。实践逻辑强调从现实出发，对现有的可供选择的方案进行权衡并做出选择。因此，从实践的层面来加以考虑，教师最重要的素质条件有三个：情感、认知、技能。情感素质是教师的首要素质，对教师来说，情感素质最重要的内容是爱心，具体指爱祖国、爱事业、爱学生。认知和技能素质是从事教师工作的两大必备素质，指职业知识和职业能力。理想的中师培养目标是使中师生毕业以后不但能马上胜任小学的教育教学工作，而且有发展的后劲。

实际上对于理想教师的素质要求，再高也不过分。现实问题是我们难以在三年内使学生的知识和技能都得到很大提高，于是便有了两种不同的价值取向：一是以认知为主，强调知识基础和思维训练；二是以技能为主，注重技能训练和教育实践。

从小学教师培养历程来看，世界各国在此问题上都有过摇摆。早期比较注重认知，强调知识传授，师范毕业生的职业素质相对较弱，

有些甚至难以胜任教师工作，于是加强教育技能和教育实践的训练便成为当今师范教育发展的潮流之一。现行《教学方案》对教育技能和教育实践的偏重与这一发展潮流是相符合的。但经过八年的实践，结果似乎并不令人乐观。一是中师生基础文化知识水平有所下降，二是中师生的教研、科研能力有所削弱。随之而引发的问题是中师毕业生缺乏向高层次发展的后劲，缺乏参与教育科研的能力。从当前中师课程改革的实践看，导致这一结果的主要原因是在培养目标上存在着一定的偏差。这主要涉及三对关系问题：第一，知识与技能的关系问题；第二，文化知识结构即文理科的关系问题；第三，“三字一话”与其他教育技能的关系问题。

知识与技能对一个小学教师来说是必不可少的，但由于培养年限的原因，我们不得不降低对中师生某些素质的要求，这并不是说这些素质不重要，问题在于这些素质在哪一个阶段培养更有效。从这个意义上说，解决这一问题的关键是要搞清哪些知识、技能是基本必需的；哪些知识、技能必须在三年里训练，哪些可以在以后的工作岗位上发展；哪些知识、技能可以以课程的方式培养，哪些则不必列入课程。师范课程改革的经验教训已表明，重知识轻技能或重技能轻知识都会带来一定的负面效应。

文科和理科是中师文化课程的两个重要组成部分，这两部分课程的比例关系对中师生的质量有直接的影响。现行《教学方案》与以往方案的一个显著区别是较大幅度地增加部分文科课程的比重，减少了理科课程的比重。[1]理科课程总课时数的大量减少，不但使这些学科自身的科学体系难以维持，而且导致中师生的理科基础知识普遍下降和知识结构不合理。从目前的情况来看，偏科严重已经对中师毕业生自身的学历提高带来困难：现已毕业或保送上大学的中师生在活动能力和组织管理能力方面比较令人满意，但理科知识基础薄弱也是相当普遍的，并给他们的发展带来了困难；有些省市的情况表明，95%的小学教师在提高学历时都选择了文科专业，即使是理科教师也不例外，原因便是理科基础太差。可以说，重文轻理影响了未来教师的素质，更影响了未来基础教育的质量。

“三字一话”是合格教师必须具备的最基本的教学技能，《教学方案》依据培养目标的定位，对此有所强化。由于其训练性强、外显性强，且易提高、易检验，不少学校在实践过程中，为显示其毕业生的质量而过度强化了这些教学技能的训练，忽视了其他教学技能的训练，并在一定程度上冲击了文化知识课的教学。这样一来，虽然这些显性的专业技能素质提高了，但中师生的其他素质特别是文化素质达不到应有水平，仍缺乏向高层次发展的后劲。正如有关权威人士所指出的那样，只重视培养能力和训练基本功，忽视了基础理论和基本知识的教学，只能使能力和基本功徒有其表，不利于学生全面发展和把自己培养成合格的小学教师。[2]因此，现在所注重的一些教学技能的科目虽然是必需的，但从所投入的资源量与其所产出的价值度来看，似乎是有点得不偿失。

二、课程内容的合理配置：综合与分化

现行《教学方案》实施至今已有八年，但课程门类多与课时少的矛盾变得越来越尖锐。有人曾将“教学活动内容与时间紧张之间的矛盾”列为实施《教学方案》的“首要困难和矛盾”。其实这一矛盾在《教学方案》实施前就已存在，《教学方案》实施后并没有得到解决，甚至较《教学方案》实施前加剧了。为此，不少学校只得通过采取一些变通的办法来解决问题。

如何解决这一矛盾？据调查，目前主要有三种意见：大多数中师校长倾向于延长学制，

变三年制为五年制，认为这样可以从根本上解决问题；有些人士提出应当设置综合课程，认为这样既可以节约课时，又可以发挥课程的综合效应，并且也与中小学课程改革的发展趋势相一致；还有些人提出可以设置主干课程，认为这样可以在有限的课时内确保基础知识和基本技能的培养。

从课程改革与发展的长远利益出发，我们认为开设综合课程是课程改革与发展的一个方向。

随着现代科学技术的发展，人类的知识体系一方面趋于高度分化，日益走向专门化、专业化、精深化，分支学科不断涌现；另一方面又趋于高度综合，不断强调相互渗透、有机结合，且这种趋势越来越占主导地位，新兴学科、交叉学科、边缘学科大量出现，并由此造成知识更新的周期缩短，需要纳入课程的内容越来越多。但由于学制、课时特别是传统的分科课程的限制，丰富的知识总量难以在学校课程中体现。在这种形势下，许多国家开始研究探索课程综合化的问题。特别是“二战”以来，课程综合化的范围不断扩大，综合化的程度不断提高，使得课程综合化成了一股潮流。我国在基础教育领域也对综合课程进行了有效的探索，并已开设了综合性的社会和自然常识课程。因此，设置综合课程是从根本上解决日益丰富的知识内容与固定有限的教学时数之间矛盾的有效途径。

同时，我国教育事业不断发展，人们对小学教师的要求也不断提高，特别是在小学教师的学历达标率有了显著的提高之后，对小学教师的要求由单纯的学历追求转向综合素质的提高。由此，中师的培养目标的内涵不断加宽加深，为了实现日益丰富的培养目标，一些新的知识和技能就成为必需。如果我们为此而不断增加相应的科目，就会引发课程门类多而课时少的矛盾。

中师现行《教学方案》为强化合格小学教师的某些素质，在课程（尤其是文科课程）设置上一是偏重分科且分科过细，二是新增科目且增设不断，导致学科科目拥挤、内容重复，影响了学科结构的完整性和学科体系的系统性，并导致科目与课时的矛盾日益尖锐，特别是由于实行五天工作制之后这一矛盾就越加突出。众所周知，师范教育作为职业教育的一种，与社会关系密切，照顾社会的需要是理所当然的，但如果忽视课程间的有机组合，就有可能在课程设置中形成简单的“社会需要论”，即社会需要什么，课程就包括什么内容。这不但使原有完整的课程体系受到了影响，而且不利于学生掌握系统的知识和技能。因此，解决这一矛盾首先要给中师培养目标合理定位，进而选择并有机组合相关的课程内容。否则的话，即使学制延长，不断增加的课程内容（往往是社会所需的）也会引发新的科目与课时的矛盾。

因此，从中师存在的实际问题来看，对课程做些归并是势在必行的，并且考虑到目前我国小学已开设了综合课程，中师相应地设置一些综合课程也是可取之举。有学者将中师设置综合课程的好处归纳为三点：可以解决课时不足的问题，如物理、化学、生物、卫生等科与其他各科分而设之，但课时和质量难以保证，不如有机结合重组内容；可以照顾中师的特点，避免向高中看齐（有人常不由自主地将中师生的文化基础课水平与高中生的水平作比较）；可以适应科技发展的需要，通过综合课程可以将一些不断涌现的新知识或新领域中重要内容纳入课程中。[3]事实上，现行《教学方案》在颁布之时就已明确提出，在有条件的地方还可以进行设置自然科学、社会科学综合课程的试验。

但我们也应当认识到设置综合课程所带来的问题。其中主要是课程结构、教材和师资的问题，如哪些课程内容可以综合、综合到什么程度、教材如何编写、师资从哪里来、教师进修选择什么专业，等等。对有些问题人们还有不同的认识，有些问题甚至在现有条件下还难以解决。我们对安徽省中师校长所做的调查显示，74%的中师校长同意设置综合课程，但同时又认为在目前条件下开设综合课程比较困难。

因此从实际情况出发，我们认为，应肯定开设综合课程是中师课程改革的一个方向，但在实际运作中应持慎重态度，不能急于求成。

综合课程内容应与小学课程密切相关。可根据小学教育教学需要对中师现有课程做些归并和融合，既可设置跨学科的综合课程，也要加强同一学科内各分支的综合：社会学科中的历史、地理，自然学科中的化学、生物等可向综合课程的方向探索，政治、语文可适当合并，数学、物理和科技类课程的比重应有所增加。

综合课程在实施上应加强师资培训。教师是课程实施过程中最直接的参与者，如果他们不了解课程计划的性质以及可能带来的预期效果，不具备实施课程计划所需的新知识和新技能，再好的课程计划也难以有效实施。事实表明，一些课程计划没有取得预期效果，并不是计划本身的问题，而是由于教师不积极参与或不能适应的缘故。因为采用新的课程，对教师而言就意味着要放弃原来熟悉的一套方法和程序，有些甚至是成功的做法。[4]

综合课程在进程上可先做些可行性研究，并在此基础上选点试验。在这一过程中，教育行政部门应加强组织和领导，并给予一定的政策倾斜；应加强课程编制者与课程实施者之间的交流，必要时可选派一些专家深入基层加强指导；应建立相关的评价机制，保证课程有效而规范地实施。

三、课程结构的有机结合：必修与选修

课程结构是指课程各部分的有机组织和结合。现行《教学方案》突破了传统的单一的必修课模式，构建了以原有的必修课为主线，必修课、选修课、课外活动和教育实践四块相结合的课程结构，开创了中师课程改革的新局面，这是现行《教学方案》最具特色之处。

《教学方案》采取选修课与必修课相结合的结构，不仅是为了解决课时紧张的问题，也是着眼于学生的个性发展。《教学方案》把原来必修课的一部分内容纳入与该必修课相应的选修课中，供那些对这一领域感兴趣的学生选修，而其他学生只需了解本领域的基本知识即可，避免了让所有学生花同样力气学习所有科目内容。除此之外，还应设置一些带有地域特色的选修课，使学生毕业后更适应本地小学教学的需要。

但实际并不像想象得那样好，有限的培养年限给采用这种结构带来了困难。必修课所包含的那些内容对于培养目标而言是基本的、核心的，因此要优先满足这些内容所需要的教授时间和学习时间，在此基础上，才考虑提供选修内容。选修课所占的课时比例是要根据培养目标及不同的客观条件（主要是总课时量及必修课内容的量）来确定的，不应出于扩展选修课时间的目的而削减必修课时间，把原本应包含在必修课的内容纳入选修课中。

况且，现行《教学方案》中给必修课分配的课时还无法满足各科教学计划的需要，因此许多学校为了保证必修课的教学，并未实行《教学方案》中规定的选修课课时比的方案。从我们对安徽省所做的调查来看，62.5%的学校开设的选修课没有达到《教学方案》规定的课时要求，19%的中师不开设选修课，而开设的学校几乎都经历了“先放后收”的过程。这一事实反映出方案中所规定的必修课和选修课所占课时比的不可行性。因此，我们必须根据中师的培养目标，重新梳理中师所设的科目及各

科的内容，思考总课时量是否允许提供那些除“基本”“核心”的内容之外的内容，如果允许，它们可能占多大的课时比例。

另外，客观条件对选修科目的设置影响很大。除了时间这一最主要的限制因素外，目前还有师资、教材、场地设备等因素的限制。有些学校不是根据目标的需要而是根据教师的因素设课；所开设的课程由于没有教材，教师只能凭借自己对选题的钻研自编讲义或大纲，在内容的选择上存有较大的随意性，与《教学方案》设置选修课的宗旨差异甚大；有些学校由于场地、设备、经费的原因使选修课科目的开设受到了限制；另外有些学校将选修课定为所谓的“必选课”，不给学生选择的自由，实际上成了变相的必修课。因此，如何开设选修课，如何确定选修课的比重，如何处理选修课与其他课程的关系，如何加强对选修课的管理是中师课程结构改革中急需解决的问题。

在课程结构中，中师课程结构改革面临的另一个问题是如何使必修课、选修课、活动课和教育实践四块有机结合。

应当肯定的是，“四块一体”的课程结构模式是中师课程设置上的重要变革，它对于加强学校与社会的结合，加强理论与实践的结合，促进学生的个体发展，实现培养合格的小学教师的目标都是非常重要的。但由于客观条件的限制，“四大块”在实践中甚至不能完整地存在，更谈不上有机结合了。即使在有些领域中“四大块”都存在，其结合状况也不尽如人意，机械结合多于有机结合，甚至有些学校不知道怎样才能有机地结合，也不知道结合到什么程度才算是有机。造成这一结果的原因主要在思想和实践两个方面。

从思想上讲，对“四大块”有机结合还缺乏正确的认识。首先，是不是每门课程都要有“四大块”的结合。学校的课程主要是由必修课、选修课、活动课和教育实践课构成，这四个部分互相配合、有机联系，形成了完整的课程结构，因此课程设置是一个系统工程。现在每门课程都设有必修课、选修课、活动课和教育实践四大块，这样的结合过于机械之嫌。其次，是不是“四大块”的地位都是同等的。选修课、活动课、教育实践都是必修课的补充和延伸，它们在科目选择上、内容的组织上、课时的分配上都应当服务于必修课，否则学生就容易误把“开胃菜”和甜点当“主菜”，从而背离了开设这些课程的本来意图。[5]最后，是不是每一块都固定不变。课程体系是动态的、发展的，每类课程的设置都应有一定的张力和弹性。如果把每一块从内容到教学、从要求到实施都以某种模式固定下来，就会影响课程的发展，必然也会影响学生的发展。

从实践的角度来看，要使“四大块”有机而非机械地结合，学校的办学条件与水平，校长和教师的认识与能力，学校内外的运行机制与保障机制等都是必不可少的条件。从目前的实际情况看，有些条件并不完善，这就给实际操作带来了很大的困难。

因此，有必要对现行《教学方案》的课程结构做些调整。比如，注重课程各部分的内在联系和有机结合，淡化形式上和表面上的结合；统筹安排必修课、选修课、活动课和教育实践课的课程内容，避免重复、交叉及无关的内容；制定各门课程的指导手册，并组织专家深入实际进行指导，提高课程实施的规范性和有效性。

四、课程改革的实践反思：理想与现实

课程的改革也是某种教育理想的现实化过程。教育系统外部或教育系统自身的发展变化产生了新的需求，而这些需求往往是原有的课程体系无法满足的，于是期望与现实之间的差距作为一股求变的力量，成为课程改革的动因。

需求得以实现的途径之一，就是对教育内容的重新选择、组织、教授与评价，如此也就促成了课程的改革。

课程是理想的现实化，但理想不会自动地转化为课程，这中间必须有一个人为处理的过程。“社会需求评估”是经常使用的一种方法。所谓的“社会需求评估”，简单地讲，即通过某种手段了解关于社会对于学校培养规格的需求情况，根据这一需求情况，学校调整教育目标、教育内容等，以满足这一需求。这是实践中比较有效而且也是常常运用的一种方法。但问题在于，需求是课程改革的重要动力，但不是课程存在的唯一理由。如果将社会需求理解成课程的决定性因素甚至是唯一的因素，就很容易产生“简单需求论”：社会需求什么，不管这种需求是有着深刻背景的，还是暂时的甚至是虚假的，也不管各种需求之间的相对重要性，都匆匆忙忙地去“适应”这种需求，漠视了教育本身作为一种文化机构所特有的对现实本身的选择与精致化再加工的职责。并且在现实中，原有教育内容与形式如果不能适应新的需求的“落后”方面，也不会以清晰而有条理的形式出现在人们的面前。在人们凭借经验或直觉所感受到的“需求”之中，往往夹杂着许多不真实的、不重要的或者不现实的成分。这些现象，在《教学方案》制定与实施过程中，虽然不是十分地突出，但也不能不承认已经露出一些端倪来了。

持“简单社会需求论”观点的人往往把“课程改革”的注意力置于“课程内容”而止，对“内容”之后的事情则考虑过少。他们往往花费了大量的精力来选择与组织课程内容，而一俟这一过程结束，“课程改革”也就被认为是基本上结束了，对这一工作以后的那些过程往往不给予实质性的关注。教育内容的选择与组织并不意味着课程改革的完成，教育理想也并不在静态地以某种形式组织起来的教育内容中得以实现，教育理想真正的现实化尚有赖于课程的实施。而在这个过程中，将会有更多的现实因素成为课程改革注意的对象。因为，在课程改革中，如其他一切领域的改革一样，形式上的变革并不是一件如何困难的事情，而变革的精神实质的渗透、保持与现实化却要困难得多。

回顾我国中等师范教育的发展，可以发现其对社会需求的回应，对课程目标的厘定以及对课程实施的指导一直是比较薄弱的。在现行《教学方案》的实施过程中，之所以会出现一些矛盾与争议，除操作上的一些原因，根本还在于我们对一些基本问题还缺乏较可靠的研究。

首先，缺乏对教师工作的研究，尤其缺少系统的常模研究。就我们目之所及，除了一些经验性的个别的探讨，[6]对“一个合格的当代小学教师要从事哪些工作”“应该具备哪些知识、能力”还缺乏比较大规模的实证研究。其次，缺乏对学生的研究，由于缺乏常模研究和对学生的实际情况的客观评估，我们对师范生到底“需要”什么显然还不是很清楚，对师范生“实际能”做些什么缺少了解。最后，对学科的研究还不是很多。人们不可能从任务分析一下子跳到制定学程目标。要制定出学程目标，还必须对在学程中优选培养哪些技能做出决断。[7]而要做出这一决断，一方面有赖于对这种职业的透彻研究，另一方面则要依靠对可资利用的、作为课程之“资源”的各门学科的分析。

成功的课程改革必须兼顾两项主要任务：第一，促使新的教育理想的顺利实现；第二，尽量减少这一理想在实现过程中可能引起的未曾预料的负面效应。这意味着，成功的课程改革，即使是局部的课程改革，也必然是一个系统的过程，而不只是某些个别部分孤立、零星的变动。作为一个有着自己的传统和内在逻辑的系统，已经存在的课程体系会产生某种势力，阻碍或促进变动的发生。无视这一现实而进行的课程改革将会带来的直接后果是：课程改革变成了缺乏内在一致性的“科目”的增加或删减，这种增减由于过少地顾及课程作为一个系统的力量而在实践中难以奏效，而且还可能引发预料之外的负面效应。

参考文献：

[1] 现行《教学方案》与1986年的《教学计划》相比，历史课总课时数由99增加到130，地理课总课时数由60增加到130，数学课总课时数由484减少为420，物理课总课时数由258减少为170，化学课总课时数由198减少为130，生物课总课时数由166减少为130。

[2] 包同曾. 由“被动”到“生动”[J]. 师范教育，1994（4）.

[3] 施良方. 关于现行三年制中师教学方案的思考［J］. 华东师范大学学报（教育科学版），1996（3）：47-51.

[4] 施良方. 课程理论——课程的基础、原理与问题［M］. 北京：教育科学出版社，1996：146.

[5] 瞿葆奎. 教育学文集·美国教育改革［M］. 北京：人民教育出版社，1990：601.

[6] 杨智翰. 练好师范生的基本功［J］. 光明日报，1984-01-20；王企贤. 寄语师范学校的同学们［J］. 人民教育，1986（1）：14-15；北京一师. 中师毕业生应具有的智能结构［J］. 人民教育，1987（2）：28-29；王焕. 从小学教师应具备的素养谈中师的课程改革［J］. 课程·教材·教法，1987（9）：10-12；石广元. 扶人“走路、过桥”的职业［J］. 师范教育，1988（6）；刘富喜. 中师生能力培训刍议［J］. 课程·教材·教法，1991（9）：29-32.

[7] 麦克尼尔. 课程导论［M］. 施良方，等，译. 沈阳：辽宁教育出版社，1990：108.

（原载1998年第4期）

从中小学教师的知识状况看师范教育的课程改革

申继亮　李　琼

一、引言

回顾近二三十年世界教育的发展历程，一个明显的特征就是以提高教师素质作为提升教育质量的突破口。如何提高教师素质，培养出适应新要求的高质量教师队伍，一直是教育界关注的一个热点问题。人们已普遍认识到，高素质教师的典型特征是具有出色的教育表现和与之相适应的复杂的知识结构。[1]合理的知识结构作为教师素质的一个重要成分，对教师的成功教学起着重要作用。师范教育作为培养中小学教师的摇篮，它的课程设置直接关系到未来教师知识的建构，关系到教育质量的提高。许多国家认识到师范教育改革的成败在很大程度上取决于事关教师教学知识与技能的课程设置。近年来，我国关于师范教育课程改革的呼声颇为强烈，众多学者已从理论、实践以及国际比较的角度，对我国师范院校的课程设置提出了许多精辟的见解，这无疑对我国师范教育课程的改革起到了积极作用。本文试图从实证研究的角度，通过对当前中小学教师知识现状的定量分析，反思目前我国师范教育在课程设置、教材内容以及教育实习等方面存在的问题，旨在为教师知识结构的合理建构提出一些建议，以期为师范教育课程改革提供有益的参考。

二、当前我国中小学教师的知识状况

对于当前中小学教师的知识状况，本文主要从我们在两个不同的时段（1995 年、2000 年）所进行的两项实证研究入手进行考察。我们在北京选取 97 名小学数学教师为调查对象，对其职业知识进行了调查分析。[2]基于长期对教师素质的研究与教师知识的理论分析，我们认为，一位能胜任教育教学的教师应主要具备三方面的知识：学科知识，即教师所具备的特定学科的知识；条件性知识（conditional knowledge)，即教育教学中所运用的教育学与心理学的知识；实践性知识（practical knowledge)，即教师在实际教学过程中所具有的课堂情境知识以及与之相关的知识。[3]根据以上教师的三种知识类型，结合对 9 名有经验的一线小学数学教师的访谈，我们分别编制了小学数学教师的学科知识、条件性知识与实践性知识问卷，施测后并对三类问卷分别进行了内部一致性信度的检验，结果表明问卷具有良好的可信度。现就小学数学教师在三类知识上的掌握状况分析如下。

对于学科知识，我们主要从小学数学的基本概念、公式的运用及应用题等方面予以考查。从教师对数学学科知识的掌握情况来看，小学数学教师在学科知识基本概念的理解、公式的运用以及应用题等方面的答对率（题目得分/总分）都在 85%以上，说明当前小学数学教师对学科知识的掌握是比较好的。

对条件性知识的考查，主要选取了与课堂教学有关的教育学、心理学的知识，涉及儿童发展、课堂互动、个体差异、学习过程、教学评价、教学方法与策略、教学计划与目标等多个维度。从教师对条件性知识的掌握状况来看，除了“儿童发展”这一维度的答对率较高（84.2%）外，条件性知识的其他维度及总分答对率，大部分仅在 50%—70%，其中教学方法与策略、个体差异这两个方面则表现得更为不理想，答对率仅为 43.8%和 53.1%。这说明，当前小学数学教师对教育学与心理学知识的掌握与运用还比较差，对学生的个体差异、教与学的理论、教学方法与策略、师生互动以及学生评价方面缺乏科学的认识。在目前的小学教师中还未形成一个运用教育学、心理学的科学理论来有效指导教学实践的良好氛围。从教师培养的角度分析，这主要与传统的教师培养与培训大多是学科知识的教育有关，而教育类课程的学习所占比例较少。

在实践性知识方面，我们主要从小学教师对教材的处理与课堂冲突事件的解决两个方面进行了考查。从得分来看，实践性知识两个维度的得分率大部分在 60%—80%，其中在对课堂冲突事件处理方面的得分低于对教材的处理方面。缺乏对课堂的有效组织与管理，缺乏对课堂冲突事件的灵活处理，在新教师身上表现得比较突出；在与一些新教师的谈话中我们发现，他们往往对自己的课堂管理感到心里没底。

我们的另一项研究，以北京、宁波两地的 298 名中学教师和 48 名师范生为对象，就中学教师和师范生对教育教学条件性知识的掌握状况进行了调查。[4] 以性别、所教科目、地区、教龄、教学经验（职前、职后）、学历为自变量，以问卷总得分为因变量。t 检验表明，各类教师对条件性知识的掌握状况普遍比较低。在多个自变量中，只有职前与职后之间的差异表现得较为明显（$P<0.05$），其他自变量之间的差异都未达到显著性水平。这一方面说明，我国目前师范教育与职后培训中教育学、心理学知识教学的低效，教师的培养与培训未担负起完善教师有效教学所需要的合理知识结构这一任务；另一方面也说明，教育教学经验对掌握条件性知识的巨大影响，因此加强对师范生的教学实践，应是促进未来教师成长的一个重要途径。

从以上两项关于教师知识状况的实证研究来看，不论是小学教师还是中学教师以及师范生，对条件性知识与实践性知识的掌握情况都不能令人满意。然而条件性知识和实践性知识是教师专业知识中不可或缺的部分，是教师职业独特性的体现。教师职业的独特性突出表现在具有其他受过同等学历训练的人所不具备的丰富的条件性知识和实践性知识上。教育学、心理学的条件性知识有助于教师认识教育活动的规律性，也有助于教师采取行之有效的策略对教育教学进行灵活而有效的调控，从而顺利实现教学目标。对中小学教师来说，具备丰富的条件性知识，懂得现代教育规律与全套教育教学技能，不仅是作为一名教师的特殊要求，也是教育对象的特殊要求。全美教育委员会下属的师范教育委员会在《我们时代的教师》（1948 年）报告中已提出，成功的教师必须了解学生身心发展各个阶段的不同需要，了解不同学生学习活动的特点、不同学生适宜的学习方式，教师还需要提高评价学生成绩的能力，这是为人师的特定要求。从教育对象特别是小学生来看，他们身心发展的规律和形象思维的发展特点决定了教师在教学过程中要把学科知识以小学生易理解的方式讲解出来，这就要求教师具备丰富的教育学、心理学的条件性知识和实践性知识。教师的培养与培训应切实加强教师这两类知识的掌握与实际运用，进一步完善未来教师与在职教师的知识结构。

三、目前师范教育课程体系中存在的问题

从现有的知识状况来看，相对于学科知识来说，中小学教师对体现教师职业独特性的条件性知识与实践性知识的掌握情况不太令人满意。审视教师知识的此种状况，我们不禁要回

到培养中小学教师的摇篮——师范教育之中。在我国，师范教育是教师培养和培训的主要渠道，师范教育的质量影响到教师知识的最初建构。然而反思我国目前的师范教育，一个重要的问题就是，师范教育在课程设置、教材内容以及教育实习方面并未突出教师职业的独特性，师范教育课程体系存在的不足，在很大程度上妨碍了教师知识结构的合理建构。主要表现在以下三方面。

（一）课程体系的结构不合理

对于“教什么”的学科专业课的比例过大，占总课时的60％—75％，学校用大部分时间和精力提高学生的学科知识水平；而对于“如何教”的教育学、心理学等教育类的课程比例太小，低于总课时的10％。这种状况进一步呼应了我们前面的研究，教师的条件性知识与实践性知识缺乏与这种“学科本位”的师范教育的课程体系有直接的关系，课程结构的不合理性在很大程度上造成了师范生以及中小学教师知识结构的非完善性。从国际比较的角度来看，一些发达国家如美、英、日等普遍重视教育类课程的开设，教育类课程在师资培养中所占的比例分别达到总学时的40％、33％、20％，课程结构中教育类与学科类课程的比例基本上等于或大于1∶1。相反，我国师范教育课程结构比例失调，大大削弱了教师的教育专业训练的效果。

（二）课程内容单一空泛，脱离实际

无论学科专业课还是教育课程，门类少，内容陈旧、空泛，脱离实际，对教育的指导意义不大。传统的教育课程的典型形式是以教育学、心理学、教学法为代表的“老三门”课程，学生学完这几门课的结果就是获得一个学分和几条抽象、呆板的概念和原则，而在未来的教育教学实践中遇到问题的时候，他们却不知道该怎么办，这就难以达成师范教育培养高素质教师的目标。师范教育的着眼点应是通过各种训练，培养未来教师多方面的素质和技能，为中小学输送胜任教育教学工作的合格教师。而教材内容的空洞，与其所要承担的教师职业训练的重任很难相称，教师的职业特性未得到明显的体现。

（三）教育实习时间短，流于形式

教育实习是师范生积累教学实践知识的重要一环，但目前教育实习的薄弱已成为师范教育亟待改革的一个环节。从教育实习的具体状况来看，一是时间过短。这一点与国外师范教育的课程设置相比显得十分突出。例如，美国师范生的教育实践包括实地经验和教育实习。前者是学生集中或分散到学校中充当教师的助手，或批改作业，或组织学生活动，规定为150小时，即三周，除此还要参加为期15周的教育实习。英、法等国家也都特别注重实践，在整个培养计划中，约有一半时间在中小学中体验各种教育教学工作。最近我国台湾地区的新制实习时间延长为1年。而我们的教育实习少于10周，短暂的实践并未使师范生对教师这一职业形成深入的认识。二是目标简单，形式化严重。由于时间短，实习任务仅限于讲授特定的内容和充当班主任等规定性活动，很难有自由发挥的余地，在内容和形式上基本上是走过场的“四步曲”，即跟班听课、讲课（4—6节）、组织活动、实习总结。这样的实习，难以使师范生迅速积累个人实践知识，形成教育教学技能。

四、新世纪我国师范教育课程改革的几点构想

反思目前师范教育中存在的问题，我们希望师资培养机构能够切实促进教师素质的提高。特别是近年来，随着高等师范教育的进一步开放，允许有条件的综合大学和其他非师范类院

校开展师资教育。这种竞争机制的引入有利于促进师资培养质量的提高。但同时，我们也必须警惕我国师范教育现存的某些弱点会迁移到新的师资培训机构中去，给亟待发展的基础教育造成不利影响。基于此，我们认为应从以下几个方面加大师范教育课程改革力度。

首先，确立以提高教师综合素质为中心的课程观。未来的教师不仅要具有宽厚的知识基础，熟悉本学科的最新研究和发展趋势，还要掌握一些相关学科的知识，贯通文理界限，加强“一专多能”的综合素质。师资培训的课程走向综合化是时代的要求，是适应素质教育培养全面发展的创新型人才的需要。

其次，加大教育类课程的比重，至少应增加到20%—30%。无论从前面的实证分析，还是从已有国际比较的角度来看，我国中小学教师对教育类课程知识（条件性知识）的掌握以及实际的教学表现，显得比较薄弱，而这部分课程正是教师职业特殊性的集中体现，直接影响了教师的专业化水准。因此，在师范教育课程结构上，切实增加体现教师职业技能、技巧的课程，如师生的课堂互动、个体差异的处理、指导学生学习等，以及心理健康和课堂组织与管理的课程。课程开设要反映当代新颖的教育理念，先进的教学技术，切实提高教师的教育教学效能。

最后，适当调整学科专业课比例。对于学科专业课的调整，目前存在两种观点，一种观点是浓缩，即对专业课程体系基本不动，压缩课时，精简内容；另一种观点是重构，即重新选择，建构新的知识结构体系。我们认为，这两种做法是从量与质两个不同的层面而言的，可以互相结合在一起。目前的学科专业课需要从过大的比例70%—80%压缩精简到40%，加大通识课程和教育类课程比例，以更好地体现师范性；另外在课程内容上，按照具体学科的特点，本着少而精、博而通、强化基础、反映学科前沿的原则，构建新的基本内容。

最后，落实教育实习的内涵，切实提高教育实践的成效。这一点在目前的师资培育改革中显得尤为迫切。教学实践是提高师范生实践知识与能力的重要手段，有助于学生理论与实践的进一步整合。结合存在的问题，可以从以下三点入手：第一，增加实习时间，最少应达到其他国家平均水平，即10—12周，增加学习见习机会和时间，并分散到各个学期进行，采用分段实习；第二，在内容上，进一步拓展学生实习内容，让学生有更多机会参与实习学校的教学与管理；第三，建构专业发展的实习学校，发展师范院校与中小学的伙伴关系。鼓励中小学成为专业发展学校（professional development school，PDS）是近十年来美国教师教育改革的一种形式。中小学专业发展学校主要包括三个方面，即促进初学者的专业训练、有经验者的继续发展以及教学研究与发展。这些有望成为21世纪教师教育的一个显著特征，大学与专业发展学校的合作加强了对未来教师的培养，有助于促进教师的迅速成长。

参考文献：

[1] 郭朝红. 高师课程设置：前人研究了什么 [J]. 高等师范教育研究，2001 (2)：36-41.

[2] 李琼. 小学数学教师的教育专长：对职业知识的探讨 [D]. 北京：北京师范大学，2000.

[3] 林崇德，申继亮，辛涛. 教师素质的构成及其培养途径 [J]. 中国教育学刊，1996 (6)：16-22.

[4] 邱炳武，申继亮. 中学教师对教育教学的条件性知识的掌握状况调查 [J]. 教育理论与实践，1995 (6)：48-50.

（原载2001年第11期）

教师教育专业化与教师教育课程改革

黄　崴

一、教师教育性质的定位

教师教育课程改革决定于对教师和教师教育性质的定位。教师与教师教育的性质是什么？有人认为，教师是艺术家，“如果教学不是科学而是艺术，那么教学应该是由美学批评家而不是科学研究者进行研究”[1]6。还有人认为，教师是临床医生，“教学可以被概括为一种问题解决和决策的形式，这种形式与医生的工作相同”[1]9。也有人认为，教师是研究者，因为他们的研究可以产生三种作用：“1. 改进教学实践；2. 改变工作的情境；3. 在更大的社会范围内理解他们的教学活动。”[1]16不过越来越多的人把教师作为专业人员对待，把教育教学作为一种专业对待。“把教学作为一种专业，把教师作为专业人员不仅有语义学意义，而是对教师教育质量提出了许多实质性的要求。”[1]不少国家以法律形式明文规定教师是专业人员，教师教育是专业教育。比如《中华人民共和国教师法》就明确规定：“教师是履行教育教学职责的专业人员。”

作为一种专业有五个关键标准：提供重要的社会服务，具有专业理论知识，个体在本领域的实践活动中具有高度的自主权，进入该领域需要经过组织化和程序化过程，对从事该项活动有典型的伦理规范。[2]教师是不是达到了这五个标准呢？第一，无论是在发展中国家还是在发达国家，教师或教学毫无疑问地发挥着重要作用。随着知识社会的到来，这种作用的重要性日益突出。第二，尽管对教师应掌握哪些知识存有争议，但教师必须掌握足够的知识和技能才能做好教学工作是毋庸置疑的。第三，尽管管理权力和教师自主权之间有冲突，学校管理的权力大于教师的学术权威，但“二元结构”（在学校中存在着行政权力和学术权力，二者既相互联系又相对独立。校长的权力属于行政性，而教师的权力则属于学术性），可以使管理权力和教师的自主权在不同的范围内展开。校长并不随意干预教师的教学事务。第四，同其他专业比较，虽然教师的自我控制地位和独立性一直比较弱，在大多数国家中，教师是国家的雇员，教师参与的是联合会，而不是专业学会，但教师群体对专业地位等方面的影响力在提高。比如美国、加拿大等国家的教师专业学会一直发挥着重要作用。第五，教师职业有自己典型的伦理规范。比如尊重儿童的个性，平等地对待学生，热爱学生，等等。正因为如此，许多国家包括中国都制定了专门的法规严格规范教师专业标准，只允许那些达到标准的人进入到教师队伍中。以上分析表明，教师具备专业人员的基本特点，教学具有专业的基本属性。不同的是，教师和教学还有其特殊性，即“双专业性”或“边际性”（marginal professional）。一名教师，不仅需要掌握所教学科的专业知识，而且需要掌握教育学科的专业知识。这两方面的知识都是必不可少的。

既然教学是一种专业、教师是专业人员，教师教育也就需要专业化。首先，受教育者的需要是教师教育专业化的前提。在现代社会，如何把无限丰富的知识有效地传递给受教育者，如何促进青少年身心健康发展，如何使受教育者具有创造能力等问题，已成为每一位教师需要解决的问题。这样，仅仅把教师作为一种职业、把教师教育作为一种职业定向或职业分配就已经远远不够了。当代青少年的培养需要的是专业化教师，这就需要把教师教育作为专业教育。其次，心理学和教育学的发展为教师专业化和教师教育专业化提供了可能。如果把教师教育看作一种专业教育，该专业必须拥有特定的知识体系，这一知识体系就是教育学知识和心理学知识。最后，教育的发展为教师教育专业化提供了条件。第二次世界大战后的教育发展突飞猛进，发达国家的义务教育已经普及到了12年，发展中国家也普及了年限不等的教育。我国"普九"任务基本完成，高等教育的发展速度加快，教师教育在质量上和数量上都有了较大的发展。过去仅仅是为了满足基础教育对教师在数量上的需求，而现在开始有条件满足基础教育和职业技术教育对高素质教师的需要。教师教育专业化的时代已经来临。

二、教师教育专业课程结构调整

作为"边际性专业"或"双专业"性质的教师教育同传统的职业定向教育是迥然不同的。我国高等师范院校课程结构从20世纪50年代至今主要是由三部分构成：公共必修课程、专业必修课程、选修课程（限制选修课程和任意选修课程），共计170学分左右。当前公共必修课程主要有政治思想品德类、教育学科类、英语、电脑、体育、军事等，共50学分左右，教育学科类为8学分；专业必修课主要是学科专业课程和教育实习，共80学分左右，实习为6学分；选修课程40学分左右。教育学科课程和教育实习共计14学分左右，不足总学分的10%。从课程结构上看，没有把教育学科课程和教育实习单独列出；从学分比重看，教育学科课程在整个课程中不成比例。可见，我国教师教育课程的专业特征不够明显，主要是仿照综合性大学的课程模式建立的，有师范教育之名，无师范教育之实。

体现教师教育专业特性的课程结构包括哪些内容？葛斯曼（P. L. Grossman）在《教学和教师教育百科全书》中认为，教师知识结构体系可以包括这些方面的内容：学科内容的知识、有关学习者和学习的知识、普通教育学知识、课程理论知识、教学情境知识、关于自身的知识等。[2]学科内容的知识主要包括：学科内容和学科教学法；学习者和学习的知识主要有学习理论、学生的生理、心理、认知和社会知识、激励的理论与实践、对学生种族、社会经济和性别差异性的了解。普通教育学知识包括：课堂组织和管理、一般的教学方法；课程知识包括课程发展和学校各年级课程的基本知识。教学情景知识包括课堂、学校、家庭、国家或地区知识。关于自身的知识主要是对自己的价值观念、优点和缺点、教育哲学、学习的目标、教学目标等的了解。默雷和波特（Frank B. Murray and Andrew Porter）在《教师教育研究手册——建立职前教师的知识基础》一书中认为教师教育专业课程需要考虑五个方面的问题：学科内容、普通知识和人文知识、教育学科内容、多元文化和国际方面的知识、教师在教学科知识过程中的决策问题。[3]巴农等（Thomas Barone，David C. Berliner，Jay Blanchard，Ursual Casanova，Thomas McGowan）在《教师教育研究手册》中对未来的教师教育专业分析时指出，未来的教师教育主要从五个方面着手：构建一种解释性课程的教育理念；掌握教学方法；理解一般的教育学基础；对多元文化学生群体的敏感；理解信息技术。[4]我国有学者认为：作为教育研究者或学科教师应具有三方面的知识或技能：一是学科专业知识；二是教育学专业知识；三是教育实践技能。[5]

尽管不同的学者对教师教育专业课程的基

本构成有不同的见解，但在基本的方面是有共识的，即一个教师需要掌握普通文化知识、学科专业知识、教育学科的基本知识、教育教学的基本技能和技术。根据这种认识，教师教育课程的基本结构大致上是由普通文化课程、学科专业课程、教育学科课程、教育技能课程和教育实践课程所构成。普通文化课程也可以称为人文学科课程，主要包括政治、经济、文化、科学、社会、伦理等方面的课程，其目的是为学生提供深厚的文化基础，使学生对社会和文化有全面的理解。学科专业课程所涉及的内容是教师教育专业的学生在未来要教的内容，包含该学科的基本知识、基本理论和基本技能。教育学科课程的内容是教育学、心理学、教育史、学校卫生学等方面的内容，学生通过对这类课程的学习能够全面理解教育原则、人的发展。教育技能课程主要是指做教师所必备的技能和技术，包括所教学科的教学方法、板书能力、语言表达能力、教师形象设计技术、教学设计、教育教学评价和测量、信息技术等，其目的是帮助学生具有教育教学的特殊技能。教育实践课程主要是教育见习和教育实习等，其目的主要是让学生把所学到的知识运用到教育实践中，并通过实践提高教育教学能力。普通文化课程和学科专业课程是教师教育的基础性必备课程，教育学科课程、教育技能课程和教育实践课程是教师教育专业的标志性必备课程。一个教师只有具备了这五个方面的知识结构，才能成为一名合格的教师。所以，无论采取开放还是封闭的教师培养体制，这五个方面的课程都是必须开设的。

确定以上五个方面的课程各自在整个课程结构中的比重是非常重要的。课程比重主要是指各类课程的学分或学时在总学分或总学时中所占的比例。20世纪70年代末，国际劳工组织和联合国教科文组织对70多个国家教师教育的情况做了调查，各国的教师教育课程差异性比较大。综合来看，学科专业课约占35%，普通文化教育和教育理论课各占25%，教师实践占15%。在整个职前教育中，学科文化课（前两项）约占60%，教育学科专业课（后两项）约占40%。[6]参照这种结果，我国教师教育课程结构的比重可以设计如下：一般文化课程占20%，学科专业课程占40%，教育学科课程为20%，教育技能课程占10%，教育实践课程占10%。这样，可以保证教师教育的双专业性质。

三、教师教育课程的改革策略

把教师教育作为一种边际性专业，我国教师教育课程的改革策略可以有三种选择：一是在独立定向的高等师范院校的教师教育课程体系中对教育学科专业课程结构进行一些微调；二是在师范院校内部对教师教育课程体系做较大的结构性改革；三是开放教师教育，建立开放的教师教育课程模式。

（一）独立定向型教育学科专业课程结构的微调

我国教师培养是以独立定向的师范院校为主体的，在不改变独立定向性质的情况下，通过增加教育学科课程的门类和改善这些课程的质量来提高教师的专业化水平。但这种课程模式发展的空间不大，所增加的课时不可能满足教师教育专业的要求。因为我国的高等师范院校课程是以综合性大学课程设置为标准的，国家或社会用综合性大学的学科水平来衡量高等师范院校，过多地增加教育学科课程必然影响学科专业的质量，达不到国家教学评估指标的要求，影响学校的学术声誉和学术地位。因此，对这种课程结构只能做有限的改革。不过在现行的体制下进行这样的改革是必要的，也是可行的。

以华南师范大学的改革为例加以说明，教

师教育的基本课程还是学科专业课程，改革主要是从教育学科课程设计着手的。课程设计的原则是课程结构化和微型化相结合。结构化是指课程门类增加，形成课程体系；微型化是指尽量压缩每门课程的学时，在总量上不增加太多的课时。教育学科课程是由教育学课程、心理学课程、学科教育课程、教育技术学、教育实践课程构成的。每一类课程形成微型结构：教育学课程是由教育学专题、教学理论和教学工作、德育理论与班主任工作、教育测量与研究方法以及教师学等若干门课程所构成；心理学课程是由心理学基础知识、教与学心理学、心理健康教育以及若干门选修课程所构成；学科教育学课程是由中学学科教材内容分析、中学学科教学方法、中学学科教学技能等微型课程所构成；实践课程由教育实习、普通话训练、三笔字训练等构成。教育技术学仍然是一门。全部课程有23学分，占总学分的15%左右。这种教育学科专业课程设计在其他学校，如华东师范大学、上海师范大学也已经实行。

（二）师范院校内部专业课程结构性改革

师范院校（包括教育学院）内部专业课程结构性改革是指，国家规定教师教育专业本科和硕士的基本课程门类、学时和学分、毕业标准，由师范院校中各专业院系为准备当教师的学生提供一般文化课程和学科专业课程，由教育院系为其提供专门的教育学科课程，为毕业生授予教育学士学位或教育硕士学位。这也是师范院校向综合性大学转化的第一步。它与我国目前的师范院校的不同之处在于，这种模式的前提是各专业院系按照综合性大学的模式办学，学生入学时并没有定向，只是那些愿意当教师的学生在学习本专业的同时或在本专业毕业后，到教育学院或教育系接受教育学科专业的系统的教育，毕业后到中小学任教，其余的学生则在本院系毕业。

这种结构性改革可以有多种形式：本科混合式、本科“3＋1”、本科“2＋2”、本科“3＋2”、教育硕士（“4＋1”或“4＋2”）。1. 本科“混合”式是指学生入校后在各专业院系选修一般文化课程和学科专业课程，同时在教育院系选修教育学科专业课程，毕业时授予教育学士学位。这种形式和我国现行的师范教育是相似的。2. 本科“3＋1”或“2＋2”式。学生入学后在各专业院系接受2年或3年普通文化课程和学科专业课程的教育，然后到教育学院或教育系接受1年或2年教育学科专业课程的教育，毕业后获得教育学士学位。3. 本科“3＋2”式。这种形式指教育学院或教育系招收其他学科专业专科毕业的学生或在职教师，为其提供2年的教育学科专业课程，毕业时可获得教育学士学位。4. “4＋1”或“4＋2”教育硕士。教育学院或教育系招收本科毕业并具有学士学位的应届毕业生或往届毕业生，为其提供1年或2年的教育学科专业课程，学生毕业可获得教育硕士学位。

我国推行师范院校内部专业课程结构性改革已经有了一定基础。现行的本科教育学专业很难招到学生，原因是它的目标是为中等师范学校培养教育学、心理学教师，而现在幼儿园教师和小学教师都开始趋向于本科化，中等师范学校已经完成它的历史使命，所以教育学专业必须把培养目标转向对数学、中文等学科的学生或在职的本科毕业的教师进行专门的教育学科专业课程的教育，使其成为真正的数学、语文等学科的教师。但无论是本科混合式还是本科“2＋2”“3＋1”“3＋2”或教育硕士（“4＋1”或“4＋2”），都需要在课程设计上以教师教育专业化为标准。所以，这就需要扩大师范大学中的教育学院或教育系的培养能力，使教育学院或教育系有能力承担这种专业化教育。

（三）建立开放型教师教育课程模式

开放型课程模式是指，允许所有有资格的高等院校设教育学院或教师教育学院，为所有愿意当教师的在读其他专业的学生或已经毕业于其他专业的人提供教育学科专业的课程，达到规定的教师教育课程学分和标准，就可获得教师教育毕业证书和相应的学位。发达国家在20世纪50年代后基本上都采用了这种模式。这种模式的优点很明显，既可以充分发挥各院校学科专业的功能，也可以使教师教育专业化；既尊重学生个人的需要，也满足社会对各种类型教师的需要。

推行这种模式有两种做法：一是把师范院校办成综合性大学，把原来的教育院系建成专门为愿意当教师的其他学科专业的学生提供教育学科专业课程的部门。这种模式在我国当前的情况下推行起来有相当的难度，因为国家政策还不允许把师范院校改为综合性大学。但国家允许师范大学办非师范专业，这就为独立的师范院校向综合性大学过渡打开了缺口，师范院校都办了非师范专业，如果非师范专业的种类多于师范专业，不就变为综合性大学了吗？师范院校改为综合性大学绝不是不要办教师教育专业，而是把原有的教育院系扩展为专门进行教师教育的部门。这样，其他各院系就专心进行学科专业教育，教育院系则专门进行教育学科专业教育。这样就不存在“学术性”和“师范性”之争了，也不存在教育学科课程抢占学科专业课程的时间问题了。

二是综合性大学和理工大学设教育学院，为愿意当教师的其他学科的学生提供教育学科专业课程。党中央早就有了这方面的政策，鼓励这些院校参与教师的培养活动。比如，早在1985年《中共中央关于教育体制改革的决定》中就规定：“其他高等院校也要积极承担培养中小学教师和职业技术学校师资的任务”。综合性大学和理工大学设教育学院来承担教师教育的任务，可以充分发挥综合性大学的学科优势，为中小学和职业技术学校培养各种类型的教师。目前一些综合性大学如北京大学、中山大学成立了教育学院。虽然这些教育学院暂时没有开展中小学教师、教育管理人员的培养，但它们迟早会进军教师教育、教育管理干部培训领域。清华大学经济管理学院已经开展了中学校长培训项目。

无论是师范院校变为综合性大学后的教育学院，还是综合性大学建立的新的教育学院，其培养模式都是开放的，其课程设置应体现教师教育的边际性专业特点。开放型教师教育及其课程模式是适合我国基础教育和职业技术教育发展的需要的，可以为基础教育学校和职业技术教育学校提供各种类型的合格的专业化教师。

总之，教师专业化和教师教育专业化既是世界性潮流，也是我国教师教育发展的客观要求。我国的教师教育课程改革需要考虑教师和教师教育专业的边际或双专业性质，把普通文化知识课程、学科专业课程、教育学科课程、教育技能课程和教育实践课程合理地结合起来。根据不同层次的培养目标确定各类课程的结构以及所占的比重，根据不同类型的学校选择不同的教师教育课程改革策略，并逐步把定向型课程模式转变为开放型课程模式，为我国基础教育和职业教育培养出高质量的合格教师。

参考文献：

[1] Anderson L W. *International Encyclopedia of Teaching and Teacher Education* [M]. New York: Pergamon, 1995: 6, 9, 16.

[2] Carr D. *Professionalism and ethics in teaching* [M]. London and New York: Routledge. 2000: 23.

[3] Murray F B, Porter A. *Pathway from the Liberal Arts Curricu-*

lum to Lessons in the Schools [A] // Murray F B. *The Teacher Educator's Handbook: Building a Knowledge Base for the Preparation of Teachers* [C]. Jossey-Bass Inc, 1996: 155-156.

[4] Henrietta S. *The Changing Nature of Teacher Education* [A]. John Sikula *In Handbook of Research on Teacher Education* (second ed.) Simon & Schustor Macmillan, 1996: 2.

[5] 黄崴. 论教育学类专业模式的改造 [J]. 课程·教材·教法, 1999 (10): 46.

[6] 苏真. 比较师范教育 [M]. 北京: 北京师范大学出版社, 1990: 381-383.

(原载 2002 年第 1 期)

教师教育课程体系研究

——以师范大学教育学院教师教育课程体系建构为例

万明钢

教师教育改革与建立适合现代教育发展的教师教育体系，是当前从事教师教育的师范大学十分关注的问题。与此相关的问题是，在师范大学普遍向综合大学转型的背景下，如何改革传统的教师教育模式和课程体系，以适应基础教育发展的需求，适应教师专业发展的要求。当前对师范大学转型与教师教育改革的探讨只是停留在对改革的背景、思路和定位等宏观层面的讨论上，而极少涉及师范大学转型后的教师教育模式，以及教师教育课程体系和教学内容问题的探讨。其实在改革的宏观思路上已经形成了一些基本共识，目前的关键问题是如何把这些共识落实到教师教育培养模式和课程体系建设中。本文以一所正在转型的省属师范大学和刚刚组建的教育学院为案例，对教师教育培养模式和课程体系进行探索，以期引起大家对这一问题的关注。

一、教师教育培养模式

长期以来，我国基础教育阶段的教师都是由独立设置的师范院校承担培养的，师范院校的专业设置是与中小学的课程设置相对应的。严格地说，师范院校只有一个专业即“师范专业”。教师培养是混合式的培养模式，即在学习专业知识的同时，增加“教育学”“心理学”“教育法”和教育实习，专业教育与师范教育混合在一起，在四年中完成。这一培养模式的弊端在于以下四个方面。1. 师范院校各个专业、学科的结构单一，偏重基础学科，学科之间缺少相关性。强调与基础教育课程对应，忽略学科之间的渗透和新的学科增长点，这会影响教师教育的发展水平。2. 所有专业既要搞学科建设，提高专业水平，同时又要进行师范教育，这就形成了师范大学长期以来争论不休的“学术性”与“师范性”的关系问题。最终的结果是，几乎在所有的院系中，师范教育课程与师资队伍建设都被忽视，教师教育的效果不能令人满意，教师教育又成了学校学科建设不完善、学术水平不高的借口。3. 师范教育在师范大学并没有得到应有的重视，课程内容陈旧、教学方法落后、脱离基础教育实际，不能对师范生教师角色的培养与教学能力的提高发挥应有的作用。4. 学生进入师范院校就注定要当教师，没有再次选择专业的机会，不利于学生个性和兴趣的发展，也不利于把真正热爱教育事业的学生吸引到教师职业中。

什么样的培养模式才能克服上述弊端，与教师教育改革的目标吻合起来？不同水平、不同层次、不同学科结构的学校采取的培养模式应该是不一样的。专业教育与教师教育分离是教师教育改革的一个重要步骤。随着国家高等教育进一步改革，师范生与非师范生的区分性逐渐淡化，大学的专业设置更趋于多元化，专业方向也将不断拓展，专业也会随着社会需求和科学技术发展而不断调整，不可能受制于基础教育的相关课程。未来的教师也需要基础深厚、口径宽广，具有创新精神和能力的专业人才。因此，高水平师范院校转型与教师教育改革的基本模式就是“综合大学＋教育学院”。[1]综合大学是目前较高水平师范大学的发展目标，每个学院和专业都应该按照综合大学学科建设标准建设自己的学科，学科建设综合化对于学校学科的发展、科研水平的提高、高质量人才的培养以及良好校园文化的形成都是十分必要的。多学科、高水平，综合化与教师教育水平的提高、教师教育地位的加强是相辅相成、相互促进的。师范大学在向综合化方向发展的同时，要全面整合全校教师教育资源，组建教育学院。教育学院不是师范大学的教育系或教育科学学院的简单翻牌，而是综合大学的教育学院。教育学院的主要功能有：为全校选择当教师的学生提供不同层次的教师教育培养模式和模块课程；培养教育类各专业本科生和研究生；教育科学研究，包括教育理论研究和实验研究以及为中小学教师的校本研究提供指导；承担所服务区域内中小学教师职后培训以及校长和教育行政人员的培训；为社会上愿意选择教师职业者提供教师职业资格证书所需要的培训课程和考试。教育学院的师资队伍不仅包括教育学、教育心理学和教育技术等专业的教师，还包括有不同专业学科背景的学科教学论教师。

师范大学转型和教育学院的组建过程中会遇到一些普遍性的问题。其一，我国没有真正意义上的“综合大学＋教育学院”的成功办学模式，目前在综合大学组建的教育学院，还不能提供不同层次的教师教育模块课程。因此，我们没有成功的经验可以参照。其二，传统师范大学混合式的教师培养模式根深蒂固，师范性已经渗透在各个专业的办学理念和行为方式之中。各专业学院与教师教育分离，在短期内还难以适应。尤其是各专业学院原来从事学科教学法教学的教师进入教育学院后感到失去了专业依托和根基。其三，地方师范大学必须承担相当规模的高中教师的培养任务，新组建的教育学院很少能全部承担本科和教育硕士层次教师教育的任务。因此，师范大学的转型以及新的教师教育培养体系的建立还需要一个较长的过程。

专业教育与教师教育分离后采用什么样的教师教育模式，这是目前参与教师教育的师范大学正在探索的问题，也是首先要回答的问题。这问题没有统一的答案，因为不同的学校办学水平和层次不同，服务的区域不同、培养学生的规格也不同。即使在同一所大学里，学生的选择也会不同。比如，北京师范大学提出教师教育培养层次要上移，[2]主要培养教育硕士和有硕士学位的教师，因此4＋x的教师教育模式就是一个适合的模式。地方师范大学目前受许多条件限制，还不能完全做到。好的教师教育模式既要保证培养的质量标准，同时还应该对学生具有吸引力。假如学生为了获得与其他专业相当的学位，而需要更长的修业年限，那么这个模式就没有吸引力。没有最好的，只有最适合的教师教育培养模式。从目前可行的角度而不是理想的角度来看，地方师范大学可以尝试选择3＋1教师教育培养模式。

二、教师教育课程结构

无论选择什么样的培养模式，都需要通过课程来实现培养模式的目标。师范大学传统的教师教育课程仅有“教育学”“心理学”“教学法”三门课程和一次教育实习。这样的教师教育课程体系无论从占用的课时比例，还是从课程的内在结构以及内容来看，都过分强调教育学科知识的完整性和系统性，注重理论而忽视实践。教师教育类课程在师范大学普遍不受学生欢迎，也远远不能满足职前教师教育培养目标的要求。从整体的课程结构来看，美国通行的教师培养模式有四种[3]。1. 基础公共课程占总课程的25％左右，专业课程约占总课程的50％，教育课程约占总课程的25％左右。2. 基础公共课程、专业课程（含教育实习）、教育课程各占总课程的三分之一左右。3. 4＋1模式，前四年完成本科学士学位基础公共课程和专业课程，后一年完成所有的教育课程（含教育实习），获得教育硕士或教师资格证书。4. 4+2模式，前四年完成本科学士学位课程（基础公共课和专业课程），后两年完成教育课程（含教育实习），获得教育硕士及教师资格证书。可以看到，无论采取哪一种模式，教育课程学时均占到了总学时的25%—35%，而目前我国各师范院校教育类课程学时（含教育实习）仅占总学时的10%左右。教师教育课程不仅质量不高，而且课时严重不足。教育课程与专业课程发生冲突时，人们总是强调专业课程的重要性，常常会牺牲教育课程。长期以来有一种错误的观念，认为大学的职前培养教给学生的是可以享用整个教师生涯的专业知识，把教师的职前培养看作一次性的、终结性的。这显然是一种过时的、与建构终身学习的现代教师教育体系的目标不相符的观念。

4+1模式增加学生学习年限，是在严格实行教师资格证书制度、教师职业资格准入要求很高的国家中普遍选择的培养模式。4+2教育硕士模式在部分较高水平的师范大学有限制地推行，在未来我国高中教育规模加速扩张的背景下，教育硕士模式不会很快成为主导的教师教育培养模式。因此在较长的一段时期内，3+1模式是愿意做教师的学生主要选择的培养模式。3+1模式的含义是学生4年完成占总课时25%的教师教育课程，包括教育实习和教育见习。教师教育课程从3年级开始介入，3—4年级的一半课程是教师教育课程，课时比例比原来混合式培养模式的教育类课程有较大幅度的提高。

3+1教师教育模式是职前教师培养模式，培养对象是高中教师。这一课程体系设计要充分考虑到未来教师应该具有的专业知识、专业能力、专业精神、专业伦理以及自我专业意识等方面，还要满足基础教育课程改革对教师的基本要求，为教师专业化发展、教师生涯的终身发展奠定一个良好的基础。接受这一培养模式的是受过良好专业训练的学生，教师教育课程体系中所讲的专业知识、专业能力是教师专业知识和教师专业能力。与培养目标相对应，教师教育课程体系包括培养专业知识、专业能力、专业态度与伦理、自我专业意识等方面的课程。教师教育课程体系中，学生至少要必修和选修3门专业方向的课程，这样可以使专业教育与教师教育之间有良好的衔接和过渡。

3+1模式中教师教育模块课程要能充分满足教师内在专业结构的要求，能最大限度地保证教师专业培养水平并为教师自身专业可持续发展打下良好的基础。课程的选择和设计还要考虑以下几个因素。1. 要全面反映基础教育特别是高中教育课程改革对教师的要求。2. 要适应和满足教师专业和教师生涯可持续发展的需求。3. 有一个合理的教师专业发展必须具备的知识、技能、技术、态度、情感和行为体系。4. 要适应学分制管理背景下学生选课的需求，因此要有足够的课程门数。课程分为必修课、限定选修课和任意选修课。我们在考虑教师教育模块课程的结构时，以教师专业发展和教师工作实践需求为导向，而不是以教育科学本身的系统性和完整性为导向，充分考虑不同性质的课程在教师专业结构培养中的功能以及在每一课程模块中的分布。

三、课程体系建构过程

课程体系建构关注的是通过哪些课程实现职前教师教育的目标，包括课程目标厘定、课程宗旨、结构与组织、教学科目、方法与时间分配等。教师教育课程从何而来，课程提出的依据是什么，这是教师教育课程研究中的基本问题。对这一问题的不同看法，直接影响教师教育课程目标的确定和课程体系的构建。从20世纪70年代起，就有学者对教师教育取向进行了分类，主要分为五大类。1. 学术取向：这一取向强调教师要清楚知道所教授的学科内容知识，注重学科知识传递。2. 实用取向：强调教师应是具备熟练技术及艺术气质的从业人员，教师既是研究员又是从业人员。3. 技术取向：主张教师应注重教学知识与技能，教师教育的目的就是使施教者能熟练地执行教学工作。4. 个人取向：强调教师在教育中能获得个人发展机会，教师教育课程注重培养教师个人心理发展，通过教师的个人修养、人格魅力、价值取向对教学产生影响。5. 社会批判取向：认为教育具有改造社会的功能，理想中的教师是具有反省能力和批判精神的公民。哈勃曼（Haberman 1990）认为教师教育应具备一套完整且确定的知识和技能，这些都是教育工作者共同拥有的、非一般大众所拥有的常识。专业教师的知识都是由理论、研究、专业价值和职业操守所衍生出来的。[4] 舒尔曼（Shulman 1987）把教师教育课程分为七大范畴。1. 内容知识：学科本位的知识基础，学生必须对所任教的学科有专业的和深刻的认识。2. 学科教育学知识：教授这些知识所需要的教学技巧。3. 学习者的知识：认识学习理论和学习者的特征，如教育心理学、发展心理学和学生辅导等。4. 一般教学法知识：针对课堂管理与组织的理念和策略。5. 课程知识：课程的基本理论以及对学校课程的认识。6. 教育脉络知识：了解教师群体的文化特征，学校、社区及政府政策之间的关系。7. 目的、价值、哲学和社会背景知识：即教育哲学、教育社会学、教育价值的知识。[5] 国内学者对这一问题的系统研究比较少见，更多是依据教师教育课程的问题，以及基础教育中出现的问题而强调教师某一方面的知识或能力的重要性。比如，强调教师的反思批判能力，强调对教学过程和教学行为的自我监控能力，强调教师应具有立足校本的教育、教学研究能力，等等。我们综合各种观点，把教师的专业结构归纳为专业精神、专业知识、专业能力、专业伦理和自我专业意识等几个方面。

在教师教育课程体系的研制过程中，课程的来源主要有以下几个方面：近年来基础教育课程改革教师培训中开发的一些比较成熟的课程，以及与新课程的理念比较吻合的课程，如“综合活动课设计与教学”“研究性学习”“地方课程与学校课程”等等；国际合作项目开发的培训课程，如“教育公平”“性别平等”“学校发展计划”；等等；国内外教师教育课程设置的经验，我国台湾、香港地区和美国、英国等国家综合大学教育学院教师教育课程设置的情况。与此同时，对中学教师和校长做了教师专业发展需求的问卷调查，通过他们了解师范大学教师教育课程存在的问题，以及当前基础教育课程改革背景下，教师的教育理论、观念、方法和专业发展的需求。我们还对西北师范大学教育学院教师、各学院从事教学法研究和教学的教师以及教育行政管理人员进行了问卷调查。在问卷调查、专题座谈、文献分析的基础上提出了职前教师教育的课程模块结构。

教育类通修课
- 必修课
- 限定选修课
- 任意选修课

专业方向课
- 必修课
- 限定选修课
- 任意选修课

教育教学实践环节
- 教育见习
- 教育实习

课程模块确定后，要进一步确定每个模块由哪些课程构成，这些课程是否能够实现每个模块的功能。笔者首先以开放式问卷的方式向大学教育学院教师、学科教学论教师、中学教师、中学校长征集教师对教育课程的设想。对征集到的课程进行整合并在表述上进一步提炼，确定了50余门教育类通修课程，每个专业方向分别确定了8门课程。最后把这些课程再反馈给被调查者，让他们对这些课程应该是必修、限定选修或是任意选修做出判断。根据三类课程容纳的门数和所占的课时数，以及被调查者对每门课选择的频数，确定了24门教师教育类通修课程。必修课、限定选修课和任意选修课的划分都考虑了对于教师职前培养的专业内在结构的相对完整性，即教育理论、教育理想、教育理念的相关知识和事实；教育技术、教育方法、教育控制的手段和操作性程序；教育体验、教育态度、教师的专业精神等三个方面。必修课是一个相对完整的，最低要求的教师职前训练课程体系。限定选修课与任意选修课是在必修课最低要求基础上的拓展，同时也充分考虑了不同性质的课程在教师专业结构培养中的功能与分布。

• 教师教育通修课

必修课8门：教育概论、儿童与青少年发展、教师专业发展、学习理论与实务、教育研究方法、教学测量与评价、基础教育课程改革概论、现代教育技术。

限定选修课8门（从中选5门）：国际比较教育、品德心理与品德教育、课程与教学原理、实用教育统计学、学习与教学策略（案例教学）、学校心理辅导（案例教学）、综合活动课程设计与教学（案例教学）、网络教育资源及其利用（案例教学）。

任意选修课8门：简明中外教育史、教师修养、多媒体课件制作与运用技术、教育行动研究（案例教学）、问题学生诊断与干预（案例教学）、课外活动设计与组织（案例教学）、课堂观察与分析技术（案例教学）、研究性学习设计（案例教学）。

• 专业方向课（以数学教育专业为例）

必修课2门：数学教学论、高中数学课程标准解读。

限定选修课（从中选1门）：数学思维与数学方法论、高中数学教科书研究、高中理科综合课程研究。

任意选修课：数学学习心理、初等数学研究、数学教师专业发展研究。

• 教育教学实践环节（必修）

教学实习8周，要求进入实习学校之前完成微格教室训练，并提交30分钟微格教室试讲录像带，教学实习应不少于8节课，并兼任不少于3周的班主任工作。课堂观摩与学校见习6次，并要求提交观摩记录和评课报告。

教师教育模块课程是基于学分制背景的，学生第4学期开始选修教师教育课程，给学生提供了一个较大的选择空间。教师教育课程总学时（含实习、见习）约占4年总学时的20%。课程突出了案例教学，课程开发的形式有教科书、活动指导书、活页、课件、光盘等，构成了教师教育课程包。在具体实施中，可根据各个学校和培养对象的具体情况进行调整。

参考文献：

[1] 钟秉林. 探索有中国特色的教师教育之路——写在北京师范大学建校一百周年之际 [J]. 求是，2002 (17)：46-48.

[2] 刘岸英. 教师专业化：教师教育的基本走向 [J]. 教育探索，2002 (7)：101-103.

[3] 钟秉林. 教师教育的发展与师范院校的转型 [J]. 教育研究，2003 (6)：22-27.

[4] Haberman M，Corrigan D C. *The Context of Teacher Education* [A] //W R Houston. *Handbook of Research in Teacher Education* [C]. Macmillan Publishing，1990：345-356.

[5] Shulman L . *Knowledge & Teaching：Foundations of the New Reform* [J]. Harvard Educational Review，1987：(57)：135-143.

（原载2005年第7期）

教师教育的课程设置与教学方法

王嘉毅

社会发展和基础教育课程改革对教师素质提出了新的要求。教师教育中的课程设置和教学方法、教学模式对教师素质起着决定性作用。怎样设置教师教育课程，改革教师教育中的教学方法和教学模式，以提高教师教育的质量，进而提高教师的素质就成为一个亟待研究的课题。本文就教师教育课程设置和教学方法改革提出一些具体设想，以期引起讨论。

一、当代社会发展和基础教育课程改革对中小学教师提出的新要求

社会发展和基础教育课程改革对中小学教师的素质提出了诸多新的要求或挑战，主要表现在以下几个方面。

（一）教师要有明确的教育理念

观念是行为的先导，观念对人的行为具有持久的影响。教育是什么，教育的目的是什么，学校是一个什么样的地方，教师的角色和作用是什么，学生是什么，好学生是什么样的，以及课程、教学、评价的功能与作用，知识、能力与个性的关系，等等，教师对这些问题的认识、体察等都会对教师的工作产生重要影响。教师对学生的期望，对课堂中学生行为的处理等，无不渗透着教师的信念。不管承认与否，教师的工作都是在一定的教学信念、教育理念和教育哲学的影响、指导、支配下进行的。教师对这些问题的自我认识是否明确、是否先进、是否持久，对于教育教学效果、教师专业发展以及人才培养质量等至关重要。作为一个合格的教师，特别是要想成为一个优秀的教师，就必须有先进的教育理念。

（二）教师要有清晰的角色意识

对于教师的职责、在学校中的角色等，学者已做了大量研究，也提出了许多新的观点。比如教师是知识的传授者、课堂纪律的管理员、学生的榜样、朋友与知己、心理治疗家、人际关系的艺术家，等等。可见教师的职责是多样的，教师的任务是多重的，教师的作用是多元的，教师决不单单是知识的传授者，即使在知识传授的过程中，教师的角色也是多元的，教师既是学生学习的组织者、帮助者、支持者，也是学生学习的咨询者、服务者和评价者。当代社会要求教师在教育实践中要明确自己的职责，担当多重角色。但在实际中，教师的职责往往简化为知识的传授者，而且相当多的教师都是被动地传授知识，单向地、以自己为中心来传授知识。

（三）教师要有能动的课程意识，具备一定的课程开发能力

在基础教育阶段，国家为了保证人才培养的质量，确保所有学生学习的权利，制定学生在接受学校教育期间应达到的标准，提高学生在接受学校教育期间的连续性和连贯性，是课程决策、课程标准制定和课程改革的主体。但教师也是课程决策、课程改革中必须予以考虑的重要因素之一。教师是课程实施的主体，要发挥教师在课程实施中的主观能动性。只有教师具有了能动的课程意识，课程设计的目标才能实现，而当教师具有了能动的课程意识和一定课程开发能力以后，才能以社会的需要和学生的特点为基础创造性地实施课程。在我国，长期以来中小学课程全国几乎都是一样的，地

方课程和校本课程很少。大多数教师都缺乏能动的课程意识，认为教学就是教教材，将教材作为教学的“圣经”，不敢越雷池一步，照本宣科、千篇一律，很少对教学内容进行进一步加工、创造。尤其是差异很大的地区、条件不同的学校、程度不同的学生，教学的内容、要求、进度乃至评价标准等都是一样的。教师创造性实施课程的能力较弱。

（四）教师要有较强的辅导和组织能力

教师作为特殊的职业人员，每天要面对学生，要通过交往、与学生的相互作用来促进学生发展。特别是在教学过程中，教师往往同时面对的是一批学生，而不是一两个学生。这些学生除了都是有感情、有思想、有动机的人以外，每个人的智力水平、学习基础、个人好恶、认知方式、自我控制能力等都是不同的。教师怎样将这些学生很好地组织在一起，使他们能全身心地投入到学习中，就显得非常重要。教师既要考虑教学的目标与任务、全体学生的学习及其进度，又要考虑不同学生之间的差异及其特殊需要；教师既要考虑自己为教学所做的充分准备，又要考虑学生的反应与感受，还要根据学生的反应和感受不断调整内容和进度。特别是一些学生在学习、发展过程中会有这样那样的特殊要求和特殊情况，比如过度焦虑、阅读障碍、缺乏动机、好动、粗心等，有些甚至还有较为严重的心理问题、行为问题。随着基础教育课程改革的深化，参与式教学、小组合作学习、综合实践活动、照顾个别差异、发展性评价，富有创造性班级（dynamic classroom）的营造等新的教学理念和教学方式不断出现，对教师的辅导、组织能力的要求就更高了。虽然教师不是万能的，不可能解决教育教学过程中的所有问题，我们也不能让教师承载太多，但在现实的教育教学过程中，教师如果不能妥善地处理这些问题或者处理得不是很好，不仅不能很好地完成教育教学任务，有时还会带来其他负面的影响，比如师生关系紧张，甚至发生师生冲突等。

（五）教师要有较强的专业发展能力

教师职业与其他职业的一个重要不同之处在于，教师的专业水平要与时俱进，不断提高。这是因为随着社会的发展和进步，社会成员包括学生在智力、知识、能力等方面都在不断进步。今天的学生与20年前的学生在很多方面已经有很大不同了。而且教师所教学科的学术研究在不断发展变化，知识在不断更新，课程在不断改革。特别是20世纪50年代以来，教育成为各个国家综合国力的重要指标，教育改革不断深化，新的教育理念、教育教学方法不断涌现。怎样根据外界的发展变化不断更新自身的学科知识和专业知识，对一个教师来说是至关重要的。尤其是在一个十分强调终身学习、学习化社会的时代，教师自身专业发展就显得更为重要。教师专业发展的途径很多，比如在职进修、自学、参加研讨会、开展教研、行动研究、反思性教学、课程开发、与大学或科研院所建立伙伴关系，等等。但从我国的实际看，除部分经济发达地区、部分重点学校以及少数教师以外，相当一部分教师没有机会或没有意识参与上述活动，专业发展能力十分有限。这一方面是由于政府和学校还没有建立起十分有效的教师专业发展支持系统，另一方面是教师自我专业发展的意识不强，专业发展能力有限，比如，相当一部分教师缺乏开展教学研究的方法和能力，缺乏教学革新的意识和动机。基础教育改革在不断深入发展，教师也应不断适应新的职业要求、不断提高自身的专业素养。如果教师具备了较强的专业发展能力，对教育改革的推进与深化就会有积极的促进作用。

二、教师教育课程体系和教学方法改革设想

基于上述考虑，笔者认为，现行的教师教育课程必须进一步深化改革。我们在调研的基础上提出了如下设想。

（一）教师教育课程设置的基本原则

在设计教师教育课程体系时，应坚持下面几个基本原则。

1. 能力训练与知识传授相结合。教师教育的课程要能切实培养、提高教师从教的能力，要用先进的知识“武装”教师，避免“后劲”不足。

2. 理论与实践相结合。课程的设置及其每一门课程的具体内容，既要考虑教育理论，使教师具备一定的教育理念或教育哲学，还要结合基础教育课程改革与发展的实际，将理论学习与具体实践相结合，使得学习的过程也是练习的过程、体验的过程、实践的过程。

3. 必修与选修相结合。从共同基础的角度提出一些共同必修课，要求所有将来准备以教师为职业的学生都必须修读，同时提供部分课程限定学生从中选修一定的学分。另外，提供大量的课程供学生选修，以进一步拓展他们的知识和视野，丰富理论素养，提高职业能力。

4. 教师的教与学生的学相结合。在课程的设置和教学模式的确立中，要考虑使学生成为学习的主人或学习的中心。在发挥教师主导作用的同时一定要发挥学生的主体作用，使学生形成积极主动的学习态度和以学习者为中心的观念，使这些理念潜移默化地影响他们，促使他们走上工作岗位后也能将教师的教与学生的学结合起来，正确地、充分地发挥教师的作用。

5. 课堂内与课堂外相结合。课堂学习只是学习的一部分，而且很不够。因此在课程设计和教学过程中，要通过设置问题情境、组织讨论、研究性学习、课外阅读等活动，使学生对教育教学中的问题产生浓厚兴趣，并乐于探究。

（二）教师教育的课程设置及其学分要求

经过调研和论证，我们认为教师教育课程应包括6个模块。每个模块中又分为必修、限定选修和任意选修。包括教育实习在内，应修满30学分以上方为合格（见表1）。

表1 教师教育课程的设置及其学分要求

<table>
<tr><th></th><th>必修（14学分）</th><th>限定选修（每个模块最少1学分，共12学分）</th><th>任意选修（最低4学分，上不封顶）</th></tr>
<tr><td>教育理论模块</td><td>教育导论（1学分）</td><td>教育哲学
教育史
教育与人的发展</td><td rowspan="2">当代中国教育改革
发达国家教育改革
中国教育简史
外国教育简史
中学语文课程研究（分学科）
当代语文课程与教学改革（分学科）
课程资源开发与利用
研究性学习及其组织
校本课程及其开发
教材开发与教材评价</td></tr>
<tr><td>课程与教学模块</td><td>课程理论与课程改革（2学分）
教学方法与策略（2学分）</td><td>课程设计
教学原理与方法
学习的测量与评价
中学语文教学方法与策略（根据学科方向选修）
活动课程设计与组织</td></tr>
</table>

续表

	必修（14学分）	限定选修（每个模块最少1学分，共12学分）	任意选修（最低4学分，上不封顶）
青少年发展模块	青少年发展（2学分）	学习理论 学生认知发展 学习动机及其培养 个性心理 儿童社会性发展	个别化教学 西方教学流派 参与式教学方法 品德心理 青春期心理 教育社会心理 网页制作 教育中的社会公平 性别与教育 发展性评价 校本管理 有效课程领导 有效教学领导 怎样听课与评课 课堂观察 研究设计 行动研究指南 质性研究方法 教育科研论文的撰写
教育技术模块	多媒体课件制作（2学分）	教学设计 教育技术应用 多媒体课件制作 网上教学资源及其利用	
辅导与管理模块	课堂组织与管理（1学分）	心理咨询与辅导 班主任理论与实践 学习困难儿童的诊断与帮助 课堂行为矫正 课外活动的组织与管理	
专业发展模块	教育实习（4学分）	教育研究方法 教育统计 教师的权力与责任 教师职业道德 校本教学研究指南	

说明：1. 每个学生应修够30个学分，方为合格；2. 每个学分20个课时，其中2个课时为复习、考试；3. 每门课程1—2个学分，具体课时在20—40课时，最长不超过40个课时；4. 教育实习为4个学分，时间一般应不少于8周。

（三）教师教育课程的教学方法

对于上述课程，在教学上必须改变传统的以教师为中心、满堂灌的教学方法和教学模式，代之以参与式、研究性、理论与实践相结合的教学方法和教学模式。具体设想如下。

1. 每节课讲授内容不宜太多，教师讲授时间适当控制，一般不宜超过一堂课的一半，给学生留出一定时间，使学生在课堂上开展讨论、思考、练习和反思。

2. 课程设计避免以往以理论为主的模式，应简明扼要地讲述理论的核心，使得学生易于掌握，易于记忆。在每节内容之后，留有一定的空白，要求学生经过思考后写下本节内容对自己的启发以及对具体的教育教学工作的借鉴。必要时可设计一定的练习或思考题，要求学生直接在空白处完成练习或写出思考题的答案。

3. 教材尽量设计成活页式和大16开，不宜太厚，使其既是教材，又是练习册、简便的笔记本和作业本。

4. 理论与案例相结合。尽量提供典型案例，并要求学生进行分析，讨论，以启发学生，促进学生思考。

5. 每门课程最好能设计若干个（比如2—3个）研究性课题，要求学生查阅资料，完成学习任务。一方面可以帮助学生掌握本门课程，另一方面可以进一步培养学生的研究能力，为将来的专业发展打下基础。

6. 每门课程或每章节后面，最好能提供进一步阅读的文献目录及其出处或网址，以便学生进一步阅读、学习。在一些课程的教材中，可以附上一些经典的文献资料，以便学生学习、阅读、参考或研究。

7. 对于各门课程的考试，应采用多样化的方法进行。比如论文考试、调查报告、课堂观察、课程设计、教案设计、课件制作、口试、小组辩论、课题设计，等等。

8. 承担上述课程教学任务的教师，不一定都是大学教师，部分课程或某些单元可以请中小学教师、校长或教研员等授课。

（原载2007年第1期）

教师教育课程不容忽视的内容：实践性课程

李孔珍

在我国教师教育中，通过职前和职后教育“获得并保持专门的知识和特别的技术”主要是通过相关课程来实现的，因此教师教育课程的设置与建构就成为我国教师专业发展的关键。教师这个职业不仅需要教师具有“教什么”的知识，还需要教师具有“如何教”的知识。在所教授的学科知识的广度和深度上，中小学教师可能难以比得上大学的专家和学者，但是中小学教师也拥有其他领域人员不具备的“专门的知识和特别的技术”，这种“专门的知识和特别的技术”关键就在“如何教”上。而“如何教”的知识和技术仅仅通过理论学习是不可能掌握的，必须通过实践性课程的学习才能有效获得。因此本文拟就我国教师教育实践性课程的现状、理论基础以及实践性课程的建构与实施做一分析。

一、我国教师教育实践性课程的现状

实践性课程是相对于理论性课程而言的。不同类型的课程是对不同类型与性质的知识选择、加工和组织的结果。理论性课程以理论性知识为核心，通常以阅读和讲授的形式进行，理论性知识包括学科、学科教学法、教育学、心理学和一般文化等原理类知识，即教师根据某些外在标准认为“应该如此的理论”。实践性课程以实践性知识为核心，主要以在实践中习得、体验、反思和分析等形式进行，是一种教师“在行动中反思”，理论与实践相结合，并以获得“如何教”的专门的实践知识和特别的技术为任务的课程，能够为教师建构个体教育实践性知识创造一种情境性的互动环境；实践性知识包括在教育教学实践中实际使用和（或）表现出来的知识和对理论性知识的理解、解释和运用原则，是教师内心真正信奉的、在日常工作中“实际使用的理论”，支配着教师的思想和行为，体现在教师的教育教学行动中。[1]

教师教育实践性课程的基本特征是回归实践，即职前教师和职后教师在具体的中小学教育教学实践中去有意识、有目的、自觉地寻求提高教育教学能力的方法。它主要表现在以下几个方面。第一，以现实的中小学教育教学实践为课程资源，强调以基础教育现实和未来发展需要为基本依据开展课程。第二，以亲身体验的、集体合作的学习为教学基本方式。强调教师、学生和教育教学情境之间的互动，注重在“教育教学实践”“反思”“观摩”“讨论”“比较”“评价”“实验”“探究”等一系列的活动中发现和解决问题，体验和感受具体教育教学实践情境，提高面对具体教育教学问题的决策能力和机智。第三，通过实践性课程，既发展对教育教学情境的思维判断能力，又促进教育教学过程中适宜的行动能力。第四，教师教育实践性课程是一种具有独立形态的课程，它超越具有严密的知识体系的学科界限，着眼于对教育教学综合能力的培养。

从国际比较的角度看，我国教师职前教育的实践性课程严重偏少。学科课程设置以理论知识的严密逻辑性和系统性为导向，教育专业课程也主要体现在对教育学、心理学和教学论等理论知识的掌握上。我国师范课程与具体教育教学实践相脱节。我国师范生除了毕业前4—6周的教育教学实习外，很少与中小学联系，而且仅有的4—6周的教育教学实习也多数没有进行严密安排，难以真正起到培养教育教学实践能力的作用。因此师范生缺乏实践感悟和实践经验，对于教育教学工作的胜任能力差，致使用人单位对刚毕业的师范生缺乏信心。而在国际上，“根据国际劳工组织和联合国教科文组织对70个国家的调查，教育实践类课程一般占教师教育总课时的15%。美国师资培训课程中有大约一个学期的时间集中用于教学实践。德国非常强调师范生的教育教学实践，不仅在大学阶段安排了实践，而且还规定了两年见习期。法国则将教育实习系统化和制度化了”[2]。在我国的师范生缺乏实践能力培养，而世界很多国家十分重视师范生实践性课程的今天，我们师范教育实践性课程的开设就显得十分必要。

从我国教师专业发展的需求看，我国教师职后教育的实践性课程存在着充足的需求空间。一项对广西中小学教师继续教育的调查表明，“实地考察、观摩型，同行介绍经验、教学展示、共同研讨型，观看、评析名师课堂实录型，案例型，参与式培训”等教学模式较为受教师欢迎，“教师们普遍反映培训质量最不满意，有形式化现象，主要表现在课程设置缺少‘针对性’、‘实用性’，理论和实际相脱节”[3]。山东省莱芜市教育局对当地中小学238名一线骨干教师进行的调查显示，一线教师将“专家讲座、主导灌输型”的培训列为“不需要的培训方式”榜首；与课堂教学直接相关的内容是中小学教师培训关注的焦点之一，教师在培训中最想学习的内容是“课堂教学的技能和技巧”“提高自身修养”“教育教学研究方法”等。[4]这些调查结果表明，在我国教师职后教育中，针对性、实用性强的“实地考察、观摩、同行介绍经验、教学展示”等与中小学教育教学实际情境紧密相连的实践性课程对于教师的专业成长具有不可忽视的作用，中小学教师更乐于在实践性课程中去获得教育教学的技能和技巧，提高自身修养和学会教育教学研究方法等。

就我国教师教育目前的情况看，无论是职前还是职后教育，实践性课程都已经成为不容忽视的重要内容。一方面，从用人单位对于师范生实践能力的期望和职后教师对于实践性课程的渴望中，我们已经深刻感受到我国教师教育对于实践性课程需求的强烈程度；另一方面，从世界各国教师教育对于实践性课程的重视可以看出加强实践性课程是教师专业化发展的必然趋势。因此，我们必须转变观念，认识满足教师专业发展需求的重要性，提高实践性课程的地位，并采取切实有效的行动，努力促进我国教师教育实践性课程的成功建构与实施，以极大地提升我国教师专业发展水平。

二、教师教育实践性课程的理论基础

教师教育实践性课程的提出有着重要的理论基础，其中，现象学教育学、形象互动理论和皮埃尔·布迪厄的实践理论对教师教育实践性课程的理解有着重要意义。

（一）现象学教育学重视教育教学实践浓厚的情境性

从现象学视野看，中小学课堂情境是复杂多样的，教育教学实践具有浓厚的情境性。20世纪70年代以来，西方教育科学领域发生了重要的“范式转换”，教育专家发现仅仅探究普适性、确定性的教育规律是不能满足解决现实的教育问题、描述教育现象的需求的，因而转向寻求情境化的教育意义。现象学教育学大师马克斯·范梅南把教师知识看作动态的、随情境变化的，他所探讨的教学机智正是对具体教育教学情境和实践深刻领悟的结果。他认为，“成人所施加的影响都是发生在具体情境之中，常常非常微妙……这种影响永远也不能完全预测和控制。而且，由成人促成的影响是形成性的——它引导儿童的身心健康不断成熟和成长。”[5]21

随时可能变化的情境存在偶然性。情境的偶然性来自情境中的构成要素具有令人难以置信的丰富意义。我们关心的是一个或一群具体的孩子，他们有着特别的生活经历，有着具体的心思或一系列的问题，生存于一个具体的情境中。而这个具体的情境有着一组具体的关系，受一个具体的情感氛围支配。每一个教育学理解的机遇都是不同寻常的。[5]114 对于具体的教育教学情境来说，面对“有着特别生活经历”的“一个或一群具体的孩子”，如何做才能做到最好，从来没有现成的答案，这是一个永远存在未知变化的世界，即使最有效最系统的规则也无法给所有可能的偶然事件提供明确的指导。教师正是在这种不确定的、多种选择的具体教育教学情境中获得真实的教育体验，教师工作在具体的教育教学情境中时刻充满了创造性。库尔特·勒温创立的认知—场交互作用理论把对学习意义的解释集中于情境的各个方面，也正是基于这样的事实。如果没有经历这样的具体情境并对其加以分析，没有这样的实践活动，那么只有在教育教学实践中才能体验到的教学机智就难以形成。在这个意义上，“教师对教育教学情境敏锐的观察与判断，对问题分析的清晰与透彻，对学生状态和心态的准确把握，对突发事件的恰当处理等教育智慧均来自实践”[6]，而且只能来自教育教学实践。

（二）形象互动理论强调教育教学行动中教师与学生之间的互动和彼此影响

从形象互动理论的视野看，教师个人的教育教学行动是教师与学生之间互动和彼此影响的结果。形象互动理论的创立者米德认为：“社会是由一群互动的个人所组成，个人之间的互动靠思考能力归纳、命名、分类社会互动过程的象征符号，并予以诠释，然后决定行动。而个人在此互动的实体中，所表现的行为不是单向的现象传达，而是彼此影响……每个人的自我发展是依据个人所经历的互动情境。在该情境中，个人根据自我的主观判断及角色取替的能力，去解释互动情境中符号所代表的意义，然后决定自我的行动。”[7] 按照这一理论，教师的教育教学行为在一定程度上是教师与教育教学情境交互作用的结果，而不是教师个体对教育教学情境的机械反应。

形象互动理论说明，教育教学情境中的实践智慧不是仅仅通过课堂理论学习就可以拥有的，需要在具体的教育教学情境中通过各种互动而积累。实践活动的原则是一些经由文化的长期积淀而形成的实践图式，这些图式是自身模糊的、并常因情境逻辑及其规定的几乎总是不够全面的观点而异。[8] 教师一次次地面对各种教育教学情境，通过各种形式的互动，例如与专家、同行和学生就某种教学片段的共同分析、判断和总结，观摩有经验的教师的授课，等等，不断地积累，逐渐认清自己作为某所学校、某个班级、某门学科教师以及某个学生的老师的地位和角色，准确理解和解释各种“互动情境中符号所代表的意义”，并迅速决定需要采取的行动，形成教学机智。教育教学情境中的实践智慧和教学机智是教师与学生互动和彼此影响的结果，离开了教师与学生在实践中的互动，这种实践智慧和教学机智就难以形成，而教师教育中教师与学生在实践中的互动和彼此影响只有在实践性课程中才能实现。

（三）实践理论关注教育教学中的“时间”向度

皮埃尔·布迪厄的实践理论特别强调了“时间”对于实践的影响。教育教学中的“时间”向度对于实践性课程有着特别重要的意义。他认为：“实践的时间结构，亦即节奏、速度，尤其是方向，构成了它的意义。”[9] 教育教学情境与时间概念紧密相连，任何教育教学情境都是一定时间维度中的情境，时间是个向量，它从一点开始，一直匀速前进，不会因为任何原因而稍有停留，它的不可逆性使得在某个时间点或者情境下适合做某件事情和能够做某件事情具有了独特的价值，“时机”成为教育教学成功的重要因素。教师在教育教学过程中对时机的有效把握就显得尤其重要，在某个特定的情境下，当某一时机到来时，教师身处实践过程中没有多少时间来驻足静观、反躬自省，必须尽可能快地对各种情况做出恰当处置……，如果行为人错过了时机或规定的时间，再好的决定也没有价值。皮埃尔·布迪厄称其为时间的“紧迫感”。之所以紧迫，是因为教师事先并不知道在这个时候会有这样的时机。对时机的有效把握能力同样只有在实践中通过亲身体验和不断积累才能得到提高。

三、实践性课程的建构与实施

上述理论分析说明，职前和职后教师教育离不开具体的教育教学情境，教师只有在实践中、在与教育教学情境互动的过程中，才能逐渐形成有效把握“时机”的教育教学能力，积累实践智慧，形成教学机智。因此，教师教育实践性课程的建构与有效实施离不开教师教育研究者与中小学教师紧密结合，离不开中小学专业教师的实践智慧，需要具有多样化的形式。

（一）教师教育研究者与中小学教师的紧密结合

实践性课程的建构建立在教师教育研究者与中小学教师紧密结合的基础上。一方面，没有参与过中小学教育教学实践的理论研究者身处中小学教育教学实践之外，与中小学教育教学实践本身存在着一定的距离，因此在教师教育实践过程中，难免存在对于师范生和中小学教师来说过于抽象的言论。师范生对于教育理论课程缺乏兴趣，原因之一就在于教师教育者没有与中小学教师紧密结合，没有投入到中小学教育教学实践之中，其课程难以与现实结合；这也正是为什么在中小学教师培训过程中，一线教师将“专家讲座、主导灌输型”的培训列为“不需要的培训方式”榜首。[4]也就是说，理论研究者对教育实践行为的外在观察和分析，如果没有实践者参与，不考虑实践者的主观感受和反馈，就难以客观、准确地反映中小学教育教学实践的真实面目，从而也就不能完全满足师范生和中小学教师的需求。从另一方面看，“一般情况下，实践工作者身处实践系统之中，拥有丰富的‘实践感’，但很少把‘实践’作为一种谈论的主题，他们要谈论的只是实践的诸多细节、困难和策略问题”。任何实践行为只有“有限的合理性”，缺乏或抵制理论研究所具有的从容不迫与“充分的合理性”。[9]因此，中小学教师在实践过程中产生的往往只是感性认识，难以上升到理论层面；同样，如果教师教育研究者不了解实践，教师教育就会脱离实际，而且研究者的研究成果就难以最终运用于中小学教育教学实践，这样的研究就难以有实际价值。只有教师教育研究者与中小学教师这些教育教学实践者紧密结合，共同探讨和研究教育教学问题，才有助于在日常教学中把教育理论与中小学实际联系起来，从而引起师范生和受训教师的共鸣，促进实践性课程的有效实施。实践性课程如果没有教师教育研究者与中小学教师的紧密结合，脱离了共同探讨和研究的性质，仅仅走过场或者仅仅表现为一种形式，就失去了实践的意义。

（二）中小学专家教师实践智慧的充分发挥

实践性课程的建构需要发挥中小学专家教师的实践智慧。20世纪70—80年代，一些研究者运用信息加工理论对可观察行为后面的教师思维过程进行了研究，其中对专家—新手的对比研究发现，专家教师比新手教师更能有选择地注意和识别与教学任务相关的课堂信息并加以利用，更准确地分辨课堂中典型和非典型的学生行为，以“组块”方式感知事件和形成常规，因而有高效的教学行为；对课堂问题情境的表征更加深刻和丰富，从而能形成更合理的解难策略；在课前计划、课堂决策和课后反思三个阶段均显示出更丰富的认知图式。[10]信息加工范式的这一研究从可观察的教师行为，深入到了教师行为背后的认知世界。它表明专家教师的教育教学经验和认知策略在教师教育过程中可以成为非常宝贵的课程资源，可以在教师教育研究者和普通中小学教师之间起到重要的桥梁作用。

就职前教师教育而言，可以把师范生带出去，或者把专家教师请进课堂来，请专家教师以专题讲座或者经验介绍或者课堂观摩与评价等形式给以指导，有助于提高学生对教育教学理论的理解和对教育教学实践的体验与感悟。对于职后教师培训，更应发挥专家教师的实践智慧，克服单一的专家讲授方式。专家教师由于与普通教师身处相似的教学环境，比专家学者更加熟悉教育教学实践，更加了解教师在教育教学实践中普遍关心的问题与困惑；同时他们在长期实践中已形成了自己独到的认知方式，摸索出了众多的解决实际问题的方式方法，有着丰富的鲜活的教育案例和教育教学经验，因此专家教师的授课培训比专家学者的讲授更切合实际，更有针对性和适用性，更能满足普通教师的需求。

（三）实践性课程多样化形式的有效运用

实践性课程可以有多样化形式。多样化形式有助于教师教育过程中师范生和中小学教师从不同维度和不同侧面提高对教育教学的认识水平，从而增强实践能力。

对于职前教师教育，主要可采取如下形式。（1）实际案例分析系列。大学教师可带领师范生参加中小学实践活动，或者看教育教学录像等，选择某节课、某个班会或者某件事情的处理过程等中小学的实际教育教学事件作为案例，运用教育学和心理学理论进行探讨和分析，找出可取之处，吸取不成功的教训，探索更好的方式。（2）中小学课堂教学技能技巧系列。这个系列课程可邀请多个中小学专家教师承担，给师范生提供观摩和在实际教育教学中应用的机会。（3）教育教学经验交流系列。请中小学领导、教师及家长等以多种方式给师范生介绍教育教学经验。（4）实习、见习系列。包括在不同阶段和时间实地考察、观摩，深入课堂、学生活动等实际教育教学情境中并亲身体验教育教学实践，实行导师制（即由中小学专家教师指导）等。美国选择性认证培训就特别注重这种方式。奥马哈地区公立学校与内布拉斯加大学合作开发了少数族裔实习教师项目，少数族裔学员跟着专家教师在教室里实习，在这样具体的中小学教育教学情境中，实习教师的课堂管理技能、交流技能、教学风格与策略等就受到了潜移默化的影响。

对于职后教师教育，即教师培训，主要可采取如下形式。（1）导师制。使新手教师在具体的中小学教育教学的情境中得到专家教师的引领。例如美国的导师制为解决新手教师工作初期的常见问题提供了良好的方式。导师在课堂及学生的管理、调动学生积极性、与学生家长的沟通，教材处理、备课、上课、教学效果评估等很多方面指导新手教师，对新手教师的专业和个人发展提供了有效帮助。（2）校本培训系列。校本培训在考虑学校特色和学生不同水平的基础上，整合全校教师的力量，使学校教师形成稳定的健康的协作关系，有利于专家教师的教育教学经验和研究成果在全校范围内扩散并传播，使新手教师迅速并有针对性地建构自己的实践性知识，同时促进专家教师不断探索、发展。（3）教师发展学校培训系列。美国20世纪80年代以来的教师专业发展学校（Professional Development School，PDS）和中国近年兴起的教师发展学校等把中小学教师与大学教师组成合作小组，以有效提高中小学教师教育教学水平。大学教师深入中小学课堂实践，运用教育学和心理学的理论去分析中小学教育教学实践，中小学教师在大学教师的指导下学会发现问题和解决问题，提高分析和研究能力。这不仅改善了大学教师教育的整体计划，而且打破了大学与中小学的相互隔绝状态，给予了在职教师专业发展的机会。（4）多渠道交流系列。例如学校与学校之间、学区与学区之间等定期召开研讨会和进行教学展示；召开教育教学经验交流会；召开由大学教师、专家、中小学校领导与教师、家长、社区人员、学生等多方人士参加的研讨交流会等。

教师教育实践性课程对于教师获得“专门的知识和特别的技术”，对于教师专业成长具有不容忽视的作用，应当被列入正式的课程体系。它有利于把学习内容置入中小学教师的教育教学实践情境中去，基于真实的教育教学情境，使学习者在问题解决的过程中体验和感悟，激发学习热情；有利于促进学习者把学习的理论和技术，在实践中通过不断探索和研究积累的体验和教学机智具体应用于教育教学情境之中；有利于教师教育研究者和中小学教师实践共同体的创建，为职前和职后教师提供合作与交流的机会，并在合作与交流中建构实践性知识。

参考文献：

[1] 陈向明，实践性知识：教师专业发展的知识基础［J］. 北京大学教育评论，2003（1）：105-107.

[2] 薛赛男. 发达国家教师教育课程设置的特点及启示［J］. 世界教育信息，2006（10）：30-31.

[3] 钟海青. 广西中小学教师继续教育的调查分析与对策研究［J］. 教育发展研究，2006（22）：81-87.

[4] 叶莎莎，柴葳. 一线教师不欢迎“说教式”培训［N］. 中国教育报，2005-11-02（2）.

[5] 马克斯·范梅南. 教学机智［M］. 北京：教育科学出版社，2001.

[6] 杨骞. 教师专业发展五步曲［J］. 教育研究，2006（4）：80-84.

[7] 李其龙，陈永明. 教师教育课程的国际比较［M］. 北京：教育科学出版社，2002：261-262.

[8] 石中英. 论教育实践的逻辑［J］. 教育研究，2006（1）：3-9.

[9] 皮埃尔·布迪厄. 实践感［M］. 蒋梓骅，译. 南京：译林出版社，2003：126.

[10] Berliner D C. In Pursuit of the Expert Pedagogue［J］. *Educational Researcher*，1986（7）：5-13.

（原载2007年第9期）

论教师职前教育的经验课程

李学农

教师教育机构中所开展的教师职前教育，是为学习者从事教师职业活动所做的准备。教师教育课程就是教师职业准备的课程。在一定意义上说，教师教育课程质量决定教师培养的质量。为使教师职业准备者能在入职前发展起职业所要求的基本素养，近来教师教育课程改革愈来愈重视“实践”。这种倾向是颇有意味的。但教师教育课程中的“实践”问题实质是什么？“经验”和以它为基础的“经验学习”“经验课程”概念，可以对教师教育课程中的“实践”问题给予一定的学术解释。

一、经验观与经验课程

经验课程作为现代学校课程体系中的一类，日益受到重视，因而已广泛地存在于“小学、中学、大学本科和研究生等各个学习层次”[1]39。但是，对于这样一类普遍存在的课程，人们的认识常常大相径庭。这是因为人们的“经验观”是不同的。经验观不同，对经验课程的认识也不同。

在托斯顿·胡森（Torsten Husen）和纳维尔·波斯特尔斯威特（T. Nevlle Postlethwaite）主编的《国际教育百科全书》中对经验课程（或“经验为基础的课程”，Experience-based Curriculum）有一个比较全面的评述。这个评述是从一个“经验学习”的定义开始的。这个定义是：经验学习就是“学生直接和被研究实物相接触的一种学习。典型的经验学习往往不仅涉及对研究对象的观察，而且还包括观察者自己所做的努力，例如，测定实物的动态状况以增加对它的了解，或者运用所学的原理获得预期的结果”[1]39。这样一种经验学习立足于学习者和“被研究实物相接触”，它的经验观就是学习者通过接触实物而获得相应的“经验”。从这样一种经验观出发，经验学习的范围可以非常广泛，凡不凭借符号性的语言（书写的、口述的、听觉的或视觉的）进行信息吸收式学习，而是在自然的、人工的、社会的和文化的环境中进行的学习，都可纳入经验学习的范畴中。[1]40这样一来经验课程的范围就非常广泛：劳动、调查、社会服务、临床实践等，都可纳入经验课程的范围。也因为如此，泛化的经验课程，其效用反而要受到人们质疑。

讨论“经验课程”，我们不能不讨论美国著名教育家杜威的“经验观”。杜威把“经验”放在他的哲学思想的中心，也放在他的教育思想的中心。“经验”概念，不仅是他的哲学思想的特征，也是理解他的教育思想的关键所在。由他的“经验观”而产生了课程史上一种重要的课程——经验课程，也因为对“经验观”的不同理解，而使得经验课程在发展中变得复杂起来，在实施中也遭遇种种困难。在当代，不同类型、不同层次的学校课程建设中，都不能回避经验课程。这一事实至少证明了杜威所提出的“经验”所具有的教育价值；经验课程建设所面临的困难也表明深刻地把握“经验”的学理内涵，是推进经验课程建设的关键。

杜威的“经验”概念，包含着一种“认识论”，也可以说杜威做出了一种有着重要价值的认识论上的发现。在杜威看来，人和自然之间所建立起来的“认识”关系，是由“经验”建立起来的。“经验乃是被理智地用来作为揭露自然的真实面目的手段。它发现：自然和经验并不是仇敌或外人。经验并不是把人和自然界隔绝开来的帐幕；它是继续不断地深入自然的心脏的一个途径。”[2]这可以视为一种个体的“认识论”。杜威揭示出的是：每个人（具体的人）认识自己周围的事物或环境，不是简单地得到了别人告知的知识，从而认识了自己周围的事物或环境；而是个体在与自己周围的事物或环境的互动中，建立起了联系，获得了认识。他在《民主主义与教育》一书中指出，经验包含一个主动的因素和一个被动的因素，这两个因素以特有形式结合着。只有注意到这一点，才能了解经验的性质。在主动的方面，经验就是尝试——这个意义，用实验这个术语来表达就清楚了。在被动的方面，经验就是承受结果。我们对事物有所作为，然后它回过来对我们有所影响，这就是一种特殊的结合。经验的这两个方面的联结，可以测定经验的效果和价值。单纯活动，并不构成经验。这样的活动只是分散的、有离心作用的、消耗性的活动。作为尝试的经验包含变化，但是，除非变化是有意识地和变化所产生的一系列结果联系起来，否则它不过是无意义的转变。当一个活动继续深入承受的结果，当行动所造成的变化回过来反映在我们自身所发生的变化中时，这样的变动就具有意义，我们就学到了一点东西。[3]

这样一种个体在与“客体”的直接互动中，建立起的联系、获得的认识就是“经验”。“经验”就成了深入认识自然的途径—中介。在这个意义上讲，个体的人对于自然认识的深入，就是“经验”的发展。从这样一种认识论出发，教育活动中受教育者的发展，就是“经验”发展。杜威的教育理论就是建立在这样一种“经验观”基础上的。用这种经验观看儿童的生长发展，儿童是作为一个主动者与他的环境因素发生互动，从而把握了自己与环境的关系，取得了“经验”。杜威正是试图在这样的经验观基础上建立他的经验课程。

经验观在杜威那里是一种认识论思想，是有着“尝试”目的的，同样可以用“实验”一词来表达。但是，对这种“实验”的经验观，人们在理解上将“经验”概念泛化了：凡与实际接触都被认为是“经验学习”。如果花费大量的时间，开展这样一种在泛化意义上的经验学习，那么所设置的经验课程在效率上、规范性上就不能不受到人们质疑。在杜威的“经验”观点里，没有尝试目的且没有获得结果反馈的行动，就没有经验的习得，也是没有意义的，因而不属于“经验学习”。

同时，在理解杜威的经验观时，也不可把他的经验观简单地推论到所有的具体环境中，特别是不可推论到高等教育的环境中。把“经验”视为人与认识客体——自然界的“中介”，在一般认识论上看，意义是重大的；从教育活动看，意义也是重大的。这是杜威的贡献。但是，这种经验观在运用于教育实践时，必须注意不同发展阶段上教育对象的“经验”发展特点。杜威在《民主主义与教育》一书中所描述的孩子与他的认识客体的互动，是一种没有他人经验介入的互动。但是，事实是：人认识与把握自己周围的世界，不是单纯的个人活动，同时依赖于他人的经验，乃至人类整个族群的经验。就每一个体而言，认识与把握自己的周围世界，并不能简单地依赖现成的族群经验，而必须在个体与认识对象的互动中建立起联系。这种联系就是“经验”。杜威所指的“经验”，是这样一种个人把握自己与周围世界关系的成果。正因为如此，在杜威看来，人的生长过程就是“经验改造”的过程。但是，个体与环境的互动，总是有他人经验介入的。如果上升为知识体系的族群经验介入个体与环境的互动时，经验的取得就包含了知识的运用。

族群经验与个体经验，在个体发展过程中都是重要的，但是两者所占比重是不同的。儿童尚未面对专门的实践领域，个体经验刚刚开始发展。如果因为儿童发展阶段接受族群经验的重要性，而否定儿童个体经验发展的重要性，当然是错误的；但是，如果只强调儿童个体经验的发展，而忽视了儿童对族群经验的接受，同样也是错误的。随着儿童年龄的增长，越来越接近成人世界，越来越接近个人的专门实践领域——职业领域，个人经验就显得越来越重要。这不仅体现为经验课程在高等学校课程体系中“量”的增长，而且体现为经验课程的“专门化”。在高等教育中，经验课程是专业知识与专业实践领域结合的课程。

二、教师职前教育范畴中经验课程的重新审视

在教师培养中，对“实践”的重视并不是新近的事。从制度化的专门培养教师的活动出现之始，学习者的实践就被给予高度重视。几乎伴随教师教育活动发展的“实习”概念，就是一个证明。换句话说，“经验课程”在教师教育活动中一直都存在。

教师教育活动中经验课程的存在，并不表明人们对教师培养活动中，特别是教师职前培养活动中对经验课程建设认识已经充分。在教师职前教育的“经验课程”建设中，至少有两个方面的问题应引起我们的重视：一是以怎样的“经验观”来认识“经验课程”，二是“经验课程”要发展的师范生的“经验”或“教师职业经验”应是怎样的。下面我们分别来论述。

（一）教师职前教育经验课程的“实验”性质

从作为一种主体存在来看，人正是因为建立了一个作为自己认识与改造对象的客体世界而成为“人”。从与客体世界的联系来看，人又正是以“经验”建立了自己与客体世界的联系。人以经验为“中介”实现了自己与世界的统一性。

杜威从儿童的生长出发对“经验”的解释，同样适用于教师职业准备者。教师职业准备者，在教师职前教育机构中，就是为教师职业做准备的师范生。教师教育机构要为师范生提供关于教师职业所需要的一般教育知识与技能。但是，一个教师并不是了解了教育的一般知识与技能就可以开展教育活动，他必须在自己与教育世界的互动中运用教育的知识与技能，从而建立起自己与教育世界的联系。这就是“经验”——“教育经验”或“教师职业经验”。没有这个经验，要有效地开展教育活动是不可能的。

“经验”之所以重要，是因为“经验”是人与他的活动对象的连接点。“经验”这个概念，很好地解释了个体的人与周围世界的联系方式、把握方式。关于“经验”的这样一种理解，也能够很好地解释“经验”在教师专业发展中的重要意义。一个学习做教师的人，必须能够成功地建立起他与教育世界的联系——教育经验。在这个意义上，教师的专业发展也是积累教育经验或教师职业经验的过程。

这种建立教师职业准备者与他的实践对象之间关系的经验学习过程，不是一般人们所认为的获得所谓“感性”认识的过程，而是一种有目的的“尝试”过程，即“实验”的过程。“实验”同一般获得感性认识的不同之处在于：获得感性认识是没有明确目的的，而“实验”则是运用已获得的认识在实践中进行“探索”。教师职前教育中的经验课程不仅是让师范生获得教育实践的感性认识，更是在教育实践中“探索”，在一定的教育理论指导下进行探索，从而建立起自己与教育世界的联系。

教师职前教育中的“经验课程”的性质应

当是“实验”的。“做”是经验课程的重要特征，但是实验性质的经验课程一定意味着带有目的性的“做”——目的性区分了“实验”的“做”与“非实验”的“做”；在做的过程中得到做的“结果”，这种结果又影响了学习者，从而让学习者从结果中学到了书本上没有的，但又是职业实践活动中必须掌握的东西。学习者有没有受到“做”的“结果”“影响”，是实验性质的“经验学习”有没有发生的重要标志。

实验性质的“经验”是动态的，是经验的发展，也是人的生长与发展。对接受教师教育者来说，就是教师职业素养的生长与发展，而不是指人们在实际生活中偶然的、盲目的遭遇。人在生活中，会看到、听到许多事情，但是这些偶然的、盲目的生活经历并不建立一种目标与结果之间的联系。因而，这里没有产生“生长”“发展”意义上的“经验”。在教师职前教育活动中，盲目开展的实践活动没有在教师专业发展目标与结果之间形成联系，也没有“专业成长”，或“经验”的发展。

（二）“教育经验”是教师职前教育经验课程建设的基础

经验课程建设，说到底就是对“经验”的把握，因为在这类课程中发展学习者的某种“经验”，是课程设置的目的所在。对“经验”的把握，有两个层面：一个是就人的一般发展而言的认识经验，这是我们在上文已作较为充分讨论的“经验观”问题；另一个是指某一具体经验课程作为出发点的专门领域的“经验”。在教师职前教育活动中经验课程的出发点是“教育经验”。对教育经验的认识，影响教师教育活动中经验课程建设的方向与质量。

如果把“经验”简单地理解为与实际接触的结果，那么教育经验也就是教育者与教育实际接触的结果。这样一种关于教育经验的认识，不可能产生严格意义上的经验课程。尽可能地为师范生提供接触教育实际的机会，就成为唯一选项。

如果我们把经验理解为个体的人与他的活动对象之间在实践中建立起来的有效互动关系的结果——“联系”的结果，那么教育经验是一个教育者在实践中与自己教育对象之间建立有效互动关系的结果。这种教育中的有效互动关系，其标志是教师促进了学生的发展。

如果一个教育者，未能有效促进学生发展，他就无法取得相应的教育经验。在这种状况下，他有再多接触实践的机会，或者说无论他在有关的实践中花费了多少时间，都没有“经验学习”的意义。

对教育经验进行研究是教师教育经验课程建设的重要课题。这里还仅仅是从教师职前教育经验课程建设出发提出了问题。

三、教师职前教育中经验课程建设的基本构想

虽然在接触教育实际意义上，教师职前教育活动中的经验课程早已存在，譬如实际的学校生活观察、教育调查、教育见习和实习，等等，都可纳入经验课程的范围，但是，建立在严格的认识论意义上的教师职前教育经验课程还没有真正建设起来。建设起这样一种课程，尚有一些重要问题需要深入研究，所以这里作为一种初步探讨，还只是提出教师职前教育中经验课程建设的基本框架，以便为教师职前教育中经验课程建设提供一种参照思路，使得一种具有学术质量的经验课程能够建设起来。

（一）教师职前教育经验课程建设指导思想

课程建设指导思想是课程建设的原则性规定。课程建设指导思想是建立在一定的课程性质认识基础上的。而对课程性质的认识又是以一定的认识论思想作为基础的。在具有合理性

的认识论思想指导下，可以恰当地确认课程性质；对课程性质正确地、明晰地把握，可以确保课程目标的清晰、恰当；课程目标的清晰、恰当，又可以据此确定合理的课程内容；根据合理的课程内容，方可以制定出可行的实施方法。

作为教师职前教育经验课程的认识论基础，是对“经验”概念的认识。尽管经验课程在教师职前教育活动中一直存在，但是这种经验课程之“经验”，一般被认为“对实际的了解”，“对操作的把握”。这样一种关于经验的认识，很难建立规范意义上的课程，这种课程也是比较难以做出评价的。

教师职前教育中的经验课程，就是要帮助作为未来教师职业者的师范生，建立起他们与自己的教育活动对象间的联系，使得他们能够有效地把握自己的教育活动对象。教师职业者与自己活动对象关系的建立与把握，只能在与自己活动对象的直接作用中建立；教师职业者建立与教育对象的联系，不仅是感知，而且要依据一定的教育理论去操作。这就包含了“实验”的性质。

实验包含着两层意思：第一，在实验性质的经验课程中，实践者的操作是在一定理论指导下进行的操作；第二，这种在一定理论指导下的操作，往往是具有探索性的。探索意味着理想的追求，也包含着一定的创新。实验性质的经验课程，不是简单地学习现实活动中存在的东西。现实的教育活动中，有许多现象是与我们的教育理念相冲突的。那些违背正确教育理念的教育现象，不是我们要求学习者去把握的。

教师职前教育中经验课程建设的指导思想是：以“实验”为基本理念，帮助师范生个体根据正确的教育理念，把握自己与教育活动对象的教育关系。

（二）教师职前教育经验课程的内容

经验课程的内容，是课程中学习者所要学到的“经验”。在教师职前教育课程中，学习者要学到的是“教育经验”。那么，确定教师职前教育经验课程的内容，就是对教育经验的确定。而这需要正确地认识教育经验。

职业领域的活动，都可以用“劳动”概念来表达。教育者与他的教育对象的关系，实质上就是教师职业劳动中表现出来的关系。教育经验，也可以说就是教师职业劳动的经验。因此，分析教育经验，可以从“教师劳动”来分析。

教师劳动有一般劳动的性质，至少应当有三个要素，即劳动者、劳动工具和劳动对象。教师的劳动又有自己的特点，这一特点体现在教师的劳动工具和劳动对象上。教师的劳动工具主要是以符号信息系统来承载和传递的思想与知识体系；教师的劳动对象是发展中的人。教师所需要的教育经验，是在掌握劳动工具的基础上，运用劳动工具于劳动对象的经验。

由于教师职前教育是在教师教育机构中开展的，教师教育机构在教师职前培养活动中，主要关注学习者对“劳动工具”（学科知识等）的掌握；又由于掌握劳动工具是开展教育劳动的前提，教师职前教育中往往把运用劳动工具的经验，作为教师职前教育经验课程学习的主要内容。目前教师教育机构普遍开展的“微格教学”训练，在有限的时间内到基础教育学校开展的“教育实习”，都是对师范生进行的“劳动工具”运用为主的训练。或者说，目前的经验课程重视的是教育活动中运用劳动工具的经验。这样一种对教育经验的认识，没有能把握教育劳动的全部关系，也难以让学习者获得开展教育活动的完整的教育经验。

根据对“教育经验”这样一种认识，教师职前教育经验课程应当包括两个方面的内容：

一是关于运用教育工具（劳动工具）的经验，二是运用教育工具与教育对象（劳动对象）的经验。这两个方面的经验应当是整合的，以教育对象为出发点的。不经过这样一种完整经验课程的训练，就不可能成为一个真正的教育者。一个只有运用教育工具经验的教师，他自己也只是一个工具。在实际的教育活动中，“教师工具化”现象是否也与目前的“工具化”的经验课程相关？

（三）教师职前教育经验课程的形式

任何一种课程都要诉诸“形”，教师职前教育经验课程的形式是课程建设的重要方面。形式决定于内容，内容决定形式。教师职前教育经验课程内容的变化，必然要求课程形式的变化。

对于教育工具的运用和运用工具于教育对象两个方面，可以分开加以训练。在教师教育机构中，可以运用“微格教学”的形式，模拟课堂教学情境，以熟悉“教育工具”。将工具掌握的训练与劳动对象适当分开，符合教育伦理。这样做不会因为准教师的“糟糕工作”而伤害学生。

教师教育机构中着眼于工具掌握的“模拟训练”，因为不涉及教育对象，这种经验课程实施起来相对简单。但是，学校教育情境中以学生为对象的训练就要复杂得多。目前，这种训练是在“教育实习”名义下开展的，但这种以上课为中心的训练只是把工具运用到实际场景中而已。在教育者、教育工具和教育对象三个要素均具备的经验课程中，教育工具不再是出发点，教育对象才是出发点。

从这样一种认识出发，以“教育实习”为名的经验课程需要进行改造。从教育对象发展出发的经验课程，需要在课内外连续地跟踪教育对象，并进行“实验”性的教育活动的“尝试”。

在为职业做准备的教师职前教育活动中，经验课程是极为重要的方面。然而，如果对这类经验课程不能进行深入的学术探讨和实际的改造，经验课程就难以在教师职前教育课程体系中发挥重要作用。教师职前教育经验课程是教师教育课程建设的重大课题，需要从基本理念和实际构建诸方面开展深入的研究。

参考文献：

[1] 江山野. 简明国际教育百科全书：课程［M］. 北京：教育科学出版社，1991：39.

[2] 约翰·杜威. 经验与自然［M］. 傅统先，译. 南京：江苏教育出版社，2005：2.

[3] 约翰·杜威. 民主主义与教育［M］. 王承绪，译. 北京：人民教育出版社，1990：148.

（原载 2008 年第 10 期）

多维立体：我国教师教育课程设置的构想

段兆兵 朱家存

随着教师教育的改革与发展，原来分别承担教师职前教育任务的师范院校和承担教师在职教育任务的教育学院逐步实现了社会功能的同一化。师范院校在继续进行教师职前教育的同时，也广泛开展教师在职教育。教育学院在继续教师在职教育的同时，也招收普通师范生，进行教师职前教育。教师教育机构在功能上进行了结构性调整。我国教师短缺状况的改变以及教师自然淘汰低峰期的到来造成了师范生就业压力增大，使我国教师教育课程在内容和结构形式上长期积累和隐藏的一些问题逐渐显露出来。建立多维立体的教师教育课程可以说是教师教育结构调整的迫切需要。那么，我国教师教育课程设置究竟存在一些什么问题？为什么要进行多维立体设置？应如何多维立体设置？本文试做初步探讨。

一、我国教师教育课程设置的问题

（一）教师教育课程的层次与水平分化不够明确

目前我国教师教育至少可以分为四个层次。第一个层次是中等师范学校的教师教育，主要承担培养小学教师、幼儿教师和特殊教育教师的任务。第二个层次是高等师范专科学校，主要培养初中教师。第三个层次是本科师范院校，包括师范大学、师范学院、职业技术师范学院和独立学院的师范类专业，主要承担普通高中教师和中等职业技术学校教师培养的任务。第四个层次是研究生层次的教师教育，主要培养教育类硕士研究生、教育硕士，举办教育类研究生课程进修班等，主要由高等师范本科院校，特别是师范大学承担，主要任务是培养高层次师资。不同层次的教师教育课程虽然在要求、标准、内容的深度和广度等方面存在层次性，但也明显存在要求模糊的问题，不同层次的师范生究竟应该学习什么课程，学习到什么程度，没有明确的要求和区分。在教学中，同一个教师既给专科生授课，也给本科生授课，还给研究生授课，而教学的要求和内容有时差距并不明显，要说区分，也只有教育知识量的区分，而缺乏应有的深度和广度等方面的区分。就使用的教材来看，不少院校的专科生、本科生，甚至研究生使用相同的教材。

（二）教师教育课程在不同专业间雷同重复

我国目前的教师教育课程在不同专业存在雷同问题。一是不同专业间的教师教育课程区分不够清晰，虽然有各科的学科教育学、教学法课程，但基本内容仍然是课程与教学论的基本原理，学科特征不明显，理论研究水平和实践指导能力有限。二是不同性质的教师教育课程区分也不够清晰，培养普通中小学教师的教育课程与培养职业技术学校教师的教育课程差异不大，培养小学教师的教育类课程与培养中学、大学教师的教育类课程差异不大。三是师范院校普通专业的教师教育课程与教育系、教育科学学院（教育学院）教育类专业的教师教育课程只有量的差异，缺少质量和水平的差异。四是教育类课程内容重复现象突出。例如，关于杜威、布鲁纳的教育思想的知识，在教育类的主干课程，如教育学原理、外国教育史、课程论、教学论、普通心理学、教育心理学、学习心理学等课程中都要学习。又例如，对于班级管理知识的学习，分别以教学管理、课堂管理、教学组织、组织教学等课程名称设置，但具体内容却大同小异，课程门类过多而缺乏整合，重复现象突出。课程门类过多导致科目数量的臃肿膨胀与学生选修课程的盲目性，例如，有的师范生在一个学期有必修与选修近20门课程，追求高学分，但每门课程的平均学习时间只有一个星期，他们对课程的许多内容一知半解，影响了学习质量。

（三）教师职前教育课程与在职教育课程的衔接与递进不够紧密

教师的职前教育主要是指师范院校对未担任过教师的师范生进行的教育，目的在于培养合格教师；而教师的在职教育主要指各种形式的教师培训，目的在于帮助担任教师若干年的人员进行观念、知识与技能的更新。但目前我国教师在职培训普遍存在培训目的不明、内容不清的问题，教师的在职培训实际上成了学历不合格教师的学历补偿教育。许多在职教育课程内容老旧，难以实现教师教育观念与知识更新的目的；有的在职教师教育课程只是更换了课程的名称，具体内容与多年前在师范院校职前教育期间所学的没有太大变化；有的培训以课程改革为主要内容，只能说是新课程培训，难以实现教师知识与能力整体提升的目标，有的在职教育类课程的教学，仍然采用课堂讲授的方式，方法陈旧，无法引起学员兴趣，存在“听起来觉得有道理，做起来还是老样子”的问题。从课程的总体安排来看，教师培训究竟应帮助教师形成什么能力和技能，要求和标准不明。新旧理论与观念之间的混乱引发教师教育价值观冲突，造成教师判断失误和创新冲动的丧失，有时培训还成为制约教师创造性的主要因素。

（四）理论性课程与实践性课程的整合性不强

师范院校以学科知识的传授为教师培养的基本方式，其师范性主要由教育学、心理学、教学法等教育类课程体现出来。在学生毕业前，进行为期两个月的以课堂教学、班主任工作、教育调查为核心的教育实习。从理论课的教学来看，作为教师职业基础课程的公共教育学、心理学的教育内容，大量充斥“教育学、心理学基本原理”，以学科的体系性、逻辑性为特征，将教育科研人员应该掌握的教育学、心理学的基本概念、基本原理、框架结构、话语逻辑整体性纳入教材之中。其后果是：一方面未能激发起师范生的学习兴趣和热情；另一方面走上教学岗位的教师感到教材中很多内容与教学实践没有必然的联系。根本原因是把教师的职业培训误认为是教育研究人员的专业教育。[1]这种教育理论知识与教育实践的脱节，使教师对教育理论知识产生心理阻抗。“教师专业知识的苍白无力与贫乏很大程度上根源于教师专业研究的薄弱，最终导致教学实践中狭隘的经验主义盛行。”[2]而纯粹的经验主义者，不可能成长为出色的教师。师范院校的教学突出了知识性、理论性和逻辑性，而缺乏职业性、实用性、实践性的要求。教师应该掌握的关于儿童发展理论与学习理论、职业技术理论、职业观念、职业道德和法规、教育科研等方面的基础知识和技能却被忽视。这样，走出校门的师范生普遍缺乏教师应有的职业眼光、教育智慧与教育技能。[3]从实践课的教学来看，目前教师教育的实践课程主要为教学实习，但从近几年一些师范院校的实习情况来看，教育实习、教育调查落实力度不够。有些师范院校采取“托管式”或“放羊式”的“分散实习”模式，实习质量不高；有的实习生因找工作根本没有心思实习，在实习时既不备课、也不写教案、更不上课，实习结束时请指导教师写个评语了事，学生的板书、普通话、口头表达能力没有得到应有的训练和提高；有的毕业生没有参加过现代教育技术的学习，不会制作课件，缺乏多媒体教学的技能；有的毕业生教学能力不强，教学无法引起学生的兴趣，教学的基本功薄弱；有的毕业生组织管理能力较差，不能够很好地组织班级活动、文艺晚会和体育运动会等，不能胜任中小学班主任工作。

（五）学科专业课程与教育专业课程的关系处理不够妥当

教师教育课程主要由学科专业课程和教育类课程两部分组成。从师范院校课程的总体来看，相对于综合大学来说，我国教师教育机构在专业学术水准、科研能力、教学质量上存在差距；相对于学科专业课程而言，教育类课程脱离中小学教育教学的实际，特色不鲜明，教育类课程总体数量不足，比例偏低。许多国家师范性质的课程占教师教育课程的20%以上，我国教育类课程只占教师教育课程的7%—8%[4]，造成师范院校的师范性、专业性不强，毕业生的教学能力、实践教学技能不足，在学科知识上不如综合大学的本科生，专业上缺乏持久的发展后劲，在教育能力上也比较差。师范毕业生需要多年的实践锻炼，才能成为合格教师。有时两类课程互相争夺教学资源和时间，常常由于顾此失彼而造成“两误”，没有找到恰当处理二者关系的好办法。

二、我国教师教育课程多维立体设置的必要性和紧迫性

（一）教师教育目标的多维性要求教师教育课程多维立体设置

教师教育包含了职前教育与在职教育，因此，教师教育课程既要促进师范生知识与技能的增长，为将来从事教育教学工作打下基础，也要帮助接受继续教育的教师实现教育观念更新、能力拓展和水平提升；既要使学习者掌握专业知识，又要发展教育能力、技能，掌握现代教育技术；既要帮助教师上好课，还要帮助教师学会做班主任工作，对学生进行思想品德教育；既要承担中小学教师培养的任务，又要承担职业技术学校教师培养的任务。这些目标的达成需要类型和层次多样的教师教育课程体系的支撑，并形成合理的结构，才能发挥整体功能。课程培养目标既要体现共同性与层次性，也要考虑教师素质的多样性和特殊性；既要开设必修课程，也要开设选修课程。不同层次和类型的教师教育机构在教学方面的要求是不同的，学术性课程与非学术性课程的目标也是不同的。这就决定了教师教育课程分层次分类型设置的必要性与合理性。

（二）教师教育模式的转型需要教师教育课程的重新设置

当前，我国的教师培养基本实现了由“封闭定向型”向“开放非定向型”的转变，由“数量扩张型”向“质量提高型”的转变。提高质量已成为教师教育的根本出路所在，无论是什么模式，归结到一点，就是提高质量[5]。面对教师教育带来的新任务，建立科学合理的教师教育课程体系就显得十分迫切。近年来，我国基础教育和职业技术教育发展迅速，改革步伐加快，特别是基础教育课程改革对中小学教师提出了新的要求，要求中小学教师要有明确的教育理念、清晰的角色意识、较强的辅导和组织能力、能动的课程意识、一定的课程开发能力、较强的专业发展能力。与这种新要求相适应，教师教育课程建设要实现知识传授与能力训练相结合，理论与实践相结合，必修与选修相结合，教师的教与学生的学相结合，课堂内与课堂外相结合。[6]但教师教育课程体系的

改革不能适应教育改革的发展。因此，教师教育课程亟待概念重整，亟待加强学科基础建设，亟待内容与结构的重建。

（三）不同类型课程功能的特殊性与差异性需要教师教育课程体系的重新组织

职业通识教育与专业教育在课程内容选择上具有差异性，职前与在职培训在取向上也存在差异性。就教师教育课程的作用来说，有的能够帮助教师树立正确的教育观、教学观、课程观、学生观等教育观念；有的可以帮助教师形成各种教育技能和能力，学会如何备课、上课、辅导学生，如何制作课件，如何批改作业，如何组织班会和学生的各种活动；有的可以帮助教师了解国外的教育发展状况，激发教师进行教学创新和改革的冲动；有的能够帮助教师掌握学生发展的规律，认识自己担任学科教学的基本知识与方法，了解本学科发展动态。教师素质的综合性、多样性，需要教师教育课程重新整合。教师教育课程只有实现了各自的功能，并发挥整体的综合功能，才能实现教师有个性的发展，促进教师整体素质的提高。由于不同的教师教育课程在功能上的差异性和特殊性，因此教师教育课程需要分层次、分类别、多维立体地进行设置。

（四）基础教育课程改革更需要高质量的教师教育课程

我国新的课程改革已在全国推广，回顾、反思课程改革试验，人们得出了一个基本的共识：大多数一线教师对新课改不大适应[7]。现任教师对新课程所倡导的教学理念、课程内容、学习方式、教学评价等教学理论和实践问题认识不足，体验不够。师范生对新课程精神一知半解，或不求甚解，从而造成新教师与老教师一样，都对新课程不适应。究其原因，无论是教师的职前教育课程还是在职培训课程，对新课程改革均重视不够。要从实践层面真正地推进新课程，就必须要在教师观念与知识、技能的培养上着手，培养出具有改革精神和实践能力的新型教师。这种新教师的培养离不开教师教育课程的改革与完善。

三、对我国教师教育课程多维立体设置的构想

我国教师教育课程的结构应该是“多维立体”，“多维”包括不同层次、不同专业、职前教育与在职教育课程、理论性课程与实践性课程几个维度；“立体”指不同维度教师教育课程的结构化设置。

（一）层次维度教师教育课程的立体设置

实现“差异化生存”是师范院校课程建设的重要取向，不同类型的师范院校应该建设不同的教师教育课程，即使是相同名称的课程，也应在内容的难度、深度、广度和具体教学要求上有所区分。小学教师教育课程应加强对教师制订教学计划的能力、教学组织能力和应用现代教育技术能力等的培养，坚持学科专业教育与教育专业教育并重，并以教育技能培养为主，注意师范生生动活泼的个性养成，培养学生与儿童交往的语言表达能力和技巧，引导儿童开展各种活动。初中教师教育课程要帮助师范生掌握比较扎实的专业知识与能力，形成良好的个性，学会做学生的思想政治工作，能够引导学生开展生动活泼的活动，能与学生打成一片，成为学生的良师益友，成为学生学习上、生活上的导师。高中教师教育机构要成为研究高深学问的机构，课程与教学的建设要提高科研和学术水平，加强学科专业培训，使师范生成为某个学科领域的专家，具有较为宽广深厚的理论素养。同时，具有较强的逻辑思维能力，加强世界观、人生观教育，帮助师范生树立远

大的理想，使他们将来能够指导学生进行职业定向，能与学生进行深入交流，能够对学生做深入细致的思想工作。培养硕士学历教师要学习和借鉴研究生培养的方法，探索高学历教师培养的新模式、新途径，增设选修课程，重视学生教育科学研究能力的培养，加强行动研究和专题研究，把他们培养成为研究型、专家型的高素质教师。

（二）专业维度教师教育课程的立体设置

同一教师教育机构承担着不同专业教师教育的任务，不同专业教师教育类课程的设置应有所侧重、有所区别。教育系、教育学院（教育科学学院）的教师教育课程应使学生具有宏观理论视野、较为宽广的教育理论修养和正确的教育观念，应增加教育管理等方面的内容，使教育知识的学习既有广度又有深度。普通专业的教师教育课程，应帮助学生树立正确的教育观念，掌握基本的教育方法和技术，不应过分追求教育知识的系统性，教育学、心理学、学科教育学、教育技术学应为必修课程，应注重高师生从教技能的培养和训练，课程内容应富有时代气息，将基础教育课程改革、师范教育转型、教师的专业化发展纳入教材，增强课程内容的时代感；课程内容应贴近教学实际，便于教师教和学生学[7]。而职业技术类教师的培养应强化师范生对于技术基本原理和方法，以及安全知识、指导技术的掌握，使他们首先成为技术人员，然后再成为教学人员。

（三）职前—在职维度教师教育课程的立体设置

职前教育的目的是为未来的教师从事教育教学工作打下基础，帮助学生树立基本的教育价值观、学生观、教学观、质量观等，因此，基础文化知识的教学、学科教学和教育类课程的教学同样重要。同时，要帮助师范生掌握教师职业需要的基本技术，如教学设计与组织的方法与技能、教案的撰写、授课的基本技能、教学过程的把握、课件的制作、教育技术的运用、网络资源的利用、课程资源的开发、学生作业的布置与批改、试卷的编制、学生成绩的评定、班主任工作的艺术和方法、教学研究与反思、校本教研的开展、说课的方法等。教师在职培训类型多样，在人员构成上发生了较大变化，有的是学历补偿，如函授、专升本；有的是岗位培训，如校长培训、骨干教师培训；有的是专业培训，如新课程培训、现代教育技术培训等；有的是专题培训，如听专家讲课、优秀教师经验介绍等。知识与观念的更新是在职教师教育的基本取向，教学上应以新经验、新方法的学习和观摩为主，注重讨论和交流，强调理论水平的提升，提高教师的自我反思意识和能力。师范生要能够借鉴和吸收优秀教师的教学方式方法，在对照比较中找到好的经验，吸收新知识，获得职业能力的提升。

（四）理论—实践维度教师教育课程的立体设置

理论与实践结合是教师教育的基本方法，处理好两者的关系十分重要。根据目前我国教师教育课程的现状，在理论性课程的安排上，在加强基本理论与方法教学的基础上，应该加强具有实用价值的课程教学，如儿童的发展理论与学习理论、职业观念、职业技能、职业道德和法规、教育科研等应成为理论课程的重要内容。在实践性课程的安排上，应改变以前普遍实行的平时进行理论学习，毕业前进行实践锻炼的办法。要加强平时的实践锻炼，在所有课程中都渗透实践因素，使理论教学具有实践品性；同时通过案例教学、微格教学、说课等活动，增强学生的实践能力。另外，要加强试教环节的管理，发挥教学实习的作用，切实提高实习质量，使学生实践能力得到切实提高。要处理好理论课与实践课的关系，理论性课程用实践的方法来组织，实践课程可用来分析和验证理论知识。有些课程可以组织学生深入中小学观摩优秀教师的教学，通过观看教学片等形式发现教学中的问题，也可以组织讲课比赛、课件设计比赛等活动增强学生的实践能力。

参考文献：

[1] 周浩波. 教育哲学 [M]. 北京：人民教育出版社，2000：245.

[2] 陈永明. 现代教师论 [M]. 上海：上海教育出版社，1999：204.

[3] 李定仁，段兆兵. 论课程资源开发与教师专业成长 [J]. 教育理论与实践，2005 (11)：42-45.

[4] 顾明远，檀传宝. 中国教育发展报告：变革中的教师与教师教育 [M]. 北京：北京师范大学出版社，2004：110.

[5] 顾明远. 21世纪教师教育论 [M]. 西安：陕西师范大学出版社，2001：60.

[6] 王嘉毅. 教师教育的课程设置与教学方法 [J]. 课程·教材·教法，2007 (1)：76.

[7] 王克勤，等. 高师“学科教学论”课程内容重构之研究 [J]. 课程·教材·教法，2008 (1)：75.

（原载 2009 年第 4 期）

实践导向的专业化教师教育课程体系改革与探索

王坤庆　胡中波

2007 年，国家决定在教育部直属的 6 所师范大学开展师范生免费教育的改革试点，希望“通过部属师范大学的试点，积累经验，建立制度，为培养造就大批优秀教师和教育家奠定基础”，要求部属师范大学“围绕培养造就优秀教师和教育家的目标，大力推进教师教育改革”。2011 年 10 月，教育部正式颁布了《教师教育课程标准（试行）》，明确提出了育人为本、实践取向、终身学习的教师教育课程体系理念，并对不同层次教师教育的课程目标和课程设置进行了系统设计，将教师教育课程分为若干学习领域，每个领域又分为若干模块，还提出了相应的学分要求。

华中师范大学在国家培养免费师范生政策背景下，通过多年的理论研究和实践探索，基本形成了较完整、以实践为导向的教师教育课程体系，顺利完成了首轮免费师范生的培养工作，为构建具有我国特色的教师教育专业化课程体系做了有益探索。

一、实践导向的专业化教师教育课程体系改革的提出

在专业化的教师教育发展中，核心环节就是专业化的教师教育课程体系设置。专业化的教师教育理念最终要通过专业化的教师教育课程体系设置来实现。

就教师教育课程体系设置来说，随着教师教育的发展，特别是基于发达国家教师教育的先进经验，原来基于凯洛夫教育学的“老三篇”课程设置（教育学、心理学、教学法）早已缺乏时代气息，缺乏活力[1]7，需要对其进行改革与重建。经过反复研究和讨论，我们确认了教师教育课程体系改革四个方面的指导思想。一是注重课程的选择性。加强综合课程、通识课程的建设，加大选修课的比例，让学生在主动选择中形成有特色的知识结构和能力结构。二是注重教师课堂教学的创新性。大力倡导案例教学，并聘请高水平的中小学优秀教师到大学兼任指导教师，使学生所学的理论知识更好地与教育实践相关联，并使免费师范生在校期间就接触和了解中小学。三是注重研究性教学。强调教师将研究性教学作为提高课堂教学质量的基本方法，既培养学生的创新精神与实践能力，也为培养研究型教师奠定基础。四是注重实践性。实践性课程是教师教育的重要环节，直接指向教师专业发展的实践基础，并培养学生的实际动手能力和操作能力。[1]10

在强化实践教学的指导思想下，我校构建了一个由 70 个学分构成的较完整的三级教师教育课程体系，即修满 28 个学分的本科段教师教育类课程，即可获得师范类各专业的学士学位，此为第一级；在此基础上再修满 22 个学分即总学分达到 50 个学分，且通过教育学专业毕业论文答辩的学生，可获得本科段“教育学”第二学士学位，此为第二级；考虑到国家免费师范生培养政策中的规定，即学生毕业后可免试攻读教育硕士学位，我们还设计了教育硕士阶段 20 个学分的教育类课程，学生修满这 20 个学分的课程并通过教育硕士学位论文答辩，即可获得教育硕士专业学位，此为第三级。

在这三级的教师教育课程体系中，第一级 28 个学分的本科段教师教育类课程包括师范教

育基础理论课程、教师技能课程、学科教育类课程以及教育实践环节四个方面。其中，直接指向实践的除了教育实践环节的见习和实习的10个学分之外，2个学分的现代教育技术课程和1个学分的教学技能训练课程以及1个学分的教师口语（普通话）和1个学分的教师书法是教师技能的直接训练，4个学分的学科教育类课程基本上直接指向课堂教学的操作训练。这样，新的教师教育课程体系直接与教育实践相关的课程学分就达到了19个学分左右，占教师教育课程体系学分比例的近68%，真正体现了教师教育课程体系的实践导向。在这个课程体系中，不仅加大了开设实践性课程的比重，如增加了“教学技能训练”“中学班主任工作”“多媒体技术的教育应用”等操作性很强的实践类课程，而且要求教师在课程讲授中渗透实践环节教学，如加大课程见习的力度，注意培养学生的教学技能与动手能力等。

第二级的本科段“教育学”第二学士学位课程中，也有很多是基于实践的研究型课程，如教育科研方法基础、教育统计与测量、学校管理学、教师专业发展等。

第三级的20个学分的教育硕士课程主要是结合免费师范生的工作实践专门开设的提高性课程，重在教育实践基础上的理论升华，指向目标为对教育工作特别是学校教育实践环节的再思考和认识，达到教育硕士的培养要求。

贯穿这一课程体系的基本指导思想就是强化教师教育的实践教学，注重的是能力的培养。无论是学生对知识的主动选择，还是聘请一线中小学教师的兼职教学，以及学生和教师的自我研究和专业实践，都体现了新型教师培养的实践导向。从这个意义上说，教师教育专业化可以通过两种模式来实现，一是技能训练的模式，二是反思性实践的模式。[1]6 这两种模式都强调了实践教学在教师培养中的重要作用。专业化的教师教育必须有基于实践导向的专业化教师教育课程体系的设置，实践导向的教师教育课程体系改革是专业化教师教育的实现途径。

二、实践导向的教师教育课程体系改革的保障措施

新型教师要成为反思性实践者，可以在研究自身经验和改进教育教学行为的过程中实现。教师教育课程应该引导未来教师参与和研究基础教育改革，主动构建教育知识，发展实践能力；引导未来教师发现和解决实际问题，创新教育教学模式，形成个人的教学风格和实践智慧。不少来自中小学的校长也是这样认识的：教师教育如果把专业素养看作比知识素养更重要的目标，把学生的研究状态和研究习惯作为更重要的培养方向，未来的教育改革才能后继有人。这就需要师范院校在学生的专业素养和研究习惯的培养上下功夫，让毕业生一踏上教育岗位，就能研究目前教育中存在的问题，找到相应的对策。[1]10 而这一切，必须来源于对教育特别是基础教育坚持不懈的研究和实践，只有基于持久地对基础教育的实践体验，才能形成和深化学生对教育的认识和反思，反思性的专业化教师教育实践教育模式才能形成和巩固。

为了保障实践导向的教师教育课程体系的实施，我们主要采取了以下措施。

（一）全面修订人才培养方案，加大教师教育课程在学分构成中的比重

人才培养方案的制定，是高等学校培养人才的顶层设计。自2007年开始，我们经过两年的调查研究和自下而上的多次研讨，形成了具有我校特色并充分体现实践教学要求的新型人才培养方案。较之以前的人才培养方案，2009年出台的新版人才培养方案体现了四个方面的基本特色，即基础性、创新性、实践性和前瞻性。

所谓基础性，主要是指人才培养方案在加

大教师教育课程开设力度的同时，并没有降低学生学科专业学习的要求。根据我们对中小学校长的调查结果，许多重点中学校长坚持认为，一个优秀教师的成长，往往与他们具备扎实的专业基础有着密切的关系，在教师专业发展上，真正有发展后劲的恰恰是那些专业基础牢固的学生。在这个意义上，综合性大学培养的学生也可以成为一个优秀的教师，而师范大学培养教师也必须强调学生掌握扎实的专业基础知识。

所谓创新性，是指新型人才培养方案实现了对原有人才培养方案的突破，在削减课程总学分的同时，增加了教师教育课程开设比重，并构成了从本科生培养到教育硕士培养较完整的教师教育课程体系。这不仅有效地避免了教师教育类课程的重复，而且增大了课程开设的难度，适应了新型教师专业化的培养要求。

所谓实践性，除了加大实践性课程开设的力度，主要是将实践环节教学渗透到课程开设的各个环节，如加强课程教学过程中的见习环节，更多地聘请中小学优秀教师指导学生，加强师范生职前职业技能训练等，使学生在校学习期间就能够较多地接触和了解中小学。

所谓前瞻性，是指为教师后续的专业发展奠定坚实的基础，如重视新生入学教育，聘请各专业资深教授或重点中学校长或特级教师给新生开设人生导航、学科专业导航课程，提高学生对教师职业和学科专业的认同感；重视研究方法训练，培养学生研究教育的能力；创设教学中的问题情境，培养学生评课说课的能力；开设教育热点难点问题的专题讲座，让学生了解熟悉当前基础教育改革发展的现状等，使学生逐渐形成懂教、爱教和会教的基本素质。

（二）全面推进研究性教学，从根本上实现大学教学方式的转换

就目前的情况看，我国大学课堂教学的基本方式依然停留在系统讲授或满堂灌的状态，教学方式是陈旧的，这与培养具有较高素质的专业化教师的要求不相适应。为了改变这一现状，我们在完善教师教育课程体系的同时，加大课堂教学方法改革力度，大力倡导启发式教学和研究型学习，注重因材施教，促进学生个性发展。自 2007 年起，我校先后启动了四批共 124 门课程的研究性教学立项工作，努力全面推进研究性教学改革，创新课堂教学模式。在此基础上，于 2011 年全面修订教师课堂教学测评指标体系，将教师课堂教学是否采用研究性教学作为一项基本指标，全面推进研究性教学。同时，鼓励学生结合课程学习，在教师的指导下撰写课程论文、学年论文，要求教师采用启发式、研讨式、对话式教学，真正实现大学课堂教学的师生互动，构建新型的大学课堂教学模式，从根本上实现由传统教学方式向现代教学方式的转变。同时，结合国家大学生创新性试验计划的实施，鼓励推动学生开展探究式、开放式实验，提高研究性的自主学习能力。

（三）全面实施教师教育技能训练达标测试制度

为了让学生获得良好的职前教育训练，我校专门成立了教师教育学院，主要负责教师教育的培训工作和免费师范生教师职业技能的训练工作。根据人才培养方案要求，教师口语、教师职业技能训练等实践性很强的课程，是每个免费师范生的必修课，并且规定，凡是我校本科师范专业毕业的学生，都必须在毕业时通过全国统一的普通话测试和我校自行规定的教师职业技能达标体系，否则视为不合格。从已经毕业的两届免费师范生的质量看，他们全部达到了所规定的标准，这为他们后续发展奠定了坚实的基础。

（四）强化教师教育的教师队伍建设，反馈和服务于教师教育课程改革

为了确保免费师范生的培养质量，我校自2007年起，实施免费师范生“名师授教工程”和“名师导航工程”，鼓励倡导我校资深教授、学科带头人、国家教学名师、全国优秀教师、国家有突出贡献专家等知名学者为免费师范生上课，营造名师为师范本科生授课的氛围。以名师为牵头人，结合“本科教学质量与改革工程”建设目标，建立一批优秀教学团队。在全校范围内开设专题性教育学、心理学讲座，组建含教育学、心理学、教学法、学科教学论等课程完整的教学梯队，负责全校教育理论课程教学工作。挖掘与拓展校外教学资源，分批次完成从校外聘请100名左右的教育研究专家、教育管理专家、中学一线优秀教师为学生的兼职导师，定期举办讲座，指导学生开展教学训练、教学研习等。

为了保证实践教学的顺利实施，学校出台《学科教学论教师深入中小学实践锻炼实施办法》（试行），探索建立学科教学论教师深入中小学实践锻炼激励机制，采取利用短期脱产开展实践锻炼、利用业余时间开展实践锻炼、利用教育实习开展实践锻炼三种形式鼓励和推动学校教师到基层挂职实践。学校制定了教师实践最低标准，如规定学科教学论教师每年累计不少于24学时到中小学实践锻炼。35岁以下的青年教师，每年必须有不少于2周集中时间脱产到中小学实践锻炼。学校倡导并鼓励教师熟悉基础教育改革，了解中小学教育需求，以此提高师资培养质量，促进教师专业化发展。

（五）创建国家级教师教育综合改革与服务实验区，改革传统的教师教育模式

传统的师范专业人才培养模式难以培养出高素质、创新型、专业化的新型教师。要适应国家通过免费师范生政策培养未来教育家的需要，我们必须改革传统的师范教育模式，以“学得好、下得去、用得上”为主线，在加强实践性课程教学的基础上，以更广阔的视野构建一体化、开放性的基于现代信息技术的教师教育新体系，推进教师教育改革，真正发挥部属师范大学在教师教育中的引领和示范作用。

近几年来，华中师范大学以免费师范生教育为契机，积极发挥自身优势，一直在努力构建一个具有中国特色的教师教育培养新模式。其基本构想是：以师范大学为主体，以认知科学、信息技术等手段为支撑，以教师教育综合改革与服务实验区为依托，校内校外有机衔接，职前职后教育一体化，在更加开放、更加广阔的空间中培养和培训教师，努力实现职前职后教育的一体化、城市与农村的一体化、校本培养与远程培训的一体化。[2] 自2008年开始，我校在湖北省崇阳县建设首个“国家级教师教育创新与服务综合改革实验区”，后又陆续与四川、贵州、云南、江西等全国12个省（区、县）签约共建了30个教师教育综合改革与服务实验区。按照计划，华中师范大学与地方共建实验区覆盖的基层学校将达到500余所，全部辐射中部省份，带动周边地区，对教师教育改革和农村基础教育改革具有引领、提升、服务、监测、示范五大功能。在这个一体化的教师教育培养模式中，大学和中小学联合为一体，结成平等的合作伙伴关系，研究和教学一体化，理论与实践一体化，大学和中小学都能从中获得益处，为教师的专业发展服务。同时，在服务区建设数字化学习港、未来教室，实现教师培养远程授课，实时交互，在线学习。数字化学习港具备全新的信息化教学环境和条件。在传统多媒体教室设备的基础上，学习港内配置了新型中控与新型一体化黑板，提供相应软硬件设备，能够提供各种在线图文资讯并通过特

有的多画面显示功能，把教学效果提高到更高的层次。2009年，华中师范大学率先在湖北崇阳建成全国首个数字化学习港，远在湖北崇阳实习的学生不仅可以看到华中师范大学一附中的实时课堂教学，而且可以实时向远在武汉的一附中课堂授课教师提问，异地师生能够互动交流。

按照我们的构想，以国家级教师教育综合改革与服务实验区为依托的新型教师教育培养模式实现了四个结合。一是新型教师培养实现了校内与校外结合，让学生有更为广阔的实践平台和更为宽阔的基础教育视野。二是实现了本科生培养与教育硕士培养的结合，根据国家免费师范生培养政策，学生毕业后基本可以免试攻读教育硕士学位，依托教师教育综合改革与服务实验区，免费师范毕业生可以通过数字化学习港远程接受教育，完成教育硕士阶段的学习任务。三是实现了大学教师的教育科学研究与服务地方基础教育相结合，便于将教育科学研究成果转化为服务地方基础教育改革，真正发挥了师范大学对地方基础教育改革的引领和服务功能。四是实现了高等学校与地方政府相结合，为免费师范生学习期间的教育实习、学生毕业后到农村开展基础教育服务以及带动地方基础教育发展提供了更宽阔的平台和更多机会，真正起到了促进农村基础教育发展的作用。这样，教师教育综合改革与服务实验区就在实践的基础上真正实现了大学与中学的一体，职前和职后的一体，城市和农村的一体，国家、学校、社会、地方等多元力量就在教师教育上产生了协同，突破了教师教育课程体系改革的时空瓶颈，扩展了教师教育视野，为教师教育改革提供了一个更为宽广和具有持续生命力的动力来源和空间平台，一个转型性、创新性的教师教育培养新模式就应运而生了。[3]

三、实践导向的专业化教师教育课程体系的改进和完善

我们建立的实践导向的专业化教师教育课程体系经过近五年人才培养实践，取得了不少的成绩，也受到教育界和社会其他各界的关注与好评，学生培养质量明显提高。但是，经过认真反思，这种实践导向的教师教育课程体系还存在一些需要改进和完善的地方，主要表现在以下几个方面。

一是实践导向的教师教育课程资源还有待进一步研究与发掘。就我们目前开设的实践性的教师教育课程数量而言，总体上还不够多，这主要表现在教育类的实践性选修课程还不够多，内容还不够丰富，基础教育改革中出现的一些新问题、新要求还未能及时地反映到课程设置、课程内容和人才培养方案中，在课程资源开发方面还要继续探索。

二是承担实践性课程教学任务的教师素质，特别是教育实践方面的素质，还有待进一步锻炼和提升。这既关系到师范大学的课程设置能否真正反映基础教育的实际，又直接关系到教师教育的课程开设质量。教师队伍的质量是实践导向的专业化教师教育课程体系改革能否成功的根本保证。

三是教师教育的课程的教学方式还有待进一步完善。研究型、启发式等教学方式的普及力度还不够大。基于免费师范生人数较多以及教学成本方面的考虑，完全实现教师教育的小班化教学还有诸多困难，基于项目推广的教师教育课程实践学习方式实施也有一定阻力，教育实践性质的教育见习、教育实习和教育研习等环节的质量还需要下大力气继续提高。

四是教师教育综合改革与服务实验区、数字化学习港等教师教育新兴平台建设存在一些实际困难。教师教育综合改革与服务实验区是

一件新生事物，牵涉众多部门和人员，需要多方面协同创新，无论是协同的体制机制，还是实际的操作都还在摸索的过程之中。在这个过程中，各方面的考虑也不一样，能否充分产生协同效应有待检验。作为多元协同体中一元的师范大学，在其中能够发生的作用也受到多方面的制约。

基于此，笔者就构建和完善实践导向的专业化教师教育课程体系提出几点建议。

一是进一步研究基础教育的发展实际，提出更为科学全面的教师教育课程设置体系，开设质量更高、基于实践的专业化教师教育课程。

二是进一步完善大学教师与中小学基础教育一线教师联系的制度，完善教师教育“双导师”培养体系，全面提高教师队伍质量，为实现实践导向的教师教育课程体系改革构想提供保障。

三是进一步改革教师教育课程的教学方式，提高实践性的教师教育课程项目学习比例，推动基于项目实践的教师教育课程学习，发挥实习基地和教育见习、教育实习和教育研习的实践育人功能，推动学校课程文化的重建和发展。

四是进一步推进学校、政府、社会的多元协同创新，为教师教育的一体化、开放性提供协同一体的力量保证，进一步探索和明晰教师教育多元协同的切入点和长效机制，真正实现教师教育的多元协同一体培养，实现我国教师教育改革的根本突破。

参考文献：

[1] 唐玉光. 新世纪的教师教育：理论、制度、政策：第三届教师教育政策分析高级研讨会综述［J］. 高等师范教育研究，2001（5）：5-10.

[2] 马敏. 以师范生免费教育为契机 努力创新教师教育体系［J］. 大学（研究与评价），2008（3）：6.

[3] 胡中波，李克武. 注重实践训练 培养优秀师范生：华中师范大学的办学之路［J］. 大学（学术版），2010（9）：65-67.

（原载 2012 年第 12 期）

关于教师教育课程实践转向的反思

叶　波

随着教师教育核心理念的嬗变，教师教育的重心正呈现明显的下移，教师自身、教育实践、个体知识、教育经验、教育情境、关键事件等日益成为教师发展的“依靠性力量”[1]。因此，我国教师教育课程正发生着所谓的“实践转向”，微格教学、研究性课程、教育实习等多种课程形式越来越受重视。然而，在这一“实践转向”过程中，所谓的“实践”究竟为何，教师教育实践性课程与理论性课程的关系究竟为何，既有研究似乎一直语焉不详。如果将“实践”仅仅等同于我们日常语言的“做”，自然难免会形成有学者所指出的教师个体盲目自持的教师教育观、徒重实践的成就教师之道、理论与实践割裂的二元论思维日渐抬头[2]的现象。对此，笔者以为，教师教育课程的实践转向，表征了教师知识对于教育教学实践逻辑的积极回应，其背后有着深刻的认识论根基。思考教师教育课程的实践转向，有必要从认识论的角度，对教师教育课程实践转向做出理性审视。

一、教师教育课程实践转向的现实表征

（一）转入实践：对职前教师教育效能的质疑

教育生活作为教师教育的本原形态，教育实践是教师教育的生命之所系。在此意义上，教师教育课程实践转向的一个重要表征就是从“职前为重”转向“职后为重”，职前教师教育的效能受到普遍质疑。其一，在理论层面，实践智慧、缄默知识、反思性实践等具有复杂、独特与不确定性的概念在教师成长与发展中的价值得到了确证，这使得以学科为中心的传统教师教育课程陷入了“‘教’不可教”[2]的困境，教师对于教育情境的理解与把握似乎只有通过具体的教育实践才能实现。其二，与理论层面的探讨相关，在教师教育的实践中，无论是在目前依然占据主流地位的“理论运用模式”，即在大学学习理论，然后带着理论去中小学实践，还是所谓的“早早入职”模式，即在承担教师工作之前很少接受教师教育，如非师范生通过教师资格考试之后即可进入中小学工作，都表明职前教师教育课程的价值与功能似乎并未得到正视，而只是一种有关教育实践的“修饰”或“铺垫”，对教师的形成并不具有决定性的作用。

（二）转向个体：对普适性教育理论的否定

在教师教育课程实践转向的整体背景下，教育实践更多地被看作一种充满个性化的实践。由此，不同的教师及其教育实践都各不相同，具有各自的独特性。在这一意义上，实践取向的教师教育课程也从根本上否定了教育理论的普适意义，而转向所谓的“个体本位”。基于此，我们发现，在教师教育中，自我导向学习、叙事研究、自主学习、反思学习等冠之以“学习”的方式正在教师教育中大行其道，似乎教师只要通过所谓的“实践”、通过自己的一己之力就可以成为真正意义上的“教师”。而伴随于此的，则是教师教育者地位的不断边缘化，教师教育者越来越成为教师教育活动中的“配角”，此其一。其二，在教师教育以个体与个体

经验消解了理论普适性意涵的同时，实质上也消解了经验的可传递性与可扩展性。一方面，意味着教师在成长与发展过程中，只能完全依靠自我的力量，永远扮演“孤独的巡逻兵”形象；另一方面，“个体本位”也似乎在表明，教师富有个体化的经验既不需要通过某种“类化”的方式获得价值辩护，也无法通过诸如对话交流的方式进行价值传递，这显然局限了个体经验的意义与价值。

（三）转为能力：对系统性教育知识的拒斥

知识本位教师教育课程对系统性教育知识的肯定毋庸置疑。对此，无论是舒尔曼有关教师知识的划分，还是雷诺兹在《初任教师的知识基础》中对教师应具备的知识所作的界定，又或是贯穿我国教师教育的本体性知识、条件性知识和实践性知识三种知识类型，都传达着知识本位教师教育课程力图构建一种知识体系的努力。然而，在教师教育课程的实践转向中，无论是其对具体教育实践，或是对个体的回归，事实上都在有意识、有目的、自觉地寻求提高教育教学能力的方法[3]。在实践取向的教师教育课程实施中，体验、反思、观摩是基本的方式。究其原因，无非是因为教师所要面对的教学本身是动态复杂的，因此，教师只有具备对教育教学情境感知与思维的能力，具备教学过程中适宜的行动能力，教师才能够应对“教无定法”的动态教学过程。在此意义上，教师教育课程实践转向的一个重要表征就是从“知识本位”转向“能力本位”，它从课程价值取向上根本性地拒斥了系统性教育知识对于教师成长所具有的价值与意义。

二、实践性知识误读：教师教育课程实践转向的局限

实践逻辑决定了教师知识所要处理的是教育教学中“具体的事情”[4]。据此，教师教育课程的实践转向十分必要，它不仅体现着对教师专业实践性本质的要求，还生成着对于教师专业发展更为重要的实践性知识。然而，当教师教育课程完全转入“实践”，转向个体、转为能力时，“教”是否可教却不免真的要被打上大大的问号，这又明显有悖于教师教育的历史和现实。这种悖论产生的根源，在于对实践性知识存在如下误读。

（一）将实践性知识与理论性知识进行二元区隔，割裂了二者的内在联系，遮蔽了教师教育课程实践转向的丰富意涵

教师的专业发展离不开教师知识的增长。教师所从事的教育教学活动所具有的实践性特征，在根本上决定了教师知识的实践品性。因此，教师教育课程实践转向转入实践，注重教师实践经验的教师教育意义，强调在诸如校本教研、师徒结对、经验学习中获得所谓的“实践性知识”，自然成为流行的做法。然而，基于实践性知识与理论性知识二元对立的思维方式，以系统的理论性知识为主要内容的职前教师教育课程受到了前所未有的贬低，并造成了职前职后教师知识的断裂与抵牾。在此影响下，以系统理论知识为主要内容的教师教育课程体系和以活动为中心的实践课程体系成了存在对立、主次关系的“两类课程”。若此，一方面，在实践语境下，理论性知识对于教师知识及其专业成长而言，其作用似乎只是“点缀”与“修饰”，由此难免会导致教师教育课程中“轻视知识”的倾向；另一方面，与理论性知识的缺失相关，在教师教育课程实践性转向中，理论性知识与实践性知识转化、生成的机制阙如，教师的实践因缺乏“反思”的品性，而陷入对经验主义、功利主义和操作主义[5]的崇尚中，重新落入技术理性教师教育观的窠臼，这显然是一种悖论。

（二）将实践性知识理解为一种个体性的知识，缺乏知识公共性的观照，教师教育课程实践转向陷入个人主义的泥潭

实践性知识以个人性、内隐性、情境性的特征消解了理论性知识的公共性、外显性和普适性。教师知识也由此成为一种个体性的知识，是教师个体在特定教育教学的实践情境中生成与建构的，且往往具有不可言说的特征。在此影响下，教师教育课程在知识主体、认知方式和知识来源上均呈现出新动向。主要表现为：其一，教师成为知识的“单一主体”，对教师发展具有决定意义的实践性知识在根本上为个体所拥有，具有不可通约性；其二，教师在知识的认识方式上秉持生活认识论的路线，关注教师知识增长的生活意义；其三，教师在知识的来源上，强调个体经验的知识价值，知识并不是以系统化符号呈现的概念、原理等。正是因为知识来源、知识主体与认识方式都指向了教师自身，在实践中，“以己为师”与“经验为师”的现象层出不穷，并以知识相对主义的姿态走向了知识客观主义的反面。而在“怎么都行”“什么都对”的价值取向中，教师教育课程也陷入了与科学合理性背道而驰的困境之中——“教”不可教之时，教师自我学习俨然成了教师教育的全部方式。

（三）将实践性知识理解为一种实体的知识形态，忽视了知识的价值生成与辩护，使教师教育课程未能充分关注知识的境域转化

教育教学的实践生成并滋养着实践性知识。教师教育课程的实践转向必然要在实践的意义上，对知识的价值进行辩护与确证，实现知识的动态生成。然而，在教师教育课程的实践转向中，实践性知识易于被理解为一种实体的知识形态，偏于静态与碎片化。这突出表现为教师教育课程中的技术主义倾向。教师对于课程知识的理解往往偏于浅层的行为与符号，他们更关注的是通过教师教育课程，获得一些怎样的具体做法，而不考虑“做法”背后的逻辑形式、价值与意义等。在此种观念的影响下，教师教育课程实践转向的核心就是“技能传递”与“技能训练”，意在通过“技术全面”而成为“全能型”的教师。[6]然而，任何一种诞生于实践中的“做法”或“技术”，一旦更换了其适用的境域，就有可能会发生水土不服的现象。源于国外的教育教学模式、方法如此，即使是诞生于我国本土的很多“做法”，一旦“事过境迁”，也概莫能外。对此，魏书生的班级管理技术在不同时代语境中的遭遇就可见一斑。① 在这一意义上，将实践性知识理解为一种静态、碎片化的知识形态，显然窄化了教师教育课程实践转向的真实意蕴，未能彰显知识价值在境域中生成与辩护所具有的积极意义。

三、实践性知识正义：教师教育课程实践转向的再阐释

教师教育课程实践转向的诸多误区及局限，在认识论意义上，是由于对实践性知识的误读所致。对实践性知识的理性认识和优化选择，对于实践取向的教师教育课程建设理应具有积极意义。

---

① 魏书生的班级管理技术在20世纪90年代曾产生过巨大影响。进入21世纪以来，相关研究者先后从“技术主义”的角度对魏书生的班级管理技术展开了批判，相关论述如：蔡朝阳，魏书生．技术主义和权威人格的末路［J］．教师之友，2004（1）；刘铁芳．守望教育［M］．上海：华东师范大学出版社，2004；徐巍．以福柯之“眼”看魏书生的班级管理技术学［J］．教育学报，2012（6）。这一“魏书生现象”表明，即使是曾经非常成功的“做法”或“技术”，依然需要在具体的语境中重新展开价值辩护，而不能先验假定其价值有效性。

（一）实践性知识注重知识的语境特征，为教育理论知识和教师实践经验的融合提供了知识基础

实践性知识并不仅是一种特定的知识形态，而且是一种关于知识理解与分析的视角。实践性知识强调知识生成于实践，也因此赋予了知识的语境特征，即便是教育理论知识也不例外。“理论对现实的解释力之所以强大，也并非因为其普遍性带来的演绎功能，而只是因为将保证定律成立的地方性情境作了移动。”[7] 在此意义上，教师教育课程的实践转向的关键并不在于以实践性知识对抗教育理论知识，对教育理论知识持拒斥的态度。恰恰相反，彰显教育理论知识的语境性，阐释其背后的立场、视域与价值观念，显然更为必要。对此，一方面，实践转向下的教师教育课程要转向理解范式，寻求教育理论知识符号背后的个体语境与社会语境，明晰教育理论知识的价值与限度，理应是其可行之道；另一方面，实践转向下的教师教育课程要突出问题感。问题是情境的核心，具体的问题为知识理解提供了必要的平台，使教育理论知识与个体生活经验之间的转化、交流与融合成为可能。

（二）实践性知识强调知识的价值辩护，意味着教师教育课程的实践转向应打破个体经验的桎梏，秉持开放与对话的态度

实践性知识以局部经验构造替代了先验构造的知识生成路径，并因此抛出了知识价值辩护的重要议题。这表明，无论是具有先验意义的普适性教育理论知识，还是经验意义上的个体实践经验，当其作为课程知识的有效组成时，必须要经历价值辩护。在这一意义上，实践性知识虽然强调个体的生活经验，但并不囿于此，而恰恰是表达了一种开放性的态度。其一，在实践性知识的视域下，知识的价值是在特定情境中生成并得到辩护的。这意味着对其展开价值辩护的主体是“特定时间、场合中具有连带关系的共同体”，这与哈贝马斯的主体间性、文化人类学意义上的亚文化群体具有内在一致性，知识的价值辩护取决于个体与共同体的背景信念等社会、历史、文化因素。其二，实践性知识强调实践解释学的立场，知识的价值及有效性只能在具体的情境中得到辩护。这意味着知识的流动与对话是其价值辩护与确证的基本途径。基于上述理由，笔者认为，教师教育课程的实践转向，固然要彰显个体生活经验的价值，注重课程的多元品性，但这里所谓的多元决不以个体经验的封闭固守为代价，而应注重课程的开放性与对话性，实现知识的吸收、转化与创生。

（三）实践性知识表达了一种文化观念，意味着教师教育课程的实践转向需要超越单纯的技术主义倾向

任何知识都表现为一定的外部形态，又具有普遍的内在观念。当我们把实践性知识理解为一种指导教师“做”的知识时，事实上只看到了知识之“器”的层面，而未看到知识之“道”。由此导致的问题，或是将实践性知识简化为一套放之四海而皆准的操作性技术，或是因为“器”的僵化而使实践性知识缺乏生命力，难以在个体间流通。这种在普遍性与独特性之间摇摆不定的状况的产生，正与我们忽视实践性知识所表达的文化观念有关。在实践性知识的视域中，知识的产生及其有效性有赖于知识生产与辩护过程中的亚文化群体的价值观以及特定情境中利益关系所决定的立场与视域。在此意义上，教师教育课程中任何“一切既成”的知识、操作技术可能都是危险的。任何“既定的”知识或操作技术，都需要学习者在参与和介入的状态下，在教育教学活动的实际中被

重新叙事。更进一步说，因为学习者的参与与介入，已经改变了知识或操作技术的原始情境。因此，这一“重新叙事”的过程，实质上也是知识创新的过程。以此反观，教师教育课程的实践转向，一方面意味学习者作为课程主体成为可能，学习者的经验、价值观与信念及其所处情境，是课程重构不可或缺的组成部分；另一方面，就课程本身而言，生成性理应成为实践取向下教师教育课程的基本理念。当然，这并不是指我们不需要预设课程。恰恰相反，这对预设课程提出了更高的要求，如何在对教师教育课程整体脉络的把握中，预留生成的空间和资源，显得更为重要。

四、实践转向背景下教师教育课程建设的基本策略

实践性知识强调了知识语境、知识价值辩护及知识内在观念，而不仅仅是一种与“理论性知识”相对立的知识形态。据此，教师教育课程的实践转向，其根本意蕴在于强调课程的理解性、对话性与生成性。注重课程符号背后价值观念与文化情境的理解，促进不同知识主体的对话交流，加强学习者对于课程的叙事重构，是其核心所在。然而，课程的理解性、对话性与生成性，似乎意味着实践转向下的教师教育课程难以被具体地“呈现”出来。但就课程建设而言，这显然不能成为阻碍我们深入思考教师教育课程实践转向的理由。恰恰相反，我们更应该结合教师教育发展的实际，对实践转向下的教师教育课程建设的基本策略展开思考。

（一）确立课程建设的效果历史意识，促进课程知识理解与视域融合

实践性知识重视知识的语境性，对于知识而言，其意义既不在知识的符号体系之中，也不在学习者身上，而是存在于知识与特定情境中学习者的视域融合之中。教师所应具备的教育知识的实在性总是与教师理解的实在性构成一种关联，且这种关联是在教师教育课程的实施过程中历史地形成的。因此，实践取向下的教师教育课程，充分关注教师原有视域和先进教育知识的相关视域之间的关系及融合可能，就显得尤为必要了。对此，笔者认为，从如下两方面入手具有积极意义。其一，注重融入个人生活史。生活史表征了个体在一定社会与历史文化情境中生活经历与体验，通过诸如教师自传、教育叙事、教育博客等，有助于学生（准教师）和教师梳理自己生活经历中的重大事件、重要他人、关键时期，从而能够通过对自己的“历史”解读而明晰“自己”所处历史文化情境的价值观念，这为课程知识理解与视域融合奠定了基础。其二，注重展现课程知识的语境性。对于纳入教师教育课程的知识而言，对其展现应超越文本层面，注重从个体与社会两个维度，文本、实践与社会文化三个层面加以综合考虑，将有助于揭示课程知识背后的个体及社会语境，促进学习者对知识生成的价值观念、权力关系获得理解。课程中历史效果意识的注重，表面上是暂时中断了学习者与教育实践的联系，但也正是这种中断联系的“悬置”，使学习者有可能在视域融合中，能够更好地实现知识的语境转化，这恰恰是实践性知识的题中应有之义。

（二）注重以实践问题整合课程知识，凸显课程内容选择的实践品性

实践性知识提出的一个重要意义在于，知识的价值并不存在于以符号系统构筑的文本之中，而需要在实践中加以生成与辩护。在这一实践解释学的立场之下，知识需要在具体的实践活动中获得澄明，而非脱离具体语境的逻辑分析。因此，就实践取向的教师教育课程建设而言，关注实践中的问题十分必要，问题构成

了情境的核心，也表达了处于具体情境中“我们自己”的关切之物，由此建构起来的课程才是真正的属于教师个体的课程。以实践问题整合课程知识，意味着教师教育课程首先是一种模块化、专题化的课程形态，以实践问题切入导出学习专题，并围绕这一专题提供必要的理论知识、训练相应的技能，并在实践中获得问题的解决，实现问题对课程内容的统整。其次，注重问题的语境性质。实践性知识观照下的教师教育课程，其问题是学习者自己的问题，而非他人的问题，是当下及未来的生活性问题，而非关于过去的知识性问题。问题的意义并不仅仅在于“解决”本身，更是通过问题将学习者的目光引向自己的生活，引向实践，从而无论是理论知识的掌握，还是实际技能的形成，都具有实践性品格。最后，注重以问题为核心的课程资源建构。问题的解决过程，离不开丰富的课程资源。精选教育教学的案例及具体的操作策略，例如，如何导入新课，如何组织合作学习，如何进行课堂管理等，将会潜移默化地影响实践性知识的生成，提升课程的实效性。

（三）强调实验教学的课程实施方式，形成开放对话的课程实施文化

实践性知识虽然解构了知识普遍主义，却并没有因此滑入相对主义的泥潭之中，其更多的是“悬置”了知识的绝对意义，而主张在实践中对知识的有效性加以检验。在这一意义上，实践性知识本身就具有“实验”性质。因此，实践转向下的教师教育课程，其关注点在于如何促进理论性知识的实践转化，而并不是截然反对理论知识，片面强调所谓的“实践”。实验教学在根本上是一种调适取向的课程实施观，它一方面要求学习者获得广泛的教育学知识，另一方面注重学习者将已获得的知识在具体的实践情境中加以转化、生成与检验。结合并梳理已有研究，笔者认为，实验教学的课程实施方式大体上包含三个层次。一是诸如微格教学、示范音像教学和案例教学，属于强类型系统。二是反思教学、模拟教学和角色扮演，属于中类型系统。三是以弱类型系统为特征的同伴教学和影像视听分析。无论是上述何种层次的实验教学方式，都在传达一个信息：即实践取向下的教师教育课程实施，必须注重开放性与对话性。课程本身是一个开放的，需要学习者参与其中进行积极建构的过程。在这一过程中，围绕一定的案例或事件，通过积极反思、对话，进行意义协商，进而转识成智，方能真正实现实践性知识的增长，彰显课程的实践品质。

（四）注重课程开发方法的整体转变，提升教师教育课程的科学品性

实践性知识作为一种知识观念，不仅提出了知识有效性问题，更涉及了知识生产及辩护的方法问题，这对于教师教育课程的合理建构具有积极意义。就当前而言，教师教育课程的形成，或是依赖理论思辨，或是依赖经验传承。由此导致的问题就是教师教育课程相对于实践的脱节，缺乏“实践感”；解决这一问题，需要在课程知识的方法上加以更新。从实践性知识的基本观念出发，在这个问题上至少可以获得如下两点启示。其一，注重课程建设中的田野工作。真正的实践性知识并不存在于抽象的符号之中，而是凝聚在现实的教育教学生活之中。真正走进教育教学活动的现场，侧重形成让学习者参与到现实生活中去的课程方案，提示知识选择的目的、范围与路径，是教师教育课程建设更应思考的问题。其二，在课程知识的处理上，注重显微研究法。在实践性知识的理解中，任何知识都不是简单的符号逻辑，而是蕴含着丰富的知识情境、价值观念。课程知识的选择应突破知识的符号系统，以深描手法，展现知识的情境脉络及其背后的权力价值关系，彰显知识的文化力量，实现知识的重组与深度

建构。唯其如此，实践取向下的教师教育课程才可能真正地贴近地面，获得“地气”，实现教师教育课程实践转向的应有之义。

参考文献：

[1] 龙宝新. 对当前我国教师教育中存在的“钟摆”倾向的反省 [J]. 教师教育研究，2009（1）：1-5.

[2] 王加强. “教”可教吗？——教师教育理论前提的哲学反思 [J]. 教育学报，2012（5）：37-43.

[3] 李孔珍. 教师教育课程不容忽视的内容：实践性课程 [J]. 课程·教材·教法，2007（9）：74-79.

[4] 亚里士多德全集：第8卷 [M]. 苗力田，译. 北京：中国人民大学出版社，1994：129.

[5] 吴义昌. 反思与重建：教师的教育理论价值观 [J]. 教育理论与实践，2009（31）：44-46.

[6] 曲中林，胡海建. 教学技术是有效教学的“利器”——与叶波博士商榷 [J]. 中国教育学刊，2015（2）：1-5.

[7] 王娜. 语境主义知识观：一种新的可能 [J]. 哲学研究，2010（5）：89-95+128.

（原载 2015 年第 10 期）

第二编

高师教育学科课程教材研究

关于高师开设教育伦理学课程的设想

王本陆

近年来，大家一直比较关注高师教育学课程的改革，就此提出了许多中肯意见。高师教育学课程（指教育类课程的总体而不是作为一门课程的教育学）的改革，涉及方方面面，其中，开设教育伦理学课程，对高师学生进行教育伦理教育，是在社会主义市场经济条件下高师教育学课程改革应该高度重视的问题。

一

在高师开设教育伦理学课程，对师范生进行教育伦理教育，具有重要的理论和实践意义。

（一）开设教育伦理学课程，是当前促进我国教育伦理学学科建设的一项重要举措

在旧中国，师范院校开设有伦理学课，其中包括部分教育伦理学的内容。中华人民共和国成立以来，一段时间内曾经取消了伦理学课。① 党的十一届三中全会以来，伦理学得到了迅速恢复和发展。一些应用（职业）伦理学课程（如医学伦理学、生态伦理学）也在一些院校开始开设。但迄今为止，我国的师范院校包括教育系在内还没有开设专门的教育伦理学课程。这是我国教育伦理学学科建设不能不正视的现实。世界上许多国家在师范教育中都开设了教育伦理学方面的课程。在日本、苏联，教育伦理学是作为师范院校的专业课程而开设的，当然这种教育伦理学还主要局限于教师职业道德问题。[1]美国也已开设了教育伦理学方面的课程，并编写了教材《教学伦理学》。[2]不开设教育伦理学课程，是我国教育伦理学学科比较落后的表现和学科不能快速发展的重要原因。

开设教育伦理学课程对教育伦理学学科建设有重要的意义。它将促使教育界重视教育伦理学教学、科研队伍的建设，将吸引一些教学、科研人员来从事这一领域的工作。这样，就容易产生学科发展与队伍建设互相促进的效果。此外，它也有利于检验和发展教育伦理学理论。通过开设教育伦理学课程，使教育伦理学理论经受教师和广大学生的理性审查。通过教学，可以发现现有理论的不足之处，促进理论不断修正、完善。可见，开设教育伦理学课程，是教育伦理学学科发展的内在需要，并将成为学科建设的重要途径和形式。

（二）开设教育伦理学课程，对高师学生进行教育伦理教育，有利于提高师范生素质

为了有效地塑造下一代的灵魂，教师必须具有良好的人文修养，包括科学的世界观、人生观和价值观，高尚、纯洁的道德情操，丰富、深厚的文化视野。可以说，良好的人文修养是人民教师的一个基本素质，乃至首要素质；提高学生的人文素质实是高师教育的一项重大任务。在师范院校里，学生学习众多的学科是很有必要的，而且，在知识和技能方面，我们仍有许多不足之处，仍需加强。当前，加强人文教育，乃是高师教育改革的重大课题。

① 魏英敏在《伦理、道德问题再认识》（北京大学出版社 1990 年版）一书第 233 页指出，在党的十一届三中全会前，近三十年伦理学教学和科研工作，实际上处于“停摆”状态。

加强高师学生的人文教育，需要从整体上考虑和采取行动，如加强“两课”建设、增设哲学社会科学类课程、加强艺术教育，等等。其中，开设教育伦理学课程，在高师开展教育伦理教育，对于加强高师学生的人文修养有着重要的作用。教育伦理——有关教育的道德理想、道德规范和善恶观念，乃是每个师范院校学生必须具备的一种专业性的人文（价值）修养，是他们以后看待教育现象和处理教育工作的基本道德和价值基础。教育伦理学作为教育的善恶之学，它讨论教育观念和教育行为的是非善恶，是促进学生树立先进教育思想的重要手段。教育伦理学的教学，除了让学生掌握教育伦理学的基本知识外，它的主要功能就在于促进学生思考善恶问题，把渗透在各科教学中的教育思想和价值观念加以整理、系统化和集中化，给予学生以先进的教育伦理观念。这是加强高师学生人文修养的一个关键的环节，理应重视起来。

（三）开设这门课程，对于教育系统的社会主义精神文明建设有积极的意义

党的十四届六中全会通过的关于加强社会主义精神文明建设的重要决议指出，加强社会主义精神文明建设是当前和今后相当长时间内社会主义现代化建设的一项重大战略任务。在社会主义精神文明建设中，教育系统面临着特殊的历史使命。一方面，教育系统的精神文明尤其是职业道德状况，是整个社会精神文明的一面镜子，具有重要的示范作用。教育系统作为培养人才、教人向善的专门机构，自身的精神文明水平直接影响着下一代的道德修养，进而制约着整个社会精神文明建设的效果。另一方面，当前教育系统的精神文明状况在客观上存在着许多问题，比如乱收费、乱办班问题，择校生问题，教育内部的公正和民主问题，弄虚作假和形式主义问题等。这类问题是教育系统精神文明建设无法回避的矛盾，需要认真去探讨和解决。开设教育伦理学课程，进行教育伦理教育，有利于教育系统的精神文明建设。这种作用可以从两个方面来分析。一是传播先进的教育伦理思想、规范教育和教师的职业活动。对师范院校学生的教育伦理教育，事实上就是确立未来人民教师正确的职业思想、职业规范和教育观念，提高他们的职业道德修养。这些学生走向工作岗位后，又可以使先进的教育伦理思想传播开来，有利于其他在职教师树立正确的教育伦理观念并自觉按这些规范行动。二是有利于教育系统精神文明建设的理论探讨。教育系统精神文明建设是一种理性自觉的活动，需要有理论的支持。提高教育道德水准，是教育系统精神文明建设的重要方面，要整体和有效地达到这一目的，就得对教育善恶运动的规律及教育道德建设的机制有内在的把握。教育伦理学课程的开设，有利于教育伦理学学科建设和教育伦理理论的发展。这样，它就有可能直接或间接地促进教育道德建设的理性水平提高。

综上所述，我们认为，开设教育伦理学课程，进行教育伦理教育，有多方面意义，是一种现实、客观的需要，应该引起高度重视。

二

教育伦理学课程或者说教育伦理教育，究竟该包括哪些基本内容呢？这是值得研究的问题。这和如何认识教育伦理学学科是联系在一起的。国内一种流行的见解是：教育伦理学是研究教师职业道德现象或职业道德问题的科学。应该说，以教师职业道德问题为对象的教育伦理学的产生有其历史原因，在现实中也发挥了积极作用。但是，对教育伦理学的这种界定，本身是有局限的。我们认为，教育伦理学是研

究教育善恶问题的科学或学科[1]。这样，教育伦理学课程，主要也就是一种以教育善恶问题为基本内容的课程。具体来说，这门课程主要应包括四个方面的基本内容：教育的伦理性质和伦理规律；教育伦理理想、善恶标准和伦理规范；教育道德实践机制；教师职业道德。

（一）教育伦理学课程要使人认识教育的伦理性质和教育善恶运动规律

人们常说，教育是太阳底下最光辉的事业。这实际是对教育伦理本性的一种直觉把握。教育伦理学课程则要使这种直觉的认识变成明确的理性认识。也就是说，教育活动内在地具有崇高的道德精神，这既表现为教育的出发点在于促进下一代健康成长和社会文明成果传播，又表现为教育内容、教育过程是建立在充分的道德考虑的基础上的。教育具有利他、公益、文明等伦理特性。教育伦理学课程要使学生明确理解教育的这种伦理规定性。教育的伦理本性，是通过教育善恶运动的整个历史复杂过程来表现和存在的。教育具有崇高的道德情怀，并不是任何具体的教育活动都是道德的，恰恰相反，具体的教育是存在善恶之分的，不好的、不道德的教育现象是客观存在的。善的教育和恶的教育，一直是相对立而存在、相斗争而发展的。教育中善的力量的成长、恶的力量的消退，构成了教育善恶矛盾运动的历史进步过程。教育的善恶斗争，总的来说是由一定的社会历史条件决定的，同时，又和教育自身发展的水平、教育道德自觉的程度息息相关。在不同历史时期，教育善恶矛盾的表现形式和解决方法也不尽相同。总的来说，教育越发达，教育的道德情怀也表现得越充分。教育伦理学课程应充分阐述这些有关教育善恶运动规律性的内容，以便让学生具体地、历史地认识教育善恶运动的规律，理性地把握教育的伦理规定性。

（二）教育伦理学课程应包含有关教育善恶标准和伦理规范方面的内容

教育伦理学课程的一个重要目的是使学生学会正确判断教育现象的善恶是非，树立先进的教育善恶观念。判断教育善恶，是教育伦理的基本方面，而善恶判断离不开善恶标准。一般说来，教育善恶标准是由善恶评价的价值根据和善恶评价的方式组成的。在历史上和现实中，教育善恶标准是多种多样的。教育伦理学课程要在分析批判各种各样的教育善恶标准的基础上给予学生一种科学的教育善恶标准。科学的教育善恶标准，是以马克思主义为基本理论前提的；在评价方式上，它坚持具体、历史、实践的动机与效果的统一；在价值基础上，它坚持教育促进社会进步与促进个人全面发展的统一。以此为标准，就可以较好地评判各种教育现象的善恶是非。阐述这一教育善恶标准，并使学生掌握这种教育善恶观念，是教育伦理学课程的重要内容。

确立合理的教育伦理规范，为学生提供认识和处理教育伦理矛盾的准则，也是教育伦理学课程的一项基本内容。一般来说，教育伦理规范是由总的教育伦理原则、一般教育伦理原则和具体教育伦理规则等不同层次规则组成的具有完整结构的规则体系。其中，总的教育伦理原则，为整个教育世界提出最基础的伦理要求，制约着整个教育伦理规范体系的方向和深广度，是关键和核心。关于现代教育的伦理规范体系，我们主张总的教育伦理原则是“教育崇善”原则，即现代教育应自觉追求自身的道德完善，促进社会进步和学生全面发展，使教育事业成为善的事业。在此基础上，可以提出现代教育公正原则、促进发展原则和教育的社

① 这方面的讨论和论证，参见笔者《关于教育伦理学研究对象的思考》一文，载《教育研究》1995年第3期。

会主义人道主义原则等一般教育伦理原则。然后，依据具体教育活动或教育部门的实际情况，再提出各种具体的教育伦理规则。这些从抽象到具体的不同层次的教育伦理规范，事实上是教育善恶观念的具体化。因此，通过教育伦理规范教学，就可以使先进的教育善恶观念具体延伸开来和深入下去。

（三）关于教育道德实践的内容也是教育伦理学课程的重要方面

提高广大师范院校学生教育道德实践能力，进而促进教育道德状况改善，这是教育伦理学课程的重要宗旨。为此，就得让学生了解教育道德实践的现实状况和具体机制。所谓教育道德实践，即教育扬善抑恶的具体过程，也就是针对教育系统现实的善恶矛盾而进行的旨在改善教育善恶状况的活动。教育扬善抑恶的过程，是各种条件、途径、因素相互作用的过程，这些条件、途径、因素之间的客观联系以及基于这些联系而提出的行动对策，就是教育扬善抑恶的机制。研究教育道德实践的机制，是教育伦理学的重要使命。对这一机制的认识，当前还没有一个令人满意的答案，但并非毫无线索。教育善恶斗争的历史与现实告诉我们，教育扬善抑恶的程度与效果，受到具体社会经济、政治、道德、法律等众多因素制约，同时又取决于教育的发展水平、教育善恶意识的自觉程度、教育自我革新的能力。由此可见，现代教育的道德完善，总的来说需要从两方面着手：一是营造有利于教育道德完善的社会环境，二是提高教育自身的道德主体性，广泛进行教育改革探索。应该说，这些认识都是有关教育道德实践机制的重要内容，有必要作为教育伦理学的基本内容纳入课程。学生学习和掌握了教育道德实践机制，就为理性地把握、设计和开展教育道德实践活动奠定了思想基础，有可能成为教育崇善的自觉实践者和促进者。除此之外，有关教育道德实践的现实情况，也应在课程中有所体现，通过这方面内容的学习，学生可以总体把握当前教育善恶斗争的基本局面，明确当前教育道德实践的任务和自觉的责任，从而自觉地参与教育道德建设。

（四）教师职业道德是教育伦理学课程的有机组成部分

教育伦理学课程的最后一个基本领域是教师职业道德。现有的教育伦理学在这方面做了广泛研究，有许多积极成果，但是，也不能毫无批判地接受现有的一切。已有的教师职业道德主要是脱离教育善恶斗争的整体而孤立和抽象地提出的教师职业行为要求，具有内在局限性。教师职业道德的讨论，应和整体的教育善恶斗争联系起来，并以它为前提和基础。因此，教育伦理学课程中的教师职业道德部分的内容，需要在继承已有成果的基础上加以丰富和发展。这一部分的中心内容乃是教育善恶斗争中教师的作用和责任问题。具体说，应主要讨论以下问题。(1) 整体的教育善恶运动对教师教育活动道德意义的制约和影响。(2) 教师个体的职业道德完善对提高教育系统道德水准的作用。(3) 立足于教育道德完善基础上的教师职业道德规范。(4) 提高教师职业道德修养与教育道德建设的结合与统一。总之，教师职业道德方面的教学，关键在于促进学生认识自己在教育道德斗争中的作用和使命，促使学生为教育道德完善而关注自身职业道德修养，并通过提高自身职业道德修养而为教育道德完善恪尽己责。

总结起来，教育伦理学课程的内容，在某种意义上乃是从一个新的侧面或角度对教育性质、价值和规律的整体思索、认识和反省，即对教育善恶矛盾斗争的整体的理性思考、价值指引和实际关怀，那种满足于提出孤立和局部的教师行为准则的教育伦理学是不足取的。

三

怎样开设教育伦理学课程才能取得较好的教学效果，是值得研究的大问题。这涉及教学领域的许多方面，需要多方努力。在此，笔者就开课形式和教学方法两方面做些讨论。

（一）坚持分类开课的原则，是开展教育伦理教育的现实策略

根据不同系科专业的特点，分类开课，是当前教育伦理教育较好落实并取得实效的重要策略。总的来看，高师学生的教育伦理教育，主要可采取专门开课与在有关课程中增加教育伦理专题这两种方式来进行。具体设想如下。(1) 教育系各专业必须设置一门教育伦理学专业必修课。教育伦理学是教育学科群中具有全局性影响的一门基本理论学科，教育伦理是教育系统中基本规范领域，因而有必要对教育系学生进行比较系统、全面的教育伦理学学科教育，以便他们能对教育世界形成整体把握，并能在真善美统一的境界上认识教育事业。(2) 对哲学、政法等系的学生，可开设教育伦理学的选修或必修课程。伦理学是哲学系学生基本的专业领域之一，教育伦理学是一般伦理学的具体化和延伸，开设教育伦理学课程可深化一般伦理学的学习，也突出了师范院校哲学系的师范性。(3) 在公共教育学课程中增加教育伦理专章，是对其他系科学生开展教育伦理教育的重要途径。教育伦理专章主要应扼要地阐述教育的伦理性质和善恶矛盾、教育善恶标准、教育系统道德建设的有关问题等方面的内容，以便学生对教育伦理有基本的认识和体会。除专门课程的教育伦理教育，还可以采用其他一些形式来进行教育伦理教育，如举行有关教育伦理学专题学术讲座；组织学生开展教育思想讨论；结合教学实习、教育调查进行教师职业道德教育；在专业思想教育中突出教育伦理方面的内容；等等。

（二）积极进行教学方法的改革，是有效开展教育伦理教育的客观要求

采取传统的填鸭式方法对学生进行教育伦理教育，很难收到好的效果。知道教育伦理学的概念、原则并不意味着这一学科的教学成功了，只有学生形成了正确的教育善恶观念，发展了自觉崇善的品质，才真正达到了教学目的。靠灌输、靠背诵不可能形成教育善恶观念和崇善的品质。因此，教育伦理教育必须注重教学方法的改革。

教育伦理学课程的教学方法应加强探讨性。也就是说，在教学中要突出理性分析、观点论战，即注重论证、分析、讨论和批判，只有这样，正确的教育善恶观才能深入学生的内心世界，才能真正成为个人的教育思想。国外教育伦理学教学在这方面可作为借鉴。如史蒂瑞克等人以案例分析为主线，进行探讨性（讨论式）的教学，就颇具启发性。在学习某一教学内容时，教材先向学生提供一个典型案例，接着陈述西方两种主要的伦理理论即后果论和非后果论对这一案例所持的两种相反意见。面对这些相反的意见，进而提出分析这类问题的通用观点、原则（假如在某种问题上存在基本的共识的话）或作者（教师）的观点。然后再用这一观点或原则来考查教育中的相关的实践问题。通过这样的案例分析、观点辨析，不仅让学生掌握了伦理知识，而且促使学生思考善恶问题、形成自己的观点。我们进行教育伦理学教学，不应简单地把结论、观点告诉学生，而要注重观点的形成过程，加强各种观点的比较、分析，使学生真正理解、形成并坚持科学、先进的教育善恶观念。

加强理论和实践的联系，也是教育伦理学教学方法改革的重要方面。教育伦理学注重促进教育道德现状的改善。不联系实际，就达不

到改善现实的目的。现实中存在着各种各样的教育善恶矛盾，联系实际，对学生科学认识教育伦理现象、提高教学质量有促进作用。例如，教师职业道德的教学，简单讲教师道德很重要是收效不大的。但结合历史上和现实中为人师表的范例并对照当前部分教师不讲师德的严重问题来学习，就容易使师德意识深入学生内心。因此，克服常见的理论与实践脱节的弊病，联系教育善恶斗争的现实，尽量挖掘实际素材，突出教学的针对性和时代性，实乃当前教育伦理学教学的一条重要原则。

参考文献：

[1] 王正平. 教育伦理学 [M]. 上海：上海人民出版社，1988：37-38.

[2] Strike K A，Soltis J F. *The Ethics of Teaching* [M]. New York：Teachers College Press，Columbia University，1985.

（原载 1997 年第 7 期）

面向21世纪师范院校公共教育学课程体系与教学改革探索

王道俊　王坤庆

1998年3月，我们课题组开始承担教育部师范司“高等教育面向21世纪教学内容和课程体系改革计划”中“师范院校公共教育学课程体系及教学改革研究”（重点项目）这一课题研究任务。三年来，在教育部师范司和华中师范大学教务处的支持下，以王道俊教授为首的课题组，组织华中师范大学教科院一批中青年骨干力量，对该课题进行了认真研究，取得了相关研究成果，并为高等师范院校教育学课程改革探索了一条新路子。

一、需要讨论的几个问题

（一）关于师范教育的办学模式

采取什么样的办学模式，从根本上来说，受到人才培养规格和实际办学条件的制约。新中国成立以来，我国一直坚持师范教育一体化的模式，这种独立的师范教育体系既体现了我国教师教育的特色，实际上也为教育事业造就了一代又一代合格的师资。然而，随着国际师范教育改革的逐步深入和我国市场经济带来的影响，这种单一封闭的师范教育模式也遭遇到严峻的挑战。人们开始提出打破封闭、单一的师范教育体系的格局，将非师范院校毕业的又经过一定教育专业训练的优秀人才吸纳到教师队伍中来，这无疑是一种积极的构想。而且，从竞争的角度看，它也有利于原有的师范教育体系的学校进一步思考如何提高教育质量，适应人才市场的竞争。其结果必然是教师队伍整体质量水平的上升和高师院校办学质量的提高。就新教师的培养模式而言，目前师范院校通行的是四年制本科，这期间，学生既要学好所教学科这门专业，又要学好教育类课程，体现师范特色，结果两方面都有缺陷。根据研究结果，课题组认为，从构建新型教师的良好职业素质出发，要积极进行“3＋1”（3年专业课，1年教育类课程）、“4＋1”（“1”同前）或“4＋2”培养模式的探索，并考虑本、硕连读或与教育硕士、双学位等培养方式结合起来，改变目前这种单一的培养模式，使师范院校学生有多种途径可以选择，同时，又按一定制度强化并保证了教师教育专业素质的构建，也为非师范院校培养教师提供了参照标准。当然，这些改革措施还必须与教师资格认定、教师继续教育、教育文凭认证等通盘考虑。只要积极探索，大胆尝试，我们就会逐渐构建起一个制度上比较完善，质量上有确切保障，能适应我国21世纪教育事业发展的新型教师教育体系或模式。

（二）关于教师教育专业素质

对教师教育专业素质问题，已有许多人做过探讨。[1]本课题研究的一个重要内容就是如何认识教师教育专业素质问题，它直接涉及教育学课程改革。通过研究，课题组认为，教师不仅是专业人员，而且专业化程度要求较高。教师教育专业素质的二元结构，即教育科学知识（信念）与教育教学技能，主要是从社会发展和教育变革的角度考虑，关键在于其内涵的界定和评价的实施。无论在界定内涵和实施评价过程中，都必须体现时代发展对教师所提出的新要求，否则，它就成为僵化的条条框框。就教师教育专业素质结构来讲，它主要依赖于如何构建，这是师范教育改革、教育类课程改革的目标导向，离开这一目标导向谈改革，只能是空谈或奢谈。因此，深化师范教育改革，一个重要的前提性工作是研究优秀教师的成长规律，这有助于教师教育和在职培养。目前，我国这方面的研究还不多见。围绕构建教师教育专业素质，在教育类课程的开设和实施上，也存在一些争论，是偏重理论性课程还是实践性课程；是偏重知识传授还是教育技能技巧的训练；是让学生更多地自主学习，还是教师更多地讲授、辅导；等等。课题组认为，作为学生，掌握扎实的基础理论知识是学习的基本任务，教学技能、技巧的提高，从根本上看是来源于实际操作和训练，是实践经验的积累和长期磨炼的结果。若仅靠学校有限的课时，很难达到所谓“会教”的境界。严格来说，使学生“会教”不是教育类课程，尤其不是教育学课程所能独自完成的任务。如此说来，构建教师的教育专业素质，不完全是学校教育的问题，而是与教师本人所接受的知识、观念和他所参与的实践密切相关。此外，就当前正在积极推广的教师资格认定而言，它必须建立在对教师教育专业素质较准确理解的基础上，即主要应从教师所掌握的知识，所认同的教育观念上来测试教师专业素质所达到的水准，而相对放宽对实践能力和操作技能的考查和认定，这样才能从根本上提高教育类课程的地位，才能有效吸纳更多优秀青年投身于教育事业，也为非师范院校培养教师拓宽路径。

（三）关于公共教育类课程体系

长期以来，我国师范教育公共教育类课程体系恪守“老三门”（教育学、心理学、分科教材教法）的格局，这显然不适应时代发展的需要。无论从知识内容的更新，还是从教师教育专业素质的构建或是适应教育改革的需要来讲，它满足不了培养21世纪新型的合格教师的要求。因此，对公共教育类课程体系进行调整、改革，已是迫在眉睫的任务。根据本课题的调查研究和试验研究的结果，课题组认为，在调整改革公共教育类课程体系上，可从以下四个方面考虑。一是与改革学制相配套，对师范教育体系中的教学计划做重大调整，依据“3＋1”（或“4＋1”“4＋2”）模式的思路，适当调整、压缩公共政治理论课的学时（学分），增加公共教育类课程学时（学分），并使教育类课程相对自成体系，如确定必修与选修的比例，理论课与实践课的比例，课堂讲授与自学、技能训练的比例等。在这方面，已有不少师范院校进行了改革尝试，如华东师范大学[2]、华中师范大学[3]等。二是确定教育类课程本身结构比例，改变传统的“老三门”做法。例如，在课程体系中，确定理论课与实践课的比例，必修课与选修课的比例；在一门课程中，确定课堂讲授与实践操作的比例；在课程结构中，应该重视教育科学基础知识的掌握，注重形成学生的现代教育观念，达到“懂教”的目标，力求实现“愿教”的愿望，尽可能让学生“会教”。三是提高教育实习在教育类课程结构中的比重。目前，我国师范院校学生进行教育实习的时间一般为6周左右，仅占教育计划总学时的4%，比例明显偏低。教师教育技能的熟练程度直接关系到育人的质量。因此，在可能的条件下（如实施“3＋1”等模式），可适当延长教育实习时间，例如，延长到一个学期，学生通过一个学期的教育、教学实践，其实际操作能力和对教育的领悟能力必会大大提高，这是师范院校毕业生水平提高的一个明显标志。四是通过校园文化和学校生活的变革，将师范专业训练融入良好的校园环境和育人气氛之中，充分发挥隐性课程对学生的熏陶感化作用。如将师范专业的“三字一话”训练、师范专业五项全能竞赛、实习汇报会、优秀教师课堂教学观摩等纳入丰富的校园文化生活，以生动的多样化的形式陶冶学生的教育情操，培养学生的教育专业素质。

（四）关于教育学教材体系

通过研究，课题组认为，“教育学”这门课程对保证师范培养规格，造就合格教师做出了历史性的贡献。一些有代表性的教育学教材，如人民教育出版社出版的《教育学》(新编本)、教育科学出版社出版的《当代教育学》(修订本）等，反映了我国教育理论界当时的最新研究成果，实际使用的效果也较好。但随着学科的发展和时代要求的变化，教育学教材内容陈旧、思维僵化的状况一直存在，成为制约合格教师培养的一个重要原因。因此，教育学教材体系的变革，已成为人们关注师范教育改革的一个重要问题。根据本课题的研究，教育学教材改革宜从以下五方面着手进行。(1）进一步提高教育学教材的理论水平和学术品位，遏制粗制滥造的“教育学”教材出版和发行。在某种意义上，正是由于某些拼凑起来的教育学教材损害了教育学的学术形象。(2）在教材内容的选择上，应侧重对正确的现代教育观的学理分析和实践评述，使学生真正从现代意义和中国特色层面，认同今天所需的教育观，构建起一个合乎时代需要、遵循教育规律、有利于现代人才培养的现代教育观念体系。(3）新编教材应吸收教育学研究最新成果，包括合理借鉴国外最新成果，从扩大学生视野和训练理论思维的角度，侧重讲“什么是教育”，至于“怎样教育”可留给别的学科，或更多让学生进行实践探索。这里实际上是涉及公共教育学应完成什么任务的问题。传统的看法认为，公共教育学既要传授教育方面的知识，又要训练教学技能。事实上，在有限的教材篇幅和有限的课时内，这两个任务都完成不好。因此，教育学教材应侧重从讲清教育的道理，即在构建学生知识结构和形成正确的教育观上做文章，而将教育教学技能的训练留给其他相关学科，这样才有可能避免今天这种两方面都达不到要求的被动局面。(4）教材编写形式要灵活。在这一点上，可借鉴国外的教材编写模式和方法，收录一些经典实例，开辟问题讨论专栏，配有相应的插图和表格，既丰富教育学知识体系，又使教材形式生动活泼。(5）对现有“通论”式的教育学教材模式进行改革，侧重讲教育的基本原理和基本规律，注意教育的基础知识的权威性、准确性和系统性，并运用现代教育观念统摄教材的基本思想。而将其他内容分化为相关的选修课教材内容，这样，更突出了教育学教材或课程的基础性或主干学科的地位。总之，教育类课程体系改革重要的一环是教育学教材改革，而此项改革又是一项十分艰巨的任务，期待相关研究者在这方面做出令人惊喜的贡献。

（五）关于教育学课程教学

为了加强教育学课程的课堂教学，既要从课程体系结构改革和教材编写上下功夫，也要注意课堂教学本身的改革。为此，课题组提出应从以下几方面进行改革尝试。第一，提高教育学任课教师的素质。多年来，我们只强调提高中小学教师素质，实际上大学教师同样存在提高自身素质的问题，包括思想政治素质和对专业理解、热爱的程度以及对学生的态度。教育学任课教师，自身应成为学生仿效的榜样，他们爱教育、爱学生、爱专业的情感和态度，直接影响着学生对教育的看法和对教师职业的定位。我们不能接受教师讲课违背教育学规律的现象存在。这涉及教师对专业的理解，对学术的追求和对学生的热爱。提高教育学课程任课教师素质还包括掌握和运用现代教育技术的能力、组织学生学习的能力等。不提高教师水平，很难使教育学课程教学走出目前的困境。此外，提高教育学任课教师素质还包括教师自身学术水平和修养的提高，没有良好的学术背景和从事学术研究的能力，也不能讲出教育学的“味道”。第二，国家和学校应加大教学投入，改善教学条件，引进相应的现代化教育技术装备，逐步改变目前单一地上大课现象。有的讨论课、实践课应通过小班、小课堂来完成，这是提高教育学课程教学质量的重要因素。第三，对教育学课程教学应进行教材、教法研究，鼓励教师站在学术发展的前沿和满足人才市场需要的背景下，探究教育学课程教学改革的新思路、新做法。对于有突出贡献的教师，也应给予适当的鼓励、奖励，真正形成研究教学的风气。第四，进一步强调改进教学方法，鼓励教师运用计算机多媒体技术、现代化教学手段及相关教具，使课堂教学方法丰富多彩。有条件的学校还可实行导师制，指导学生学习，并尝试进行教育研究，让学生在学习过程中能与教师有更多的交流和接触，用探究的方式开展教学和学习活动。第五，改革考试制度，变单一地考评学生死记硬背知识的能力为考评学生运用知识、创造性地分析问题、解决问题的能力。考试可采取撰写论文、进行答辩、实习作业、平时学习与期末考试相结合、实践能力的考核与书面测验成绩相结合等手段，真正使考试和评价成为促进学生学习，提高学业水平的手段。

二、提出建议

根据本课题研究，针对师范教育和高师院校公共教育学课程改革，我们提出以下建议。

（一）探索新的师范教育办学模式

为确保师范教育培养师范专业师资的质量，促进教师专业化水平的提高，应对现行的教师培养模式进行改革，逐步变四年制本科为“3＋1”模式或“4＋1”“4＋2”模式，使师范专业学生在掌握扎实的专业理论和知识基础上构建专业素质，真正使师范教育办出特色、提高水平。并且，由此方向改革逐步过渡到形成“教育学院”的格局，即所有本科毕业生须经教育学院培养，具有教育文凭或教师资格证书才能具备教师资格。到了这一步，师范教育或教师教育仍然存在，但师范院校有可能逐渐被教育学院所取代。这种办学模式的改革至少有两大优点。一是将师范院校置于与综合性大学教育质量竞争的大背景下，促使既有师范院校提高办学水平，注重教育质量。二是改变教师来源，有利于提高教师队伍整体素质。受过相关专业训练的本科生再经过严格的教育专业训练，就更具备教学能力，他们基础扎实，视野开阔，具有“通才”素养。这是一种符合当前国际教师教育改革基本方向的措施，必须引起重视。

（二）调整公共教育类课程结构比例

必须对现有的各师范专业的教学计划进行结构性调整，扩大教育类课程在教学计划中的比重，并逐步构建一个体现中国特色、确保师资培养质量的教育类课程结构。此类课程结构可考虑由三部分构成，第一部分为基础理论课，主要为公共教育学和公共心理学；第二部分为应用理论课，主要由各科教材教法和相应的应用性教育学科构成；第三部分为实践技能课，主要由教育实习、见习、技能训练构成。在“3＋1”或“4＋1”的培养模式下，以目前各师范专业教学计划总学时 2 700 学时为框架，其中的“1”大约占 700 学时，教育类课程的三部分可考虑 2：2：3 的结构。或按 40 个学分计算，学分比例约为 10：10：20 这个学分比例，和教育类课程结构，就基本与发达国家教师专业训练程度相当。当然，进行此项改革，涉及许多问题，如与学制、办学模式、公共政治理论课、公共外语课等方面的改革都有密切关系，也与我国师范院校教育系科办学模式的调整与变革有密切关系。

（三）狠抓教材质量，出版一批高质量的教育学教材

教育部实施的“高等教育面向21世纪教学内容和课程体系改革计划”，对提高整个高等教育的办学质量，是一项具有战略意义的重要举措，它必将带来教育学教材的更新和变革。课题组建议，在适当时候组织全国一流水准的专家学者和教育工作者，编写一套指导教材编写和规范教育学课程教学的教学大纲，使教材编写和课堂教学走向规范化、科学化。就教材的出版而言，倡导一纲多本，鼓励出精品，反对拼凑和粗制滥造。对优秀教育学教材进行推广，并予以奖励。

（四）加大教学投入，改善教学条件

从本课题调查研究的结果看，导致教育学等教育类课程教学质量不高的原因很多，其中重要的原因之一就是教学条件不充分。二三百人的大课堂，无扩音设施，教师讲课极为吃力；多媒体教育技术装备很少运用在教育学课堂，教育学教学手段仍然停留在黑板加粉笔的水平；再加上教师编制有限，很难实施小班教学或辅导。不改善这些现实条件，很难提高教学质量。因此，无论国家还是学校，从育人的千秋伟业上考虑，应在可能的条件下，进一步加大对教育类课程教学的投入，改善教学条件，提高教师待遇，这是提高教育质量的重要保障。

（五）重视教学研究，改进教学方法

多年来，我国高校盛行重科研、轻教学的风气，此风气也严重影响了教师对教学的投入。公共教育学只讲课时，不顾效果的情况普遍存在，对教育类课程教学进行认真的研究和探索，并取得显著成果的不多。这样，就导致了教学质量不高，课程教学不受学生欢迎的现状。因此，鼓励教师搞好课堂教学，并从事教学研究，应成为高等教育办学的一个基本导向。就教育学课程教学而言，要鼓励教师尝试新的教学方法改革，把“案例教学法”“实习作业法”“讨论法”“谈话法”“参观法”引入教育学课堂；要求任课教师能独立制作课件、运用计算机多媒体技术进行教学；对学生的教育实习要加强指导，进一步强化实习基地建设；逐步开展丰富多彩的校园文化活动，构建新的大学校园生活类型，营造师范教育气氛，将教师的教育专业技能训练渗透于学生社团活动、文化活动和综合素质构建活动之中。这样，通过课堂教学方法改革和课外校园生活的重构，必将对学生的教师专业素质养成起到积极的作用。

（六）研究优秀教师的成长规律

一名从师范院校毕业的新教师，要成长为优秀教师，仅靠学校所学的教育学、心理学知识是远远不够的；仅掌握粗浅的教育、教学技能，也只能是当教师的基本条件。成长为一名优秀的教师，须经过长期教育实践的探索、磨炼和积累，并且必须思考和研究教育问题。因此，研究优秀教师的成长规律，有助于改进教育类课程教学，有助于从未来教师的素质要求改造校园生活，也有助于教育学内容体系的深化，更有助于使学生明白成长为一名优秀教师所应具备的知识和能力（如从事教育科研的能力），从而激发学生献身教育事业的热情和主动学习教育类课程的精神动力。遗憾的是，面对着千百万成功的优秀教师以及他们的成功经验，我们的研究太少，从而导致教育学教学内容空洞、贫乏等弊端，学生学习教育学课程由于缺乏大量经验支撑，便失去了教育学科应该具有的浓厚的实践韵味。因此，研究优秀教师的成长规律，是一个富有时代意义和教育学意义的研究领域和内容，应引起高度重视。

三、结语

课题组认为，我们所承担的教育部师范司

下达的“师范院校公共教育学课程体系及教学改革研究”（重点项目）不过是我国师范教育发展中的局部探索和阶段性研究，它远没有完成应承担的使命。即使是本课题所应研究的内容，有些认识和结果也未必完全科学，还有待进一步完善。课题组成员愿意在此基础上不断探索，与教育界同仁一道，为我国师范教育事业的发展，为培养21世纪新型的合格教师继续努力，为把我国师范教育推向更高的发展水平作出自己的贡献。

参考文献：

[1] 叶澜. 新世纪教师专业素养初探 [J]. 教育研究与实验，1998 (1)：41-46；高慎英. 教师成为研究者“教师专业化”问题探讨 [J]. 教育理论与实践，1998 (3)：32-35；曾荣光. 教学专业与教师专业化：一个社会学的阐释 [J]. 香港中文大学教育学报，1984 (11)：23-41.

[2] 袁振国. 华东师范大学公共师范课程建设与教学改革的理论与实践研究，教育部师范司会议（昆明）材料.

[3] 华中师范大学. 华中师范大学关于修订教学计划的意见，1998.

（原载2001年第7期）

教师职业专业化与高师教育学科课程结构改革

柳海民

质量是教育发展的生命。提高质量与效益是一切生产与经营领域保持其顽强生命力的永恒主题，教育亦同理。提高教育质量的核心与关键是不断提高教师质量，不断激发教师的创造生机和自我完善能力。从知识传授的角度看，教师有双重使命：创造知识并传播知识。教师质量的高低既决定着自身新知识创造程度与知识传播的效果，更影响着人才培养质量乃至一个国家的科技水平和国际竞争力。因此，铸就教师专业素质的高师公共教育课程改革，不仅将影响着21世纪我国高师教育的生存、发展空间，关系着我国教师职业专业化的历史进程，更关系着数以亿计青少年品德与智慧的发展，实践意义十分重要。

一

教育的要义是提升人的生命意义和价值。教师教育就是通过培养教师的专业素质，提升其在从事教师这一职业中所具有的独特的意义和价值。教师作为一种社会职业，经历了古代社会“以吏为师”“僧侣为师”的非专业化阶段，到近现代社会以独立、封闭的师范教育体系进行专门化的培养阶段，再到当代社会的多元化专业性训练阶段。今天，一个开放的社会化的教师教育新体系正在形成。自1999年召开的全国教育工作会议提出：“鼓励综合性高等学校和非师范类高等学校参与培养、培训中小学教师的工作”，师范教育界就已感受到了我国教师教育未来发展的必然趋势和即将面临的严峻挑战。上到教育行政部门，下到各师范院校，在高教改革大潮的促动中也开始了一系列教育改革。但客观地分析近几年来的改革，体制改革是主体或主流，改革关注的热点是结构调整与资源重组。对如何推动我国教师教育在21世纪走向专业化还没有具体的应对之策，对如何根据职业专业化发展规律和时代需要进行师范院校的内涵提升与相关改革，涉及更少，以致我国师范院校完成结构调整的“大变革”之后，整体的课程结构，包括专业课程和公共教育学科课程还维持在改革前的状态。目前，大多数师范院校教育学科课程反映出的主要问题有如下四个方面。

（一）课程结构经久不变

很多师范院校教育学科课程至今仍遵循着改革开放之初确立的普通教育学、普通心理学、学科教学论（当时叫学科教材教法）的“老三门”结构，每门课3—4个学分。前两门课由公共教育课教研部的教师讲授，后一门课由各系的教师讲授。确立这样的课程结构是由当时的具体情况决定的。一是应教学急需，模仿继承了新中国成立以来师范院校的传统做法。二是参照了当时苏联的经验。三是当时这三门学科，尤其是普通心理学和普通教育学比较成熟，有现成的教学内容和教材可用。四是相关学科、交叉学科乃至后来出现的一些应用学科，如教育技术学、教育科学研究方法等，当时尚处于起步阶段。五是对未来教师的教育教学素质缺乏深入细致的研究。但改革开放以来，教育学科发展十分迅速，教育科学已逐渐发展成一个庞大的学科体系，有丰富的学科资源可供选择。基础教育的发展变化也对教师的素质要求越来越高，已不满足于高师毕业生仅能完成知识传授的任务，还要求他们能善做班主任，能从事教育科学研究与实验，能针对青少年的心理进行有效的思想品德教育，能开展和组织丰富多彩的班级生活乃至学校活动。但我们的师范学院，对基础教育的发展缺乏了解，对国内外教育改革缺少敏锐的洞察和主动改革的意识，至今还有不少师范院校仍然固守着“老三门”的课程模式，对教育学科的发展和基础教育的需要鲜有灵活的反应和吸收。

（二）课程内容陈旧落后

一名即将从教的师范生本应对锤炼其教育教学技能的教育学科课程抱有浓厚兴趣，因为他们将从这些课程里学到怎样备课、上课，怎样组织教学环节，怎样做班主任，一言以蔽之，怎样做一名令学生敬仰的优秀教师。现实却告诉我们，公共教育课程的学习已变成了许多学生的“包袱”。除教师讲授和学生努力的原因外，课程内容缺乏充分的理性魅力和难以形成学生教育教学技能的实践指导意义也是重要原因。课程内容陈旧落后，缺乏时代性、国际性和最新的教育思想与学术信息；缺乏严密的逻辑体系和独立的内容构成，科学性、准确性较差；缺乏理论与实际的紧密联系，中小学教育教学实践中各种鲜活的问题或案例在课程中难觅其踪。重刻板的原理罗列，重概念、定义的解说，重理论根据的陈述，却忘记了理论的价值在于应用，学习的目的是将来的实践，学以致用。这样的课程和教材自然很难吸引学生。一本好的教育学、心理学或学科教学论教材，只要能赋予学生两个学习目的：新的思想理念和实践应用价值，即能让学生从中学到将来他们怎样教和为什么这样教，就是值得学生献出他们的时间和精力的。

（三）教师队伍素质不高

很多师范院校未能给教育学科课程以充分的重视是导致教育学科课程教学队伍素质不高的一个重要原因。高师院校的教育学科课程虽有独立的教研部负责，但教师队伍的流动性很大。每年的任课教师以新教师居多，致使公共教育学、心理学成了新留校教师入职锻炼、实习的课程。虽然如此，但新教师毕竟都是科班出身，学历较高，充满了刚刚参加工作的热情和旺盛的精力，只是经验不足。学科教学论教师队伍与之相比则堪忧。很多院系的学科教学论教师，通常是由不能胜任专业课教学的人构成，很少有专业出身的人员去从事该门课程的教学和研究工作。近几年情况虽有好转，但现实依然没有根本改观。本来，从事学科教学论的教师应是教学能力最强的一支队伍。他们不仅要有丰富的中小学教学经验，对中小学教育教学情况非常熟悉，而且在自己的专业教学中出类拔萃，这样才能在教学中让学生体悟到学科教学论的价值，学习到教育教学的艺术。但现实中，由于教师自身缺少专业训练的教育底蕴，任教后又缺乏对学科教学论的兴趣和钟爱，没有热情去进行深入钻研和忘我工作，教学方式枯燥呆板。就书本讲书本，不能把书本上的原理恰当地与教育实际、学生实际联系起来，把理论孤立于实践、应用之外，结果是讲教法的教师不懂教法，传授教学艺术的教师教学没有艺术性可言。这样的教师队伍很难在教学中唤起学生对该门课程的学习兴趣，也很难培养学生形成精湛多样、灵活变通、富于启发性的高超的教学技能。

（四）教学方式不够灵活

师范院校的教育学科课程是锤炼学生从教技能的第二专业课。它源于丰富多彩的教育教学实践，也能以丰富多彩的形式去呈现当代的教育教学实践。教学中，除课堂上的言语讲授外，也可采用讨论、观摩、录像、上讲台实践、到中小学做班主任、请特级教师讲座、模拟班会、多媒体教学等多种方式去完成教学任务。人往往是在面临任务的时候才更关注怎样完成任务。公共教育课教学中，教师可以根据教学内容和培养学生教育教学技能的需要，给学生设计一些他们需实际完成的具体任务，如准备一节课的教案，上讲台讲一次课，或组织一次讨论、班会活动，等等，让学生在这些活动中，应用他们在书本里学到的内容，切实体会这些理论对形成教学技能的重要性。这样，不仅实际培养了他们的教学技能，而且可唤起他们学习本门课程的积极性。这些教学安排都需要教师肯于付出劳动，肯于动脑，肯于刻苦钻研，才能对这些理论融会贯通，在教学中灵活机动地理论联系实际，获得良好的教学效果，而不是习惯于单一的课堂讲授，图省事，图简便，思维肤浅，方法刻板。这种机械呆板的教学，不仅浪费了自己的时间和精力，更浪费了学生的宝贵年华。

二

21世纪的中国教师教育正在走向社会化，这符合世界教师教育发展的趋势。它打破了中国几十年来以封闭、定向的师范教育体系培养教师的传统模式，为21世纪中国教师教育开辟了新的发展方向。高等师范教育要在教师教育社会化的挑战面前获得持续发展的生命力，就必须面对教师教育社会化现实，发挥自身历史优势，根据教师职业专业化要求，以提高质量为宗旨，对赋予师范教育性质，体现师范教育特点的教育学科课程进行创造性的重构和改革。

改革的指导思想是，借鉴世界主要发达国家教师教育发展的有益经验，结合中国师范教育的发展实际，以拓宽师范生雄厚坚实的专业基础，强化教师专业技能，全面提高学生的科学与人文素质为改革目标，在优先实现教师职业专业化的思维框架下改革专业课程和教育学科课程，以形成学生鲜明的教师职业素质优势和无与伦比的社会就业竞争力。教师职业专业化思维框架即学生在新的课程体系培养下，最终能够具有自觉遵守本工作领域的伦理纲领，即崇高的敬业精神，高尚的职业道德，积极健康的个性品质；系统而明确的专业知识结构，包括广博深厚的文化基础，专精的专业理论和现代的教育学科知识；娴熟的专业技能和教学能力等突出的专业素质。

改革的基本原则和思路是，根据基础教育对教师素质的理想需要和教师职业专业化的时代要求，考虑在校师范生毫无从教经历的现实，在学时学分相对不变或略有增加的前提下，实行小课程、小学分、多门类，精选精讲精学，实行必修与选修结合，理论与实践结合，课内与课外结合。

改革的具体设想是取消经年面貌不改、偏重原理阐述的普通心理学与普通教育学，代之以能够有效形成学生正确的教育观、教师观和从教技能的新课程。新的课程结构由必修和选修两部分构成。必修课程每门课通常为2—6个学分，每周授课3—4学时。可列为公共必修的课程有：青少年心理学、学校教育心理学、课程与教学论（或教学论与教师学）、教育科学研究方法等。选修课应是能更加充分引起学生选择兴趣的课程，由学生任选，每门课2个或1个学分。可列为选修的课程有：现代教育思想、比较中小学教育、中外教育思想史、基础教育专题等。新公共教育课程体系如表1所示。

表 1　新公共教育课程体系

类别	课程名称	周学时	总学时	学分
必修课（公共必修课）	青少年心理学	4	40	2
	学校教育心理学	4	40	2
	课程与教学论（或教学论与教师学）	4	40	2
	教育科学研究方法	4	40	2
	学科教学论	3	60	3
	教育实习			6
选修课	中外教育思想史	2	40	2
	现代教育思想	2	40	2
	现代教育技术学	2	40	2
	比较中小学教育	2	40	2
	基础教育专题	2	20	1
	教育法规与政策	2	20	1

这个课程体系是作为选择从教的学生（含非师范院校）应修读的最基础的教师教育课程。与原来的“老三门”相比，它的优点主要有四点。一是门类多，覆盖面广，而学时、学分基本没有大变化，各师范院校应用起来没有改革的压力和阻力。同时提高了对教师的要求，由过去一学期讲授一门课变成一学期要讲授两门课，在教学难度加大的同时，要求教师必须更新知识结构，扩展学术研究能力，从而激活教师的工作状态。二是课程结构更趋科学、合理，更贴近基础教育实际需要，具有更强的实践性和实用性。四门公共必修课中的青少年心理学主要揭示青少年的身心发展规律与个性发展特点，给从教者提供施教的依据；学校教育心理学则重在阐明学生如何学而教师如何教；课程与教学论（或教学论与教师学）则教给学生施教的基本技能和为师者应具有的基本素质与班主任的工作策略；教育科学研究方法主要教给学生从事教育研究与实验的方法和能力。三是新课程单位小、门类多，不仅精选了内容，剔除不必要的烦冗论述和讲解，做到精益求精，还保证了课程体系具有广泛而丰富的信息含量；四是新课程体系不仅门类新，内容也新，具有古今结合、中外兼容的特点，可以给学生现代教育思想的熏陶和国际教育视野的拓展，使公共教育课程魅力增强。1997 年，东北师大利用两年时间对公共教育课程体系进行了认真研究和大胆改革，编写了新大纲新教材，并从 1999 级新生开始试行。初步的实践已经证明，改革取得了良好的效果。

另外，专业课程也必须改革。过去一直困扰师范院校学术性与师范性的问题，主要是囿于单一的师范专业。它突出了师范性，却难以提高学术性，但在今天的师范院校中，专业结构已今非昔比，众多的非师范专业已迅速成长起来，具备了扩大基础的丰富资源。为此，全面提高师范生的学术功底，推动教师教育真正实现专业化，必须对专业课程进行一次大力度改革。基本思路是：打通相关专业基础，实行学分制，建立相关专业通学的共同基础课、专业主干课、教育技能课、任意选修课的课程新体系。唯有如此，学生才能真正具有厚基础、精专业、强技能、宽视野的素质结构和专业能力。

三

教育学科课程在高师课程体系中虽只占八分之一左右，但它是赋予学校性质，即与一般院校相区别的重要标志。它的存在与否是判定有无教师教育的重要分野，它的质量关系着师范优势的强弱。因此，高师院校应充分关注它的存在、发展和队伍建设。不论将来高师院校走向何处，教师教育课程永远是其综合性不可或缺的重要组成部分。即使像美国哈佛大学、耶鲁大学、斯坦福大学等这样世界顶尖的大学，学校的特色是培养科学家、领袖人物或工商巨子，但也从不忽略为全校学生提供教师教育课程的教育学院，有些学校甚至因为心理学、教育学研究成就斐然而提升了学校的社会影响，从而声名远扬。

决定教育学科课程教学质量与效果的关键是教师队伍。无论是教育学科课程结构改革，还是教师职业技能训练质量提高，都取决于一支高质量高水平的学术队伍。师范院校要扭转公共教育课教师厌教、学生厌学的局面，一是要真正提高其地位，行政主要领导要高度重视，像公共政治课由校党委书记亲自抓一样；二是要有计划地进行教师队伍建设，包括学历提高、人才聘任、名校进修等；三是要加强教育学科课程改革研究，通过强有力的措施调动教与学的积极性。如此，才能使教育学科课程结构改革顺利进行，不断提高教学的质量与效果，确保其走出困境，成为学生选择的热点。

（原载 2002 年第 8 期）

基于自主、合作、探究学习的师范大学教师教育课程课堂教学改革

余文森 连 榕 洪 明

一、改革的起因与背景

（一）教师教育与基础教育脱节

师范大学和中小学脱节，新课程倡导的自主、合作、探究的学习方式未能在中小学课堂普遍推行，与师范毕业生没有亲自体验这些学习方式是分不开的。试想，一个师范生从来没有自主学习、合作学习、探究学习的经历和体会，就算教育学教科书怎么强调它们的意义，师范生在未来的职业生涯中也会习惯性采用所谓的讲授法，而不会去尝试和推行新的教学方式和学习方式。教师的教学方式是自己学习方式的“影子”，或者说师范大学教师的教学方式是有“传递性”的，它们像“影子”一样附在师范生身上，如果师范生习惯了讲授型课堂，讲授法就会成为自己毕业后法定的教学方法了。自主学习、合作学习、探究学习既然是有意义的、对学生终身可持续发展极具价值的学习方式，就应该在师范大学里率先倡导和推广。《基础教育课程改革纲要（试行）》明确指出：“师范院校和其他承担基础教育师资培养和培训任务的高等学校和培训机构应根据基础教育课程改革的目标与内容，调整培养目标、专业设置、课程结构，改革教学方法。”师范生作为大学生，具备比中小学生更高的学习能力，从年龄特征和认知基础来看，也更有条件来试行新的学习方式。

（二）大学课堂教学现状堪忧

大学课堂教学现状堪忧，其中一个突出的表现就是大学生的学习权利和责任意识淡薄。当然，这与我们的教学方式和评价方式有关。当前大学课堂主体的教学模式依然是教师讲学生听，学习的依赖性和随意性严重影响和阻碍了大学生学习能力和综合素质的提升。我们在听课调研中，经常看到这样的情形：在课堂上教师讲得生动、有趣，学生会抬起头来听听、看看，当然偶尔也会有笑声和掌声；教师要是讲得比较抽象，或是因为个人素质和教学风格问题，讲得不那么精彩、形象，课堂上就会有大半学生低着头，脱离课堂忙些其他事情。对此，我们非常揪心，到底学习是谁的责任？谁是课堂真正的主人？我们曾从专业角度对大学课堂进行过分析，发现很多课堂都存在这样的问题：从教师这方面来看，教学很投入，讲得很系统，教得很完整；而从学生这方面来看，学生很不在状态，学得不主动、不系统、不完整，甚至显得呆板、机械。在很多课上，就算学生在学，也无非就这么三个现象：一是教师讲学生听（记）；二是教师放 PPT 学生看（记）；三是教师问学生答（偶尔）。这种学习方式和学习状态怎么可能有学习质量呢？主体性缺失的学习，不仅导致学习质量低下和学习意义普遍失落，而且造成严重的逃避学习、恐惧学习、厌恶学习现象，这乃当今大学教学的突出问题。

（三）大学教学改革未进入深水区

所有的教育改革，所有的教学质量工程（项目）的实施如果没有落实到课堂上，就都是空的，至少是流于形式的。这几年，国家对大学教学改革给予了前所未有的关注和投入，名

目繁多的工程和项目给大学教学改革与建设带来了难得的机遇和条件，教学名师、特色专业、精品课程、优秀教材、重点实验室、创新实验区等，从某些方面提升了大学的办学水准。但是，所有这一切都只是教学质量的外因，而不是内因、内核。离开了学生的学——主动地学、系统地学、独立地学，任何外因都不会起作用，都不会自动转化为教学质量和学生素质。教学改革必须进入深水区，必须进入课堂，进入教与学本身。改变学生被动的学习方式和学习状态，激发学生的学习潜力，培养学生学习的责任感，让大学课堂充满学生学习的活力，这是当前大学课堂教学改革的根本方向。

二、改革的理念和目标

（一）从“要我学”向“我要学”的转变

任何工作都需要动力，没有动力，什么工作、什么事情都做不好，都坚持不下去。学生学习首要的是解决学习的动力问题。从教学的实际来看，动力作用表现为学生学习的积极性，即学生在学习活动时的内在能动状态，它的特征是自觉和主动。缺乏自觉和主动的学习都是不成功的学习。主动性对应被动性，二者在学生的具体学习活动中表现为“我要学”和“要我学”。“我要学”是基于学生对学习的一种内在需要，“要我学”则是基于外在的诱因和强制。

18世纪德国著名教育家第斯多惠认为，如果使学生习惯于简单地接受或被动地工作，任何方法都是坏的；如果能激发学生的主动性，任何方法都是好的。[1] 当前我国大学生和中小学生一样，普遍处于一种“受逼”学习状态，缺乏学习的主动性和责任感。为此，让学习成为大学生的一种精神需要，而不是一种外在的压力，改变学生的学习状态和学习体验，使大学生从“受逼”学习的状态中解脱出来，让他们变得爱读书、爱学习，便成为当前大学教学改革的首要任务。

（二）从“依赖学”向“独立学”的转变

学生独立学会而不是被教师教会，这是大学教学区别于中小学教学的重要特征。如果说主动性表现为“我要学”，那么独立性则表现为“我能学”“我会学”。每个大学生，除有特殊原因外，都有相当强的潜在的和显性的独立学习能力。为此，大学教学不仅要积极鼓励学生独立学习，还要不断创造各种机会让学生独立学习，从而让学生发挥自己的独立性，培养独立学习的能力。具体来说，就是让学生凭自己的力量，独立自主地阅读、思考、质疑；独立自主地发现、提出、分析问题；独立自主地总结、概括、纠正、反思，解决问题，掌握知识，发展能力。

（三）从“孤立性学习”向“交往性学习”的转变

学习不仅是一种个体获得知识和发展能力的认识过程，也是一种人与人之间的交往过程。交往的认识意义表现在两个方面。第一，促使知识增值。知识在对话中生成，在交流中重组，在共享中倍增。学生通过交往分享彼此的思考、经验和知识，丰富学习内容，求得新的发现。学习过程因此成为课程内容持续生成与转化、课程意义不断建构与提升的过程。第二，活跃学生思维。古人说得好：“独学而无友，则孤陋而寡闻。”（《礼记·学记》）缺少交往的学习很难产生思维碰撞和创造的火花。一个苹果跟一个苹果交换，得到的是一个；一个思想跟一个思想交换，得到的是两个，甚至更多。学习中的交往和互动有助于激发灵感，产生新颖的观点、奇特的思路，从而增强思维的灵活性和广阔性。

只有基于交往和合作的学习，才能不断深化学习的内涵、丰富学习的内容，并使学习过程成为学生的一种道德生活和人生体验。这样，学习过程同时也就成为人格健全与发展的过程。伴随着学科知识的获得、学习能力的提升，学生变得越来越有爱心，越来越有同情心，越来越有责任感，越来越有教养。为此，大学教学要大力提倡交往性学习。

（四）从“知识性学习”向“问题性学习”的转变

问题是科学研究的出发点，是开启科学大门的钥匙。没有问题就不会有解释问题和解决问题的思想、方法和知识。所以说，问题是思想方法、知识积累和发展的逻辑力量，是生长新思想、新方法、新知识的种子。学生学习同样必须重视问题的作用。没有问题也就难以诱发和激起求知欲，没有问题，感觉不到问题的存在，学生也就不会去深入思考，学习就只能是表层和形式的。为此，大学教学必须特别强调问题在学习活动中的重要性。一方面，强调通过问题来进行学习，把问题看作学习的动力、起点和贯穿学习过程的主线；另一方面，通过学习来生成问题，把学习过程看成发现问题、提出问题、分析问题和解决问题的过程。正如张楚廷教授在《大学里，什么是一堂好课》一文中指出的，能够带上满口袋问题走进课堂的课，算好课；能够在课堂上唤起学生生问、发问、提问的课，算更好的课；能够唤起学生提问，居然被学生的问题问倒了（教师一时答不出来了）的课，算是最好的课。[2]

为了促进学习观的转变，教师的专业角色也应发生相应的转变。过去，教师是知识的拥有者、提供者、讲授者，是权威，是裁判。现在，教师是引导者、策划者、合作者、服务者、开发者，是同伴，是导演。教师是导游不是领导，要引导学生做自助旅游，而不是领着学生沿固定线路参观；教师是导演不是演员，要在幕后策划，指导学生去展示，将学生置于聚光灯下，而不是自己霸占讲台说长篇评书；教师既是精神的同道，也是学习的伙伴，而不是裁判兼警察左手握真理右手握大棒；教师是服务生，要俯下身子为学生服务，将姿态放低，将心胸放大，而不是挂在墙上当圣人像，等着学子来膜拜。[3] 21世纪教育委员会认为，教师的职责是越来越少地传递知识，是越来越成为一名顾问，一名交换意见的参与者，一位帮助发现矛盾论点而不是拿出现成真理的人。

学习观转变的实质是把权利还给学生，具体来说，大学教学中学生的权利主要有如下几项内容。

一是教学参与权。《中华人民共和国教育法》第42条规定，学生有“参加教育教学计划安排的各种活动”的权利，它意味着学生是教学活动的参与者，是教学过程的主体，课堂教学绝不是教师讲学生听的单向活动，而是师生交往、双方互动、协同发展的过程，那种排斥学生参与、只由教师主导的现象，无疑剥夺了学生的参与权。

二是主动思考和自由表达权。教学中学生有权独立思考、有权表达自己思想、有权提出问题、有权发表成果。这是学生最基本的权利。

三是探究权。探究权，就是学生的学习、思考不受外力左右和控制，有权自主学习知识和探索真理，他人不能机械灌输和包办替代。

四是教学评价与改进建议权。学生是教学过程的主体，教学的主要目的在于满足学生发展需要或促进学生发展。教学是否达到了这一目标，学生最有发言权。因此，学生有权对教学提出自己的意见和建议，有权要求学校和教师改进教学工作。

三、改革的主要举措

（一）指导学生自主学习，培养学生自学能力

大学生应以自学为主，养成自学习惯、培养自学能力是大学教学改革的首要任务。当然，自学方法和能力需要教师的引导和培养。学生自学不能解决全部问题，还需要教师的讲解，但教师的讲解要建立在学生自学的基础上，突出针对性。这是我们改革的基本思路。

1. 指导学生独立阅读教材，把教材读懂、读好

蔡元培曾说，大学者，研究高深学问者也。作为大学主要标志的大学教学内容具有明显的学术性、专业性、前瞻性、探索性等特点，而作为教学内容重要来源的教材，对学生而言，也具有一定的难度和挑战性，没有教师具体指导，学生要读懂教材、读好教材是不容易的，教师要坚持引导学生从以下四个方面阅读教材。

（1）教材说了什么？通过阅读把教材读懂，这是基础和前提。明确教材的主要观点和核心内容是什么，并尽可能用自己的话进行复述。

（2）教材的观点对不对？对，对在哪里？为什么对？理由和根据是什么？错，错在哪里？为什么错？理由和根据又是什么，怎么改正？

（3）教材的观点好不好？好，好在哪里？不好，不好在哪里？教材的哪些观点、见解及其阐述，你觉得特别精彩，对自己启发最大？教材的哪些看法和内容，你觉得没有新意，很一般，甚至有些过时？

（4）对教材的观点和内容，你是否有自己的看法和想法？你是否通过阅读其他书籍觉得有必要对教材进行补充？

2. 把教师的教建立在学生学的基础上，使教成为学的促进和提升

教师的教要建立在学生独立自主学习的基础上，凡是学生独立自主学习能够掌握的内容和解决的问题，教师都应让学生独立完成。学生由“被教”转变为“自己学”，这是大学教学必须确立的理念。

第一，从教与学关系来说，教师要针对学生在独立学习中提出和存在的问题进行教学，即教学生自己学不懂、学不会的知识和问题。

第二，从教学内容而言，它是一种以难点为对象的教学。所谓难点指的是学生难以理解和掌握的内容。难点的形成，一是教材的原因，二是学生认识和接受能力的限制。教学中排除难点，首先要求教师明确“难”在哪里，然后对症下药加以排除。如有的难在内容抽象，教师就应设法提供具体形象的内容，使学生从感性认识入手；有的难在内容深奥，教师就应设法通过复习或联系有关知识，来铺路搭桥，帮助学生理解；有的难在内容复杂上，教师就应采取分解、化简和分散处理的方式来解决。

第三，从教的层次而言，它是一种立足于“最近发展区”的教学，具体来说教师要教学生想不到的东西，要教教材里面蕴含的思想方法和智慧价值。

（二）尝试小组合作学习，构建学习共同体

当今是一个需要合作的时代，提倡合作学习具有特别重大的意义，通过合作学习可以凸显学习的社会性、交往性、互动性，培养学生的合作精神、团队意识和集体观念。正是基于这样的认识，我们在教学中大胆尝试开展小组合作学习。

1. 合理分组（课内、课外）

在中小学一般实行异质分组，所谓异质分组，是指在组建合作学习小组时，应当尽量保证一个小组内的学生各具特色，能够相互取长补短，即小组成员是异质的、互补的。对学生进行异质分组，保证小组成员的多样性，从而

使小组活动中有更多、更丰富的信息输入和输出，可以激发出更多的观点，使全组形成更深入、更全面的认识。异质分组时，应考虑学生的成就、能力、性别以及家庭背景。

在大学，考虑到小组合作学习的时间、空间等要素和条件，我们主要采取以宿舍4人或6人为单位进行分组（小组召集人自然为寝室长，或轮流当值），这样便于小组成员在课外时间进行合作学习。实际上，小组合作学习除了课堂上现场的交流、讨论外，大量的小组合作学习任务都是在课外完成的。尽管这样没有做到严格意义上的异质分组，但我们坚守一个原则，即分组要有助于小组成员积极主动地参与学习过程，并能使小组成员彼此协作，相互支持，共同合作，以提高个人的学习成效和达成该团体的学习目标。

我们认为，小组成员间的积极互赖是构成合作学习的核心要素。没有积极互赖，就没有合作学习。积极互赖是小组成员之间一种促进性的相互关系，每个成员都认识到自己与小组及小组内其他成员之间是同舟共济、荣辱与共的关系。简而言之，积极互赖意味着每个人都要对自己所在小组的其他同伴的学习负责。积极互赖的主要内容与要求是：(1) 目标互赖——共同的小组目标；(2) 奖励互赖——奖励小组而不是某一个体；(3) 角色互赖——每人承担相互关联的具体责任。

2. 培养合作学习技能和品质

合作学习是以交往为中介的一种学习，交往技能因此被认为是合作学习的一个重要因素。交往技能包括如何倾听他人的意见，如何表达自己的想法，如何纠正他人的错误，如何汲取他人的长处，如何归纳众人的意见等。具体来说，如"倾听技能"，要求当别人发言时要神情专注地听，眼睛注视对方，不东张西望，有时可以用微笑、点头表示感兴趣或赞赏，先听后说，多听少说，不随意插话，不打断别人的发言，但听不懂时可以发问；如"表达技能"要求发言前要理清思路，发言时要言简意赅、突出重点，别人说过的，尽量不重复，不占用别人发言时间；如"归纳技能"要求对小组每个成员的意见进行加工、归类、总结，发言时首先主要介绍小组的意见和看法，其次根据需要，可以补充强调自己或其他小组人员的特殊见解和观点；讨论时，不同意别人的意见或纠正他人的错误，态度一定要谦和，理由一定要充分，注重以理服人，让对方心悦诚服；听到别人精彩的见解，而深受启发，一定要表示感谢，把别人的智慧转化为自己的智慧，这是小组讨论交流的最高目的。值得强调的是，这些技能不仅是合作学习的重要因素，也是学生终身发展所不可缺少的优秀品质。

3. 采取有效的小组合作学习方式

小组合作学习一般通过下面两种方式进行。

（1）讨论式。即小组成员围绕问题展开交流、互动、辩论。每个成员对问题发表自己的看法和见解，一致的意见则形成小组的共识；不同的意见可以相互补充，相得益彰；相反的意见可以进行辩论，真理愈辩愈明。讨论式学习一般在课堂上进行，在小组讨论结束后，需要进行全班交流。考虑到时间问题，全班交流特别强调小组汇报不能重复，鼓励发表不同的意见和观点。

（2）协作式。即小组成员根据任务性质、特点和内容，经过讨论进行合理分工，小组成员围绕任务分工协作、齐心协力、集思广益。每个成员根据角色分工，明确自己的职责和任务要求，独立自主地按规定时间完成任务。在每个成员完成各自任务的基础上，小组进行汇总、小结，必要的时候，进行第二次分工或修改、完善，最后提交小组任务报告。协作式学习一般在课外进行，我们布置的小组研究性作业就是采取这种方式进行的。

（三）实施探究性教学

探究精神是大学课堂的灵魂，唯有探究才能培养思想者和批判者，没有探究的教学只能是训练。为此，要着力弘扬探究精神，让大学生在课堂过有意义的探究生活，在批判性的阅读、观察、操作和思考中发现问题、提出问题，并努力从不同维度分析问题、解决问题，建构自己的思想和意义，产生和形成自己的观念。

1. 每节课提出（设计）一个有价值的问题

探究教学的起点是提出问题。能否提出有价值的问题直接关系探究教学的成败。我们学院从1997年开始就明确提出，每个教师在每节课都要提出（设计）一个有价值的问题，并引导学生围绕这个问题进行深度思考。关键在于什么是有价值的问题，怎么设计有价值的问题。从学生角度讲，有价值意味着问题及其思考对学生的思维以及能力的发展具有直接的促进作用；从教学内容角度讲，有价值意味着问题及其设计围绕（涉及）本学科的核心概念和理论或方法而展开；从教学目标讲，有价值意味着问题及其解答反映的是教学目标系统的高层次目标的要求，即属于布卢姆认知目标中的“分析”“综合”和“评价”目标范畴。从具体操作来说，我们这样来界定有价值问题的特征：第一是思考性。即所提问题是需要经过思考（深度思考）才能获得答案的，而不是只依赖于课本里的现成的知识即可找到问题的答案。从思考的角度讲，这种问题具有一定的复杂性和非常规性，往往没有现成的规则可以遵循，必须依赖非常规的策略去解决，需要对知识进行剖析，更需要对知识进行重新诠释。第二是开放性。即所提问题的求解方法和所谓结论都是不确定的，特别是答案不具有唯一性。在这种问题情境中，每个学生都可自由发挥，求答方式都能显示其个性。开放性的问题侧重考查学生看待和分析问题的角度、立场以及对问题及其解答的判断力。

2. 注重培养大学生的探究精神

探究教学的着力点是培养探究精神。探究精神主要包括以下三个方面。

(1) 好奇心。好奇心是人的本性，是儿童的天性——喜爱提问是童心的体现。苏霍姆林斯基说，在人的心灵深处，都有一种根深蒂固的需要，这就是希望自己是一个探索者、发现者、研究者。自觉求知、乐于探索、穷根究底是好奇心的高层次表现，是探究学习的精神动力。

(2) 怀疑精神（批判精神）。具有怀疑精神的人有三个特点：其一，“怀疑一切”，排除偏见；其二，不迷信“永恒的真理”，不相信有绝对的权威；其三，不满足现状，执着追求。[4] 在教育中，学生的怀疑精神突出表现为：不满足于现成的答案和说明，敢于对权威、教材、教师提出疑问。培养学生怀疑批判精神要特别注意克服理性霸权和教师权威的消极作用。理性霸权所孵化的知识暴力，挤压着学生的心理空间和精神空间；而来自教师权威的压力会导致学生丧失自信，进而使批判精神不能得以张扬和生发。

(3) 求证精神。学生不唯书、不唯师，敢于和善于质疑、批判和超越书本和教师，这是探究精神的突出表现。与此同时，养成尊重事实、实事求是、讲究证据的科学态度也是探究学习的重要目标。在对待科学问题上，应该是知之为知之，不知为不知，丝毫不能苟且，更不能想当然，凭感觉。在提出观点和形成解释上，应该立足于证据，养成用事实判断的习惯，防止和克服主观臆断和人云亦云的风气。

（四）让学生评课、评教

一般而言，教师评价的类型有学生评教、家长评教、同行（专家）评教、领导评教以及自我评价。其中学生评教越来越受到关注，这是因为学生是教师教学的最直接的见证者和教学效果的体现者，对教师教学有最为广泛深刻和直观的感受，所以，学生是评估教师教学工作的第一发言人。同时，学生不仅是教育对象，也是服务对象，教师作为教育服务的提供者，“忠实于服务对象”——学生，这是教师的专业特征和原则，而学生作为相对而言的“顾客”，理应有“挑剔”或评论的发言权。可以说，学生评教不仅是管理、评价教师的一种手段，也是对学生权利的维护。基于这样的认识，我们于2003年开始试行学生评课、评教制度。

1. 评课

评课的对象是课，评一节课。评课的操作方案是每节课留5分钟也可两节课留10分钟给学生评课，我们要求学生从两个角度对教师课堂教学进行点评。

第一，从学会学习的角度评：这节课学会了哪些新知识、新理论、新方法？这些新内容自己是否听懂了、读明白了、想清楚了？如果还存在疑惑或问题及时提出来，教师现场加以解惑或纠正。对教师而言，这种反馈能够及时了解学生对教学内容的掌握状况，检验自己的教学方法和教学效果，对于还存在某些问题或认知困难的学生及时给予指导。这样，课堂教学就成了一个流程畅通的具有自我反馈纠正的闭合回路，这是提高教学质量的重要举措。让每个学生在每节课都学有所得，让每个学生的问题或困惑都能够及时得到教师的指导、点拨和解惑，这是大学课堂有效性的必然要求。

第二，从学会教学的角度评：这节课还可以怎么上，对教师上课提建议。对师范生而言，大学课堂不仅是学会学习（学知识）的地方，也是学会教学（学教书）的场所。不管我们的师生是否意识到，大学课堂对于师范生今后从教都会产生一种潜移默化的影响。我们所做的就是要把这种影响从隐性变成显性，从不自觉、无意识变成自觉、有意识，从而使课堂教学变成一门活生生的教育学。为此。我们鼓励并要求学生在听完教师授课之后对教师教学进行现场评点，包括如下问题：这节课的教学目标明确与否？这节课究竟要教会学生什么？教学内容的旧与新、难与易、理论与实践如何？哪些内容可以让学生自学，哪些内容需要教师重点讲解，哪些内容（问题）应该让学生交流讨论、发表自己的见解？这节课怎么上学生会更有兴致、更投入？

2007年教育部本科教学评估专家在听了我校学生的课堂点评后大加赞赏，认为这样的改革举措对培养学生的课堂参与意识、课堂分析研究能力以及对改进教师教学具有特别重要的意义，建议推广。

2. 评教

评教的对象是教师、教师一学期一门课程的整体教学。这是带有终结性的教学评价，目的是评出让学生满意的教师。经过10年的实践和改进，我们学院已经形成了比较完整的评教制度。《光明日报》曾经报道过我们的这一做法。

（1）目的。通过学生满意教师评选活动，强化教师的教学责任感，促进教师改善教学、提高教学质量。

（2）组织。由分管学生工作的院党总支副书记和辅导员组织实施。

（3）时间。评选时间安排在每个学期课程教学结束后的复习迎考阶段，学生评选结果待课程考试评定成绩递交院教学秘书后公开，目的是使学生评选满意教师与教师评定学生成绩分离，互不影响。

（4）标准。评选标准由以下三个维度构成：①喜欢（满意）教师所教的学科（课程）；②喜欢（满意）教师的课堂（教学）；③喜欢（满意）教师的为人（品行）。

具体标准有以下六条。

A. 通过一个学期的教学，我增强了对该课程的认识和兴趣；

B. 通过该课程的教学，我在专业上特别是在理论思维或实践操作上有较大进步；

C. 教师上课很投入，有激情，富有感染力，我喜欢上他的课；

D. 教师语言表达清晰，内容阐述富有逻辑性，观点鲜明，见解独特，理论联系实际，每节课听下来都觉得有收获；

E. 教师善于设问，激发兴趣，注重引导我们思考和交流讨论；

F. 教师热爱学生，关心学生全面发展，能感受到教师对我们的关爱。

这六条标准既为教师提供教学方向，又为教师发挥专业自主性、形成教学个性和风格提供了空间。

（5）分析。我们以定性分析为基础，以定量分析为依据，参照其他维度的分析，每年确定满意教师的标准和人数。

定性分析：五个维度（很满意、满意、一般、不满意、很不满意）。

定量分析：2、1、0、−1、−2（权重计算）。

其他分析：①教师课程性质与门类；②教师教学课时；③教师其他表现：A 教学改革，B课程与教材建设，C指导青年教师。

（6）表彰。每年教师节进行表彰：授予学院学生满意教师光荣称号，并颁发一定数额的奖金。连续三年被评为学生满意教师，授予学院教学名师称号。学生满意教师、学院教学名师将作为推荐参评校级以上优秀教师、教学名师的重要依据。

（7）成效。学生满意教师评选的影响是多方面的，最直接的成效表现在：

①学生对教师的满意率越来越高。学生评教是对教师教学最好的监督。当学生具有评价权就会在客观上提醒教师，要对学生负责，要经常向学生了解自己的教学情况，倾听学生意见，从而不断调整自己的教学，不断提高自己的业务水平，这样，学生的满意率自然也就越来越高。

②绝大多数教师特别是青年教师把被学生评为满意教师作为自己努力的工作目标。我院一位青年教师在网上这样写道："学生评选满意教师的制度确实给我这个教科院的青年教师带来较大压力，但这也给我的专业发展增添了强大的动力，同时也让我明确了职业发展的方向——做一名学生满意的教师。为此，我应尽可能以高昂的热情来备课、上课，了解学生的需要，尊重学生的个性，营造民主、平等、宽松、和谐的课堂氛围，以高尚的人格来影响学生。"这几年，我院评选出的学生满意教师与教师本人的教学能力、工作态度和业务水平有着高度的相关性。这些教师不仅学生感到满意，同事也都相当认可。

（五）让学生（小组）讲课

蒙田曾说："老师不应该一个人想，一个人讲，也应该听他的学生讲一讲。苏格拉底及后来的阿凯西劳斯就先让学生讲，然后他们再说。"[5]大学课堂不是教师要从头讲到底，而应该是学生要从头讲到底，即让学生提出问题，让学生试着解决问题，让学生成为课堂的真正主人。[6]让学生讲课对师范生还具有特别的意义和价值。让学生讲课有两种形式，一种是主题式的，另一种是片断式的。主题式的就是完整的一个主题、一章、一节或一课时的内容都由学生来主讲，学生一般是按 4 人或 6 人一个小组来组合，共同完成主讲任务。教师在学期初根据教学内容的性质、特点和难易度，宣布本学期自己主讲的主题（章节）以及由同学（小组）主讲的主题（章节），并要求同学（小组）提前准备，上课前一周要向授课教师提交教案和PPT，教师批复后才能上台讲课。片断式的是在教师的授课过程中留一个片断、一个知识点、一个问题、一个案例分析给学生，通常是5分钟左右，由学生进行相对完整的阐述或点评。这种方式一般是给学生一点时间做现场准备，不要求学生课前做准备。

这里重点介绍主题式的讲课，它对学生的挑战大、影响也大。主题式的讲课，要求学生（小组每个成员）独立阅读教材内容，弄清楚教材的每一句话、每一个知识点、每一个问题，与此同时阅读教材之外的相关论著，多角度、多侧面解读教材的知识内容。在这样的基础上，小组成员着重讨论两个问题：第一是教什么？第二是怎么教？

教什么？这是研究教学内容和教学目标的问题。这个主题究竟有哪些内容是重点，是核心知识和重要理论，是必须让学生全面重点掌握的；有哪些内容是难点，不好理解、不好把握的，必须特别加以强调并提醒学生特别注意的。通过这个主题的学习，学生究竟要达成什么样的目标，知识上的、方法上的、思维上的、情感上的、态度上的各要让学生获得什么，产生什么变化，取得什么进步。

怎么教？这是研究教学方式和教学途径的问题。这一问题主要涉及教与学的活动安排以及多媒体课件的制作。具体来说，哪些内容主要由教师主讲、阐析，哪些内容主要由学生独立阅读，哪些问题组织学生讨论？教与学的各项活动分别需要多少教学时间？多媒体的制作如何做到有利于教与学活动的展开，有利于教学内容的呈现，有利于教学重点的突出，有利于教学难点的化解，有利于学生的思维拓展，有利于激发学生的兴趣、吸引学生的注意力？以上是教师对学生自主备课的共性要求，学生（小组）根据这些要求撰写教案，一般要经过小组多次讨论、修订，最后完稿提交给授课教师。

学生上课一般以小组合作方式上台进行，彼此分工协作，一个当总主持人，一个主讲（有时候根据内容分工轮流主讲），一个演示PPT，一个计算时间，其他小组成员观察全班同学的表现和课堂状况。准备充分的小组在课堂上的表现常常令同学们折服，教师有时都自叹不如。有的学生主持得特别到位，特别善于营造氛围；有的学生特别善于表达，风趣幽默，妙语连珠；有的学生特别机智，面对偶发事件善于急中生智；有的学生特别善于设问，会提出让教师和其他学生都很佩服的问题……真的是，给学生一个舞台，学生就会给你一个惊喜。学生（小组）授课结束后，照样要留时间给其他同学（小组）进行点评，这个活动往往针锋相对、辩论得很热烈。

让学生讲课的活动，让教师更深切地感受到陶行知先生所说的“教是最好的学”。听教师讲课是学习，阅读教材是学习，自己上课则是一种更深入的学习。学生有很强的表现欲，大学生也不例外。不少教师本来对这一改革举措还有顾虑，担心学生热情不高、不愿参与，没想到学生个个踊跃报名，积极参与。对我们而言，这一改革举措还有另一个重要目的——培养师范生的教育教学技能，让师范生在实习之前就有真实的上课体验，虽然机会不多，但只要参与了，都会有特别的收获。

四、成效与问题反思

我们的改革初步实现了初期的目标，课堂教学方式和学习方式产生了明显的变化，学生学习的主动性和参与热情有了显著提高。作为师范生，他们对于新课程所倡导的自主、合作、探究学习，有了切身的体验，对怎么上好一节课也有了感性的认识。毋庸置疑，学生的各种学习能力特别是思维和表达能力在改革的过程中也得到了有效锻炼和提高，学生对教师职业的情感和态度也得到培养。

我们的改革及其成效只是初步的，改革中也出现了各种各样的问题，有的教师还因此打起了退堂鼓。概括起来说，改革中出现的问题主要有两种。一种是形式上的问题，形式化即形式主义，重现象不重本质，重形式不重实质，教学改革只是“形似”而不是“神似”，其特点是浮躁而不深刻，花哨而不朴实，张扬而不清新。从认识角度讲，就是知其然，而不知其所以然，教师对改革的实质理解不够深透；从实践角度讲，就是做表面文章，改革只停留在形式上，自主变成“自流”，合作变成“合座”，泛化和虚化的探究，学生评课、上课也只是走过场，缺乏深度介入。形式化必然导致浅层化、庸俗化，最终损害教学的内在功能，失去教学的真正价值。另一种是绝对化，绝对化的实质是用二元对立的、非此即彼的思维方式看待问题，提倡新的，就要彻底否定旧的。表现在对待学习方式转变上，明显出现了把自主、合作、探究绝对化的倾向。每个学科每一节课，每个学生都得自主、合作、探究，不管学科性质、内容特点和学生基础。表现在对待师生关系上，强调了学，强调了对学生的尊重，教师就不敢讲解了，就不敢严格要求学生了，在这样的课堂上，展现的是学生肤浅表层的甚至是虚假的主体性（假性主体），失去的是教师价值引导、智慧启迪、思维点拨等神圣的职责，绝对化必然导致片面化和庸俗化，最终导致课堂教学的低效或无效。

参考文献：

[1] 曹孚. 外国教育史［M］. 北京：人民教育出版社，1979：211.

[2] 张楚廷. 大学里，什么是一堂好课［J］. 高等教育研究，2007（3）：73-76.

[3] 卢志文. 理想课堂中的师生关系［N］. 现代教育报，2010-12-08.

[4] 徐建龙. 论“疑”［J］. 中国教育学刊，1993（5）：26-29.

[5] 蒙田. 蒙田随笔全集：上卷［M］. 潘丽珍，等译. 南京：译林出版社，1996：166.

[6] 陆根书. 大学生感知的课堂学习环境对其学习方式的影响［J］. 复旦教育论坛，2010（4）：34-46.

（原载 2013 年第 4 期）

师范院校《教育学》教材建设的几个问题

陈 侠

1980年3月，由开封师院（今河南师大）、华中师院、武汉师院、湖南师院和甘肃师大五所院校合编的公共课《教育学》教材的审稿会在北京举行。笔者有机会参加了这次会议，向战斗在教育学教学第一线的同志们学习了不少东西。笔者也在会上和个别交谈时发表了一些不成熟的意见。现在把它写出来，就教于全国教育学界的同志们。

一、改进课程设置，研究学科体系

师范院校的教育学，究竟设一门课好还是分成几门课好？这是决定教育学这门学科教学目的和内容的前提。新中国成立以后，在师范院校，无论教育系还是其他各系，都设一门教育学，原来规定要教两学年。后来逐渐减少，直至形同虚设。现在且不谈这门学科30年来的曲折遭遇，更不去谈按教育规律办教育，未来的教师必须学习教育学这个问题。现在是假设这个问题已经得到解决，我们要研究在师范院校的课程里，教育学是只设一门课好，还是分设几门课好？笔者的意见是在教育系，可以把教育学分成几门课，如教育概论、中等教育、普通教学法、德育原理、教育行政、学校卫生等科。这些课，有的可以讲一学年，有的可以讲一学期。总的时数不一定增加许多，而学生可以学得比较深透。现在一门教育学往往分别由几位教师讲授，不如把它分成几门课，每门课由一位教师讲授好。

至于在教育系以外的各系，不妨暂时还设一门课，但是要有足够的学时，教学内容可以比教育系精简些，更加结合实际些。今后也应当考虑分开。因为如果一门课包罗万象，讲授的时间又长，非教育专业的学生就不容易产生学习兴趣。但可以只讲三门，即教育概论、中等教育和普通教学法，而把德育原理、学校管理和学校卫生的内容，放在教育概论和中等教育两门课中去讲。

现在有些师范院校已经在试行把教育系的教育学分成几门课来教，取得经验以后，当可逐步推广。

教育学这门学科，无论是只设一门课，还是分设几门课，都应当研究它的体系。究竟是理论体系好，还是工作体系好，历来有不同的看法。主张前者的同志认为，教育学既然称为学，应当采取理论体系，不应当采取工作体系。如果采取后者，就不应当称为教育学，而应当称为教育术了。

这个问题现在也不难解决了。教育系现在将要开设教育哲学这门课。这门课完全可以采取理论体系，讲教育的本体论、目的论、课程论、方法论等。当然，我们开设教育哲学，一定要讲马克思主义的教育哲学，用辩证唯物主义和历史唯物主义的观点来统率所讲的内容，而不能只是对西方资产阶级各哲学流派教育理论不加批判地介绍。

至于教育学无论分成几门还是合为一门，仍然免不了按工作体系来讲。因为我们的师范生是未来的教师，应当使他们知道怎样按教育规律去办学校，去当教师，去进行教育工作和教学工作。光有理论的武装，没有实际的指导，他们毕业后在实际工作中一定会遇到困难。即使按工作体系来讲，无论他们学不学教育哲学，在教育学教材里，当然应该使他们了解一些有关马克思主义教育的基本原理，以免在实际工作中迷失方向。

二、联系“四化”建设，观察教育本质

我国教育学界展开教育本质问题的讨论，是1978年10月在开封师院举行的教育学教材讨论会上开始的。那时，真理标准问题的讨论在全国已经进行了半年，人们长期被“左”倾路线禁锢的思想逐渐解放了，认识到教育与生产有联系，教育也是生产斗争的工具。当然还有一部分同志继续主张教育是上层建筑，是阶级斗争的工具。1979年4月在全国教育科学规划会上，同年6月在武汉举行的教育学教材讨论会上，8月在兰州举行的全国教育学研究会第一届年会上继续展开讨论。虽然论点还有分歧，却也逐步接近。

教育本质问题，本来是教育学上已经讨论过的问题。20世纪50年代初期，在斯大林发表了《马克思主义与语言学问题》以后，苏联教育学界曾经展开讨论，并且做了总结。[1]我们现在所以重复讨论这个问题，主要是因为1958年以后过分强调教育是阶级斗争的工具，忽视教育是发展国民经济不可缺少的力量。最突出的是林彪、江青一伙反革命集团的喉舌，当时的“上海革命大批判写作小组”在《谁改造谁》那篇黑文里①，竟然歪曲历史，说人们是为了阶级斗争的需要才办教育的。这样，他们就一口否定了人类为了传授生产劳动的经验，早就有了教育活动的事实。而生产劳动乃是人类最基本的实践活动，远在阶级社会出现以前，就随着人类的存在而存在了。教育作为阶级斗争的工具，自然只能是在出现了社会阶级以后的事。

笔者在开封的一次会上，曾经表示在教育学教材里，只要把教育同政治经济的关系讲清楚了，教育的本质也就明白了，不必争论它是不是上层建筑或者是不是生产力。笔者现在仍然认为，教育作为一种社会现象，它同上层建筑和经济基础以及同生产力和生产关系，都有直接、间接、千丝万缕的联系，不能只片面地说它属于哪一方面；否则，谁都不能自圆其说。因为固执一端的论点必然会有漏洞，经不起实践检验。

建设社会主义现代化的强国，是我们当前头等重要的政治任务，如果我们再不重视教育在促进国民经济发展中的作用，将要犯极大的错误。因为教育是培养人的，人是社会生产力中最重要的因素，没有掌握现代科学技术的人才，社会生产力就不能发展，劳动生产率就不能提高。人才的培养离不开教育。这本来是普通常识，又为当代发达的资本主义国家的实践所一再证明的。他们所谓“开发智力资源”，就是说要大力发展教育事业，毫不吝惜教育投资。这是资产阶级政治家也明白的道理。我们无产阶级为了培养建设社会主义的人才，就应当更加重视教育事业，大量投资来发展教育事业。

我国目前社会生产力所以落后，原因正是教育事业不发达。特别是经过十年浩劫，至今小学教育没有普及。多年来不重视教育科学研究，不认真培养师资。教师水平低，待遇更低，教育质量难以提高，合格教师的数量非常不足。普遍缺乏各级各类科学技术人才，缺乏熟练工人和懂得科学种田的农民。我们讲教育本质，怎能再忽视它在发展社会生产力方面的重要职能呢？

同时，我们要建设的是社会主义现代化强国，而不是光有现代化就行了，必须是社会主

① 载《红旗》杂志1970年第2期。

义的。建设社会主义当然必须有具备社会主义觉悟的劳动者。培养有社会主义觉悟的劳动者，培养有共产主义道德品质的新一代，培养全国人民都成为坚持四项基本原则的公民，当然也是教育在意识形态领域里义不容辞的责任。但是，这样的劳动者、新一代是不能光凭政治说教就能培养出来的，必须大力提高他们的科学文化水平，并且适当进行思想政治教育，才有希望培养出这样的人来。实践证明，不讲教育在意识形态方面的职能固然不对，倘若把教育在意识形态方面的职能强调到不适当的程度，往往会得到相反的结果。我们是应当吸取这个教训的。

因此，在我们教育学教材里，要彻底改变过去那种片面强调教育是阶级斗争工具的说法，要批判那种把教育的起源歪曲成产生于阶级斗争需要的谎言。特别要阐述教育同国民经济发展的关系，阐述教育同实现四个现代化的关系。这样可以使师范生认识教育在祖国建设中的重大作用，认识到献身教育事业、为祖国培养人才，就是为实现“四化”而献身。

目前，我国社会上还没有形成重视教育工作、重视教师地位的风气，这样讲述尤其重要。如果教师自己也随俗浮沉，不重视教育工作，不重视教师专业，那就不可能把我们的教育工作做好。所以，在教育学教材里，讲清楚教育关系到“四化”建设的成败，首先使未来的教师重视教育工作，重视教师的地位，是很有必要的。

三、尊重教育规律，必须破除迷信

林彪、“四人帮”一伙造成教条主义的不良学风，我们教育学教材受的影响尤为突出。有一个时期，教育学成了语录学，仿佛一切教育规律都包含在语录当中。结果使教育工作多年不按科学规律办事，只知按“长官意志”办事，甚至是按被歪曲篡改了的“长官意志”办事，给教育事业带来了极大的危害。现在举例说明，必须破除迷信，才能按照教育规律来办教育。

办学校本来是为了传授人类千百年来积累的知识和经验，所以把智育放在学校教育工作的重要位置，并没有什么错，学校教育工作以教学为主，也是合乎规律的。林彪、“四人帮”一伙却大批“智育第一”，大反教学为主，学校教育正是排除了时间和空间的限制，可以使学生不需要事事都通过直接经验学习，而能学得知识，即间接经验。如果人类的新生一代一切都要从实践开始，凡事都必须直接经验，那么人类至今仍然会处在野蛮状态，不可能建成今天的文明社会。其实，教育学里讲“智育第一”，并没有说是“智育唯一”。“智育唯一”当然是错误的，“智育第一”不过是反映了学校教育工作的特点，并未否认德育、体育还有美育等的重要性。但是，在思想不解放、迷信未破除的情况下，在大批“智育第一”、大反教学为主的风暴中，我国学校教育被搞得不成样子，教育质量一落千丈，至今我们还不得不承受这一祸害造成的恶果。因此，我们在教育学教材中，不仅要讲教学为主是学校教育的规律，而且要为“智育第一”恢复名誉。

教师本来是人类灵魂的工程师，他们肩负着培养祖国下一代的重任。教师本身水平的高低，教育工作质量的好坏，都关系到祖国的前途和人类的命运。历史上任何社会任何阶级的统治者，都要至少在口头上尊重教师的地位，就是因为看到教师的这种作用。我国古代就有“师道尊严”的传统，或者说“尊师重道”的传统，就是说尊敬教师是为了重视他所传授的道理。在我们社会主义国家里，只要教师传的是马克思主义之道，授的是现代文化科学之业，我们无产阶级当然应该尊重他们。所以老解放区历来有尊师爱生的传统。但是林彪、“四人帮”横行时期，他们阴谋搞乱全国，首先搞乱学校，借口大批所谓“师道尊严”，教唆学生破坏学校秩序，甚至辱骂、殴打教师，把学校弄得不成个学校，使教师“欲教不能，欲罢不忍”，眼看着祖国的鲜花长成了野草，不少青少年受到毒害。应当指出，我们的人民教师不是资产阶级知识分子，而是工人阶级的一部分。我们在教育学里应该强调教师的地位和作用，不提高人民教师的地位，的确不可能有无产阶级的文化。我们必须把人民教师的地位提高到资本主义社会没有也不可能有的高度！

以上只举了两个例子，说明破除迷信、解放思想是按教育规律来办教育的前提。当然，我们说解放思想还是要以马克思主义为指导思想，还是要坚持四项基本原则的。凡是符合马克思主义基本原理的，我们仍然要坚持，不应该动摇。如培养德、智、体诸方面都发展的有社会主义觉悟的、有文化科学技术的、身体健康的劳动者的教育方针，在社会主义阶段应当继续执行。我们不应当把无产阶级政治做形而上学的理解，建设社会主义现代化的强国正是无产阶级最大的政治任务，教育理所当然地要为它服务。社会主义社会里所有有劳动能力的公民都应当是劳动者，不能以为只有以体力劳动为主的工农大众才是劳动者，以脑力劳动为主的知识分子就不是劳动者。这是我们在教育学教材中应当阐明的。

四、加强专业训练，坚决肃清流毒

教育学是对师范生进行教育专业训练的主要学科，应当使他们通过教育学的学习，养成热爱儿童（这里“儿童”一词泛指教育对象）、热爱教育工作的思想情感。为此，除了前面说过的要使他们了解教育在实现四个现代化当中的重要作用，从事教育工作就是为祖国的现代化贡献力量，并重视教育工作，重视教师的地位以外，教育学教材的编写还要注意便于对师范生进行教育专业训练。

过去教育学往往被学生说成是教条学，因为它光讲理论，不结合实际。这既有教材方面的原因，也有教学方面的原因。今后在教育学教材里应当指定学生教育见习和教育实习的作业，使学生在学习教育学的过程中，就开始接触儿童，接触教师，接触教育工作实际。

例如，在讲儿童生理和心理特点的时候，就可以让学生到幼儿园、小学、中学去观察儿童的活动，同儿童谈话，测量儿童的身高、体重、肺活量，协助医务工作者检查儿童体格，对儿童进行心理测验，等等。这样就把枯燥的教材变成活生生的有血有肉的东西了。了解儿童是教育儿童的前提，只有了解儿童才会热爱儿童。许多先进教师的经验表明，他们所以能在教育工作中做出卓越的成绩，一方面是由于忠于党的教育事业，另一方面也是由于热爱儿童。

又如讲到教学论部分，不仅要让学生到学校去参观教师的教学，还要让学生了解教师如何备课，如何准备教具，如何丰富学生的感性认识，如何启发学生学习的自觉性和积极性，如何通过知识的教学发展学生的能力和进行思想政治教育，等等。讲到道德教育的部分，不仅要让学生了解教师如何培养班集体，怎样举行主题班会、队日活动和团日活动，还要让学生了解教师怎样对儿童进行个别教育，怎样进行家庭访问等。

为了便于对学生进行专业训练，师范院校必须办好附属学校。师范院校的附属学校就像科学研究机构的实验室或者医学院的附属医院一样，是必不可少的。“文革”以后，有些师范院校的附属学校还没有恢复，这对培养师资是很不利的。师范院校一定要有附属学校，一定要按教育规律把它办好。它应当是师范院校的组成部分，要适应师范生教育实习的需要，不应当加入“片面追求升学率”的行列，更不应当怕师范生的实习会影响教育质量而拒绝他们来实习。

我们的教育学教材，在重视教育专业训练的同时，还要注意肃清林彪、“四人帮”的流毒。在通常情况下，教育学教材本来应当只讲正面的道理，阐述教育的理论问题和实际问题，使未来教师对教育的基本理论有正确的理解，并且养成实际工作的能力。但是，在林彪、“四人帮”一伙破坏教育事业的十年浩劫之后，有许多教育理论上的是非给搞乱了，有些本来是常识性的问题给颠倒了，违反了教育的规律，受到了严酷的惩罚。因此，不能不在讲授教育学的过程中，批判他们一伙散布的种种谬论。

但是，这种批判实在是玷污了我们的笔墨，所以不能占教材过多篇幅。在教材中只能把对教育事业影响最恶劣、破坏最严重的几个问题彻底搞清楚，如教育本质问题、培养目标问题、智育第一问题、教学为主问题、师道尊严问题、小德大德问题等。在教材正文中主要还是正面阐述道理，许多应当批判的谬论可以留给教师去讲。为了让学生能用教育理论的武器去批判那些谬论，教材中可以把要批判的问题，放在有关的章节讲过以后的作业题中去。

五、遵守教材要求，力求适合教学

教育学教材应当既便于教，又便于学。要努力使它适合于教学的要求。

编写教材不同于写论文。教材是写给学生读的，首先要把概念讲清楚。这就要求在编写教育学教学大纲时就预先考虑好，哪些概念在哪些地方出现，在概念出现时怎样首先把它的含义讲明白。

例如，德育、智育、体育、美育等概念，应当在讲教育的目的和任务的时候，就把它们的意思讲清楚。这些词在教育学里是经常出现的，不讲清楚就要闹笑话。应当向学生讲清楚，德育是道德教育的简称，不能使用“德育教育”这样的提法，同样，智育是“智力教育”的简称，不能使用“智育教育”的提法，体育是体力教育的简称，也不能使用“体育教育”的提法，美育是美感教育（或审美教育）的简称，也不能使用“美育教育”的提法，否则就叠床架屋、意义重复了。我们的教育学教材里虽然没有出现这类叠床架屋的提法，但报刊上有时会出现这样的提法，叫人看了很不舒服，因为它表明目前连极其普通的教育术语也不标准化，反映出我国教育科学的落后状况。

还有一些概念应当讲清楚。如全面发展这个词是指人的全面发展①，即人的智力和体力的全面发展，或者说人的才能的多方面的发展。马克思是从大工业生产所造成的劳动的变换、职能的更动和工人的全面流动性来论述这个问题的。虽然当时资本主义的生产造成分工过细、专业固定的状况，他要求工人能够适应这种变动，即能从一个工种转换到另一个工种，从一种职业转换到另一种职业，而不致终身被束缚在一种职业上。所以全面发展这个词，从马克思主义政治经济学的角度来说，跟我国目前教育界说的德、智、体的全面发展，它的含义是有所不同的。我们说的全面发展是要求受教育者成为又红又专又健康的人。这同马克思当年的设想并不完全是一回事。

① 全面发展只能是说人的全面发展，如果说成个性全面发展是无法理解的。因为人的个性，对于社会来说，有积极的方面，也有消极的方面，我们只能发展它有利于社会的方面，而不能也发展它不利于社会的方面。所以个性全面发展的提法是错误的。

教育学教材要考虑到教学的便利，一定要符合我们教育学本身讲的对教科书的要求。举思想性和科学性必须统一这一点为例。我们的教材要有坚定的马克思主义的思想性，要用辩证唯物主义和历史唯物主义的观点来说明问题，在政治上必须坚持四项基本原则，在科学上必须经得起实践的检验。凡是经不起实践检验的种种说法，我们必须一概摒弃。例如，30 年来，我国教育事业在党的领导下的确取得了不小的成绩，这是不容否认的，但是这种成绩的取得是全国人民和广大师生在党的领导下努力奋斗的结果。我们应当按照历史唯物主义的观点，实事求是地论述问题，才能既具有思想性，又具有科学性。

教育学教材中讲了许多教学原则和教学方法，我们也要考虑到教师使用教材时，怎样便于贯彻这些原则，使用这些方法。例如，除了文字的叙述以外，我们可以在教材中增加一些插图。又如，为了便于理论结合实际，可以在每章的作业中指定一些见习和实习的作业。

六、努力编出我国自己的教育学

学习外国的东西要结合本国的实际，这是我们党的优良传统，也是毛泽东同志历来强调的。20 世纪 50 年代初期，我们就提出了学习外国教育学必须中国化的问题。

但是要真正编出一部中国自己的教育学来，还需要做许多科学研究工作。首先要总结我国教师的先进经验。我国中小学教师有好几百万人，在这样众多的教育实践家当中，必然有许多行之有效的先进经验。这些经验应当说是我们教育学取之不尽、用之不竭的源泉。因为理论来源于实践。把实践当中的成功经验加以总结，上升为理论，再到实践中去检验。如果确属行之有效，就应当加以推广，使少数先进教师的经验成为广大教师的共同财富。这样，我们的教育科学水平就能不断提高。近来看到有些总结先进教师经验的材料，其中某些行之有效的经验往往是四五十年以前早就有人做过的。这一方面证明这些经验的确符合教育科学规律，过去行之有效，现在仍然行之有效；另一方面说明有好的经验未能及时推广，没有使它成为广大教师的共同财富。今后我们不仅要提倡总结经验，而且要重视推广先进经验。这是使教育学中国化的重要途径之一。各地教育学会和教育学研究会的会员，都可以把总结先进教师经验作为开展教育科学研究的一项重要课题。

其次，要整理我国教育学遗产，批判地继承我国教育历史遗产中有用的东西，做到“古为今用”。现在人们常常提到我国古代编辑的《礼记·学记》篇，是一部最早的教育学著作。我们如果剔除其中封建性的糟粕，就可以发现其中有不少符合教育规律的东西。此外，从孔子以来的历代教育家的著述中，也可以吸取到不少有用的东西。我们不能因为他们是奴隶主阶级或者地主阶级的思想家、教育家，就一概否定他们的教育经验；否则，就要犯民族虚无主义的错误。至于老解放区的教育经验特别是新中国成立 30 年来的教育经验教训，更应当好好整理总结，以便发扬优良传统，避免重犯错误。

再次，我们还要在教育领域大兴调查研究之风。例如，讲儿童的身心特点，往往缺乏我国自己的材料，这就要对我们的教育对象做周密的观察、调查和研究，以便了解各年龄阶段儿童生理方面和心理方面的特点和发育情况，得到一定的数据。又如，某一地区某一学校有了良好的办学经验，我们也要去调查研究，找出有普遍意义的东西即教育规律，来充实我们教育学的内容。

最后，我们还要开展教育实验活动。教育学现在还未能成为一门比较精密的科学，还没有完全脱离思辨哲学的窠臼。如中小学教材的排列，采用直进式好，还是采用圆周（螺旋）式好，人们往往各执一词，谁也说服不了谁。如果我们设计两套课程，编两套教材，进行长期的实验，就可以得出可靠的数据来证明孰优孰劣。这就是要让事实来说话，尽量避免主观的因素。这样不仅有助于教育学的中国化，而且有助于提高教育学的科学水平。

参考文献：

[1] 包德列夫，叶希波夫，康斯坦丁诺夫，科洛列夫，季特科夫，申比寥夫. 关于作为社会现象的教育的专门特点的争论总结 [J]. 胡沙，译. 人民教育，1952 (7).

（原载 1981 年第 1 期）

学校管理学的教材建设问题

肖宗六

“学校管理学”这门学科的系统研究，在我国，长期以来是一片空白。党的十一届三中全会以后，高等师范院校教育系先后恢复，各省（自治区、直辖市）的教育学院相继重建，教育行政干部的培训任务日益繁重，人们开始重视这门学科。特别是1981年4月在福州举行的全国教育学研究会第二届年会上，全国学校管理研究会筹备组成立，国内研究这门学科的同志加强了联系，有力地推动了这门学科的研究。1982年7月，由辽宁省教育学院发起，大连市教育学院承办的全国教育学院“学校管理学”大连暑期研究会，比较系统地研究了这门学科的内容。来自全国各省、自治区、直辖市的代表300余人在大连集会，由事先约请的13位同志在会上做学术专题报告，辅以小型座谈会，会后将报告和部分交流论文出版，在全国交流。这一活动，把这门学科的研究推向了高潮。现在，这方面的专著正不断涌现，这方面的论文也越来越多，《山西教育》《江西教育》《湖北教育》等教育刊物开辟了“学校管理”讨论专栏，有些省市成立了学校管理研究会。所有这些，是提高我国学校管理水平的需要，是发展我国教育事业的需要，更是培训教育干部的迫切需要。看来，学校管理作为一门独立的学科来研究，已成事实了。

为了使这门学科的教材建设日趋完善，笔者愿提出以下几个问题向读者请教。

一、教材名称问题

目前我国公开或内部出版的学校管理方面的专著或讲稿，有北京教育行政学院的《学校管理》，太原教育学院的《中学管理》，黑龙江省教育科学研究所的《学校管理学》，华东七省市教育学院的《学校管理学基础》，华东师大教育系的《学校管理学导论》，东北师大教育系的《普通学校管理学》，辽宁教育学院的《学校管理学》等，也有叫《教育管理》《教育管理学》的。到底叫什么名称好？值得研究。笔者认为，教材名称还是统一为好，统称《学校管理学》。教育学、心理学、教育史等课程的名称，都是统一的，再根据不同内容加以区分。如目前我国的教育学，分为学前教育学、普通教育学、高等教育学；心理学分为儿童心理学、普通心理学、教育心理学等。学校管理学何尝不可分为普通学校管理学、高等学校管理学？学校管理学的原理、原则，大中小学基本上是相通的；而学校各项工作的管理，却有很大的不同。例如科学研究工作的管理，是高等学校管理学的重要内容之一，需列专章论述，普通学校管理学就无此必要；少年先锋队工作的管理，是初中和小学思想政治工作极其重要的内容，高等学校管理学就不必论述。总之，把教材名称统一起来，是一门学科日趋成熟的标志之一。

二、教材内容问题

目前急需编写的是“普通学校管理学”，因为它是“学校管理学”的主要部分和基础部分，再则高等师范院校教育系要开这门课，遍布全国的教育学院、教师进修学院要开这门课，为数众多的中等师范学校也应该开这门课。这门课应该包括哪些内容？这是值得认真研究的。

“学校管理学”研究的对象和范围是什么，

国内外学者有不同看法，因而这门课应该包括哪些内容，认识还不完全一致。有的认为，学校管理既包括学校内部的管理，也包括学校外部的管理，把学校管理与教育行政混同起来。如苏联专家波波夫讲述的《学校管理与领导》[1]和另一位苏联专家福尔柯夫斯基·马立雪夫编的《学校管理》[2]，就是持这种观点的。国外一些学者写的教育行政方面的著作，我国20世纪30年代、40年代出版的《教育行政》，认为教育行政包括学校管理。目前国内有同志也有类似主张。笔者认为，教育行政与学校管理（或叫学校行政）应该区分开来。教育行政研究的内容包括：国家各级教育行政机关的组织系统和职权范围，国家各级教育行政机关的领导关系和工作方法，教育立法问题，学制和普及教育问题，教育结构问题，教育行政人员和教师的任用、考核和培养提高问题，教育经费的管理与使用，教育视导等，主要探讨国家各级教育行政部门管理学校、管理教育事业的规律；学校管理研究的内容，却只限于学校内部的管理，如学校管理体制，学校管理过程，学校管理制度，学校管理原则与方法，学校各项工作的管理等，主要探讨学校内部的管理规律。二者研究的范围不同，读者对象也不同，因此应该分开。当然，《教育行政学》或《教育管理学》，也应该尽快编写出来，以适应教育行政人员培训的急需。

"学校管理学"的教材体系，是值得研究的另一个问题。已经出版的（公开的、内部的）这方面的专著和讲稿，大致可分为三种类型。一是偏重实践经验的，主要内容谈实际工作，如教师工作、教学工作、思想政治教育工作、体育卫生工作、课外活动、总务工作、勤工俭学等；二是偏重理论的，主要内容谈学校管理理论，如学校管理原则，学校管理目标，学校管理过程，学校管理体制，学校管理制度和方法，学校管理人员的条件和结构等；三是先谈学校管理的一般理论，再谈学校各项工作的管理。这三种体系哪一种合适？有待比较、分析。显然，"学校管理学"必须有自己的理论体系，否则，就成了经验总结；但是学校管理理论又必须紧密联系学校的实际工作，否则，就成了脱离实际的空洞理论，或者成了在实践中行不通的理论。我国现在大约有100万所中小学，一般说来，管理水平都比较低，基本上属于经验型管理，谈不上科学管理。新编的《普通学校管理学》，应当面对这个实际，既有理论上的阐述，也应涉及各项重要工作的管理。学校管理的理论与实践，应该阐述哪些问题？它们的顺序孰先孰后？章、节之间有什么内在联系？这些都反映了教材的科学性，教材的编著者应该充分重视。系统严密，逻辑性强，知识自成体系，是一门学科日趋成熟的重要标志。

教材对某些重要概念的提法，也应该尽可能统一。例如学校管理过程的基本环节，各地编的专著或讲稿，已基本上统一；但学校管理原则的提法存在差异。我国20世纪60年代初期提出的学校管理的基本原则有：（1）保证党对学校工作的全面领导，坚持政治挂帅；（2）贯彻执行党的教育为无产阶级政治服务、教育与生产劳动相结合的方针，在全日制中小学，坚持以教学为主，全面安排，努力提高教育质量；（3）正确贯彻执行党的群众路线；（4）正确贯彻执行党的团结、教育、改造知识分子的政策；（5）领导学校工作要坚持勤俭办学的原则；（6）关心群众生活，坚持劳逸结合的原则。[3]这些基本原则，现在看来，有的已经过时（如知识分子政策的提法）；有的只反映当时的政治形势；有的没有体现学校教育工作的特点。而且文字冗长，表述不够简练。这几年（1980年以后）提出的学校管理原则达几十种之多，除了重复的以外，粗略统计有：（1）坚持党的领导；（2）依靠教师办学；（3）德智体全面发展；（4）教学为主；（5）勤俭办学；（6）民主管理；（7）科学管理；（8）坚持共产主义方向；（9）建立学校常规；（10）按计划程序办事；（11）重视教育效果；（12）学校组织合理，提高工作效率；（13）面向全体和照顾特殊，等等。

学校管理原则出现这么多提法，正说明“学校管理学”是一门新的学科，还不成熟；但不能因此认为它不是一门独立的学科，如同教育学迄今为止，对教学原则的提法还不统一一样，并不妨碍教育学成为一门独立的学科。但是我们应该通过学术研究和讨论，使之尽可能统一，不然，学习者就无所遵循。学校管理原则是指导学校管理行动的基本准则，是学校管理过程客观规律的反映，是学校管理实践经验的高度概括，因而它应该比较稳定，不能随意增减，更不能随意编撰。有些曾被认为学校管理的原则之所以被淘汰，就是因为它们并没有反映学校管理过程的规律。学校管理原则不一定要提很多，而且应该从字面上就可理解其内容，不需要做许多解释。笔者认为，最重要的学校管理原则是科学管理和民主管理。因为管理的基本要求，是用最小的代价，换取最大的效益。要达到这个基本要求，关键在于实行科学管理和民主管理。这两条原则，任何时候都要坚持，有长期的稳定性。

“学校管理学”应该揭示学校管理的规律。我们已经办了30多年的社会主义学校，《学校管理学》教材应该有一章专写“社会主义学校的办学规律”，使现在和未来的学校领导干部按学校工作的规律办事，不再重复1958年和“文革”的错误。办学有哪些规律？根据30多年来正反两个方面的经验，至少有以下三条：一是以教学为主。学校的职能是传授知识，培养人才。古今中外，莫不如此。所不同的是传授什么知识，培养什么人才。学校要实现这个职能，必须以教学为主。青少年的成长规律，也说明学校必须以教学为主。然而多少年来，几经反复，或以政治运动为主，或以生产劳动为主，把教学降到可有可无的地位，喧宾夺主。学校不以教学为主，就不成其为学校，更谈不上提高教学质量，这是不以人的意志为转移的。二是德智体全面发展。不论是为高一级学校培养合格的新生，还是为国家培养劳动后备力量，都应该做到德智体全面发展。我国宪法规定，国家培养青年、少年、儿童在品德、智力、体质等方面全面发展。这是因为，德智体全面发展，是社会主义建设人才必须具备的条件。这一条，必须提到规律上来认识。可以这样说：德智体全面发展，是党的教育方针的核心，是我国各级各类学校共同的培养目标，是衡量学校教育质量的主要标准，是办好学校的根本指导思想，是不可违反的办学规律。有些学校“片面追求升学率”，歪曲智育，忽视德育，轻视体育，就直接违反了德智体全面发展的规律。三是依靠教师办学。办学依靠教师，这是常识，也是一条规律。然而若干年来，否认教师在学校教育中的作用，说什么教师队伍“要以工农兵兼职教师为主”，教师成了打击、专政的对象。新中国成立30年来的实践证明，什么时候依靠教师办学，发挥教师的主导作用，学校就办得欣欣向荣；什么时候践踏党的知识分子政策，把教师当作革命对象，学校就办得不像个学校的样子。以上三条，是办好学校的重要规律，这是我们花了极大的代价才认识到的，也是教育理论界许多同志公认的。“学校管理学”应该阐述这三条规律的含义以及怎样掌握这三条规律。许多同志把这三条作为学校管理原则提出来，笔者认为，规律和原则是有区别的。既是规律，就不要把它降格为原则。专列一章写“社会主义学校的办学规律”，总结我国30多年来的办学经验与教训，更能体现我国“学校管理学”的特色。

教材内容方面的问题，当然还不止这些。诸如如何做到理论联系实际，如何提炼我国最好学校的办学经验，如何避免与“教育学”重复等等，都值得仔细考虑，这就需要认真调查研究。坐在房里冥思苦想，是解决不了这些问题的。

三、引进国外管理理论问题

“学校管理学”既是教育科学的一个部分，又是管理科学的一个分支。为了建立这门学科的理论体系，借鉴国外的现代管理理论是必要的。但是一定要使之中国化，做到洋为中用，切忌“生吞活剥”。“学校管理学”是一门应用科学，它的突出特点是实践性、政策性很强。因此，对于国外管理理论，一定要根据我国的国情来取舍。完全照搬，就会失去我国的特色，用我国学校的实际去套国外管理理论，无异于削足适履。唯一的途径是中国化。所谓中国化，即经验是中国的，理论依据是中国的，是合乎中国的语言习惯的，是合乎中国国情的。国外的现代管理理论，大都来自企业管理。企业管理与学校管理有不同之处，外国的学校管理与中国的学校管理也有差别，建设我国自己的《学校管理学》教材，必须充分认识到这一点。几十年来，我国的教育学之所以没有体现我国鲜明的特色，其源盖出于此，我们应该吸取这个教训。现在有的同志把管理学的基本原理一一列出，说管理学中的系统原理、整分合原理、封闭原理、能级原理、弹性原理、动力原理，要求学校每一个部分，每一个岗位，每一个成员如何如何，说动力又分物质动力、精神动力、信息动力云云，这就是一种削足适履的做法。这样论述学校管理工作，势必把我们的学校基层干部引入迷宫。有一位教师向中学校长、党委书记讲《学校管理》，引用了国外一些新名词，学员们说：“信息即情报，反馈即反应，何必把它复杂化？1+1=2，没有必要写成2+2=4，4-2=2。”这些反映虽然不一定全面，但值得我们深思。当然，引用一些新名词，有时是必要的；特别是介绍国外学校管理动态时，更是难免的。但大量照搬，甚至成了我们的教材语言，这就违背了中国化的原则，就不可能编出中国化的《学校管理学》。

教材建设是一件大事。广大学校基层干部，迫切需要通俗易懂的、既有理论又有实际的《学校管理学》，用来提高自己的管理水平。学校管理学的研究者们，在祖国一片改革声中，有责任为建设具有中国特色的《学校管理学》而作出贡献。

参考文献：

[1] 波波夫. 学校管理与领导 [M]. 北京师范大学教育系学校教育教研室，译. 北京：人民教育出版社，1953.
[2] 福尔柯夫斯基·马立雪夫. 学校管理 [M]. 陈友松等，译. 北京：人民教育出版社，1954.
[3] 华中师范学院教育系. 学校管理与领导 [Z]. 武汉：华中师范学院，1962.

（原载1983年第5期）

教学论教材建设浅议

甄德山

本文拟对教学论教材建设中的三个问题谈一点粗浅看法。

一、关于教学论的研究对象问题

教学论作为一门独立的学科，必须确定自己的研究对象。

从历史上看，教学论产生的初期，人们把教学论研究对象视为研究教育的全部问题，夸美纽斯的《大教学论》就是这个意思。后来研究全部教育现象的教育学产生了，教学论开始变成教育学的一个分支或组成部分，它的研究范围便相对缩小了。人们大都把它视为研究智育及通过智育进行思想品德教育的一门科学。20世纪50年代，苏联的达尼洛夫、叶希波夫合写的《教学论》就是持这种观点的。这本书第一章的标题就是“教学论是教育和教学的理论”。不过他们所指的“教育”并不是全部的思想品德教育，而是“那些自然地交织在教学当中的教育问题”，即通过教学进行科学世界观及其有关的思想品德教育的那一部分教育问题。

我们在相当长的时间之内一直采取达尼洛夫、叶希波夫的观点，直至最近才有人提出不同意见。他们认为教学中的教育问题，不仅指思想品德教育，还包括体育的内容，因此明确提出教学论是研究智育、德育、体育统一规律的科学。

这种观点从对“教学”概念的字面理解上看是正确的，因为教学论所要研究的直接对象是教学，而教学过程当然不仅有智育，也有德育、体育等问题。因此，说教学论是研究三育统一规律（准确一点讲应是研究以智育为基础的三育统一规律）的科学的观点是正确的。但是目前我们所见到的这样阐释教学论研究对象的教学论著作，没有一本能把这种观点贯彻到底。即是说，他们虽然把教学论研究对象确定为研究三育统一的规律，但实际上都只侧重研究智育问题，对教学中的德育和体育只是顺便一提而已。

解决这个问题的办法无非有两个。一是干脆把教学论研究对象确定为就是研究教学中的智育问题。二是把上述研究三育统一规律的观点坚持到底，使教学论既要研究智育的原则、形式、方法等问题，也要研究教学中进行德育和体育的原则、形式、方法；或者统一探讨进行三育的原则、形式、方法。笔者认为，当教学论作为教育学的一个组成部分时，可取前一种观点，这样可以避免体系上的不必要的重复。而当教学论作为一门独立学科时，似可取后一种看法，这样可以使教学论体系更加完善，做到不仅阐述教学论要研究什么问题，也揭示如何解决这些问题。

二、关于充实、完善教学论的理论基础问题

这是实现教学论科学化的重要根基。我们把马克思主义认识论和心理学作为教育学与教学论的理论基础是正确的。但是教学论是否仅仅以认识论为理论基础呢？现在已有不少同志从理论上论证了教学过程不单是个认识过程。这样，仅强调以认识论为基础显然是不够的。关于心理学，我们过去比较注重年龄心理学对教学论的影响，对揭示心理活动本质及其规律

的普通心理学研究注意不够。而且，过去我们对认识论和心理学的理解也存在片面性。比如，我们一般都把列宁讲的“从生动的直观到抽象的思维，并从抽象的思维到实践”[1]看作认识的纵向发展程序，忽视了直观的同时便有抽象的思维和实践，思维的同时亦离不开实践和直观，因此必然造成对认识过程理解的片面性。当我们用这种观点指导分析教学过程时也必然出毛病。对人的心理现象的理解又过于注重有意识的心理现象，忽视无意识心理倾向对学习的影响。卢扎诺夫的“暗示教学”理论与实践证明，一个人只有当有意识与无意识心理倾向处于高度协调之中，心理的功能才能发挥得十分充分。事实也证明，无意识心理倾向在正常教学中的作用也是很大的。如果把教学论建立在这种对心理过程比较全面理解的基础之上，我们便会避免很多理论上的片面性，而由此也必然影响一些教学规律和原则的表述。比如教学中教师必然要发挥主导作用，这既是一条客观规律，也是一条教学原则。过去在阐述这条规律与原则时，往往多从教师的地位、学识以及对教学过程的有意控制加以说明，而忽略教师本身的非特定信号也对学生行为和思考方向产生重大影响。如果注意用上述的比较全面的心理学观点来分析这个问题，便会获得更为全面的结论。另外，这种心理观还对教学法产生重大影响。我们过去注重的是直接获得知识、发展能力的方法，但是依据暗示心理理论，也可以采取间接的方法，即不使学生直接面对要掌握的知识、技能，而使学生从事一种感兴趣的活动，在活动中使学生不知不觉地掌握知识、技能，形成某种能力。

教学论不仅要建立在科学理解的马克思主义哲学与心理学基础之上，还应当建立在生理学、科学学、社会学、政治学、经济学等多种学科的基础之上。

生理学特别是研究脑的结构与机能的高级神经学作为教学论的理论基础是容易为人所理解的。在这方面，要特别注意关于脑的两半球功能的研究的最新成果，从而考虑怎么样才能使所提出的教学原则、形式、方法最大限度地挖掘出脑的潜力。科学学虽然是新生的科学领域，但是由于它是探讨科学发展规律的科学，而教学论又是研究通过教学如何传递科学成果的，因此，教学论不了解科学发展规律，也便失去了重要的理论支撑点。社会学以及政治学、经济学作为教学论的理论基础更是不难理解的，而且现实也告诉我们，社会的、政治的、经济的问题不解决，教育教学中的问题也不可能彻底解决。

综上所述，我们必须从多方面寻找教学论的理论支撑点，只有这样才能使教学理论变得更为科学，所提出的结论才具有更大的说服力。当然强调教学论理论基础的多样性并不是说它们对教学论的影响是一样。其中，马克思主义哲学应是我们分析教学现象的根本的方法论基础，其他学科主要是对教学论的具体内容发生重大的乃至决定性影响。

三、关于使教学论研究的具体内容之间保持整体协调问题

这里关键是如何提出教学任务。教学的具体任务应当透过对教学活动功能的具体分析引出。现在已经可以肯定，把教学仅仅视为具有传授知识的功能的观点是不对的，还应当特别看到教学所具有的发展的功能（即发展体质、心理特性、个性品格等），另外就是具有确保社会与阶级意识形态的传递的功能。我们一般都讲教学承担三项任务（使学生掌握知识、技能；发展他们的智力、体力；对他们进行思想品德教育），正是从教学的如上功能中引申出来的。

现在的问题是如何将这种提法贯彻到底，

使所提出的教学论体系能够保证三项任务的最后实现。这就涉及教学论体系内容的其他方面。

首先是课程教材问题。为了使课程的设计与三项任务协调一致，其中一个重要的观点就是不要把课程体系简单地理解为知识的体系，而要把它视为教学的三项任务的具体的产物。目前在课程编制中体现这种思想的愈来愈多，具体表现在以下两个方面。一是注意纠正过去仅仅考虑知识体系和思想品德教育因素的观点，开始将智力因素提出来作为课程结构的重要内容，注重了能力的课程设计，或称三项任务的统一的课程设计。二是注意纠正过去知识的直接叙述与说明的教材编辑方式，在一些学科中开始采取注重能力发展的“启发式”教材编辑方式。以小学自然课本为例。如讲“自然水域的水是不纯净的”，首先谈到，请你考察一下，你家和学校的水是否纯净？然后教给学生观察、实验的方法，最后要求学生自己得出结论：你所考察的自然水域的水是不是纯净的？了解一下你的同学考察的结果是怎样的？想一想在所有自然水域中能找到纯净的水吗？这种教材本身就保证实际教学过程必须改变以传统的讲授为主的教学方式，有利于教学三项任务的统一实现。

当然，课程教材的如上变化还只能讲是初步的，在课程教材上真正体现三项任务的统一，还需要我们做很大努力。

其次是关于教学过程本质的理解问题。过去我们把教学过程简单地归结为认识过程，显然是不全面的，因为教学过程不是单纯以掌握知识为目标，因此把教学过程的本质归结为认识过程是把复杂问题简单化了。

不能否认，教学过程的确要使学生通过获取知识而获得对自己和客观世界的认识，但是教学过程绝不仅仅停留于此，它还要引导学生将知识转化为技能、技巧、信念、行为和习惯，还要形成学生正确地认识世界和改造世界的能力，并使学生的心理品质和体质得到发展。这一切都已远远超出了认识的范畴，所以把教学过程本质完全归结为认识过程是不全面的。

正确的提法是：教学过程的本质是以认识过程为基础的促使学生身心全面发展的过程。

强调认识过程的基础作用，是因为在教学过程中学生的身心全面发展，一般来说，都是以掌握知识为基础的，即在掌握知识、运用知识的过程中促进智力、体力、心理、品德各个方面的发展。我们不把认识过程看作教学过程的唯一本质，是因为教学过程还需要把认识（知识）升华为能力、信念、品质等。同时把教学过程的本质仅仅看作认识过程，也不能与智育过程相区别，会造成概念的混乱不清。

全面正确地认识教学过程本质，其理论与实践价值是巨大的，它的直接意义在于能够全面揭示教学的功能，从而实现对教学过程的认识与所提教学三项任务的统一，避免教学理论上的逻辑矛盾，有利于指导教学实践。

全面正确地认识教学过程本质，还为我们正确地提出教学原则与方法奠定理论基础。最近笔者曾对我国目前比较公认的教学原则（主要以华中师院等五院校编的《教育学》所列教学原则为代表）做过一点实际调查，被调查者有校长、教务主任、多年从事教学工作的教师以及学习完教育学课程的青年学生。调查的初步结果是：大部分同志认为现有的教学原则“基本能够”保证三项任务的实现；但是他们又指出这套原则体系不能有意识地促进学生智力最大限度地发展，因此提出各种修改意见。

依据调查所得和对教学过程本质的理解，笔者以为修改我国目前比较流行的教学原则体系是必要的。但这样的修改应是在原有基础上的充实提高（即尊重已有研究成果）。其修改方向，一是确保智力的充分发展；二是遵循教学规律，注意原则体系的完整、严密；三是注意提法的辩证性和通俗化、精练化。

对于教学方法，过去所提教学方法体系从根本上讲是保证知识的传授与技能的形成的，对确保智力的发展注意不够。为纠正这一不足，是否在积极而又慎重地把一些有利于智力发展的新教学方法纳入现有教学方法体系的同时，还可以在下面两个方面做些工作。

第一，尽量挖掘各种传统教学方法促进智力发展的因素。譬如，一般人容易将讲演法与限制学生智力充分发挥联系在一起。其实，正确使用讲演法对学生智力发展也是很有益处的。如讲得含蓄，可以启发学生开动脑筋，唤起想象；讲得重点突出，可以使学生思想豁然开朗，触类旁通；讲得有条理，可以使学生形成正确的概念，发展逻辑思维能力。其他如问答、演示、实验、讨论、自学辅导等方法对学生智力发展也都有很大促进作用。

第二，注意各种教学方法的综合运用，以便把教学过程组织得既有利于学生掌握系统的书本知识，受到思想品德教育，又可促进学生智力、体力的发展。目前一些报纸、杂志和部分专著中所大力提倡的一些新教学方法，都是各种单一教学法的综合运用，不过这些新的综合的教学法与传统的教学法选择与安排的最大区别是：都自觉地加大了学生的主体的活动，教师的活动把重点放到指导、教会学生学习上，获得比较全面实现教学三项任务的功效。

为保证教学论研究的具体内容整体协调，还有其他问题值得注意，如教学组织形式问题等，因篇幅所限，这里就不加赘述了。

参考文献：

［1］列宁. 哲学笔记［M］. 北京：人民出版社，1974：155.

（原载 1984 年第 5 期）

中国教育史学科教材沿革及改革初探

刘立德

“教育史”作为一门课程来开设的历史并不长，在西方大约始于18世纪中叶。在中国，“教育史”学科地位的确立与师范教育在学制系统中地位的确立基本一致。“中国教育史”学科发展至今，已成为我国教育科学体系中最基本最重要的分支学科之一，也是师范院校教育专业的基础学科和必修课程。1996年召开的全国师范教育工作会议提出，要进行面向21世纪的师范教育课程体系和教学内容改革，逐步实现课程教材建设的规范化。因此，探讨“中国教育史”学科教材发展的历史轨迹和基本经验，有着十分重要的现实意义和必要性。本文拟分为五个阶段来考察本学科教材发展概况，最后笔者提出关于当前“中国教育史”学科教材改革的几点意见。

一、1901—1911

19世纪末，帝国主义加紧了对华侵略。1901年《辛丑条约》签订后，中国完全陷入了半殖民地、半封建社会的深渊。腐败的清廷为了挽救摇摇欲坠的统治，开始推行所谓“新政”，教育改革是新政措施之一。1902年和1904年，清政府分别颁布了“壬寅学制”和“癸卯学制”，明确规定在师范学堂开设“教育史”课程，“教育史”教材问题摆上了议事日程。日本师范教育发展较早，国人为了有成法可循，开始译介日本师范教材，以应一时之需。

最早的中国教育史教材是日本学者狩野良知的《支那教学史略》，商务印书馆1902年版。商务印书馆在发行该书时声明，这是为直接配合新的师范学堂课程设置而出版的。这一时期其他教育史教材，主要还有：江苏师范讲义《教育史》，日本增户鹤吉讲授，孙家树等译，江苏师范讲义编辑部编辑，江苏宁属学务处1906年4月发行；1906年东京古今图书局出版的《教育史》，日本小泉又一著，景耀月、刘镜蓉译，原系日本文部省检定的师范学校教科书；1908年，孙清如根据日本材料编写的《教育史》，经学部批准为师范学堂教学参考书；1909年，商务印书馆出版的初级和优级师范教育史教科书等。

这一时期的教育史教材主要译自日本的师范学校课本，与中国整个教育近代化进程是一致的。教育史教材的中国教育史部分几乎成为日本教育史的附庸。中国学者和教师还在学步阶段，没有进行独立编写工作，但是，通过译介日本教材，解决了师范学堂没有教材的急迫现状，也了解了国外教育的一些情况。

二、1911—1927

辛亥革命后，中国学者和教师开始自行编著教育史教材，这一时期美国的影响开始上升。配合民国初期两次学制改革（1912—1913年的壬子癸丑学制、1922年的壬戌学制），商务印书馆和中华书局竞相为师范学校出版教育史课本，有代表性的中师教育史教材如下。

1. 周焕文、韩定生编译，蒋维乔校订：《中外教育史》（高等师范教科书及师范学校参考之用），商务印书馆1914年版；2. 杨游编著，杨保恒、蒋维乔校订：《教育史》（师范学校新教科书），商务印书馆1914年8月初版；3. 戴克敦编著《教育史讲义》（教育部审定师范讲习科必用)，商务印书馆1915年版；4. 李步青编著，范源濂校订：《新制教育史》(师范学校适用)，中华书局1915年5月初版，1919年1月第6版时，封面署“教育部审定”；5. 范寿康编著，唐钺校订：《教育史》(现代师范教科书)，商务印书馆1923年8月初版，1932年6月、11月分别印行“国难”(九·一八事变)后第1版、第2版；6. 王炽昌编著，徐则陵、朱文叔、舒新城校订：《教育史》(教育部审定新师范教科书)，中华书局1923年8月初版，1932年11月第19版。上述教材中，以范寿康和王炽昌编著的两本影响最大，到20世纪30年代时仍被全国中等师范学校普遍采用。

这一时期出版的高师教育史教材，主要有：1. 王凤喈：《中国教育史大纲》，商务印书馆1925年版；2. 陈青之：《中国教育史》(上)，北师大心理室1926年版；3. 陈宝泉：《中国近代学制变迁史》，北平文化学社1927年5月版。其中，陈宝泉的这本教材特别值得一提。著名教育家陈宝泉(1874—1937)在北京师范大学主讲《中国近代学制史》课程，从1923年起开始在讲义的基础上编著正式教材，前后三易其稿。本书以作者自己在清末学部和民国教育部二十多年亲身见闻的翔实记录撰著而成，在取材上，“见知者十之七八，闻知者居十之二三”，颇可作为学习中国近代教育史课程的信实参考。谈到本教材的编写宗旨，作者在自序中说：“各国教育制度虽日新月异，而中国之教育制度向无专书，不得有所比较，遂致切合中国之新教育一时无由发见。”作者的这番感慨，代表了当时一些教育家开始反省新教育运动，致力于如何使新教育中国化和中国教育改造的思想潮流。

这一时期中国教育史教材的主要特点是：1. 关于教育史的研究对象、功能和方法都有相似的论述，也有相似的学科体系结构。2. 关于教育史的具体研究内容或范围，一般都分成教育事实和教育理论两项，并且开始注意到社会趋势、政治经济、思想风俗等对教育的影响。3. 关于教育史的研究目的和价值，一般归结为三点：促进对当前教育的根本理解，对各种教育思想学说的分析批判可以丰富教育理论，用教育史人物的事迹或民族兴衰与教育消长相关的史实来鼓舞教育的精神。4. 关于教育史的研究方法，大都归结为三种：比较分析，贯通综合，实地验证。从以上教育史学科理论建构来看，教育史学科教材建设比前一时期有了长足的进展，为下一时期独立的中国教育史学科地位的确立奠定了基础。另外，许多著名学者和教育家，如蒋维乔、范源濂、陈宝泉、舒新城等，参与编审中国教育史教材，也推动了教育史这一学科的发展。

三、1927—1949

1928年5月，时任大学院院长蔡元培在南京主持召开第一次全国教育会议，通过了《整顿中华民国学校系统案》，即“戊辰学制”。这个学制虽然未经政府正式公布实行，但是它的基本精神为政府在变革具体学制时所吸取。戊辰学制与壬戌学制在结构体系上基本相同，只是在中等教育和师范教育方面有一定的改动。因戊辰学制对师范教育的变更，除了重印前一时期有影响的教材外，又有一些配合新学制的新教育史教材出版。中师教育史教材主要有：1. 章炯：《教育史纲要》(考试丛书)，广益书局1929年版；2. 朱公振：《教育史概要》(考试准备各科概要丛书)，世界书局1929年版；3. 刘炳藜：《教育史大纲》，北新书局1931年版；4. 姜琦：《教育史》(高级中学师范科教科书)，商务印书馆1932年11月初版；5. 孟宪承：《新中华教育史》(高级中学师范科用)，中华书局1932年6月初版。另外，周予同、杨贤江、姜书阁等人还编著有供师范学校使用的参考教材，其中以杨贤江的《教育史ABC》（世界书局1929年版）影响最大。

有代表性的大学教育史教材有：1. 陈东原：《中国教育史》，商务印书馆1935年版；2. 陈青之：《中国教育史》（大学丛书），商务印书馆1936年版。

这一时期，在断代教育史的教学、研究和教材建设上数舒新城的成就最大。他在好几个大学兼课，讲授中国教育史课程，提出"要改进中国教育非注意于中国教育史的研究不可"。他先后编著了《近代中国留学史》《近代中国教育史料》《近代中国教育思想史》《近代中国教育史稿选存》，并编辑了近代中国教育论文集《中国新教育概况》和民国教育史料《中华民国之教育》等，成为近代中国教育史学的重要代表。另外，在中国教育通史的研究和教材建设上，陈东原和陈青之的成果最大。特别是陈青之的《中国教育史》，体系完备，资料翔实，被列为大学丛书教本，影响很大，为后来编写教材者提供了极好的范本。

全面抗日战争和解放战争的12年间（1937—1949），中国教育史学科教材建设几乎没有进展，主要是重版20世纪20～30年代的教材，如王凤喈的《中国教育史》，就是在其1925年《中国教育史大纲》的基础上修订而成的，1945年由国立编译馆出版，重庆正中书局印行，并入选"部定大学用书"。该教材1957年在台湾地区三次修订，到1981年已印行至18版，成为我国台湾地区几十年来最有影响的教育史教材之一。

综上所述，清末至民国时期的中国教育史教材建设虽然处于草创阶段，但仍有一定的成绩，主要有两大特点：第一，从事中国教育史教材建设的教育家，致力于近代新教育的建立、改革和发展，提出中国教育改造和新教育中国化的口号，积极介绍西方资产阶级的教育史学观点和方法，并以之来分析批判中国封建传统教育，在中国教育史的教学、研究、教材编写和史料文献整理等方面都取得了不少成绩，对中国教育史学科的内容体系、研究价值和方法等也进行了初步探讨。一些著名教育家还从改革现实教育的角度，来反思教育的历史，有的还有教育史著作传世，如陶行知著有《中国建设新学制的历史》，廖世承著有《五十年来中国之中学教育》。有的著名教育家，如蔡元培、胡适等，虽然没有直接从事中国教育史教材和专著的撰述，但他们的教育史学思想，同样对中国教育史的教材建设和学科发展产生了重大影响，值得我们认真总结。第二，新民主主义教育虽然在实践上取得了巨大成功，但由于历史的原因，还来不及系统整理和研究中国教育的历史遗产，在革命根据地的师范学校中，因战争环境的残酷，中国教育史学科教材建设没能开展起来。尽管如此，马克思主义教育思想还是产生了重要作用。以徐特立、杨贤江为代表的马克思主义教育家，用唯物史观来研究教育史问题，树立了中国教育史学科教材建设的正确导向，不少受过西方资产阶级教育史学思想影响的教育史专家，逐渐接受唯物史观，在新中国成立后，继续从事中国教育史的教学和研究，并取得了一定成绩。

四、1949—1977

新中国成立后，中央人民政府教育部于1949年12月召开第一次全国教育工作会议，确定教育改革的基本方针是：以老解放区新教育经验为基础，吸收旧教育有用经验，借鉴苏联经验，建设新民主主义教育。这一方针具体地规定了教育改革的步骤和方向，对这一时期中国教育史学科课程和教材改革也起到了直接的指导作用。中国教育史学科教材建设进入了一个新阶段。

1952年11月，教育部颁发《高等师范教育系学校教育组教学计划（草案）》，明确规定教育史为教育专业的必修科目，在本科三四年级开设。1953年9月，教育部召开的全国高等师范教育会议，明确了高师教材建设的一些原则并讨论了教材编写问题，教育部在该会议的报告中指出：中国教育史等科目的教材，只能借鉴苏联相当科目的教材的精神实质、观点方法，由自己编写。具体做法是：统一领导，分工负责，相互交流，逐步提高。会后确定了各校的具体分工。1954年4月，教育部又颁发《教育系暂行教学计划》，也把教育史列为必修课程。1952和1954年教育部颁发的两次教学计划还把教育史列为教育系之外其他各系的必修课程。1956年初，教育部对编写教材工作做了具体部署。本年的第二次全国高等师范会议之后，教材编写工作全面展开。

1961年4月，中宣部召开了高等学校文科教材编选计划会议，时任副部长周扬在会上发表了《关于高等学校文科教材编选的意见》，他指出，要编出一个好的教材，首先要总结自己的经验，整理自己的遗产，同时要有选择有批判地吸收外国的东西，只有这样才能编出具有科学水平的教材……。他还论述了教材编写中的红与专、论与史、书本知识与活知识、古与今、中与外等的关系问题。这些论述，对我们今天的中国教育史教材建设仍有指导和借鉴作用。这次会议还根据北师大、华东师大共同提交的草案修改制定了《教育系学校教育专业教学方案（修订草案）》，规定四年制和五年制教育专业均开设教育史课程。高等学校文科教材会议以后，中国教育史教材建设开始克服各自为政的局面，进入有领导、有计划的统一管理阶段。

这一时期的中国教育史教材编成于“文化大革命”爆发之前，当时作为讲义在各师范院校交流使用，只有少数在当时得以正式出版，大多数教材直到粉碎“四人帮”以后才得以正式出版。这些教材主要有：1.《中国古代教育史》，这是1962—1964年，北师大教育史教研室受教育部高等学校文科教材编选工作办公室委托编写的，由毛礼锐、瞿菊农、邵鹤亭执笔，在编写过程中，为提高质量，北师大校长陈垣曾邀请范文澜、翦伯赞等与作者座谈。2.《中国近代教育史》，陈景磐于1961年、1962年曾为北师大本科生和中国教育史专业研究生编写了《中国近代教育史讲义》《中国近代教育史稿》。1962年，他受教育部高等学校文科教材编选工作办公室的委托，在上述两部教材的基础上，又编写了这部新教材。初稿写成后，曾送一些兄弟院校和有关单位征求意见，经过几度修改，1965年全部完成。3.《中国现代教育史》，这是陈元晖在北师大授课时的讲义，1962年12月整理成书稿，作为交流讲义在高等师范院校使用。4.《中国现代教育史》，高师教育系本科教材，华东师大沈灌群等编写，1959年写成初稿，作为交流讲义在高等师范院校使用。另外，还有舒新城、孟宪承等编著的中国教育史教材多种。

“文化大革命”前17年中国教育史学科教材建设取得了一定成绩，这些成绩主要是：中国教育史工作者认真地、系统地学习了马列主义和毛泽东思想，运用历史唯物主义，按社会发展形态对中国古代、近代、现代教育史进行了研究，突出了社会政治经济背景对教育制度和教育思想的影响，贯穿了阶段分析的方法，初步确立了中国教育史的一些学科规范。

五、1977年至今

“文化大革命”结束后，中国教育史学科教材建设开始拨乱反正，一方面正式出版或重印一批“文化大革命”前一直在使用的讲义和著作，以应教学急需，另一方面，开始酝酿编著新的教材。1978 年 8 月，教育部制定高等师范学校教育专业学时制和学分制两个教学方案，中国教育史仍定为教育专业必修课程，授课时间有所增加。

1978 年 8 月—1979 年 4 月，人民教育出版社先后正式出版了陈景磐、毛礼锐、陈元晖、孟宪承等在“文化大革命”前成书的中国教育史教材，这些教材在高师教学中发挥了重要作用，有的经过修订，至今仍在不断重印。

进入 20 世纪 80 年代以后，中国教育史学界开始克服苏联教材模式的消极影响，并对过去教材的政治化、哲学化倾向和非科学的研究方法进行反思，争取编写符合时代特点的新教材，目前这种努力仍在进行中。这一时期的新教材主要有：1. 毛礼锐主编：《中国教育史简编》，教育科学出版社 1984 年版。2.《简明中国教育史》，王炳照、郭齐家等于 1983 年 10 月根据讲义编成，北京师范大学出版社 1987 年版。3. 高奇主编：《中国现代教育史》，1981 年完成初稿，经试用于 1985 年定稿，北京师范大学出版社 1985 年版。4. 陈学恂主编：《中国近代教育文选》，人民教育出版社 1983 年版。5. 华东师大教育系编：《中国现代教育文选》，人民教育出版社 1985 年版。此外，沈灌群、杨荣春、周德昌、李桂林等也编著了中国教育史教材数种。

20 世纪 90 年代以来，又有几本中国教育史教材问世，如高时良、董宝良著的《中国教育史纲》（分古代、近代两册），郑登云编著的《中国近代教育史》，孙培青主编的《中国教育史》，等等。另外，人民教育出版社根据国家教委颁布的《中等师范学校教学大纲》的规定，编辑出版了中师选修课教材《中国教育史话》。

六、对“中国教育史”学科教材改革的几点意见

中国教育史学科教材建设，经过了清朝末年学习日本，民国时期学习欧美，新中国成立初期学习苏联，党的十一届三中全会以来力图自主发展几个阶段。纵观中国教育史学科教材发展的历程，笔者认为，虽然目前这一学科已经取得了很大成绩，但还满足不了社会主义现代化建设的需要，必须在继承以往教材优点的基础上进一步进行改革。

（一）针对不同师范生编写个性化的教材

我国的师范教育学制，包括幼儿师范、特殊师范、职业师范、普通中师、民族师范、师专、师大、教师进修学校、教育学院等各级各类师范学校。1995 年全国已有高师 236 所，全日制在校生约 58.3 万人；中师 897 所，在校生约 84.8 万人；教育学院 242 所，在校学员 21.4 万人；教师进修学校 2031 所，在校学员 51.6 万人。毋庸置疑，针对师范院校层次和种类的复杂性，中国教育史教材必须多样化、个性化，才能适应各方面的需要。具体说来，根据师范生的特点，公共课教材主要应包括：供幼师学生用的中国幼儿（学前）教育史、供特师学生用的中国特殊教育史、供职业师范学生用的中国职业教育史、供普通中师学生用的中国小学教育史、供高师学生用的中国中学教育史等几种教材。教材内容除了师范生必须掌握的中国教育史基本知识外，应把重点放在各专业教育史尤其是专业教育家献身教育的精神和事迹的介绍上。高师除了公共课教材外，还有教育系科的专业课教材，包括中国古代、近代、现代教育史。不同专业，必修和选修要适当安排，教材内容亦应有所侧重。另外，教材建设还要注意地区间发展的不平衡性；系列教材要成龙

配套；适应教学手段改革需要，编制音像教材。

（二）更新内容，吸纳最新研究成果

邓小平同志在《教育战线的拨乱反正问题》中指出“教书非教最先进的内容不可。”在《关于科学和教育工作的几点意见》中，他又指出“教学要反映出现代科学文化的先进水平。”他关于教育要实现“三个面向”的论断，对中国教育史学科教材建设也有重大指导意义。教材内容应该更新，以形成相对稳定的动态的开放的教材体系。20世纪80年代以来，中国教育史学科的新的科研成果很多，如《中国教育通史》《中国教育大系》《中国教育思想通史》《中国教育家评传》《中国近代教育论著丛书》，等等。过去一直被忽视的课程教材发展史等领域也有专著出版，如《中国近代课程史论》《中国近代教科书发展研究》等。但是，这些新科研成果，很少能够及时地在现行的教材中得以体现。21世纪即将来临，在社会主义现代化建设的新时期，中国教育史的教学和研究正面临着前所未有的挑战，教材内容必须具有时代气息和现实感，才能在继承前人并吸收当代中外最新科研成果的基础上，更大地发挥服务社会的潜在价值。

（三）全面反映整个中华民族教育的发展历程

中国教育史的发展呈现多样性和统一性并存的特点。汉族虽然是中国人数最多的民族，但每个少数民族也都为缔造中华民族大家庭做出了应有的贡献，所以，中国教育史不能简单地理解为汉族教育史，整个中华民族的教育发展史不应该忽视少数民族教育的历史。没有多民族大家庭的不断交流、融合、竞争和渗透，就不会形成中华民族教育史绚丽多彩的景象。中国教育史教材必须突破以汉族为中心、以经济发达地区为范围的结构，还历史的真实面目。另外，以往的中国教育史教材，对台、港、澳地区教育发展的历史，几乎没有反映，今后应该注意，以免贻人口实。

（四）注意中国教育史教材的正确导向

我们党和国家历来主张，在文史类教材的编辑出版工作中保持坚定正确的政治方向。党的十四届六中全会通过的《关于社会主义精神文明建设若干重大问题的决议》，再次强调了思想文化领域坚持正确的政治导向的有关精神，对中国教育史学科教材建设有重大指导意义。关于教材编写工作怎样讲政治，笔者认为，科研无禁区，应该贯彻“双百方针”，适当介绍各种流派的学术观点，但教材和学术专著还是有一定区别的，教材不纯粹是个人著述行为，教材要体现党和国家的教育方针和教育目的。教材虽然要吸收新的科研成果，要体现学术性，但同样也要体现坚定正确的政治方向，坚持历史唯物主义的观点。诸如教育救国、庚款兴学、武训兴学、洋务教育、民国教育、童子军教育、党化教育等有争议的重大教育史问题，以及一些敏感的教育史人物（如曾国藩、陈立夫等）的评价问题，都必须用马克思主义的立场、观点、方法来具体分析，注意正确的理论导向。中国教育史教材的编辑出版，一定要为社会主义精神文明建设服务。

另外，对师范生进行爱国主义教育，中国教育史学科有自己独特的优势，应该在培养师范生的民族自尊心、自信心、自豪感和批判历史虚无主义等方面发挥更直接的作用。

（原载1997年第9期）

师范院校教育学教材建设中的几个问题

胡寅生

一、历史回顾

人民教育出版社课程教材研究所教师教育课程教材研究开发中心（简称教师教育中心），是从事教师教育课程教材研究开发的学术机构，与人民教育出版社（简称人教社）教育编辑室合署办公。本中心的前身是1950年成立的人教社教育组和教育编辑室，曾被教育部评为“高等教育教材管理先进单位”。本中心承担的重要任务之一，是从事教育学学科的教材建设。回顾以往，五十多年来，特别是1978年以来，它受国家教委的委托，参与了国家教委高校文科教材规划中高师教育课程的规划工作，并直接从事全国各级师范学校教育学教材的组织编写、编辑、编审和出版工作。至今历时二十余年。下面就具体过程作一扼要回顾。

由人教社出版的教材，择其有代表性者，自20世纪70年代末至80年代初，最早有刘佛年、瞿葆奎主编的《教育学》问世，后有华中师院、河南师范大学等五院校《教育学》出版。解决了当时学校的急需，并为教育界广泛采用，对当时的学校教学和师资培训，起到了良好的作用，也成为今后教育学学科改革的一个基础。此后，20世纪80年代中期起，随着我国社会主义建设的进展，中共中央发布关于教育体制改革的决定并提出社会主义精神文明建设的指导方针，对我国师范院校教育学教材建设提出了革新的要求，教育学学术界对现代教育理论的基本问题展开了热烈的专题讨论，在此基础上，全国出现了一批革新的教育学教材。其中，有突出代表性的、获得社会一致肯定的有：人教社出版的南京师范大学教育系鲁洁教授主编的《教育学》，王道俊、王汉澜教授新编的《教育学》。这两本教材以马克思主义为指导，结合我国当前历史时期社会主义教育的特点和中小学的实际，对青少年的全面发展教育做了比较全面系统的深入探讨，并提出了许多新见解，获得了国家优秀教材一等奖。与此同时，还有黄济、顾明远主编的中师《教育学》，睢文龙主编的师专《教育学》，都以当时的较高理论水平和联系中小学实际受到广大教师的欢迎，印量巨大，并不断重版。随后，又相继出版了叶澜著的《教育概论》、班华主编的《中学教育学》等，它们都在宏观和微观的教育结构、教育目的宗旨、全面发展教育等当代教育理论的重大方面提出了新思想新观点，为教材建设作出了新贡献。到20世纪90年代，我国进入进一步全面改革开放和加快社会主义现代化建设的崭新阶段，为适应新形势新阶段发展，迫切要求进一步加强教育理论和教材建设。形成具有中国特色的社会主义教育理论体系。总结前一段，我国的教育理论和教材建设尽管获得了可喜的进展，但总体说来，仍属薄弱环节，许多教育基本理论问题尚待进一步探讨，全面建立现代教育学学科的理论体系和教育课程体系尚未解决。在此背景下，自1991年起到1995年，在国家教委师范司领导下，召集全国部分教育专家学者起草拟订《教育学学科建设指导性意见》。人教社受国家教委委托参与了起草的全过程，并负责最后的审定和出版。这一纲领性的文件，标志着我国教育学学科建设的一个发展阶段。它就教育学学科建设的指导思想，提出了学科建设的理论基础、理论联系实际、继承与发展、古今中外关系诸多根本性问题；就教材内容的主要课题，提出了对教育的本质、教育目的、德育、课程改革、教学改革、师生关系等问题的重要见解，对今后教育学学科建设起到了一定的指导作用。与此同时，自20世纪80年代末起，人教社又受国家教委委托，参与组织国内学者和中师特级教师一起，在赴全国各地中师做深入调研基础上，研讨并制订了中师教育学教学大纲，主持主编了《小学教育学教程》和相应的《教学指导书》。这两本书，以其既具有科学性和时代性，又富有针对性和实用性的特色以及一整套相应的革新教学方法而受到广大中师教师的欢迎。该教材几经修订后，印数达180余万册。此后，我国跨入了21世纪，为了适应21世纪对小学教师素质新的要求，需要进一步提高理论层次，进一步加强小学教育学的理论性和学术性，于是，人教社又受委托组织出版了黄济主编的新的《小学教育学》，现在正在推广使用中。

二、关于师范教育课程的设置和教育学科目的教学目标问题

回顾过去20年，人教社之所以能作为教育教材出版者之一较长期稳定地组织编写并出版发行各种教育学教材，并且得到社会的广泛认可，固然因为有教材质量自身的保证，但是，它根本依靠所在是，国家对师范教育课程的设置和对培养师资目标的明确要求。自20世纪80年代以来，国家规定各级师范院校，都必须开设教育课程。作为高师各专业共同必修的教育课程来说，规定分为三门，即教育学、各科教学法、教育实习。自那以来，直到20世纪末，随着教育事业的迅速发展和培养跨世纪人才新的要求的提出，师范教育历经不断改革，师范各专业的培养计划也不断更新，然而直到目前为止，教育学、各科教学法、教育实习作为师范的公共教育课程系列的三大组成始终没有根本改变。教育学作为一门师范的重要的公共必修科目，其地位始终没有变化。

上述存在的这一情况，并非说明教育学作为一门课程和教材，其地位和作用已经毫无疑义，恰恰相反，在过去的20年间，教育学课程的设置，不断受到来自各方面的质疑。举例说，早在20世纪80年代中期，有一种批评和指责，即所谓“教育学从理论到理论，严重脱离实际，学了无用，教师不爱教，学生不爱学”。今天来看，尽管当时这种批评有一定的事实依据，但显然是有偏颇的，既不全面，也不都很真实。不过，它的确比较有针对性地揭露出当时教育学教学中存在的主要弊端。问题在于，当时从实用主义出发，对它采取了全盘否定的非科学态度，这样就必然不利于教材改革的开展。回顾当时的情况，对于出现问题的原因没有能做出深入的分析，对于教育学课程的目标、教材和教学中理论和实际的关系，没有能做出科学的分析与探讨。只是按照上级指令，采取另起炉灶的做法，召集一批正在从事实际教学的小学校长和教师来编教育学，搞了两年试验，结果虽然编出了一套专题性教材，但教育学始终未编出来，最后不了了之。与此同时，由于不少教师的努力，编出了几部“实用教育学”，对于教育学教材改革起到了促进的历史作用，这是应予肯定的。但是，作为高师的公共教育学课程从根本上革新，仍未能解决。从此以后，又有人提出了新的改革方案：取消原设的教育学和各科教学法两门课程，单设一门学科教育学，其中，“学科”因同各个专业相对应而有不同的“学科教育学”，但以后此方案也未能普遍施行。大多数院校仍按原来的方案执行。

以上所经历的种种事实过程是耐人寻味的。这说明现行的教育学课程在教材内容上存在着

理论脱离实际的缺陷，但就师范的教育学课程来说，还存在着更深层次的问题，这就是在教育学的课程设置目标上存在着模糊和偏离。笔者认为，要想解决好教育学课程和教学中存在的问题，首先应从明确课程设置的目标做起。共同必修的教育课程作为师范院校课程的重要组成部分之一，它要求符合培养新时代合格师资这一目标的需要。这个目标包含了对21世纪的教师在教育素养方面的要求，既有建立在现代教育科学基础上的相当的教育理论素养，并在此基础上树立起现代的教育观，又具有现代教育和教学的应用技术知识，并能运用于实际操作。此外，还应具有21世纪的教师的人格素质，包括师德素养在内。这一目标应是由全部教育课程来完成的，师范院校的其他课程，也在一定程度上分担了这一任务。过去那种把使学生做到“爱教、会教”的理想目标，全部推到教育学身上。甚至认为，要是师范毕业出来的学生到了岗位上，如有错失，则责任全归于教育学这一门（当时仅有的一门）科目的教学的观念，显然是十分荒谬的。

那么，作为一门课程的教育学科目，究竟应如何开设，目标应如何设定？笔者认为，解决这个问题，除了必须针对师范的培养目标以外，更必须考虑教育学学科自身的性质和特点。教育是有自身的科学规律的，它涉及微观的、中观的和宏观的教育规律，在此基础上，建立起教育基础理论，构成教育学学科的基础性。教育本身又是一种社会实践活动，教育和教学的规律是通过实践活动来体现的。它是一种人格内化的实施和操作过程，构成教育学学科的实践性。因此，教育学的内容既有基本原理部分，又有原理的应用部分。教育学学科课程的设置目标，应当兼顾基本理论和它的应用两个方面，两者不可偏废。这就是我们通常说的理论联系实际的一个方面的含义。据此，笔者认为，目前师范院校公共教育学课程的开设，应着眼于基础性和应用性的统一，在课程的设置和教材内容的分布上，同教育的基本原理部分相并列，应设教育的应用部分，包括教育方法和技术知识，以至教育的艺术，应占有同样的地位。而所占学时，应比原先有成倍的增加。至于有关教学和教育技术的实际操作训练，同时要放到各科教学法和教育见习、实习中去。此外，为了强化如何对学生进行思想道德和人格的教育，也可以考虑将德育和班主任工作作为一门实践性课程单独设置。再者，教育学课程的改革，还可以考虑另一条出路，即将现有的公共教育学课程分成两类科目，一类是教育学基本理论和原理方面的课程，另一类是教育、教学的方法和技术方面的课程。

三、关于教育学教材内容改革的若干问题

首先要提到的是，教育学教材改革面临的背景和改革的基础。

当前，我国正处在进入新世纪的社会发展新时期。我国社会主义社会的基础和上层建筑正经历着巨大而深刻的变革，相应地引起人们诸种观念发生深刻变革，它必然影响到教育的诸种观念发生巨大而深刻的变革；随着我国全面对外开放步伐的不断加快，全球信息化时代的到来，教育的方法、技术也处在大革新时期。我国教育学学科正面临着从传统的教育学向现代的教育学的创新的巨大转变。由此，我们深切体会到，教育学学科课程论的创新以至于教育学课程的更新，具有强烈的时代性，它是在我国过去的民族优秀传统基础上，深深植根于当今我国社会大背景的土壤之中的。

另外，教育学学科课程和教材的发展与变革，自有其教育学学科自身的科学发展水平作为基础。当一门学科的科学理论建设尚未达到

成熟程度时，学科理论的革新也不会发生。众所周知，回顾20世纪下半期以来，教育科学研究获得了长足进展。对人的教育的研究越来越深入，从而揭示出教育同人类社会各个方面、同人的生理心理各个方面都有内在的密切关系，教育学的理论基础具有高度的广泛性、多样性和综合性。20世纪后期以来，教育学已分化为一个庞大的学科群，出现了许多边缘学科，如教育社会学、教育经济学、教育政治学、教育文化学、教育法学、教育人口学、教育生理学、教育心理学、教育信息学，等等。此外，随着教育领域的日益扩展，教育学内部也不断分化。如以层次和类型分，有学前教育学、初等教育学、中等教育学、高等教育学、家庭教育学、特殊教育学，等等。以上各分支，构成了教育学学科的理论基础。教育学教材的改革，就是要以上述两个方面作为基础，集中研究探讨现代社会教育活动的规律，并以此作为教材改革的依据。

下面，笔者选取几个在前一段时期在教育学教材内容的改革中引起讨论的热点问题，谈谈自己的看法。

（一）引入现代的大教育观念

在从传统的教育学向现代教育学的转变过程中，首先集中表现为革除过时的旧的传统教育观念，代之以现代的新的大教育观念。一方面，过去传统教育学对青少年教育的研究，集中于学校教育的范围。学校被看作相对独立的封闭系统，同家庭、社会分隔开来。家庭教育和社会教育处于次要的辅助地位。现代的大教育观破除了这种观念，认为现代学校是处在同周围社会大环境的紧密联系之中，学校教育同社会教育、家庭教育息息相关、相互联系、相互渗透，构成一个统一的教育网络。对青少年的教育，不只是学校的事情，家庭、社会都要一起来关心、支持、参与，只有实施全社会的教育的综合管理，才能达到教育的高度效果。所以，教育是一项系统工程。另一方面，过去传统教育学把学校教育看作走向生活的预备阶段，因而形成了一次性教育的封闭观念。它已经完全不符合现代信息社会知识膨胀、科技日新月异、社会高速发展的现实需要。如今每个人要获得在现代社会的生存和发展，已不可能固守从学校里获得的那一点知识，他必须不断地学习，接受再教育，乃至终身受教育。青少年的学校教育，只是终身教育中的一环而已。同样，学校教育的重心，也已从传授知识，转向更加侧重能力的培养，注重发展学生的创新精神。教育社会化和社会教育化已成为当代教育发展的必然趋势。上述教育理念的转变，必然给教育学的教材改革带来冲击，促使教育学的内容发生重大革新。

（二）突出教育的主体性，开展教育学教材革新

教育的主体性观念，是我国社会发展正处在体制的深刻变革时期的产物。同时，它也是人们经过长期探讨对教育的客观规律更深层次的认识。

教育的主体性观念是，在承认并充分肯定教育具有客观规律性、不以人们的主观意志而转移的前提下，突出强调教育的主体要素。它包括：对教育中的“人”的这一主体要素的地位和作用的重新认识，对教育的目的和宗旨的重新认识，对教育事业的地位和作用的重新认识。

1. 深刻认识教育活动中人的要素的地位和作用，弘扬人的主体精神。确立这一观点有利于进一步揭露和阐明教育活动的规律。它指明了：教育是为了人的发展。促进人的全面发展、促进人的个性的自由和解放是教育的根本宗旨；教育是由人来设计、由人来实行的，教育工作从头到尾离不开人的主体意识的控制和影响，这是教育特有的认识本质、实践本质和创造本

质；要正确认识和处理教育工作中人的因素和物的因素、主体和客体之间的关系；正确处理和调节各个层级的教育主体之间的关系，即领导者与被领导者、决策者与实行者之间的关系，在学校中，正确处理教的主体和学的主体之间的关系，亦即师生关系；教育工作者的素质是教育工作成败的关键因素，关于教师素质的研究，乃是教育学教材重要的组成部分；等等。

2. 教育的目的是培养学生成为社会发展的主体。这是跨世纪新时期培养人的根本宗旨。这种人具有自主意识，具备作为主体的认识能力、实践能力和创造能力，能做到既全面发展，又充分发挥个人特长，成为新社会建设的主人。

3. 教育的主体性思想推广到教育事业上，使我们对教育事业同社会主义建设的关系有了更深层次的认识，使我们更加全面正确地理解为什么教育必须为社会主义建设服务、社会主义建设必须依靠教育，从而真正充分发挥教育的主体作用。

以上说明，关于教育的主体性问题，将在很大程度上影响未来教育学教材内容的革新。

（三）回答素质教育问题

自从中央提出全面开展素质教育以来，它逐步转化为广大教育工作者的实际行动。素质教育正在全国中小学全面实施。目前它亟待教育理论界从理论上给予回答，以指导素质教育的改革实践。据笔者的认识，首先应明确如下几点。

素质教育的含义是指：以提高全民族素质为宗旨的教育。素质教育中所提出的素质，是指人所具有的基础性品质，这种品质，起码具有两个属性：一是它带有根本的性质，是人的发展在某一方面的根基，是一种生长点，它构成一个人未来发展必备的基础；二是它带有指向未来的性质。素质教育提出的人的基本素质，是一个多层次的、各个方面有机结合所构成的整体结构。人的素质的形成，既同人的身心发展有关，又同人的社会实践有关。所以人的素质结构既反映为一种人的身心潜能，又反映为人作为社会的主体所具有的各个侧面的基本社会文化素养。当人们对人的素质进行分析时，可以划分出不同的层面。例如，从身心潜能的层面可划分出身体品质、心理品质、能力品质；从社会实践的层面可划分出知识品质、思想品质、审美品质等。然而，实际上这两个层面是交织在一起密不可分的。实施素质教育，旨在全面提高学生各方面的基本素质，其中，又把培养学生的能力素质、主体意识和创造精神放到突出的地位。注重开发人的身心潜能，成为素质教育的一大特征。人的素质的结构不是一个抽象的概念，而有具体的内涵，表现为量化指标系列。人的素质的指标是随时代的前进而不断发展变化的。

在素质教育与全面发展教育方针的关系上，全面发展教育方针是我国各级各类教育在长时期内即在整个社会主义的发展阶段都应遵循的基本指导方针。它体现了社会主义社会对人的教育的根本目的。人的全面发展教育的核心是促进人的身心才能包括德智体美诸方面全面地和谐地发展，连同发展人的个性特长在内，最终实现人的个性的自由和解放。理解素质教育，必须以全面发展的教育思想为指导。提高全民素质的教育必须遵循全面发展教育方针的要求，必须符合我国社会主义的教育目的。归根结底，实施素质教育，是为了更好地全面贯彻和实现我国的全面发展教育方针，并为它服务。反之，素质教育的实施，又为全面贯彻落实全面发展教育方针提供了有效途径和可靠保证。

（原载 2003 年第 10 期）

教育学教材编写的思考

郭文安

编好一本像样的教育学教材是一件很艰巨的工作，但对编写教育学的工作进行一次认真的反思也非易事。若要深入检讨，认真总结几条经验教训，以供未来的编写作参照则深感水平有限。本着抛砖引玉、集思广益的宗旨，我们对教育学教材编写中的几个问题，作了一些粗浅的反思以求教于大家。

一、教育学教材编写是一种科学研究

常常有人议论，花那么多精力去编教材，还不如多搞一些科研，写点文章、专著实在些。确实，教师中普遍存在一种重科学研究、轻教材编写的思想，于是便冒出了一个尖锐的问题，教材编写是不是就是剪刀加糨糊，算不算是科研？这个问题举足轻重，涉及教材编写的性质与地位，如果教材编写不是科研，无须独立思考，没有价值，谁还愿下大力气去编撰教材呢？因之，这是教育学教材编写中首先需要扫除的思想障碍。

然而，人们重专著、重科研而轻教材及其编写，确有其不可忽视的重要社会根源。人们往往认为，发文章、出专著是一种科研的创作，为科学的发展、创新做出了不可抹杀的贡献，不仅成果令人瞩目，而且有名有利，易于提升作者的声誉和地位，可是教材编写则通常被认为是抄抄写写的工作，并非著书立说，没有创新突破，被认为低科研一等而受到歧视。对高校的教师而言，二者更不可同日而语。科研领域宽广辽阔，可以任意驰骋，自由选题，扬个人学识之所长，易于有所创新和突破，往往事半而功倍；而教材的编写则要依据学科的教学任务和学生的特点和水平，对选编的知识要符合比较基础、成熟、精要，容易取得共识等不成文的规定，在编写格式上必须遵守严格的规范；作为高校教材还要反映最新科研成果、学科发展前沿与时代精神，这样就使教材编写有其特殊的复杂性与难度。说实话，要东拼西凑编一本讲义性教材也许比较容易，但要编撰出一本反映学科发展精粹和前沿，具有较高学术水平和特色的教育学教材，实在是一件极其折磨人的事。懂得个中滋味的人开玩笑地说；“要惩罚谁就让他去编教材吧！”可见其令人头痛之一斑。

其实，在注重发明与创造的现代，重科学研究、轻教材编写是较为普遍的现象。例如，美国历史上就曾出现过这种情况。布鲁纳指出：“在过去的半个世纪里，美国大学、研究院的兴起，非常强调高深的学问和研究。这样发展的一个结果，乃是第一流的学者和科学家们同中小学各门学科的教学，甚至同大学生的基础课程的教学，出现日益脱节现象。”[1]“关键性成员”注重科研，并不关心教材编写与教学，而“可能关心这一问题的人有许多对该领域的范围和潜力又不甚了了。因此，要想对课本可能包含的内容和如何编写新课本……能力非常有限”。[2]266 这充分说明了 20 世纪 60 年代以前美国一流的学者、科学家，同样也注重科研而不重视中小学教材的编写，其后果是导致教材的落后，影响教育的质量，最终影响到国家的安全。1957 年苏联人造卫星首先发射上天，震动美国朝野，一致要求改变教材因受轻视而落后的状况。在这种形势的推动下，美国于 1960 年发动了课程与教学改革，规模空前地组织了一流的学者和科学家、中小学教师以及教育研究工作者参与到课程的发展工作上来，旨在编写出高质量的教材以提高教育质量。美国课程改革的历史经验具有普遍意义，值得我们借鉴。

为了解决重科研、轻教材编写的问题，首先，我们应当提高对教材编写的重大意义的认识。教科书是教学内容的主要依据，是实现一定教育目的的重要工具，是师生教与学的主要材料，也是考核教学成绩的主要标准。[3]它可以发挥多方面的作用："作为思想或感情最佳典范的载体，作为史料继往开来、推陈出新，作为概念或程序的权威，作为举一反三、激发学生的思维和感受或引导学生去探索的推动力。"[2]265但是，我们的社会与学校对上述重要思想与主张的宣传、普及也远远不够，未被广大教师所熟知和重视。何况，仅仅肯定这些也很不够，应当看到，教材对教学质量起着基础性、系统性、规范性、工具性和探究性等重大作用，即使有一流的教师教学也不能否定或替代教材的作用。当今，各国莫不重视中小学课本的编写，他们的高等院校莫不把选编教材作为提高教育质量的要务。不仅如此，教材编写尤其是高校教材编写对推动科研亦有重大作用，因为它将学科发展的宝贵史料、思想与理论精粹、最新科研成果不断选编整合为学科的概念与原理的知识体系，还力求反映学科的前沿热点与动态，这无疑将为相关的科学研究起着整理资源、夯实基础、继往开来的铺垫作用，尤其有助于激发与培养学生的科研兴趣与创新能力，乃至直接影响他们去参与科研。因此，我们要克服重科研轻教材的有害思想，高度评价编好教材的重大意义。优秀的教科书，兼具权威性、专业性、创造性、前瞻性、连续性等特点，有巨大的影响力和强烈的渗透力，因而不断再版，经久不衰。有的大师，一辈子就是和一本教材做伴。一本优秀的教科书就是一座学术的丰碑。一流学者最应该写教材，打造精品课程，要引入竞争机制，提倡和鼓励优秀教师写教材，同时要给优秀教材的作者充分的尊重和褒奖。[4]可惜，这样鼓舞人心的至理名言发表与宣传得太少。

我们应当明确，教材尤其是高校教材也是一种科研，一种复杂的创作，它绝不是抄抄写写的简单工作，而是一项复杂的创造性劳动。其科研性质至少表现有三：一是编的研究，如何从浩如烟海的学科知识中，选择所需的精华汇编成教材，就需要以科学精神做精心的研究；二是编中之著，即需要解决编写中绕不开的、尚未解决的老大难问题，以及本文在后面提到的解决教材编写的教育理念与思维方法问题、提高教育学教材的学术性问题、建构具有中国特色的教育学问题以及教育学学科性质与教材框架结构问题等，都需要研究与创新；三是融著入编，即编者亦可将自己的适合于教材需要的有关著作的观点与创见融入所编教材；可能还有其他表现方式。在上述方面，教材的编者是可以大有作为的，遗憾的是我们做得很不够。当然，有的问题主要应通过专题的科研来解决，但这不表明科研与教材编写无关，恰好相反，教材编写中也应当解决这些问题，不过它有自己的特点，力求更加全面、系统、辩证、概要、稳妥而睿智地分析、解决或阐释问题，给读者或受教育者以正确的引导与启迪。可见，教材编写本身就具有科研性质，只有以科研的方法与精神去编写教材才能确保其质量。

二、教育观的变革是教材创新的根本

在漫长的求索中，我们深感在社会急剧变革和转型的时期，编写教材最为主要的是要有正确的教育理念与思维方法，这是编写的灵魂，是教材创新的根本。王道俊常提醒我们，什么样的教材才算新？增加一些新材料，列举一些新事物，反映一些新成果，这样的教材算不算新？这只能说是有变化、有进展，还谈不上是创新。由于我们的时代和社会正在发生深刻的变化，人的生存面临新境遇、新问题，向原有的教育模式、教育理念和思维方法提出了挑战，集中表现为对人的地位、人的价值、人的发展的关怀，而我们的教育模式、教育理念和思维方法在这些方面确有缺陷、确有失误。因此，根本在于教育观的变革与创新，教育观念不变革、不转变，怎会有教材的创新？王道俊先生的体悟确实深刻、正确，他还常常关心和引导我们进行学习，切实提高和转变思想，旨在树立正确的教育观。可是，对于笔者这个教材编写小组的一员来说，认清这个问题已属不易，要去自觉力行更深感艰难。回顾王先生的编写历程，从“五院校《教育学》”（即华中师范大学教育系、河南师范大学教育系、甘肃师范学院教育系、湖南师范学院教育系、武汉师范学院教育教研室编《教育学》之简称）到“《教育学》（新编本）”（即王道俊、王汉澜主编《教育学》（新编本）之简称），再到“新版《教育学》”（即王道俊、郭文安主编《教育学》之简称），我们经历了一个从蒙昧到启蒙，再发展到自觉求索的历程。

编写教材最易犯的毛病就是事务主义，忙忙碌碌地收集资料，辛辛苦苦地撰写教材，并未认真考虑编写教材应有自己的教育观，总以为我国教育学的编写指导思想不就是马克思列宁主义毛泽东思想吗？这早已成为惯例，无须做更多的研究。回想五院校《教育学》的编写，情况就更为特殊。20世纪70年代末，“文化大革命”结束不久，一方面我们原来熟悉的东西已被批为封、资、修的糟粕，另一方面对新形势、新问题、新思想又来不及深入观察、学习与思考，在这种情况下，教材应当怎样编写便成了急于解决、又难以解决的问题。当时我们进行教材编写主要注重对“文化大革命”时期的教育思想与举措的拨乱反正和满足以经济建设为中心的新形势需求，很少反思“文化大革命”前的教育理论和实践是否也存在问题，更谈不上去研究和提出自己的教材编写的教育观。在这种情况下编写的教材，不能说没有一点新变化、新探索，但五院校《教育学》主要趋向于“复旧”。出版后不久就受到了批评，比较集中的意见是“没有跳出凯洛夫《教育学》的框框”。[5]1979年第4期《教育研究》特约评论员文章尖锐指出：“把十七年当做理想境界……回到‘文化大革命’前就是出路吗?”对三十年来的教育指导思想，“关于教育的理论、方针、政策、方法究竟有没有问题，有什么问题，是不是要用‘真理标准’来一次检验?”文章还明确指出：我们“至今还没有自成体系的马克思主义教育学理论。”各方面的议论与批评使我们深陷困惑，我们编写教材可以有自己的教育思想吗？我们在新时期应当树立怎样的新教育观呢？

20世纪80年代中，我国改革开放发展迅猛，人们思想解放，学术争鸣活跃，教育领域也掀起了教育本质、知识与智力、教学与发展等许多重大问题的讨论，给编写新教材创造了良好的形势与氛围。在这种背景下，《教育学》（新编本）的编写工作启动了，王道俊先生组织编写组进行了系列的学习与研讨，积聚了新的思想与动力，清除了种种“左”的思想束缚，在坚持马克思主义思想指导下，逐步形成了自己的编写教材的新理念，这就是后来写入“新编本说明”中的这次编写所做的“七点努力”。[6]107其主要内容是：把握教育学的研究对象，突出教育学的学科特点；注意宏观教育的内容与微观教育的内容的内在联系，避免只见微观不见宏观，或只见宏观不见微观的片面性；实事求是，探索教育规律，克服“唯上”“唯书”的弊病；充分肯定受教育者在教育活动中的主体地位，注重受教育者独立个性的发展，克服把受教育者看作消极对象的机械论观点；积极吸收教育科研新成果，使教材有新面貌；加强教材的基础理论、实用性、可读性。值得特别提出的是其中的第四点，把注重受教育者在社会历史活动和教育活动中的地位这个关涉教育深层本质、时代精神和当代教改热点的“主体教育观”明确地提出来了。

在《教育学》（新编本）中明确指出：“教育只有以促进人的个性发展为目的，提高人的内在价值，肯定人的主体地位，增进人在改造自然、改造社会中的自由度，它自身才能成为推动社会发展与变革的积极力量。”[6]105 这就将人的发展问题提高到了前所未有的地位。尤其强调“培养受教育者的独立个性，也就是说要使受教育者的个性自由发展，增强受教育者的主体意识，形成受教育者的开拓精神、创造才能，提高受教育者的个人价值。”[6]114 并对这种“追求主宰自己的人”，具有“开拓精神、创造才能的人”的特征做了比较精到的刻画，[6]114 体现了马克思主义者渴望培养的受教育者应该具有的卓越高尚品质。应该说，在当时突出地提出这些理念是颇有胆识、勇气与新意的，也正因为新的编写理念与努力在教材中得到一定的实现，《教育学》（新编本）才获得较普遍的认同。当然，这些新的主体教育思想尚处在萌发状态，未在全书中拓展开来作专深的论述。

1989 年，我国社会经济的发展出现了波折。在此期间，主体教育思想包括《教育学》（新编本）倡导的促进受教育者的独立个性发展等观念也受到了巨大压力。但是，形势发展的起伏，反而激起了我们关注与研究主体教育思想的热情。从这时起，王道俊与他的团队更加有意识地持续地对主体教育思想做了专门的探索，发表了“让学生真正成为教育的主体”“试论教育的主体性”“关于主体教育思想的思考”“关于教育主体性问题的几点认识”“人是教育的出发点”等系列文章，为进一步修改或新编教育学做了一定的教育观的准备。然而要发表几篇论文容易，要将各方面的新认识整合，并贯彻到新教材编写中则是一件极困难之事。若从三本《教育学》所耗费的时间上看，五院校《教育学》费时一年，《教育学》（新编本）费时四年，这本新版《教育学》则费时上十年，后者费时为何特长，显然是与在“困惑中求索”以提高思想认识、转变教育观念、明确编写的教育观点与思维方法有关。

这次教育观点与思想方法的转变之所以如此艰难，是因为我们深受一直崇信的机械论的旧历史观的束缚。这种旧历史唯物主义在处理社会、教育、人三者关系上，总是持社会决定教育，教育决定人的单向度决定论；至于人，虽然也提到其能动性，但所肯定的是人作为工具的能动性，不承认人是目的，实际上视人为社会与教育的消极产物，其实质就是贬低人在社会与教育中的主体地位与价值。这种历史观看不到社会是人为了更好地生活而建设与发展起来的人的生存方式；看不到人就是社会历史的主体，是历史的创造者；看不到教育是为培养人而建构的社会活动系统，受教育者是教育、教学活动与自我发展的主体，教育必须经过自我教育才能转化为人的发展；这种历史观甚至把主张人的自由而全面的发展、弘扬人的独立个性与主体性、关注人的生存境遇的改善视为偏离正确政治方向的自由主义或抽象的人道主义。长期以来，它在我国被当作马克思的历史唯物主义来传播、信奉，极其严重地影响了广大教育理论工作者与实践工作者的思想与行为，其结果必然导致教育学的机械化、平庸化，缺乏生机、活力与创造性。不清理这种束缚人的机械论历史观，不转变教育观点与思维方法，就很难吸取国内外教育理论与实践发展中的新观点、新发展、新成果，就不可能编出真正体现时代精神的教育学。

转变教育观念重在学习、研究、自我认识与自我教育，主要通过思想深处的启蒙、觉醒，通过对真知孜孜不倦地追求来实现。我们有必要重新认真学习马克思主义，正确阐释历史唯物主义。马克思充分肯定人的发展在社会发展中的地位，论述了社会发展与人的发展的辩证互动关系，指出了人在社会发展过程中的作用逐步提高，在推动社会环境向着更为美好的方向发展变革的同时，也使人自身向自由而全面的方向发展。世界历史的发展和我国现代化建设的进程都证实了马克思观点的正确。我们应当认真关注和总结社会发展和人的发展的现实经验，要看到20世纪末，单纯追求提高生产力的模式走向了死胡同，以经济增长为唯一指向的发展始终是极不平衡的，它严重扩大贫富、城乡、国家之间的差距与矛盾，引起社会不公、环境恶化、精神滑坡，不足以保证人的发展和社会的和谐。于是，联合国有关机构赋予发展概念以更广的含义，超越经济，以便包括伦理、文化和生态以及发展的可持续性，使经济增长服务于人的发展。① 基于当代国内外的经验教训，我国提出了科学发展观，强调第一要义是发展，核心是以人为本，基本要求是全面而协调的可持续发展，根本方法是统筹兼顾。科学发展观不仅是我国社会主义现代化建设的指导思想，也为教育学教材编写奠定了方法论基础。

经过长时间的学习、研究、酝酿，我们在原有主体教育思想基础上，明确了以人为本的教育观。新版《教育学》的绪论中提到："本书也试图本着立足中国现实及中国面对的国际社会现实，实事求是，以人为本的思路来编写。"[6]116 在新版《教育学》第三章，又全面阐明了"树立以人为本的教育观"的内涵与主旨，指出"树立以人为本的教育观，意味着肯定教育的根本矛盾在于促进人的全面发展，在生产力发展的基础上尽可能地满足大多数人的文化需要，尽可能让每个人有公平的受教育机会，尽可能地开发每个人的发展潜能，启发每个人的自主性、自为性、能动性、创造性，引导每个人保持与他人、与自然和其自身的和谐，成为社会的主人，自觉地为人民服务，为社会主义现代化建设建功立业"。[6]3 这是因为人是目的，社会的发展是为人的生存和发展服务的；还因为人是社会历史的能动创造者；也因为人的发展是与社会发展互动的。尊重人，尊重人的尊严与价值，激励人能动地创造和实现价值，着力于把人培养成人，而不是刻意地将人物化、奴化或神化，这是检验我国教育观念、教育实践、教育质量的根本尺度。树立以人为本的教育观，还意味着肯定人是自我教育、自我发展的主体。教育的艺术和教育的实效，在很大程度上取决于启发、引导、激励和发挥人的自我教育、自我发展的能动性。唯书唯上，只是把自己当作储藏容器，被动地学，被动地做，将会泯灭人的创新精神和实践能力；求真务实，把知识当作生产新知识的资源和工具去学，能动地做，则将生成人的创新精神和实践能力。[6]70-71 概言之，我们编写教材的观点与方法就是"人与外界，以人为本，双向互动"。其中，以人为本是根本，人得到了自由而全面的发展，主体的能动性、创造性发挥了，就自然会打破单向度的机械决定论，运用人的尺度与物的尺度去认识世界和改造世界，成为社会历史的主体。

新的编写观点与方法的提出，使编写者明

① 参见《教育：财富蕴藏其中》，教育科学出版社1996年版，第56、66-71页。

确了努力方向，开阔了学术视域，要求用以人为本的观点去分析人与人、人与事物三者的复杂互动关系，有力地推进了新版《教育学》的编写。

三、学术性是大学教材的重要特性

在每次编写教育学的过程中，我们都会碰上一个难题，就是怎样才能提高教育学教材的学术水平？这也是令人困惑的问题。要知道大学是研究、传授科学和思想的殿堂，雅斯贝尔斯把学术看作大学的一个重要任务。大学的学术水平主要体现在有一流的教师和高水平的教材上。这样的教材应有广博坚实的专业知识，能反映科研的最新成果、学科发展前沿和时代精神；应有高深的学问，兼具专业性、学术性、前瞻性，对读者对师生有吸引力；能激发教师与学生的教学积极性，使教师感到有教头，学生感到有学头，都学到了东西，启迪了智慧，激发了兴趣，锻炼了思维与才干，才有助于提高教学质量，培养高素质专业人才。这也是我们编写人员为之奋斗的目标。按理说教育是培养年青一代关涉未来的崇高事业，有悠久的历史，从古到今出了许多伟大的教育家，他们有光辉的教育思想、丰富的教育实践，给我们留下了许多经典、名著和宝贵的教育资源，理应为编写高质量的教育学教材奠定良好的基础。可是，教育专业和教育学教材的实际状况及其社会反响不容乐观，反差之大使人感慨万千，令人汗颜。

笔者想谈点自己的亲身感触。1952 年笔者考入华中高师教育系，时逢学习苏联的时期，怀着崇敬的心情，接受被誉为马克思主义的凯洛夫主编《教育学》的启蒙，沐浴革命的阳光雨露，初学时十分兴奋。但没过两年，即使凯洛夫教育思想在我国鼎盛时期也显露出其教材学术性不强的弱点。同学们议论说，教育学是什么，社会制约性何其多（指教育的社会制约性、阶级性，教育目的的社会制约性、阶级性，教育制度的社会制约性、阶级性……）；教学、德育等章的原则、方法的要求何其多，甚至被同学们诟病为“教育学是条条学”“教育学就是操作程序学”。那时的教育学理论贫乏，机械论突出，操作要求繁多、僵硬，看不到何以如此的深层解释，看不到学生的认识与素质如何发展，看不到教学、教育的艺术创造空间，反衬出其教育理论的贫困。笔者对教育学专业并不看好，但亦不自卑。后来，在《围城》一书中，看到新中国成立前大学生对文科各专业的议论，教育学竟被排在看不起学科的末名，使笔者深为教育学学术威信低下感到痛苦。改革开放带来了科学的春天，各学科欣欣向荣，教育理论与改革实践开始蓬勃发展，但教育专业和教育学教材的地位及评价则未根本改变。例如在 20 世纪 90 年代兴起的函大、电大、自修考试大学设置的专业中，选择学习教育学专业的人数甚多；又如在硕士生、博士生招生上，报考教育专业的也较多，皆因较容易录取和获得文凭、学位，这说明教育学专业的学术门槛太低，尚未摆脱《围城》中所说的窘境。

人们不禁要问，在加速发展的现代社会，教育学科以及相关的哲学、心理学、人类学、社会学都在快速发展，有不少创新与突破，为何教育学教材的学术水平就不能有较明显的提升呢？原因很复杂，若从教材编写上来分析，主要存在两方面的问题需要改进。一是许多编写者往往从低标准出发考虑教材编写，认为公共课教育学仅五十多课时，内容宜精减。故只重教材的基础性，忽视教材的学术性，力求简要概述概念、原理，多给学生未来当教师需要的实用知识，这样就必然会降低教材的学术水平与魅力。其实编写教材不宜过多考虑课时的局限，因为课堂上只要讲好最主要的，最有价值、深度与魅力的知识，就足以点燃学生追求真知的智慧之火，一般易懂的章节可以让学生自学。二是要克服畏难情绪，舍得为提高教材的学术水平下功夫。今天，教育学及其相关学科的研究成果持续递增，浩如烟海，如果要依据时代需求，从中选取精华，并注意反映学科前沿及趋势，编出一本具有高水平的教材，就应肩负起一个教育学人的使命，不怕困难、不计功利地下功夫研究、创作，定会有新进展和成就。若害怕困难、望而却步，则永远摆脱不了被人瞧不起的“理论贫困”和“条条学”的窘境。

学术，一般指有系统的、专业性很强的学问，因而教育学教材的学术性应指对教育专业的知识、概念与原理做出系统的梳理，科学、精确、切实、与时俱进的论述，注意传承学科资源的精华，反映最新成果及前沿，有助于学生进行探究性的学习、思考与创作，最为重要的是应有一定的学术难度，这是现代课程与教学最为关切的问题。赞科夫认为“以高难度进行教学的原则，在实验教学体系中起决定的作用”[7]，大学尤其应强调这点。雅斯贝尔斯指出：“大学教学的原则是注重培养学生的创造精神，因此，课堂上的授课和练习都要有一定的难度，让学生追不上，但又感觉到其中的吸引力，因而加倍努力迎头赶上。”[8]其实，这也可供教材编写借鉴。

我们在编写新版《教育学》时，为提高其学术性也做过下述努力：如对教育学、教育及其各个方面历史发展的基础知识，尽可能做了分阶段、有规律性地梳理，不仅有助于学生掌握系统知识，而且让他们能够历史地观察与分析事物的发展；对学科的基本概念，如教育、人的发展、环境、教学等，做了有新意、有深度、多学科视域的分析，让学生感到深入、精确把握事物本质的复杂性与难度，对探索问题、追求真知感到乐趣；对学科的基本原理，如环境的给定性与主体的选择性、教育与社会发展关系、教学过程的性质等，进行了深层次、多向度、与时俱进的探究与归纳，以便学生全面、辩证地理解其原理，学习和领悟分析问题的方法；对教育思想流派，如对近现代教学论流派的论述，不仅要弄清其论争的焦点、抗争的过程及趋向，也要认识各流派的观点、方法与其主张、措施的联系，以便全面辩证地评价、吸取与整合；该书还注重吸取新成果，如将对人的本性解释、品德的发展规律、以人为本思想、美育的价值等，尽可能纳入学科知识体系；并较多地引用经典、原著、警句及典型的资料与实例，使教材言之有据，具体、充实，有说服力与魅力。概言之，教材的学术性，不仅包括掌握有一定深度与广度的学问与思想，而且也包括对深奥问题的探究、思维方法的习练和激发对真知的追求。

当然，我们对教材学术性的认识不一定正确，而且也做得很不够，有的问题处理不好还有副作用，如博与约的关系有些失调，以致教材篇幅过大，都值得我们反思和改进。

四、建设中国自己的教育学是奋斗目标

中国向西方的科学文化学习，推动学科本土化，以创建自己的学科，有百余年历史了，其中也包含教育学科的本土化。

由于中国封建社会相对封闭、保守，科学很不发达，古代的“四书”“五经”属综合性的经典，天文、算术、医药、冶炼也处在经验积累阶段，均未发展分化并专业化为现代学科。而欧洲在文艺复兴后，许多国家都走上了发展资本主义工商业的道路，他们的科学文化也随之繁荣起来。到了19世纪，各主要的现代学科都已基本形成，它是西方发展工业与科学文化技术的产物，也是创造财富与建设现代工业文

明强国的宝贵资源与重要工具。我国要避免落后挨打的困境，发展成为现代化的工业强国，就必须向西方学习，别无选择。况且，知识无国界，科学全球通，文化亦可对话与交融，在一定程度上说明了学习、借鉴西方的科学文化知识为中国的现代化建设服务是可行的。于是，19 世纪末“西学东渐”的潮流应运而生，20 世纪便出现了“学科本土化”的运动，事实证明，学习是有成效的。且不说规律性很强的自然学科与数学，社会科学如经济、法学、社会学的效果亦较显著，连汉语言学也是在借鉴了西方语言学的学科体系之后逐步建立起来的。但教育学的学科教材建设一直滞后，尚未建立起被普遍认同的中国教育学。

教育学的本土化或中国化，并非没有努力，确实有其特点以及由此引发的困难。一是教育及其学科都未显示其特性、特色和独立性，过于附属于政治、经济，随着政治方向的转变而转变。中国与西方交往在政治上经历了四次转变，因而在学习西方教育学的问题上也发生了四次转向：20 世纪初经日本学习赫尔巴特的科学教育学，20 世纪 20 年代后向美国学习杜威的实用主义教育学，20 世纪 50 年代向苏联学习马克思主义的凯洛夫主编的教育学，改革开放后又倾向于学习西方各国的教育思想与实践。每一次转向都是单向度地重复着翻译、搬用、改编等过程，在初始的几个阶段上徘徊不前，难以发展到与中国文化交流、融合与创新地编撰中国教育学的阶段上来。二是西方教育学似乎也缺乏得到人们共识的核心内容与标准，对教育的理解与举措也有诸多流派的论争，仅就近百年来传统教育与现代教育之争，便较量了好几个回合，难以做出恰当的析评与结论。尤其在改革开放的大潮中，西方多元化的各种教育流派的思想方法缺乏甄选地介绍到中国来，使人目不暇接，眼花缭乱，莫衷一是。由于研究者缺乏坚实的理论基础，缺乏对中国国情和中国文化的切实把握，缺乏对西方教育理论思潮及其思维方式、哲学背景的梳理和了解，一时无法消化、吸收其精华，进行整合提高。三是从学习西方教育学，转化为建构中国教育学，关键在于融会贯通，将其主要的观点方法与中国传统文化进行沟通与融合，并运用、服务于中国教育实践，推动教育的变革与发展，并在这个过程中进行研究、实验、总结、创新，以构建中国教育学。这就是说，建设具有中国特色的教育学需要有较长的时期，较多的人参与教育实践、研究、讨论与创作，还要有一个尊重学术研究、尊重大众创新的良好环境和氛围，总不能让人提心吊胆，怀着担心秋后算账的心情来编写吧！这是不可或缺的条件。可是，改革开放前缺乏这样的环境氛围，使中国教育学难以茁壮成长。对上述情况做些回顾与反思，对于推进中国教育学的建设不是没有意义的。

改革开放，促进了中外各方面的交流，推动了现代化建设的加速发展，人民思想大解放，迎来了科学的春天，为编写中国教育学创造了最佳的条件与氛围。20 世纪末，许多学者都提出了建设我国的“社会主义教育学”或具有“中国特色的教育学”等目标，我们也积极地投入了这一潮流。

其一，我们注重更加认真地向西方学习，克服过去那种简单、浮躁，要么崇洋媚外，要么排斥否定的片面性，以实事求是的科学态度，比较理性地对待西方科学文化，反复深入地研读与消化西方的教育名著、文献及教育发展与改革的经验，汲取其精华，摘取其警句、典型资料以及具有普遍性的原理，关注与审视西方的思维方式以反思和改善我们的思维方式等，以便改善与充实我们的教育学知识结构。例如，对杜威的教育思想，从过去的全盘否定，到今天的批判吸取并做了较多的引用，表明了我们思想认识的变化，使教材更具普遍性、现代性。

其二，我们注重把中国传统文化摆到一个合适的地位，以发挥其重要作用。中国传统文化有其封建糟粕的一面，亦有其睿智、博通、恒久、能顺应潮流的一面，我们应当重新解读与振兴中国文化。如"'穷天人之际，通古今之变'的探索精神，'富贵不能淫，贫贱不能移，威武不能屈'的大丈夫气概，'君子不饮盗泉之水，志士不食嗟来之食'的洁身自重的操守，'穷则独善其身，达则兼善天下'的处世之道，'先天下之忧而忧，后天下之乐而乐'的济国忧民情怀，'为天地立心，为生民立命，为往圣继绝学，为万世开太平'的人生抱负，'见贤思齐''自强不息'的自我超越追求。"这些都是值得弘扬的中华民族的优秀人文传统，也是我们能与西方平等交流、对话的宝贵资源与根基。东西方文化各有特点，如"东方文化模式的核心是追求和谐、崇尚德性、关注整体；西方文化模式的核心是追求征服、崇尚理性、关注个性",[9]应使二者互动、互补。

其三，我们更重视立足于中国国情，反映现实的需求，以便为我国现代化建设、教育事业发展和人民对教育的要求服务。例如，我们在《教育学》(新编本)中的"教育与我国社会主义建设"一节中，论述了教育在我国社会主义建设中的地位和作用，在新版《教育学》中则进一步明确提出了以人为本的教育观，论述了"科教兴国"与"国兴科教"的关系，探讨了国兴科教面临的投入不足、教育严重不公、优质教育短缺、农村教师待遇偏低等当前引人关注的重大问题，并回顾了我国教育取得的巨大成绩，展望了办好让人民满意的教育的发展方向，充分体现了我国教育的发展方向。并在课程、教学、德、美、体、综合实践活动等章，注重结合中国实际，并服务于实际，表明了我国教育理论与实践的结合、互动与提高。

五、对教育学的性质及其体系的认识

一般来说，教育学的性质与其任务有内在的联系，而任务又制约着其构成模式与章节体系，教育学的编写也不能绕开教育学的性质、任务与体系。

教育学是什么性质的学科，是科学，还是人文学科？我们对这个问题的认识也有一个发展过程。要承认我们的认识源于凯洛夫的《教育学》，该书认为，教育的产生是一种客观必然性，随着社会的发展，各方面经验的积累，使得将这些知识传授给新一代的工作更加复杂，这就引起了教育科学——关于新生一代教育的科学——的发展。并指出，"教育学是一门科学，它要研究和总结教育的实践，去认识新生一代的教育规律"[10]。这一认识可上溯到赫尔巴特，他期望把教育学建设为一门科学，"希望尽可能严格地保持自身的概念，并进而培植出独立思想，从而可能成为研究范围的中心，而不再有这样的危险：像偏僻的、被占领的区域一样受到外人的治理，那么情况可能要好得多"。赫尔巴特指出："教育学作为一门科学，是以实践哲学和心理学为基础的。"[11]10 我们的《教育学》(新编本)基本上继承了传统说法，提出"教育学就是研究教育现象和教育问题，解释教育规律的科学"[6]101。只加了"教育问题"四个字，是受到日本学者大河内一男等著的《教育的理论问题》的影响，认识到教育现象不可能自然地成为教育学研究的对象，只有经过人的认识介入，把被关注的教育现象作为问题提出来的时候，才有科学研究的发端。[12]今天看来，把教育学看作一门科学的认识有其可靠的现实基础，但忽视了教育学还有人文价值的一面，则难免使教育学陷入片面与僵化。

随着改革开放的发展，思想的活跃，个性

的弘扬，价值学说的传播，人们渐渐懂得了人不仅可以凭理性去认识、改造世界，应当而且可以凭自己的兴趣爱好和个性追求去选择与设计生活与人生，有自己的价值诉求。反映到教育上，我们也认识到，应当怎样去关怀年青一代，把他们培养成为什么样的人？这首先是价值选择和价值规定的问题。于是，我们在编写《教育学》（新编本）时也认真考虑了教育的价值问题，突出表现在论述教育目的时指出了“人是有意识的社会主体。……社会对其成员质量规格的客观需求转化为人的教育活动的意向、动机、目的，并不如同镜子映物一样自发产生，而是要经过人的意识的中介，是一种能动的反映。……从这个意义上说，教育目的本身就体现着人的一种价值追求”[6]100-101。该书进而说明人们对教育活动的价值选择历来有不同的见解与主张，并分析了复杂的社会和个人的原因，着重评介了历史上曾出现的社会本位和个人本位的主张，论述了马克思人的全面发展学说的科学合理性。但是，那时人们在教育目的上的个人意愿、价值诉求实际上并未得到尊重与落实，而是遭到强大的社会制约性的挤压，出现“千人一面”的反常现象。虽然《教育学》（新编本）也对这个问题进行了尖锐的批判，然而该书毕竟受到形势的局限，仍偏重于客观社会制约的一面，未能充分论述受教育主体的价值诉求的正当性与可行性，因而当时不可能将教育价值问题提高到关涉教育学的性质高度上来认识。20 世纪 90 年代后，我国社会急剧转型，成为讲求民主法治的社会主义现代化国家，个人尊严与人生价值日益得到尊重和关怀，人的问题成了社会发展的主要问题，人不仅是社会历史的主体，而且每一个人自由而全面的发展也是社会发展的目的。我们倡导以人为本的价值取向，并未否定教育要按照规律办事，而是更应当尊重个人包括受教育者的理想与价值诉求。要知道，规律的必然性并不意味着人们实践的价值取向的唯一性，在不违反规律的条件下人们在教育实践上可以能动地作出极其多样的价值选择，马克思主张培养个性自由而全面发展的人就包含了具有多种多样个性特点与才能的人。人们对教育价值的追求与对教育规律的遵循并非水火不相容，规律的必然性与价值选择的多样性、合理性可以辩证地统一。教育学是研究培养人的学说，人的价值追求关涉教育学的性质，必须把研究价值作为教育学应然的主要任务。

由于教育活动是教育者主体与受教育者主体的有目的、能动地互动，因而它可以是也应该是充满灵性、情感和自由创造的艺术活动。我们重视教育方式方法的研究与运用，但方法的运用离开了个人的灵性、机智、胆识、风格与创造性，就会远离艺术，失去美感与情趣，变得教条、僵化、机械、死板。为了使教育能够生动、活泼、主动地进行，教育学还必须重视对教育艺术的研究。

鉴于上述，我们认为教育学就其整体来说是一种复合性或复杂的学科。它既揭示教育的规律，要求按规律办教育，具有科学性质；又反映社会与人的价值诉求，研究与引导价值需求，具有哲学、伦理学性质；还要讲究人的培养，具有实践的性质，并在培养人的工作中，使追求人生价值、遵循客观规律、讲求艺术创造三个方面都统一起来。教育学具有这样的复杂特性，按理说，其领域不是一般的什么人都能涉足的。有趣的是，教育的育人特性使教育既容易，也困难，这可能是令人头痛的教育难点。说教育容易，是因为培养新一代是关涉家家户户的平常事，人人都能参与，都有权参与，都可以有自己不同的看法、价值追求和方法。索尔蒂斯指出：“教育界里里外外的许多人——从 A 到 Z，从海军上将到党派，宗教狂热者——都不仅喜欢讨论教育，而且非常愿意界说教育。”[13]说教育困难，是因为要办好教育，要提高教育质量，要做一个有经验的教师是件极不容易的事。赫尔巴特曾提出一个发人深思的教育问题：“一个人究竟何时方能成为一个有经验的教育者呢？而且每一个教育者的经验是由多少经验组成并要经过多少次的变换？”这个问题很难回答，他也未直接回答。赫尔巴特很不情愿教育学“成为各学派的玩具”，希望教育学“尽可能严格保持自身的概念，并进而培植出独立的思想，从而可能成为研究范围的中心”，而不再“受到外人治理”的危险。今天，教育已成为全民性的事业，教育权是基本的人权，为了办好人民的教育理应欢迎家长和各界社会人士的参与并提意见，而不是排斥；关于各学派活动确实有必要防止无意义的文字游戏的偏颇，应当开展学术研究与争鸣，为推进教育理论与实践的发展服务；至于“严格保持自身的概念”“培植出独立的思想”，则是关涉教育学的性质，关涉教育专业的准入标准，关涉做一个合格教师的教育素养方面的要求。从赫尔巴特时代到现在，教育学理论大大向前发展了，不仅深入地探索了赫尔巴特倡导的教育学的科学性方面，而且也在大力研究他尚未提到的教育学的价值与艺术性的方面，这对编写一本现代的教育学，对做一个当代的合格教师提出了更高的要求。但是，我们对教育学的复杂性质认识不够，必定会导致对教育学研究的不全面，造成对教育学的各个方面的研究进展及其知识积累的不均衡。例如，有关教育的科学性方面的研究与积累甚丰实，有关教育的价值思想分析与引导方面的研究与积累则较薄弱，而有关教育的艺术创造方面的研究与积累才刚起步，因而就不能不影响到对一位合格教师的要求及其培养规格的明确，不能不深刻影响到教育学教材编写的框架结构及体系的建构。

教育学的性质及其研究的状况，对教育学教材的框架与体制有一定的制约性。它既要讲教育的本质与规律、教育的思想与价值等原理，又要讲培育人的方法与艺术等实际活动，乃既要重教育理论，又要重教育实践；在讲原理时要结合实际论证、阐释，在实践中又要有科学与哲学思想的指导，是理论与实践的高度统一。而作为高校师范专业教材的《教育学》又有其特点，它在联系实际方面要考虑教育的对象——师范生的未来工作，即面向中小学教育。诚然，面向中小学确使教育在联系实际方面有所窄化，但中小学教育毕竟是整个教育中最基本、最具发展性、最重要的一部分，它能使理论得到较充分的阐释与验证，其蕴含的规律、价值与实践具有普遍性意义。因此，教育一般原理和中小学教育实践便自然地成了教育学教材的合理而习惯的模式。这一模式大致确定了教材编写从宏观到微观、从总述到分述、从一般到特殊、从理论到实践的框架思路，也会影响到教材的章节体系编排。

我们所编的作为高校教材的教育学可能就是人们所谓的“实践教育学”，但我们讲的实践教育学不是简单地强调或重视实践之重要，不是把它编成“实践规程、操作技术”之学，而是既要探索事实的尺度，又要检讨价值的尺度，并把二者结合或综合起来，探讨教育的“战略思想”“策略”或“对策”“实践目的”以及达到目的的“实践过程”“教育与教学方法”等，以便教育者自觉地创造性地用之于解决与改进培养人的实践问题，促进受教育者自由而全面的发展。为了避免将教育学弄成“工作操作规程”之学，或“条条学”，我们一是重视对教育性质、因果关系、价值取向、战略思想、策略构思的探讨，以加强教材的理论性、思辨性、学术性；二是不把过程操作、原则与方法运用的要求讲得太绝对、太死板，而是强调教学有法，但无定法，运用之妙，存乎一心，以加强教材的变通性；三是注重实践操作还具有探究、开发与创新的一面，可以从中总结出教育规律、价值和教育艺术来，以丰富和发展教育理论。我们认为教育学教材应当具有科学的可信度、价值的合理度、实践的有效度。

我们从1960年便开始了教育学教材的编写，1963年由华中师范学院非正式出版的常春元主编的《教育学》，其内容主要反映中国的教育情况，开始与凯洛夫《教育学》揖别，我们都参与了编写工作。改革开放后，我们从编写五院校《教育学》到《教育学》（新编本），其内容及体系均有进一步的充实和改进。尽管有同志把《教育学》（新编本）与凯洛夫《教育学》分总论、教学论、教育论、学校管理论四大论的框架作了章节体系上的比较，虽认为在框架形式上对凯洛夫《教育学》未有大的突破，但亦肯定在内容构成上吸收了当时国内外教育科学的研究成果，更能体现教育发展的现状，体现了一定程度的中国化。我们也承认未突破传统教育学的习惯体系，不过这可能是一个在较短时期内很难解决的问题。

我们何尝不想冲决传统教育学的习惯体系呢！在20世纪末启动的新版《教育学》的编写过程中，起初，我们也下了一番功夫，拟定了大纲，体系上亦有变化，提出了“生活指导”“教育艺术”等新章，试图有所突破，还写出了部分初稿，但因指导思想和奋斗目标不甚明确，研究与积累不够，进展迟缓，效果难如人意，历时数年而搁浅。这一挫折迫使我们深刻反思，是否传统的习惯体系仍有一定的包容性、实用性和生命力，只能随着内容的充实而改进，不宜操之过急；我们也思考过，若教材内容无重大改变，仅在章节的分合、增减及编排顺序上下功夫，那也只能算是新瓶装旧酒，又有多大的价值？因此，21世纪初，开始新版《教育学》编写时，我们改变了计划，在体系上仍沿用了人们熟知的教育学惯用的大框架，仅去掉电化教育、学校与家庭两章，新增了反映时代需要的综合实践活动一章，把改进的重点放在提高与转变教育观念与思维方法上，放在每一章内容的观点、方法、知识、原理、资料实例、复习思考题等的充实与更新上。我们相信汇合各方面、各章节的切实变化，会给全书带来新的面貌。当然，这只是我们的良好愿望，实践的效果如何有待大家的评议。

我们对教材编写所作的上述反思不是应景之作，实为编写者三十余年来摸着石头过河的切身感受，很不全面，尤欠深入；有的设想虽然努力去做了，但做得也很不够，其效果如何则更有待实践的检验与同仁的评议；有的问题虽然提出来了，但自己也未弄清楚，解决起来更感困惑，只好求教于大家，恳请批评指正，以便改进与提高。

参考文献：

[1] 布鲁纳. 教育过程［M］. 邵瑞珍，译. 北京：文化教育出版社，1982：24.

[2] 国际教育百科全书［M］. 贵阳：贵州教育出版社，1990.

[3] 中国大百科全书：教育卷［Z］. 北京：中国大百科全书出版社，1985：145.

[4] 一流学者最应该写教材［N］. 教育文摘周报，2009-10-28.

[5] 王道俊，郭文安. 主体教育论［M］. 北京：人民教育出版社，2005：12.

[6] 王道俊，王汉澜. 教育学：新编本［M］. 北京：人民教育出版社，1989：107，105，114，114，116，3，70-71，101，100-101.

[7] 赞科夫. 教学与发展［M］. 杜殿坤，等译. 北京：文化教育出版社，1980：14

[8] 雅斯贝尔斯. 什么是教育［M］. 邹进，译. 北京：生活·读书·新知三联书店，1991：158.

[9] 王道俊，郭文安. 教育学［M］. 北京：人民教育出版社，2009：282，56.

[10] 凯洛夫. 教育学［M］. 北京：人民教育出版社，1957：1.
[11] 赫尔巴特. 普通教育学·教育学讲授纲要［M］. 李其龙，译. 北京：人民教育出版社，1989：10.
[12] 大河内一男，海后宗臣等. 教育学的理论问题［M］. 曲程，迟凤年，译. 北京：教育科学出版社，1984：30-31.
[13] 瞿葆奎. 教育学文集·教育与教育学［M］. 北京：人民教育出版社，1993：11.

（原载 2011 年第 1 期）

五院校教育学教材在新中国教育学教材史上的地位和贡献

何齐宗

众所周知，竞相编写和出版教育学教材曾经成为我国教育学界的一个奇特现象。有学者统计，1979—1990年，各种版本的教育学教科书有111本（种）之多。[1]在此之后又陆续出版了大量教育学教材。不过，绝大多数教材的印数较小，使用范围不广，影响力也有限。但是，在众多教育学教材中也有若干得到人们的普遍认可和好评。其中由原华中师范学院等五院校合编的《教育学》即属此列，并最具代表性。本文拟就该教材的发展历程、基本特点、重要影响及启示意义作简要阐述。

一、五院校教育学教材的发展历程

1978年春，为满足高师院校公共课教育学教学的需要，华中师范学院、河南师范大学、甘肃师范大学、湖南师范学院、武汉师范学院五所高校的教育系或教育学教研室决定协作编写一本教育学教材。该教材被教育部纳入1978年文科教材编选计划的重点项目，由人民教育出版社组织上述单位的有关专家学者共同编写。

编写工作于1978年正式启动，1980年印行第一版，1982年印行第二版，1988年、1989年印行第三版、第四版（即新编本第一版、第二版），1999年印行第五版（即新编本第三版，王道俊、王汉澜主编），2009年印行第六版（王道俊、郭文安主编），2016年印行第七版（王道俊、郭文安主编）。

1988年印行第三版时进行了第一次修订。这次修订是受国家教委文科教材办委托开展的，被纳入1985—1990年的教材编选计划。修订后的教材，在体系或逻辑结构上，除增删和调整了某些章节外，总框架没有大动。编者指出，这并不意味着原教材的框架是完全合理的，只是由于对这一问题缺乏深入研究，暂时拿不出经得起推敲的新体系或逻辑结构。该版教材的内容体系包括绪论、教育的概念、教育与人的发展、教育与社会发展、教育目的、学校教育制度、课程、教学（上、中、下）、电化教学、德育（上、下）、美育、体育、劳动技术教育、课外活动、学校与家庭、班主任、教师、学校管理。

受人民教育出版社约请，华中师范大学王道俊和郭文安两位先生组织力量对这部教材再次进行了修订，第六版于2009年出版。新修订的这部教材传承了原教材在体系、规范与方法等方面的优点，但在内容上做了重大修改和完善，是一次全面的修订。新版教材从体系上看，保留了原教材的主体，调整的地方主要是：将学校教育制度改为教育制度、劳动技术教育改为综合实践活动，德育由两章合为一章，删去了电化教学、课外活动、学校与家庭三章内容。修订后的体系包括绪论、教育的概念、教育与人的发展、教育与社会发展、教育目的、教育制度、课程、教学（上、中、下）、德育、美育、体育、综合实践活动、班主任、教师、学校管理。

王道俊和郭文安两位先生后来又组织力量对该教材再次进行修订，第七版于2016年出版。这次修订从体系上看，各章的章名没有变化，只是节名有一些调整，调整的内容主要涉及教育的概念、教育与人的发展、教育目的、教育制度、美育、体育和教师七章。

一部教材在40年的时间里经多次修订，先后印行七版，这在我国教育学科的教材史上是很罕见的，即便在我国其他学科教材的发展历史上也不多见。

二、五院校教育学教材的基本特点

五院校教育学教材是一部具有鲜明特点的教材，每次修订都进一步增强了个性，其特点主要体现在以下几个方面。

（一）与时俱进，不断超越

“人生有涯，但理论的困惑与发展则无涯。”[2]6 五院校教育学教材的发展历程正是一个不断反思和超越自我的过程。

本教材的主编王道俊先生指出，从五院校《教育学》到《教育学》（新编本，王道俊、王汉澜主编）再到《教育学》（第六版、第七版，王道俊、郭文安主编），编写者经历了一个从蒙昧到启蒙，再发展到自觉求索的历程。1978年春，为满足高师院校教育学教学的需要，五所院校共同编写了一本教育学教材。那部教材的编写主要注重对“文化大革命”时期的教育思想与举措的拨乱反正和满足向以经济建设为中心转移的新形势需求，很少反思“文化大革命”前的教育理论和实践是否存在问题，更谈不上去研究和提出自己的教育观。在很大程度上就是把那些在“文化大革命”中被否定的而在我们看来是经得起实践检验的，对当下重建教育秩序、提高教育质量会有积极意义的教育学理论恢复过来。这本教育学教材同“文化大革命”前的同类教材相比，注意到了从以阶级斗争为纲向以经济建设为中心的形势的转变，不能说没有一点新的探索、新的观点、新的材料。但是从总体上看，在学科建设上并没有什么大的进展。[2]1 用王道俊先生自己的话来说，这本教育学教材只是致力于修修补补地恢复‘文化大革命’前的教育学[2]2。事实上后来人们的批评也正在于此，认为它没有跳出凯洛夫《教育学》的框框。面对这种情况，王道俊先生认为：“对五院校《教育学》固然不宜全盘否定，但它落后于时代的缺陷也是很明显的，已不是小修小改或大修大改的问题，而是需要重新编写的问题。”[2]2

20世纪80年代，我国改革开放发展迅猛，人们思想解放，学术争鸣活跃，给编写新教材创造了良好的形势与氛围。在此背景下，王道俊先生开始组织编写新的教育学教材，经过8年的努力，于1989年出版了《教育学》（新编本）。新编本与老本相比，内容更为充实，形式更为规范，学术水平也有较大提高，在一定意义上的确有了一个新面貌。尽管如此，编写者对《教育学》（新编本）并不满意，也受到了来自多方面的批评，认为它创新不足，未跳出凯洛夫的框框。经过深入反思，编写者提出：“教育学要跳出凯洛夫框框，要真正推陈出新，关键问题在于正确理解儿童，还儿童以应有的地位。”[2]4

20世纪末编者又着手对《教育学》（新编本）进行修改。通过长期坚持和不懈努力，于2009年出版了王道俊和郭文安主编的《教育学》（第六版）。这本教材内容比较丰富厚实，但也显得繁杂，缺乏锤炼，仍有待改进。于是编者又启动了对《教育学》（第六版）的修订工作，并于2016年出版了《教育学》（第七版）。

当被问到这本教材以后是否会继续修改和完善时，郭文安先生明确给出了肯定的答复。他说，教材的理论体系可能不会有大的改变，但在内容上将继续充实、改进和完善，要与时俱进，要体现时代的要求与特色。[3]5

（二）本土情怀，国际视野

教材编者一方面积极推动教育学的本土化或中国化，另一方面又力图具有国际视野。正如郭文安先生指出的：我们一向重视向西方学习，但在引用西方教育思想时会努力将适合我们的东西吸收进来，尽量把它纳入本土化的思想体系中，这也就是中国化。当然，我们在运用西方东西的时候也比较谨慎，竭力避免标新立异，含混不清。与此同时，我们很注重传承中国的文化，中国传统文化有其陈旧糟粕的一面，也有其睿智、博通、恒久、能顺应潮流的一面，我们应当重新解读、弘扬与振兴中国文化。[3]2

郭文安先生评价了教育学本土化的漫长过程：20 世纪初经日本学习赫尔巴特的科学教育学；20 世纪 20 年代后向美国学习杜威的实用主义教育学；20 世纪 50 年代向苏联学习马克思主义的凯洛夫教育学；改革开放后学习西方各国的教育思想与实践。在他看来，每次转向都是单向度地重复着翻译、搬用、改编等过程。他认为，从学习西方的教育学到建构中国的教育学，关键在于运用正确的指导思想，将西方进步的教育观念和方法与中国传统文化进行沟通与融合，并服务于中国教育实践，推动教育的变革与教育学理论的发展。20 世纪末，越来越多的学者提出要建设我国的“社会主义教育学”和“具有中国特色的教育学”等目标，这本教材的编写者也积极地投入了这一潮流。首先，编写者注重更加认真地向西方学习，克服过去那种简单、浮躁，要么崇洋媚外，要么排斥否定的片面性，以实事求是的科学态度，比较理性地对待西方科学文化，反复深入地研读、消化与吸收西方的教育理论与经验。其次，根据时代的需要将中国古代的教育思想精粹纳入教材，以发挥其重要的传承作用。最后，重视立足中国国情，反映现实的需求，建构具有中国特色的教育学。[3]2

（三）弘扬主体，以人为本

从 20 世纪 70 年代末开始，王道俊先生及其团队在编写《教育学》（新编本）的过程中，逐步形成了主体教育思想，并渗透在他后来领衔主编的各个版本《教育学》中。以往的各种教育学教材均深受凯洛夫传统教育思想的束缚。其弊端主要表现在单向度地强调社会发展决定教育发展，教育发展决定人的发展；强调教师在教育中的主导作用和讲授在教学中的主导作用，忽视学生的主动性和创造性。《教育学》（新编本）编者明确提出，人是有意识的社会生活的主体，社会对其成员质量规格的客观需求转化为人的教育活动的意向、动机、目的，并不是如同镜子映物一样自发产生的，而是要经过人的意识的中介，是一种能动的反映。该教材在论述我国教育目的时，提出要培养全面发展和具有独立个性的人，要使受教育者的个性自由发展，增强受教育者的主体意识，形成受教育者的开拓精神、创造才能，提高受教育者的个人价值。在教学部分则强调，学生是有能动性的人，他们不只是教学的对象，而且还是学习的主体。教师的教固然重要，但它毕竟是外因，外因只有通过内因才能起作用。

20 世纪初，在新一轮编修教育学教材的过程中，编写者深刻领悟到：主体教育思想应当体现和贯彻“以人为本”的思想观念。所以，编者在《教育学》第六版和第七版的“教育与我国社会主义建设”一节中，专门论述了“以人为本的教育观”。它肯定教育的主旨在于促进人的全面发展，应尽可能地开发每个人的发展潜能，启发每个人的自主性、自为性、能动性和创造性。同时强调，人是目的，人是主体，人的发展和社会发展是互动的，这也意味着人是自我教育、自我发展的主体。这也成为编者修订教育学教材的指导思想。在修编《教育学》第六版、第七版时，努力将以人为本的教育理念落实和体现到教材中。例如，在“马克思的人的全面发展学说”一节中明确指出，培养受教育者的独立个性是马克思主义的全面发展学说的基本内涵和根本目的。在“以人为本”的思想指引下，《教育学》（第七版）的教学理论部分也有巨大的变化，提高了学生在教学中的地位，凸显了教学中师生之间的交流与互动，强调要激发学习主体的主动性和创造性，注重主体经验的改造和建构等。

（四）强化基础，兼及前沿

《教育学》作为教材，其学术性、前沿性固然重要，但基本概念、基本原理、基本方法等同样需要关注。教材是学习基础知识的重要媒介，关涉教育学知识的积累，因而在内容上应严格选择，要认真对待那些能经得起历史检验的教育思想和教育经验。有研究者认为，大学教材应加入前沿性和争议性的问题，并将问题上升到理论高度。但也有研究者指出，基础性是教材的基本特点，前沿性知识应补充，但要慎重。一本好的教育学教材既要强调教育理论基础，也要考虑其前沿性。五院校教育学教材的一个重要特点在于，始终重视全面而系统地阐述教育学的基础知识，从而保证了教育知识的完整性。同时，又以广阔的视野，并站在理性的高度，充分吸收中外教育研究的新成果和新资料，教材中涉及当代教育理论的地方，采用的都是最新的材料。这就使教材具有鲜明的时代感和前沿性，增强了教材的解释力。

三、五院校教育学教材的重要影响

五院校教育学教材在新中国教育学教材史上占有重要的地位，为教育学教材的建设和人才的培养做出了突出贡献，对我国教育学教材的编写乃至教育学学科发展产生了重要影响。

（一）倡导主体思想，提升了教育理论高度

教育思想是教育学教材的核心。主体教育思想作为本教材的思想灵魂，在各个时期的版本更新中得到了越来越明显的体现。

自20世纪80年代起，王道俊先生深刻分析传统教育理论与实践中普遍存在的忽视学生和教育的主体性的弊端。他与郭文安先生一道率先提出了自己的理念——主体教育思想。这一思想不仅对中国教育学理论的构建产生了重要影响，而且对教育科学的发展和高校的课程教材建设作出了卓越贡献。《教育学》（新编本，1989年版）就是尝试以主体教育思想为指导进行编写的，而新版《教育学》（2009年版、2016年版）更是将王道俊先生长期研究主体教育思想所获得的系列成果贯穿于教材之中，它深刻分析与厘清了社会、教育与人三者的复杂的互动关系，在理论基础上实现了由机械决定论和工具论向唯物史观和辩证法的根本性转变，充分凸显了“以人为本”的教育观。这本教材之所以能够独树一帜，常盛不衰，成为经典，正是因为其内容与时俱进，其观念保持先进，特别是有主体教育思想作为教材编写的指导思想和理论基础。[4]

（二）深受学界好评，屡获重量级荣誉

对于这本教材，许多学者都给予了高度评价。有学者指出，该书所论述的问题，可以看作一段教育学界公认的理论观点。所以评价这段时期教育学的发展，不能不涉及此书。[5]

2010年10月，在纪念人教版《教育学》首版发行30周年的讨论会上，与会学者对《教育学》的学术影响给予了充分肯定，认为它恰当地处理了教材编写中的一系列关系：教育学的逻辑结构与教材的体系结构、教材的科学性和思想方向性、理论与实践、基础性与前沿性、内容与形式、国际化与民族性等，最终形成了兼具普适性与个性化的教材。[6]还有学者认为，该教材是我国教育学发展的一座丰碑，是教育学本土化的典范，为我国教育学的普及和发展、为教师教育的改革和创新作出了重大贡献。[7]

本教材自出版发行以来，获得了一系列重要荣誉。主要的有：第三版获国家图书奖提名奖、全国高等学校优秀教材奖、全国优秀哲学社会科学学术著作奖、吴玉章奖、入选全国十大畅销书（文教类）；第六版荣获全国教育科学研究优秀成果一等奖、中国大学出版社优秀教材一等奖；“九五”期间被教育部确定为“普通高等教育国家级规划教材”；2019 年入选中国新闻出版报主持评选的新中国“70 年 70 部优秀图书”，系全国唯一入选的教育学教材；同年该教材还被纳入外译计划，系我国教育学教材首次输出到国外。

在我国编写出版的教育学教材中，这本《教育学》的印数最多、发行最广。经多次印刷并修订再版，至今已累计发行 700 多万册，创造了新中国教育学教材史上的一大奇迹，成为新中国成立以来特别是改革开放以来经典性的公共课教育学教材。

（三）奉为教材典范，被竞相借鉴模仿

该教材是我国教育学本土化的大胆而比较成功的尝试。它奠定了我国教育学教材内容体系的基础。

该教材以其对教育规律的准确把握，独到的教育理论视野，体现了国家关于教育的根本性见解与理想性追求，从而确立了我国教育学 30 年来的基本解释体系。[4]它确立的教育学的基本解释体系打破了以往的常规，突破了苏联的教育学框架。后来陆续出版的教育学教材大多参照和借鉴了该教材的内容框架，沿袭了它所确立的体系结构及阐释范式，以至于教育学教材的“雷同”现象后来被有的学者戏称为“英雄所见略同”，[8]并认为这本教材像是中国现在许多教育学版本的母本。[9]导致这种现象的原因固然不能简单化，但教材本身的高质量和高水准无疑是最主要的原因。

（四）满足教学需要，塑造了教育观念

教育学教材作为教育的解释体系，不仅向其未来的教师承担者传递有关教育的实践性知识，更是国民教育观的重要来源，在建构并塑造国民教育观中发挥着重要的作用。[10]五院校《教育学》正是这样一本教材。这本教材对满足我国 20 世纪 80 年代高师院校教育学的教学急需和教育学知识的普及发挥了重要的作用。该教材后来经过多次修订和再版，发行量不断攀升，受益面不断扩大。针对这种情况，有学者指出，这部《教育学》的确不是一本普通的教材，700 多万册的发行量，不仅意味着直接受益者远超这个数字，同时也意味着间接受益者可用亿万计，因为几十年下来，大部分读者后来从事了教育事业，这使《教育学》的先进思想、理念、方法，通过他们的教育教学实践，对亿万中小学生产生了积极影响。[4]

四、五院校教育学教材成功的启示意义

编写高质量的教材是一件极富挑战性的工作，教育学教材的编写也不例外。五院校教育学教材的成功给我们的启示在于：要想编写出优秀的教材，就要求编写者具有高远的学术追求、明确的指导思想、创新的目标定位和宽广的理论视野。

（一）高远的学术追求

教材编写是一项学术性很强的工作，优秀教材的编写过程是一种学术研究过程。正如郭文安先生指出的，教材编写的科研性质至少表现在三个方面：一是编的研究，二是编中之著，三是融著入编。[5]

郭文安先生对此曾有过深刻的阐述。他认

为，教材编写往往被人看作对学科基础知识的编排与阐述，对有关科研成果的概括和整理，因而不受重视，甚至不被看作一种科学研究。在他看来，教材编写与科学研究确有区别，前者主要是在已有科研成果基础上进行的。但是，二者也有共同点，教材编写同样具有探索、研究与创新的属性，实质上也是一种科学研究。因为一本好的教材并不限于概括与整理已有的科研成果，还应当在学科理论的简明化、系统化和体系化上有新的发展、提高与突破。它应兼具专业性、基础性、学术性和前瞻性。这意味着，教材编写是一件复杂而有创造性的工作。他还认为，高校教材编写对推动科研发展具有重要的作用，因为它将学科发展的宝贵史料、思想与理论精粹、最新科研成果不断选编、整合为学科的概念与原理的知识体系，还力求反映学科的前沿热点与动态。这将对相关科学研究起着整理资源、提高基础、继往开来的铺垫作用。

（二）明确的指导思想

郭文安先生指出："在教材编写的过程中，我们也深深感到教材编写是一个在正确思想指导下广泛学习，不断深入研究，反复修改与提高的过程。"[3]2-3 正因为如此，该教材每次修订都提出了明确的指导思想。

编者在修订 1989 年版教材时提出了如下要求：一是注意把握教育学的研究对象，丰富教育学的专门知识，突出教育学的学科特点；二是充实宏观教育的内容，深化微观教育的内容，并注意二者的内在联系；三是尊重实践，实事求是，探索教育规律，在揭示必然性的基础上阐述必要性，摒弃"空想""空话"，克服"唯上""唯书"的弊病；四是充分肯定受教育者在教育活动中的主体地位，注重受教育者独立个性的发展；五是积极选择和吸取教育科学研究的新成果，使教材有新思路、新论点、新材料、新面貌；六是重视教育思想的研究，对教育理论和实践中的重大问题做必要的讨论，提出自己的看法；七是在阐明基础理论的同时，注意加强教材的实用性和可读性。[11]

2009 年版教材修订的指导思想是：第一，坚持以科学发展观为指导，体现以人为本，更好地阐释和解决当代人的发展与教育发展、社会发展的关系；第二，立足我国社会发展的境况和未来走向，尽力反映教育理论研究的精粹和教育改革的时代气息，继承我国传统文化的精华，提高教材的理论性、思想性和知识性；第三，把握教育学学科特点，注重教育理论与实践活动的发展变革及其所面对的诸种矛盾的动态统一，全面、辩证、逻辑、历史地阐述和评价教育理论的发展。[12]

2016 年版教材修订的指导思想包括两个方面：一是把教育以育人、成人、以人为本的观念和学生是教育活动主体的观念进一步落到实处，注重实践智慧与实践能力的培养，为社会实践活动在育人的过程中争取应有的一席之地；二是删繁就简，大力压缩篇幅，使基本概念、基本理论更加明确、切实、有价值，注重教材的规范性、可教性。[3]5

正是由于该教材每次在做重要修订时都提出了明确的指导思想，并在编写中加以贯彻落实，才使得每次修订都取得了较好的成效，质量都得到了明显的提升。

（三）创新的目标定位

优秀教材除了具有专业性、系统性、权威性、规范性等特征外，还必须具有鲜明的时代气息。当今时代，从国际形势看，正处于经济全球化、社会知识化、信息网络化、文化多元化、人才价值不断提升与教育竞争日趋激烈的时期；从国内形势看，全面建设更高水平小康社会的目标已定，科教兴国与人才强国的战略正在落实，关心人的价值与促进人的发展已提升到重要地位。时代的发展既对人的发展提出了新目标与新要求，也为教育变革提供了新机遇与新动力。[13]

本教材的编写者对此有深刻的认识。该教材的每次修订都积极更新理念和资料，反映教育发展与变革的时代特征与新需求。王道俊先生明确提出，教育学教材的编写要想推陈出新，无疑要面对新现实，研究新问题，尤其要更新教育观念与思维方式。只有摆脱传统教育观念与思维方式的束缚，立足新的基点，把握新的尺度，才能发现新问题，提出新见解，才能重新诠释、探讨、改造原有的概念、范畴、命题、逻辑，从而取得突破性的进展。[2]6

（四）宽广的理论视野

教育学教材的编写要求编写者具有宽广的视野，需要关注国内外经济社会的发展、相关学科的进展以及教育理论的动态。王道俊先生指出，他们提出并贯穿于教材中的指导思想——“主体教育论”，既是基于对凯洛夫《教育学》与我国新时期的社会发展及国际背景的反差的反思，也是来自我国哲学界对马克思主义哲学基本内涵、主旨的讨论的启发。[2]6

本教材之所以具有高质量，还在于编写者非常关注教育理论发展的前沿动态。他们清楚地看到，五院校教育学教材出版后，教育改革不断推进，教育实验不断增多，新的教育经验不断积累，教育理论研究也不断取得新成果。与此同时，还大量引进了国外的教育理论。在这种情况下，本教材的编写者着力将国内外相关学科及教育理论研究中有价值的新思想、新理论和新材料有机地融入教材之中，使教材内容既有理论的广度，也有思想的深度。

参考文献：

[1] 瞿葆奎. 建国以来教育学教材事略［J]. 华东师范大学学报（教育科学版），1991（3）：67-76.

[2] 王道俊. 在困惑中求索［J]. 教育研究与实验，2005（2）：1-6.

[3] 郭文安，王乐，胡金木，等. 重视教育学教材编写 推动教育学学科发展：访郭文安先生［J]. 当代教师教育，2018（4）：1-5.

[4] 郭声健. 王道俊：一辈子，一本书［N]. 光明日报，2018-07-02（16）.

[5] 郭文安. 教育学教材编写的思考［J]. 课程·教材·教法，2011（1）：33-43.

[6] 孙喜亭. 中国教育学近 50 年来的发展概述［J]. 教育研究，1998（9）：19-28.

[7] 田友谊，罗祖兵，赵苗苗. 教育学教材建设的反思与展望：纪念《教育学》（王道俊领衔主编）首版发行 30 周年暨教育学教材建设研讨会综述［J]. 教育研究与实验，2010（6）：91-94.

[8] 陈桂生. 教育原理［M]. 上海：华东师范大学出版社，1991：1.

[9] 陈桂生. 中国教育学问题［M]. 福州：福建教育出版社，2006：265.

[10] 周兴国. 教育学本土化努力与解释体系的确立：王道俊主编的《教育学》（1980 年版）及其历史镜像［J]. 教育研究与实验，2010（6）：6-10.

[11] 王道俊，王汉澜. 教育学：新编本［M]. 北京：人民教育出版社，1989：新编本说明.

[12] 王道俊，郭文安. 教育学［M]. 北京：人民教育出版社，2009：前言.

[13] 董泽芳. 更新观念才能编写出富有时代气息的新教材：参与王道俊、郭文安主编《教育学》教材编写有感［J]. 教育研究与实验，2011（2）：59-64.

（原载 1984 年第 3 期）

百年教学论教材发展的回顾与思考

焦 炜 徐继存

教学论教材的质量制约着教学论学科研究成果的传播，也反映教学论学科研究的水平。本文试图通过对百年来我国教学论教材建设和发展历程的回顾，梳理出教学论教材发展的基本脉络，分析不同历史阶段教学论教材建设和发展的时代背景和基本特征，总结百年来教学论教材建设的经验、成就与不足，明确新时期我国教学论教材建设和发展的方向。

一、我国教学论教材的发端

我国近代教学论的产生与引进西方教学论息息相关，反映了清末以新式学校取代旧学堂书院、班级教学取代个别教学的实际需要。鸦片战争后，帝国主义对我国教育领域进行文化侵略，并在各地创办教会学校。1862 年起，清政府创办洋务学堂；1901 年，清政府正式下令停试武举，废八股，改书院为学堂；1905 年，清政府设学部，废科举，兴学校。这些举措为西方教育思想、学说的引进开辟了道路。

1901 年，我国最早的教育专业刊物《教育世界》在上海创刊，开始了由日文转译和介绍西方教育家夸美纽斯、裴斯泰洛齐、第斯多惠、赫尔巴特等人的教育教学思想及日本学者编著的教育学和教学论著作的历程。同年，王国维译介了被视为“教育学”在中国始点的第一本完整的教育学著作——立花铣三郎的《教育学》。由于日本受赫尔巴特学派思想和理论的影响很大，日本学者的教学论著在内容上也突出了赫尔巴特学派的统觉、兴味、五段教授法等方面。《教育世界》于 1901 年介绍的汤本武比古著《教授学》最具代表性。该书共分 14 章，依次为：小学校教师；教授通义；兴味；类化；教授材料之选择及参互；教授之统合；教授材料之处置法；指示大旨；第一形式阶段即预备；第二形式阶段即授予；第三形式阶段即联合；第四形式阶段即结合；第五形式阶段即应用；教授原则。从该书内容结构中可以看出，赫尔巴特学派教学理论和方法占主导地位，附录的古谣教案、算术教案、自然教案、地理教案和历史教案均选用赫尔巴特的后继者莱因编制的范例。

除汤本武比古的著作外，当时翻译传入我国的日本教授法著作还有东基吉的《小学教授法》、樋口勘次郎的《统合新教授法》等著作（见表 1）。这些著作虽然在结构上不尽相同（如神保小虎的《应用教授学》分总论与特论，总论中着重介绍五段教授法、提问法及教案等，特论则讲分科教法[1]），但都反映了赫尔巴特及其学派的教学思想。

表 1 清末我国翻译的日本教授法著作

作者	著作名称	译者	来源	出版时间
东基吉	《小学教授法》	沈紘	《教育丛书》第二集	1902 年
樋口勘次郎	《统合新教授法》	董瑞椿	文明书局	1902 年
田口义治	《小学校授学纲要》	章棂	上海会文堂	1902 年

续表

作者	著作名称	译者	来源	出版时间
神保小虎	《应用教授学》	山西大学堂	山西大学译书院	1905 年
长谷川乙彦	《教授原理》	不详	《教育丛书》第五集	1905 年
木村忠治郎	《小学教授法要义》	蒋维乔	商务印书馆	1907 年
森冈常藏	《各科教授法精义》	白作霖	商务印书馆	1909 年

二、我国教学论教材的百年演进

（一）教学论教材的创立期（1903—1949）

20 世纪前半叶是中国社会急剧动荡的年代，中国经历了辛亥革命、五四新文化运动、国内革命战争、抗日战争、解放战争等重大社会历史变革。1901 年，清政府签订了丧权辱国的《辛丑条约》，中华民族面临严重危机，激起了人民爱国救亡运动，促使资产阶级民主主义革命迅速发展和文化教育上的革新。辛亥革命后，思想文化领域兴起了一场反封建的新文化运动，在“民主”“科学”的旗帜下，针对北洋军阀政府的专制统治和复古主义逆流，资产阶级民主主义者对封建主义思想文化进行了猛烈的批判，他们倡导引进和学习西方先进的文化教育，对传统教育和教育观念进行深入反思和重建。五四运动的爆发，标志着新文化运动的高潮，促成了民族现代意识的觉醒和空前的思想解放，大量涌入的西方教育思想，更是引发了我国形形色色的教育思潮、教育试验和教育运动。

1903 年，《奏定初级师范学堂章程》规定设立“教育”学科，分五学年教学，第三学年是“教授法”。1913 年中华民国教育部公布的《师范学校课程标准》和《高等师范学校课程标准》中都规定教育学科中包含教授法。1915 年，新文化运动兴起，在民主、科学的大旗下，对传统教育的批判和对资产阶级新教育的认同达到前所未有的程度。与此同时，随着大批留美学者归国、美国教育家来华以及大量国内学者赴美考察，美国教学思想和理论对我国的影响迅速扩大。这一阶段，我国主要从美国直接引进以杜威为代表的进步教育派教学理论及与之相联系的桑代克的学习律。当时影响较大的著作有：克伯屈的《教育方法原论》（孟宪承、俞庆棠译，商务印书馆 1927 年版）、帕克的《普通教学法》（俞子夷译，商务印书馆 1924 年版）、巴格来和克玉书著《教学概论》（林笃信译，商务印书馆 1933 年版）、斯特拉格尔（G. D. Strager）和诺斯沃西（N. Norsworthy）的《普通教学法》（陈礼江译，民智书局 1932 年版）、波新的《中学新教学法》（龚启昌译，商务印书馆 1946 年版）。除此之外，日本学者泽宗寿在其《新教授法原论》（罗迪先译，商务印书馆 1934 年版）中，除了保留赫尔巴特学派的教授法之外，也突出反映了杜威、克伯屈等人的理论观点。

在社会变革和国外理论思想的影响下，我国学者在兼顾国外理论并在立足中国实际的基础上开始自编教学论教材，开始探索建立独立的中国教学论学科体系。与教学论引进的两个阶段①相适应，我国教材编写可划分为以自编

① 即自 1901 年开始引进日本化的赫尔巴特学派的教学思想及日本学者编著的教学论著作的阶段和自 1915 年新文化运动兴起之后美国教学思想和理论的引进阶段。

教授法为主（见表 2）和以自编教学法为主（见表 3）两个阶段。我国学者自编教学法教材是在教授法课程改为教学法以后开始的。1917 年，南京高等师范学校教育科教授陶行知首次提出将“教授法”改为“教学法”的观点，五四运动后南京高等师范学校将全部课程由“教授法”改为“教学法”，影响遍及全国。1925 年，全国教育联合会发布《新学制师范科课程纲要》，规定师范科课程必修科目中必须有普通教学法、各科教学法和小学各科教材研究等。1942 年，颁布了《师范学院规程》，规定师范院校共同必修科目中必须有普通教学法，而教育系科则早已开设了普通教学法和各科教学法。

表 2　20 世纪前半叶我国教授法教材的出版情况

编著者	教材名称	出版社	出版时间
朱孔文	《教授法通论》	时中学社	1902 年
商务印书馆编译所	《各科教授法》	商务印书馆	1906 年
商务印书馆编译所	《教授法原理》	商务印书馆	1912 年
蒋维乔	《教授法讲义》	商务印书馆	1912 年
钱体纯	《教授法》	商务印书馆	1915 年
林壬、周维城、孙世庆	《实用各科教授法讲义》	中华书局	1916 年
余奇	《教授法要览》	商务印书馆	1917 年
李步青、范源兼、姚汉章	《新制各科教授法》	中华书局	1919 年
林景贤	《实用单级教授法讲义》	中华书局	1919 年
钱体纯	《新体教授法讲义》	商务印书馆	1922 年
范寿康	《各科教授法》	商务印书馆	1928 年

表 3　20 世纪前半叶我国教学法教材的出版情况

编著者	教材名称	出版社	出版时间
曹刍	《新师范各科教学法》	中华书局	1920 年
范寿康	《各科教学法》	商务印书馆	1920 年
徐松石	《(实用）小学教学法》	中华书局	1921 年
吴研因、吴增	《(新中华）小学教学法》	中华书局	1922 年
赵廷为	《小学教学法通论》	商务印书馆	1922 年
程其保	《教学法概要》	商务印书馆	1922 年
赵宗预	《新著分团教学法》	商务印书馆	1922 年
张怀编	《中学普通教学法》	立达书局	1922 年
陈云涛	《新教学法大纲》	光华书局	1922 年
朱晸旸、俞子夷	《新小学教学法》	儿童书局	1924 年
吴研因、吴增芥	《小学教材及教学法》	商务印书馆	1925 年
俞子夷、朱晸旸	《新小学教材和教学法》	儿童书局	1925 年

续表

编著者	教材名称	出版社	出版时间
赵演编	《小学教材及教学法》	世界书局	1925年
朱鼎元	《现代小学教学法纲要》	商务印书馆	1925年
俞子夷	《小学教材及教学法》	正中书局	1926年
李清悚	《小学教材及教学法》	正中书局	1926年
刘百川	《新小学教学法通论》	商务印书馆	1926年
曹刍	《各科教学法》	中华书局	1927年
谢恩皋	《小学普通教学法》	中华书局	1931年
郭鸣鹤	《现代教学法通论》	北平文化学社	1931年
王镜清	《普通教学法大纲》	南方印书馆	1942年
赵廷为	《小学教材及教学法》	商务印书馆	1944年
罗廷光	《教学通论》	中华书局	1946年
王士略	《教学原理》	文化供应社	1947年

“理论”的驱动和“实践”的需要，构成了这一时期教学论教材发展的原动力，在我国教学论教材发展史上具有十分重要的意义。该时期的教学论教材主要有如下几个特点。

(1) 反封建传统教学观的进步倾向明显。民国初期学制在基本精神和总体指导思想上，以民主共和的新政体为依据，把教育的基点放在培养共和新国民上，进而在教育方针、培养目标、课程设置、教材编辑等方面，突破了封建传统教育的束缚。因此，教学论教材适应了当时师范课程设置的新要求，具有反封建传统教学观的进步倾向。这种倾向在论述教学目的、教学内容、教学方法和原则、教学的组织形式等问题上都表现出对封建社会学校教学中陈腐观点的排斥。就其思想来源而言，我国当时的教学论教材主要是受西方教学理论体系直接影响的产物。在教授法教材的编写方面，无论是内容还是结构都深受赫尔巴特及其学派的影响。在教学法教材编写中，主要受杜威和桑代克的影响，但仍保留着赫尔巴特及其学派的思想和方法。但是，“是我国教授法，而非外国教授法”的意愿从朱孔文开始就提出。俞子夷的观点更有代表性，他说：“中国的国民性是很能吸收外来文化而变改使适合本国情形的。……乐器、衣饰、佛教都能适应采用，独不能利用外来的教育方法，恐怕论理上、事实上都讲不通呢。”[2]他指出：“在我们方在萌芽建设的时代，不得不借重世界各国的学理，无论哪方面都是这样。这也是无可讳言的，实在也不必讳言的。但愿将来我们实地的经验渐渐组织成了新的理论，再酬报给世界吧！”[3]在当时的教材编写中，这种“拿来主义”的思想得到了充分的反映，这与中国古代教育思想土生土长的特点显然是不同的。

(2) 走向较为系统的理论阐述与探讨，教材结构呈现多样化。在该阶段，我国学者开始自觉地建构独立的教学论学科（教授法、教学法）体系，而且在教材结构和内容上表现出多样化，标志着教学论的发展从古代偏于经验形态的尚未系统化的表述走向较为系统的理论阐述与探讨。在第一阶段教授法的编写中模仿多于自创，在第二阶段教学法的编写中，除接受西方教学论外，还有变通和创新，教材结构表现出明显的多样化。综合各种普通教学法的教材，其内容大致如下：教学和教学方法的意义；教学方法和儿童、教育目标、教材、教育环境的关系；教材之选择和组织；教学原则；教学方法；教学方式；上课及指导自习；教学效果的测量；等等。但是，各种教材在内容取舍上各有千秋，对各个问题的具体内容的安排也有差别。以教学方法为例，在罗廷光的《普通教学法》中作为一章，而在赵廷为《小学教学法通论》中分为七章，即练习的教学法、知识和思想的教学法、欣赏的教学法、重要的教学技术、自学辅导的方法、设计的教学法、适应个性的方法。王镜清的《普通教学法大纲》则完全是一部教学方法教材，本书由引起动机、发问法、讲演与讲述法、解决问题法与解决问题、实物教学、设计法、社会化的教学、个别化的教学等八章组成。再以教学原则为例，罗廷光称为“教学所依据的重要原则”，俞子夷称为“教学方法所依据的重要原则”，两人所提的原则也有同有异。赵廷为的《小学教学法通论》中则提出自动原则、类化原则、注意和兴味、同时的学习、熟练公式、个性适应，将克伯屈的“同时的学习”和莫礼生的“熟练公式”均作为原则了。朱鼎元的《现代小学教学法纲要》出版较早，提出以诊断为出发点、善于引起动机、善用设计与问题法，从功用到技术、从具体的到抽象的、从心理的到论理的、先发表而后欣赏七个原则。上述结构上的差异，表明教学法正处在形成的过程中，编者表现出各自的见解。

（3）科学意识渐强，开始引入心理学知识。在该阶段，教学论教材已开始强调教学方法要以教育心理学为依据，突出表现在教材中反映了统觉心理和学习律等理论。在吴研因、吴增芥《（新中华）小学教学法》“近代教学法的理论和趋势”一章中指出：“心理的研究和教育的理论，是改良教学方法的原动力。”教学方法应以儿童的需要、兴趣为出发点，并考虑儿童的个性差异，教学方法所依据的是“教育即生活”和儿童本位教育的理论，这与中国古代教学思想以经验总结为主导有很大的差异。

（二）教学论教材曲折发展期（1949—1976年）

新中国诞生以来，我国教育事业的发展走过了曲折的道路。经过新中国成立初期的接管改造和以高等学校院系调整为中心的教育改革，我国完成了从旧教育向新民主主义和社会主义教育的根本转变。但是，从20世纪50年代后期开始，由于“以阶级斗争为纲”的“左”的思想的影响，教育事业受到政治运动的频繁冲击，教育战线过分强调阶级斗争，一度以政治批判和思想改造代替了系统的马克思主义理论学习，以政治大批判和生产劳动取代课堂教学。“文化大革命”更使这种“左”的错误走到否定知识、取消学校教育的极端，教育事业遭到严重破坏。这一时期，教学论领域面临如何正确对待和继承我国教学理论历史遗产，如何对待西方及苏联的教学理论和方法，如何总结新中国的教学经验，如何以马克思主义认识论来指导中国的教学论等诸多问题的困扰，经历的道路曲折坎坷。该时期可分为以下两个阶段。

1. 新中国成立初期（1949—1966年），我国教育事业正面临把工作重点转移到社会主义工业化建设的新时期。当时编写的一些教学法方面的教材和讲义，力图运用马克思主义的立场、观点和方法，挖掘和整理国内教学实践中的一些资料，并在学科体系方面进行了一些初步的探索，试图确立适合新中国教育需要的教学论学科体系。在“以俄为师”“全面学习苏联经验”的社会政治背景下，我国的教育学科受到苏联教育模式的深刻影响，伴随苏联现代教学理论的引进，① 学习苏联教学论、批判旧的教学思想成为当时教学论发展的主流。与此同时，国内也开始了现代教学论的探索研究，自编出版了部分现代教学论教材。② 此外，在一些《教育学》教材中，也包含相当分量的教学论内容。③ 该时期中国教学论教材主要表现出以下基本特点。

（1）“照搬苏联，否定西方”成为基本格调。该时期，我国教学论领域经历了一次空前的洗礼，“引进”和译介苏联的教学论教材成为教学论学科建设的主题。如在陈元晖编著的《教学法原理》一书中，作者把学生的心理活动、思维活动建立在巴甫洛夫反射论的基础上，并认为一切教育和教学上的问题，都要根据巴甫洛夫关于两种信号系统的学说，才能获得科学的、唯物主义的解决[4]32-33。除了学习和吸取了苏联的教育理论和经验，西方教学理论遭到了彻底批判。如陈元晖在其编著的《教学法原理》一书中论及“教师在教学中的地位和作用”时，认为资产阶级教育家抹杀教师的作用，主张儿童中心主义，提出荒谬的儿童学体系……对儿童‘天性’的崇拜，对儿童本性认识的反科学观点，反对系统知识的传授，否定教师在教学过程中的作用，这是资产阶级反科学的教育理论的特点。[4]37 此外，该时期国内出版的有限的几部教学论教材及包含教学论内容的教育学教材中（如华东师范大学教育学教研组和上海师范学院教研室共同编写的《教育学讲义（初稿）》），“教学内容”部分仅包括“教学内容的一般理论”“教学计划”“教学大纲和教科书”几部分内容，而有关“教学内容”“课程和教材”的研究却非常薄弱，基本限于对国家颁布的“教学计划”“教学大纲”和教科书的解释，且论述中可明显看到苏联教学论的影子。又如，教学原则中强调“教养与教育的合一”，教学过程的基本环节基本可概括为感知教材、理解教材、巩固教材、应用教材等基本阶段，在各种教学论教材中都相当普遍，这也同样受到苏联教学论的影响。

（2）具有浓厚的意识形态色彩。该时期，我国自编的教学论教材完全以马克思列宁主义毛泽东思想和党的教育工作方针为指导，一些教材在论述中明显反映出“大跃进”和人民公社化时期“阶级斗争”的政治价值观和意识形态。如在郭化若著《新教育的教学法》一书的序中指出，该书是“一部解放区教育的经验，这些经验是在毛主席思想指导下，在革命斗争中锻炼出来的，它是马列主义和中国教育实际相结合的初步产物。它完全摆脱了旧教育的道路，创造了新的教学方法。”又如陈元晖编著的《教学法原理》一书，在理论上主要受马克思列

---

① 当时引进的教学论教材主要有：《教育学》（凯洛夫著，新华书店1950年版，其中第二编是教学理论。教学法是该书的精华部分）；《教学法原理》（杜贺夫内伊著，方德厚译，作家书屋1952年版）；《教学论》（达尼洛夫、叶希波夫编著，人民教育出版社1961年版）；各类学科教学法的教材，如《语文教学法（讲读）》（恩·拍·卡诺内庚编，上海大路出版社1954年版）；《苏联七年学校物理教学法：自制简单仪器（第一分册）》（果梁赤金著，人民教育出版社1956年版）；《英语教学法》（阿拉金著，时代出版社1956年版）；等等。

② 国内自编的教学论教材主要有：《新教育的教学法》（郭化若著，新群出版社1950年版）；《国文教学法》（华东军事政治大学政治部编印，1950年版）；《新国文教学法》（黎锦熙编，北京师范大学出版部1952年版）；《教学法原理》（陈元晖编著，湖北人民出版社1957年版）；等等。

③ 这些教育学教材有：曹孚《小学教育讲座》（人民教育出版社1953年版，1955年再版时易名为《教育学通俗讲座》）；北京师范大学教育学教研室《教育学讲义》（北京出版社1957年版）；华东师范大学教育学教研组和上海师范学院教研室合编的《教育学讲义（初稿）》（华东师范大学教材出版供应所1957年版）；开封师范学院教育学教研室《教育学讲义》（湖北人民出版社1957年版）；南京师范学院教育系《教育学》（江苏人民出版社1959年版）；等等。

宁主义的认识论和巴甫洛夫条件反射学说的影响并以此来阐述教学论的各个部分，作者认为，教学必须依照共产主义教育的目的和任务去实施，共产主义教育的目的和任务决定了教学的内容，也决定了教学的方法，教学是实现共产主义教育的目的和任务的基本途径。[4]38 共产主义的道德品质、爱国主义情感、集体主义、组织性、纪律性都要通过各科教学来培养和实现。教学法的全部体系只有建立在马克思列宁主义认识论的基础上，才能成为真正的科学的教学法。[4]5 关于班级授课制度，该作者认为，班级授课制度可以充分发挥教师主导作用，教师不是站在学生旁边指导，而是领导着学生向无知和愚昧做斗争。关于教师对授课的准备，作者认为，讲课也是一种战斗，它要消灭学生的无知和落后状态，它要和不正确的思想做斗争，它要肃清反科学的论调和观点，这些都需要教师以战斗的姿态出现在讲台上。[4]23

(3) 体系混乱，内容结构失衡。新中国成立以后，我国开始完全照搬苏联的教学理论体系，20 世纪上半叶引进的西方教学理论遭到全面否定，特别是在之后愈演愈烈的国内政治变革中，苏联教学论最终也未能逃脱被否定的命运。综合该时期自编的教学论教材，其内容大致包括教学过程、教学原则、教学内容、教学方法和教学组织形式等，教学论教材在结构体系上很不完善。如郭化若的《新教育的教学法》(全书包括怎样学怎样教、教育概说、教授法、学习法、炮兵军事教育法、炮兵文化教学原则、工兵教育法七章内容）中教学法和教育法交替阐述，体系较为混乱；又如陈元晖编著的《教学法原理》中，阐述了思维活动的规律、认识过程的规律和思维的生理基础，教学过程，教学原则，教学方法和教学组织形式五方面的内容，而对教学论中很重要的一部分“教学内容”则未提及。该教材还将“学业成绩的考查和评定”放在“教学方法”一章，没有专门关于“教学评价”的阐述。

2. 十年动乱时期（1966—1976 年），新中国成立以来在教学论探索方面所取得的成就和经验（包括苏联教育教学理论、我国古代的教育教学思想等）均遭到全盘否定，教学论研究处于空白时期，教学论教材的编写与出版处于完全停滞状态。

（三）教学论教材的繁荣发展期（1978 年至今）

“文化大革命”之后，特别是党的十一届三中全会的召开，完成了党在思想、政治和组织路线上的拨乱反正，从根本上结束了“左”倾错误思想，逐步实现了从高度集中的计划经济向社会主义市场经济体制的转变，各行各业取得了举世瞩目的建设成就。在改革开放的社会背景下，我国全面引介了苏联、美国及欧洲当代教学理论，如赞科夫教学与发展教学理论、巴班斯基教学最优化教学理论、苏霍姆林斯基和谐发展教学理论、布鲁纳结构发现教学理论、布卢姆目标掌握教学理论、罗杰斯非指导性教学理论、卢扎诺夫暗示教学理论、瓦根舍因范例教学理论等。其范围之广、流派之多、理论之深，前所未有，是 20 世纪我国引进外国教学理论的又一高潮。这些理论令我国遭到禁锢多年的教学理论界耳目一新，开阔了视野，启发了思路，对我国当代教学论的发展和教学改革产生了深远影响，也为中国教学论教材的进一步发展和构建科学化、现代化、中国化的教学论教材新体系打下了坚实的基础。[5] 在该阶段，我国出版了大量的教学论（包括学科教学论）教材和专著。据笔者不完全统计，近 30 年来我国仅以“普通高校九五重点教材”“高等学校文科教材”“高等师范院校专业基础课教材”“教育学专业系列教材”“面向 21 世纪课程教材”“21 世纪教育科学系列教材”“教师教育专业系列教材”“新世纪地方高等院校专业系列教材”“高等院校教师教育核心课教材”等名目出版的各类教学论教材（不含“学科教学论教材”或“学科课程与教学论”教材及相关译著，下同）近60部，特别是近10年出版的教学论教材就多达43部（该时期具有代表性的教材见表4）。此外，在一些《教育学》教材中，也包含了一定分量的教学论内容，如华中师大等五院校合编的《教育学》教材（人民教育出版社（1980—2009年先后再版五次），是我国改革开放30年来影响最大、使用面最广的教育学教材，其中对教学的意义与任务、教学过程理论的发展、教学过程的规律、教学原则、教学方法、教学组织形式、教学评价等教学论的核心内容进行了全面系统的阐述。总体来说，新时期中国教学论教材的主要特征表现在如下几方面。

表4　近30年来我国出版的代表性教学论教材

编著者	教材名称	出版社	出版时间
董远骞、张定璋、裴文敏	《教学论》	浙江教育出版社	1984年
王策三	《教学论稿》	人民教育出版社	1985年
吴杰	《教学论：教学理论的历史发展》	吉林教育出版社	1986年
关甦霞	《教学论教程》	陕西师范大学出版社	1987年
路冠英、韩金生	《教学论》	河北教育出版社	1987年
罗明基	《教学论教程》	黑龙江人民出版社	1987年
刘克兰	《教学论》	西南师范大学出版社	1988年
李秉德	《教学论》	人民教育出版社	1991年
吴也显	《教学论新编》	教育科学出版社	1991年
田慧生、李如密	《教学论》	河北教育出版社	1996年
施良方、崔允漷	《教学理论：课堂教学的原理、策略与研究》	华东师范大学出版社	1998年
张楚廷	《教学论纲》	高等教育出版社	1999年
黄甫全、王本陆	《现代教学论学程》	教育科学出版社	2002年
全国十二所师范院校	《教学论》	教育科学出版社	2007年
裴娣娜	《教学论》	教育科学出版社	2007年
徐继存	《现代教学论基础》	北京大学出版社	2008年
熊川武	《教学通论》	人民教育出版社	2010年
陈佑清	《教学论新编》	人民教育出版社	2011年

（1）教学论教材呈现出多样化的发展态势。在该阶段，教学论教材已突破了凯洛夫教学论的框架结构，高校教材呈现出多样化发展的态势。如董远骞、张定璋、裴文敏合编《教学论》，分专章论述教学相长、循序渐进、知识技能与认识能力、教学的教育性、教学与学生生理、因材施教等问题，着重探讨教学过程中各种矛盾的本质联系，以认识教学过程的规律；又如王策三所著《教学论稿》，该书的整个内容都带有问题讨论的性质，主要采用专题讨论的方法，对一些带有争论性的问题进行探讨，整本著作特色突出；再如吴杰主编《教学论：教学理论的历史发展》，以历史的回顾总结和科学技术在各个发展阶段对教学理论与实践的影响

为主线，体现了史论结合的特色。此外，该阶段还出版了专门论述课堂教学的教学论教材，如施良方、崔允漷主编《教学理论：课堂教学的原理、策略与研究》等。

（2）教学论教材内容更为广泛。在该阶段，教学论教材除了“教学本质”“教学目的”“教学规律”“教学过程”“教学主体”“教学认识”“教学原则”等传统内容之外，从20世纪80年代开始，我国教学论教材中出现了“电化教学”“课程论”“隐性课程”“课程设计”“元学习理论”“教学动力”“教学论的科学化”等内容。除此之外，“课程与教学内容”“教学模式”“教学测量与评价”“教学方法与艺术”“教学环境”等问题进入教材编著者的视野。

（3）体系不断完善，内容有所创新。在该阶段，随着教学论研究的深入、研究方法的突破和各学科教学改革实验的开展，涌现出诸如课程论、教学目的论、教学规律论、教学动力论、教学价值论、教学认识论、教学交往论、教学过程论、教学原则论、教学模式论、教学控制论、教学艺术论、教学实验论，以及教学哲学、教学社会学、教学文化学、教学美学、教学伦理学等分支和交叉学科，教学论发展成为一个庞大的学科群。而且，随着中国教育学会教育学分会教学论学术委员会的成立，教学理论与实验研究进入了专门化、组织化的轨道，进一步促进了教学论教材的开发与建设。特别是围绕教学本质和教学目的开展的“关于传授知识与发展智力的关系”“关于培养认知素质与发展非认知品质的关系”“关于‘应试教育’与素质教育”的讨论，不仅显示了教学理论认识的深化，而且对教学改革也起到了积极的推动作用。

三、当前我国教学论教材建设的思考

纵观我国教学论教材的百年发展历程，可以看出，我国教学论教材的发展与不同发展阶段的社会和政治背景息息相关。改革开放以来特别是近十余年来，国外教学理论的逐步引进以及本土化探索的不断深入，促使我国教学理论研究日益走向丰富和多元，加速了中国特色教学理论体系的形成，促进了教学论教材的建设和发展。然而，审视我国当前的教学论教材，仍存在一些较为突出的问题：即教学论教材建设未引起教学论研究界的足够重视，对教材使用情况缺乏深入细致的调研；重数量，轻质量；多数教材是在既有教学论教材框架上的修修补补，内容和结构缺乏新意，没有特色；合编教材占据主流，而真正能够体现著者个性化教学思想的教材相对欠缺。如何克服这些问题，加强我国教学论教材的建设是教学论研究者的一项重要任务。

（一）重视教学论教材相关制度的建设

教材编写不同于一般的科学著作，有其特定的原则和要求。教学论教材的建设，其最终目的就是打造出既能反映国内外教学论学科发展的最新成果，又能体现现代教学思想的教材，使教学论教材真正具有思想性、先进性、科学性和适用性。因此，应从思想意识层面真正重视教学论教材的建设。具体而言，一是强化教学论教材的组织立项工作。国家教育行政部门可以通过教材建设规划及立项的方式，积极组织教学论教材的编写队伍，特别是应加强国家级规划教材的建设。二是健全和完善教材评审制度，严把教材质量关。这方面可以中国教育学会教育学分会教学论专业委员会为依托，通过精心组织、广泛论证、深入研讨，确保打造出国家级优秀教材、国家精品教材，增强教学论教材的权威性。三是加强高等院校教材遴选和使用管理制度建设，使高质量教学论教材成为教材选用的主体。

（二）开展现有教学论教材使用的调查研究

教材是师生进行教学活动的基本依据和凭

借。通过对使用教学论教材的师生的深入调研，全面了解教学论教材在教学过程中存在的主要问题，征求师生对教学论教材在结构框架、内容体系、编辑设计等方面的意见和建议，为进一步修订教学论教材，完善教学论教材内容结构体系提供参考，使教学论教材更好地适应教师培养和培训的目标要求。

（三）加强国内外教学论教材的比较研究

没有比较就没有鉴别。通过与西方教学论教材在内容设计、目标取向等方面的比较，总结国外优秀教材的共同特点，为我国教学论教材的编写提供参考与借鉴。同时，应通过国内教学论教材的比较，分析我国现有教学论教材的优点和不足。通过对国内外教学论教材的比较研究，在结合我国现实教学需求的基础上，构建具有鲜明时代特征、符合社会发展需求的教学论教材内容和结构新体系。

（四）倡导和鼓励个性化教学论教材的开发

应提倡和鼓励长期从事教学理论研究，又具有丰富的教学实践经验，同时也不乏深厚的教育哲学素养的学者进行个性化教学论教材开发。个性化教学论教材的编著者要了解教育现实，对教学问题有自己的深入思考和独到见解，这样编写出的教材才具有鲜明的特色，有助于改进习以为常的教学论思维，突破既有教学论教材的羁绊，促进教学论教材的发展。

参考文献：

[1] 董远骞. 中国教学论史［M］. 北京：人民教育出版社，1998：3.
[2] 董远骞，施毓英. 俞子夷教育论著选［M］. 北京：人民教育出版社，1991：54-55.
[3] 俞子夷. 小学算术教学法［M］. 北京：商务印书馆，1926.
[4] 陈元晖. 教学法原理［M］. 武汉：湖北人民出版社，1957：33，37，38，5，23，135.
[5] 张传燧. 中国教学论史纲［M］. 长沙：湖南教育出版社，1999：20.

（原载 2012 年第 10 期）

我国课程论教材建设90年：反思与展望

孙宽宁 徐继存

在经历了20世纪80—90年代引介西方理论和21世纪以来轰轰烈烈的本土化课程改革以后，我国课程研究走向何处的问题重新摆在课程研究者面前。任何眺望未来的眼睛储存的大都是过去的光景，课程研究的发展具有历史的累积性，其走过的每一步都以鲜活生命的形式延续至今。站在厚重的历史根基上展望未来，是目前课程研究当为之举。而回顾已有的课程研究成果和反思存在的问题，从教材入手是最佳的方式。因为一个学科领域的教材代表这个领域的专业成就，也反映该领域研究存在的问题。本文中所指的课程论教材，既包括在学校课堂教学中教师指定使用的教科书，也指在课程论研究领域，大家所公认的作为本专业学生必须学习的且对本专业研究和发展具有重要影响的课程论著作。

我国课程论教材建设从20世纪初在教育学、教授法教材中孕育，先后经历20世纪20—40年代的迅速兴盛，新中国成立后前30年的沉寂、十余年的重新起步和近30年的深入发展，走过了90年的发展历程。在这一历程中，课程论教材的建设一方面伴随着整个社会制度的变迁而经历了几次起伏与转变，另一方面也展示了自身发展的一致性与连贯性。面对我国课程论教材建设的这一历程，本文试从历时性和共时性两个方面，分析不同时期课程论教材建设的不同价值取向、特点，总结经验与教训，以期对我国未来的课程论教材建设和课程研究有所启发。

一、课程论教材建设的首次兴盛期（1922—1949）

20世纪20—40年代，虽然社会政局动荡，战乱频仍，但在西学东渐、洋为中用的大背景下，中国课程论的研究和教材建设在这一时期取得了丰硕成果。

众所周知，1922年，由当时教育部组织审订、全国教育会联合会终审、以大总统令形式正式公布实施的《学校系统改革令》，就是后来所说的《壬戌学制》。《壬戌学制》是在当时政府无心重教，加之五四新思潮涤荡下的各行其是，学校教育方面的无政府和混乱状况日益严重的情况下，由民间团体发动并初步完成的。这一学制受美国的影响很大，尤其与美国教育家杜威等人的访华和讲学有着重要关系。配合《壬戌学制》的施行，全国教育会联合会于次年刊布了《新学制课程标准纲要》，在课程名称、课程目标与内容、课时以及选课制与学分制等方面都进行了规定。

在访华美国教育家的推动与《壬戌学制》的酝酿和施行的影响下，教育界对学制、课程、教材等内容的关注与研究随后迅速加强。1930年国民政府教育部编制的《大学科目表》中，课程编制被列为教育系的选修课。20世纪30—40年代，中山大学、中央大学、复旦大学、东北大学、北京大学、北平师范大学、燕京大学、湖南大学、云南大学、桂林师范学院、贵阳师范学院等高校的教育系都开设了课程论课程。

新学制的实施产生了课程研究的实践需求，大学课程论学科的开设则需要相对深入、系统的课程理论体系，这催生了一批关于课程研究的翻译著作和本土著作。比较有影响的著作列表如表1所示。

表 1　20 世纪 20—40 年代课程研究的翻译著作和本土著作概览

类型	编著者	教材名称	出版社	出版时间
译著	庞希尔	《设计组织小学课程论》	商务印书馆	1925
	博比特	《课程》	商务印书馆	1928
	博比特	《课程编制》	商务印书馆	1943
课程理论研究	程湘帆	《小学课程概论》	商务印书馆	1922
	王克仁	《课程编制的原则和方法》	广西教育厅编译处	1928
	朱智贤	《小学课程研究》	商务印书馆	1931
课程史研究	徐雉	《中国学校课程沿革史》	上海太平洋书店	1929
	盛朗西	《小学课程沿革》	中华书局	1934
	陈侠	《近代中国小学课程演变史》	商务印书馆	1944
教材研究	吴研因、吴增芥	《小学教材研究》	商务印书馆	1933
	俞子夷	《新小学教材研究》	上海儿童书局	1935
	吴宗旺	《小学教材研究》	上海开明书店	1934

在译著类中，庞希尔的《设计组织小学课程论》分 18 章，论述了设计组织课程的原理，讲述了各学科课程组织的原则、效用、内容、顺序等，在理论分析的同时辅以结合具体内容的各种设计举例。可以说，该书是一本理论与设计实践相结合的著作，对于在我国传播课程理论和指导课程实践具有重要作用。博比特是美国最早出版专著研究和论述课程问题的课程学者，他出版的《课程》一书标志着课程成为一个独立研究领域。该书首先分析课程的目的与手段，然后从职业的效率之训练、公民教育、身体的效率之训练、工余消遣之教育、社交教育等五个方面对课程的内容结构进行了分析论述。1943 年博比特在长期课程开发实践的基础上进行了深入的理论研究，出版了《课程编制》，围绕课程的编制问题进行了详细的分析论述，形成了比较系统的课程编制模式，奠定了后来科学化课程开发理论的基础。该书把教育思潮、教学法原则、学科心理等应用于课程编制。首先分析课程目标的内涵、来源及确定方法，然后从普通教育、社会研究、自然科学、现代语等方面，论述了实现课程目标所需要的活动、经验和机会等内容的选择和设计步骤。以上三本著作比较集中地反映了当时外国课程研究的主要成果，在被翻译为中文前就对我国当时一批留洋学者产生了很大影响，中译本的发行进一步推动了中国课程研究的普及和深化。

课程理论研究类著作，主要探讨课程的内涵、本质、功能以及课程编制的基本原理和方法。这几本课程论著作，在侧重点上有所不同，但在论述同一个主题时，不同著作之间在内容上却具有很大的一致性，而且主要观点与博比特著《课程》和《课程编制》中论述的观点基本相同。这在一定程度上说明，当时我国的课程理论创新性不足，主要处于介绍和推广外国理论的层次。

课程史类著作，主要以小学为主，从纵向上分析近代学校课程的不同科目如何起源，以及科目名称、目的、学时、教学材料、教学方法等的变更经历，并就不同科目沿革中存在的问题及改进的办法进行论述。徐雉在《中国学校课程沿革史》一书中把中国学校课程沿革分为学校时期、选举时期、科举时期、新旧教育过渡时期和新教育时期五个阶段，并对中国不同时期课程实践的具体情况进行了分述，是迄今为止唯一系统梳理中国近五千年来课程变迁的专门著作。盛朗西的《小学课程沿革》和陈侠的《近代中国小学课程演变史》则分别从纵向不同阶段和横向不同学科对当时小学课程的变革历程进行了详尽的介绍和分析，是研究这一时期小学教育和课程与教学问题的重要文献。

教材研究类著作，在当时的课程论著作中所占数量较多，主要围绕小学各科教材的教学目标、教材范围、选择、组织、教学方法、原则、考查和教具设备等方面展开具体论述，内容详尽，对指导教师的教学实践具有重要意义。笔者之所以把教材研究的著作视为课程论著作，一方面是因为教材本就是最典型的课程物化形式，另一方面是因为这些著作中有论述课程的内涵及课程编制的方法原则等内容，如吴研因、吴增芥编著的《小学教材研究》，就把绪论（讲述课程是什么，课程的由来）与课程编制的方法和原则分别作为两章的内容进行论述，另外一些虽然没有直接提及课程，但关于教材的范围与来源、教材选择排列的原则、教材内容组织的原则方法等，都有详细论述，而这些内容，无不是今日课程的应有意蕴。

根据以上分析，民国时期课程论教材建设的情况具有以下两方面特点。

一方面，学习西方，反哺中国，西方理论与中国实践紧密结合。纵观这一时期课程论教材发展的路径，首先起步于学习西方，尤其是对美国课程理论的学习和引介。当时的课程论教材编著者，大都具有一次甚至多次的留洋学习或者考察的经历，如程湘帆在哥伦比亚大学师范学院学习，熊子容曾在美国华盛顿大学教育学院求学，俞子夷先后赴日本东京高师附小和美国哥伦比亚大学师范学院参观考察，朱智贤赴日留学并考取东京帝国大学文学部大学院教育学系研究员，廖世承在美国布朗大学求学等。这些留洋求学或考察的经历，使他们接触了当时最先进的课程理论，也了解了这些理论指导下的课程实践。这些思想认识，在他们回国后从三个方面影响着中国课程领域的发展。首先是中国课程政策法规的制定，如上文提到的《壬戌学制》、1923 年颁布的《新学制课程标准纲要》等，都具有比较明显的美国特点。其次是课程实践的发展，这些留洋学者回国后，大都任各级学校校长或者教师之职，活跃在课程实践一线，把自己的课程主张应用于实践中。如在考察美国小学的设计教学和随机教学等教法后，俞子夷在任南京高等师范学校教授并主持附小工作期间，主持开展教学实验。但他并不直接照搬美国，而是结合中国实际，在低年级实施“不彻底”的设计教学法：科目的界限被打破，但仍有大纲；在中年级实施“自学辅导色彩的五段法”；在高年级部分学科实施“分团式道尔顿制”。他还专门撰文反对“取貌遗神”地机械照搬外国的实验，并认为移植国外方法可以结合中国实际加以变通，变成“四不像”。最后就是中国课程理论的建设，主要体现在课程论教材的编著上。课程论教材受当时师范学校教育教学需求的推动在短期内发展迅速。受编著者教育与实践经历的影响，这些教材在理论上大量引用和借鉴美国博比特等人的课程理论。比较分析当时主要的课程论教材，但凡涉及课程编制、教材组织等，在内容上具有很大的一致性，基本上都是对博比特等人课程编制理论的介绍和转述。同时，这些课程论教材中凡涉及中国中小学不同科目的目标确定、教材的选择、组织、排列、应用等内容，又具有比较鲜明的中国教育和文化的特色，内容详尽具体，可操作性强，可以说具有实践指导手册的功能和特点。所以说，这一时期的课程论教材，在理论方面具有鲜明的美国特色，同时也体现了比较鲜明的学习西方、反哺中国的本土化追求。

另一方面，课程研究的系统意识突出。这主要表现在三个方面。其一，理论与实践的统一。鉴于民国时期课程研究发展的特殊历史背景，当时的课程论教材建设，一方面从理论上受到西方学者主动输出和国内学者积极引入的课程编制与开发理论的影响；另一方面受当时教育实践需求的推动，要满足新学制落实对教师基本课程实践能力的培养要求，当时的课程论教材建设主要以编制师范学校教科书的形式展开。这些教科书大都以理论论述为出发点，但最终都落脚于教师如何开发课程、编制教材以及进行有效教学。如在吴研因、吴增芥编著的《小学教材研究》中，首先对课程及其编制步骤与原则进行简介，然后概括地分析小学教材的范围、类别、来源以及小学教材选择组织排列和分量支配等问题，接着对小学各学科教材的范围、性质、价值以及选择与排列原则等具体内容进行论述，师范生可以依据这些细致的要求和原则开发和编制小学课程。[1] 所以，这与今天课程论教材或者重理论或者重实践的做法有所不同，当时的教材充分体现了理论与实践的统一。其二，教材与教法的统一。考察当时课程教材研究的著作，把教材内容的选择组织与该教材对应的教学过程、方法的论述紧密结合起来是一大特色。如在俞子夷的《新小学教材和教学法》中，除前面两章对教材编制和教学方法进行概括介绍外，用了12章的篇幅就小学每一学科在教学目标、教材的范围、教材的选择、教材的组织、教学过程和教学实例、初步教学法、教学要则、成绩考查以及教具与设备九个方面的情况进行细致的分析，各方面之间前后照应，目标一致，把特定教材与相应的教法直接结合起来，针对性强，有效地解决了今天课程教学研究中内容与过程、目的与手段机械分离的问题。[2] 其三，不同侧面的同步发展。任何学科的真正发展，都必然是在核心课程带动下的一个学科体系的发展，包括这个学科的基础理论、实践应用和历史沿革。民国时期的课程论教材建设虽然处于刚刚起步阶段，但却呈现出全面开花、蓬勃发展的势头。关于课程基本理论研究的著作、课程沿革史的著作、教材开发与教学实施的著作及其建设，齐头并进、相辅相成，使我国的课程论学科在建设之初就以立体丰满的形象出现。

二、课程论教材建设的停滞期（1949—1976）

课程论学科的发展与教育学科的发展有着密切的联系，教育学科的发展又与社会政治经济制度的变革有着密切的联系。1949 年至 1976 年，中国特定的社会政治背景造成了课程研究的全面停滞和课程论教材建设的缺失。

在新中国成立初期的 1949 年至 1956 年，在社会主义改造和全面学习苏联的政治大背景下，我国的整个教育学科领域走上全面改造和照搬苏联的道路，而在苏联教育学的话语体系下，“课程”一词完全被忽略，与课程相关的内容被代之以教学计划、教学大纲、教学内容、教科书等词。受此影响，我国在这一时期的学校没有开设课程论课程，也没有编写新的课程论教材，这一时期出版的教育学和教学论教材中，偶有“课程”一词出现，内涵也被窄化为教学内容。

随着中苏关系的恶化，中国教育学界开始抛弃苏联教育学体系，尝试创建和发展新中国的教育学。在批判凯洛夫的《教育学》强调基础知识、忽视教育与生产劳动相结合、忽视党的领导的基础上，提出教育为无产阶级的政治服务，教育与生产劳动相结合，教育要以毛泽东教育思想为唯一指导思想的教育方针。这一时期，尽管排斥苏联的教育学科体系，但是其他国家的与新中国成立以前的我国关于课程教材研究的成果并没有重新进入人们的视野。在为数不多的与课程论研究有关的教学论教材中，关于教学内容的选择、组织多被忽略。如郭化若著《新教育的教学法》，全书包括怎样学怎样教、教育概说、教授法、学习法、炮兵军事教育法、炮兵文化教学原则、工兵教育法等章节；陈元晖编著《教学法原理》，阐述了思维活动的规律、认识过程的规律和思维的生理基础，而教学过程、教学原则、教学方法和教学组织形式等方面，都缺少对教学重要因素之一的教学内容的论述。

导致这一阶段课程论教材建设的缺失，主要有两方面的原因。一方面是缺少实践需求。从中小学到大学的教育，都强调加强党对教学工作的领导，确保教学的共产主义方向，体现在教材方面，就是方针政策等全面渗透，很多教材直接变身为政策汇编或者方针政策诠释学，领袖语录、政策文件摘要占据各科教材的大部分篇幅，真正的学科知识呈零散、随意的状态。对这些教材，人们关注它的政治方向，却不关心知识的系统性、科学性和教学的有效性等内容，以至于忽略和遗忘了学校课程编制的科学研究。在这一背景下，课程论关于学校课程体系的系统性、完整性研究，关于教材编制的科学性、有效性研究等就失去了价值和意义，于是，也就少有人规划学校的课程体系，更不用说思考与研究教材的设计、开发、科学编制等问题了。可见，这一时期课程论教材建设的缺失也就成为必然结果。另一方面是意识与能力缺失。这一时期，教育坚持“群众路线”，发动大学本科生参加或者单独编写教材，而对教师编写的大纲和教材横加批判，而大部分学生并不具备课程研究的视野和知识基础，而只是在苏联遗留的话语体系下直观地、感性地拼凑教材。当时虽然批判苏联的教育体系，却并没有新思路去超越或替代他们的基本学科框架。于是，课程论也就仍然无法进入当时的教育学科体系，教材建设更无从谈起。

“文化大革命”的十年，社会生活的各个领域均遭受到严重破坏，教育领域也脱离了教书育人的轨道，完全变为阶级斗争的舞台。这一时期，除了全面否定和盲目批判外，几乎没有任何课程论研究成就和发展。

总体来看，这一时期不仅取消了课程论学科，甚至在教育学领域中取消了“课程”这个词。人们把主要研究放在教学的技术操作层面，而课程则成为行政力量决定的产物，其选择与组织对于教师甚至学者而言似乎不证自明。所以，这一时期，虽然作为事实的“课程”以极端甚至荒谬的形象仍然存在着，但真正的研究和教材建设却是空缺的。

三、课程论教材建设的重新起步期（1978—1991）

“文化大革命”结束以后，在拨乱反正的基础上，教育重新回归教育之路。为了推动我国教育事业的振兴和发展，相关的学术研究和教材建设也迅速起步。在这一社会历史洪流中，课程重新回到人们的视野中，并在实践需求的促动下摸索前行。

基于我国教育实践发展的需要，1981 年，戴伯韬先生在《课程·教材·教法》创刊号上发表《论研究学校课程的重要性》的文章，在论述研究学校课程的重要意义的同时，也指出课程论是学校教育学中的一门重要分支学科。其后几年内，《课程·教材·教法》发表了一系列关于课程研究的文章，人民教育出版社也出版了一套集中介绍英、美、日、苏等国有关课程研究的理论成果的《课程研究丛书》，其中

《课程研究的理论与实践》《课程理论》《学校理科课程论》等为我国课程学者的研究发挥了重要的借鉴和参考作用。同时，课程论学科也在我国师范院校中逐渐兴起。陈侠自1984年起先后应邀在河北大学、贵阳师范学院、辽宁师范大学、哈尔滨师范大学、西北师范学院、广西师范大学等院校给学生做课程论专题讲座。廖哲勋于1984年在教育系给研究生及部分四年级本科生用英语做课程论专题讲座，并从这一年起开始给教育系各专业的三年级本科生系统讲授课程论，这是新中国成立后大学把课程论作为专门学科的开始。1986年廖哲勋率先在国内招收课程论硕士研究生，并于1988年成立国内第一个课程研究中心。20世纪90年代初，华东师范大学施良方、西南师范大学刘克兰、湖南师范大学胡淑珍等也先后招收课程论硕士研究生。

大学“课程论”课程的开设进一步带动了课程论教材研究和建设。这一阶段前期虽然没有正式的课程论教材问世，但却是课程论教材建设过程中不可缺少的酝酿期，后期的几部教材都是在这一基础上产生的。陈侠综合新中国成立前和改革开放后课程研究的成果，写成比较系统的课程论讲座的讲稿，并以此为基础于1989年由人民教育出版社正式出版，书名《课程论》。同年，华东师范大学钟启泉在其多年出国进修、研究的基础上，写成了内容全面、视野开阔的《现代课程论》一书，由上海教育出版社出版。廖哲勋则根据其多次出国留学、考察所掌握的课程成果和文献选编成教学参考资料供学生学习使用，其后又不断把课程理论用于实践，在湖北武汉、潜江、荆州等地进行了多年的课程实验，并于1991年对研究成果进行系统梳理，形成专门的《课程学》著作，由华中师范大学出版社出版。

这一时期的课程论教材虽然在数量上不多，但每本教材都具有典型性和特色。以上三本著作是我国改革开放后出版的较早的课程论著作，作者深厚的课程专业素养和严谨的治学精神在这些教材中得到充分体现。作者不同的写作背景和个人经历赋予了这三本著作不同的特色。陈侠一生曾担任小学教师、师范学校教师、小学校长和教育杂志编辑等工作，对我国的教育和课程研究状况有非常深入的了解和体会。他所著的《课程论》一方面从历史的角度考察了课程演变的基本历程和特点，另一方面结合我国的实际，对我国几十年的课程编订工作做了总结。该书比较全面地反映了我国当时关于课程论研究的重要成果，同时又融入了作者多年来对课程的思考和认识。钟启泉多年在日本进修和研究、多次出访西方发达国家、主持多项国际性合作研究课题和国际会议，他所著的《现代课程论》侧重对国外课程研究成果和课程实践经验的全面介绍，对于拓展我国课程研究的视野具有重要作用。廖哲勋在20世纪80年代先后几次在英美等国家学习和考察，对国外一些代表性理论有深入研究。同时他在湖北等地就我国中小学的课程设计和实施进行了广泛的调查研究，熟悉我国课程实践的基本情况。他所著的《课程学》针对我国中小学课程建设的实际问题，借鉴外国先进的课程经验，初步创建了比较系统的课程理论体系。

从以上三本课程论教材产生的历程和教材本身的特点来看，作者对教材编著都经过了长期的研究与思考，从教材体系的篇章结构安排到具体内容的选择与表述，都是深思熟虑的结果。这三本著作在内容上各有侧重，在风格上各具特色，可以互相补充，相得益彰，成为当时课程论学科的代表性教材。直到今天，也仍然是课程论学科的重要教学用书和学生学习的参考资料。

四、课程论教材建设的多元发展期（1992 年至今）

经过改革开放十余年的建设和发展，我国的教育事业重新走上正轨，并呈现出蓬勃发展的势头。同时，开放的社会制度和环境，大大促进了国内课程学者与国外交流的范围和深度，国外的课程理论研究成果和实践经验被源源不断地引介进来，并作为新的课程思维方式和研究视角给我国的传统课程观念和做法带来了冲击，进而推动我国开始了持续的课程改革研究和实践，作为教育核心的课程越来越受到人们的重视。同时，高校中的课程论学科建设也得到迅速发展，一支课程研究的专业队伍迅速形成。在几方面有利条件的共同作用下，课程论教材建设在这一阶段获得了长足的发展，取得了丰富的成果。

这一时期出版的课程论著作，超过百部。这些著作关注的主题从课程概论、不同课程类型到课程系统的不同领域或侧面，以及课程改革等，都呈现出多样化的特点。其中具有课程概论性质、体系比较鲜明、在学校课程论教学中应用较广、影响较大的著作主要有以下 11 部（见表 2）。

表 2 1992 年以来课程论研究代表性著作概览

编著者	教材名称	出版社	出版时间
靳玉乐	《现代课程论》	西南师范大学出版社	1995
施良方	《课程理论——课程的基础、原理与问题》	教育科学出版社	1996
丛立新	《课程论问题》	教育科学出版社	2000
廖哲勋、田慧生	《课程新论》	教育科学出版社	2002
吕达等	《课程概论》	人民教育出版社	2004
赵卿敏	《课程论基础》	华中科技大学出版社	2004
李定仁、徐继存	《课程论研究二十年》	人民教育出版社	2005
丁念金	《课程论》	福建教育出版社	2007
钟启泉	《课程论》	教育科学出版社	2007
林德全、徐秀华	《课程概论》	河南大学出版社	2009
杨明全	《课程概论》	北京师范大学出版社	2010

通过对课程论教材的分析研究，可以解释课程论学科现有的基本特点、存在的问题，并预测未来发展的方向。[3] 以上课程论教材一方面反映了我国近二十年来课程研究的重要成就，同时也体现着到目前为止课程论教材建设方面依然存在问题和不足。综合分析这些教材，它们具有如下三个特点。

第一，课程论教材的整体内容越来越丰富。可以说，近二十年来，我国课程领域的研究正在呈现出百花齐放、百家争鸣的局面，不同经历、学术背景与立场的研究者从不同的角度、不同的层次分别展开对课程的研究。在这些研究中，有些是自辟小园，潜心经营，也有些是大刀阔斧，激烈争锋。潜心研究学问自然会为我国课程研究的大厦添砖加瓦，激烈争锋的在当下也不会出现库恩所说的科学的革命或范式的更替，因为这些研究者还没有强大到足以让所有研究者折服与跟随，他们只是提供了一个在现有框架内的新的研究视角和部分成果，或者说是为课程研究大厦又筑成一间新房。派纳曾说的课程研究从“课程开发”范式向“课程理解”范式的转变，在我国还远没有实现。可以说，我国当前的课程研究来说，还一直处在成果不断累积的过程中，这一点在上述课程论教材内容中得到明显的体现。但是随着时代的发展，课程论教材的内容会呈现出越来越丰富、越来越完善的趋势。这主要表现在两个方面。一是新的研究内容的增加。如关于课程本质、课程基础、课程编制、课程类型、课程实施、课程评价等是较早的课程论教材中主要探讨的内容，近来的新教材在此基础上又增加了诸如课程历史、课程管理、课程效能、课程改革等内容的研究。[4]二是原有内容的细化与充实。如课程论基础的内容，从最初的一章，到一编，扩展到专门的一本书；[5]课程历史从早期的几句话带过，到现在的专章研究等。[6]随着课程研究的进一步发展，课程论教材所包含的内容应该会进一步充实和丰富，直到有一些内容如课程历史、课程管理、课程论基础、课程论流派等形成相对稳定和完善的体系，从课程论教材中分离出去，成为课程学科群里面的专门学科，课程论教材才会形成一个相对固定的内容结构，并在课程研究领域中达成共识，或者说形成一种范式。

第二，课程论教材尚未形成一致的结构框架和话语体系。虽然综观现有教材，在内容方面可以找出很大的共性部分，但具体分析不难发现，不同的教材在组织结构和专业话语体系方面还存在较大差异。首先是基本结构框架不同。比如，施良方的《课程理论——课程的基础、原理与问题》把全书分为课程的基础、课程编制的原理、课程探究的形式、课程理论与研究四编，廖哲勋和田慧生的《课程新论》把全书分为课程的基础、课程的构成、课程系统的运行三编，丁念金的《课程论》则把全书内容分为课程实体、课程运作、课程研究三篇，然后在编或篇下分章节论述内容，其他教材则直接按章节组织内容，从这些教材的篇章结构中很难找出一个共性的逻辑思路。其次是不同教材中同一章节标题下的具体内容也有较大差异。如关于课程目标，在施良方的书中，用一章分四节的内容分别论述了课程目标的三种取向，课程目标与教育目的、培养目标、教学目标的关系，课程目标的依据和确定课程目标的模式等内容；在杨明全的《课程概论》中则是用一节的内容分别阐述了课程目标的内涵、课程目标的分类和设置课程目标的基本原则。再次是对一些基本概念和术语的内容与关系的把握上也不够统一。在不同教材中，对同一概念内容的处理各不相同，如作为课程研究核心内容之一的课程设计，在廖哲勋和田慧生的《课程新论》中放在“课程的构成”部分，在丁念金的《课程论》中放在“课程运作”部分，而施良方的《课程理论——课程的基础、原理与问题》，却把它化整为零地穿插进绪论、课程编制的原理和课程探究的形式等几个部分之中，从立新的《课程论问题》在章节目录上同样没有体现这一内容。另外一些概念，诸如课程编制、课程设计、课程开发、课程发展等则存在着交叉与混用的情况。以上几点说明，当前我国的课程论教材虽然在内容上越来越丰富和全面，数量上也迅速增加，但还没有真正形成大家所公认的相对稳定一致的结构框架和话语体系，现有的课程论教材还有不够成熟的地方。

第三，现有课程论教材的理论性突出。综观这一阶段的课程论教材，虽然在具体体例上各不相同，但内容方面的一个共同点就是理论性强，注重概括化理论的介绍和对理论观点的抽象分析论述，与课程实践的联系少，缺少实践案例介绍和分析。这一现象的存在和课程论教材编著者的学术背景有着很大的关系。课程论在我国兴起时间不长，专业研究人员大都集中在高校或者科研单位，我国的课程论教材主要由他们编著。他们对课程理论有比较深入的研究，却缺少课程实践经验，尤其是基础教育课程实践的经验和体会，由此，他们编著的教材往往侧重理论论述，缺少与实践的联系和有针对性的实践内容分析。这种理论性强的教材，具有较高的学术研究价值，却与既没有必要的理论基础又缺乏实践经验的学生实际不符，并不利于被学生所理解和掌握，更难以真正培养学生的课程实践能力。2010 年杨明全出版的《课程概论》在加强与实践的联系方面做出了一些尝试，在“拓展阅读”“思考与探究”等辅助学习部分提供了一些与我国当前课程改革实践有关的政策文件、案例、现象等的内容，在理论论述中也有与实践和案例直接联系的内容，但所占比例都较小。

五、未来课程论教材建设的思考

我国课程论教材建设从蓬勃兴起、全面停顿，到扎实重建，再到全面发展，经过 90 年的曲折历程，已经初具规模。在这一发展历程中，我们深刻领会到国家的教育方针政策和课程实践需求对课程论教材建设的影响，体会到国外先进的课程理论与实践经验对我国课程论教材建设的借鉴作用，感受到课程论教材编著者认真严谨的治学精神，也意识到课程论教材建设中依然存在的诸如作者队伍构成单一、教材使用效果有待改进等问题。要加快我国课程论教材建设的步伐，需要进一步加强以下方面的工作。

（一）强化课程论教材建设的本土实践意识

从课程论教材建设的发展历程可以看出，实践需求始终是其发展的动力源泉和价值所在。虽然，课程论教材直接面对的是学生，但教材编写者必须具备关怀课程实践的视野，否则教材中抽象的理论就成为缺少生命力的躯壳，对外不能培养实践所需的有用之才，对内也难以建立科学系统的学科体系。如前所述，我国当前的课程论教材尚未形成明确一致的结构框架和内容体系，对一些研究主题、核心概念等的使用存在诸如内容交叉、界定不清的混乱情况，也存在一些观点之间的相左或矛盾冲突的情况。这些问题的出现一方面原因是不同编著者之间价值信念和学术观点确实存在差异，另一方面重要的原因是在广泛学习和引进国外研究成果的过程中并没有进行很好的吸收与本土化改造所造成的。我们对国外课程研究成果的引介，具有明显的个人化倾向，不同研究者根据自己的兴趣、需要和便利条件等从不同的国家与地区选取内容，这些内容因为来自不同的社会背景和话语体系，难以适应我国特有的本土文化环境。对于课程论教材中概念、观点、体系的混乱，很难依靠每一个研究者的自我反思和主动求同来实现。在这种情况下，课程作为一项系统工程的客观存在就成为界定概念内涵的重要依据，对实践问题的解决能力就成为判断一种观点和主张是否更有价值的重要标准[3]。从课程客观的实体存在和需要出发建构基本结构和体系是课程论教材建设的有效策略，也是我国本土化课程论教材形成的必由之路。而且，这种基于本土实践的课程论教材，能够让学生把抽象理论与实践中的特定情境、做法、效果，以及具体的人的感受联系起来，从而在学习中可以调动更多的意识情感，使学习成为心灵交流沟通的活动。当学生走出校门，走入课程实践工作中，就不会手足无措。

（二）优化课程论教材编著者队伍的组织结构

历数我国课程论教材的编著者，在民国时期，编著者的身份具有多重性或综合性的特点。多数编著者既具有做中小学教员甚至校长的经验，也有在高等院校从事教学或理论研究，以及出国留学或考察的经历。这种综合多样的经验与体会使他们在编著课程论教材时能够较好地做到理论与实践相结合，既有当时先进的课程理论介绍分析，也有具体的中小学课程实践问题的探究与解决。而近二十年来的课程论教材编著者队伍与民国时期相比发生了很大变化。首先是编著者的年龄有年轻化的趋势，他们的工作经历比较单一，大多数编著者一直在高等院校从事教学与科研工作，与中小学的课程实践缺少广泛的联系，即使偶尔到中小学考察，往往也难以做到全面和深入。其次，我国课程改革不断深入，随着三级课程管理体制的实施，以及中小学教材编写、审定、出版、选用各环节的分离，相关课程制度不断完善，但也不可避免地造成了科层化管理的弊端，这也在一定程度上阻隔了课程论教材编著者理论与实践研究的结合。在这种情况下，要改变课程论教材理论化倾向严重的问题，除了提高现有编著者的实践意识，更应该进一步扩大编著者队伍，促进人员构成的多样化，尤其是吸纳一线实践工作人员与理论工作者合写教材。我国十余年的基础教育课程改革，培育了一批具有较高课程意识和课程实践能力的中小学一线教师和校长，把他们纳入课程论教材编著者队伍，使之与高校理论研究者充分交流沟通，能够有效实现课程论教材建设中理论与实践的有机结合，从而提高课程论教材的实际效用。

（三）鼓励以著代编，深化课程论教材的个性化研究

一般而言，一门学科的教材，应体现这门学科比较成熟的理论体系和知识结构，其内容反映的是该学科研究已经形成的基本范式。按照这样的思路，成熟的教材可能在结构体系和具体的知识内容方面并不会很有特色或个性，相反地，教材更追求内容在本学科领域的共识性。在这种情况下，就如库恩所说，教材的编著者会发现，“写书不但不能提高他的专业声望，反而会受到损害”[7]。然而，我国当前的情况是，每本课程论教材都有自己的独特性，具有与其他同类教材相比的优点，或者说，我国现有的课程论教材，在个性与共识性之间处于比较折中的状态。一些比较成熟或大家公认的理论如课程设计的基本模式、课程组织的基本原则、课程实施的基本取向等，是每部教材的共有内容，但同时，又都有一些其他教材所没有涉及和论述的主题与内容。也就是说，我国的课程论教材还没有统一的结构框架和知识体系。库恩指出，在各门科学发展的早期阶段，即前范式阶段，这样的书才保持着与专业成就同样的关系。[7]我国目前的课程论研究，不论是学者还是学生，仍然在很大程度上是通过课程论教材了解课程论研究的专业成就和发展，这充分说明，我国的课程论研究还处于前范式阶段。鉴于课程论学科发展的现状，当前的课程论教材建设，还处于知识累积和观点碰撞的阶段，过早地强调统一和共识，追求共有内容的重复组合，会压抑研究创新，影响课程论教材内容的丰富和完善。所以，当前课程论教材的建设，应延续前面突出个性和差异的特点，积极鼓励以著代编，深化课程论教材的个性化研究，继续为课程论教材建设积累知识、观点和思路。

（四）转变课程论教材使用的传统观念

优质的课程论教材有助于学生的学习和研究，也有助于课程研究队伍的壮大和提升，雄厚的研究队伍，又会进一步促进课程论教材的建设和发展，这是一个循环的系统。鉴于当前课程论教材建设的现状，在课程论教材使用过程中，应转变传统的教材唯一化和权威化的使用观念，这样才能使课程论教材建设形成一个良性的循环系统。首先，在教学实践中，不指

定唯一教材，而是同时给学生列出多本阅读参考书目。因为当前的教材在结构和内容上各不相同，很难说哪一本是最好的，如果为学生指定唯一教材，容易让学生产生盲信和依赖，而忽略或无视其他教材的优点，从而影响学生对本学科发展的全面了解和把握。其次，要积极教育和引导师生树立新的教材观。在我国的教育实践中，受传统的对教育控制功能的重视和教育制度化发展的影响，教材逐渐成为教师和学生必须遵守的“规范”和服从的“权威”，教材被视为唯一的教学资源，被奉为“圣经”。这一教材观“容易导致学生对教材乃至所有书本的盲目崇拜，扼杀其自主精神和创新能力……它限制了教师的创造性及其教学的个性化，使教师无法在教学中找到其生命的价值和职业的乐趣。”[8]这种教材观无疑会对课程论教材的进一步发展带来阻碍。要改变这种状况，需要树立新的“材料式”教材观，即把教材作为“教学使用的材料，是引起某种关系理解、智慧活动的辅助性材料”[9]。“材料式”教材观有助于培养教师和学生的主体性与批判精神，使他们在教学中一方面从现有教材中汲取有益的知识和思想，另一方面又不断以批判的眼光去发现教材的不足，思考其完善之路，这本身就在培育着课程论教材建设与发展的新生力量。

参考文献：

[1] 吴研因，吴增芥. 小学教材研究［M］. 上海：商务印书馆，1933.

[2] 俞子夷，朱晸旸. 新小学教材和教学法［M］. 福州：福建教育出版社，2006.

[3] 孙宽宁. 从课程论教材反思我国的课程研究［J］. 课程·教材·教法，2007（7）：3-7.

[4] 林德全，徐秀华. 课程概论［M］. 开封：河南大学出版社，2009.

[5] 赵卿敏. 课程论基础［M］. 武汉：华中科技大学出版社，2004.

[6] 杨明全. 课程概论［M］. 北京：北京师范大学出版社，2010.

[7] 托马斯·库恩. 科学革命的结构［M］. 金吾伦，胡新和，译. 北京：北京大学出版社，2003：19.

[8] 郭晓明. 从“圣经”到“材料”：论教师教材观的转变［J］. 高等师范教育研究，2001（6）：19.

[9] 杨启亮. 教材的功能：一种超越知识观的解释［J］. 课程·教材·教法，2002（12）：10.

（原载 2012 年第 12 期）

第三编

教师课程教学观研究

教师课程观至关重要

——评苏强的《教师课程观研究》

吕 达

实践一次又一次证明，教育改革的成败得失主要取决于四大要素：理念更新是前提，课程教学是核心，教师队伍是关键，考试评价是导向。世纪之交以来的课程改革，实际上是一场广义的教育改革。教师在课程改革中的理念、态度、行为和表现，无不取决于他们的课程观。教师的课程观，直接关系到课程改革以及一系列教育教学改革能否达到预期目标，或者能在多大程度上达到预期目标。近年来，教师课程观研究，与以往相比逐渐得到重视。然而，教师课程观究竟包括哪些含义，我国中小学教师课程观的整体形态与结构特点究竟如何，教师课程观与学校课程建设（包括课程设计、课程实施、课程管理、课程评价等方面）之间有什么关系，以及它对教师个体和团队的意义，对学校发展的作用，乃至对整个教育改革的影响，并非每个教师和教育工作者都已经正确认识和深刻理解。

苏强的专著《教师课程观研究》（中国社会科学出版社，2016 年版），紧紧抓住教师课程观问题，以提高教师专业能力、深化课程改革为目标，用自行设计的量表，对我国 17 个省（自治区、直辖市）1 700 位中小学教师的课程观进行了广泛调查和深入研究，探讨了中小学教师课程观的总体状况、构成特点及形成历程等相关问题，形成了我国中小学教师课程观的理论架构，并在实证调查基础上针对课程观实践转化中的异化问题提出了解决策略，进而勾勒出未来课程观的发展愿景。

本书具有以下三个主要特点。其一，作者根据我国特定的社会历史背景和文化特征，在理论分析和实证调查的基础上，首次界定了我国中小学教师课程观的六种取向及其内涵，形成了我国中小学教师课程观的整体架构。“六种取向”的首创性、独创性值得重视。其二，作者采用覆盖大范围的量化研究，针对我国不同地区经济社会的不平衡性，对我国东部地区、中部地区和西部地区进行分层抽样，进而对三类区域教师的课程观形态进行比较分析，揭示了不同区域中小学教师课程观的构成及特点。同时，将我国中小学教师课程观置于国际环境中进行中外教师课程观的比较研究，探究二者之间的异同及其原因。这将助推我国教育进一步面向现代化、面向世界、面向未来。其三，在深度访谈的基础上，作者利用扎根理论透过繁杂的现象揭示了影响中小学教师课程观形成的因素：教龄、教材、学生、制度、环境，这些因素最终催生了教师个体独特的课程观。总之，中小学教师课程观，既有共同性，又有差异性；既有历史的继承性，又有现实的时代性；既有相对的稳定性，又有动态的发展性。

日益深化的课程改革要求广大教师建构同改革理念相适应的课程观，而任何课程观只有转化为实践行动并改进课程教学、提高教学质量才具有意义。因此，教师除了明白课程观的内涵与特点之外，具备将之转化为实践的能力是至关重要的，也是必不可少的。教师课程观要真正有效地落实到异彩纷呈的教育活动中，落实到课程实施中尤其是课堂中，落实到课程与教学实践中，落实到同中有异、异中有同的全体学生身上，就必须培养和树立发展性课程观。这是本书的一个纲。

纲举目张。发展性课程观含义非常丰富，从宏观看，大体而言，既可以从时间的维度阐述，也可以从空间的维度阐述。所谓时间的维度，就是要处理好过去、现在和未来的关系。教育从根本上说是为谁培养人、培养什么样的人、怎么样培养人的事业。它有一个重要特点，如果用通俗的话做粗略的勾勒就是，今天的人（教师），用“昨天”的事（精心选择和组织人类已有的文明成果，亦即课程、教材、教学，进行传承，进而加以创生），培养明天的人或者说培养开创明天的人（学生）。“传承过去，造就现在，开创未来”——悠悠万事，教育为本。进而言之，作为学校教育的核心，今天的课程，就是明天的人才，就是明天的社会。在这里，教师的关键作用是显而易见的。教师必须用发展性课程观来解决好滞后性与前瞻性的矛盾，时间的有限性与知识的无限性的矛盾，处理好传统与现代、继承借鉴与开拓创新的关系，处理好教书与育人的关系。所谓空间的维度，引申古德莱德的说法，就是要处理好理想课程（或曰专家的课程）、官方课程（或曰政府的课程、文件的课程）、领悟课程（或曰教师的课程、教材为载体的课程）、运作课程（或曰课堂的课程、教学所体现的课程）、体验课程（或曰学生的课程）之间的关系。它们既是上位对下位起制约作用的关系，又是下位对上位可能起反作用的关系。下位课程对上位课程而言，不可能完全等同，有时会超越，有时会衰减，超越不见得都好，衰减也不见得都不好，关键看是否符合自身实际。在这个维度上，教师承上启下创造性劳动的关键作用同样是显而易见的。教师对课程改革精神能否真正领悟，或者说领悟得正确与否、深刻与否（真正理解为什么要课程改革），能否既出新、又守本（既明白应当改革什么、怎么改革，又懂得必须坚持什么、怎么坚持），是课程改革能否避免和克服激烈摇摆、大起大落、过于偏颇的关键，甚至是课程改革成败的关键。教师若能拥有发展性课程观，就无异于掌握了处理好上述层层关系的法宝，“不管风吹浪打，胜似闲庭信步”，课程改革稳步健康地不断深化和升华就有了重要保证。

本书作者以问题为导向，锲而不舍，锐意进取，近年来科研成果十分丰硕，受到各方面的关注，令人欣喜。我乐意向广大教育工作者特别是中小学教师推荐这本书。相信本书对于广大中小学教师树立发展性课程观，解决课程观与课程实践“两张皮”的问题，进而防止或克服认识上的误区和行动上的偏颇，具有理论说服力和实践可行性。

（原载 2017 年第 6 期）

教师集体课程决策的特征与局限

吕立杰 陈建红

一、教师课程决策

什么是课程决策？在《简明国际教育百科全书》中将课程决策定义为“对有关教育或社会化的目的和手段的一种判断，往往在学校范围内采用，并以教学大纲为中心”。其中，“判断”是“某种有意识思考的结果，代表了以一种特殊的方式去行动或产生一个预期结果的意向”。[1]也就是说课程决策是对于课程问题的带有意向性的判断过程，这个过程中有慎思和选择。进行课程决策的主体可以是一个人、几个人或一个团体。史密斯（Smith）认为课程决策发生在每个教师所界定的操作空间中，这个操作空间是教师知觉到的自由限度。[2]教师每天都在进行课程决策，但由于每个教师对课程标准、教材、学生等问题理解不同，自己认定的支配课程的限度也不一样，新课程实施后，我国教师的课程权力也发生了变化，教师决策课程的“自由限度”自然增长了，那么教师“操作空间”“判断”中的问题值得我们共同反思。

（一）教师课程决策的层面与类型

课程本身存在几个层次，那么课程决策也发生在多个层次，古德莱德（Goodlad）曾经把课程决策划分成四个层面：社会层面、机构层面、教学层面、经验层面。艾斯纳（Eisner）指出任何课程计划都必须在五个层面做决策：目的的优先次序、课程内容、学习机会、课程呈现和学生的反应方式、评鉴过程。[3]与之相比，克莱因（Klein）在1991年的补充则更为具体，他把课程决策分成两个领域，一个是课程决策发生的层面，另一个是课程决策的主要问题，其中课程决策的层面延续了古德莱德的思路，具体划分为七个可能的层面，学术的（academic）、社会的（societal）、形式的（formal）、机构的（institution）、教学的（instruction）、操作的（operation）、经验的（experiential），这个顺序是根据与学生或远或近的次序，以及课程决策的主要焦点问题排列的；不同层面的课程决策都会关心九个要素，课程目标、课程内容、课程资源、活动、教学策略、评价、学生小组、时间安排以及空间安排。在克莱因看来，上述七个层面和九个要素构成了课程决策的双向矩阵。[4]教师作为课程的决策者可以表现在几个层面中，比如，作为家长，他们的态度在“社会”层面影响课程决策；参加国家、地区的课程设计，他们又会在“正式”层面影响课程设计。但如果把教师仅仅限定为教师角色，主要的还是在“机构的”“教学的”“操作的”层面进行课程决策。

考尔德黑德（Calderhead）根据人们日常决策的特点，把教师决策分成三种类型：第一类决策涉及大量思考，辨别出可行的方案，评估可能的结果，为反思性决策；第二种是瞬息做出的决策，是突发事件来临时的“即时性决策”；第三种是经常做的决策，频繁出现，甚至成为自动化和常规化的东西。如果课堂问题不在预期中，教师就要做出“即时性决策”；如果经常出现，教师只需做常规性决策。[5]

（二）教师课程决策研究关注点的变化

1. 教师决策与学生学习结果之间的关系

这些研究出现在20世纪70年代之前，在实证主义、行为主义等方法论的影响下，为了证明教师工作的专业性，研究者运用相关分析、实验等研究方法，证明教师行为与学生成绩之间的关系，这时研究者的假定是，教师的行为作为一种刺激，必然带来学生认知、理解过程的改变。

2. 教师如何做决策

随着认知心理学的发展，20 世纪 70 年代后，研究者不满足于把课堂教学简化为技术的操作过程，开始关注教师行为产生的原因，也就是教师的思想过程是怎样的，教师如何做决策，成为研究的焦点。研究者放弃量化研究的方法，采用描述的方法，通过给教师提供资料，比如一些自己或者别人的课堂录音、录像，让教师描绘出当时的思考过程，这些研究常常结合初任教师与能手教师的对比，考查教师如何理解、归因、思考、判断、评价，结果发现初任教师和能手教师在思想、感觉和行为上都有差别，能手教师在思考过程中能对典型情境进行辨认，并对学生进行归类，于是研究者坚信："很明显，认知可以改变行为，课堂决策研究就是在认知水平上描述教学行为，教师可以据此分析、比较、建模他们的教学，用心理学的方法研究课堂决策将毫无疑问有效地帮助教师教学。"[6]

3. 教师在群体中成长

随着知识观的转变以及人们对教育实践复杂性认识的逐步深入，人们的关注点不再是为教师总结一套既定的知识体系、技术规则。帮助教师发展，就是要揭示教师信念、情感以及实践知识等这些隐蔽的因素，这些研究采用了现象学研究方法，在生活世界的描述中表现教师工作的复杂性。此外，20 世纪 90 年代后，研究者开始关注影响教师成长的群体因素。什么在影响教师课程决策与课程行动，除了稳定的个体因素，还有群体因素、情境因素，对教师学习个体与团体进行双重分析，以学习团体为分析单位，考察专业共同体如何促进教师学习[7]，教师在人与人的交往关系中成长，是个体在与团体、情境的相互构造中学习。

二、我国教师集体课程决策的形式与特征

教师集体课程决策是教师团队集体讨论出可行的方案，评估可能的结果，其中也包括集体认同的"自动化和常规的东西"。在我国，教师集体课程决策很多都发生在教师集体备课的过程中，新课程改革中，教师参与校本课程开发过程中，也出现了决策范围更广的集体决策，尽管目前并未涉及所有教师，但它的存在已经是不争的事实。对于集体备课这种教师交流形式，近些年在国内引起了较大关注与争论，人们对它的评价褒贬不一。事实上，对于"集体备课"观点的针锋相对源自论争者所说的集体备课并非一种形式，甚至即便一种形式操作中的实然情境也是不一样的。因此，在讨论意义与局限之前，应该总结一下教育实践中各种教师集体课程决策的形式。

（一）我国教师集体课程决策的形式

1. 整体解读式

一般发生在区一级、市一级的集体备课中，采取有关学科负责的教研人员宣讲的方式，整体解读本学科在本年段的教学目的、内容，新课程实施后，这种解读也关注在课程标准层面上，阐述学科的性质、任务，强调教学过程要关注学生。但是由于参与教师人数较多，以及这种解读有管理、培训的性质，所以这种课程决策中信息是单向流动的，是对每位教师"操作空间"的框定。

2. 流程约定式

这种方式发生在学校内部一个学年组或学科组中，是大多数教师真正参与课程决策的地方。这种形式是最普遍，也是目前引起争议最

大的教师课程决策形式。这些决策可以在学期之初，讨论对教材进度做统一规划，进行课时比例安排，也可以在每个单元甚至每节课的上课之前，拟订具体的重点、难点，上课的流程，使用的资源，考试的方式、范围等。目前，很多学校采取“分工备课，组内共享”的办法，由一名教师重点准备一个部分，在备课会议中做中心发言，其他教师补充、建议加以完善。

3. 课例研究式

课例研究是近年来在课程变革的推动下出现的新的教师教研形式，也是被教师认为最有效果的课程研讨与决策形式。在学科教研组内大家以一个单元或一堂课为代表，商讨、设计课堂内容、组织形式、使用的资源、呈现的方式；时间节奏等，由一名教师进行初次的教学尝试，其他成员进行课堂观察，之后，所有参与教师再进行反思、讨论、修改，并在另一个班级尝试使用新方案教学。还有的学校教师将外出考察带回来的名师授课录像甚至国外学校课堂录像在教研组内播放，组内教师共同分析、评论。由于这些讨论不仅考虑教师本身对知识的理解，有对教材内容的共同约定，而且是关注学科教学法的共识，也就是讨论的是课程目标、内容以及教学方法如何围绕学生展开，这种决策更具教师专业性，更具有智慧的挑战。

4. 问题解决式

这种形式或者在正式的备课会议中，或者在非正规场合的教师讨论中，对于学科知识理解中的疑难、分歧，意想不到的课堂情境与过去的认知发生偏离或者出现难以解决的学生问题的时候，教师商讨并共同设计解决方案。

5. 课程开发式

新课程实施中，很多学校自行开发具有学校特色与优势的校本课程，这样一来，学校课程体系需要重新构建，一些校本课程甚至要做学校自编的教材。一些教师参与其中，尽管这种形式目前并非所有教师都尝试参与，可以肯定这种形式的课程决策中，教师对课程理解的深度增加了，教师决策的“空间”增加后，他们考虑的问题也更深入，需要从培养目的、本门课程的功能、知识体系、学生兴趣以及学校资源、教师特点等多角度重新认识课程，重新思考自己的角色。

6. 反馈调整式

是一种在非正式场合中的教师自发形成的集体课程决策方式。在课例研究、问题解决等形式的教师决策中，常常会有很多问题难以达成共识，最后教师只是拟订一个尝试性的决策，或者几个教师按照各自不同的方案进行课堂实践，对于前次决策中的悬案，在经历了尝试后，教师及时沟通情况，斟酌利弊，并做适当调整。

（二）教师集体课程决策的特征

1. 教师合作的质量影响教师集体课程决策的效果

教师集体课程决策是以教师合作为前提的，事实上，近些年人们对集体备课制度的批判，很多是因为自己所体验的集体情境中缺乏真诚、高质量的合作引发的，集体课程决策绝不仅是技术问题，也是文化问题、人际关系问题、心理问题。首先，学校的文化氛围影响教师课程决策。如果学校教师之间的人际关系竞争多于合作，教师更关注的是职业生活中的升学率评比、末位淘汰，自然很难在合作中贡献智慧，要想让教师关注自己的专业问题，他们需要一个相对稳定的发展空间。其次，领导风格也是重要的影响因素，教师共同作课程决策是课程审议的过程，是个人智慧激发的过程，是表现每个人的主体性同时又去权威性的过程，很多教师抱怨集体备课中的“一言堂”“组长或者权威发言而别人只能附和”等情况的出现，最主要的决定因素就在组长或者“权威”怎样定位自己的角色，怎样组织、激发、尊重每个成员的思想，甚至取决于每位教师对领导者人格的信赖。另外，课程决策还与每个成员教师的成就动机与工作能力有关，如果教师本身不关心怎样改善课程，自然也就“直接使用别人的劳动成果”。当然，对于这种教师之间的抱怨也要加以区分，弄清“偷懒”和“借鉴”之间的区别。我们应该允许甚至赞同教师之间模仿好的经验、做法，教师集体课程决策目的就是智慧共享，毕竟教师工作性质首先是服务，为所有学生服务。当然，对于经常“借鉴”别人课程设计，个人责任心不强的教师，会让总是“贡献”的教师心里不舒服。

2. 教师集体课程决策具有对象上的层次性

教师课程决策的对象自然是课程问题，前面提到的克莱因把课程决策中的问题分成九个层面。一般来讲，我国教师课程决策关注的主要包括教材层面、学科知识层面、学科教学法层面、课程开发层面。教材层面的课程决策主要围绕教材内容的理解与进度的规定，并对教材内容作更具体的释义甚至难度、进度规定，这种工作也被我国学者称为“教学任务的分配”[8]，是一种事务的决定，而非专业决定；学科知识层面的决定中，教师研讨的问题从学科课程追溯到学科知识本身，希望通过对学科问题的追问探讨，形成对课程、教材更深刻的理解与把握；学科教学法层面的课程决策被认为是最有效的，是教师集体课程决策这一形式存在最合理的原因，教师的课堂教学需要学科教学法知识，对于学科教学法知识，舒尔曼(Shulman)有一个被普遍认同的定义，它是指教师知道如何有效地组织内容知识，再辅以例子和图解加以说明，其中还牵涉到选材、表达重点及选取适当教学的模式。[9]学科教学法知识（不是单纯的、固定的知识体系），是教师的实践知识，是教师有别于其他专业的知识的核心，学科教学法层面的课程决策中需要教师把学科知识、教材内容与学生特性联系起来，把课程资源与自己的教学风格结合起来，并选择最佳的呈现方式和操作方式。课程开发层面的课程决策中，教师可以在克莱因所说的学术层次上决定校本课程的理念，可以在形式的层面上设计教材，可以在机构的层面上规划课程结构、方案，是多层面、多方位的参与，但是，目前在我国这种形式的教师集体课程决策并不普遍。

3. 教师集体课程决策具有个体需求上的差异性

不同层次教师课程决策的“赋权”，对教师专业发展“增能”的意义是不同的。同时，不同类型教师对教师集体课程决策的依赖与需求也是不同的。如果把教师按照职业生涯发展阶段划分为：初任教师、经验教师、能手教师，初任教师欢迎各种形式的集体课程决策，从中他们都会有收获，其中的原因在于初任教师的课程实践知识（包括学科教学法）严重欠缺，自己尽管掌握丰富的学科知识体系，但是并不知道怎样转化成课程的操作体系，学科教学法的讨论对他们具有辅导意义，即便是重点内容的规定也是一种教学设计提示；对于经验教师来讲，他们已经懂得了教学的一般程序，更希望在学科教学方面做更深入的探讨，他们很欢迎课例研究，也希望在讨论、处理疑难问题的时候获得提高。对于能手教师来讲，他们更希望在集体课程决策中发挥作用，以培训、指导青年教师，他们希望自己的课堂能有更多的创造性，因此很关注为自己的尝试找到依据，他们很希望在学校或者更高层面的课程解读能有实效，他们很欢迎在理念层面讨论课程，这是初任教师、经验教师无暇关注的。

4. 教师集体课程决策与个体课程决策相互延伸

教师工作的特点决定了集体的课程决策不能延伸到教师课堂操作层面上，真正的课程实施还是教师个体执行的，因此，教师集体课程决策的结果是来自参与教师个体对课程的理解，集体决策对教师起到的作用是规定、引导、支持，之后，教师将集体决策内化为教师自己的行动。过于详细、绝对的集体课程决策对教师教学风格的发挥是一种限制，而过于粗略的集体决策对教师而言只是领来了一些教学任务，没有获得任何思考、引导与提高。对教学流程建议性的决定，对关键问题深入的剖析是教师集体课程决策应该把握开放与约束的度。

三、教师集体课程决策中应克服的局限

（一）克服集体课程决策中对个性发挥的局限

在理想的文化没有建立之前，制度的意义在于导引。教师集体课程决策中重点、难点的约定本身没有错，知识本身无所谓重点、难点，关键是相对学生而言是重点、难点，这应该是教师课程决策合理的起点。所谓难点是站在学生知识结构、认知特征的角度判定是教学难点，重点是那些对学生未来学习、生活有重要价值的知识、技能与方法，需要教师有对知识来龙去脉的审视，一个居高临下的视角。但如果所有成员教师局限于这些重点、难点、一般程序的设计以及所有的课堂千人一面、没有差别，那么约定就变成了束缚与制约，教师集体课程决策确定的是有关课程的一般问题，在集体决策之上的教师个性化的课程决策也是课程实施质量的关键步骤。因此，约定的方式也需要被约定，比如，有的学校要求教师准备两个教案，第一个教案是集体备课的教案，第二个教案是在第一个教案的留白处添加、更换自己的特色内容，鼓励教师在达到一般课程实施水平的基础上尝试、创新。

（二）克服各种决策方式功能的局限

流程约定式的课程决策方式，会给教师有关课程的整体印象，但是由于讨论的问题是基于过去的经验，并对课堂进行预设，并非基于真实发生的课堂，刻板的流程容易磨蚀教师的探讨热情，尤其对已经掌握教学一般程序的经验教师来讲觉得枯燥、程式化；相对而言，课例研究式的决定方式针对真实的课堂，但由于周期长，不能覆盖所有课程内容；课程开发式的课程决策是最有利于教师超越习惯的思维局限，扩展视野，转换角色，但目前，不是所有的教师都有机会参与体验。任何制度都很难满足所有人的需要，或者说，不可能所有人在所有形式的课程决策中都有收获，何况即便是课例研究式、课程开发式的决策中，也会因为参与人员的懈怠、消极而流于形式，问题的关键是我们怎样为这些集体决策的形式创造积极的文化背景，这其中学校的领导者的过程参与结果检验是至关重要的，领导者或者专业骨干参与研讨过程和监督之外，更重要的是提出超越性、反思性的问题，引领话题的质量，提高课程理解的深度。另外，课程决策的质量要在课程实施中体现出来，经常性、常规性的听课本身就是对课程决策质量的检验。

（三）克服沟通中信息流动不均衡性的局限

教师在教学中离不开对话，包括与文本对话、与学生对话、与同伴对话、与自己过去的经验对话，课程决策也是对话的过程。但交流中主流话语的出现也是必然的，这在任何人群中的审议、讨论中都会出现，必然因为见识广度、认识水平、性格甚至地位产生影响，因为这些讨论是为了求解，而不是畅想。但问题是对于经验教师甚至能手教师而言，集体的课程研讨也是必须的，熟悉的未必真正知道，很多在经验中重复多次的观念、行为有可能是集体

无意识的错觉，而青年教师没有固定模式，接受新观念比较快，需要在研讨中建立特别的机制让他们表达。

参考文献：

[1] 江山野. 简明国际教育百科全书：课程［M］. 北京：教育科学出版社，1991.

[2] Smith D L. On the Concept of Perceived Curriculum Decision-Making Space［J］. *Curriculum Perspectives*，1983（1）：21-30.

[3] 周淑卿. 课程发展与教师专业［M］. 台北：台湾高等教育文化事业有限公司，2004.

[4] Klein M F. A Conceptual Framework for Curriculum Decision Making［J］. *The Politics of Curriculum Decision-making：issues in centralizing the curriculum*. Albany：State university of New York. 1991（1）：277-314.

[5] 徐碧美. 追求卓越：教师专业发展案例研究［M］. 北京：人民教育出版社，2003.

[6] Calderhead J. A Psychological Approach to Research on Teachers' Classroom Decision-making［J］. *British Educational Research Journal*，1981（1）：51-57.

[7] 刘学惠，申继亮. 教师认知研究回溯与思考：对教师教育之意涵［J］. 教育理论与实践，2006（11）：46-49.

[8] 陈桂生. "集体备课"辨析［J］. 中国教育学刊，2006（9）：40-41.

[9] 李·舒尔曼. 理论、实践与教育的专业化［J］. 王幼真，刘捷，编译. 比较教育研究，1999（3）：37-41.

（原载 2008 年第 12 期）

课程意识：新课程中教师发展的生长点

许洁英

一、为什么会“心中无数”

笔者同课程改革实践中的教师交流，倾听他们的心声，感同身受地体悟他们的处境，听到最多、感受最深的是这样一些话：“不会教了”“心中无数”。比如，教材容量大。既然发了，就应该完成这个任务，但应该完成到什么程度？一堂课上到什么程度才算好课？如何评价成长记录袋？课程改革的理论、理念与实践怎样结合？分析种种“心中无数”，喜忧参半。喜的是这种种“心中无数”表明了教师原有的教育、教学价值观发生了动摇，经历着冲突，亟待重建，教师要进行专业发展的现实摆在了每一位教师的面前。忧的是实现价值观重建和教师专业发展任重道远。第一，原有的价值观植根于“唯分数是论”的现实，有着非常大的惯性。第二，教师的专业发展，尤其是专业判断和决策能力长期以来用进废退，离新课程的要求差距较大。第三，课程改革步步推进已进入“面上推广，点上深化”的阶段，时不我待。第四，实验区的教师虽然接受了岗前培训，但主要靠新课程实验中的“做中学”，得到的专业支持满足不了实际需求量。西北农村省级实验区的情况尤甚。

怎样从“心中无数”到“心中有数”？是什么样的“数”？是不是上面“拿出个东西来”？是不是“专家”给的“数”？

教师面对种种“心中无数”的困惑，理不清楚，想不明白，新课程的理念超出了他们已有的缄默知识或实践知识，也超出了他们原有的话语体系。新课程是“有位佳人，在水一方”。这是正常现象。“新玩意在眼前冒出来，给人的直感就是讲不清楚。于是形成问题，形成挑战。”[1]这是笔者对新课程中教师处境的整体印象。如今，新变旧知纷至沓来，不能无感，不能不说，扩展语言和词汇的边界，扩展思想的边界就在所难免了。这句话同样适用于新课程中的教师和教师发展。应该如何扩展？本文试图从教师在课程改革中的实际境况切入，围绕课程意识说起。在开始这个话题前，有必要先简单地谈一谈课程改革与教师发展。

二、课程改革与教师发展

课程实施是将变革付诸实践的过程，这种变革可以是从外部形成的，也可以是内生的。[2]一般而言，课程实施有两种不同的方式，一种是“忠实或程序化”（fidelity or programmed approach）的实施方式，另一种是“相互调适或适应性”（mutually adaptation or adaptive approach）的实施方式。[3]无论是哪一种方式，教师的作用和专业能力都被认为是课程实施能否成功的决定性因素。因此，教师发展必须与课程改革齐头并进。浏览北美有关课程变革的文献，总是将课程变革与教师发展、教师教育联系在一起。在课程变革与发展的系统框架里，教师和教师发展是不可缺少的部分。

在新一轮基础教育课程改革之前，教师专业化问题就已经被提了出来，并涌现出了相关的理论研究和实证研究。新课程对教师专业发展提出了新要求，对教师培训进行了系统规划，为教师发展创造了契机。新课程将改变学生的学习生活，但首先将改变教师的教学生活。教师面对新课程，机遇和挑战并存。就课程改革实验区，尤其是西北农村课程改革省级实验区的情况来看，教师发展的任务艰巨，挑战很大。

三、从课程意识说起

教师在谈到新课程时，实际上是在谈新教材，对于这次课程改革要达到的学生一般发展目标或基础性发展目标、不同课程的育人价值以及学生在不同课程中要达到的学科学习目标等很少涉及和关注。就教材论教材，甚至很少提及课程标准。举一个典型的例子，在一次调研中，我们就新课程在学校中的实施情况与教师进行座谈时，一位校长的发言从开始到结束都在说新教材，主持人忍不住补充说明“是新课程”，这位校长迅速而直接的反应是：“新课程就是新教材，是一回事情。”对于课程标准中的三维课程目标，大多数教师也只停留在机械、表面的认识上。除了新教材，教师谈论最多的就是教学方法的改变。在教学中是否采用了合作学习成为进行课程改革的一个标志，而不少合作学习又盲目刻板、照猫画虎。

新一轮课程改革要达到的六个目标是一个结构系统，是从课程的价值与功能，到课程结构、课程内容、教与学的方式、课程评价和课程管理的一次系统改革。为什么到了教师这里（这是决定新课程实施能否成功的关键因素），课程改革就简单化为“换教材”与“换方法”了呢？

原因大概有两个。第一，从课程发展理论而言，教师是课程发展中的一环，但我国的实际情况是，在本次课程改革之前，教师与课程无涉。教师只管“照本宣科”，也就是只管教什么（实际上是考什么教什么），而不用管为什么教，在哪门课上教，怎样评价等。这种状况从积极的一面说，带给教师的是“心里踏实”“心中有数”。但更多的是将教师局限在了一个非常狭窄的工作空间和非常微观的工作层面，甚至将教师局限到只与知识点和给分点打交道。第二，在“心中有数”“确定性”的背后，教师的专业判断与决策能力用进废退，教师丧失了工作的专业性与创造性，绝大部分教师的教学如出一辙。大家公认的好教师也大多只有匠人的技艺，而缺乏匠心。

因此，当前基础教育课程改革中提出，形成教师的课程意识非常重要。新课程与以往课程的本质区别之一就在于它的“不确定性”。有几句通俗的话将课程意识概括得好，贴近教师的实际。第一句话是课程不等同于课表上的科目，第二句话是课程不仅是教科书，第三句话是课程实施不等于教教科书。这是针对实际中教师往往在说到课程时就与科目与教科书对号入座，因而也将课程实施等同于教教科书的现象。当然，造成这种现象的原因不全在教师，以往的课程管理机制和评价机制是一个很大的制约。那么，教师要形成的关于课程和课程实施的课程意识究竟是什么呢？答案和表述不是唯一的，但都要突破教师以往对于课程和课程实施窄化和简单化的理解，最终目的是教师从整体上理解新课程提出的改革目标，明确新课程要达到的学生发展的基础性目标和学科学习目标，将之植入自己的脑海，纳入自己的工作视野，形成以学生发展为本的理念，富有创造性地落实到自己的教育、教学中去。上面几句针对教师课程意识的话可以续写为：课程不仅仅是课表上的科目，除了各门课程的独特价值，更应考虑课程的总体育人目标和各门课程的合力；课程不仅仅等同于教科书，更应考虑学生的学科学习目标、教科书以外的课程资源、课程与教学环境、评价等要素，课程标准比教科书更重要，应该受到更多关注；课程实施不等于教教科书，而是用教科书教（教科书只是一个范例），创造性地使用教材。正是这些续写的部分扩展了教师的专业词汇和思想。

有学者对教师的课程意识进行了如下概括，可以用来作为对以上课程意识通俗化表述的释义与提升："（教师）首先需要考虑的还不是如何有效地教学，而是应该带给学生什么样的教育经验，包括什么样的知识最有价值，什么样的主题最值得探索；而这又首先需要思考的是我们究竟要培养什么样的人？受过教育的人该是怎样的？教育承担着怎样的职责和使命？如此一来，作为教师应该关注的就远远不止是课堂教学行为、有效的教学策略、课程教学模式等等问题，而更应该关注我们为什么需要教育？为什么要开设语文、数学、科学、艺术等课程？为什么要强调课程的综合化？为什么要倡导发展性的教育评价？为什么要开发校本课程？因为，教育不止是一个简单的操作行为，而是基于信念的行为。"[4]这种概括揭示了教师在课程改革实践中暴露出的问题与不足，也正是新课程中的教师发展应关注的根本和核心。

以上课程意识对于教师的现实意义在于，无论是备课、上课、评课，还是创造性地使用教科书，都要问一问：为什么教？教什么？怎样教？为什么要这样教？在哪门课上教？最后，对促进学生的发展有什么结果和实效？这是实现课程价值与课堂实效的前提与保障。就拿备课来说，不管是"零教案"，还是统一要求的教案，都要切实考虑和回答上面的几个问题，做到"备课程、备方法、备学生。"目前的难点首先在于"备课程"。要从以往的"备教材"转向"备课程"，首先需要具备课程意识。从目前教师的实际状况来看，关键在于扎扎实实地研讨课程标准，并且在备课（包括评课与反思）的时候反复"回到课程标准""对照课程标准"。另外，还需要加强不同课程之间的沟通与联系，教某一学段、某一门课的教师同时需要了解其他学段和其他课程的标准和要求。综合性是新课程结构调整的原则之一，是针对以往过分强调学科本位、科目过多和缺乏整合的现象提出的。[2]22-23设置综合课程是课程结构综合性的集中体现。除此之外，加强学科的综合性是非常重要的一个方面，这又体现在两个方面：就一门学科而言，注重联系学生的经验和生活实际；就不同学科而言，提倡和追求彼此关联，相互补充。这种综合更多地要靠教师在教学设计和教学过程中实现，首先需要教师具备课程意识。目前，这对教师来说还不是一件容易的事情。

可以这样说，课程意识是针对教师在课程改革中的实际困惑提出的，是理论、理念与课程改革实践的对接，可以成为新课程中教师发展的生长点之一。教师在课程改革中遇到的诸多实际困难，看似是操作方面的，实质上是由课程意识缺乏造成的。从课程意识入手，扩展词汇和思想的边界，可以为教师思考、讨论和理清实际操作中的困惑与困难提供思路。

四、教师在课程发展、课程效能中的作用与课程意识

教师的课程意识及与教师发展的关系，上文已经做了论述。现在对课程发展和课程效能这两个概念作一简单说明。笔者认为，课程发展（curriculum development）这个概念不同于我们惯常使用的课程设计，它更多地反映了课程的动态本质和层次性，从广义上也可以将课程实施包括进来。在课程发展和课程效能的系统框架中，[2]清楚地体现了这一点。例如，遵循全球化（globalization）、地方化（localization）和个体化（individualization）这三条课程发展的原则，在教师这一层次上的课程设计指教师对于课程范围、时间分配、内容、教学侧重点、教学策略，以及如何对学生分组使他们完成特定的教学任务和学习活动等做出决策，这本身就涉及课程在教师这里如何实施的问题，体现了课程发展的动态性和层次性。从这个意义上

说，课程发展与课程实施实际上是密不可分的。

关于课程效能，衡量其高低与好坏的根本依据是教师在课程发展与实施过程中的表现、学生的学习经验和实际学习结果。[2]通过课程能给予学生什么样的学习经验，使他们获得什么样的学习结果，是课程效能的主要表现，而这又是由教师如何教的表现所决定的。进一步分析，以上课程效能又是与课程在发展和实施过程中的适切性（relevancy）密不可分的，即课程是否适合于社会和时代的需求，是否适合于学校的办学目标与价值追求，是否适合于教师面对特定环境和特定学生群体开展教学的特定需求，是否适合于学生的特点和发展需要。也正因为如此，课程发展和课程效能才应该有以全球化、地方化和个体化为主线的系统层次结构。

依据课程发展的全球化、地方化和个体化这三条原则，与课程发展的不同层次相对应，系统地考虑从意愿中的课程（intended curriculum）到实践中的课程（curriculum in practice）要受到哪些因素的影响，对课程效能的考察是一个复杂的结构系统，对课程效能的评价可以从不同的层次展开，教师是其中的一个关键部分。[2]从教师这一层次衡量课程效能，主要看教师的教学表现。而教师的教学表现又是教师能力、课堂中的课程和学校组织环境之间交互作用的结果。学校组织环境包括学校管理和组织架构、学校文化、人际关系、团队协作和物质环境与资源等，这些对于教师都是特定的，不是作为个体的教师能够轻易改变的，而学校的组织环境对于实现课程在教师这一层次上的效能又非常重要。[1]当前的课程改革倡导学校文化重建就是这个原因，也表明课程改革已经开始触及比较深层的方面。

课程发展、课程实施与课程效能及其评价是密切联系在一起的，这与泰勒提出的关于课程的四个基本理论问题仍然一致。但我们应进一步认识到，从课程发展与实施到课程效能的评价都是动态的、系统的层次结构。其中，教师是不可忽视的关键部分。同时，教师这个层次又不是孤立的，是课程发展与课程效能系统层次中的有机组成部分。要发挥教师在课程发展和课程效能中的作用，教师形成如前所述的课程意识就非常重要。既然课程发展在教师这一层次上表现为教师对于课程范围、时间分配、内容、教学侧重点、教学策略，以及如何对学生分组使他们完成特定的教学任务和学习活动等做出决策，那么教师只有具备了课程意识，才能理性地、心中有数地、灵活地和富有创造性地进行这样的决策，才能切实促进自己的专业发展。也只有做到了这一点，教师这一层次上的课程效能才能得以实现。

五、课程变革和教师发展的不同模式与课程意识

课程变革要求教师发展同步跟进。课程实施的方式不同（“忠实或程序化”实施和“相互调适或适应性”实施），教师发展的情形也不同。有学者将课程变革与教师发展的模式这样分类：简单化的课程变革模式（simplistic curriculum change approach）、教师能力改革模式（teacher competence change approach）、能动的课程变革模式（dynamic curriculum change approach）。[1]前两种植根于忠实执行的课程实施方式，把课程变革更多地看作由外部的管理者和专家施与的，把课程更多地当作静态的。而能动模式则认为课程是动态的，课程效能只有在课程发展和教师发展持续、循环的过程中才能得以实现。[1]事实上，在课程改革的实践中，两种课程实施方式不是非此即彼的关系。课程改革实践是从忠实执行到相互调适的渐进过程。刚开始忠实执行的成分较多，逐渐过渡

到选择、修正，最后达到真正意义上的、完全的课程发展。这也是课程发展中的地方化(localization)涉及的不同阶段和水平。[1]越往后，课程的地方化和校本化程度越高，地方课程和校本课程的开发和实施能力越强，课程效能也越好。越往后，对教师能力和教师发展的水平要求越高，教师形成前面所述的课程意识的意义也就越大。

当前的课程改革从开始就进入了这样的渐进过程，从根本上区别于以往“大一统”和“不能越雷池半步”的状况。但从课程改革在学校的实践来看，由于我国区域差异大，进步的速度也有很大不同。课程意识为刚起步的课程改革实验区如何促进教师发展，发挥教师在课程的动态发展和课程效能中的作用，进而把课程改革推向前进提供了一个着眼点和着力点。

六、从“心中无数”到“心中有数”，再到教学创新

“心中无数”现象，其根本原因在于教师缺乏专业判断与决策能力。就教师专业素质的一般状况而言，促进教师专业能力发展的关键在于形成教师的专业判断与决策能力。而课程意识是形成专业判断与决策能力的根本和基础，是促进教师发展的一个生长点。课程意识中涉及的几个要点也为教师思考与解决实际操作中出现的具体问题提供了思路与依据。教师具备了专业判断与决策能力，做到了“心中有数”，教学创新指日可待。

改革与创新是我们这一时代的主旋律，改革又总是与创新联系在一起。为什么要改革、创新？是不是为了改而改，为了新而新？改革和创新都是为了更好地回应时代的要求，解决面临的问题，寻求出路，谋求发展。无论是建设中国特色社会主义，还是当前正在进行的基础教育课程改革，都是同样道理。这样看问题，可以使改革与创新变得不那么神秘，不那么高不可攀。只要明确改革要达到什么目的和目标，有效地解决了改革针对的问题，进而实现了改革目标，就是创新。同时也只有创新才能实现真正意义上的改革，实现发展。改革创新绝不等于标新立异。也并不是必须与已有的基础一刀两断，另起炉灶。

具体到课程改革和课程改革中教师的教学创新，关键是教师要具备前面所述的课程意识，以不变应万变，创造性地解决课程改革实践中出现的问题，并参与到课程发展的动态过程中来，为实现课程效能和新课程的目标作出自己的贡献。要做到这些，校本教研不失为一种好的机制，与新课程相适应的管理制度、评价制度和学校文化则是其制度保障和现实土壤。

参考文献：

[1] 吴思. 扩展词汇的边界，转引自《读者》2004年第12期，40-41页。

[2] Fullan M. *Curriculum Implementation* [A]. A Lewy (Ed.). *The International Encyclopedia of Curriculum* [C]. New York: Pergamon Press.

[3] Kwok Tung, Yin Cheong cheng. *A Framework of Curriculum Effectiveness: Research and Development* [A]. Yin Cheong Cheng. King Wai CHDW, Kwok Tung TSUI (Eds.). *School Curriculum Change and Development in Hong Kong* [C]. Hong Kong: The Hong Kong Institute of Education, 2000.

[4] 肖川. 简论教师的课程意识兼析开放的课堂 [J]. 实验工作通讯，2003 (6).

（原载2004年第10期）

中小学教师的课程取向及其特点

靳玉乐 罗生全

一、课程取向的分类及其意义

课程取向是人们对课程总的看法和认识，哲学思想、价值观、方法论、文化背景以及对个体的心理发展等方面问题认识上的差异，导致人们对课程产生不同看法，这些不同看法就形成了课程取向。[1]课程取向有不同的分类方式，其中最有名的分类框架是艾斯纳（Eisner）和瓦纳斯（Vallance）关于课程取向的研究，他们将课程取向分为五类：学术理性主义（academic rationalism）、认知过程（cognitive processes）、社会重建（social reconstruction）、自我实现（self actualization）和技术取向（technology）。[2]后来，艾斯纳提出将课程取向分为六类，分别是技术（technology）、个人适合（personal relevance）、社会重建（也称批判意识）（social reconstruction or critical consciousness）、社会适应（social adaptation）、认知过程（cognitive processing）和学术理性（academic rationalism）。[3]此外，艾尼斯（Ennis）和朱（Zhu）将课程取向也分为五类，分别是学习过程（learning process）、自我实现（self actualization）、学科掌握（disciplinary mastery）、生态综合（ecological integration）和社会重建（social reconstruction）。[4]麦克尼尔（McNeil）提出四种分类的课程取向，即学术（academic）、社会重建（social reconstructionist）、人文主义（humanistic）和技术（technological）。[5]我国课程研究者综合了国外对课程取向分类的研究，较倾向于将课程取向分为五类，即学术理性主义、认知过程、社会重建、人文主义和科技发展。学术理性主义取向主张以学科结构作为课程内容组织的基础，通过选取每一学科的知识精华来促进学生的理性发展，强调课程内容的获得和知识结构的掌握。认知过程取向则强调学习的过程，而不是学习的内容，倾向于把学科内容看作发展学生认知过程和智力的工具，注重培养学生诸如推理、分析和综合、发现问题、解决问题的能力。社会重建取向将学校课程视为有利于社会变革的工具，以社会的需要和问题作为组织课程内容的中心，主张让学生参与社会事务，了解和批判分析各种社会问题，发展学生的社会责任意识。人文主义取向认为应根据学生的兴趣和需要去选择及组织课程内容，重视课程综合和学生的情感、态度、价值观等情意品质的发展，强调学习环境的设计和学生的自我学习，促进学生个人的全面发展。科技发展取向尊崇教学效率和体系化的课程设计理念，认为学校课程应该致力于寻找有效的手段来达成预设的学习目标，注重培养学生使用信息技术的能力。

课程取向是课程设计的指导思想，[6]尽管许多研究者在探讨课程设计时或多或少会涉及课程取向的研究，但把课程取向作为独立研究对象的文献并不多见，而且只有少数研究者对其进行了实证研究。艾尼斯（Ennis）、穆勒（Mueller）和胡佩尔（Hooper）采用了75个题项的价值取向问卷，调查了教师的价值取向对课程设计的影响，应用于对职前物理教师、在职教师和学生等的课程取向的测试，主要集中在教师的取向、取向的相关以及不同类型教师的比较等方面。[7]李（Lee）、安德森（Adamson）和鲁克（Luk）使用57个题项的课程取向问卷对我国香港的28名师范生进行了测试，发现有14名学生都倾向于认知过程取向。[8]张善培（Derek Cheung）依据麦克尼尔（McNeil）的四种课程取向理论，通过对我国香港675名小学教师的调查，用结构方程模型建构了四种基本课程取向（学术、社会重建、人文主义、技术取向）和一种元课程取向（认知过程取向）。[9]张善培和吴本韩（Hin-wah Wong）对648名教师进行了问卷调查，研究了五种课程取向之间的相关性，及其与教师性别、教龄、学科专业和学校类别的关系。[10]吴本韩和张善培用自编问卷对437名职前师训学员的小学科学课程取向进行了调查研究，结果显示学员最认同认知过程取向，但也不排斥其他四种取向，同时还研究了有关学员的科学知识背景、教学实习经验和曾修读科学单元的性质等因素的影响。[11]此外，黄素兰和张善培调查了我国香港美术科教师的课程取向，发现教师对人文取向的认同程度最高。[12]这些研究结果对课程设计提供了很好的实证依据，为教师的课程设计与实施提供了思想上的保障，使后续的课程改革显得更科学和有效。

课程取向是关于课程目的、课程内容、教学策略和教学评价等课程要素的诸多信仰的集中反映，可以说，不同课程取向便是不同课程设计信仰的体现。所有教师都有关于学校课程应该如何设计的信仰，这些信仰与他们的教学行为密切相关，直接影响到教师课程设计的具体实现，因此，研究教师的课程取向具有重要的意义。本研究的目的在于了解中小学教师课程取向的总体情况，探讨教师的课程取向在性别、教龄、学校类别、学历、新课程培训上的特点，希望能够帮助教师更好地设计和实施课程，不仅为理论工作者提供实证支撑，而且为新课程的改进提供科学的依据。

二、中小学教师课程取向的定量分析

本文采用我国台湾学者黄政杰所著《课程设计》一书中提供的课程取向问卷作为调查工具，[13]将原问卷的文字由繁体改为简体，表述尽量便于教师理解，并请有关教育学和心理学专家审定。该问卷包括57个题项，分别描述五种课程取向：（1）认知过程取向；（2）科技发展取向；（3）人文主义取向；（4）社会重建取向；（5）学术理性主义取向。被试在“是”和“否”上进行选择。采取分层抽样的方法，分别在成都市、南充市、南部县和南部县定水镇随机抽取小学、初中、高中各一所学校的教师作为被试，共发放问卷500份，回收问卷384份，剔除废卷获得有效问卷378份，回收率76.8%，有效率98.4%。

（一）中小学教师课程取向的总体水平及其特点

对所有被试在五种课程取向上的得分情况进行描述统计（见表1）结果显示，相对于量表的理论平均分0.5分，五种课程取向的得分都比较高，其中认知过程取向的得分最高，其次是科技发展和人文主义取向，社会重建取向次之，学术理性取向的得分最低，表明中小学教师在课程取向上对认知过程取向的认同度最高，但也不排斥其他四种取向。

表1　中小学教师课程取向的总体水平

	认知过程	科技发展	人文主义	社会重建	学术理性
M	0.89	0.83	0.83	0.80	0.75
SD	0.11	0.14	0.16	0.16	0.15

总体来看，中小学教师对认知过程的课程取向高度认同，这与其他学者的研究结论一致。[11][14-15]究其原因，一个可能的解释是，我国的课程设计一贯重视对学生知识和能力的培养，即注重学生的“双基”。植根于中国大地的

双基教学理论，是新中国教育界几代人成功实践探索的理论结晶，是在中国经济落后、文化科技水平低下、教育基础薄弱的国情下，提出、发展并切实使中国教育质量得到迅速而有效提高的教学理论，是中国教育工作者对世界教育理论宝库的重要贡献。中国大多数教师在自己的教学实践中不自觉地萌发了“双基”情结。[16]“双基”注重对学生基础知识与基本技能的训练，是创新的条件，对学生的评价主要从其问题解决的能力角度去考查，这就要求教师对学生进行相应的能力训练，以适应外部评价者的需求。另一个比较合理的解释是，受苏联教学理论的影响，教会学生学习这一教学理念已在教师的观念中定型。尤其是凯洛夫教学论的影响，其注重知识学习和认识能力的发展，认为学生在掌握系统知识的同时，也掌握着智力活动（分析、综合、概括），从而发展了他们的智力，并且，能力也随之发展起来。长期这样的教学实践内化了教师对认知过程取向的高度认同。此外，新课改强调形成学生积极主动的学习态度，使获得基础知识和基本技能的过程同时成为学会学习和形成正确价值观的过程，既没有否定“双基”的重要性，从学会学习的角度讲，更是强化了教师的认知过程取向。

中小学教师的课程取向还表现出另一个特点，即他们虽然高度认同认知过程取向，但并不排斥其他四种取向，该特点在其他类似研究中也得到了证实。[11,14]这表明教师关于课程设计的信仰存在互补的多元倾向，也即课程取向的综合化趋势。现代课程发展的一个基本理念就是强调全人发展的课程价值取向，我国新课程改革的课程设计取向正是以学生的全面发展为核心，把学生本位取向、学科本位取向和社会本位取向辩证整合起来。[6]51这既是课程设计的一种国际趋势，也是我国长期课程设计的实践过程的理论升华。每一种课程取向之间，包括教育目的、教学内容、教学方式与方法以及教学评价等之间都相互关联，其中的一些特点同时属于几种取向，很难在每种取向之间明确地划分出界限，即使在实践中也是如此。帕莱特（Pratt）认为：“它们的核心要素虽不一样，但其间却有非常强的相互联络。”[17]同样，米勒（Miller）的访谈也显示出这一点：“许多教师并不只是持一种取向，实际上，跟我一起工作的教师告知我说，他们喜欢持有几种取向。在课程设计与教学过程中，他们同时将两到三种取向混合用于实践。”[18]大量的理论研究和实践都表明，课程取向呈现综合化的趋势，任何单一的课程设计倾向都不符合课程发展的世界潮流。

（二）中小学教师课程取向的性别差异分析

对教师课程取向进行性别的独立样本 t 检验（见表 2），根据结果可知，男女中小学教师在认知过程取向、科技发展取向、人文主义取向和社会重建取向上差异不显著，在学术理性取向上有显著差异，男教师的得分比女教师的得分高。

表 2 中小学教师课程取向的性别差异分析

取向	男 M (SD)	女 M (SD)	t
认知过程	0.89 (0.13)	0.90 (0.10)	−0.92
科技发展	0.85 (0.14)	0.82 (0.14)	1.52
人文主义	0.83 (0.17)	0.83 (0.14)	0.11
社会重建	0.82 (0.17)	0.79 (0.16)	1.82
学术理性	0.77 (0.17)	0.73 (0.14)	2.19*

注：* $p<0.05$，** $p<0.01$，*** $p<0.001$；下同

中小学教师在学术理性的课程取向上有显著的性别差异，男教师比女教师更认同该取向。这可以从男女个体心理特征的性别差异上加以解释，相对于女性而言，男性更理性，更擅长逻辑思维，更重视学习内容的价值和知识结构的严密性，更看重学术成就的意义，反映在课

程设计的信仰上，男教师比女教师更倾向于学术理性取向。此外，从男女教师的成长经历来看，由于受传统社会文化和性别角色期望的影响，我国家长大多对男孩的望子成龙之心更切，希望将男孩培育成像物理学家、数学家、历史学家等那样的人物，期望他们在事业上有更大的发展，而对女孩的成才要求可能就更为宽松。这种社会文化的导向和不同的性别角色预期会使家长更看重对男孩进行学科知识结构的训练，重视学习那些诸如物理、数学等重要学科的课程。当这部分具备更多学科内容训练的儿童成长为教师之后，他们就有可能在课程取向上比女性教师更倾向于学术理性取向。这与上文提及的张善培和吴本韩的研究结论不同，他们发现我国香港地区教师的课程取向没有性别差异。内地与香港虽同属于一种文化根基，但其教育体制、课程理念并不一样。再加之香港地区受西方文化的影响较大，这些差异反映在教师的课程观上，便产生了内地与香港的男女教师在课程取向上的不同。

（三）不同教龄教师课程取向的比较及其特点

从表 3 可以看出，不同教龄教师在认知过程和社会重建取向上有显著差异，在科技发展和学术理性取向上有非常显著的差异，而在人文主义取向上没有显著差异。通过 LSD 事后多重比较可知，1—5 年教龄的教师、11—15 年教龄的教师分别与 16—20 年教龄的教师在认知过程、科技发展、社会重建和学术理性四种取向上有程度不同的显著差异，6—10 年教龄的教师与 16—20 年教龄的教师在科技发展、社会重建、学术理性三种取向上有不同程度的显著差异，1—5 年教龄的教师与 20 年以上教龄的教师在科技发展取向上有非常显著的差异，而 6—10 年教龄的教师与 20 年以上教龄的教师在社会重建和学术理性取向上有显著差异。

表 3 不同教龄教师课程取向的方差分析

取向	1—5 (a) *M* (*SD*)	6—10 (b) *M* (*SD*)	11—15 (c) *M* (*SD*)	16—20 (d) *M* (*SD*)	20 以上 (e) *M* (*SD*)	*F*	*Post Hoc*
认知过程	0.88 (0.12)	0.90 (0.11)	0.88 (0.10)	0.93 (0.10)	0.91 (0.15)	2.66*	a<d**，c<d**
科技发展	0.80 (0.14)	0.83 (0.15)	0.82 (0.12)	0.89 (0.10)	0.87 (0.17)	4.22**	a<d***，a<e**，b<d*，c<d**
人文主义	0.84 (0.14)	0.81 (0.16)	0.82 (0.16)	0.89 (0.12)	0.83 (0.21)	2.38	
社会重建	0.80 (0.15)	0.78 (0.17)	0.80 (0.17)	0.86 (0.14)	0.85 (0.19)	2.89*	a<d*，b<d**，b<e*，c<d*
学术理性	0.75 (0.14)	0.72 (0.15)	0.75 (0.15)	0.82 (0.14)	0.79 (0.21)	4.64**	a<d**，b<d***，b<e*，c<d**

不同教龄的教师在人文主义的课程取向上没有显著差异，这可能是由于在传统文化底蕴里，我国很少明确倡导人文性，人们在快速发展的社会中对功利的崇尚大于对人文精神的诉求，这种社会文化性导致了普遍的人文性的缺失。事实上，在新课程改革以前，我国的教育目的一般也是从社会的角度来阐释对人的培养要求的，更多地认为人的发展应该为社会服务，我们培养的是对社会有用的人才，学校的教育目标同样缺乏人文性。为改变这一现状，新课程将增强人文性的改革内容，提出以人为本的思想，强调在学校教育的方方面面（诸如培养

目标、课程设计、学科内容选择、教学方法使用等）都要体现人文精神，这些改革要求深入人心，不管是多少教龄的教师都一致认同人文主义的课程取向。那么在其他取向上为什么16—20年教龄的教师会与其他教龄的教师有显著差异呢？这也许是由教师的专业发展阶段决定的，在这个教龄阶段是专业发展的成熟期，教师对自己所持有的课程取向会进一步加深。该教龄段的教师对自己所遵从的教育理念会逐步在实践中得到运用，并有可能上升到新的理论高度，强化自己的课程取向。而一旦过了这个教龄阶段，便有可能产生职业倦怠，削弱其信仰，对取向的认同度有所减弱。

（四）不同学校类别教师课程取向的比较

从表4的结果可知，除认知过程取向外，小学、初中和高中教师在科技发展、人文主义、社会重建和学术理性取向上都有极其显著的差异。经多重比较发现，小学教师与高中教师、初中教师与高中教师在科技发展、人文主义、社会重建和学术理性四种取向上都存在着程度不同的显著差异，而小学教师与初中教师只在人文主义取向上表现出非常显著的差异。

表4 不同学校类别教师课程取向的方差分析

取向	小学（a） *M*（*SD*）	初中（b） *M*（*SD*）	高中（c） *M*（*SD*）	*F*	*Post Hoc*
认知过程	0.91（0.09）	0.91（0.11）	0.88（0.14）	2.35	
科技发展	0.86（0.12）	0.86（0.11）	0.79（0.17）	11.50	a>c，b>c
人文主义	0.89（0.12）	0.83（0.15）	0.78（0.18）	17.21	a>b，a>c，b>c
社会重建	0.85（0.13）	0.83（0.16）	0.76（0.18）	13.00	a>c，b>c
学术理性	0.79（0.14）	0.79（0.14）	0.70（0.16）	13.89	a>c，b>c

不同学校类别的教师在认知过程取向上没有明显差异，而在其他四种取向上表现出极其显著的差异，这与艾利斯等人的研究结论不一样，[4][19]他们的研究表明，不同学校类型的教师在每一种课程取向上都没有显著差异。这可能与我国的课程整体设计理念有关，中小学教师都普遍认同课程设计应该通过学科内容来发展学生的认知能力，因此他们在认知过程取向上没有体现出差异性。同时，课程设计的九年一贯制导致了小学教师和初中教师在科技发展、社会重建和学术理性取向上基本一样。但是，考虑到小学生身心发展的年龄特征，小学教师会更关注学生的兴趣、态度和情感，表现出比中学教师更多的人文主义课程取向。而高中阶段的学校教育处于义务教育之外，加上高考指挥棒的影响，高中教师比小学教师和初中教师更为忽视科技发展、人文主义、社会重建和学术理性取向。课程整体设计的思想应该具有某种连续性，不能仅仅局限于九年义务教育之内，中小学教师在课程取向上也应该保持一致，有必要进一步增强高中教师在科技发展、人文主义、社会重建和学术理性课程取向上的重视程度。

（五）不同学历教师课程取向的比较

表5的结果显示，不同学历的教师在科技发展、人文主义和社会重建取向上有极其显著的差异，在学术理性取向上有非常显著的差异，而在认知过程取向上差异不显著。经多重比较可知，研究生学历的教师与中师及以下学历的教师、本科学历的教师与大专学历的教师、本

科学历的教师与中师及以下学历的教师分别在除认知过程以外的四种取向上有着不同程度的差异，研究生学历的教师与大专学历的教师在科技发展和学术理性取向上有非常显著的不同，而研究生学历的教师在科技发展取向上的得分显著低于本科学历的教师。

表 5 不同学历教师课程取向的方差分析

取向	研究生（a） *M*（*SD*）	本科（b） *M*（*SD*）	大专（c） *M*（*SD*）	中师及以下（d） *M*（*SD*）	*F*	*Post Hoc*
认知过程	0.84（0.14）	0.90（0.12）	0.90（0.10）	0.92（0.08）	2.11	
科技发展	0.76（0.22）	0.82（0.14）	0.87（0.11）	0.89（0.12）	6.61^{***}	$a<b^{*}$，$a<c^{**}$，$a<d^{**}$，$b<c^{**}$，$b<d^{**}$
人文主义	0.81（0.19）	0.81（0.16）	0.88（0.13）	0.91（0.10）	7.56^{***}	$a<d^{*}$，$b<c^{**}$，$b<d^{***}$
社会重建	0.79（0.15）	0.79（0.17）	0.86（0.15）	0.88（0.12）	6.73^{***}	$a<d^{*}$，$b<c^{**}$，$b<d^{***}$
学术理性	0.69（0.21）	0.74（0.15）	0.81（0.15）	0.80（0.16）	5.13^{**}	$a<c^{**}$，$a<d^{**}$，$b<c^{**}$，$b<d^{*}$

教师的学历层次对认知过程取向没有影响，但明显影响到教师的其他四种课程取向。很长一段时间以来，我国基础教育课程的设计理念仍然是强调学生能力的发展，力图通过知识教学（包括陈述性知识、程序性知识和策略性知识的教学）来实现培养学生能力的目标。这种课程设计理念深入中小学教师的观念体系，不管他们所接受教育的程度如何，都一致认同认知过程的课程取向。可能的原因是，我国历来重视认知取向，已经形成特有的公共教师文化，形成一种共同心向；课程设计对认知取向的侧重，也直接导致了各教师教育阶段的教师持有相应的取向倾向，也就是培养符合课程设计要求的准教师，这些准教师在这样的一个文化环境内也就有可能定型其课程取向。

然而，在其他四种取向上，学历的影响是非常显著的，本科学历和研究生学历的教师普遍比大专学历和中师学历的教师具有更低的认同度。究其原因，主要与他们所从教的不同学校类型有关。本科学历和研究生学历的教师一般是中学教师，难免会有升学（升高中或者升大学）考试的压力，因此在实际的课程设计上更加关注与升学考试有关的内容。不管现在的考试形式如何变化，对知识和能力的考查仍然是中学教育评价的重心，这必然导致中学教师的课程取向一味地向认知过程倾斜，而忽视其他几种取向。而大专学历和中师学历的教师一般是小学教师，没有升学考试的严格要求，对课程的设计更为宽松、自由，教师有更多空间来考虑除认知过程以外的其他取向。国外已有研究显示，本科学历与研究生学历的职前教师在五种课程取向上都没有显著性差异，[20] 而我们的研究发现本科学历教师在科技发展取向上的得分显著高于研究生学历教师，这可能与我国高等教育在不同层次上的培养目标有关，本科更注重训练实际的操作能力，研究生则更强调培养科学研究的能力。

（六）不同新课程培训状况的教师课程取向的比较

表 6 的结果显示，不同新课程培训状况的教师在科技发展取向上存在着极其显著的差异，在认知过程和社会重建取向上有显著差异，而在人文主义和学术理性取向上没有显著差异。经多重比较可知，培训过 1—2 次的教师与培训

过3次及以上的教师在认知过程、科技发展和社会重建取向上都存在不同程度的显著差异，从未参加新课程培训的教师与培训过一两次的教师在科技发展和社会重建取向上有程度不同的显著差异，而从未参加培训的教师与培训过3次及以上的教师在科技发展取向上有显著性差异。

表6 不同新课程培训状况的教师课程取向的方差分析

取向	从未参加（a） *M*（*SD*）	1—2次（b） *M*（*SD*）	3次及以上（c） *M*（*SD*）	*F*	*Post Hoc*
认知过程	0.93（0.12）	0.87（0.13）	0.91（0.10）	3.53*	b<c*
科技发展	0.96（0.06）	0.79（0.17）	0.84（0.12）	10.20***	a>b***，a>c*，b<c**
人文主义	0.90（0.07）	0.80（0.15）	0.83（0.16）	2.17	
社会重建	0.90（0.10）	0.77（0.17）	0.81（0.16）	4.21*	a>b*，b<c*
学术理性	0.86（0.09）	0.75（0.16）	0.75（0.13）	2.77	

为了保证这次新课程改革的顺利实施，我国开展了大规模的新课程培训计划，在国家、省级以及县级与学校层次展开，旨在帮助教师转变教育观念，深入理解新课程，其中也包括提高教师对新课程设计方面的认识。这种培训可以促使教师抛弃过去单一的课程取向，从多个角度理解课程，形成综合化的课程取向，并且对不同课程取向的认识也更加深刻。然而，从具体的调查结果来看，参加过新课程培训的教师与从未参加的教师相比，在五种取向上或者没有明显差异（认知过程、人文主义和学术理性取向），或者得分更低（科技发展和社会重建取向），这与我们认为新课程培训应该有助于教师树立综合化课程取向的假设相悖，分析其原因，存在两种可能的情况。第一，新课程的培训者，包括课程专家、教师培训机构的教师、教育行政领导等，对新课程进行了不同的解读，有着各自不同的认识，他们将这些思想和理念统统传授给参训教师，有可能淡化中小学教师原有对课程取向的认同，产生课程设计信仰上的混乱与困惑，削弱了新课程培训的积极作用。第二，这个调查结果从另一个侧面反映出当前新课程培训中的突出问题，如过分强调对新课程知识的学习、技能训练和理念灌输以及理论学习等，[21]使得本来是以推行新课程改革为初衷的新课程培训重新回到老路上，不少教师把参加新课程培训看作一项必须完成的任务，他们缺乏参与的热情和主动性，甚至觉得反感，必然出现课程设计信仰上的滑坡和倒退。不过，在参加过新课程培训的教师中，培训过3次及以上的教师比培训过1—2次的教师在认知过程、科技发展和社会重建取向上的得分高，表明随着培训次数的增加，教师对某些课程取向的认同度在回升，可见，坚持对中小学教师进行新课程师资培训是有成效的。

三、对基础教育新课程改革的几点启示

（一）课程设计上采用综合化取向

从一些理论研究和相关的实证研究以及本研究的结论看，教师一般持多种课程取向，只是在不同科目、不同的教学阶段有所侧重。这就需要理论工作者在进行课程设计时，要考虑教师课程取向的综合化趋势，摒弃过去单一课程取向设计的思想，多种取向并重，并结合具体学科的特点，只有这样才能设计出科学、合

理的课程，并有助于教师的实施。否则，如果造成课程设计者和教师思想上的巨大差距，将使教师很难在短时间内深入理解课程的理念，并造成抵触情绪，影响课程实施。三级课程管理体制的施行，需要教师承担更多的课程任务，可以根据学校实际和学生的具体状况设计课程，由此了解自己的课程取向特点，可以在课程设计、课程实施以及课程评价等方面采取更明确和有针对性的措施。

（二）加强课程取向的实证研究

课程取向是有效沟通理论与实践的桥梁，既可以为理论研究提供支撑，也可为实践提供指导服务。我国的课程取向研究主要停留在对国外理论研究的介绍阶段，实证研究几乎没有，这无疑不利于课程的理论建设，也无法为我国的课程改革提供相关的科学依据。由此，应加强对课程取向的实证研究，课程理论研究者需要更多关注教师在实际的教学过程中的课程取向特点，从理论的角度研究教师课程取向，分析出不同学历教师、不同性别教师、不同学校类型教师、不同教龄教师在各科的课程取向的特点与规律，并在课程设计中有针对性地采取措施，拉近理论与实践之间的距离；学校课程领导者也应在学校层次上对教师的课程取向进行研究，从教师的课程实践着手，结合相应的理论研究成果，通过问卷调查、教师自述等分析教师的课程取向，推动学校课程的理论研究与实践。

（三）提高教师新课程培训的质量

从以上分析中可以看出，对教师进行培训可以增强教师对新课程的认同度。但现有的培训方式很难在短时间内取得所有教师对新课程的高度认同，诸如时间短、培训量大、培训内容不切实际、培训方式单一等，还有一些客观原因，如培训人员有限、教师工作繁重、经费短缺等。但在力所能及的范围内，如下四种措施将对提高培训质量有益。其一，应对参加过培训的教师进行再培训，强化对新课程理念的认同，但培训的方式与内容可适当调整，结合教师在实践中的课程倾向展开培训工作；其二，可将培训内容制成录像带或光盘，既可以使培训过的教师在空余时间进行多次回顾，也用来培训那些没有太多培训机会的教师，同时，还可通过网络资源等方式，拓宽教师培训的路径；其三，课程专家应主动与教师建立联系，走进学校，在具体的课程实践中指导教师，提高教师对课程理念的认识和把握，学校也应该多接触各方面的课程专家，请一些课程专业工作者到学校来做讲座，或一起从事科研，甚至还可与一些课程专业的硕士生和博士生开展合作，避免专家数量的不足；其四，大力开展校本培训，要充分发挥那些有过多次培训机会教师的优势，通过同伴互助的方式传达新课程的理念，并在实践中展开有益的合作教学与研究，在短时间内使更多的教师认同新课程。

参考文献：

［1］马云鹏. 国外关于课程取向的研究及对我们的启示［J］. 外国教育研究，1998（3）：38-43.

［2］Eisner E W，Vallance E. *Conflicting Conceptions of Curriculum*［M］. Berkeley，CA：McCutchan，1974.

［3］Eisner E. *The Educational Imagination：On the Design and Evaluation of School Programs*［M］. New York：MacMillan，1985：61-86.

［4］Ennis C D，Zhu W. Value Orientations：A Description of Teachers' Goals for Students Learning［J］. *Research Quarterly for Exercise and Sport*，1991（62）：33-40.

［5］McNeil J D. *Curriculum：A comprehensive Introduction*（*5th ed.*）［M］. New York：Harper Collins，1996.

［6］靳玉乐. 新课程改革的理念与创新［M］. 北京：人民教育出版社 2003：48.

［7］Ennis C D，Mueller L K，Hooper L M. The Influence of Teacher Value Orientations on Curriculum Planning within

the Parameters of a Theoretical Framework [J]. *Research Quarterly for Exercise and Sport*, 1990 (4): 360-368.
[8] Lee J C K, Adamson B, Luk C M. *Curriculum Orientation and Perceptions of English Language Instruction in Preservice Teachers* [Z]. Paper Presented at the International Teacher Education Conference, Hong Kong, 1995.
[9] Cheung, and Derek. Measuring Teachers' Metaorientations to Curriculum: Application of Hierarchical Confirmatory Factor Analysis [J]. *The Journal of Experimental Education*, 2000 (2): 149-165.
[10] Cheung D, Worg Hw. Measuring Teacher Beliefs about Alternative Curriculum Designs [J]. *Curriculum Journal*, 2002 (2): 225-248.
[11] 吴本韩，张善培. 师训学员对小学科学课程取向的信念 [J]. 教育曙光，2002 (45): 42-53.
[12] 黄素兰，张善培. 香港美术科教师的课程取向 [J]. 教育研究学报，2002 (1): 137-160.
[13] 黄政杰. 课程设计 [M]. 台北: 东华书局，1999: 490-493.
[14] Cheung D, Ng P H. Science Teachers' Beliefs about Curriculum Design [J]. *Research in Science Education*, 2000 (4): 357-375.
[15] Cunningham R, Johnson J M, Carlson S. *Curriculum Orientations of Home Economics Teachers* [Z]. Paper Presented at the American Vocational Association Convention, St. Louis, Missouri, 1992.
[16] 邵光华，顾泠沅. 中国双基教学的理论研究 [J]. 教育理论与实践，2006 (2): 48-52.
[17] Pratt D. *Curriculum Planning: A Handbook for Professionals* [M]. Fort Worth, TX: Harcourt Brace, 1994: 9.
[18] Miller J P. *The Education Spectrum: Orientations to Curriculum* [M]. New York: Longman, 1983: 181.
[19] Ennis C D, Chen A, Ross J. Educational Value Orientations as a Theoretical Framework for Experienced Urban Teachers' Curricular Decision Making [J]. *Journal of Research and Development in Education*, 1992: 156-164.
[20] Meek G, Cutner-Smith M D. Preservice Teachers' Value Orientations and Their Compatibility with the National Curriculum for Physical Education [J]. *Physical Educator*, 2004 (2): 88-101.
[21] 杜志强，靳玉乐. 新课程师资培训的问题与对策 [J]. 课程·教材·教法，2005 (5): 79-83.

（原载 2007 年第 4 期）

教师：不可或缺的课程评价主体

张　瑞　刘志军

一、教师作为课程评价主体的可能性

（一）教师专业发展是教师作为课程评价主体的前提条件

联合国教科文组织于 1996 年在法国召开“教师地位之政府间特别会议”，明确提出教师是专业人员，确定了教师的专业地位。随着教师专业化的发展，教师已不再是单纯的任务执行者，而是教育的思想者、研究者、实践者、创新者。英国课程专家、行动研究的主要倡导者之一斯滕豪斯认为，“没有教师的发展就没有课程的发展”[1]。在他看来，通向专业发展的一条有效途径就是教师成为研究者。由于评价不只是一种教育管理措施，也是一种教育研究，即研究者用评价了解方案的问题或成效，在课程发展中教师同时扮演研究者与发展者的角色，成为行动研究的典型，课程评价过程是建立在教师即研究者之行动研究的基础上，“教师的自我反省不仅有助于评价资料的收集、分析与诠释，更能导引新的行动，提升对课程的觉醒”[2]。在评价研究中也发现，教师可以从他们的经验中学习，且能“从事经常性、持续性的反省，并增加教师教学实践中更严谨的对话”[3]。教师较熟悉课程所在的环境，也较了解课程设计上的需要和学校独特的需要，且更能反映课程发展过程中的及时问题，以改进课程。因此，教师透过行动者的角色，经由对课程发展的觉知、反省与实践的循环历程，改进学校课程，并促进教师的专业自省与发展，验证课程评价在学校中的行动研究本质，同时确立了教师在课程评价中的主体地位。

（二）教师参与课程开发为教师作为课程评价主体提供了现实基础

从近年来国际上课程发展研究的内容与形式上看，调动教师更多地参与课程开发，正在成为课程改革的一种发展趋向。我国新一轮课程改革建立了三级课程管理体制，提倡自下而上的草根式课程发展模式，给教师参与课程开发提供了政策保障。当前，我国教师参与课程开发主要有两个角度：一是教师在执行国家课程和地方课程的同时根据当地社会、经济发展的情况，结合本校的教育哲学和学生的兴趣和发展需要，开发校本课程；二是教师在实施国家课程的过程中，开发课程资源，对国家课程和地方课程进行再加工、再创造，使之更符合学生、学校和社区的特点和需要，即国家课程和地方课程校本化的过程。先从校本课程开发看，教师最有可能成为评价的主体，因为作为课程开发的主体，教师比较了解学校的脉络和课程发展的过程，也是最迫切要解决问题的人，此时教师好像专业的厨师一样，须自己试试每道新菜的味道，看看盐放得够不够，是否有怪味[4]。这正体现了校本课程开发的内在需要。再从国家课程和地方课程校本化实施角度看，由于教师是课程实施的骨干力量，他们直接参与教学，参与课程实施，能最为直接地感知国家课程和地方课程校本化实施状况，知道师生在使用该课程时遇到过哪些问题，哪些问题是可以克服的，哪些问题是不能克服而必须改进的；与课程配套使用的测验存在哪些问题，哪些内容应做何等变动等。教师自身的这些优势，正是国家课程、地方课程校本化实施时，呼唤其成为评价主体的重要理由。总之，当教师参与课程开发时，已为自己成为课程评价主体提供了现实基础。

（三）课程评价中的多主体参与促使教师的积极参与

伴随着课程评价理论的深入和民主理念的推进，课程评价主体一改“单一”模式，呈现出多元化的态势，课程评价主体应该包括来自不同阶层、代表不同团体利益的人员：课程专家、行政人员、教师、学生、家长，等等。在这个多元化的领域内，我们已不能再以强制的方式让多主体达到一致的认识，这就只有采取对话或协商的方式，在充分交流信息和交换意见的基础上，达到相互理解和基本认同[5]，并注重在民主、信任、和谐的氛围下进行。在这种民主、宽松的评价环境中，多元评价主体参与的促使下，教师已不再处于观望或被动的地位，则有一种想了解课程评价的欲望。我们知道，教师作为课程的主角，不仅是课程的实施者，也应当是课程方案的制定、评价和修改的参与者。教师对课程在实际教学中的运行情况最了解，他们在课程评价过程中是最有发言权的人[6]。于是当教师明白课程评价的意义在于改进课程而非评价教师时，教师在其他主体带动或鼓励下，解除了对课程评价的恐惧和对专家、上级的畏惧，开始大胆地发表自己对课程的真实看法，并以“我认为有需要，所以我进行课程评价”[7]的意图进行课程评价。在多元主体共同参与下，和谐的氛围扩散开来，将使教师能真诚地、积极地参与课程评价，进行反省与改进，经过该历程，较能自然而然地获得“自我理解、自我教育与自我成长”，当教师感受到课程评价对自己专业成长有帮助，并觉察到“今天的我与过去的我不同”时，课程评价将不再是别人交代的功课或作业，而是专业成长的重要历程。

二、教师作为课程评价主体的任务

（一）对课程标准的评价

课程标准是教材编写、教学、评估和考试命题的依据，是国家管理和评价课程的基础，是课程改革取向及成效判定的准绳。课程标准的这种特殊地位和重要性，使得它需要接受来自社会不同人群的评判意见和建议，以便进行有效的调整和修订，而教师作为课程标准的直接使用者，他们参与到其中的评判显得尤为重要。课程标准虽然具有相对的稳定性和刚性，但在实践层面上，教师对它有着丰富的理解，既可能有与“标准”相符相合的，又可能有与其相冲突抵制的，而教师的这些对课程标准的批评性认识正是他们参与课程标准评价的重要资本，也是课程标准评价改变“高高在上”，扎根于实践的依据。

在这里，笔者结合语文课程标准来简要阐述教师如何参与课程标准评价。教师参与语文课程标准（以下简称《标准》）评价可分为两个阶段：第一阶段在《标准》颁布之前，研制结束后，是《标准》的征求意见阶段；第二阶段是《标准》的使用阶段。

第一阶段，教师主要根据已有的历史与社会课程的教学经验，阅读并理解《标准》之后，提出自己的修订意见。教师通过“多种方式融为一体的综合性对话”[5]，发表自己的看法。例如：

您认为语文课程标准中有无重要内容的遗漏？如果有，请具体指出：＿＿＿＿＿＿＿＿

您认为语文课程标准中课程实施建议部分有关课程资源的开发与利用的内容是否可行？

□A. 很可行　　□B. 比较可行　□C. 一般

□D. 不太可行　□E. 很不可行

您的修订建议是：＿＿＿＿＿＿＿＿＿＿

教师可以通过这种开放式问题与封闭式问

题组合在一起的问题，既对标准进行概貌性评价，又可以对其进行细节性讨论，从而为《标准》提出有实际价值、可操作性意见。

第二阶段，教师根据教育教学实际情境，学生的学习需要，结合语文学科的特点，以《标准》文本为对象进行批判性认识，在此过程中形成自己理解的“标准”。不同的教师对《标准》的理解和解释的方式不同，对《标准》文本的解读也就不同，而教师对《标准》的评价就是建立在其对《标准》文本的不同解读基础之上的。比如，有的教师在使用《标准》时，会感觉在开展活动建议方面不够具体，操作性不够强，为了活动顺利开展，教师就有可能在《标准》建议的基础上，设计出更易于操作的步骤或者提出更切合实际的建议；有的教师认为，《标准》对“知识和能力”目标表述方面显得空洞，比较笼统，那么为了让学生的能力更好地体现出来，教师就有可能补充一些知识，丰富这部分的内容。总的来说，教师通过这种主体性自我反思批判形成自己领悟的课程标准，既有与《标准》相符相合的，又有与其相冲突抵制的，教师会根据实际教学情况，发挥自己的创新能力，对课程标准进行调整。这种方式能使教师不束缚于标准之中，彰显教师的实践理性，而且教师可以通过公开讨论、发表文章、笔谈等形式把自己对课程标准的建设性反思表达给他人，与参与课程标准评价的各界人士进行观点、意见和信息的沟通与协商，对课程标准做出全面、深入的评价。

（二）对课程内容的评价

教师对课程内容的评价，在这里主要是指教师对教材的评价。教师参与教材的评价，可以做到评、选、用合一，充分发挥教材的最佳使用功效。教师作为教材的实际使用者之一，对教材的评价具有无可争辩的评价权与分析权，而且教师熟知他所教的学科特点，又在长期的教学中接触过不同版本的教材，所以教师参与教材评价，可以保证教材评价的真实性、科学性、有效性与针对性。

以教师为主体进行的教材评价与教材编制者进行的技术性评价、教育行政部门进行的官方性评价相比，具有自己明显的特征。教师是在解读教材文本基础上的批判性反思，是使用中的反馈，主要是以学生的接受程度为出发点对教材的适切性、实用性进行评价。以中学化学教师为例，当化学教材到了教师手中，教师首先要认真钻研教材，实现与教材编制者进行内在的对话，之后依据化学课程标准，结合化学学科特点，根据所教学生的实际情况，在教学过程中对教材进行反思。比如，教材的容量是否超出本校学生学习负荷，内容能否引发学生学习兴趣；实验操作部分能否在本校通行。这种反思是具有批判性的，是在质疑的基础上的反思，以判断学校正在使用的这种化学教材与学校当下的条件及与学生特点相符合的程度。教师在批判性反思的基础上，要敢于并善于对教材内容进行增加、删减、置换及加工，创造性地理解教材，并在此基础上对教材做出合理判断。比如，在进行化学实验时，教师通过认真研究教材编制者在实验方面的意图，又根据本学校的实际情况，所教学生的接受程度，设计出易于操作的实验步骤。如果学校的实验条件不太好，教师在做到了上述的那些之后，使用成本低廉的仪器，甚至自制仪器，最后实验还不能进行的话，教师就应该反思化学教材的试验部分在本校的实用性和适切性了。教师这种在解读教材文本基础上，分析本校实际情况和师生需求的情况下，以所教学生的接受程度为出发点，对教材的适切性、实用性进行批判性反思，乃是对教材最真实、最有效的评价。

（三）对课程实施的评价

对课程实施进行评价是课程变革中至关重

要的一环，在新课程改革过程中，一开始就应意识到课程实施评价的重要性。教师作为课程实施的主体，不可辩驳地拥有自我阐释、自我审查、自我修正、自我完善的责任和权利。教师对课程实施进行评价，主要是强调教师基于课程实施中与课程设计者的内在对话和对课堂教学的反思性评价。

教师对课程实施的评价主要遵循这样几个程序。首先，激活教师作为课程实施评价的主体意识。教师将创造性地实施课程作为自己的生活方式，并赋予他评价主体的权利，从中享受到内在尊严的欢乐。如此，使他内源性地成为评价的主人，使评价与课程改革关联起来，有意识地进行自我规划和课程反思，对学习伙伴、课程资源、教学实践进行综合性诊断。其次，扫描评价内容，与课程设计者进行内在对话，解读课程内容和目标，明确教学设计的出发点和归宿。从某方面讲，课程实施就是教师与课程设计者之间进行相互理解的过程。对话是教师与课程设计者双方实现理解的重要途径，二者的对话更多的是指双方的相互接纳和共同分享，是双方精神上的相互承领[8]。通过对话，教师了解了课程设计者的意图和理念，把握了课程精神，在课程实施过程中，教师就能较好地注意到课程计划应该达到的标准与各个阶段实际表现之间的差距。并关注造成这种差距的原因，以便及时在教学中做出合理的抉择。然后，捕捉评价信息。这里主要通过教师自我反思教学问题和观察学生对自己教学的反映，来获得关于教学质量的评价信息。比如，教师对自己的教学会思考这样一些问题：我的预期目标实现了吗？哪些目标的达成与预先的期望有差距？为什么会有差距？教师对学生的反应会考虑这样一些问题：学生的学习状态为什么是这样？为什么学生看似讨论热烈却抓不住问题的实质？如何避免？等等。教师通过这一系列问题，从自己的反思和对学生的观察中得到答案，从而也就获得对课堂教学的反思性评价信息，为下一个程序的进行做好准备。最后，修复实然课程。教师通过理解课程、反思教学，明确了课程的实然状态与应然状态之间的差距，然后根据教学情景和学生学习需要，对实然课程进行选择、批判、再创造，制定有利于自己实施课程的改进计划，并提出有利于实然课程改进的针对性的意见和建议。

（四）对课程结果的评价

教师对课程结果的评价主要是在课程实施完成之后施行的，依据课程方案的实际运作结果，对学生、教师和学校的变化进行教师视角的评价，旨在确定课程的效果与价值。教师作为课程结果的见证人，他主要通过自己的反思、观察、交流等方式对课程结果进行评价。

一是教师对学生在课程实施后变化的评价，主要通过收集学生在课程中的各项表现成果，包括学习单、回馈表、实际作品、教学影片及照片、教师观察记录、访谈稿等相关资料，分析和反思学生的变化情况。比如，学生解决问题的能力是否有了提升？学习态度是否积极？学习方式是否有所改进？等等。如果答案是否定的，教师就要考虑调整自己的教学策略，思考课程方案对于本校的学生来说存在哪些缺陷，及时为课程设计者提供切实可行的建议。如果学生发生了良好的变化，教师还要了解学生变化后新的发展需求，探索适合学生新需求的新课程方案。二是教师对自己在课程实施后变化的评价，是通过自我反思、自我视野的观察和交流来实现的。教师可以翻阅自己的反思日志、与同事进行交流、观察学生在课堂上对自己的反映，总结自己一路走来的变化。比如，自己是否可以灵活地应用各种教学形式？是否发自内心愿意由知识的权威者转变为学生的平等朋友？是否留给学生更多发挥自己，展示自己的空间？等等。教师在思考问题时，不仅要考虑课程方案的原因，还要考虑自身的因素。比如，自己的专业水平、专业素养是不是达到新课程的要求？如果教师已经加强专业的学习，也尽力去领会新课程的精神和内涵，最后还是未能达到新课程的目标，那就要建议课程设计者对课程深度或内容进行调整或修改了。三是教师对学校变化的评价，可分为学校物质环境和非物质环境变化两方面，这里主要也是通过自己的观察和亲身体会来实现。在物质环境方面，教师通过观察，学校为满足新课程教学的要求已经增添或更新哪些硬件或软件设施？还有哪些仍需要增加或更新？在非物质环境方面，学校的政策是否为教师参与课程改革提供了便利？学校为学生、教师在新课程下的成长提供的校园文化氛围是否和谐，还需要在哪些方面做改进和完善？等等。教师通过自己的亲身体验，可以为学校今后的发展提出切实可行的建议。教师通过自己反思、观察、体验，了解了自身的定位、盲点，分析了学生的新需求，洞察了学校进行课程发展的种种可能性，对课程实施结果进行了描述和判断，并探讨了改进的措施，可作为整体课程改进的参考，或成为下一波课程发展的起点。

三、教师作为课程评价主体的策略

（一）增强意识

长期以来，教师面对评价，即使是课程评价，常常是观看或者是被动参与，很少从评价中得到成长，导致对评价存在着恐惧，在面对评价时裹足不前。所以，我们要去掉教师对课程评价的恐惧，让教师明白课程评价的意义在于改进课程，而非评价教师自身，要让教师产生了解课程评价的想法，逐渐对其感兴趣，并付诸行动。首先，要激活教师作为评价主体的意识。作为一个有尊严的完整的人，要让教师把创造性地实施课程作为自己的生活方式，将评价融入教学生活，并从中享受到内在尊严的欢乐。让教师感受到评价并不是“被迫”整理许多资料，等着被评价，而是自我检视和反省的依据，愿意主动从事课程评价。如此，教师的主体性就会被激活。其次，要经过评价专业资源的协助。这样，教师就会对评价有较为正向的看法，认为评价是一种专业，但不是专家的专利，也不是行政人员的职权，应该是教师可以参与的，而且是可以学习的，只要有心，评价并不可怕、也并不难。最后，与其他教师进行评价专业分享。教师从中感受到课程评价对自己专业成长的帮助，逐渐进行“自发性”课程评价，当这种“自发性”作为评价的原动力，教师才能真诚地面对评价，提出真实的想法，进行自我反思与改进。教师只有自发地进行课程评价，才能认识到课程评价是教师专业成长的重要历程，教师作为课程评价主体的意识才能真正增强。

（二）提出要求

教师参与课程评价对教师的专业成长和课程的发展等所起的积极作用，是有目共睹的，教师自身也认识到了这些，但是在习惯于长期以来的工作方式，而且在工作负荷并不轻的状况下，让教师主动去接受一个新的事物或者一项新的任务，是不容易做到的。此时，就需要外来的力量助其一臂之力，将这种认识转化为行动，也就是不断地向教师提出进行课程评价的要求。这种要求不是强制的，而是专业引领、理念引导和核心教师带头。专业引领和理念引导是教师自觉参与课程评价的内在动力，在为教师提供了充分的知识装备资源，教师因了解或接触课程评价后，感受到课程评价对于自己专业的学习与成长的帮助，在自我实现的预设中激起投入的热忱。再加上核心教师带头和热情邀请，在彼此具备感情与合作基础上，较容易地接受课程评价，而不会有“被行政压迫”的感觉。在要求教师要改变、要行动、要付出的同时，不能忽略了教师的实际需求与感受。与此同时，学校要为教师的教学生活留白，这些留白的时间是教师个人或教师群体从事课程设计、评价与研究改进策略的时间。学校应为教师提供一个安适、从容的环境与互相接纳包容的文化氛围，这样教师会自然而然地将课程评价实践进行下去。

（三）赋权增能

传统上，课程评价者多是专家、学者或行政人员，评价系统中充满了“监视、评等、考核与比较”的色彩，导致教师对评价产生抗拒，能避就避、能逃则逃。随着新一轮课程改革的推进，这种“权威”的、“自上而下”的评价已不再适用，赋权增能的评价理念提上议程，“赋权增能”不仅是“给你权力”的概念，而是相信你有能力，借由更多机制的协助，引发更多的通力。在评价系统中，专家和教师之间是地位平等的，他们彼此相互学习，教师向评价专家学到评价的技能，评价专家也从教师这里了解到课程在学校层面的发展情况与学校特有的文化脉络。当前，我国已经建立三级课程管理体制，使教师课程参与权得到了一定的保障。然而，在现行的各种课程评价中，教师的介入，仍处于一般化和表面化，这显然是不够的，国家课程管理体制应加大放权力度，扩大地方和学校权限，从政策上保障教师参与课程评价，给他们以充分的参与权，“让他们用特有的眼光对课程标准甚至课程目标进行批判性反思和评价，并在评价中形成教师领悟层次的课程，提高他们内在的课程水平。”对教师赋予了权力，并不等于教师就已经具备评价能力。提高教师评价能力，一是通过校本培训，可以对教师进行强化、集中训练。二是从“做中学”，笔者认为，这是教师评价能力提高的最佳途径，因为评价能力的养成，仅经由阅读或听演讲无法有效学习。教师通过参与正式的课程评价，如参与课程评价指标的预拟、评价工具的修订、评价资料的收集，还通过参与非正式课程评价，对课程发展进行反思形成自己领悟层次的课程，并与他人进行沟通、对话，从这些实际的评价历程中，教师习得真正的课程评价能力，并渐渐体会到课程评价的三种境界：（1）“见评价是评价”（关注评价的形式与内容）（2）“见评价不是评价”（透过评价的历程进行课程的反省与改进）（3）“见评价仍是评价”（评价已经内化到教师心中，自然地进行对课程对自己的反省改进与发展）。[9]

总之，在现代课程评价中，应当特别强化教师的参与，使教师成为课程评价不可或缺的重要主体，这样既有助于提高教师的专业水平，使学生得到全面发展，又有效地提高课程评价本身的质量和水平，促进课程的改进与发展。

参考文献：

[1] Stenhouse L. An Introduction to Curriculum sresearch and Development [M]. Heinemann Educational BooksLtd., 1975：142.

[2] Ackland J W. *Collaborative school-based curriculum evaluation：A model in action* [A]. Paper presented at the annual meeting of the AERA，San Francisco，1992.

[3] Tiller T. Wolf in sheep's clothing. In A. M. indrebo，L. Monsen，& T. Alvik (Eds.)，*Theory and practice of school-based evaluation：A research perspective*. Lillehammer：Oppland College，1993.

[4] 张善培. 课程评鉴与教师专业成长的关系 [A]. 2004 年海峡两岸暨香港地区课程理论研讨会交流论文.

[5] 杨小微. 在评价过程中重建对话机制：以全日制义务教育学科课程标准（实验稿）的评价研究为例 [J]. 课程·教材·教法，2004 (5)：14-18.

[6] 林智中，马云鹏. 课程评价模式及对课程改革的启示 [J]. 教育研究，1997 (9)：31-36.

[7] 陈美如. 评鉴犹如一趟永无止尽的旅程 [J]. 教师天地，2003 (122).
[8] 吉标，吴霞. 课程实施：理解、对话与意义建构：一种建构取向的课程实施观 [J]. 西南师范大学学报（人文社会科学版），2005 (1)：85-88.
[9] 陈美如，郭昭佑. 学校本位课程评鉴：理念与实践反省 [M]. 北京：九州出版社，2006：273.

（原载 2008 年第 8 期）

课程决策与教师专业能力发展

张廷凯

一、课程决策与教师专业能力

课程决策概念在我国的使用并不十分明晰，作为概念其内涵可大可小。课程决策容易被理解为课程政策，但也可能被理解为课程方案、课程策略等。至于教师的课程决策，则更多被理解为教学策略。

典型的课程决策的定义来自西方课程理论话语，课程决策被视为根据课程与社会的发展以及课程与人的发展关系对有关教育或社会化的目的和手段的一种判断，[1]以及判断之后所确定采取的相应的方针与策略。由这种定义衍生了多种相似概念。

有人倾向于将课程决策视为判断和选择的过程，认为课程决策是指在课程发展过程中对教育的目的与手段进行判断和选择，从而决定学生学习怎样的课程的过程。在课程发展过程中，要决定学生达到什么学习目标，学习什么学习内容，怎样学习，如何评价学生的学习等等，这些都是课程决策的过程。[2]有人认为，课程决策是对预期产生结果的规划，它的决策依据既是理论性的，又是情境性的。[3]有人认为，任何一种课程模式的形成，都是依据一定的教育理论，对为什么教、教什么、什么时候教、怎么教等教育领域中的基本问题进行连续的价值判断与价值取向的过程。[4]课程决策作为课程问题，就是在价值判断的基础上做出课程的某种决定和选择。看法尽管还值得商榷，但代表了部分人对课程决策的基本看法。

笔者在本文中将教师的课程决策视为教师在课程发展与实施过程中对形成课程的要素及条件（课程目标、课程内容、课程实施、课程资源、课程评价等）做出判断并进行选择的过程。

（一）课程决策是一种教师权利

课程决策成了与课程发展、教学发展等同样重要的教师权利。能否行使课程决策的权利，关乎新课程改革的实施质量。越来越多的研究者认为，课程对于教师而言，不是给定的、一成不变的教育要素，而是可以变更的教育要素，是与教师的人生阅历、教师的独特教育理念、师生所处的独特的社会环境、教育情景直接关联的教育要素。

有人认为，目前我国教师的课程权利主要包括三个方面。一是教师的课程实施权，强调教师是课程实施的主体。课程实施由静态设计向动态实施转化，并且进入学生的生活领域。二是教师的课程创设权，强调“教师即课程”。教师有权根据自己拥有的教育知识和对教育的理解，改造并创设课程。三是师生的共同参与权，强调“学生即课程”。在课程实施过程中，教师应该时刻结合学生的实际生活经验和理解水平，与学生一起，共同对课程进行修改，或补充，或删减，或拓展，或提炼。[5]同时要看到，课程创设、课程实施、课程参与等教师权利具有某种程度的合理性，它们与教师的课程决策权利都是高度关联的。

课程决策是教师决策权利的一部分。教师在决策中所关心的课程内容、课程结构、学习活动、课堂安排、教学计划等都是教学中必须面对的本质性的问题。对课程过程而言，教师决策发生在三个不同方面：计划和准备教学阶段、互动阶段和评价学习结果阶段。每个方面都涉及不同的因素。[6]

（二）课程决策是一种教师能力

课程决策的意识和能力，是教师专业能力的组成部分。教师能否使用好课程决策的权利，受到多种因素影响，其中教师专业能力的因素尤为突出。

教师的课程决策意识是教师自觉地积极地进行课程决策的心理倾向。[1]课程决策意识指向课程行为的主动性和积极性，但形成明确的课程决策意识不是容易的事，尤其是在长期中央集中课程管理下，教师的课程决策和课程行为被压抑和限制，课程行为的惯性中更是缺乏课程决策意识。

明确的课程决策意识是形成课程决策能力的前提。课程决策能力体现在整个课程过程之中，课程设计需要决策能力，课程实施和课程评价同样也需要决策能力。施瓦布认为，课程决策体系本质上应当是一种自下而上的模式，教师的知识和认知是其核心。应当“把教师的特殊知识和特殊认识方式纳入为学校教育做出更大贡献的轨道上来，并提供人们一种有关这种贡献的知识；把挑战、决策及合作的职能确立为教师作用的一部分；为教师提供一个认知的依据，使他们认识到自己就是拥有特殊学问和能力的人；增进学生对学校教育作用的理解，使学生成为学校规划的一部分；把单纯的课程‘传播’转化成一种激励学校面对一个挑战的世界去设计并制定它们自己的课程和考试。”[7]

二、教师课程决策的态度和问题

目前，课程决策的主要问题表现为教师课程决策权利的缺失。造成课程实践中教师课程决策权利缺失的原因既有国家教育制度的外在因素，也有源于教师自身的内在因素。[8]

（一）教师对课程决策的态度

对北京市三所学校教师参与校本课程决策进行的抽样调查研究表明，教师参与校本决策的总体水平不高，教师参与的实际水平和期望值之间存在显著的差异，教师的参与程度有待进一步提高。对于课程与教学工作本身的关注是教师参与校本课程决策的兴趣点之一。教师对于自身的专业发展非常关注，希望能够有充分的机会参与教育教学研究，参与制定学校教师的专业发展计划，能够在必要的时候得到适当的培训。[9]这些都体现了在新课程改革背景下，教师对自身专业发展的要求。

教师对课程决策的态度基本分为三类：阻抗、彷徨和接受。

对课程决策的阻抗在课程改革的初期表现最为明显，教师习惯于被动的课程实施者的角色。课程决策权利意味着教师课程权限的扩大，也意味着工作的不确定性增加，处于惯性教学状态下的教师容易将课程决策作为“新的”“附加的”任务加以拒绝。产生课程改革阻抗的因素可能包括习惯的惰性、知识的缺失、利益的担忧、体制的滞后、人际关系的失调等。[10]

对课程决策的彷徨主要表现为对课程决策的被动，并表现为放大了课程决策的不确定性，同时也意味着教师对课程决策没有充分的思想意识的准备，没有足够的专业能力的支撑。有些教师对课程改革缺少信心，认为改革只是新瓶装旧酒，因而在整个课程决策过程中表现得被动。[11]

对课程决策的接受则常常和教师积极进取的个性特征联系在一起，也和教师的自信心和较强专业能力水平有关。

（二）教师在课程决策过程中遇到的问题和困难

教师在课程决策过程中遇到的主要问题和困难是：自身所处环境缺乏课程决策的文化氛围，对课程决策的理解有偏差，缺少课程决策的经验和训练，教师课程专业能力无法满足课程决策的需要等。

1. 课程决策氛围的缺乏

新课程改革之前，我国课程制度本质上还是属于集权式高度统一的课程发展模式，“自上而下”是其明显的特点。国家确定教育目标，选择课程内容，地方、学校无权参与课程决策。20世纪80年代中期实行“一纲多本”的课程开发策略，地方、学校和教师获得了有限的课程参与权。但是，由于没有明确的制度赋权给学校和教师，学校和教师参与课程决策往往是形式上的，他们的意见并没有被纳入决策的结果中。[8]21世纪开始的新课程改革，真正开始确立国家、地方、学校三级课程管理体制，以校本课程开发为标志，教师成为课程决策过程的重要角色。但校本课程在全部课程中比重较小，教师的课程决策权利仅局限在校本课程的狭小空间，在国家课程和地方课程的决策中依然没有什么权利可言。这种课程开发体制，必然难以形成教师参与课程决策的氛围。

2. 课程决策理解的偏差

地方教育行政部门常常将课程决策理解为“权力到此为止”，不给学校和教师课程决策的权利。比较明显的是在教师和学校对国家课程进行补充和调整时，地方行政倾向于限制。如在笔者的一次访谈中，北京某小学拟根据学校和学生情况开设“民俗教育”课程，需要将国家课程规定中的美术、音乐等进行调整，但行政部门以“不能改变国家课程的内容”为由加以限制。教师和学校有限的课程决策权利也难以得到落实。这种理解的偏差导致教师逐渐放弃对课程做出适当的决策，而只是被动实施国家课程。

3. 缺少经验和训练

课程决策需要理论和知识的支撑，但课程决策实际上是一个实践难题，对于教师来说，参与课程决策的经历和体验对于新的课程决策过程非常重要。我国中小学大部分教师缺乏这方面的经历和体验，理论知识并不能直接解决实际问题，需要模式、方法和技术等中介，这些中介性知识需要教师“在做中学”。

4. 缺乏相应专业能力

在校本课程开发活动中，教师获得了一定的课程决策权，但面临决策能力的缺失。课程决策能力是一种复合的课程能力，需要教师对课程目标、课程选择、课程设计、课程实施和评价等有比较系统的认识和把握。显然，目前我国教师的课程能力并未受到整体性的重视，教学能力发展较好，其他能力滞后。

三、课程决策的范围和教师专业能力支撑

（一）课程决策的范围

我们可以从教师课程决策所涉及的范围来看教师所需要的专业能力支撑。

教师的课程决策都包括哪些方面呢？对深圳市一所小学的调查表明，教师的课程决策涉及参与对新课程方案的讨论和相应课程教材的编写，将新课程目标转化为具体的教学目标，根据课程目标选择和组织教学内容，确定教学策略和方法等。[11]

按照奥伯格（Oberg）的分析，课程决策的内容可以分为以下五个方面：（1）关于课程目标的决策，即确定教育活动所要达到的目的或者说教育活动的意图是什么；（2）关于课程内容的决策，即确定为了达到或实现课程目标要选择什么教材；（3）关于学习体验和教学策略的决策，即为了达到课程目标，确定学生将要做些什么，教师需要做些什么来帮助学生达到课程目标的要求；（4）关于课程媒介或资料的决策，即确定运用什么性质的材料（图片/非图片；直观教具/人）作为媒介，把课程内容展示给学习者；（5）关于课程评价的决策，即对正

在进行中的学习的进展情况或程度以及类型等做出判断评价，并确定进行这种评价的目的或意义是什么（如是为了了解儿童的发展还是为了收集反馈信息，调整教育活动计划，抑或为了向家长汇报反映情况，等等）。[1]

教师为达成这样的课程决策，需要上述五方面的课程能力给予支持。

研究者以幼儿园课程为例分析了课程决策的范围，将教师课程决策的范围划为三项：课程设计中的决策、课程实施中的决策和课程评价中的决策。[12]这样，课程设计、实施、评价方面的能力本身就构成教师的课程决策能力的组成部分。

有学者从能力的基本结构分析，提出了在课程来源、决策活动和课程研究中分别从知识、技能、智力三层面的能力建构。[13]

笔者认为，确定教师的课程决策范围，可以指明教师在课程决策过程中的专业发展方向，从而构建相应专业能力。教师课程决策范围理论上可以规定得比较宽泛，但实际操作过程中，可以关注教师最需要的方面。目前我国教师的课程决策范围需要包括：课程管理、课程实施、课程评价、课程资源整合利用、课程信息处理反馈等方面，同时我们需要的是发展教师与之对应的能力。

（二）课程领域教师专业能力发展

1. 课程管理能力

本文所指的课程管理，与课程领导应属不同的概念。课程领导是在课程权力共享和民主参与的基础上，引导相关组织和人员做出高层次的课程决策和自我管理。它已经包含了课程决策和课程管理的概念在内。本文所指课程管理，指向现实教育活动中教师必需的基本的管理课程的能力，包括在理解的基础上对课程进行调整、充实和优化，甚至包括为保证课程顺利实施而进行的排课等日程管理活动。领导学没能取代管理学，课程领导也难以取代课程管理，必须放弃不切实际的追求，加强教师在课程管理方面的基本功。

2. 课程实施能力

课程实施包括课程准备（备课）、教学策略选择等，有研究者以英语教学为例，深入剖析了备课阶段教师容易出现的问题。比如，（1）知识内容的重组和呈现没有敞开意义建构的空间；（2）教师的认知世界和内心历程没有融入对课程的理解；（3）课堂应变决策及课后反思没有发挥对教学方案的补充作用；等等。相应地提出了加强应对的措施和能力养成：（1）从课程发展的角度进行学科知识的重组和呈现框架；（2）以教师的信条体系定位课堂教学行为方向；（3）以教学推理和反思技能完善教学方案的使用。[14]

3. 课程评价能力

课程评价包括对学生学业表现和其他方面的评定，也包括教师对课程发展和课程决策过程中自我表现的评判。从课程目标设立到达成的过程都需要进行相应评价活动。目前对学生的评价趋于多元化，过程评价、表现性评价等对于教师来说比较难以掌握，需要进行系统的训练，熟练掌握评价技能技巧，提升评价水平。

4. 课程资源整合利用能力

课程资源具有潜在性、选择性、多样性、动态性等特点，课程资源只有进入课堂，进入师生活动过程，与学习者发生互动，才能最终体现课程资源的价值。但实际上，许多教师对于已经开发的课程资源却未能很好地利用起来，没有让其进入课堂，没有让其发挥应有的作用。把课程资源整合应用于课堂教学中，必然要求教师变革业已习惯的一整套教学行为。教师需要建立起自身对课程资源比较合理和科学的观念，使课程资源得到合理的拓展和整合，从而对课程实施产生实效。

5. 课程信息处理反馈能力

课程决策是一个不断变化和调整的过程，教师对课程过程的预设会在课程实施中遇到问题和困难。例如，纸上谈兵式的教学方法都是趋于理想化的，即假设在某种条件具备的情况下，可以如何做。而在实际课堂教学中，能够满足所有条件的学校并不多见，所以，教师的决策过程就成为一个权衡利弊、不断调整的平衡过程。在很多情况下，“折中”往往是教师最终的决策。教师在课程决策过程中捕捉各种信息加以反馈处理，可以使教师不断调整课程决策的各个局部和方面，从而使课程决策不断完善。

参考文献：

[1] 江山野. 简明国际教育百科全书：课程 [M]. 北京：教育科学出版社，1991：143.
[2] 丁念金. 论教师的课程决策意识 [J]. 课程·教材·教法，2006 (3)：87-91.
[3] 王双兰，张传燧. 关于课程改革中教师权利问题的探讨 [J]. 教育评论，2002 (2)：22
[4] 韩忠强. 信息技术教师的课程决策能力：内涵、结构与发展 [J]. 长春师范学院学报，2006 (12)：144.
[5] 陆旭东. 教师的课程权利为何难实现？[J]. 中小学管理，2005 (2)：37.
[6] 占丰菊. 教师决策探析 [J]. 中小学教师培训，2003 (7)：14.
[7] 施良方. 课程理论：课程的基础、原理与问题 [M]. 北京：教育科学出版社，1996：331.
[8] 刘桂辉. 教师课程决策权利的缺失原因及对策分析 [J]. 新课程研究（基础教育），2006 (8)：6.
[9] 王建艳，吴巧荣. 中小学教师参与校本决策的调查研究 [J]. 和田师范专科学校学报，2007 (3)：83.
[10] 蒋士会. 试析教师对课程改革的阻抗 [J]. 学科教育，2003 (8)：11-13.
[11] 鲍银霞，江长冰. 主体教育的学校课程决策：济南市南山区松坪小学学校课程决策的调查报告 [J]. 教育导刊，2000 (5)：7-8.
[12] 田燕. 教师课程决策的范围分析 [J]. 幼儿教育，2003 (15)：1.
[13] 丁念金，席梅红. 中小学教师的课程决策能力探微 [J]. 集美大学学报，2006 (2)：33.
[14] 段冰. 基于课程理念对英语教师备课问题的思考 [J]. 湖北教育学院学报，2007 (3)：100-101.

（原载 2009 年第 2 期）

论作为教师课程理解的说课及其心理转换

余宏亮　石耀华

说课是课程与教学改革中涌现出来的一种新型教学教研形式，其目的是要分析教学行为背后的支持系统，将教学行为背后的思路、理念等认知性的东西反映出来。[1]目前，在教学实践中，说课已经逐步走向常规化，与上课、备课、听课、评课一起成为学校教学研究活动的基本形式。理论方面，有论者以为，在经历了初创阶段、理论探索阶段、经验推广阶段后，当前关于说课的研究仍然缺乏实质性突破。[2]所谓的研究，往往多案例、少分析，仅限于“经验的推广”，或者热衷于“闭门造车”，突破这种局面的关键是要从说课研究的既有领域走出来，在借助其他理论的基础上实现视野拓宽[3]。

课程理解是20世纪70年代出现的一种课程研究范式，在其视界中，课程领域被重新建构，课程被认为是“一种复杂的会话”[4]，是一种“符号表征”（symbolic representation），课程研究的目的是“理解”课程符号所负载的“价值观”。[5]关于课程理解的具体所指，学界众说纷纭、观点各异。有人认为它是“对课程现象、课程‘文本’、课程事件之意义的解读过程，其着眼点不在于课程开发的具体程序，而在于对种种课程与课程事件的历史、现状与未来之意义的理解”[5]；有人认为它是“基于具体的课程情境，通过与其课程文本的对话与交流，形成一整套合价值、合目的、合规律的教育理念和对课程问题最基本的判断”[6]；也有人认为它是教师基于自身的知能情意与思维方式方法在具体的情境中对课程现象、文本、事件等方面理解的过程[7]。关于课程理解的主体，不再是某个课程的教授、课程设计专家或教材专家，而是变为一个包括校长、教师、学生、家长、社区代表等组成的多元化集体[8]。我们认为，近年来广泛施行的说课从本质上讲，就是一种对课程的理解与表达，依据上述对课程理解主体的划分，在实际中就存在教师的课程理解、学生的课程理解以及其他主体的课程理解等不同类型。本文所论主要指教师的课程理解，即教师理性思考课程与教学的相关因素，如课程目标、课程内容、课程实施、课程评价等，从而更顺利地进入课程教学实践。以教师课程理解的视角来审视说课，我们会在理论和实践层面上有新的发现。

一、教师课程理解视界中的说课之“说”

关于说课的“说”，人们往往认为它只是一种“口语表达的行为”。其实“说”的前提应该是“理解”，是在理解基础上，借助口头语言对这种理解的“外化”。

（一）以“理解”为前提的“说”

对“理解”的深入理解，是随着哲学阐释学（philosophical hermeneutics）的研究而展开的。哲学阐释学是一种关于意义、理解和解释的哲学理论，“理解”是其研究的基本问题。从广义上说，“阐释”就是“解释”或“理解”，它包括两个基本意思：一是使隐藏的意义显现出来，二是使不清楚的意义变得清楚。[9]在18世纪德国哲学家施莱尔马赫（Friedrich Schleiermacher）、狄尔泰（Wilhelm Dilthey）时代，“理解”被认为是“原来思想的重复”，是为了消除解释者与作者之间由于种种原因而产生的解读上的误差。进入20世纪，海德格尔（Martin Heidegger）、伽达默尔（Hans-Georg Gadamer）赋予了“理解”以新的内涵，认为它是一种“视域融合”，其目的不是要去把握作品的原意，而是要达到“作品视域”与“读者视域”的融合，从而产生新的意义。[10]

我们认为，教师的说课，首先是对“课”的“理解”。理解时，要受到教师“前理解”①的影响。一般认为，这种理解有三种取向：课程意义复原说、课程意义商谈说以及课程意义主观建构说。其中，课程意义复原说主张教师以“中立者”的身份重现作者原意与文本原意，努力避免误解；课程意义商谈说认为课程理解是一个对话过程，文本的意义是主客交融的产物；课程意义主观建构说则认为课程文本的意义既不依赖作者，也不依赖文本，它完全“为理解者而存在”，是理解者赋予了它意义与生命。[11]在我们看来，所谓课程理解，就是“教师视域”与“课程视域”融合的产物，课程意义是在主客交融的基础上双向建构的，不存在对文本意义的“绝对复原”或完全脱离文本的“主观建构”。

（二）作为“语言表达”的“说”

教师的说课，其实是在“理解”的基础上，将这种理解“表达”出来，或与他人分享，或接受他人评价。理解是深层的，表达则是“理解”的外化，这种“外化”主要借助口头语言进行，同时辅以一些表情、体态等非语言因素，以求达到更好的效果。教师在组织“说课语言表达”时，往往会有以下几种意识。

（1）语境感。与书面语相比，口语更多地受语境的影响。广义的语境又叫“非语言语境”，指外部各种影响话语表达和理解的因素，如说话的时间、地点、人物、场景等，甚至包括社会文化背景等大环境；而狭义的语境也称“语言语境”，是指话语内部的语境，在口语表达中，主要是前言后语。[12]说课者说课时，要对当时当地的语境有明确的认识，要清楚地知道所进行的说课是交流性质的，还是评比性质的；是在自己熟悉的环境里说课，还是在陌生的环境里说课，然后综合考虑这些因素组织说课话语。

（2）身份感。身份感其实是一种广义的语境。教师上课时面对的是学生，会对自己的身份形成一种确定性的认知；而说课时面对的一般是同行、专家或领导，此时又会对自己的身份形成另外一种认知。教师必须主动进行身份转换，组织合理的语言表达，从而保证说课顺利进行。

（3）对象感。对象感也是一种语境感。教师说课的对象是同行、专家、领导，或是兼而有之。根据说课的不同性质，这些同行、专家、领导又扮演不同的角色：有时是出于交流，双方地位是对等的；有时是出于考核或评比，双方的地位就不那么对等。教师说课语言也必须充分考虑这些“对象”的特点来有效组织。

二、教师课程理解视界中的说课之“课”

从“大课程”的角度来看，“教学”是一种“课程实施”的活动。在教师课程理解的视野中，说课的内容，不管是教材分析还是学情分析，是目标预设还是重难点界定，是教法、学法的选择还是教学过程的预设，其实都是教师对“课程事件”的一种理解。我们可以从鲜活

① 所谓“前理解”是哲学解释学的重要概念，是指理解者对文本进行理解之前所拥有的与文本理解相关的知识储备和理解起点，它是一切理解进行的基础。参见：李本友. 文本与理解：语文阅读教学的哲学诠释学研究［D］. 重庆：西南大学，2012：116。本文所说的“前理解”，是指在课程理解过程中，影响教师理解课程的经验、文化期待、动机、情绪、态度等复杂因素的综合。

的说课实践中抽象出说课之“课”的三重内涵。

（一）作为课程文本的“课”

说课之“课”的第一重内涵是指课程作为一种客观存在的课程文本。如果说，“生活世界”是“人存在于其间的世界”，那么，“教育世界”则是“师生及其他相关人员存在于其间的世界”。[13]102在教育世界中，活动的主体是师生，活动的形式是教育、教学，活动的核心载体则是课程。在课程论视野中，课程是包括各种观念、制度、活动在内的教育教学实践。这里的教育教学实践是一种客观存在，它总会以某种“文本”的形式呈现出来。具体到一门特定的课程，它又表现为这门课程的“课程内容”或曰“课程要素”，即通过这门课程的学习，学生需要掌握的知识、训练的技能或养成的态度，也就是这门课程需要探讨的“共同样式”或“共通法则”。[14]

教师所说之“课”，首先就是指这种以“文本”形式存在着的课程内容或课程要素，即是说，说课时的教材分析、学情分析、目标预设、重难点界定、教法选择、学法指导、教学设计，要么是针对“这门课程需要学生掌握何种知识、训练何种技能、养成何种态度”而言，要么是针对“学生如何更好地掌握知识、训练技能、养成态度”而言，它们都是以静态的课程文本为基础和载体的。

（二）作为课程理解的“课”

一方面，课程文本是一种客观存在，即是说，通过这种文本的学习，需要学生掌握的东西应该是相对确定的，否则，教育、教学工作就无法进行。另一方面，这种文本又不是一个纯客观的存在，不是一个封闭的、自足的作品，而是包含了各种“潜观念”“潜问题”在内[13]110，具有“不确定性”“开放性”“模糊性”的特征，时刻等待着“被理解”。在接受美学看来，正是“文本”所具有的开放性或曰“召唤结构”，即“文本通过意义空白与意义未定性来构筑自身的开放性框架结构”为读者对它进行理解提供了可能。[15]

因此，说课之“课”的第二重内涵就是“教师理解中的课”，即“教师视域”与“课程视域”融合基础上生成的“教师课程理解”（见图1）。换句话说，教师说课时说的那些“东西”，实际上是“教师认为”通过这门课程的学习，学生应该掌握哪些知识、训练哪些技能、养成哪些态度，或者“教师认为”可以怎样更好地让学生生成知识、技能、情感、态度以及价值观。

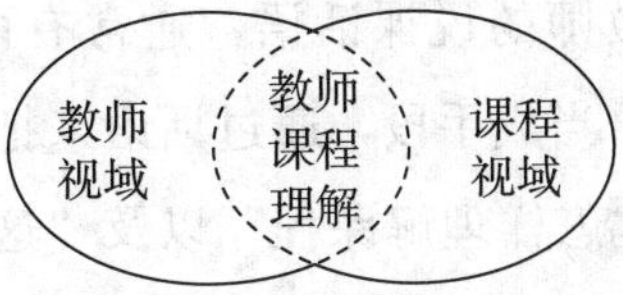

图1 教师课程理解的视域融合图式

从图1可知，教师课程理解的生成有两种情况：一种情况是图中虚线以内的部分，即“教师视域”与“课程视域”重合的部分，也就是说，一门课程“本身自具的有待读者发掘的知识要素”与教师认为“该门课程需要被学生掌握的东西”总有一定的交集，正是这种“交集”的存在，为教师直接生成理解课程提供了前提；另一种情况是，当“教师视域”与“课程视域”不在同一层面时，需要双方做出一定的“妥协”，彼此“进入”对方，展开对话，以迂回的方式对自身视域进行重构。两种情况的结果都是教师课程理解的生成。

（三）作为课程话语的“课”

从语言学的角度来看，话语是能够表达完整意向的陈述单位或意义单元，它可以是词语，可以是句子，甚或一些隐喻、象征。派纳（William F. Pinar）认为：“理解当代课程领域，有必要把课程领域理解为话语（discourse）、理解为文本（text），并且最简单却最深刻地理解为语词与观念…… 课程领域是涉及学校中发生的事情的……正是语言反映并决定着'学校发生的事情'意味着什么。因此，理解课程领域意味着我们需要密切注意该领域的学者所运用的语言。"[4]循此思路，派纳进而析出了历史文本、政治文本、种族文本、性别文本等课程领域不同倾向的话语体系。毋庸置疑，课程理解是内隐的，以一些观念的形态存在着，它必须借助课程话语表达出来。具体到说课中，就是"观念"借助语言进行"外化"，表现为教师说课时说的那些"话"。说课之"课"的第三重内涵就是这种课程话语。

对于教师的说课话语，通常有两种态度：一是将话语当成手段，通过话语来把握教师在观念层面"怎样理解课程"以及"这样理解是否合理"。这种所谓"得意忘言"，其实是说课实践中最常见的一种情况。对于听评者来说，他们评议、交流时，首先关注的就是教师对课程内容的理解是否准确，对课程目标的预设是否科学，对重难点的界定是否合理，有没有方法的选择，教学设计是否符合规律等问题。二是将话语当成研究对象，思考"说课话语应具有哪些特性""为什么选择这些而不是那些话语""还可以选择哪些话语"等问题。目前，因循这个方向的思考比较少。人们仅从说课技巧层面提出了一些说课用语要注意的问题，如要"言之有信、言之有物、言之有度"，要"饱含情感、有感染力"，要"简练、流利、表述完整、条理清晰"等。[16]我们认为，仔细分析教师的说课话语，不仅对于教师的课程理解，而且对于洞悉当前占主导地位的教育观、知识观、教学观都是非常有意义的。比如，关于说课的"模式"①，目前通行这样一套话语系统：说教材、说学情、说教法、说学法、说目标、说重难点、说教学设计等。我们可以思考：这套话语体系是怎么来的？它能说出我们想说的东西吗？还有其他的话语表达吗？再如，说课时的"理论依据"，也有类似的话语模式："根据……规定，我将目标定为……""根据……的特点，我这样安排教学过程……"等等。我们还可以思考：这样几句近乎套话的表述，能真正将教师的教育观、教学观、课程观表达出来吗？一旦这套话语占据说课"主阵地"，甚至成为"权威"的时候，会把说课实践引向何方、引到何处？这是一个有待深入研究的论题。

三、作为教师课程理解的说课的心理转换

基于上文对作为教师课程理解的说课之"说"与说课之"课"的内涵分析，我们进而发现，说课的心理过程要经过两次加工与转换。

（一）第一次转换："教师视域"与"课程视域"融合，生成教师课程理解

第一次转换即在"教师视域"与"课程视域"融合的基础上生成"教师课程理解"（见图2）。可以看出，说课活动开始于"教师视域"与"课程视域"的融合，融合的过程就是二者的对话。这种对话过程同时会受到两个方面的监控或者干预：一是指要受到教师的经验、文化期待、动机、态度等"前理解"因素的影响；二是指要考虑课程文本的客观性，不能随意曲解文本。

① 有没有这种"模式"，暂时还不好界定。但是说课实践中，这种"套路"的确广泛存在着，并影响着广大教师和师范生说课时的话语实践。

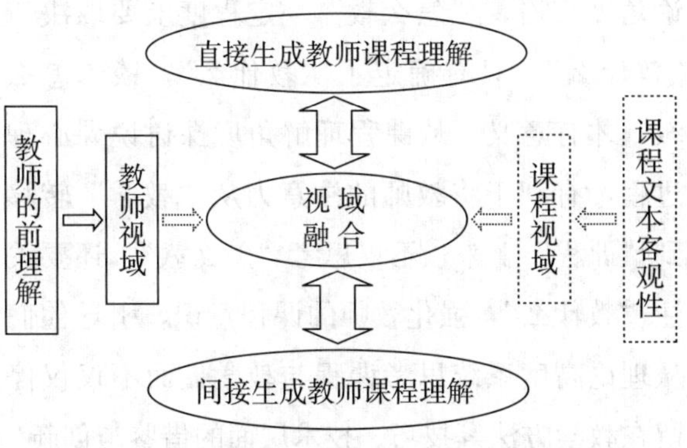

图 2　教师课程理解的初次心理转换图式

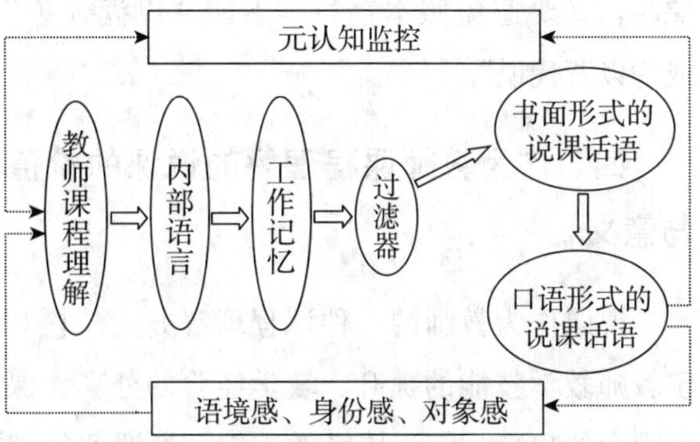

图 3　教师课程理解的再次心理转换图式

从心理加工的角度看，融合过程的主要活动形式是同化与顺应。结合上文论述，我们知道，一方面，“教师视域”与“课程视域”总是存在一定的“交集”。这种交集，从心理学上讲，就是指教师所拥有的图式与课程文本的图式能够互相兼容，正是这种兼容，为课程理解提供了可能。具体到说课心理过程中，这些能够互相兼容的图式，会直接同化，生成课程理解。另一方面，教师图式与课程图式又会有些“不一致”而无法直接同化。面对这种情况，教师启动的心理过程就是顺应，即教师图式与课程图式互相调适、重新建构，以达成新的平衡，并最终生成课程理解。这种顺应虽然为教师建构课程意义、创生课程内容提供了可能，但同时也给教学实践带来不少麻烦，尤其在新课程提倡“对话”理念的背景下，不同的教师都是基于自己的图式来对课程图式进行调适以建构意义、创生内容的。这种情况在中小学语文课程教学中表现得尤为明显。面对同一篇课文，不同教师在备课时，总是绞尽脑汁地去想“到底该教些什么东西”，并且最后“想”出来的那个东西又总是千差万别的。

（二）第二次转换：由教师的“课程理解”外化为教师的“课程话语”

第二次转换即教师借助口语或其他方式将“课程理解”外化为“课程话语”（见图 3）。针对图 3，我们讨论以下四个问题。

第一，从“课程理解”到“课程话语”的转换，并不是直接完成，而是借助一个中介：内部言语。也就是说，教师先将以观念形态存在着的课程理解转换为内部言语，再将内部言语扩展为外部言语。[17]这个扩展过程主要在教师工作记忆里完成。在这个过程中，一方面要受到教师的元认知能力，即教师内部思维、认知因素的影响；另一方面又会受到教师对说课语境的感知所形成的语境感、对象感、身份感的影响。

第二，内部言语扩展成外部言语后，要借助口头语或书面语的形式表达出来，实现交流的目的。对于说课而言，在教师工作记忆中扩展后的外部言语，可以直接诉诸口语表达，即根据理解直接说课；也可以先诉诸书面语，即写好说课稿，再根据说课稿说课。

第三，不管是根据理解直接说课，还是先撰写说课稿再说课，其言语表达都必须经过“过滤器”过滤，经过教师的语境感、身份感、对象感“筛选”后，觉得“能说”的就直接说出来，觉得“不能说”的，就返回工作记忆继续加工，考虑成熟了再形成合适的话语表达。

第四，由于书面语比口语更严密、更规范，逻辑性更强，所以，说课时，先形成书面材料，即撰写说课稿，一定程度上能够优化说课效果。但是，说课之“说”毕竟是在理解基础上以口语为主要媒介来实现的，因此，借助说课稿说课时，又要避免照本宣科，不能“以读代说”或“以背代说”。

四、作为教师课程理解的说课的价值与意义

说课作为教师的一种课程理解方式，它对于教师教学技能的提升、教学经验的分享、课程观念的更新、知识体系的重组、说课评价理论的建构等都有着非常重要的意义。从心理加工的角度反思说课实践，有助于更准确地认识说课的本质，更有效地发挥它在教学实践中的价值。

（一）有助于建构说课理论框架

明确说课心理转换机制，能够解释很多现象，帮助建构更具解释力的说课理论框架。比如，不同教师说课时对目标的预设、重难点的界定以及教学过程的设计会有较大出入，这是正常的，其实是源于他们的课程理解不同。又如，在实践中，教师说课会流行很多“套话”，这其实是源于他们对说课语境、听评者身份以及自身角色认知的综合判断而做出的“妥协”。再如，教师在理解课程时，根本就不存在对文本意义的“绝对复原”，也不存在完全脱离文本的“主观建构”，所谓“课程意义复原说”实质上是在教师图式与文本图式不兼容的情况下，更多地由教师图式向文本图式妥协后生成课程理解；所谓“主观建构说”则是在二者出现冲突时，更多地由课程图式向教师图式妥协后再生成课程理解。也就是说，课程理解是教师与课程“对话”的产物，所不同的仅是对话的程度不同而已。

（二）有助于增强教师的课程意识

我国基础教育存在的问题之一就是教师课程意识不强，教改努力的方向多集中在“怎么教”，即教学方法的选择上，所谓课程开发也多集中在“用好教材”等问题的探讨上。从课程论角度来看，“怎么教”一定程度上要取决于“教什么”，只有确定了“教什么”，谈“怎么教”才有意义。从课程理解角度探讨说课心理过程，有利于将教师的注意力从“教学”转移到“课程”上来，不仅思考“怎么教”，还要关注“教什么”，强化教师的课程意识，引导他们从理论高度系统思考课程与教学，而不仅仅停留在教学方法等技巧、技术层面的借鉴与创新。

（三）有助于建构说课评价标准

认识说课的本质及其心理转换过程，对于说课者来说，能促使他们更好地反思自己的说课实践，理性地思考自己在“说什么”“为什么要这样说”；对于听评者来说，有助于他们更准确地把握说课者所说之课，并作出科学评价。尤其对于带有考核性质的说课而言，目前通用的评价标准比较混乱，评价过于依赖评价者的主观经验与判断，很难谈得上规范与科学。深入认识说课的本质与心理加工过程，能让听评者初步知道该从哪些方面去对说课者进行评价，尝试建立相对科学合理的评价标准。

（四）有助于教师生成实践知识

在实践中反思，在反思中实践，是教师专业成长的有效途径。说课时教师不仅要说“怎么做、怎么理解”，还要说“为什么这么做、为什么这么理解”“这样做、这样理解是否合理”，从而把自己对课程与教学的认识显性化、系统化，这正是教师反思的重要内容。这样的反思有助于教师更新自己的教育教学理念，建构属于自己的、系统的学科教学知识。一般来说，教师知识有理论知识与实践知识两大类，其中前者主要来自系统学习，后者更多来自教师经验。在教育教学过程中，对教师影响最大的往往是他所信奉的实践知识，但这些实践知识又多处于一种只可意会、难以言传的缄默状态，而说课则恰恰为教师实践知识的外显、管理和共享提供了有效途径。

参考文献：

[1] 郑金洲. 说课的变革［M］. 北京：教育科学出版社，2007：6.

[2] 彭涛. 说课理论与中学实践研究［D］. 武汉：华中师范大学，2005：3.

[3] 宋萑. 说课与教师知识建构［J］. 课程·教材·教法，2012（4）：120.

[4] 威廉·派纳，等. 理解课程［M］. 钟启泉，张华，编译. 北京：教育科学出版社，2003：前言，7.

[5] 张华. 走向课程理解：西方课程理论新进展［J］. 全球教育展望，2001（7）：40，46.

[6] 余娟，郭元祥. 教师的课程创生：意蕴与条件［J］. 教育发展研究，2009（12）：57-62.

[7] 陈丽华. 教师课程理解：意蕴与转向［J］. 全球教育展望，2012（3）：68.

[8] 郭文霞，南钢. 论课程理解中的主体合作［J］. 当代教育科学，2009（4）：22.

[9] 钟志贤. 阐释学、模糊逻辑、混沌理论与教学设计［J］. 电化教育研究，2004（2）：9.

[10] 张攀. 教师课程理解研究初探［J］. 浙江教育学院学报，2010（4）：66-67.

[11] 杨道宇，温恒福. 课程理解的三种范式［J］. 教育理论与实践，2010（22）：54-56.

[12] 王荣生，宋冬生. 语文学科知识与教学能力［初中］［M］. 北京：高等教育出版社，2011：4.

[13] 于龙. 现代语文课程话语考论［M］. 上海：上海书店出版社，2011.

[14] 王荣生. 语文科课程论基础［M］. 上海：上海教育出版社，2003：303.

[15] 曹明海，张曙光. “视野融合”与阅读课程的建构［J］. 语文建设，2005（5）：5.

[16] 方贤忠. 如何说课［M］. 上海：华东师范大学出版社，2006：24-26.

[17] 刘淼. 作文心理学［M］. 北京：高等教育出版社，2001：44-46.

（原载 2013 年第 6 期）

教师主导作用和学生主体作用

刘舒生

在教学过程中，如何正确理解和发挥教师与学生的作用，是一个值得研究的重要课题。“文化大革命”时期，教师的作用一度被无理否定。党的十一届三中全会以后，重新肯定了教师在教学中的主导地位和主导作用。近年来，有很多文章提出了教学中要发挥学生主体作用的问题。于是有些同志就产生了疑问“一会儿讲教学要以教师为主，发挥教师主导作用；一会儿又讲，学生是学习的主体，要发挥学生主体作用，究竟是哪方面重要？要以谁为主？”

看问题，切忌孤立片面，不能孤立地讲孰重孰轻、谁主谁次。要从教学整体上看，构成教学的各个要素，在整个教学过程中，各处于什么地位，起什么作用以及在哪个领域里起作用。防止顾此失彼，从一个片面滑到另一个片面。

一、怎样理解教师主导作用

教学是师生共同完成教学任务的双边活动，任何一种社会活动，都有活动的目的、方向、内容、方式、方法和步骤的问题。教师和学生在这些问题上是谁起主导作用呢？很明显，是教师。例如，就一节课的教学活动来说，这节课，教师教什么，学生学什么，怎样教，怎样学，以及解决什么问题，主要取决于教师。是教师领导整个教学活动，教师起着主导作用。

教学之所以必须由教师起主导作用，这是因为：1. 从条件来说，“闻道有先后，术业有专攻”，教师闻道在先，并有较好的专业知识；2. 从职责任务来说，教师是学生的教育者，是教学活动的组织领导者，上级是责成教师来完成教学任务的；3. 从职权和职能来说，教师有组织领导本学科教学活动的职权，尽管教育方针、教学计划、教学大纲和教材都是上级制定的，但教师是教育方针的贯彻者，是教学计划、教学大纲的执行者，是教材内容的传授者，如何根据实际情况来贯彻执行要取决于教师。在实际教学活动中，是教师指引学生的学习方向，调动学生的学习积极性，选择适当的教学方法，做好教学活动的组织安排，检查评价实际教学效果，调整改善整个教学活动。教师在教学中的这些职能作用，也充分反映了教师在整个教学过程中处于主导地位，起着主导作用。

由此可见、教师主导作用，是指在师生双方共同参加的教学活动中，教师处于主导地位，起着主导作用。

二、谁是教学的主体

在认识与实践过程中，主体与客体是对立统一的。主体是指认识者，即有意识、有意志，并在社会实践中认识着客观世界的人；而客体，是指和主体相对的客观事物、外部世界，是主体认识和改造的对象。教学是师生共同参加的认识与改造活动，教师和学生都是认识的主体。

教师在教学中认识的基本对象，有教材和学生。教师一方面要通过认识教材的知识内容来认识教学活动这个客观世界，并用所掌握的教材内容来教育学生；另一方面要通过认识学生，了解学生，进而运用教材中的知识给学生以教育影响，把学生塑造成为社会所需要的人才。学生就是教师认识和改造的客体。教师在认识和改造客观世界的同时，也要随着时间、环境和条件的不同而改造自己的主观世界。

学生在教学中也是认识的主体。他们主要是通过在教师指导下掌握教材知识内容认识客观世界，并在掌握知识的过程中，促进自身全面发展。学生在教学过程中也能认识教师，但学生没有认识教师的任务，他在教师的教学活动中，有意无意地受到教师行为表现的影响。

教师和学生在教学过程中，都是认识和改造的主体，各自在自己的认识与改造的对象面前，具有能动性。他们是在能动地认识与改造客体的活动中、完成教学任务的。

既然教师是教学活动的主体，为什么一般都讲发挥教师主导作用而不太讲发挥主体作用呢？因为，就教师来说，教师的教是为了学生的学，教师教得好，要体现于学生学得好。教学最终取决于学生获得正确的认识，并促进身心的全面发展。这一切都要通过学生的学习活动来实现。教师在教学活动中的主体作用，主要体现在教学活动中主导作用的发挥，所以一般只讲发挥教师的主导作用。

三、为什么必须重视学生的主体作用

目前教育理论界提出发挥学生主体作用问题比较多。这是由于我们过去受传统教育思想的影响比较深，往往忽视学生在教学活动中的主体作用，由此，暴露出来的问题比较多，日益感到重视学生主体作用的必要性和迫切性。

有些教育家往往过分强调教师的作用，不把学生看作学习的主人。如德国教育家赫尔巴特说，学生在教师的心目中，作为必须在他身上工作的人，学生对教师必须保持一种被动状态。苏联教育家凯洛夫认为，“教师逐步提出来的要求，对学生的学习生活来说，具有法律的性质。”他们过分强调教师的作用，忽视学生的作用，不把学生看作认识的主体，仅仅看作消极被动的加工对象，这就难免出现“教师讲授，学生听受”的“满堂灌”的局面。学生生动活泼主动学习的局面就很难出现。我国过去批判杜威的儿童中心主义，有积极意义，但有些同志对主张儿童中心主义与发挥学生主体作用混淆不清，也对忽视学生主体作用有一定的影响。

在教学活动中，学生是以学习者的身份参加教学活动的，其主要形式是参加教师领导下的学习活动。在学习过程中，学生是认识的主体。他不像一面镜子似的接受客体的反映，也不像录音机似的听取和储存教师的语言信息。他对自己认识的客体具有能动性，是在主动地同客体交往过程中，取得正确认识，促进自身成长。学习本身就是有目的的掌握知识的活动，这里包括根据目的控制自己的活动，并根据活动的结果，对照自己的学习目的，进一步调节自己的活动，从而达到学习的目的。如果一个学生只是被动地接受教师的灌输，不能主动地去观察问题，不能主动地对各种信息材料分析研究，不能改正自己的错误认识和错误的学习活动，怎能学习好呢？学生只有把自己当作学习的主人，在学习活动过程中，主动地去观察研究独立思考，认为所获得的知识是符合事实、合乎逻辑的科学结论时，才能确信它并内化为自己的精神财富。学生是学习的主人，是学习认识活动的中心，这是客观事实。但是有些教育家只看到学生是教师教育的对象，忽视学生在认识活动中的主体作用，使学生在学习过程中不能充分发挥主观能动性，从而降低了教学的效果。

说学生是学习的主人，是学生学习认识活动的中心，是不是和“教学以儿童为中心”一样呢，不是的。主张儿童中心主义的杜威认为：“现在我们教育中将引起的改变是重心的改变，……儿童成了太阳，而教育的一切措施则围绕他转动。”可见杜威要求的是教学的方向、内容、方式方法等“教育的一切措施”都围绕学生转动，这自然就取消了教师的主导作用。试想教学为什么教，教什么，怎么教，不由教师主导，都围绕着学生的要求转，处于学习地位的年幼的学生，能够了解未来社会的需要吗？由于学生的地位及其局限性，他所熟悉和他所感兴趣的，往往只是眼前现实生活中的需要，这必然要把教学引向狭隘实用主义的道路上去。说学生是学习的主人，是认识的主体，是学习认识活动的中心，是指在教师领导下的学习活动中，学生在感知、理解、巩固、运用等掌握知识的认识活动中，在掌握知识过程的注意、观察、思考，想象等智力活动中，是处于主体地位，是学习认识活动的中心。两者不能混同。

当然，在教学过程中，学生参加各种学习活动，要想学习方向正、方法对，进步快，就必须有教师的领导。而教师的主导作用发挥得好，也必须使学生的学习有自觉主动性，发挥学生学习的主体作用，否则教师主导作用也无从发挥。发挥教师主导作用与发挥学生主体作用，两者是相辅相成的。

（原载 1984 年第 5 期）

教师提问与学生思维的发展

熊 梅

提问是课堂教学的重要方法之一。它对考查学生的学习情况，引发学生的探究兴趣，培养和训练学生的语言表达能力，发展学生的思维能力都具有显著功能。尤其在发展学生思维能力方面有更为突出的作用，这主要是由教师提问的特点与学生思维发展的关系所决定的。

首先，问题是思维的表现形式。问题就是个体在满足其需要的认识和实践活动过程中，主客观要素的缺损和障碍使活动中断，由此派生了一种需要。这种需要使人力图觅取有关要素使缺损得以弥补、障碍得以排除，从而使活动的过程及其所涉及的要素的完整化，以达到需要的满足。教师根据所授教学内容的需要，结合学生原有的认知结构特点，在教学过程中设置一系列需要学生主观努力去解答的问题，学生在解决教师提出的问题时，就要想方设法弥补眼前与目标间的漏洞、裂痕、缺陷，缩小初始状态与理想状态之间的距离。学生解答问题的过程就是思维的过程，因为思维总是指向于解决某个问题的。思维过程主要体现在解决问题的活动中，思维的三种形式：概念、判断、推理，既是解决问题的材料，又是解决问题的结果。心理学者和教育学者一般总是通过对解决问题过程的分析，来研究思维过程及思维水平的发展。甚至将思维的概念定义为“思维是以解决问题为目的的思想活动”“是为了某一目的对经验进行有意识的探究”。[1]当然，不能将思维和解决问题列为等同，因为思维不仅仅表现为解决问题这一活动特性方面，凡认识事物时具有概括性、间接性、逻辑性、目的性和层次性等都表现出思维的特点；在整个解决问题的过程中，也不仅是思维活动的参与，还包含着记忆、想象、技能、情绪和意志等因素的参与。

其次，教师提问是促进学生思维活动的外部动因。在课堂上，学生思维活动的激发，较多来自个体以外的刺激，如教师的提问。这种外部动因具有如下特征。

1. 教师提问对学生的思维具有始动性。即教师的提问能激发学生的思维，成为学生思维的外部推动力。

2. 教师提问对学生的思维发展具有方向性和指导性。教师提问的内容已经规定了学生思维发展的方向和任务，指导学生按照既定的方向思考。

3. 教师提问对学生思维具有强化性。教师提问的目标越高、难度越大时，要求学生思维的强度就越高。

4. 教师提问对学生思维的发展具有调控与调整性。教师提问的方向性、目标性、指导性，可以控制与调整学生思维发展的速度；同时，可根据教学目标需要，不断调整问题的难易程度，以加速或延缓学生思维发展的进程。

由于教师提问具有上述四个特点，因此，教师提问是学生思维发展的外部动因。

一、教师提问活动诸因素之间的关系

教师提问活动是整个教育系统中的一个子系统。这个子系统也是由一定的教育目的、一定因素构成的。它主要由以下六因素组成：提问的目标，提问的材料，提问的环境，提问的语言，提问的程序和提问的技术。各因素之间的关系和联系的形式，组成了提问活动的系统结构，它们对学生思维的发展形成多侧面、多形式和多水平的影响。诸如，教师提问的目标规定了学生思维发展的方向，预期了学生思维发展的结果；提问的材料规定了学生思维的内容；提问的语言可以增强和减弱学生思维的有效程度；提问的环境可以加速或延缓目标的实现；提问的技术可以排除无关材料的干扰，增强有关材料理解的准确度和可知度；等等。这六个因素之间互相依赖、相辅相成。提问的目标依材料而实现，材料要依据目标而编定；材料不同，提问语言的表达形式就不同；目标可以改善环境，环境可加速或延缓目标的实现；不同的环境，教师采用的语言方式就会有所不同；提问的技术能及时调整目标的方向和材料的难易程度等。教师提问活动诸因素之间相互联系，相互促进，共同影响着学生思维品质的形成。

二、教师提问活动诸因素对学生思维发展的影响

（一）提问的目标

教师提问的目标对学生思维的发展具有定向性、限定性和指导性。由于教师预先设计提问目标时，要考虑将使学生得到什么？思考和认识什么？改变学生的什么行为、形成何种能力或品质？因而教师预先设计的提问目标就规定了学生思维的方向和内容。试以小学六年级语文《林海》一课为例，说明教师设计的提问目标对学生思维发展的影响。

课文目标：从分析观察中了解大兴安岭的特点、森林的价值，掌握作者的写作特点等。

行为目标：能说出描写景色的意义和特点（分析的能力），能比较出“秦岭”和“大兴安岭”的异同（比较的能力）；能根据大兴安岭“林”的特色，找出林成海的原因（逻辑推理能力）；能从林海的特色中联想到木材的作用和价值（想象力）；通过本文学习，你对大兴安岭有什么新的认识（判断评价能力）。

教师提问的目标明确、具体，就可以有计划有系统地形成学生不同的思维品质。在教学实践中，有些教师平时只注重学生分析、比较能力的培养，缺乏对判断评价性思维能力的培养；在达成目标的要求上，只注重学生答问的准确性和流畅性、反应的变通性；而很少注意训练学生具有不寻常的新颖的反应能力（独特性）。据了解，我国大中小学生思维品质发展流畅性和变通性呈正态分布，独特性呈偏态分布。要改变这种状况，教师的提问目标就要从培养学生答问的流畅性入手，抓住变通这个关键，着重启发思路，引导思维转向，特别要重视独特的观念、设想和构思。

（二）提问的材料

教师提问的材料（或问题）是学生思维过程的基本内容。材料的性质、形式、难易度、数量对学生思维发展具有一定的影响。

材料的性质，依次可分为三种：知识性问题，说明性问题和评价性问题。

1. 知识性问题。是指教师为使学生能掌握具体事物和一般原理、方法、结构而组织起来的问题。如关于日期、事件、人物、地点、信息来源等方面的具体事实的知识，以及一些规律性的知识等。这类问题十分强调记忆能力的运用，它是解决问题的基础和前提，为思维活动的深化和发展创造条件。教师在提问时经常采用的关键词是：谁、什么事、哪里、什么时候、写出、叙述、解释等。

2. 说明性问题。教师将教学中的复杂内容分解成若干组成部分，或将简单内容复杂化，然后以一定的问题形式提出，使学生通过对问题的转化，解释和推断而领会内容的含义，弄清问题间的关系，从而培养他们的分析能力；

再通过对新旧问题的加工组合，以培养他们的综合能力。参与这类问题的思维过程主要是分析和综合。它要求学生能够分析材料，确定问题间的因果关系和本质联系，从而创造性地解决问题。教师在提问时经常采用的关键词是：为什么、什么因素、得出结论、比较证明、分析、预见、创作、总结等。

3. 评价性问题。为了使学生能对观念、作品、答案、方法和资料等的品位做出判断，教师提出最高思维水平的问题，要求学生思考回答。它所参与的思维过程主要是概括和评价。学生根据一定的标准和准则来评估这些问题的准确、有效、经济和满意的有效程度。学生只有在充分认识领会问题实质的基础上，才能对这类问题进行评价。它要求学生能推陈出新，有独到见解。教师经常使用的提问词是：概括、判断、评价、证明、你对……有什么看法等。

材料的形式是表现材料内容的方式，同一内容可以采用不同形式。形式新颖，跌宕起伏，就会促进学生积极思维；形式呆板，平铺直叙就会抑制学生思维。如教《跳水》一课，有的教师根据教材先后顺序采用顺向形式，从原因到结果展开提问，即猴子戏弄孩子→迫使孩子爬杆→孩子处境危险→船长用枪威吓孩子跳水。而有的教师则采用逆向形式组织问题，由结果追溯到原因。先究其跳水的原因，让学生找出“课文中最危险的场面是什么?”然后追问“这样危险的地方，那个孩子怎么会上去呢?”变顺为逆，问题新颖独特，又突破学生思维定式，容易激起学生的兴趣，促进学生积极思维和探究。

问题材料的数量对学生思维活动有一定影响，适宜的问题会提高大脑信息接收方面的可靠性和抗干扰性，提高大脑对问题理解的准确性。问题过多，会增加学生思维负担，混淆问题的主次；如果问题材料过少，又激不起学生的思维活动。因此，教师在组织设计问题时要充分考虑问题材料的数量。

问题材料的难易度也影响学生思维水平的发展。材料内容关系越复杂、越难，对思维操作能力（分析、综合、概括、比较、分类）的要求就越高。相反，材料内部关系越简单、容易，对思维操作能力的要求就越低。因此，教师应针对不同水平学生采用不同性质的问题，注意问题难易的坡度性，循序渐进。

（三）提问的语言

语言与思维的关系最为密切。语言具有实现人的智力活动（观察、记忆、思维等）和保存人类知识经验以及交流思想的三大功能。课堂内师生间交往的主要形式就是言语交往，其中教师提问的语言是传达信息，刺激学生思想的主要工具。教师通过书面言语设计问题，运用口头言语陈述问题。教师提问的语言既有在对话言语中所体现出来的特点，即谈话双方互为听众，互相支持的情景性言语的特点，又具有独自言语所特有的严谨性、系统性和节奏性的特点，从而避免对话言语的随意性、间断性。教师提问的语言要具有一定的准确性、简洁性、形象性、情感性和节奏性。教师在设计问句时应注意如下几点。

1. 问句中的概念是否相容。如教师提问“秦岭是高耸还是险峻?”“高耸”和“险峻”两概念是相容关系，在这里却以不相容关系来提问，问句本身不合理，影响学生思维。

2. 问域是否适中。问域过大或过小都会影响学生的思路。如教师问《荔枝蜜》这篇文章，“开头是从哪里出发的?”本意问的是从什么感情写起，因问域过大，学生误认为“从什么时候”或“什么事”写起，故学生答：“小时候”“被蜇”等，这样就把学生的思路导向歧途。

3. 问句概念是否有歧义。问句中概念的含义不清或所指的对象不确定，也容易造成理解上的分歧。如教师提问"直摇头"是什么意思？要求学生解释这个词，即不停地摇头。而学生却从课文内容的角度理解为"不同意"。因问句中概念有歧义，导致学生的回答出现了截然不同的结果。

（四）提问的环境

提问的环境包括提问的愤悱情境、课堂气氛和班级的学习风气等。问题情境是指在一定的教学情景中，当学生原有的知识经验和智力不足，难以解决教师提出的问题时，就会引起智力困窘状况。这样的状况人们称为问题情境。为创造问题情境，教师提出的问题需要具备如下三个条件：其一，问题应与学生先前掌握的概念和在一定的教学情景中需要掌握的概念有着逻辑联系；其二，必须使问题具有认识上的强度；其三，问题应引起学生的情感反应。所谓情感反应是指学生在将新授知识同已掌握的知识进行对照时产生的惊异感，感到现有知识、技能和技巧十分不足。课堂气氛或称课堂心理气氛，是一种给人以实感的教学情境，它是问答双方感情的畅通交流。良好的课堂气氛需要具备以下三个特征：恬静与活跃的统一，热烈与凝重的统一，宽松与严谨的统一。良好的课堂气氛需要教师首先努力建立良好的人际关系和教师权威，创建优良的班风，这些将有助于培养学生善思、乐学的学风。

（五）提问的程序

教师提问的程序基本上有三个阶段，即导入——展开——终结。教师提问可以按照人类认识过程（推理）的两种形式进行。即演绎式和归纳式。1. 演绎式。教师所提问题按照是什么——为什么——怎么样的顺序来促进学生解决问题。教师先引导学生形成判断，然后引导学生寻求判断的原因，最后找出解决问题的办法。侧重引导学生正确地表述思想。2. 归纳式。教师所提问题按照怎么样——为什么——是什么的顺序而促进学生的思维。教师先提出"怎么样"的问题，引导学生熟悉内容；再提出"为什么"的问题，引导学生深入分析；最后提出"是什么"的问题，引导学生形成正确的判断。

"是什么"归属为判断型问句，着重培养学生经过分析、综合形成判断型问句，着重培养学生经过分析、综合形成判断的能力。如"小说《药》的主题思想是什么？""为什么"归属为论证型问句，着重培养学生的分析论证能力，如"《小桔灯》一文为什么不以《小姑娘》为题而以《小桔灯》为题呢？""怎么样"归结为说明型问句，着重培养学生的说明能力。如"这段话是怎样描写云的姿态万千的呢？"（《看云识天气》）学生根据教师提问程序，进行推理，形成概念，进行判断。在解决问题的过程中培养了分析、综合、抽象、概括的能力。

（六）提问的技术

教师提问的技术是教师所具有的处理师生问答活动的基本知识、经验和技能。其中包括教师提问时对非言语行为和非认知因素的熟练掌握和运用程度，以及调控问答活动时间等的技能。它具有调节、强化、补充和完善其他因素，增进或减弱学生对问题的感知和理解的效能。教师提问的技术主要表现在以下几个方面。

1. 关于提问活动时间的控制技术

每节课里，教师如何掌握和控制提问的时机，提问的频率、提问的时间以及提问后的等待时间等。这些都涉及技术性问题。教师掌握得如何将影响学生对问题解决的效果。在一节课的不同阶段，学生思维的紧张强度是不同的，教师应抓住时机采用不同方式进行提问。如在上课初期，学生的思维处在由平静趋向活跃的状态，这时多提一些回忆性问题，有助于培养学生学习积极性，增强他们参与讨论问题的意识。当学生思维处在高度活跃状态时，多提说明性和评价性问题，有助于分析和理解课文。不同时期的提问对学生记忆和思维产生的效果不同。对待同一提问内容，学习前的提问与学习后的提问，学生思维与记忆的范围有大小之别，如语文阅读课教学的提问，阅读前的提问，只能加强学生对有关问题的记忆和思考，而阅读后的提问，既能加强学生对有关问题的记忆和思考，又能对无关问题作适当记忆和思考。教师提问后等待的时间究竟为多少，现在众说不一。有人认为等待的时间至少要三秒钟，有人认为等待时间为10秒钟以内，而大多数人认为，等待的时间应根据问题的难易程度，学生的接受能力而定。但人们已普通意识到，在恰当时间等待答问，有如下好处：（1）学生可以回答较多的内容；（2）学生能主动而恰当地回答问题，减少一问三不知的现象；（3）增强学生回答问题的信心，增加创造性思维的成分，提高迟钝学生的积极性；（4）减少以教师为中心的现象，增强师生间相互影响。

2. 教师对非认知因素的掌握和运用技术

教师本身的动机、兴趣、态度、情绪和情感、意志、性格等非认知因素，对学生思维活动的开展有一定的影响，如教师提问时持积极的态度，对学生的思维能起促进作用，学生从教师愉悦的态度中，得到激励和鼓舞，能增强学生解决问题的自信心。如果教师提问时表现出不耐烦、训斥、责难的态度，则会使学生产生惧怕、回避、抵触的情绪，阻碍问题的解决。调查研究发现，同一班级学生在教师不同提问情绪状态下学习，效果相差悬殊。在教师提问情绪好的情况下，课堂教学中提问题15个，内有8个问题的答问质量较高；发言24人次，内有7人次有创见。两周后的测量结果显示，前者巩固率达90%，后者则为72.6%。因此，教师在教学中要经常保持和善谦虚的态度和情感，使学生从中得到鼓舞。

3. 教师提问时对非言语行为的掌握和运用

非言语行为即教师提问时的面部表情、身体姿势和体态以及师生间的人际距离。它能支持、修饰和代替言语行为表达所难以表达的感情和态度。如面部表情和目光，学生对自己回答问题的正确与否可以从教师的面部表情当中获得暗示；能从教师目光中识别出是期待、信任、鼓舞、激励，还是责备、不耐烦、不屑一顾，从而增强或减弱学生回答问题的信心。教师在提问时，可以通过变换自己在教室内的位置，同学生进行交流，以达到最佳的对话效果。

参考文献：

[1] 爱德华·德波诺. 思维的训练［M］. 何道宽，许力生，译. 北京：生活·读书·新知三联书店，1987：27-28.

（原载1992年第12期）

教师的教学反思

李长吉 张雅君

一

教学反思是教师对自己教学生活的反省与自我观察。它一方面把教学活动中的一个特殊事件或独立现象与该对象所属的整体联系起来，使这一现象在教学整体中得到重新认识与解释，获得新的意义，赋予新的教学意蕴；另一方面把这一现象甚至是该现象所依附的教学整体与作为试图认识自己的教师这一意识主体建立联系，使得教师凭借真实教学世界中发生的教学事件及其结果，对自己的思想境界、心灵历程、情感世界、理论体系、操作方略等进行透视和反省，进而形成相关的综合性事实与价值认识、检讨、判断。也就是说，教学反思一方面是对个别现象、事件、行为的加工整理，另一方面是对教师本人思想行为的观察分析，既涉及“它”的问题，又涉及“我”的问题。

从“它”的角度来看，教学现象、事件的真实状态与深远意蕴是隐含在各种教学活动之内的，它无法自我呈现与自我表白，只有通过理性思考，对感性材料进行加工，在思想中重新认识和整理，才能使之浮出水面。这个加工、整理、认识的过程就是教学反思。“感性的东西是个别的，是变灭的；而对其中的永久性的东西，我们必须通过反思才能认识。”[1]75 这是因为“反思作用总是去寻找那固定的、长住的、自身规定的、统摄特殊的普遍原则。这种普遍原则就是事物的本质和真理，不是感官所能把握的”[1]76。

从“我”的角度来看，教学反思可以使教师超越实证材料与方法，使思想的自由度、探索性与创造程度得到拓展与提升，从而谋求和品味到理性沉思所带来的幸福。教学反思还能满足认识兴趣，增加理论旨趣，整理物理世界与信息世界从而扩展精神世界，提高教师捕捉教学问题的能力，加深分析教学问题的深邃程度，为教师提供审视教学的“慧眼”。

对于教师而言，教学反思是一种主体与对象处于同一之中的认知方式，这种认知方式“由于两者同一互不陌生，故能成就其完满；由于两者同一互不排斥，故保证其不可动摇”[2]。反思主体是教师本人，反思对象是教师本人的活动历程或现状中的种种现象、事件，教师本人活动的过程与阶段、方法、效果、内容、目的、结果、价值等也是反思的对象，这种“主体与对象处于同一之中”的特点，使得教师比教育领域中的任何人都具有进行教学反思的优势。但是，一方面由于当代社会存在的浮躁、工具主义等共同病症，教师缺乏反思的意识，另一方面由于当前教学实践中课程、考试、评价等范畴的“异化”，教师缺乏反思的时间与空间，结果使得“个人被剥夺了整合知识和反思知识的权利，这种权利交给了专业人员、专家和数据库”[3]。

然而，无论是从实然还是从应然的角度来看，教学反思作为一种理性检查活动都与教师有天然的联系。从实然的角度来看，这种理性检查是教师意识中的天然倾向。“从人类意识最初萌发之时起，我们就发现一种对生活的内向观察伴随着并注视着那种外向观察。人类的文化越往后发展，这种内向观察就变得越加显著。”[4]5 教师在职前、入职、职后的受教育过程中，逐渐形成和改变着个人的职业意识体系，不管是否意识到，这种意识体系始终在自然发展着。“在我们的经验复杂化，并出现种种联想，而其自然的进程又受到阻碍时，就发生反省。”[5]从应然的角度看，教师的生活世界中，教学生活占据了大部分时间，也是最具意义的部分，对自己的教学生活进行理性检查理应成为教师的自觉行动。“人被宣称为应当是不断探究他自身的存在物——一个在他生存的每时每刻都必须查问和审视他的生存状况的存在物。人类生活的真正价值，恰恰就存在于这种审视中，存在于这种对人类生活的批判态度中。”[4]8尽管这种理性检查不一定能终结所有的教学难题，但不经过这种检查，难题的终结则是不可能的；尽管这种理性检查不一定会使教师的生活世界得到全面改善，但不经过这种检查，教师生活世界的全面改善则是不可能的。

具体来说，教学反思至少具有如下几种品性。这些品性制约着教师教学反思的思维方式、视野、目的与结果。

首先，反思以哲学思考作为基本的思维方式。“凡是对人性的活动所及，以理智及观念加以反省说明的，便是哲学。”[6]教学反思正是教师运用理性的力量，对教学活动及其与自身关系进行的观念反省，是对教学的哲学思考活动。人类进行认识活动时所采取的思维方式主要有四种，即哲学的思维方式、科学的思维方式、艺术的思维方式、宗教的思维方式。受近代以来教学科学与艺术之争的影响，人们认识教学主要推崇科学与艺术两种方式，哲学和宗教的思维方式在教学认识活动中受到冷落。宗教的思维方式暂且不论，哲学思维方式近年来红极一时，但是它也仅限于在理论研究者中备受宠爱，在教师团体中一直是曲高和寡。事实上，哲学思维方式虽不同于科学的、艺术的、宗教的思维方式，但至少是与其他三种思维方式并存的。教师只有科学的、艺术的、宗教的三种思维方式难以窥得教学的全貌，我们不应满足于科学思维方式所提供的事实与证据、实证与归纳，不应满足于艺术思维方式宣扬的体察感悟、情意绵绵。只有哲学的思维方式才能决定统率事实与证据的目的，才能解释框定领域与范围的缘由，才能使教师的思维自由度得到大范围增加，思考的深度得到无限性延伸，使构成教学世界的零件得到最优化组合，从而使教师的创造能力与整个心灵得到解放。

其次，反思是多重范畴的内省。前面提到，教学反思涉及“它”与“我”两个元素，由于这两个元素的存在，使得教学反思无论是在学理层面还是还原到实践领域中都显得十分复杂。教学反思涉及客观与主观、事实与价值、个别与整体、情感与理性、行动与理念等多重范畴，为使这些范畴和由它们编织成的理论为教师所理解和把握，需要对其进行检讨。多重范畴的性质决定了教学反思内容的丰富性及相互的关联性。如果只是眷顾于某一个方面而不计其余，或者孤立地进行“头痛医头、脚痛医脚”式的反思，都难以取得预期的效果。

再次，反思是超越企向的建构活动。教学反思的目的是进行建构，包括对教学实践的建构、对教学理论的建构、对教师个人的建构等。这些建构的出发点是为了对现实教学世界进行超越，对教学理论进行超越，对教师自己进行超越。在超越企向的建构活动中，不仅教学实践、教学理论不断地被超越，教师个人的意识体系也在逐步得到提升，不断形成教师自己的新理念、新知识体系，而这又反过来促进了教师教学反思的持续进行。因此在反思活动中，教师不仅要对自己的各种经历和体验进行盘点、梳理，作条分缕析的回忆整理，还要进行综合性建设性的思考。

最后，反思结果具有不可验证性。反思结果的不可验证性是指，在反思进行过程中及反思活动结束后，无法确证所做的反思是否正确与合理。这使得教师经常惴惴不安。事实上，由于反思是基于可验证的观察基础之上的主体的创造性认识，是自由而大胆的假设及思想试验，加之教学过程是不可重复、无法重新来过的，因此也就无法对反思进行确证，这是教学反思的性质，没有必要在反思的同时背负这样一个“正确与否”的包袱。如果非要判别的话，雅斯贝尔斯倒是提示了这样一个准则：如何使教育的文化功能和对灵魂的铸造功能融和起来，成为人们对人的教育反思的本源所在。[7]

由此可见，在进行教学反思时，要以哲学思考作为基本的思维方式，既不能只是局限于科学与艺术的思维，也不能降低为感性和经验的思维。要从多重范畴进行思考，不能单一、片面地就事论事，要尊重教学反思内容的丰富性及相互的关联性，进行综合、统整的理性检查。要以对现实的超越、建构新的意义为反思的目的，使得教学反思有其高远的企向与长久的动力。同时，教师在进行教学反思时，要抛开“我的反思正确与否”的包袱。

二

教学反思活动主要涉及四个方面的内容，即教学实践活动、个人经验、教学关系、教学理论，这四个方面的问题构成了教学反思的基本向度。

（一）对教学实践活动的反思

教师在教学实践过程中，要及时捕捉能够引起反思的事件或现象，通过理性检查与加工，逐渐形成系统的认识，形成更为合理的实践方案。对教学实践活动的反思包括实践内容、实践技术、实践效果三个方面。实践内容的反思是指教师在教学活动展开前，需要对活动所关涉的内容本身进行反省，因为任何内容都是在抽象了具体现象和对象的基础上编制的，在不同时间、对象、场景面前，或多或少都需要进行重组、改造、增添或删减，这是教师课程能力的体现，也是教师的责任。实践技术的反思是指教师对活动展开过程中所使用的工具、方法、时机等的适切程度的总结检讨，其目的在于对自己的行动轨迹进行回溯，发现问题和不足，探寻更佳的方案。实践效果的反思是指在教学活动结束后，教师对整个实践所取得的成效的价值判断，包括学生角度的需要满足程度与教师自己角度的价值感受两个方面。前者主要考查学生在知识与技能、过程与方法、情感态度与价值观三个方面的受益状况，后者主要考查教师在确定价值取向、实施教学活动、进行价值判断过程中自己的教学活动对学生的影响状况、对个人经验的提升状况、对教学理念和理论的促进状况。

（二）对个人经验的反思

教师对个人经验的反思有两个层面：一是对个人日常教学经历进行反思使之沉淀成为真正的经验；二是对经验进行解释从而获得提升。如果教师不去挖掘和使用教学反思的判断、反省与批判的权限，教师的教龄再长，教学经历再丰富，也不一定与教师个人的独特经验成正比。如果不对其进行反思，那么这些经历将一直是懵懵懂懂的，就会出现这样的情况：教师不断地经历着，又不断地忘却这些经历，致使教师的经验系统中缺乏由自己反思所形成的、归属于自己个人所有的独特经验，从而使得教师那些具有极大潜在意义的经历失去了应有意义。可见，教学反思可以帮助教师把他的经历升华为真正的、富于个人气息的经验，并且不断使自己的经验体系得到拓展。每一个对艺术作品有经验的人无疑都把这种经验整个地纳入他自身中，也就是说，纳入他的整个自我理解中，只有在这种自我理解中，这种经验才对他有某种意义。[8]7 如果教师只对个人经验做出描述性的记录而不进行解释，那么这些经验就无法得到深层次的解读，只有对经验做出解释后，对经验的阅读才是有意义的。也就是说，经验形成过程的同时应该是解释和理解的过程，重新阅读经验的过程也仍然是解释和理解的过程，这样才能常读常新，每一次的阅读过程就是一次重新理解和创造的过程。在教学反思实践中，人们经常使用的“反思档案”就应该有这样两种用途：一是描述记录并分析所发生的种种情况，使之成为文本形式的经验；二是对文本经验本身不断加工和再创造，使经验得到升华，改善教师的理念与操作体系，甚至可以自下而上地形成新的教学理论。目前看来这第二步的功夫尚显不足。

（三）对教学关系的反思

在教学反思实践中，人们往往把注意力放到对具体事务的反思上，而不可见的关系在反思活动中经常被忽视。从关涉的人的角度，需要反思教师与学生的关系、教师当前的自我与过去的自我的关系、教师本人与其他教师的关系、教师与家长的关系等；从关涉的教学要素的角度，需要思考教师与教学目标、课程内容、教学方法、教学评价等的关系；从关涉的教学支持系统的角度，需要思考教师与社会文化、价值体系、课程与教学改革、时代精神与理念等的关系；等等。对教学关系的反思在教学反思活动中是相当重要的。它向上可以为教学理论反思提供基础，向下可以使实践与经验反思得到升华。对于每种关系，都应该从认识、实践和价值三个角度进行反省。认识角度是对关系的客观描述，即现在关系的状态如何，为什么会这样；实践角度是对关系改善与发挥作用的思考，即如何改善现在的关系状态和怎样使关系发生作用；价值角度是对关系改变或发生作用的结果的思考，即这样的关系状态该朝什么方向改变，改变的效果如何。

（四）对教学理论的反思

任何教学理论都不是完美无缺、持续高效的，在不同的时代、价值取向、技术条件、人员素质面前，理论都需要重新认识和把握。同时，教学实践是教学理论的源泉，实践活动本身就是理论的前兆，蕴含着丰富的可能性理论。对教学理论进行反思有三种基本的样式。第一是对实践的理论反思。对于教师个人经历与在此基础上形成的经验体系，应不断地从理论层面进行解释和建构，通过对教学实践与教学理论之间的不断观照、反省、联结，既可以完成对实践的理论提升，又有机会对先有理论进行审视、订正。第二是对教学理论的实践反思。教师在学习和掌握某一教学理论后，通过在教学实践中的还原，该理论的各种元素得到实践的考验，使得教师能够进一步理解教学理论中的道理、价值、方案与技术，在此基础上进行原有理论的判断与选择。第三是对教学理论的理论反思。在理解和学习教学理论时，教师是主人而不是理论的奴仆，教师有权利依据自己的知识背景与学术专长对教学理论进行反省，对理论进行修正与再创造，通过比较不同的教学理论发现某一理论的缺憾，从先有理论推演新理论，从其他学科不断更新的概念范畴中建构新理论，这种针对原有理论的修正、推演概括与建构就是对教学理论的理论反思。

在对教学事务进行反思时，应力求从实践活动、个人经验、教学关系、教学理论四个向度进行。这也是对教学现象或事件进行反思时的四个层次。如果一个反思对象能够在这样四个层面得到重新认识和理解、解释，那么这样的教学反思应该是深刻而周详的，也会获得丰硕而长久的反思效益。

在教学反思实践中，人们探索了多种反思方式。例如，在时间序列上，有日反思、周反思、月反思、期中反思、期末反思，就一堂课而言，有课前反思、课中反思、课后反思；在主体序列上，有个人反思、教师集体反思、教师与学生共同反思、教师与专家共同反思、教师与家长共同反思；在内容序列上，有个案反思、主题反思、学科反思、跨学科反思，具体到教师的日常工作内容，有讲课反思、作业反思、评价反思、活动组织反思；在教学发展序列上，有学生成长反思、教师成长反思、教学理念反思、教学改革反思；在表现形式序列上，有反思日记、反思档案、反思报告、反思竞赛、反思作业①等。在进行教学反思时，除了可以采用上述方式，教师要充分发挥自己的实践智慧，针对具体的条件与问题，创造更为适合的方式方法。因为没有哪一种方式方法是适合每个人、每件事的，创造本身就是教学反思所追求的境界。

无论采取或创造怎样的反思方式，教师在教学反思行动中都需要坚持这样两个策略。

第一，教师要保持敏感而好奇的心灵。教师经常面对纷繁复杂的教学现象和事件不知道该对哪一个进行反思，对于自己的心灵活动不知道哪些可以成为反思的话题。虽然在逻辑上可以编制出反思对象选择的理论框架，但在教学活动过程中，究竟哪一个现象、哪个事件、哪种行为、哪种感受可以反思、应该反思，这是无法预先确定的。这就要求教师在进行教学时，保持开放、敏感而好奇的心灵，时刻捕捉可能的反思对象。好奇心“唤起关心”，唤起对现在存在或可能存在的东西的关心，唤起对我们周围奇怪和古怪之物的关心。正是好奇心使人们摆脱熟悉的思维方式，用一种不同的方式来看待同一件事物。[9]

第二，要经常、反复地进行反思。不仅对不同事件或现象经常进行反思，对于同一个事件或现象，也要不断地持续地进行反思。反思对象“总是对向它询问的人给出新的答案，并向回答它问题的人提出新的问题。理解一个文本就是使自己在某种对话中理解自己”。[8]56 反思的过程就是不断解读，不断获得新答案，产生新感觉，提出新问题的过程，对于教学活动的日常反思绝不能一蹴而就，对于不同的或者同一个反思对象，不同的人进行反思就会得出不同的答案，产生新的疑问。在不同的时间、环境、心境下，反思也会有不同结果。与不同的主体共同反思，认识也会有所不同。从不同视角出发，也会提示出新的答案、新的问题。反思的实质，是教师在不断的反思活动中，通过反思来理解对象、理解自己，让自己与对象对话、与自己对话。

参考文献：

[1] 黑格尔. 小逻辑［M］. 贺麟，译. 北京：商务印书馆，1980.

[2] 苗力田. 思辨是最大的幸福：亚里士多德《尼各马科伦理学》新版译序［J］. 哲学研究，1998（12）：50-56.

[3] 埃德加·莫兰. 方法：思想观念：生境、生命、习性与组织［M］. 秦海鹰，译. 北京：北京大学出版社，2002：104.

[4] 卡西尔. 人论［M］. 甘阳，译. 上海：上海译文出版社，1985.

[5] 西田几多郎. 善的研究［M］. 何倩，译. 北京：商务印书馆，1965：18.

[6] 牟宗三. 中国哲学的特质［M］. 上海：上海古籍出版社，1997：4.

[7] 雅斯贝尔斯. 什么是教育［M］. 邹进，译. 北京：生活·读书·新知三联书店，1991：1.

[8] 加达默尔. 真理与方法：哲学诠释学的基本特征［M］. 洪汉鼎，译. 上海：上海译文出版社，1999.

[9] 王治河. 扑朔迷离的游戏：后现代哲学思潮研究［M］. 北京：社会科学文献出版社，1998：57.

（原载 2006 年第 2 期）

① 笔者曾在 2001—2003 年于浙江瑞安市海安中学进行了反思作业的探索，基本做法是定期给教师布置反思作业，分为“课堂教学反思作业”“教育活动反思作业”“教学研究反思作业”三个类别，要求每类作业都从实践活动、个人经验、教学关系、教学理论四个层面进行反思。

教师的四重奏

——教学·学教·教问·问教

张楚廷

教学是教人去学，因而，教师要学着去教。所以教学的前提是学教。

学问，作为过程是学着去问，作为结果是获得学问。所以教学在一定意义上就是教问。

有教学，就需要学教；有教问，就需要问教。仔细看来，教师事实上同时肩负着四项任务。这还不是全部，但已是教师生活的基本方面。这四项任务实际上浑然一体，不是齐唱，而是合唱，四重唱。但又需要清晰地看这四方面，才能融为一体，成为优秀的教学。我们也就是分别从四个方面做一些论述，通过对教学加以释义，从释义中进一步明确教学的地位、教师的使命，以及为了完成这一神圣使命教师所必须面对的一些基本问题。

一、教学

对于教学一词，可以做三种不同的理解。一种是单指教授，即“teaching”；第二种是指教学生学，这与第一种理解相差不大，但都落脚在教，只是把教的指向说得明白一点；也就是说，教学是教师的教与学生的学共同构成的活动。在第三种理解中，学生的学具有相对独立的位置，学生的学既有赖教师的教，却又不完全靠教师教。

上述三种不同理解下的教学一词都是可以使用的，在不同的语境下也是可以辨别其含义的。并且，这些不同的理解可以丰富我们对教学的认识。

对于教学的第一种理解虽然比较单一，但这是一个基础，是一个立足点。教师的一切活动还是立足于自己的教，还是以此为基础的。有了这个立足点才能有进一步考虑，才能在此基础上做更多的文章。

然而，仅在第一种意义下来理解教学是远远不够的。一旦将教学指向学生的事实纳入视野，那种单一的教授视角就会力不从心，因为此时所必须思考的因素就多得多了，例如要为学生考虑些什么，要如何选择材料（并不仅仅由教科书所决定），要如何组织材料，尤其是这些考虑、选择、组织在直接面对学生时可能碰到的问题及其应对方案与策略等等都需加以思考和设计。

在第三种意义下来考察教学，使得教师实际上又增添了许多新问题，此时，已不再只是知识传授和相关的传授策略问题。所增添的最基本的问题是，需要弄明白学生在如何学习着，学生的学习策略如何，学生学习的情绪、态度、热情如何，以及如何通过自己的教学来改善学生的认知策略与态度，也就是说，教师不只关心学生的学习，还必须关心到学生的学习心理。

表面看来是对教学概念的认识问题，实际上涉及对其丰富内涵的理解问题。同时，也涉及对教学的意义和地位的认识。

当我们在第三种意义下来看待教学时，尤其当我们采纳广义的课程观念（即学生在学校可习得的一切文化，显性的、隐性的）时，在学校范围内，教学与教育的外延差别就微乎其微了。可以说全部的教育使命就落在教学身上了。

马克斯·范梅南说：“教育学就是优秀的教学。”[1]这就是说，基本的教育理论就存在于优秀的教学之中。具体一点说，优秀的教学就是教育理论的源泉，而对于教学理论的把握又是使教学成功的必要前提。

二、学教

能者为师，这是一种狭义的说法，因而它不能用以描述教师职业的性质，充其量它只是在上述第一种理解之下的教者，即有“能”可授者为“师”。

正因为是狭义的“师”，它就把“师”泛化了。例如一位手艺精巧的即使是文盲的工匠，也可谓能者，于是亦师；一位操作技术高超的并不善言的操作人员亦可谓师；任何一个行道中的能者皆为师。那么，教师职业的性质在哪里呢？教师工作的专业性在哪里呢？教师还需要专门培养吗？

在社会尚处在较低水平，教育本身也十分落后的情况下，师资极度缺乏的情况下，以能者为师未见得不是一种无奈的选择；即使在教育逐渐发达起来了的情况下，在教学的局部，在某个环节上，也不是不可以发挥能者之作用的，但这仅仅只是辅助，并且，这些能者有没有某种可立即转变为教学意识的潜能，是十分重要的。也就是说，优秀的教学也只会是有选择地请来能者作为辅助，而并非凡能者皆为师。

教是一种专业本领，师是一种专业职业，因而都是需要专门学习、专业训练的。在任何一个知识领域里有专长的人，真正成为教师都还需要专门的学习。教是需要学的，师者需先习师；教学需要学教，从师需要师从。

一个念经济学的硕士，想报考教学论的博士生，就拿起一部教学论的书来看，一看就大为吃惊，原来教学里面有这么一大套理论啊！于是，他决意至少推迟两年再报考，他估计还不是一时半会能消化这些理论的。

事实上，学习教学理论还只是学教的一个方面，有了教学理论固然是一个很大的进步，但这并不等于念了一套理论就必定会有优秀的教学。何况，仅就理论而言，除了需要教学本身的理论，还十分需要心理学的理论修养，需要语言文学修养，需要哲学修养。

教学理论是科学，作为实践，它又是一门艺术。这样，关于教学的学问就更宽广了。教育是美丽的诗篇，我们能有此感悟吗？这种感悟只有曾经把教学当作诗篇吟诵过的人才能得到。

教学当然少不了“做中学”，但“做”本身并不是“学”，更不见得是自觉有效的学。事实上，教师在很大程度上要有元教学的学习和训练，亦即接受不同意义下的关于教学的教学，在他人指导下和在他人启发下（途径不一）研习教学是什么等一系列基础性问题。

前一段已提到，优秀的教学必须关心学生的元学习，故而，教师需要研究元学习是怎么一回事。自己的经验也是重要的，可以回首自己可曾有过元学习的经历，然而，即使曾经是十分优秀的学习者，为了青出于蓝而胜于蓝，还需深入研究，并且探索如何引导学生的元学习。

为了教学生学习，自己就有很多需要学习的地方，为了教学生、引导学生的元学习，教师自己则有更艰巨的学习任务。这种学习可称之为研究，是更深入的学习。当主体作为客体而被加以思索时，学习的性质就很不一样了。

我们的社会已有很大进步，社会越向前发展，教师教育本身的意义越重大，至于以什么形式才能更好地实施教师教育，这是另一个问题。我们现在要指出的是，即使接受过良好的教师教育的教师，在教学中仍然需要继续学教，并且，还得抓紧学、过细学；即使十分认真细致地学，也还要持久，在这个过程中，自己将会意识到需要一直学下去，一辈子教学，一辈子学教。当然，这也是值得为之奉献终生的事业。

几部经典的教育名著，几本如《课程·教材·教法》一类的护身杂志，几册如《教育大辞典》一类的工具书，都是值得伴随自己终身学教的伙伴。

三、教问

教学就是教问，准确一点说，教学在很大程度上是教问，为什么呢？理由如下。

1. 知识来自问题。所有命题都是对什么、怎样、如何、为（wèi）什么、为（wéi）什么的回答。越是深入的询问，越有更深入的知识。无止境地学习，就是无止境地询问。当然要力求有问有答，但问是前提，问是引领者。一部科学史就是一部问题史。

2. 学生求知的过程就是求问的过程。学问，学"问"，就是学着去问，在学"问"的过程中获得学问。问得多，学的东西就多；问得深，学得也深；不再问了，思维大半停止了，学习大半停顿了。

3. "求知是人类的本性"，[2]同样，求问也是人类的本性。正常情况下，儿童几乎每天都有"什么""为什么"的问题挂在嘴边。这个现象的背后就是求知，无论父母是否意识到了。教学是依据了人类这种天性而采取的自觉行动，让这种本性进一步发展。所以教学就是教"问"。

教问的实际任务，就是保护学生的天性，就是教导他们进一步学习询问，扣问、质问、反问，就是培养他们常问的习惯，就是训练他们提问的技巧，就是增进他们爱问、善问的情感。这比什么都重要。

思维的方式、思考的途径，常常就在询问、发问之中体现出来；没有询问、发问的过程，就没有有效的思维过程，也就没有学习深入的过程。

比如，大家都说要学会关心。可是，有多少人问过：关心需要学习吗？不学也能会吗？需要学些什么呢？学起来会有吃力的地方吗？大约需要经过一些什么样的历程才可能学会？怎样才算学会了？实际上，"学会关心"这个命题本身就是需要学习的，人们若未意识到这一点，就不会去问那么多了，而一旦这么一问，问了这一系列问题，认识就深刻多了。

又如，大家都说要以人为本。可是，有多少人曾问：为何要以人为本？人是本，什么是末？人曾经是为本了吗？曾有过本末倒置吗？若未曾倒置，何以现在来加以强调？要做到哪几点，才算基本上做到了以人为本？真正要弄明白以人为本，就不可能不问这一系列问题，而只要这么一问，认识就深刻多了。

自然科学也如此。例如说力等于质量乘加速度。那么，匀速运动（此时的加速度为零）的物体为何也有很大的撞击力呢？甚至，速度在慢慢降下来的时候（此时加速度为负数）为何也有力呢？100 千克的棉花包与 100 千克的铁块以同样的速度运行，产生的力会是一样大小吗？力等于加速度与质量之积的结论是如何得来的？这么一问，认识也会深刻得多了，真正的知识是必须经过一系列询问才能获得的。

问题并非学问的全部，但学问始于问题，学问赖于问题，真正的学问终于问题，即它昭示了新的问题。

看来，教学必须教问。如果把教学在很大程度上理解为教问，那么，就会深切地感到教师的任务颇不轻松。

就拿上面的三个例子来说，若仅仅是告诉学生这三个例子中的这么三句话，那也不能说完全没有给学生什么知识，但那不是深刻理解了的知识，不是真知。仅仅如此，当然轻松很多，然而学生所学不多，深入更会困难很多。

四、问教

教学不能完全等同于教问，但是，教问把

教学大大推进了一步、深入了一步，教问使教学进入一种值得追求的高境界。所以，教师有必要反过来审视自己的教，或曰问教。当然，最基础的审视就是指向自己的问题意识，自己的问题意识很强，才可能自觉地去教问。

所谓问题意识，是指自己寻问、思问、反问的习惯，对询问的态度，面对问题时的情感，是否爱问、善问，是否不耻下问。作为事实的基本方面则在于是否常问。

教师自己有了强烈的问题意识，并深深体认到问题的价值，就会经常想着引导学生，就会经常去培养学生的问题意识。

进一步问教就是审视自己是否坚持引导了学生，是否做出了好的教学设计而便于学生疑问，是否创造出了好的课堂环境而让学生乐于发问，当然还包括自己是否有足够的耐心来面对各种质问，尤其是面对那些似乎怪诞和蹊跷的问题。

教师常常不必急着给出和提供答案，一串串的问题就可能使答案自然地浮出水面。这种情况远胜于直接给出答案的效果。

“人是教育的本源”“教育应以人为本”“教育的本源在哪里”这是三个命题，却性质不同，第一个谓之实然性命题，第二个为应然性命题，第三个是或然性命题。有实证表明，学生喜欢的程度，由高到低，依次是或然性命题、实然性命题、应然性命题。

另有事实证明，过多应然性命题的著作是学术水平较低的著作，过多应然性命题的教学是质量较低的教学。反之，以或然性命题为主要支撑的又以实然性命题为基本骨架的著作是学术水平较高的著作，类似地，这样的教学是较优的教学。

教学，从根本上说，是思考着的教学引导着学生思考，又让思考着的学生促动教师思考。而在这一过程中，问题是最好的营养剂；教师的思考和问题意识起着主导的作用。

五、结论

教学，在事实上是一个整体，但思辨上可以解析为教与学，因而，教学事实上又可辨析为两个方面，教指向学的过程和学指向教的过程。教学与学教这两方面都需要同时予以关注。

学问，看作一个整体时，与学识、知识同义；作为一个过程就是学着问，通过学“问”而获得学问。所以，关心学，必关心问，同时关心学与问。

学与问，学问与学“问”，关系是如此之紧密，所以，教学与教问也联系十分紧密。这样，教学与教问也就联系紧密，乃至于教学在很大程度上就是教问。

教问的基础又在于问教，未曾深入问教，就难以有效教问。

把学问的学与问分析开来，再与教字组合，并同时注意互反的过程，就逻辑地出现四种情况：教学、学教、教问、问教。这是教师的四重奏，这也才是教师美妙的音乐，美妙的教学艺术。

参考文献：

[1] 范梅南. 教学机智：教育智慧的意蕴 [M]. 李树英，译. 北京：教育科学出版社，2001：42.
[2] 亚里士多德. 形而上学 [M]. 吴寿彭，译. 北京：商务印书馆，1959：1.

（原载 2008 年第 7 期）

新课程背景下教师教学观冲击与变革的个案研究

李臣之　黄慧丹

随着新课程改革的推进，教师教育教学理念发生了深刻的变化，这是新课程实施者的共识。但是，新课程改革背景下教师教学观念变化的心路历程是什么？课程改革对教师教学观念产生哪些冲击？冲击之下教师教学观念发生了哪些变化？本文采用深度访谈、现场观察等方法探讨教师观念的冲突与变化，期望对教师发展有些帮助。

通过同行引见及实验区教研领导推荐，笔者选择了三位小学教师 H、G、Z 作为个案研究对象。同行及区教研员对几位教师的课均比较认同，认为他们“非常优秀”，教学上有过人之处，有数篇论文发表。通过访谈、听课，笔者获取了研究的主体资料，其他辅助研究资料主要来源于现场收集的包括教案、听课记录、发表过的文章、课堂实录等“实地资料”。由于笔者过去与中小学教师合作做过一些研究，有一定的交往基础，被访谈教师对于笔者身份的认同在访谈和观察当中起到了很重要的作用。同时对于被访教师和他们所给予的信息，笔者也保持审视的眼光，没有过分地“依附”被访教师，使自己失去进行研究所必须的空间距离和心理距离。

一、冲击

新课程改革本着以学生的发展为根本、以教育内容的更新和整合为基础、以培养创新精神和实践能力为重点，就基础教育的课程目标、课程内容、教学方式、学习方式、教育评价等方面做出了一系列的改革。新课程要求实施者树立与之相适应的教育观念、适应新的角色、掌握新的专业技能，在新课程中不断自我更新。这些改革举措和要求极大程度冲击着教师的教学观念，面对冲击，教师茫然，并在碰撞中认同、积极改变、找寻与扬弃。

（一）茫然

教师在接触新课程改革的初期，自然会遭遇到新旧两种教学形势的对比，及其所带来的相应冲击。当笔者询问被访教师“有没有这样一个时期对您的观念和策略影响非常大?”他们无一不提到新课程改革期间培训、讲座、学校变革等对他们教学生涯的影响。

同 H 老师、G 老师一样，Z 老师在课改启动时接受了一系列的“培训活动”和“讲座”，感觉“去了之后冲击非常大，不仅是理论方面要改变传统的东西，而且要把新课程理念融入课堂中，强调以学生为中心，转变教学方式等等。”“这些理念令人振奋，当时对我们的触动特别大。”然而这种“触动”带来的“振奋”并没有维持很长时间，随着新课程实施的推进，实施中的问题不断出现，Z 老师的教学情绪发生变化，产生了“茫然”的感觉。

新课改是个有“破”有“立”的过程，破的时候，老师都不知道该干些什么了。冲击力特别大，刚开始也是特别茫然。这已经是课程改革的第八轮了，改变的方面非常多，让基层的教师无所适从，甚至有些老教师忽然不知道怎么教书了，旧的教育观念已经打破，但新的还没有建立起来。包括现在，有的教师也是很茫然，还在不断地摸索，不断地否定自己，经历一个阶段就否定自己，经历一个阶段又否定自己，也在尝试用新的教学方法。

Z老师的茫然来自外部改革的冲击，冲击之大难以“消化”，非短时间就能把课改理念内化为行动指南。在冲击过程中，教师自身教育实践遇到各种矛盾，各种新理念新观念与自身教育工作的理解发生冲突，冲突产生疑惑，疑惑产生苦恼。新课改开始时带给教师更多的是倾向性理念和观念，而“如何做”的信息很少，这就导致了教师操作上遇到很多困难，进而“无所适从”。但疑惑与苦恼并没有使教师裹足不前，转化为消极的行为，他们在教学中不断地“否定自己”，将自己的思维与理论交锋，联系自己的经验和知识去“摸索”“尝试”。认知冲突是态度改变的必要条件，外部触动和内部反思反而使他们在不断的自我矛盾与自我否定中突破束缚的樊篱，不断尝试新的教学方法。

（二）碰撞中认同

态度，这种心理上的准备状态，实质上支配着教师个体对教学的判断、思考、选择等行为。虽如H老师所说：“它（课改）是一个时代的洪流裹着你，你抵触它也罢，你必须随着这个潮流往前走。”但在改革现实面前，教师对课程改革所持的态度以及表现出的主观接受程度都会因人而异。G老师也是在同一个时期作为骨干教师接受了新课改的培训，集中培训了三个月后，他将培训称为“洗脑”来形容思想上的蜕变，“外来理论”也对他产生了强大的“冲击力”，对于提出的教师教育教学观念、教学方式上转变的要求产生了抵触——“不是很认同”。直到逐渐进入反思阶段，他才认识到：“课改大的方向总体绝对是对的。”

课改培训那段时间应该这么说，对自己理论这一块充实了很多。当时刚刚听的时候不是很认同。尽管它的冲击力非常大，就是觉得不是很认同，当时几个专家不是在“洗脑”吗？就被刷洗了一遍，闭门三个月里就在他们的报告中冲洗。教学刊物上也有大量题目比较新鲜的文章，铺天盖地。后来这个时候已经进入反思阶段。反思些什么问题呢？

我比较偏重“语文”的学科性。但像语文的课堂结构，“解读方针”“学生个性化阅读”，都有点到哪算哪的那种感觉。现在看来对我们的母语教育目的还不一定吻合。比如，语文课程结构资源这一块，一堂课没有上多少，10分钟、8分钟，其他的时间都是让他们唱呀、跳呀，不是语文教学的东西。这段时间就特别流行这个样子，让学生表演呀，语文课让他们画一画呀，唱一唱呀，形式特别多样，像美术课，像音乐课，像科学课，就是不像语文课！现在基本就有这样的迹象——回归，但实际上是一种提升后的回归，课改大的方向总体绝对是对的。

不假思索地全数接受“专家”的理论并不是一个成熟教师的理性表现，他必须理解理念提出的背景以及它的深层含义，反思它的合理性，并做出自己的解释和判断。在新课程实施中，G老师看到了一些教师走入新课改的误区——形式化、表面化，“上到哪算哪”“像美术课，像音乐课，像科学课，就是不像语文课!”盲目地跟着潮流走，跟着感觉走。他在对新课程理念做出分析、判断和取舍后，主动地形成了自己对教学的观点：语文教学要关注“语文的学科性”。而Z老师的观点也总是处于不断地否定之否定过程中。

新课改对中小学教育教学改革提出了全新的要求，要求教师在教育观念、教学方式上都要有根本性的转变，对于教师来说，这无疑是一种挑战和超越。真正的变革涉及观念和角色行为的改变，而富兰也认为，在课堂或教师层面上实施任何一种新的课程计划或政策，其中有一个要素就是：改变信念的可能性（如支持着特定的新政策或课程计划的教育学假设和理论）。[1]改变信念的开端即是认同。

（三）积极改变

H老师在她的一篇文章中写道："新课程改革开始了，新课程理念的推广、新课标教材的推行、自身的学习与提高，教师的培训工作都不容迟缓。我们迅速调整自己的角色，努力地学习、思考，较快地打开了工作局面。"认识到理想与现实的沟壑不是轻而易举就能填补上，在我们提出对新课程改革的"适应期"时，H老师也指出，产生改变其实是有些困难的，原来自己熟悉的教学方法要改变成新的方法都要有个适应期。

是的，不是忽然改变的，是你去听课、明白了接受了以后自然而然产生相应的改变。不是说你要我怎么改，那我可能会不适应，当我认同了这个理念之后，在脑袋中就会形成一种观念，接受了之后，自然而然就那么做了。作为一个有经验的教师他听到这些理念，会引起他的共鸣的。

被教师抽象地谈论着的教学价值观与他们在教学实践中实际奉行的价值观并不一致，而且相差很远。[2]教学改革观念的转变，包括教学价值观的转变、教学信念的确立等，如果仅仅停留在口头就不可能对行动产生影响，教师要回到自己的教学实践中去实现内化的过程。观念和实践是个互动的过程，H老师作为"有经验的老师"，也是在培训之后"引起共鸣"，理解和认同了观念的合理性，才会在教学实践中"产生相应的改变"。无论是理解环节、认同环节，还是实践环节出现了不协调，就不可能"自然而然"产生行为策略上的改变。G老师、Z老师也是如此。

（四）找寻与扬弃

H老师看到了课改中出现的"负面的东西"，她打了个比方，用"潘多拉盒"形容新课改中的某种现象："你会发现很多杂质的东西，但是这个东西你不必过于忧虑而裹足不前。"在盒子当中，她看到"很多正面的东西"：

更多的带给教师的是理念上的冲突，理念上的冲突让你必须扬弃以前传统教学当中不好的东西。以前是师道尊严，现在是师生平等；以前是教师传授知识，"传道、授业、解惑"，现在是师生互动。老师必须要学习，不然的话老师本身就要被淘汰。本身就落伍了，那你怎么让学生成为跟上时代的人呢？但是老师也必须具备一双慧眼，你要知道哪些应该保护，哪些应该加以引导。这是课改对老师的要求，你需要有这个智慧。当新的问题出现在你面前时，你需要有能力做出新的解答，这对老师的触动是很大的。

"合作学习"是新课程倡导的学习方式，Z老师赞同合作学习，认为：它可以让每个学生都有发言机会，无论成绩好坏，性格内向或外向，因为小组的规则是要每个学生都发言。小组里学生可以敞开胸怀说他们想说的话，老师也可以真正做到面向每个学生，不会让极个别的学生长期坐冷板凳。

但同时Z老师对合作学习也有自己的看法，他提出"合作学习怎样才有效？"的问题，认为什么教学内容适合合作？合作多长时间才合适？教师应该发挥什么作用？等等问题都值得思考。主张"合作要使学生碰撞出火花，使学生发展才有意义。"

课程改革的"冲击力"和教师教学实践中的"冲突"使改革的实施者（教师）产生了各种各样的反应，原有的观念体系产生了动摇，各种疑惑产生于新的实践，这些都转化为教师对教学的思索，使其产生种种认知冲突，使教师不断找寻和扬弃。教师在认同课改理念的同时也在努力寻求自己的身份，Z老师在不断地否定自我后不断地尝试新的方法出于此，G老师反思课改的历程梳理自己的教学信念出于此，H老师积极地适应课改，认为"必须要改！"

"别无选择"也出于此。教师经过反思、实践、建构，得以把握改革方案的真谛和内涵，逐渐清晰自身的专业发展方向，使自己免于对各种流行说法的盲目追求，只有当新课改的理念真正内化入观念体系中，教师才能够在具体的情境中产生适当的教学行为。

二、变革

影响教育成败的关键因素也许莫过于教师自己相信的是什么。[3]对特定的某个教师而言，他对教育教学主体性、个性化的认识，决定并制约其教学生活的方方面面。教学观是指教师对教学本质和过程的基本看法。[4]教师教学观一经形成，就会在他们头脑中形成一个框架，影响到他们对教学过程具体事物和现象的看法，以及他们在教学中的决策和实际表现。[5]在新课程实施过程中，教师教学观发生了冲突，并在实践中逐步发生变化，下文择要描述。

（一）"学生是教学的主体"

学生是教学的对象，无视教学对象谈论教学就像无源之水。教师对学生的重视程度不同以及将学生放在教学中的位置的选择不同，都会影响到教师的教学策略和行为。在分析访谈资料过程中发现，三位教师在谈论教学目标确定、教学方法选择、教学内容组织等问题时都屡屡提及学生，将学生视为教学活动的重心，不单纯以讲解为教学的主要实施途径，以知识的传授为主要目的，而是相信学生内在的主体能力，强调学生自己对知识探索以及对所学内容的意义建构。

在Z老师看来，教师以前是作为一个主导者，是课堂的中心，但现在作为一个引导者，就要"淡出"课堂，敢于放手让学生做主，让学生主宰自己的课堂。这要求教师有"对象"意识，教学不是唱独角戏，离开"学"，就无所谓"教"，也就是说，教师必须确立学生的主体地位，树立"一切为了学生的发展"的思想。

H老师的教学是以学生的知识背景、学生的兴趣为导向的，她称为"学情"。了解学生的学情是教学策略考虑的因素之一，依据学生的学习准备决定自己教什么、如何教。H老师"着眼于学生的兴趣引导，寻求适合学情的教学方式，发挥学生的主动性和探索精神"：

这一课的背景离学生有多远，他了解吗，他感兴趣吗。有些资料可以让他们去查，而不是我传授给他，发挥他们的主动性。由他来讲一讲，李白有什么背景、故事。这些网上都有，然后大家交流，学生也很喜欢。这些都是课前想好的，而不是上课的时候才醒悟过来。上学期我上《长征》，我就想，学生了解背景知识吗，需要找一些图片资料来说明长征是在什么情况下发生的，甚至借助电视电影辅助我的教学。这个都是学情，学生感兴趣，他们感兴趣我要怎么教，他们不感兴趣我又要如何引导。

每个学生都是一个特殊的个体，在他们身上既体现着发展的共同特征，又表现出巨大的个体差异。以学生为教学重心，就是要照顾差异，转化差异。如学习态度，H老师有目的、有计划地督促和引导学生养成良好的学习态度、习惯，同时避免他们形成不良的学习态度、习惯，这是促进学生有效学习和获得成功学习经验，并促进学生全面发展的操作化途径之一。对于使学生处在不同起点上的多元智能差异，强调使每个学生的智能强项得到充分发展，并从每个学生的智能强项出发，促进学生其他各种智能的发展。G老师认为，课堂里必须考虑到不是所有的孩子都能收到一样的效果，他的学习习惯和学习态度等都很重要。所有的功夫都做到了，你会发现有的孩子收集资料做得很好，有的孩子的书几乎是白的，什么也没有干。

（二）师生民主平等

师生关系在一定程度上也是学生观的反映。

教师对于学生或学生对于教师来说，始终都是一个交往的主体，都是一个完整的、独立的拥有完整生命的人。新课程以此为基础强调教学的本质是以对话、沟通、合作为基础的知识构建活动，在教与学的关系中，师生之间不是命令与服从的关系，外部权威被内在的民主所替代。教师的教学就是语言文化与沟通文化的创造过程，给学生“话语权”，真正地实现“对话”——言语的、情感的、人格的对话，才能成为每个学生的发展奠定人格成长与学力发展的基础。

在观察G老师课间师生互动时发现，他的学生对G老师没有畏惧之感，趁上课前G老师准备之际，几个学生跑过去搂着他的手臂问问题，G老师微笑地给予他们解答。只有学生消除了心理上的距离，才能与老师如此亲密接触，而教师与学生平等相处，建立并保持心灵的接触才是进入学生情感世界的“通行证”。在G老师发表的一篇文章中阐述道：教师如若将“讨论使用权完全掌握在手中”，对学生来说，不过是“突如其来”和“戛然而止”的简单应对，并不是“学生内心的真正需求”，沦为课堂“热闹”的一种标志。而H老师课后交流中也处处透露出其看法：“应该建立平等和谐的师生、生生关系”，“让讨论的价值得到提升，使之成为学生、教师生命价值的体现形式。”

Z老师认为，要让学生具有民主意识应当建立起民主的课堂师生关系，“还给学生更多的话语权”是真正民主的体现。他自豪地说：“我上课有个特点，我的课堂很民主，不搞权威，学生可以在我的课堂上发表自己的意见，还给学生的主体地位，让他们不仅爱学也乐学。在我的课堂中会给他们一个宽松的环境，开始上课的几分钟我会通过种种方式调动学生的积极性，运用精彩的描述呀、呈现有趣的东西呀来调动学生的积极性，发挥学生主动性。”

（三）三维目标：突出重点，忌面面俱到

任何教学策略的设计、调整和运用都是指向一定的教学目标，在教学活动过程中，通过一系列有选择性的行为实现教学目标是教学题中之义。教学目标在教学活动中处于核心地位，它不仅是教学的出发点和归属，还是教学评价的标准和依据，对整个教学行为产生决定性影响。在确定具体一节课的教学目标时，教师对新课标三维目标的理解、把握和处理，直接影响到教师的教学方式和行为。

H老师在提到制定教学目标虽以课程标准为依据，但课程标准是一种统一性、同质性的要求，在具体运用时更多是结合教材“因人而异”：

语文，它毕竟是有维度的。许地山的《落花生》就是做人的引导，《飞夺泸定桥》就是对革命先驱的缅怀，使学生有贡献精神。要潜移默化。一个就是对课程目标，对每个年段的字词句篇都有明确的要求，包括说话、写作、认识多少字、写多少字，都有具体的规定。大纲是固定的，到了每篇课文就要因人而异了，就要使这些目标和大纲相结合，照这样说，我们都有大纲都不用备课了，那我们为什么要写呢？因为我们每个教材都不一样，我们要细化、具体化，那就是要结合教材。

这与H老师运用教学参考书的原则是一致的，参考书“知识性”内容可以“依托”，更需要教师对教学目标自身的认识和“解读”。而目标的三大领域并不是一个并行和共时的，H老师认为目标这个“篮子”里，情感和价值观方面的任务是附加到语文教学中的，并且它不是短时间就可以达成的，它需要教师“渗透、感染、熏陶、潜移默化”。学生识别了“语言的本质和词语”、掌握了语文的技能、提高了语文的能力，就可以通过很多途径自主完成情感和价

值观方面的教育任务，也就可以顺利地实现情感和价值观方面的表达。

可能这个“篮子”里装了很多东西，要教化要育人，我不排除反对，但是作为语文教师首要任务就是语文，语文就是第一位的。有人说，你要渗透什么思想，那是“副业”。不可能让我把语文课上成思想品德课，把课文讲好的时候，渗透、感染、熏陶、潜移默化去影响学生，那是我理解中的语文中的思想品德、教化育人的功能。是学生领悟了这些语言、领悟了人物内心，通过语言的本质和词语的一些描写，读懂了祖国山河的美好，人物的高尚，读通了之后心生向往，才能达到思想品德教育的目的。这是一种境界，不是每个人都能达到的。但语文教师最终是朝着这个目标前进的。

Z老师在确定某一节课的教学目标时认为“一次解决一个问题就好”，聚焦于课文“最精彩的部分”，“知识性”或“方法性”的，也才不至于“宽泛”。

一般一节课的教学目标我不会设立得很多，选择一个简单而重点的目标。比如《钓鱼的启示》这一课，参考书上教学目标上有对词语的掌握，这是知识性目标；同时也要求理解课文的内容，但是课文理解不是主要目标，只是手段。最终还是要培养学生的语文能力。在课文中有一段我和父亲的对话、各自心理的刻画写得特别好，我就把这段话作为整篇文章的重点，而不是每段都一一分析。并且，我觉得这是个很好让学生学习写对话的案例，我运用了一些提示语，让学生仿照着写一段对话，刻画人物的心理活动，学习效果特别好。

对于情感和价值观目标，Z老师、G老师与H老师一样，采取“潜移默化地去熏陶”的方法：

《假如没有灰尘》，教参写的是学习生字词语，理解和积累本课词语；知识性是体会对比写法的作用；情感价值观方面是懂得任何事物都有两面性，受到初步的辩证唯物主义启蒙教育。那么就会让学生先预习词语，在课堂上检查他们预习的效果；对于知识性的东西就要老师去讲解了。但最后一点人文性的东西是要靠老师去渲染，潜移默化地去熏陶。情感是熏陶出来的。辩证唯物主义就不是老师灌输的结果，和现在思想品德课一样是灌输不来的。多靠教师去挖掘，学生领悟到了才能有思想感情的激发。不是所有的东西放在课堂上都是有价值的，课堂的时间非常有限，要将精华的东西放进来，也要进行取舍。

“知识与技能”“过程与方法”“情感态度和价值观”是浑然一体，不可分割的。然而，在一节40分钟的课或是一个特定的知识单元中，存在整体中最为突出的目标问题，教师如果不琢磨、分析教学目标，“平行并列、面面俱到”地处理三维目标的关系，就机械套用在每一堂具体的课上，并不可取。事实上，任何教学目标的达成都有它的时间性，不同类目标达成的时段采取的方法是不一样的，既有当下就能解决的目标，也有需要学生积累、习得、养成的目标，更有难以言明或者不可预期的长期目标等等。一节课或某一知识单元的目标应当突出重点，有所侧重地“进行取舍”。

（四）预设与生成并不矛盾

教学准备阶段，教师需要针对教学目的设计、选择教学因素，形成一定的教学方案。同时教师在现实的教学过程中还需要对整个教学情景进行监控、调节，使教学过程最优化。教师对教学过程应有之义的理解和看法，影响着教师设计和运用教学策略的灵活性、协调性。教学过程是预定计划或方案的简单体现，还是动态生成性？

对此，H老师的见解是：“教学预设是不可排除，但预设和生成并不矛盾。”而我们在听她的课时也发觉了这一点，在她的课堂里语文成为灵动的音符，旋律来自她精心安排的乐谱，也来自学生与她的即兴“和音”。在一堂《伯牙绝弦》的文言文课中，H老师预设了这么几个环节：“解题”——“读通、读顺”——“大概了解古文的意思”——“质疑”——“知音的深层的理解”，在这个预设中的质疑环节给“动态生成”预留了空间：

比如质疑环节。很难控制，尤其是古文，学生提了很多问题，也有一些我们觉得浅显的，不值得一提的。“为什么用鼓，不用弹?”鼓其实就是弹，这个当场由学生和学生之间交流就能解决了，不能因为儿童的无知而去笑话他，他不懂就是不懂。古人用“鼓”，今人用“弹”，说法不同。这个是预设之外的，这里也花了不少时间，但是我觉得这个时间是应该花的，当学生举手还说他不懂的时候，你无法无视他，往下进行我自己的课堂的。在大家不懂的时候，你再往下讲是没有用的。学生不懂的时候你怎么还能往下无限制地拓展、去挖掘所谓的深度呢？只要他举着手，你就没有办法。我完全可以控制这个场面，我一两句话也能“圆”过去，学生也能把手放下来，我觉得一个教师不能无视学生的问题。

课堂的“生成”状态过程需要时间的催化、时间的酝酿与时间的顺延，但一节课仅仅有40分钟，如何让40分钟变得“有效益”，是老师都会思考的问题，G老师在“生成过程”中特别关注问题的意义，“这个问题对孩子很重要，他们觉得难，我们拿出一节课的时间来完成有什么关系呢?”Z老师认为“语文教学不光是为了完成教学任务”，他和学生互动过程中时刻关照着“学生的兴趣”“学生的语文能力培养”，因而产生了将教材中“阅读课文”改成“精读课文”的故事：就像《松鼠》这一个阅读课文，参考书的教学目标是让学生理解课文内容，就是让学生简单地自读一下就可以了。用一个课时就足够了，但是我临时改变了策略，用了两个课时，把它当成为精读课文来上。为什么呢，因为当时学生的反应特别强烈，对这篇课文特别感兴趣。我忽然有了新的想法，就像灵感一样，抓住他们的兴趣点，顺势还让他们仿写了这篇文章。你知道学生的这个年龄阶段是最喜欢小动物的，他们都有饲养小动物，养花花草草的经历，生活中接触过这样的事情，对动物非常动情。作者也是这样一个人，所以他对松鼠的观察特别到位，描写得也特别好。我们一读就很感兴趣，仿佛就看到那只活生生的松鼠。我敏锐地捕捉到这一点，这堂课就学得很有效果。教师对教学内容要有自己的取舍，这节课重点在哪里，现在没有完成的内容是不是代表学生以后就不能接受。

课堂教学过程中经常会产生一些意料之外的，有意义或无意义的，重要或不重要的新事物、新情况、新思维或新方法，是将这些“新情况”作为资源加以挖掘，以让学习者在解决问题的过程中主动获得的个体知识的契机，还是运用教师的权威“圆”过去，以完成预定的教学任务，这是教师经常面临的问题。事实上，深陷在“预设”的窠臼里无从“让课堂焕发生命力”，教学策略的执行一方面要求根据预先确定的思路进行教学，另一方面要求在教学过程中根据学生与教师互动变化，由教师机智地对教学内容、教学方法等进行及时调整，充分调动一切“可变”和“可动”因素，生成新的超出原计划的教学流程。显然，在新课程实施过程中，H、Z、G三位老师都具备了这样的机智。

参考文献：

[1] 迈克尔·富兰. 教育变革新意义［M］. 赵中建，等译. 北

京：教育科学出版社. 2005：40.
[2] 叶澜. 重建课堂教学过程观："新基础教育"课堂教学改革的理论与实践探究之二 [J]. 教育研究，2002（10）：24-30.
[3] 左银舫，陈琦. 中小学教师知识观、学习观、教学观的初步研究 [J]. 北京教育学院学报，1998（4）：10-17.
[4] Larsson S. Describing Teachers' Conceptions of Their Professional World [A]. Halkes R.，Olson J K *Teacherthinking：A New Perspective on Persisting Problems in Education：Proceeding of the First Symposium of the International Study Association on Teacher Thinking* [C]，Tilburg 1983：123-133.
[5] 高凌飚. 新课程背景下教师教学观初探 [J]. 华南师范大学学报（社会科学版），2004（1）：116-121.

（原载 2008 年第 8 期）

场域-习性理论视角下影响教师教学反思的因素分析

赵明仁　黄显华　袁晓峰

近几年，伴随着我国教师专业化步伐的加快，教师越来越期望通过自主发展提高专业水平。教学反思是教师主动地对专业生活赋予意义的过程，是教师自主地进行专业发展的重要方式。特别是在倡导教师作为研究者的课程改革中，如何才能有效地促进教师反思便成为需要研究的重要问题。本研究试通过课程改革背景下的个案分析，从场域-习性理论的视角，从学校环境和教师主体性的互动中探究影响教师反思的因素。

一、场域-习性理论

场域-习性理论是布迪厄（P. Bourdieu）提出的。布迪厄认为，在人为地造成社会科学分裂的所有对立中，最基本也最具破坏性的，是主观和客观的对立。对立的一方将社会看作纯客观的结构，可以从外部加以把握，无视居处于其间人们的看法，而从客观的角度观察、测量和勾画这种结构的关联结合。我们应该承认，社会确实具有一个客观的结构。但同样的是，每个人对世界都有一种主观的感受和理解，并且都将它们运用于日常活动之中。这就需要重视个人的机警自觉，把社会看作从个人的认知、决定和行动中涌现出来的产物。场域-习性理论的精髓在于克服客观与主观的二元对立，从关系的角度形成社会哲学的一元论思想。所以，只从客观主义的知识或现象学的知识均无法有效地解释实践活动。这不仅需要关注由客观主义形式的知识构建的客观关系系统，而且还要考虑这些客观结构和主观倾向之间的辩证关系。从这个角度看，教学反思既受到教师个人因素的影响，又受到来自社会客观环境以及它们之间互动的影响。

在考查影响教师反思的因素中，首先需要将教师个人的主观倾向搁置一边，建构与分析学校层面上的各种社会结构。其次，引入教师的直接体验，从内部构建教师行动的各种心智系统。因为教师不是被学校结构机械地推来扯去的“粒子”，相反，他们具有一种积极踊跃地行动的倾向。既不能把教师的反思理解成没有主体性的机械反应，也不能把教师的反思描绘成某种良知自觉之心。辩证的态度应该是，既要重视教师的主观能动性，又要重视学校结构作用于教师，且通过教师体现出来的各种效应。

本文借用布迪厄的场域（field）和习性（habitus）及其之间本体论上真正的契合来表达上述的学校、教师及其之间的关系。场域是指学校层面上关于课程改革和教师专业发展过程中的各种权力、制度、组织和文化要素，及其之间的关系所形成的网络。包括学校对课改的期望，为实施课改而提供的支持环境等。而习性则是积淀于教师身上的一系列关于教学和自身专业发展的知觉、评价和行动的各种心理倾向，比如教师对教育的信念和工作的态度。习性虽有一定的稳定性，但又有可变性。它是一种社会化了的主观性，来自学校，又寄居在教师身上。

教学反思的形成，既不能仅仅依靠教师的主观性，也不能仅仅依靠学校中社会结构的客观性，而是由经年累月的历史性行动产生的学校和教师之间双向关系作用的结果。一方面，是制约的关系，作为场域的学校影响着教师，教师的习性成了学校场域固有的必然属性体现在自身上的产物。另一方面，是认知建构的关系。教师的习性有助于把学校建构成一个充满意义的世界，一个被赋予了感觉和价值，值得教师去投入、去尽力的世界。[1]

二、学校场域中影响教学反思的因素

学校场域作为教师的专业生活环境，只要他们身处其中，总是自觉或不自觉地受到场域的影响。场域向教师表明什么是应该做的，什么是不应该做的，什么样的做法会受到支持与回报，什么样的做法则会受到冷遇。场域以其潜移默化的方式逐渐地把它的信念、态度、习惯和做事方式渗透到教师的身心中，赋予他们工作的意义、支持与身份。

本研究以新课程改革中的一所学校及其四位教师为对象，① 通过深度访谈、课堂观察和文件收集的方式，就学校和四位教师在新课程改革中的经历和教师的反思进行为期两个月的调查。我们分析发现，学校场域中形成了强大的改革氛围，对教师提出很高的挑战，同时也为教师参与课程改革和进行专业发展提供了不同层面的多种形式的支持。具体说来，场域中作用于教师反思的要素有：领导风格、绩效责任、发展策略、发展空间、教学理念、交往社群。其中前三个要素以直接或间接的方式提出教师进行反思的要求，后三个要素为教师进行反思提供了智力和情感上的支援。

（一）领导风格

实践一再告诉我们，校长在学校发展中具有决定性的作用。这所学校的校长具有非常强的改革意识和能力。校长从自身专业成长的经验出发，认为人是在工作当中逐渐地逼着学习的。这种学习要有新的目标，不断地超越自我。新课程就是需要学习和超越的目标。在课改中大多数教师确实发生了很大的改变，由于榜样的作用，再加上校长的不断宣传，学校中便逐渐形成你追我赶的学习氛围。这种氛围，就是校长所说的“逼”的一种方式，用环境来逼人。除了运用人文的激励力量和发放科研经费等经济手段外，还用制度来“逼”，写反思笔记就是这种制度化的促进方式，学校规定每位教师每周写一篇教学反思提交到校园网上。写反思笔记原来并不是学校教师日常的专业生活方式，四位教师之所以这样做，是制度“逼”的结果。

（二）绩效责任

我国持续发展的市场经济不断地加强着政府、家长和公众对学校的绩效问责，使得学校对自己在教育同行中的位置格外关心。在这种情况下，学校就会把自身所承担的绩效责任分配给每位教师，而且希望有出众的教师能够引领改革，担负起树立学校良好形象的重任。因此，学校就不可避免地成了一个让教师表演的舞台。学校中的教师由于专业发展和自身职位的考虑，会在这个舞台上扮演相应的角色。

（三）发展策略

校长认为，面对新课程，大家都在一个起跑线上，谁学得多，谁就走在前面。学习是教师应对课程改革的重要策略。校长本身是一位

① 这是一所都市中的中等水平小学，属于新课程改革首批实验区学校。经过校长推荐、同事评价、教师自我判断和研究者观察邀请了四位老师参与本研究。张老师和田老师是学校中教学能力最强的两位，李老师和宋老师的教学能力处于中等水平。四位老师的详细介绍以及他们教学反思的水平与过程可参阅：赵明仁，陆春萍. 从教学反思的水平看教师专业成长 [J]. 课程·教材·教法，2007 (2)；赵明仁，黄显华，从教学反思的过程看教师专业成长 [J]. 教育研究与实验，2007 (3)。

特别爱学习的人，他的学习劲头和能力让老师们都很佩服。他认为培训就是给教师的最大福利，学校中的各种“请进来，走出去”的活动很多。学习似乎已成为教师的职业习惯，教师时时处处在留心学习。研究者在这所学校中的特别感受，就是由校长带头的在教师中形成的学习氛围很浓厚，这种氛围确实让笔者感受到了一种很有生机的、内在的生长力量。

（四）发展空间

当四位教师谈到学校放手让他们尝试改革的宽松环境时，都表露出颇为欣慰和心存感激的心情。在新课程改革中，校长不仅鼓励教师大胆去做，而且身先士卒。实际上，校长为教师营造宽松环境并不只是放手让他们去做，更重要的是，这个环境是通过校长的鼓励逐步形成的。另外，这种鼓励不仅仅是口头上对教师的支持，校长自己的改革行为是比口头说教更为实际和有力的支持。这种宽松而又支持性的氛围对教师实践反思的作用在于，为教师以开放心态对待教学中的成功与失败提供了较为安全的心理环境。

（五）教学理念

“关注学生”就是在教学中重视学生的学习基础、兴趣、过程与结果等，而不只是着重于教师的教。“关注学生”作为学校在新课程实施中的最核心话语，受到所有教师的认同和欢迎。校长是一位潜心于课程与教学的领导者。所以，“关注学生”作为一种核心理念通过他的一贯坚持与权力性影响力，在学校中不断地被强化。四位教师在谈到教学时，总是把学生的需要和学习投入放到自己的“教”之前。

（六）交往社群

“宽松”的发展空间为教师减轻了由于担心失败而带来的忧虑，为他们敞开胸怀地与大家坦诚交流营造了较为安全的心理环境。鼓励通过“学习”来增进实施变革能力的主观愿望，使得交往成为一种客观需求。在这种情况下，教师之间的非正式交流就多起来了，例如课余饭后闲聊教学中发生的有趣事情，遇到具体问题时向同事请教等。就学校层面来说，正式的交流活动主要有三种形式：青年教师的公开课，网络上教师之间的互动论坛，由校外专家与校内资深教师引领的课改论坛。用教师的话说，通过这些活动学校中形成了浓厚的教研氛围，这是他们引以为傲、津津乐道的事情。

从上面的分析看，学校场域为教师的反思提供了一个高挑战和高支持的环境，要求教师写教学反思是学校明确的制度化要求，使教师身处一个改革意识强、学习气息浓的学校中，而且为了能够尽快适应课程改革的需要，不论从学校的要求还是自身发展的考虑，四位教师认为反思显得很有必要。宽松的改革氛围在客观上为教师的反思提供了必要的心理环境。学校宣扬的以人为本和关注学生的教学理念为教师的反思提供了基本的价值取向。学校中不同层面的交往社群也在客观上为教师的反思提供触媒和多样的思考角度。

三、教师习性中影响教学反思的因素

教师是否进行和进行怎样的教学反思是一个高度个人化的活动。教师对自己身份的定位是首要的影响因素，作为改革的积极参与者和消极旁观者对反思的态度是截然不同的。教师的教学信念既是反思的对象，也作为反思的条件影响着反思的内容和层次。反思作为严密的思维活动，教师的思维品质，也就是观察教学现象的敏锐性，思维的逻辑性是影响教学反思的核心因素。

（一）专业态度

教师专业态度从两个方面对教学反思产生影响：一是他们要成为怎样的教师？二是他们

是如何看待反思的？作为全校最优秀的教师，张老师全身心地投入到教学改革中，正如他期望的那样，自己是引领变革的人。这种责任感使他不断地对教学进行深度的挖掘，有意识地观察复杂的教学情境，对教学中的细微变化保持经常性的警惕。而且还能以开放的胸怀面对教学中的失败，坦诚地检讨教学中的不足。这种进取之心与直率的态度，有助于张老师经常性地对教学进行反思。田老师的特点是在教学中不循规蹈矩，善于求新求变。在这种开放的心态中，他更容易对教学在不同的视角中重新表征，把正常的教学生活“问题化”，对实践经常性地保持较主动的、持续的批判性思考。李老师认为自己有一种成长的态度，这种态度使自己在教学中不会知足。另外，有了成长的态度，就不会被眼前的困难吓倒。在李老师看来，自己对教学中存在的问题有明确的知觉，虽然自己是一个困惑者，但并不憋在心里，愿意说出来，是一个清醒的困惑者。相比其他三位在反思上保持开放态度的老师而言，宋老师虽然也有很强的上进心，但他反思的对象都是成功的经验，没有失败的教训。访谈中，研究者能够感觉到宋老师在小心地树立着成功的课程改革者形象。他之所以有这样不愿坦露负向经验的倾向，一方面可能是他真的没有意识到自己教学有问题，另一方面这或许跟他仍然是临聘教师或是自己教学中还有很多不自信有关。

（二）教学信念

教学信念作为教师观念中较为稳定的对教学活动本质的看法，指导着教师日常的所思所为。在教学反思中，教学信念作为一把筛子，它深刻地影响着教师反思的路向，即教师能够看到什么，能够想到什么。张老师认为自己就像一个辛勤的蜂农，呵护着小蜜蜂让它们去采蜜。在田老师看来，教学最重要的是学以致用、教学相长的过程。要关注学生当下的学习状态，以学生的发展为切入点。李老师认为教学就是带领孩子们在森林里探险，是师生合作共进的过程。宋老师认为教学是互动交流的舞台，学生是主角，老师也是主角。四位教师在教学信念中的相同之处，是学校所倡导的教学理念，即关注学生在教学中的主体地位。但不同的是，宋老师把教学比作表演，表演意味着观众的感受是第一位的，而演员的内心体验服务于观众的口味。

（三）探究能力

当教师有很强的反思动机，也有开放的反思态度和明确的反思方向后，探究能力是影响他们反思过程的一个主要因素。这里的探究能力主要指从实践情境中发现问题和分析问题的能力。张老师和田老师一般能够从复杂的实践情境中捕捉到具体的问题，然后聚焦于具体的问题分析前因后果，寻找存在于行为背后的理论根据，从而对实践赋予丰富的意义。笔者把这种反思称之为系统探究性的反思。而李老师和宋老师的反思大多是对一个现象进行归纳总结，常常停留于事实的层面而不能深入去探究现象背后的理论。笔者把这种反思称之为点式总结性的反思。张老师和田老师的反思以系统探究为主，而李老师和宋老师的反思则与之相反，以点式总结为主。

上述以专业态度、教学信念和探究能力为要素的教师习性，是教师个体所具有的与教学反思紧密关联的心理、智力和情感特征。这些习性具有非常鲜明的个人性，特别是在教学水平高和一般的两组教师之间，具有相当大的差别，尤其在探究能力上。而且，从这四位教师在新课程改革中的改变过程来看，这些习性有较强的稳定性，它根源于教师个人的生活史、受教育经历及以往的教学生活，作为教师的精神世界而存在。教学反思作为对教学活动意义的探寻过程，自然强烈地受到教师习性的支配。

教学反思目的虽然包括改变教师的专业态度、教学信念和探究能力，但是这种超越却是一个逐步蜕变的过程。

四、反思缔造地带：场域与习性互动的结果

过去十多年中不少关于教师改变的研究可以放在场域理论的视野中探讨。有研究者经过三年的教师改变个案研究后发现，作为场域之要素的学校文化是判断教师行动的规范，足以使教师忽视与他们原来信念、理解和行为习惯相关的问题。[2]也就是说，学校文化是改变教师信念和行为的重要推动力量。20世纪90年代中期以来，专业社群的概念更是对组织在教师专业发展中重要性的进一步探讨。[3][4]在教师习性层面，重视教师的经验和主观理论，不同的教师即使进行相同的活动，但是因他们的信念系统和意图不同，活动的意义就有截然的区别。上述对影响四位教师实践反思的因素分析，笔者也有相似的发现，如图1所示，教学反思是教师习性和学校场域互动的结果。

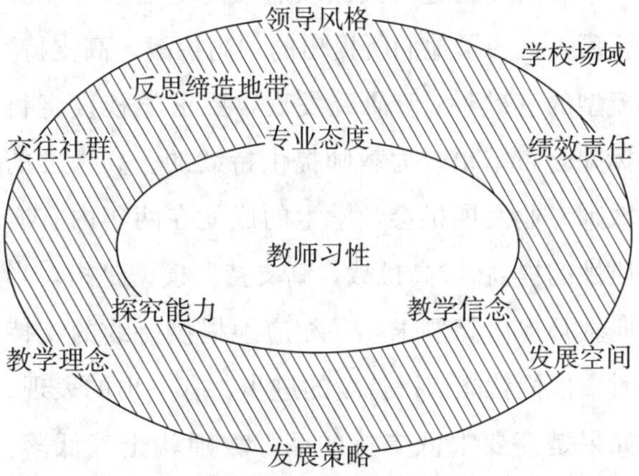

图1　教师习性和学校场域互动形成的反思缔造地带

通过对这些要素互动的综合分析，笔者发现反思缔造地带的形成需要两方面的努力：一是教师愿不愿意反思；二是有没有给教师提供有力的支持。

教师为什么要进行实践反思呢？调查中四位教师都非常肯定地说他们在教学过后都会或多或少、或浅或深地回想自己的教学。这样说来，实践反思已经成为他们的专业生活习惯。但本研究中的教学反思特指他们写下来的，并公开与同事交流的反思。这种形式的反思并不是他们的习惯，而是一种在新课程实施背景中产生的新事物。在这个时候，他们做与不做的缘由就成为影响教学反思的首要因素。我们看到，写教学反思并不是教师自发的，是学校以制度的形式要求的。尽管是制度，但是提交反思笔记的教师只占全校教师的三分之一左右，本研究中的四位教师属于积极参与者。四位教师写教学反思的动机可以从“政治-专业”的维度来分析。所谓政治的考虑就是教师通过教学反思能够从学校中不论在身份的认同、发展机会的获取还是生存资本的积累上带来的好处，这种基于自身利益的获取而进行的反思是由外在动机激发的。所谓专业的考虑就是教师通过反思是想获得专业上的成长，通过能力建设而改进教学，从而最终促进学生的学习。这种基于成长需求导向的反思是由内在动机引起的。依此角度来看，宋老师进行反思主要是政治性的考虑。他之所以进行反思，主要是为了继续获得教职积累资本。既然是学校制度，就没有不回应的理由。明白了他写教学反思这种功利性目的后，也就不难理解他为什么在这个制度出台的前期写得比较多，而后面越来越少的原因。李老师并不甘心做默默无闻的人，他是学校的活跃分子，在学校被认为是可塑之才，教学很上心。如果说李老师以非常积极的姿态在谋求政治上的认可，成为领导和教师心目中的优秀教师，那么张老师在这方面则有很矛盾的心态。他一方面再三说只想做好教师，另一方面，他又不想失去在学校中明星教师的地位，对这种地位的关注，已经不再是纯粹专业上的考虑。在专业上，张老师非常投入，这种投入

才是他能够在课改困难面前坚持下来不断进步的最重要力量。如果说李老师是以政治先进，专业后进，或叫作政治拉动专业的方式为发展之道的话，张老师的方式则是以专业促政治，在政治上显得被动。田老师则是以实践反思在专业上的作用来考量如何适应学校的制度。他认为反思对专业成长来说肯定是好的，所以他没有理由不积极行动。

从上面的分析中我们看到，教师写教学反思的原因，是学校场域中的制度与教师习性中的动机作用的结果。大多数教师之所以不写教学反思，一是因为在政治上没有威胁到他们的利益，或者也不想借此来谋求利益，二是他们也不想通过反思来提高专业水平。尽管还可以推测有如时间紧张、不善书面表达等原因，但动机应该是最主要影响因素。同时，我们也看到，尽管四位教师都写教学反思，但出于不同的动机，他们对教学反思的态度、教学反思对他们的意义都是各不相同的。

学校对教师实践反思的支持表现在两个方面：一是为教师指出反思的方向；二是提供情感和智力上的帮助。就第一个方面来说，通过课改论坛和校长与教师，教师与教师之间频繁的互动所塑造的关注学生的学校文化，教师在认同并建设这种文化的过程中逐渐形成了关注学生的宣称理论（espoused theory），这种理论不仅会指导教师的教学实践，而且也是教师反思实践的参照。当教师身处课程实施的迷雾中找不到前进的具体方向时，这种引领是非常宝贵的，这也是校长在教师专业生活中能够提供的最切实的帮助。除了田老师认为新课程并没有给自己带来理念的强烈冲击外，其他三位教师宣称在理论上都发生了深刻的转变。不论是在研究者的课堂观察中，还是在张老师的自我反思中，张老师的教学行为都发生了稳定的、深刻的转变。就第二个方面来看，在情感方面，学校营造宽松的学校文化，鼓励教师进行教学改革和专业发展。改革受到赏识和尊重，这样就减少了教师由于害怕失败对改革产生的望而却步的心理。除了宋老师在实践反思中都是以自己成功的教学经验为对象之外，其他三位教师都能以开放的心态去反思教学中的种种困境和失败。在智力方面，通过课改论坛的专家分享、互动论坛中的文献共享、公开课中的集体会诊、办公室聊天等方式，为教师提供新的课程与教学理论、教学策略和方法。另外，学校允许教师以自己的方式备课，不检查教案，代之检查教学反思笔记，也算是从时间上为教师实践反思提供支持。但是，在看到学校文化对教师实践反思正向影响的同时，还应该看到绩效责任的学校文化对实践反思所产生的负向作用。学校为了树立形象，增加知名度，引进教师颇感为难的改革，或者为了快出成绩而盲目地加快改革的步伐，这些都不免让教师陷入迷茫和焦虑的境地。教师为了表明自己是改革者，照猫画虎的做法会影响他们沉下心来，真诚地反思自己教学的心境。

有研究通过对英国政府发起的一项变革分析后，证明了他们所提出的“高挑战、高支持”模型的有效性。[5]研究发现，要求学校设定目标并公布结果，为教师提供持续的、高水准的教师专业发展机会，学生的成就在两年内有实质性的提高。“高挑战，高支持”模型是指，当向教师提出高要求，并相应地提供持续的支持时，他们就能获得持续的进步，有杰出的表现。如果是高要求低支持的话，教师就士气低落。若对教师要求很低，但提供高支持时，他们只是缓慢地进步，会表现出自满的情绪。若要求很低，也不提供支持时，教师自然是停滞不前。运用这个框架来分析，这所学校所表现出来的是“高挑战、高支持”模型。通过“逼”的领导方式非常明确地提出教师需要做什么，“关注学生”的教学理念其实从隐蔽的方式为教师的教学提出了持续的挑战，“学习”和“交往”一方面为教师提供高支持，同时，在一个崇尚改革和向往进步的环境中，在“你追我赶”的氛围中也给教师不断提出高的要求。对教师的支持主要是在交往社群中提供。另外，“宽松”的环境也是一种支持。这个模型的意义在于说明挑战和支持相互配合，相得益彰才能形成促进教师专业成长的动力。但是，这个模式只是在说明组织环境中不同因素之间的关系，却忽略了教师个人的因素。我们看到，虽然四位教师都处在“高挑战、高支持”的环境中，他们的反思却各有千秋。所以，教师习性和学校场域是通过相互作用对实践反思发生作用的。教师不可能脱离学校场域在真空中进行反思，学校场域影响着教师的习性，指引着教师反思的动机、方向和节奏，使教师的反思表现出学校的特有属性。但是，相同的学校场域与不同的教师相遇时，教师习性的能动性使教师的反思充满个人意义，具有鲜明的个人特点。因此，教学反思是教师习性和学校场域相遇时产生的化合反应。

参考文献：

[1] 布迪厄，华康德. 实践与反思：反思社会学导引［M］. 李猛，李康，译. 北京：中央编译出版社，1992.

[2] Richardson V. Significant and Worthwhile Change in Teaching Practice［J］. *Educational Researcher*，1990（7）：10-18.

[3] Louis K S，Kruse S D. *Professionalism and Community*：*Perspectives on Reforming Urban Schools*［M］，California：Corwin Press，Inc. 1995.

[4] Hord S M. Professional Learning Communities：An Overview［A］. In S M Hord.（Eds.）. *Learning Together*，*Leading Together*：*Changing Schools Through Professional Learning Communities*［C］. New York and London：Teachers College Press. 2004：5-14.

[5] Barber M，Phillips V. The Fusion of Pressure and Support［J］. *Journal of Educational Change*，2000（3）：277-281.

（原载 2009 年第 6 期）

论初任教师的教学理解

吴刚平 余闻婧

一、教学理解与初任教师教学问题的产生

（一）探寻初任教师教学问题的产生根源

初任教师的专业发展是教师专业发展的初始阶段，对教师的后续专业发展具有重要意义。研究发现，初任教师在教学工作上常常处于“三盲”状态。一是盲目，即成为教学参考书的忠实执行者，很少追问为什么，对教学缺少自己的理解，只是生搬硬套教学参考书中的步骤或环节。二是盲从，即教学过多依赖于模仿身边一些教龄较长的教师，亦步亦趋，并且要求学生也要绝对服从。三是盲干，即教学工作理不出头绪，常常看上去很忙，但不知道自己究竟在忙什么。解释“三盲”状态的关键点在于：初任教师往往缺乏教学的意图性。意图是教学存在的根基。“什么是教学”是教学意图需要回答的核心问题。对这一问题的回答不仅支配和改善着教学行动，而且建构和创生着教学意义。“凡没有意图、没有意向性和没有任务意识的地方，也就没有教育可言。”[1]拥有教学的意图性能使教师始终处于一种自觉状态：自觉地转化知识，将外在影响转化为内在精神；自觉地理解学生，感学生所思，悟学生所惑，解学生所忧；自觉地认识自我，既将自我作为客体进行反省，又将自我作为主体进行创造。由此可见，拥有教学意图性的教师自觉归根结底是一种对教学活动本身的理解，即教学理解。

（二）什么是教学理解

尽管理解教学的层次、水平会有差异，但是教学的内在结构对理解者是存在一种召唤的。这种召唤是教师形成教学理解的先决条件。那么，教学的内在召唤究竟是什么呢？教学活动的本质是一种特殊的交往实践活动。“所谓教学交往实践，是指在一定的教学活动情境中，教学主体与教学主体之间以共同客体（主要是课程和教材）为中介，借助于言语或者非言语符号系统而实现的一种以建构学生完满的精神世界为目标的主体际交往实践活动……教学交往实践的基本结构是‘主体—客体—主体’”。[2]“主体际交往”，强调教师与学生、学生与学生的多极主体之间的相互作用、彼此理解和深层对话。这里的客体可以理解为课程或教材，为了便于分析，不妨将课程或教材的主要内核——知识从中抽离出来作为客体看待。那么，由教师—知识—学生构成的内在关系就是教学的内在召唤。这种召唤以教学形式的存在而存在，但却因教师的理解而迥异。由此可见，教师的教学理解是指教师在教学中对知识、学生和教师三者相互作用关系的理解。

教师的教学理解的主要特点在于相互作用性。也就是说，教师对知识的理解离不开学生因素和自我因素的作用和影响；教师对学生的理解离不开知识因素和自我因素的作用和影响；教师对自我的理解受到知识因素和学生因素的作用和影响。教师对知识和学生理解的出发点和归宿都在于对自我的理解，从这个意义上说，教师的教学理解的本质是“人的自我意识的内在矛盾”，即人作为自在之物的自然存在和作为自由主体的超越性存在之间的二元张力。[3]教学理解中教师自我意识的二元张力是在教师理

解内在的自我和理解外在的自我的守恒与失衡之中体现出来的。内在的自我拥有先在的教学理解，并在自觉意识的调控下始终处于开放和创造状态。外在的自我始终处于与外界不断交往中，并将交往中获得的各种感知介入到内在自我调控中。调控本身呈现出守恒和失衡两种力量，并在这两种力量的较量选择中形成二元张力。守恒和失衡之间较量选择的基本形式是判断。亚里士多德认为："理解只作判断"，判断的对象"不是永恒存在而不改变的事物，也不是所有生成的事物，而只是那些引起怀疑和考虑的事物。"[4]183 这种怀疑和考虑"同人的善相关"，在"合乎逻辑的""求真的实践"[4]173 中形成一种守恒—失衡的循环运动。这种有规律的循环运动是理智的进步。正如杜威所说："我们的真正知识的进步，经常是部分由于在先前认为清楚、明白和当然如此的那些事物中发现了不理解的东西，部分是由于使用直接理解到的意义作为工具或手段，去理解那些尚不清楚的和可疑的意义。"[5] 这里谈到了理解的两种形式。一种是间接理解，当对外界的感知与教师先前清楚、明白和当然如此的教学意图不相适应时，这些"不理解的东西"使教师的判断失衡，教师需要重新考量先前的教学意图以及在意图支配下的教学行为，并在着眼于学生发展的"善"的引导下，遵循学生发展逻辑和知识生产逻辑，求真务实地改善教学行为，重构教学意义。另一种是直接理解，当外界的信息感知是教师以往经验尚未涉足或涉足不深的领域时，教师将对这些新鲜感知的意义追问作为工具或手段去建构以往教学理解中尚不清楚和可疑的成分，创生教学意义。在这种直接理解和间接理解中教师实现理智的进步。由此可见，教师的教学理解是确立教学意图的内涵，是教学实践发展的推动力，是使教学获得意义的重要途径，也是教师专业发展的基础和前提。

（三）初任教师教学理解的偏误

一些初任教师出现"三盲"状态，是因为他们的教学理解存在偏误。这种偏误表现在：孤立教学内在结构的三个要素，将知识、学生、自我作为三个互不相干的事物静态地看待。知识是客观存在的，和教师自己没有多大关系，对学生而言也只是一个接受物。学生是客体，是一个接受者，与知识之间没有关联，与教师之间是被控制和控制的关系。至于教师自己，只是一个执行者，一个操作者，对学生而言是一个"提问器"和"对答器"，对知识而言是一个"扩音机"和"传声筒"，他们在自觉不自觉中放弃了自我及其主体性。这种静态、孤立性的教学理解的症结在于教师自我意识的未觉醒和体验式理智进步的缺乏。

初任教师的教学行动虽然面向教学对象，但是并不指向教学对象。面向是物理层面的，是执行操作层面的，是和心灵无关的，是无需考虑相互作用的内在关系的。指向是精神层面的，是建立在教学内在结构因素相互作用的基础上的，是走进学生心灵深处的，是需要全身心参与和投入的。初任教师往往只注重物理层面的面向，将教学意图退化为教学任务的形式存在，在追求任务的执行和完成中，对知识生搬硬套，对学生麻木不仁，对自我封锁屏蔽。然而，更重要的是，初任教师并没有意识到面向和指向之间的本质区别，而这正是初任教师教学问题的根源所在。意识到这种区别是教师自我意识觉醒和建立正确教学理解的标志，是教师走向专业化发展道路的里程碑，也是教师教学的真正开始。

二、体验是教学理解的本质要求

（一）体验是教学理解的本性所在

教学理解是判断，是有规律循环运动的理智进步，是意义的获得。那么，凭借教学理解获得教学意义的机制是什么呢？奥苏贝尔在意义学习的心理机制中提出了同化理论。同化理论的核心是：能否习得新信息，主要取决于认知结构中已有的有关概念；意义学习是通过新信息与认识结构中已有的有关概念的相互作用才得以发生的；由于这种相互作用的结果，导致了新旧知识意义的同化。[6]同化理论告诉我们，教学理解的关键是已有认知结构与外界事物之间的同化点。也就是说，教师的教学理解是在知识、学生和教师三者之间建立关联的内在整体结构，这一内在整体结构又是在与外界事物的相互沟通、交流、置换中获得更新和再生的。架设起内外之间沟通、交流、置换的桥梁正是以知识、学生和教师之间关系为要素的同化点。这里的同化点可以理解为一种“可感受性”。可感受性精确地讲就是一种中介，这是不带任何阐释的存在；可感受性的可察觉的外表及其无声的力量是存在的独特的自我显现方式，它不带偏见观点，也决不含糊和超然。可感受的事物就是这样：在无声中自然显现、不言而喻；而可感受性正是对体验的“本体性的解释”。[7]可感受性体现了教师自觉意识下的教学理解。当教师自觉开放地将自己的教学理解呈现在教学中时，教学本身也自然真切地展现在教师的面前。这种对教学本身的感受体验是生成教学理解的基本途径。同时，“体验具有即时性、生动性或现时性的特征，其中没有主体和客体之间的分离……体验是一个整体的单位，它已经具有清晰的结构……体验永远具有持久的重要性和意义”[8]452。由此可见，体验的重要性和意义是对教学活动本身意义的追寻，是对生活意义的培植。体验为教学理解孕育了指向生活意义的土壤，使教学回归到实践的本性上。体验在情境化的实践中被一系列沟通与对话、交流与置换而引发，既让教学理解置身于具体的情景之中，又使教学理解呈现出清晰的结构和开放的弹性。因此，体验是教学理解的本性所在。

（二）体验体现了教学理解的普遍性和特殊性

教学理解的对象是教学中知识、学生和教师三者相互作用的关系。这种关系存在着一些关于普遍性的问题，比如学科知识的形成、学生的发展规律、教学的基本原理，等等。然而对这些普遍性问题的认识并不是放置在对立状态中，而是要看它同其他事物之间的关系，并从这些关系中指出它的作用或功能，指出它的结果、它的原因以及如何利用它。这是教学理解作为领会教学意义的真谛所在。同时，对教学中知识、学生和教师三者相互作用的关系的理解并不是在阅读理论知识的状态之下的，而是镶嵌在生动的教学事件之中的。这些教学事件因时、因地、因人、因境而异，是鲜活生动、稍纵即逝的特殊性的存在。这种特殊性不仅是对普遍性的解释说明或扩展补充，还是不落俗套、别具一格的呈现。这种呈现的实质是对现象世界的意向体验。教师的教学理解是具有意向性的，这种意向性带有鲜明的自我意识的统一性。也就是说，教师在体验教学时是将自我作为一个完整的意识统一整体。从经验实在的理解和自然的理解出发，将自我看作是在意识统一中作为体验的个人主体而构造起来的连续的事物性统一：即作为在体验中具有其“心理状态”的自我，作为进行着有关意向、有关感知、有关判断等等的自我。[9]教师教学理解是教师自我的主体构造，这种构造将自我意识作为捆索，凭借从知识和经验出发的实在理解和自然理解能够对复杂多变的教学实践进行意向、感知和判断。这种意向、感知和判断既是对过去的反思，也是对未来的建构；既是对外界的普遍顺应，也是对自我的独特创造，从而体现出教学理解的普遍性和特殊性。

（三）体验使教学理解体现出对人的终极关怀

以体验为本性的教学理解是以人为本的现实思考，是对人的终极关怀。一方面，以体验为本性的教学理解在探寻和建立知识、学生和教师自我的关系中关注人的际遇。“教育价值的伦理维度是指一种意义，即教育活动是人与人之间的际遇……从伦理的角度看，教育者际遇学生，不是作为具体化的角色和次要的范畴，而是作为人类的伙伴，需要基于友爱来接受他们，而不仅仅是基于平等……教育活动的丰富性全在于此，即学生的相互际遇、与他们周围的世界和教师际遇。教育生活就是生活——生活的意义在课堂中被证实和体验。”[8]438 关注人的际遇意味着尊重学生的差异性，公正、平等、公平地对待每一个具体的人；意味着尊重每个人的尊严，维护他人的人格，确保每个人都过上有意义的生活。另一方面，以体验为本性的教学理解在不断地批判和反思中追求教学的开放性、互动性、宽容性、人文性、中介性和整体性，以人的自由充分发展为旨趣，赋予人相应的选择权和自主性，这是对人的价值的尊重，是更高层次的人文关怀。

三、初任教师形成教学理解的主要途径

（一）对知识理解的建构性体验

在教学理解结构中的知识是学生和教师的对象性客体，这里的知识多指学科知识。社会转型下的知识转型，使知识的性质发生了“从客观性到文化性”“从普遍性到境域性”“从中立性到价值性”[10]的转变。知识性质的转变使知识这一概念表现出以下关键特征：第一，知识是一套系统的经验。第二，知识是一种被社会选择或组织化的经验，而不是纯粹个体的精神产品。第三，知识是一种可以在主体间进行传播的经验，传播的过程既可能是显性的，也可能是隐性的。第四，知识是一种可以帮助人们提高行动效率、更好达成行动目的的经验。[11]知识的这些特征无疑将我们在文中讨论的教学内在结构关系中的知识推到了更为广阔的关系视野之中。但是，其实质是一致的，那就是在由种种关系构成的境域、文化中，追寻知识的价值、作用和意义。知识是可学习、可利用的，同时其合理化和合法化需要得到文化、境域、权利的辩护和确认。这种辩护和确认，正是一种知识建构。

初任教师，受到以往教学经历的影响，往往将学科知识作为客观性、普遍性、中立性的客观认识物，缺乏对知识理解的建构性体验。对知识理解的建构性体验不仅是初任教师建立正确教学理解的关键，更直接影响着初任教师对学生学习的假设和理解。因此，初任教师对知识理解的建构性体验具有重要的教学意义。这种教学意义体现在知识的多维度上：第一维度，是来自教师基于理解知识的实质结构和句法结构基础之上的有关知识的文化性理解，也就是将学科知识置于历史时期的文化传统和文化模式中，从当下文化的现实性对其进行质疑和考察。第二维度，是教师和学生将自己的经验、兴趣、价值观念和文化信仰注入到对知识的内在理解和表达的过程中。这时，知识在社会价值观念和主体发展要求的双重作用下焕发出生命的活力。第三维度，是在教学的合作性商谈和结构性反思中，知识开始内隐地成为学生的一种需要，这种需要源于让学生意识到知识具有改变生活的价值和力量。多维度建构知识的核心在于体验，包括教师个人的体验、教师对学生体验的唤醒、教师与学生的共同体验和相互作用等等。这种建构性体验有助于教师实现对知识的真正理解。

（二）对学生理解的责任感体验

不少初任教师往往是忽视学生的，他们急于确立自己的教师地位，迫切希望得到他人的认可等因素，导致初任教师强行控制学生，将学生置于服从者的角色。在他们看来，如果不这样做，那么失控的场面将让自己颜面扫地，无以立足。这其实是缺乏对学生的责任感。这里的责任感不是一般意义上的“为学生好就是负责任”。要知道，很多时候我们打着“为学生好”“爱学生’的旗号做出了不少伤害学生的行为。对学生负责的基本理念之一就是建立“学生意识”，学生意识是教师在教育教学工作中信奉并体验以学生为中心的统一、自觉的心理活动。[8]772-773拥有学生意识的教师深深懂得和学生建立信任的重要性。

我们不妨来看看一个创造教育奇迹的教师的做法：在面对不会阅读的学生时，采取双管齐下的策略。首先，经常解释教材，让落后的学生跟上进度，还会事先帮阅读程度只有初级的学生准备特别简单的段落，让他们在课程开始前便赢在起跑点上。双管齐下的第二部分，是让个别的学生阅读合乎自己程度的书籍。他们每月都会写读后心得。一旦克服了不安，就连成就感最低的学生也开始建立自信。为学生塑造了一个富有挑战性的环境，在这个环境中敦促他们追求卓越，同时循循善诱、提供正面引导。在教师的指导下，所有曾经被评为‘远低于基础’的学生，去年年底全部通过了阅读能力测验。[12]这就是教师责任感的体现，也是教师对学生理解的责任感的体验。教师理解学生心中的困惑、疑虑和错误，理解学生的学习风格和兴趣所在；他知道对能力弱的学生需要一些非常具体的指导，而对能力出众的学生要提出更高的要求和间接的指导。当初任教师体验到这种充满同情和信任的对学生的理解，便会深刻地认识到教师的责任感究竟是什么，这对于教育信念的形成将起到重要而深远的影响。

（三）对自身理解的探究性体验

理解终究是面向自我的。教师对教学内在结构中自我这一因素的理解是需要一个探究性过程的。这一探究过程不是以获得事实和正确答案为唯一目的，而在于实现知识理解和学生理解之间的转化，从而形成教学的自我意识。

初任教师对自身理解的探究可以基于基本的教学推理模式：1. 理解。理解目标、教材结构和学科内外的思想。2. 转变。（1）准备：对于文本、结构和划分、课程项目开发和目的的明确性进行批判性解释和分析；（2）表征：能够应用表征的技能，包括类推、隐喻、例子、证明、阐释等；（3）选择：从教学性技能中做出选择，包括教学模式、组织、管理和排列；（4）根据学生特点进行调整和裁剪：思考概念、前概念、错误概念、困难、语言、文化、动机、社会阶段、性别、年龄、能力、态度、兴趣、自我概念和注意。3. 教学。充分考虑管理、讲述、相互活动、小组活动、纪律、幽默、质疑等转化性活动细节；适境选择活动教学、发现或探究教学以及其他可观察的课堂教学形式。4. 评价。（1）在互动教学中检查学生的理解；（2）在一节课或一个学习单元结束时对学生理解情况进行考核；（3）对自己的成就进行评价并做出经验性调整。5. 反思。（1）评论、重构、重新制定和批判性分析自己和班级的成就，并根据证据进行解释；（2）新的理解：理解目的、学科内容、学生、教学和自我。巩固新的理解和学习。

在这一教学推理模式的基础上，运用一种流体思维方式，梳理教学过程中有关知识、学生和自我三者之间关系建立的问题并进行深入思考。例如，教学内容对于我的学生来说是否重要？他们是否已经学过了？与学科相关的课程标准要求学生学什么？我使用的教学方法是否适当？学生能否就学习内容清晰地表述和交流？等等。初任教师对自身理解的探究性体验能够帮助教师建立教学的自我意识，培养教师的教学反思能力，更重要的是为初任教师的可持续发展提供平台和基础。

参考文献：

[1] 沃尔夫冈·布列钦卡. 教育科学的基本概念：分析、批判和建议［M］. 胡劲松，译. 上海：华东师范大学出版社，2001：47.

[2] 裴娣娜. 现代教学论：第二卷［M］. 北京：人民教育出版社，2005：119.

[3] 邹广文，张晓萌. 论哲学研究的问题意识［J］. 教学与研究，2010（1）：6-10.

[4] 亚里士多德. 尼各马可伦理学［M］. 廖申白，译注. 北京：商务印书馆，2003.

[5] 约翰·杜威. 我们怎样思维·经验与教育［M］. 姜文闵，译. 北京：人民教育出版社，2004：120.

[6] 施良方. 学习论［M］. 北京：人民教育出版社，2001：233.

[7] 马克斯·范梅南. 生活体验研究　人文科学视野中的教育学［M］. 宋广文，等译. 北京：教育科学出版社，2003.

[8] 威廉·F·派纳. 理解课程：历史与当代课程话语研究导论上［M］. 张华，等译. 北京：教育科学出版社，2003：452，438，772-773.

[9] 埃德蒙德·胡塞尔. 逻辑研究：第二卷［M］. 倪梁康，译. 上海：上海译文出版社，2006：443.

[10] 石中英. 知识转型与教育改革［M］. 北京：教育科学出版社，2001：143.

[11] 石中英. 教育哲学［M］. 北京：北京师范大学出版社，2007：111.

[12] 雷夫·艾斯奎斯. 第56号教室的奇迹［M］. 李弘善，译. 北京：中国城市出版社，2009：37-38.

（原载 2011 年第 6 期）

课堂视野中的教师及其指导者

顾泠沅

教育就是明白之人使人明白，做教师似乎没有比这一点更高深的道理。物理学形成学科的根在实验室，教育学的基本理论必须扎根于中小学校，尤其是活生生的课堂。如今好教师奇缺，课堂改进速度迟缓，指导工作杂音多，教师无所适从。本人不是教师之外的研究者，而是作为教师行列的局内人，谈谈亲身经历的改革行动中的感知与体悟。

一、教师教育中的行动学习范式

（一）在课堂上学做正确的事

1. 从需求出发，预研究试验。教师需要有案例的专业引领，需要行为跟进的全过程反思。2. 原型经验——课堂历练。三个关注（自我经验、同行见解、学生收获）和两个反思支架（更新理念、改善行为）的课堂改革经验，无一例外是教师成长的捷径。3. 新的范式——行动反思。这里需要具备的三要素：自我反思，同伴互助，专业引领。教师在职学习三定则：内在需求，鲜活经验，行动反思。同时需要做到两点：深入学科，教师怎样理解学科知识对教学十分重要，这一问题被以往的研究者忽视了，这样的教学研究和教师培训是一种“缺失范式”；教师的“提高，更多的时候是一种在你工作环境中学习做正确的事情的活动”。

（二）推广课程改革中的教师培训

1. 以学校为本的教师研修活动。上海市八区联合行动研究项目（2003 年 3 月至 2004 年 6 月，329 所中小学，47 个调查组）；教育部基础教育司创办了校本教研基地建设大型项目（2003 年 12 月至 2007 年 5 月，全国 84 个基地区县，16 所师范大学课程中心参与，召开四届工作会议）。2. 四项基本技能：公开自我的技能、倾听与回应的技能、问题聚焦的技能、设计与改进的技能。其中，公开自我的技能和倾听与回应的技能属于知识共享模型。问题聚焦的技能和设计与改进的技能属于问题解决模型。所谓的公开自我的技能是参与者打开隐藏区，直言感受与疑惑，公开自己最能赢得信任。如打破封闭；大胆暴露问题；让年轻教师先发言。所谓的倾听与回应的技能是正视自己的盲区，专心倾听他人讲话，谨慎回应其观点与问题。如虚心倾听；随时吸取他人经验教训；把归纳、回应看作一种重要的学习。所谓问题聚焦的技能是参与者进入公共问题域，寻找大家认为相对重要的共同问题，并关注解决问题的任务细化与分担。如问题的迅速梳理与归纳；发现有价值的话题；对问题解决的“任务解码”（涉及工作程序、知识领域、相关资源等）。所谓的设计与改进的技能是针对核心问题，通过不断的设计与改进，把行为改善与理性思考联结起来，最终解决问题。如设计指导者不能尾随俗见；将设计变为群体行动；让设计经受实做的考量。

（三）行动学习：体现中国“知行合一”认识论的血与脉

例如，2004 年国际教育教学大会（ICET-49）；2005 年海峡两岸基础教育高峰论坛；2005 年香港教育学院首届世界课堂学习研究年会（WALS）；2008 年在荷兰召开的中国—欧洲基础教育课程发展大会；2008 年在墨西哥召开的数学教育大会（ICME-11）；2012 年在新加坡召开的世界课堂学习研究年会（WALS）。

二、课堂改革凸显为学而教的本质

（一）独立学习的试验

1. 改革中的问题与症结。学生能力目标测试喜中有忧（探究水平无明显提高）。青浦地区教学改革跨度 17 年（1990—2007），参加学生是 8 年级全体学生（4 000 人左右），对测试结果，按能力目标四层次架构作分水平分析：操作与了解的水准大幅度提高；常规运用水平的目标已基本达成。但是，探究性水平即分析问题和解决问题的能力，尚无明显提高。课堂教学有优势但存在明显问题。课堂要求总体偏高，学生负担重，不少学生疲于应付，成长空间显得狭小。学生独立分析和探究常被窒息，实际情况是教师有所替代。学习的兴趣和幸福感还不是多数学生的事情。症结所在有两处。第一，学生不会自学。学习要靠每位学生的自觉行动，这种自觉有两个起点——自读（书中学）和自做（做中学），教学要摆脱灌输式，非得凸显这两个起点不可。第二，班级划一要求缺少针对性。教师要顾及四十余人的班级集体，但往往对每位学生如何动起来、如何面对他们的个体需求（基础、特点、差别），尚需明确思路、寻求具体的行动方式。2. 独立学习的经验。认识杜朗门现象（山东聊城），儿童情境学习（江苏南通），后“茶馆式”平等议论，学生预学习试验（各地）。

（二）探索为学而教的模型

1. 学习主体复归于学生。把学习的机会留给学生：“学生能做的尽量由他自己做，学生一时做不了的教师才出手帮忙”。2. 针对性教学的理论帮助发展。最近发展区理论：在用于解释学习的理论中，也许没有比维果斯基（Vygotsky）的最近发展区理论更适合于应用，且与因材施教、循序渐进相吻合。维·列·鲁学派的帮助式发展：教师为学生建构学习，使学业任务的难度与学生个体的需求一致起来，学生的学习效果将达到最大化。这就是针对性教学的理论依据。国际上关于影响学业成就最重要的三因素：动机和期望，时间和机会，针对性教学。3. 为学而教的精准针对模型。它的观念是以学生学习为中心——鼓励学生自己学（起点），教会学生如何学（要害），今后不教也能学（目标）。

三、教师指导者的工作备受关注

（一）项目概况与初步结论

1. 项目概况：2011 年 2 月起，开展关于中、日、美教师发展指导者的研究。我们侧重在工作研究，组成二十余人团队。选择“义乌”试验现场，“两位数退位减法”为课例，5 月 23—27 日全程指导录像。2. 结论：内容集中于课堂实例的指导；方式集中于课例讲评，指导者处于中心地位。

（二）指导工作的讨论与改进

1. 明确教学重点及其针对性分析；2. 掌握学科逻辑主干与基本原理（不要节外生枝）；3. 指导者工作的四要素：前端分析、过程测评、任务设计和行为改进。

其要点简述如下。1. 凸显逻辑主干的阶梯式学习。（1）依据学科内在逻辑主干，随时提供适度挑战的学习机会。（2）运用具象等原型启发，经过分层推进培养学生独立学习的良好习惯。2. 在操作活动中贯穿思想原理。（1）关注活动经验的学习，始终将操作活动与思想原理贯通一气。（2）不拘泥于书本，放手让学生展开充分的自由想象。

2012 年 6 月，北京举办未来教育国际论坛，美国密歇根州立大学威廉·斯密特分析认为，理解学科内在逻辑、循序渐进和重点突出，将会在很大程度上提升学业效能。而且，创造性不能单独讲授，必须根植于学科学习。逻辑主干、顺序推进、突出重点、阶梯式攀登，似乎成为有待深究的四个重要问题。“似曾相识燕归来”，这就是“回归朴素”的意境。

（原载 2014 年第 1 期）

教师学科教学知识传递的影响因素与路径选择

辛继湘

教师学科教学知识之所以从被提出之日起就受到教育界的广泛关注，是因为这种知识是教师专业知识的核心组成部分，其获得和传递不论是对新手教师的培养还是对专家型教师的成长都至关重要。从学科教学知识的构成来看，一些内容是比较外显的，可以用一般性的语言、文字等形式清晰地表达、传递，而另一些则较为内隐，需要通过其他途径外显后才能传递。影响学科教学知识外显和传递的因素有哪些？选择怎样的路径可以促使其外显并有效传递？弄清楚这些问题不仅有助于教师更好地掌握学科教学知识，而且有益于学科教学知识的分享，增进教师之间的相互学习，共同获得可持续性的专业发展。

一、教师学科教学知识的内隐性特征

根据“学科教学知识”这一概念提出者舒尔曼的界定，学科教学知识是指教师“综合运用专业学科知识与教育学知识去理解特定教学主题，并针对学生的不同兴趣与能力加以组织、调整和呈现的知识”[1]。根据这一定义，可知教师学科教学知识至少由教学内容知识（特定教学主题）、教学对象知识（不同兴趣与能力的学生）、教学策略知识（教学中的组织、调整和呈现）等要素构成，其内隐性特征可从这些知识要素入手进行分析。

（一）教学内容知识的内隐性

教师学科教学知识包括教学内容知识，即教师“教什么”的知识，这种知识已经不是单纯的“学科知识”，而是学科“教学的知识”，这需要教师对学科知识进行教学意义上的转化才能形成。也就是说，教师不仅掌握这门学科知识中的概念、命题、原理或事实等，而且知道通过这门学科要让学生学会什么，学科内容以怎样的顺序呈现能让学生更好地理解，哪些内容是需要重点学习的，哪些内容是学生学习的难点等，需要教师根据学科内容的特点、学生的知识经验和认知水平等因素进行加工。在这一过程中，教师对学科知识有自己的理解，不仅基于自己的认知经验，而且融入了自己的情感、态度与信念；教师对学科知识进行选择和取舍时，会依据自己平时对学生的了解以及教学的经验积累；在对学科知识进行有利于学生学习的教学内容设计时，更是要统筹考虑学科特点、学生特点、学科教学特点、学校教学条件等综合性的因素，其中的个人理解、经验积累、综合统筹都内含缄默的成分，无法完全用语言清晰表达。在一些教师培训或教学经验交流会上，尽管介绍经验的教师对自己的教学内容设计做了详细说明，但听讲的教师仍然无法完全领会，原因可能不是讲座教师表述不清或是听讲教师能力不足，而是教学内容知识本身具有内隐性，仅凭借一般性的理论讲述或经验介绍无法很好地传递。

（二）教学对象知识的内隐性

教学对象知识是教师对所教学生的认知，既有对学生心理发展的一般状况如年龄特点、个性差异等方面的认知，也包括对学生在学习学科知识时所表现出来状况的认知。如：学生已有的知识经验对所学新知是否有用；学生是怎样理解所学知识的，为什么会对某些学科知识产生误解；在理解所学内容时会遇到哪些困难，这些困难可以自己解决还是需要教师帮助；当学生对某些知识做出自己的判断时，教师如何给予评价。也就是说，单一的关于学生一般发展的知识不足以构成教学对象知识，还必须在此基础上结合所教学科的特定内容对学生的具体情况做进一步的分析，这需要教师平时就善于对学生进行细致观察和了解，以便教师在上课前能够较为准确地做出预测；更需要教师在学科教学过程中根据学生的学习进展随时调整对学生的认知。这一过程有外显的方面，教师可以明确说明所教学生的一般特点以及如何根据学生的一般特点进行教学设计；但教师究竟是如何根据学科特点和教学过程的变化来调整和改变对学生的认知，单用语言难以表述清楚，需要在特定的教学情境中才能体现出来。也正因为如此，尽管教师在介绍其经验时会谈到他对学生的认知，但“谈到”的只是外显的部分，还有具体的、随时根据教学情境灵活调整着的认知，这部分认知是比较内隐的，可能靠“听讲”是听不出来的，需要通过现场“听课”来“看出”教师关于教学对象的知识。

（三）教学策略知识的内隐性

教学策略知识是关于教师如何教的知识，其中既有教学的基本理论知识，如教学过程和方法知识、教学环境知识、教学评价知识、教学技术知识等。更有具体教学实践的知识，如：所教学科内容可以采用哪些教学组织形式，哪一种最适用；如何通过合适的途径和技术手段呈现教学内容让学生易于理解和掌握；怎样从众多教学方法中选择恰当的方法并在特定的教学环节中恰到好处地运用；怎样根据教学内容的需要组织学生开展多种学习活动；当教学过程出现突发情况，教师如何随机应变、灵活调整教学等。教学策略知识本质上是属于程序性、方法性知识，是关于在教学中“如何做”的知识，尽管其中也包含一些有关教学理论的陈述性知识，这些知识可以通过语言来传达，但更多的时候教学策略知识根植于教师的行为和经验中，是“通过操作把一个有问题的情境改变成为一个解决了问题的情境的结果”[2]，需要在具体的教学情境和实践中才能体现出来。也就是说，如果让一位经验丰富的教师讲教学策略，即使他自己觉得已经讲得很清楚、很全面，听讲的人仍然不是很明白，更难以运用到自己的教学实践中。因为教学策略知识的内隐性、个体性很强，介绍经验的教师即使自己在教学中做得非常好，却无法完全把做法说清楚。其他教师要学习他的教学策略知识，不仅需要他的讲解，还需要通过具体教学活动的呈现才能真正领会。

二、教师学科教学知识传递的影响因素

学科教学知识内隐性特征使其言传和外显的难度增加，其传递是否顺畅与学科教学知识的内隐程度、传递者和学习者的意愿和能力、传递的媒介与文化氛围密切关联。

（一）学科教学知识的内隐程度

学科教学知识的内隐程度可以从两方面体现出来。一是技术类隐性知识与认知类隐性知识的含量。有研究者把隐性知识分为技术类和认知类两种类型，技术类隐性知识是指那些非正式的、难以表达的技能、技巧、经验和诀窍等，这类隐性知识主要根植于人们的行动与经验中；认知类的隐性知识，即个人的直觉、灵感、洞察力、价值观、心智模式以及群体成员的默契等，这类隐性知识深藏于个人价值观念和组织文化及价值体系中。[3]学科教学知识中的教学内容知识、教学对象知识、教学策略知识等，都内含教学技能和认知类隐性知识，如果这两类知识含量很大，那么其外显的难度就会增大。二是学科教学知识中的各知识要素整

合的程度。学科教学知识并非教学内容知识、教学对象知识、教学策略等知识的简单叠加，而是这些知识的复杂交织、内在整合。教学内容知识会涉及教学对象知识、教学策略知识，同样，教学对象、教学策略知识会涉及其他方面的知识，这种交织越复杂、整合度越高，其外显和传递的难度也会越大。

（二）传递者和学习者的意愿与能力

从传递者的意愿和能力来看，传递学科教学知识的教师是否愿意把自己的经验传授给其他教师，会影响到其知识的外显。隐性知识隐含在知识主体的头脑中，依附于知识主体而存在，不仅基于主体的认知，还融入了主体的情感、态度、意愿，是个人化程度很高的知识。如果作为传递者的教师只是为完成教育部门下达的任务或是配合一下学校的教研活动，而对经验传授并无真正的意愿，显然会影响到学科教学知识的传递。此外，传递者的能力也是重要的影响因素，包括相关内容的编码能力、语言表达能力、沟通和交往能力等。隐性知识是隐藏在知识主体头脑中的“暗知识”，不如显性知识那样易于编码和言传，但如果传递者具有很强的编码能力、表达能力，就能在一定程度上“点亮”暗含在头脑的中隐性知识，使之得以外显和传递。又由于隐性知识的有效传递还需要学习者的认可和心领神会，因此传递者的沟通和交往能力也很重要。倘若拥有学科教学知识的教师十分愿意和其他教师分享其经验，也具备较强的编码和自我表达能力，但不善于与人沟通和交流，其传递效果必定会受到影响。

学习者的意愿和能力也会影响到学科教学知识的传递。学科教学知识的内隐性特征使其被识别和解码的难度增加，需要学习者付出更多的努力，包括具有主动学习意向以及感知能力、思维能力、领悟能力、沟通能力等。也就是说，学习者意愿和能力的强弱会直接影响到学科教学知识传递的速度与程度。如果学习者只是为修够学校要求的学分而去参加教学培训，并无发自内心想学的愿望，那么很可能费时很多但效果并不好。另一种情况是，学习者愿意学习但能力不足，则很可能学到的是易于识别、比较表浅的学科教学知识。

值得注意的是，不仅传递者和学习者各自意愿与能力的强弱会影响到学科教学知识的传递，两者之间在知识背景、认知方式与能力等方面的差异也会对传递产生影响。就知识背景而言，传递者和学习者拥有相似的知识背景，学科教学知识则容易传递一些。例如，较之于不同学科的教师，相同学科的教师之间的知识传递会顺畅一些，而不同学科的教师由于知识背景不同在交流时可能会遇到更多的障碍。从认知方式上看，传递者和学习者在认知方式上的差异过大会导致学科教学知识在传递过程中不能很好地兼容，从而影响到传递的有效性。而两者之间认知方式越相近，则越容易沟通，学科教学知识也就越容易充分外显和传递。这意味着不同学科知识背景的教师，如果在观察、感知、思维等方式上比较接近，那么沟通起来也可以达成默契，而这正是隐性知识传递所需要的。在认知能力方面，传递者和学习者之间需要有适度的差异，如果能力差距过大，则在知识传递时会遭遇更多不畅。如专家型教师和新手教师之间的能力差异很大，即使专家型教师有很强的传递意愿，也很可能会遇到沟通困难。不过，传递者和学习者的能力差距过小，则会导致知识传递与获取的动力不足而收效不大。也就是说，双方已有能力的适度差距才有利于学科教学知识的传递。

（三）传递的媒介和文化氛围

学科教学知识的内隐性特征使其仅仅通过语言不足以有效传递，其丰富内容的外显需要借助多种多样的媒介来呈现具体的教学情境。

如教学内容知识不仅是一般学科知识，而是学科在特定教学情境中、面对特定学生的知识，如果传递者在讲述的同时还通过多媒体视频展现具体的教学场景，就能让学习者更好地加以理解。教学对象知识也具有情境性，不仅是教师对学生的一般性认知，而且是在具体的学科教学过程形成的认知，需要通过多种媒介帮助传递者把教学对象知识“发掘”出来，学习者才能加以识别。而教学策略知识更是在具体情境中“做”出来的知识，需要适当的媒介把教师做的过程动态地呈现出来，单一地采用讲座的形式是“讲”不出教学策略的，而如果借助视频工具再现教学策略“如何做”的过程，则会有助于学习者的接受和理解。学科教学知识的高度个人化需要知识传递的双方进行尽可能充分的交流，这种充分性不仅依靠合适的媒介，还在于交流的双方能否坦诚相见、相互信任和接纳。也就是说，学科教学知识中那些难以表征的、个人私有性的内容，是无法用强制的手段促使其外显和传递，而需要通过平等、尊重、包容的文化氛围使双方建立起信任关系来充分沟通和对话。已有研究表明，知识拥有者和学习者双方的认知信任和情感信任对知识的传递有显著影响，尤其是情感信任的影响更为显著，而两者都需要适宜的文化氛围才能建立起来。[4]如果说媒介技术与工具缩短的是知识传递的空间距离，那融洽的文化氛围则拉近了心理距离，使双方能够更好地相互理解、心领神会，从而顺利实现知识的传递。

三、教师学科教学知识传递的可能路径

尽管学科教学知识的内隐性特征增加了其传递的难度，但并不意味着它完全不能传递。基于上述对学科教学知识传递的影响因素的分析，可以选择教学叙事中的知识外显、实践情境中的共同在场、信任关系中的知识分享等路径来实现其有效传递。

（一）教学叙事中的知识外显

教学叙事是教师通过叙述具体教学生活，讲述教学故事，揭示教学事件发生的细节，阐明个人体验与反思的过程。这种叙述的“个人性”很强，是个人的特殊话语而非公共性的普遍话语，而恰恰是这种个人话语在不经意间“泄露”了教师内隐的学科教学知识。尽管专家讲座也能够从理论层面阐述学科教学知识，但理论话语的公共性、普遍性在一定程度上遮蔽了虽然很个人化却很有价值的学科教学知识。正如罗素所言，语言的主要目的毕竟还是传达思想，为了达到这个目的，语言就必须是大家共用的语言，而不是说话人独创的一套自家语言。其结果就是在把思想翻译成语言的过程中，每个人经验中最具个人特点的东西几乎都失掉了。[5]而教学叙事是教师讲述自己亲身经历的教学事件，是自己独特的体验与感悟，那些隐含在教师个体内心深处的知识由此得以外显。

教学叙事关注教学生活与事件中的细节，是对教学过程中发生的具体事件的细致入微的描述，“是努力回忆某种不明所以的直觉获得的过程，借助于背景信息的丰富性，激活记忆网络相近节点的相关信息，使模糊的直觉印象上升到意识层面，完成显性化”[6]。也就是说，那些内隐的学科教学知识虽然难以言传，但对教学细节的生动描述在一定程度上再现了教学中做的过程以及蕴含其中的细微感悟，于是难言的知识也就在教学细节的生动描述中显露了出来。这种细节描述不同于常见的教师经验介绍，后者由于把经验从教学细节中抽离了出来，以至于介绍出来的只是容易外显的学科教学知识，而较为内隐的知识却被有意无意地忽略或过滤掉了。现在不少教师培训都安排有教学名师的经验介绍，但接受培训的教师往往觉得收

获不大，甚至认为有些大同小异，其中的原因很可能是，名师的经验介绍只是易于外显的经验的传达，没能通过对教学细节的关注和描述使其内隐的经验显现出来，而后者恰恰是学习者更希望了解的内容。

教学叙事还具有丰富的情感性，叙述者不仅表达着对教学活动的认知，而且传达着对教学的情感体验。这种情感性不仅使一些内隐的学科教学知识在叙述者动情的描述中悄然显露，而且可把学习者吸引到教学“场景”中使其置身其境地加以领悟。由于传递者在掌握学科教学知识的过程中，不仅动用了自己的认知经验，而且融入了自己的情绪、情感体验，因此如果只是客观地介绍自己的认知经验，那么隐含在情感、态度中的学科教学知识就无法显现出来。而教学叙事中富于情感的生动描述为内隐的学科教学知识显性化搭建了一个通道，在这个通道中，叙述者可以更好地传递隐含在情感中的学科教学知识。

（二）实践情境中的共同在场

学科教学知识是一种情境性很强的知识，它根植于具体的教学情境，是个体与情境发生联系，并依其变化而改变的产物。其中，教学内容知识不仅仅是学科知识，它还是学科在教学情境中的知识；教学对象知识不只是关于学生发展状况的一般性知识，还包括学生在教学情境中如何变化的知识；教学策略知识也不仅是关于教学的一般理论知识，而且包含了大量在特定教学情境中如何做的知识。也就是说，隐含在学科教学知识中的那些难以言传的教学技能、技巧、经验，以及教师在教学中的直觉、灵感、洞察力、价值观等，是无法完全脱离具体的教学情境而存在的，它们的外显和传递必须嵌入相应的情境中才能有效传达，并且这些内隐的知识越丰富、越复杂，对情境的依赖性越强。

因此，作为学科教学知识传递者，就不仅是讲授基本理论知识和一般教学经验，而需要在教学实践情境中把学科教学知识“做出来”让学习者“看到”。这种实践情境可以是模拟的，即人为设置一个模拟教学事件发生时的情境，传递者借助这一情境把内隐的学科教学知识通过做的过程呈现出来。这种模拟情境可通过多种视听媒介来营造，做到尽可能接近真实的教学实践，使学习者能够身临其境地加以体会。目前不少教师培训也采用多媒体教学，但主要是通过多媒体传播专家或名师的讲座，而未能借助多媒体创设教学情境，让传递者与学习者在情境中表现和领悟隐于其中的学科教学知识。

教学实践情境还可以是真实的教学活动现场，这种不是模拟出来的现场，由于和学习者亲身经历的场景更接近，因而会让他们感到亲切而愿意投身其中。共同在场的教学现场不仅拉近了传递者和学习者的空间距离，而且拉近了两者的心理距离，使两者的沟通可以更直接、更敞亮。现在很多教师培训中安排了教学现场的同课异构是一种颇受欢迎的情境化学习方式，学习者从中受益良多。但需要改进的是，参与同课异构的上课教师不应只是学科教学知识的传递者，学习者只是坐在现场旁观，尽管这种现场旁观比单纯听讲座的参与度要高一些，但毕竟旁观者还未能深度进入现场。也就是说现场听课虽然拉近了两者的空间距离，但心理未能达到契合。因此，教师培训组织者设置的教学活动现场不能只是传递者如何进行教学的现场，还应该提供机会让学习者也参与讲课，与传递者一起去经历和体验。只有双方真正意义上共同在场、彼此倾听，实现学科教学知识的沟通、交流才会更顺畅。

（三）信任关系中的知识分享

学科教学知识的外显和传递，需要传递者

和学习者在信任关系的基础上达成默契和深度理解。这种相互信任包括双方的认知信任和情感信任。认知信任是信任双方对彼此能力和可靠性的认知判断。就学科教学知识传递者而言，他们对学习者的知识水平与为人品质的了解和肯定，有助于产生一种说服效应。传递者相信与对方共享知识不会带来知识误用的风险，也不会认为对方利用自己的共享行为进行投机，从而降低了知识共享的戒备心理和防御行为。而学习者对传递者学识水平、人品修养的认可，能够促使其自愿而非被强制地加入到学习中，主动从被信任者那里寻求知识从而收获更多。对此，教师教学培训的组织者不但要选择有能力的学科教学知识传递者，还要提供多种途径来增进双方的了解，而不是用专家、名师的头衔和名气来维系双方的信任关系。

信任关系中的情感信任产生于知识传递和接受双方显示出来的关心和期待，如果说认知信任是双方在认知基础上的了解，那么情感信任则是基于亲密关系的移情性理解，即双方都能从对方的角度来感同身受并产生积极的预期。情感信任的建立常常需要有一个长期的过程，而且这一过程需要浸染在尊重、接纳、包容的文化氛围中。当前很多学校开展的校本教研之所以是学科教学知识传递的有效途径，正是因为这种传递是在长期交流、切磋建立起来的情感关系中完成的。只是学校需要注意的是，经常组织多种形式的交流的确十分必要，但营造一种相互尊重、对话、接纳的文化氛围可以使知识传递更有效并能成为学校工作的常态。名师工作室也可以作为学科教学知识传递的重要途径，学习者长期和名师在一起工作、学习、商讨，有助于双方建立起师徒般的情感信任。不过这种情感信任的维系也需要平等、尊重、理解的文化氛围。当学习者不但相信对方有能力给予相应的学科教学知识，而且确信其不会产生有损个人自尊的态度和行为时，才会有主动获取知识的意愿。倘若名师过于注重自身的权威而忽略、轻视学习者的感受，那么即使其拥有丰富的学科教学知识和优越的传递能力，也无法让学习者很好地领会。可以说，名师工作室在学科教学知识传递中的作用发挥得怎样，不仅在于名师的学科教学知识与传递能力，而且取决于工作室里的文化氛围和信任关系。

参考文献：

[1] Shulman L S. Knowledge and teaching：foundations of the new reform [J]. Harvard Eudcational Review，1987 (1)：12-22.

[2] 杜威. 确定性的寻求：关于知与行的关系研究 [M]. 傅统先，译. 上海：上海人民出版社，2005：188.

[3] 漆捷. “意会知识言传化” 的哲学解读——以科学语境为例 [J]. 浙江社会科学，2011 (5)：124-130.

[4] 初浩楠，廖建桥. 认知和情感信任对知识共享影响的实证研究 [J]. 科技管理研究，2008 (9)：3.

[5] 罗素. 人类的知识 [M]. 张金言，译. 北京：商务印书馆，1983：10.

[6] 高湘萍. 隐性知识的获得及其显性化的心理途径 [J]. 全球教育展望，2003 (8)：27-29.

（原载 2017 年第 5 期）

第四编

教师专业发展研究

抗拒与合作：课程改革情境下的教师改变

操太圣　卢乃桂

新一轮基础教育课程改革启动以来，人们对教师的行为和角色进行了深入反思，提出了一系列颇具启发性的命题，如教师不再是单纯的知识传授者，而是学生发展的促进者，不再是学生的管理者，而是学生发展的引导者等。这些理念的传播对更新人们的教育观念，发挥了相当积极的作用。但由于改革过程本身的复杂和艰难，需要人们贴近改革实践，在教学工作具体实施的环境（如课堂、学校）中去讨论和分析课程改革的过程和效果，而不能仅仅止于上述新理念的推介和宣传。而一旦进入教学现场，教师教学实践的改变便成为关心课程改革人士所无法回避的重要议题。

本文的目的在于将改革的脉络情境引入研究视野，强调课程改革的外在要求须与教师的内在改变携手并进，要关注教师面对变革时情感上的反应。

一、课程改革要求教师改变

在所有类别的教育改革当中，学校课程改革当仁不让地成为“教育变革的核心”[1]，在这里，教师被视为改革成功的关键，人们相信只有在教师批判性地检讨自己的信念，改变自己的教学行为以适应改革方案需求之后，学校变革才有可能发生。换言之，如果没有教师的专业发展，也就无所谓课程发展。正如有研究者提醒改革推动者必须记住的那样，组织体系、教学材料、课程以及教学策略本身没有能力自行规划、启动或推行，所有这些都是由教师来完成的，只有他们才能保证改革计划取得积极的效果。将教师置之不理，而指望通过管理体制、指令性考核以及教材配套来达到目的，终将徒劳。

目前，正如火如荼地推行基础教育课程改革，其根本目的无非是通过综合性和灵活性更强的课程安排，立足学校，使学生能建立全面发展的基础，有利于他们成为富创意、好思考、善解难和能应变的人才。[2]在这里，教师能否因应当前课程改革的目标而在教学上做出适当的调节和配合，同样决定着改革的成败。

一项题为“教育与工作”的研究，可以让我们比较清晰地看到教师实际的课程、教学取向与课程改革者的期望之间存在的差距。[3]本文利用其中关于中国东部沿海地区的调查资料进行阐述。问卷中关于人才素质观的问题有30个，教师根据个人的理解，对这些素质的重要程度做了选择，排在前5位和后5位的结果如表1所示。

表1　中国东部沿海地区教师关于人才素质重要程度调查（受访教师1 526名）

排名最前的“很重要”素质	排名最后的“很重要”素质
1. 保持良好的学习态度（认真、耐心、细致）	26. 乐于创造新事物，敢于提出新观点
2. 按时、独立完成作业	27. 基本了解国家政治体制
3. 遇到学习困难时能准确发现和陈述问题	28. 能够与不同背景的人和平相处
4. 遵守学校纪律	29. 了解一般的生产流程（工业、农业）
5. 自信	30. 了解一般的经济活动和过程

由上表可见，在中国教师心目中，更希望学生具有态度认真、诚实可靠、遵纪守法和充满自信的基本素质。而对创造能力、与人沟通能力、与人相处能力，以及较广泛地认识中国社会的政治和经济形势等方面，他们觉得不够重要。这种状况的存在显然与课程改革者的理想大相径庭。另外，即使教师对培养学生的自信心比较注重，但从存在着漠视学生创造能力培养的现状来看，教师心目中所谓“自信心”可能只是解决具体问题和执行分派工作时表现出来的一种有准备状态，而非课程改革中强调的培养学生探究精神所必须的促进因素。

总的来说，当前在教师中普遍存在的人才素质观，与工业社会流水线式生产方式所需要的的人才素质是一致的。与之相适应的教学模式便是以教师为主导、以知识传授为主要手段、强调整体忽视个性的教学观。因此，当前的课程改革需要教师改变其固有的、不合时宜的关于教学的价值观念和行为习惯，“由知识的传授者转向学习的参与者、促进者、指导者”“由‘教书匠’转向科研型、创新型教师”“由单一型教师转向综合型教师”“由传统教学方式转向现代教学方式”“由面向全体学生转向面向全体与面向个体相结合”。[4]从本质上来讲，就是要求教师告别过往在认识“静态”社会时形成的一系列遵循陈规的观念和行为，转向奉探索与反思为主臬的“动态”社会所需的知识和能力。

但教师的改变确实是一项艰难的系统工程，其中涉及教师知识、信念、观点、态度、行为和兴趣等各种因素的发展和变化。

富兰（M. Fullan），认为教师改变的程度应至少包括使用新的教学材料、运用新的教学手段以及拥有新的教育观念等三个高低有别的层次和类型。但在现实中，教师可能只在其中某一个或两个层面上发生变化，很难在三个层面上同时更新，其中教师信念、价值观和思想等的改变被认为是最难发生的，通常需要经历较长的时间。[5]

史巴克（A. Sparkes）也曾将教师在课程变革中经历的变革分为类似的三个层次，并认为只有三个层次都发生显著性改变，该变革才是“真正变革”（real change），否则就只是一种“表层变革”。换言之，若希望变革超越表层阶段，教师就必须走出自己的舒适地带，接受对自己信念和价值的挑战，并最终改变它们。可见，教师改变是一个多向度的、可由众多因素引致的结果。[6]

就教学本身来说，它是一项充满情感色彩的事业，因此要求教师改变其固有的价值观念和行为习惯，势必直接影响到教师的切身感受。近年来情感因素也越来越引起人们的注意，正如哈格里夫斯（A. Hargreaves）所言：“即便教育改革者对教育变革的情感向度置之不理，但情绪和感情总是会从其他途径进入变革之议程中。”[7]一旦固有观念受到挑战，教师在情感上的负担将不可小觑。

迪南·汤普生（Dinan Thompson）从变革中教师情感问题的讨论出发，对上述关于教师变革的层次说做出一定的修订和补充。她认为，史巴克关于教师“真正变革”的概念其实忽视了变革过程中普遍存在的、强烈的主观愿望和情感因素，因而也就无法解释一部分教师或因个人原因，或因情境因素，而不愿意改变自己观念和行为的原因。并进而在其理论基础上提出“真确式（authentic）改变”这一概念，强调不仅要关注教学价值、观念和实践的改变，而且要重视情感和互动的重要性，[8]为我们提供了一个关于教师改变类型的更加全面的理解架构。图1是教师改变的不同类型及层次。

图 1 教师改变的类型

承认教师在课程改革过程中扮演着举足轻重的角色，并强调应该关注他们的专业发展，促进他们在知识、能力、态度和情感等方面的改变，这些耳熟能详的命题在理论上已经得到广泛认同。不过，关于教师是否愿意改变，以及如何改变等问题却并未有一致认识。相反，教师面对变革时情感上的冲击和反应往往被改革推动者误解。

二、教师对变革的抗拒

一直以来，中国教师在专业发展方面都是比较被动的，他们习惯于接受进修等脱离岗位的在职培训，而没有重视自己在课堂教学过程中的自我增值，且其进修目的又大多在于追求政府或学校要求的学历达标或进修任务的完成，而非强调自身真正的“专业”发展。因此有人指出，在这些参加在职进修的教师中，盛行着一种以形式代替实质，以文凭代替水平，以学历代替学问和才能的价值取向上的偏差。[9]

而那些提供进修机会的组织或机构的偏见则进一步强化了上述偏差，它们在正式培训之前就错误地预设了教师在知识、能力上存在着不足，而不是将教师固有的经验作为可以利用的资源，更没有对教师的实际需要给予足够的关注，结果所提供的培训与教师的工作实践相距很远。一些教师通过这种途径获得的新的知识就不会必然地落实到将来的课堂教学中去，而是出现如下情形，即教师宁愿将专业发展者或改革者所说的理论作为一种外在的知识形式去了解或接受，但在自己的日常教学中却依然没有丝毫的改变。

因此，一些关于教师与教育改革之间关系的讨论便将教师的公众形象描述成迟钝的、懒惰的、因循守旧的个体，认为他们是抵制或抗拒改变的。很多改革者或专业发展人员抱怨教师，批评他们排斥或怀疑新事物的态度以及养成的抗拒习性。在他们看来，教师总是有意寻找各种借口，诉说改革的不可能性，不愿突破既有的框框，以致在各种教育改革活动中袖手旁观，甚至大唱反调。由此，教师的抵制或抗拒被广泛地认为是影响变革进程的一大障碍。

当前的课程改革旨在彻底改变沿袭已久的教学文化，培养适合时代发展需要的新型人才，但如此远大的改革理想，对于从事前线工作的教师来说，的确显得有些遥远，因为他们真正关心的就是怎样把学生教好这个实实在在的问题。那么，如何让课程理念真正转化为教师内在的动力就不是短时间内通过短暂的培训能见到效果的。同时，大面积推广的课程改革也必然加重了教师的工作负担，迫使他们付出更多的精力和时间去回应、去改变，这样就难免会在教师当中产生抵触甚至对抗情绪。根据詹纳斯（M. Janas）的分析，教师在面对变革时所表现出来的抗拒情绪还存在程度上的不同，一般可分为三种类型：挑衅性（aggressive）抗拒、消极-挑衅性（passive-aggressive）抗拒和消极性（passive）抗拒。第一类抗拒主要表现为直截了当地拒绝，其不合作的态度异常鲜明；第二类表现为委婉地拒绝，以缺乏时间和精力等为由，达到不合作的目的；第三类则表现为阳奉阴违，即口头上接受变革，但并不真正落实在实践中。[10]

由于教师的抵抗被视为影响课程改革进程

的主要障碍，因此有必要分析其产生的根源。一般来说，教师抵制革新有其深刻的个体心理上以及群体文化上的原因。就前者而言，可以从“舒适地带”这个概念得到一种解释。所谓舒适地带，是指每一个人都有自己熟悉的范围和习惯的经验，人们在这个范围内活动就会觉得安全、舒适、稳妥，而一旦逾越则可能遇上困难、麻烦、危险和挑战。所以很多人都宁愿留在自己的“舒适地带”中，不理会外部环境的变迁，期望能够平安、稳当地生活。因此，在一定意义上，大多数教师抵制都是由于他们对未知的恐惧或对超越自我舒适地带的犹豫而造成的结果，他们本能地担心人际或组织的变革对自己带来的潜在威胁和影响。

就后者而言，组织文化内在的保守性是一个重要原因。作为一个组织，它总是或强或弱地建立自己特有的组织文化，通过对一系列共有的假设、价值和习俗的维护，以保障对某种意义的信奉和持久占有。机构文化这种最基本的保守性决定了它们面对变革的态度和行为。长期关注学校变革的撒拉逊（S. Sarason）指出，学校，同大多数组织一样，总是选择最少量的变化，甚至保持不变为行事原则，因为现状具有的巨大力量（如支撑和维持现状的信念和理据、权力关系的具体操作模式以及对变革正确性、自然性和适当性的看法和理解等）总是自动地将变革的可能性筛选出去。[11]

另外，教学作为一个职业，也存在其独有的特点，如“风险趋避”（risk aversion）、“技艺”和“教师孤立”，而这些也很容易导致教师抵制变革。[12]

所谓“风险趋避”，是指教学本身是个比较稳定的职业，偏爱“顺从”的领导文化进一步弱化了教师的冒险精神，当他们目睹过去几十年来各种在设计和实施等方面错漏百出的改革计划轰轰烈烈而来，悄无声息离去的现实，从自我保护角度对当下的课程改革采取了静观其变的立场。

所谓“技艺”，是指那些对教学情有独钟的教师能够在提供独具一格的课程和自行设计教学单元的过程中体会到艺术家创造般的成就感。任何威胁到教师作为独立创造个体的变革都会立即遭到挑战和质疑。

“教师孤立”是讨论教师文化时最常被提及的一个特征，瓦格纳（T. Wagner）认为这种孤独感体现在不同层面，最常见的是孤立于迅速变迁的外部世界，这将使教师不能充分了解商界要求培训不同人才的呼吁。同时，这种孤立还体现在教师长期生活在儿童世界里，逐渐与成人世界产生隔膜，不利于同侪之间共同成长。

总之，无论是个体心理因素，还是组织文化原因，在讨论包括学校在内的组织变革时，其关注核心一定是人的改变，只有组织中的人首先经历了彻底的变化，他们才能够进一步导致置身其中的整个体制根本改变。对于教师来说，奎因（R. Quinn）认为他们只有两条路可供选择，一条是发生根本性改变，一条是故步自封，走向“慢性死亡”。[13]但问题是，如果将教师与抗拒变革画上等号，那么，组织变革、课程改革又从何谈起呢？

三、对教师抗拒变革的反思

以上关于教师拒变的论述可以说是人们对改革情境下教师生存状态的最普遍的看法，里查森（V. Richardson）分析了这种观点背后的假设。她指出，持这种理论立场的人确认课堂外面的人比教师更了解如何教学，当这些外来专家对教师进行培训或教育，告诉他们应当尝试不同的教学方法，实施新的课程，改变对待学生的态度，以及重新思考师生之间的关系时，如果教师表现出不愿接受和执行这些新的理念和方法，则无一例外地被冠以“保守”之恶名，被视为教育失败的罪魁祸首，是课程改革无法取得成功的主要阻碍。[14]教学这个职业在改革日益频繁的今天，的确陷入了两难的窘境，诚如哈格里夫斯和卢乃桂所言，教师一方面被寄予很大的希望，认为其综合素质的高低、投入程度的强弱等，最终决定着教育改革的成功与否，但另一方面，教师受到的指责、抱怨、批评和讥讽也越来越多。[15]

那么，在当前课程改革的情境下，怎样认识和对待教师中存在的抗拒现象呢？一些先期的经验和研究给我们提供了比较好的认识基础。

首先，冲突和抵制并非总是表示失败。詹纳斯指出，教师抵制变革其实是整个变革过程中自然出现的伴生物，是“知识与实践、理想与现实之间差距”的集中体现。他发现即使已经具备理想的环境、高度的期待和斗志昂扬的教育工作者等各项改革的必要条件，但革新一开始，问题马上还是会浮现出来，发展者或改革者的知识基础和良好愿望同教师具体实践之间的差距仍然很大。[16]

其次，教师抗拒变革可能具有建设性。如人们有权反对设计不周详的、缺乏配套资金的、只关注一些无足轻重事项的计划。在这种意义上，教师抵制完全可以看作对具体情境（特别是存在严重危机的情况下）的适当反应，[17]是促进教师专业发展，加快改革计划进程以及向教师提供反思、成长和更新机会的激励机制。

最后，教师具有自愿改变的一面。如果人们走进课室，一定会发现教师无时不在改变，他们重组课堂，开展不同的活动，试用不一样的课本，改变课程主题的次序，尝试不同的沟通技巧等。教师自己也认为他们的改变是与时俱进的，他们会根据课堂中不同学生的不同需求而调整自己的行为，会根据家长的不同要求做出必要的回应，会根据学校管理层制定的相关政策而调整课堂活动，他们也会尝试各种不同的新活动以帮助学生更加投入学习。而且在这些改变的活动中，教师都是自愿进行的。[18]

既然教师抵抗变革并非总是坏事，甚至于教师对待变革的态度也并非一定是抗拒，那么就有必要认真讨论和分辨哪些变革会遭到教师的抵制，哪些则不会，同时需要反思课程改革推动者的角色定位。

一方面，从教师自愿投入变革的角度来看，教师变化的内容和程度都必须是在教师自己可以接受和容忍的范围之内。有研究指出，当教师在课堂中实验新的教学活动时，判断该实践的标准是看它们是否能够运作，当这些活动不会妨碍教师特殊的控制需要，符合教师的教学信念，可以帮助教师回应教育体制的有关要求和决定，教师就会吸收和内化这些活动。就中国教师普遍存在的对“标准”的理解可以看到，学生考试成绩作为教师工作表现的主要衡量指标一直影响着教师教学工作的开展，如果目前的课程改革能够比较好地处理好课程教学的评估标准问题，将来对于促进教师根据具体教学实践的变化而不断自我调整，是具有相当大的正面作用的。

另一方面，人们对待变革的态度又是非常矛盾的，他们可能对于改革的原则大加赞赏，因为改革本身意味着超越现在，向一个更理想的目标迈进的过程，但真要落实在实践中，其态度可能截然不同，即使小到日常生活中的起居习惯也不愿意改变。这种矛盾体现在课程改革者身上异常明显，因为他们在推行教育改革的过程中很容易采取双重标准，即要求被改变的通常是他人，而非自己。他们要求教师能够关注每一个学生，能够因材施教，让学生能够愉快地学习，但他们在培训教师的过程当中却可能始终以课程专家或学术权威自居，依然习惯于将自己的一套东西拿出来让教师无条件接受，根本忽视教师在面对改革时可能出现的心理体验。这种现象其实在中国前期有关教师专业发展的经验中已经屡见不鲜，有学者指出，由于教育改革要求教师改变其教育思维和教学习惯，培养“新世纪人才”只是教育决策者的一厢情愿，它没有充分考虑教学的复杂性和政策评估问题。甚至秉持一种“亏拙的”教师发展观，错误地预设教师在知识、技能等方面存在的不足，而希望依靠外力来实施补救，最终提高或改变他们，而非认识到教师的专业知识和能力是学校的最大资源。

上述情况的存在势必造成教师的反感和不满，加深课程改革者与课程实施者之间的鸿沟，最终导致这种自上而下的变革走向失败。一位教师对这种忽视教师情感需要的改革做如下评价：当变革由外人提出或要求，我们就有受到威胁、遭到袭击的感觉，而自然而然采取防御姿态。实行这些变革以后，我们就不能自由地去了解和证实其他各种有效的学习新形式。由于没有机会去探究和选择，变革的压力很少带来学习中愉快和兴奋的感受。[19]

四、结语

鉴于此，面对正紧锣密鼓开展的基础教育课程改革，我们需要重新反思教师在其中的角色，其实，除了将教师作为被改革的对象，要求他们在知识、能力、态度等方面做出变革以适应课程改革的需要之外，我们更需要将教师看作改革的动力，甚至就是改革者本身。这样的话，我们也需要认真讨论作为政府智囊或大学专家的那些改革者在这个过程中应该承担的角色和发挥的作用。一方面，他们凭借自己对课程理论的深入了解以及对改革背景的充分认识，完全有理由在课程改革中扮演“领导”的角色；但另一方面，必须要明确的是，这种“领导”角色更多的应该是向前线教师提供改革的理想，而非具体操作要求或指示；在于“动员”广大教师积极面对深层次的思想、价值、观念等方面的变革，而非给予太多的指责和批评；在于向教师多提出一些富有挑战性的问题，而非给出明确答案。

归根结底，课程改革的成效要在学校、课堂层面的具体教学活动中得到检验。而一些比较成功的学校改革经验告诉我们，一所学校改进的成功于否，不在于有多少外援可资利用，更不在于有多少自上而下的指示和要求必须要完成，而在于校内教师的能量是否有较大的增长和学校协作文化是否真正地建立。阿因斯考（M. Ainscow）等人深入教学前沿，与教师一起开展各项学校改进工作，他们的经验表明，任何变革（不管是外加的还是内发的）得以成功的唯一条件就是参与改革的学校要能够创造出适宜变革生存与繁荣的生态环境。[20]另一项研究也表明，教育实践中成功的变革主要来自实践者自身，而非通过设定的规章制度。换言之，任何变革的效能都取决于实践者自身动机的强弱，而不是法律或规章在制定上的严密和执行上的严格。如果一个革新计划的基本理念并未获得绝大多数相关人士的支持，那么该项计划一定难逃失败的厄运。[21]

因此，在推行课程改革的时候，如果我们企图依靠外力，不管是行政力量还是学术力量，去改变教师和学校的文化终究是不可能的，唯一的出路只能诉诸学校文化的内在转变。在这种情况下，无论是改革者或专业发展者，大家似乎都需要正视这样一个事实，即改变教师的各种计划不在于依靠外力强制性地进行，而是创造一定的情境，让教师自己发觉变革的必要性，自己参与计划的规划、实施和评估，从而主动、自觉地改变自己的行为和观念。丰富的经验和大量的研究俱已表明，让教师充分赋权，或让教师自我制定专业发展的目的和自我指导专业发展活动，对于促进教学实践之有意义的、持续的改变具有决定性的作用。否则，任何试图改变教学实践的努力都将付之东流。

参考文献：

[1] McCulloch G. *Curriculum Reform, Educational Change and School Improvement* [C], A. Hargreaves, A. Leiberman, M. Fullan & D. Hopkins (Eds.), *International Handbook of Educational Change* [A]. London: Kluwer Academic. 1998: 1203.

[2] 卢乃桂. 基础教育课程改革对中国内地和香港教师的挑战 [J]. 教育发展研究，2002 (4).

[3] Lo L. N. K. *Curriculum Reform, Standards, and the Teachers of the Chinese Mainland & Hong Kong. Paper* presented at the 47th World Assembly of International Council on Education for Teaching on Teacher Education and the Achievement Agenda. July 2002 in Amsterdam, The Netherlands.

[4] 张秀琴. 课程教材改革呼唤教师角色转变 [N]. 光明日报，2002-05-30.

[5] Fullan M. *The New Meaning of Educational Change* [M]. New York: Teachers College Press, 1991.

[6] Sparkes A. *Curriculum Change and Physical Education: Towards a Micropolitical Understanding* [C], *Geelong*, Victoria: Deakin University Press, 1990.

[7] Hargreaves A. *Restructuring Restructuring: Postmodernity and the Prospects for Educational Change* [C] //A. H. Halsey et al. (Eds.), *Education: Culture. Economy, and Society* [A] (pp. 338-353). Oxford; New York: Oxford University Press, 1997: 108-109.

[8] Dinan-Thompson. M. *Teachers Experiencing Authentic Change: The Exchange of Values, Beliefs, Practices and Emotions in Interactions*. http://www.cybertext.net au/tipd/papers/week2/thompson.htm.

[9] 杨启亮. 在职教师继续教育的价值取向 [J]. 教育研究，2000 (4): 24-28.

[10] Janas M. *Shhhhh. The Dragon is Asleep and Its Name is Resistance* [J]. Journal of Staff Development. 1998 (3): 13-15.

[11] Sarason S. (1990). *The Predictable Failure of Educational Reform* [M]. San Francisco: Jossey-Bass, 1990.

[12] Wagner T. Leadership for *Learning: An Action Theory of School Change* [J], Phi Delta Kappan, 2001 (5): 378-383.

[13] Sparks D. *Change: It's a Matter of Life or Slow Death.* Interview with Robert Quinn [J]. Journal of Staff Development, 2001 (4): 49-53.

[14] Richardson V. *How Teachers Change* [J]. Focus on Basics, 1998 (C): 7-11.

[15] Hargreaves A. & Lo, L. N. K. *The Paradoxical Profession: Teaching at the Turn of the Century* [J]. Prospects. 2000 (2): 167-180.

[16] Janas M. *Shhhhh, the Dragon is Asleep and Its Name is Resistance* [J]. Journal of Staff Development. 1998 (3): 13-15.

[17] Gitlin A., & Margonis, F. *The Political Aspect of Reform: Teacher Resistance as Good Sense* [J]. American Journal of Education. 1995 (4): 377-405.

[18] Richardson V., Anders P. L. *A Theory of Change* [C] //V. Richardson (Ed.), *Teacher Change and the Staff Development Process: A Case in Reading Instruction* [A]. New York & London: Teachers College Press, 1994: 199-216.

[19] Richardson V., Anders P. L. *A Theory of Change* [C] //V. Richardson (Ed.), *Teacher Change and the Staff Development Process: A Case in Reading Instruction* [A]. New York & London: Teachers College Press, 1994: 199-216.

[20] Ainscow M., Hopkins D., Southworth G., West M. *Creating Conditions for School Improvement* [M]. London: David Fulton Publishers, 1944.

[21] Whitaker P. *Changes in Professional Development: The Personal Dimension* [C] //L. Kydd, M. Crawford. & C. Riches (Eds.), *Professional Development for Educational Management* [A]. Buckingham: Open University Press, 1997: 11-25.

(原载 2002 年第 1 期)

建构与整合：论教师专业化的知识基础

刘 捷

构成专业的首要标准是需要一套完善的专门知识体系作为专业人员从业的依据，根植于经验与理论的基础知识，是所有专业的中心。“一个专业既是一种高度复杂和熟练的工作，又是一种根植于知识的职业行为。而这些知识是在学院、大学、实验室和图书馆里产生、测试、丰富、被否定、转化并重建起来的。把某些事情称为专业即表示这些事情有一个在学府里被广泛运用的知识基础。”[1]学生有效的学习需要良好的教学，良好的教学需要专业化人员。“教师的身份、知识和能力是起决定作用的教学因素。”[2]教学若被视为一种专业，则首先需要教师具有专门的知识与能力：教师要“学习应该教的知识和如何教授这些知识”。[3]142

在国外教师专业知识的研究中，影响最大的当首推美国卡内基促进教学基金会主席舒尔曼（Lee S. Shulman）所建构的教师专业知识的分析框架。舒尔曼强调教师的理解、推理、转化和反省，他认为教师必须知道如何把他所掌握的知识转换为学生能理解的表征形式才能使教学取得成功。在这一理念支配下，舒尔曼把教师的知识基础（knowledge base）分为下列七类。[4]（1）学科知识（content knowledge），指教师上课的学科课程的知识。包括具体的概念、规则和原理及其相互之间联系的知识。（2）一般教学知识（general pedagogical knowledge），指各科都用得上的课堂教学管理与组织的一般原则与策略，如教学大纲、进度表、测验方式及演讲式、讨论式、自建架构式等授课的方式，评估学生成果的方法，等等。（3）课程知识（curriculum knowledge），指对课程、教材概念的演变、发展及应用的通盘了解。（4）学科教学知识（pedagogical content knowledge），指理解各学科所需要的专门教学方法与教学策略。（5）学生及其学习特点的知识（knowledge of learners），指学生在上课前懂些什么，不懂些什么，如何使用深入浅出的教学法及教材来提高学生学习的兴趣等。（6）教育情境的知识（knowledge of educational context），指学生的家庭、学校以及社会等环境对教学影响的知识。例如，在大都市学校教学就与在乡下上课不同，这是因为学校团体或班级的运作、学区的行政与经费分配、社区具有的特点及文化背景等等都存在着差异造成的。（7）教育目的与价值的知识（knowledge of educational ends，purposes and values）。例如，对学生的学习目的是以提升个人品格还是以升学为取向的认识等。

舒尔曼认为在上述知识范畴中，学科教学知识是特别重要的，因为它确定了教学与其他学科不同的知识群，体现了学科内容与教育学科的整合，最能区分学科专家与教师的不同。国外其他研究者也提出了一些观点。[5]泰默（Tamir）认为教师学科教学知识应包括关于课程的知识、学生的知识、教学的知识、评价的知识。格劳斯曼（Grossman）认为教师学科教学知识应包括关于学生理解的知识、课程的知识、教学策略的知识、教学目的的知识。玛科斯（Marks）认为教师学科教学知识应包括学科教学目的的知识、学生理解学科的知识、学科教学媒体的知识、学科教学过程的知识。

在国内，近几年教师知识的问题引起了学者的特别关注。谢维和教授认为专业化教师的知识主要包括三大类，[6]即关于学生的知识（了解不同文化遗产、语言、家庭背景、性别、社区对学生经验与学习能力的影响，发现和认识学生的特点，掌握学生学习和发展的规律，因材施教）、关于课程的知识（掌握任教专业课程的知识，掌握专业课程的组织、传递、评价的知识，知道与自己专业课程相关的课程知识，连接课程目标、课程资源与课程技术的知识）、关于教学实践的知识和技术（使自己的教学成为其他人可以接受的知识，设计教学环境、建构教学模式的知识，激励学生学习的知识，使用教学时间的知识，促成学生协作互动的知识，评价学生的知识，与家长交往的知识）。林崇德教授等从认知心理学的角度对教师知识进行了研究。他们提出，教学活动是一种认知活动，教师知识作为教师认知活动的一个基础，从其功能出发，可以分为四个方面的结构内容：本体性知识、条件性知识、实践性知识和文化知识。[7]本体性知识是教师所具有的特定的学科知识，如语文知识、数学知识等，是教学活动的实体部分。条件性知识是教师所具有的教育学与心理学知识，是对本体性知识的传接起理论性支撑作用的知识。条件性知识又可以具体化为三个方面：学生身心发展的知识、教与学的知识和学生成绩评价的知识。实践性知识是教师在教学行为中所具有的课堂情境知识以及与之相关的知识。这种知识是教师教学经验的积累，能对本体性知识的传接起到一个实践性指导作用。文化知识是指，为了实现教育的文化功能，教师还要有广博的文化知识，这样才能把学生引向未来的人生之路。

不难看出，虽然上述学者对教师知识的组成有不同的认定，但其中有四种知识可被视为教师知识的基石，并且也是研究的焦点。这四种知识是：学科知识、一般教学知识、学科教学知识、情境知识。[8]对教师一般教学知识、学科教学知识、情境知识的重视，即对教育专业知识的重视，是当前教师培养与培训领域的一个共识。传统上，教师的学科知识一直被放在首位，亚里士多德曾说，唯有知者才能教，才能胜任某学科的教学。这种注重学科知识的传统一直延续到中世纪的大学。即使在 19 世纪末的美国，教师选拔的标准也都相当重视学科知识。时至今日，也还有人认为中小学教师只要知道中小学教材上的内容，或只要比学生多了解一些，则他们任教某些学科教学就应该没有问题。这种观点实际上隐含着，教师担当的不外乎是中小学教科书“复制者（copyist）”“复印机（duplicator）”的角色。但教师的学科专业知识不是单一的教学建构，教师的知识也不再专门重视学科知识的高低，而应重视教师能提供给学生多少“多元化”的概念特征，能了解学生对某学科的认知思维以及教师本身对教学的信仰，等等。这些都必须在教师足够的、适当的、整体性的学科专业知识与教育专业知识下，才能发挥得淋漓尽致。帮助学生学习教材不只是传授事实与知识，现代教学的主要目标应该是帮助学生发展智能资源，以使他们能利用对学科概念的了解，处理日常生活中的种种现实问题。过去的教师教育注重的是教师的学科知识，而近十几年来，对教学的有效性、高效率逐渐重视起来。尤其是以舒尔曼为代表的教育学者提出了“学科教学知识”的概念，并将其用于确定教师对所教学科知道多少以及他们是怎样把这些知识转化到课堂教学上来以后，越来越明显。

教师必须学习什么（和怎样学习）才能解决好和教与学密切相关的以下主要问题：（1）为什么而教？（2）教什么人？（3）在什么地方教？（4）教什么？（5）怎么教？（6）用什么去教？（7）用什么评价和怎样评价以及（8）怎样改进教学和学习？[2]这是 1996 年联合国教科文组织

国际教育局有关“教师在多变世界中的作用”的论坛中，教育学家提出的重要议题。教师应具备的知识，虽然众说纷纭，但教师的专业知识不是线，性发展的，它是广泛的，具有整合性、多功能、多元化的特点。综合以上学者所述，结合个人的理解和体会，笔者认为通过教师教育，使现代教师所应具备的知识基础包括以下几方面。

一是广博的科学文化知识。教师专业化的特点之一就体现在对各种不同知识和理论进行选择、组织、传递和评价，并在这个过程中进行知识创新和增值的专业能力。这要求教师不仅要了解和掌握某个具体学科的知识和理论，而且还必须更加广泛地学习和了解其他相关学科与领域的知识和理论以及各个学科和领域知识之间的关系。而一般的职业教育则往往比较多地局限在某一特殊的学科和领域，更多的是强调和重视在某一个领域中知识的应用。这种差别充分说明教师需要非常宽厚和综合性的学科基础。[9]教师工作的对象是有待于进一步塑造的人，因此强调教学工作的“人文性”特点，强调教师对普通文化知识的掌握，强调教育涵养人文素质的内在价值。在拉丁文中，文化一词的本义就是培养（cultivation）。在今天，广义的文化已成为一个包罗万象的概念，反映在教师应具备的普通文化知识上，广博的要求也就顺理成章了。正如美国教育家科南特（Conant）所说：“未来教师的普通教育应该是广博的文理科目学术性教育”，其“目的在发展有关一般文理科目领域的学力，使教师在同这些领域的任何一门专任教师的同事谈话时具有一定的信心。不论对小学或中学教师来说，这种程度的学力信心都是必要的。即使小学教师直接关心的是算术或比较简单的科学或社会科学，他也应该知道在前面的道路究竟是什么”。[10]249 教师只有具备了广博的文化知识，才能够融会贯通、得心应手，使自己更好地理解所教学科知识并把所教学科与其他学科有机地结合起来；才能够有效地激发学生的求知欲望和学习兴趣，满足每一个学生的探究兴趣和多方面发展的需要；才能够帮助学生了解丰富多彩的客观世界，给学生获取多方面知识的机会；才能够帮助自己更好地理解教育学科知识，使自己的教育教学丰富多彩，促进学生全面发展和素质的全面提高。尽管人们成为教师前所需要的基础知识是各不相同的，但从各国教师教育的实践来看，以下几个方面的普通文化知识对现代教师来讲是不可或缺的：人文类知识，如哲学、社会学、人类学、经济学、政治学、伦理学、历史学、地理学等方面的知识；科技类知识，如一般的自然科学常识，关于文理学科交叉的知识；工具类知识，如外语、数学、计算机、文献检索、应用文写作等方面的知识；艺体类知识，如体育、美育、卫生与保健、书法、音乐、舞蹈、戏剧、摄影、绘画、文学欣赏、影视评论等知识；劳技类知识，如一般的劳动生产知识，现代工农业生产的基本原理等知识。

二是系统的学科专业知识。学科专业知识指与教师任教学科相对应的专业理论知识，如担任化学课教学的教师，必须具有化学专业的理论知识。杜威（Dewey）提出一个人要成为合格的教师，“第一个条件需要追溯到他对教材具有理智的准备。他应当有超量的丰富的知识。他的知识必须比教科书上的原理，或任何固定的教学计划更为广博”[11]228。在解释为何教师必须要有大量知识并做到触类旁通时，他认为道理在于，教师在讲课时，必须有余力来观察儿童心智的反应和活动。学生的问题在教材中；而教师的问题却在于学生对待教材的心理活动内容。如果教师预先不掌握教材，如果不精通教材，可以不需思考而运用教材，那么，他就不能自由地用全部的时间和注意力去观察和解释学生的智力的反映。教师不仅要感受到儿童用文字表达出来的意义，而且要注意到身体所表现出来的各种理智状况，像迷惑、厌倦、精通、观念的醒悟、装作注意、夸耀的倾向，以自我为中心把持讨论等。[11]228-229 杜威的这种看法是非常有道理的。资之深，则取之左右逢其源。教师的劳动是一种复杂的、创造性的劳动，要成功地完成教学任务，首先要精通所教学科的知识，对自己所教学科的全部内容有深入透彻的了解。教学的许多工作，如选择有价值的学习活动，提供解释，提出创造性的问题，评鉴学生的学习等，都仰赖教师对学科的理解。缺少这种学科背景，则纵使教了多年的书，学科教学知识并不会在教学的过程中自动地演进。反之，如果对学科有很透彻的了解，则学科教学知识会随着教学经验而发展出来。教师只有完整、系统、扎实、精深地掌握学科专业知识，才能在科学体系中把握自己讲授的学科，在教学中统观全局地处理教材，使知识在教学中不只是以符号形式存在。以推理、结论方式出现，而且能展示知识本身发展的无限性和生命力，能把知识"活化"；才能教给学生掌握各种知识、技能的方法，发展学生的智能，举一反三，引导学生在学科知识的海洋中畅快地遨游；才能根据不同的教育对象选择有效的教学方法进行教学，充分发挥学科知识全面育人的价值，在教学中真正实现科学精神和人文精神、理论和实践、知识和人生的统一。

三是坚实的教育专业知识。自从教育科学从哲学母胚中独立出来至今，作为教育实践活动的人类智慧的结晶——教育科学理论便与作为教育实践活动的承担者——教师结下了不解之缘。在教育实践活动中，教育科学得以不断传递、普及与创新；同时，教育科学理论又被用来指导教师教育实践，使之不断向前发展。在这相辅相成的过程中，教育科学获得了不断向前发展的生命力，教师职业逐渐向专业化方向发展，教师也日益成为一种专业人员。[12] 教师专业化主要体现在对学科知识的组织、传递和评价等方面，教师要成为学生心智的研究者，不仅需要所教学科的专业知识，而且需要教育专业的知识。杜威说："为什么教师要熟悉心理学、教育史和各科教学法?"这主要有两个理由：一个理由是，他能凭借这类知识观察学生的反应，迅速而准确地解释学生的言行，否则，学生的反应，可能察觉不出来；另一个理由是，这些知识是别人用过而又有成效的方法，在需要的时候，他就能够凭借这些知识给儿童以适当的指导。[11]229

具体来说，坚实的教育专业知识又包括三个方面。

第一，一般教育学知识。美国各教师协会坚持主张凡是要做教师的人必须首先修完类似医师和律师所必修的（教育学）专业课程。"其论据的实质是：如果公立学校教师想被人看作是专门人才的话，就必须掌握教育学的高深知识，这样就使他们跟只受过普通教育甚至较多普通教育的外行人区别开来。"[10]182 21 世纪的教师，应当通晓并熟练掌握教育科学理论知识，这是教师工作"双专业"特点的客观要求，[13] 是从事教育教学工作的理论依据，也是将教师的教学由经验水平提高到科学水平的重要前提。一般的教育学知识范围相当广泛，包括教育基本理论、心理学基本理论、德育学、教学论、教育史、教育社会学、教育心理学、教育管理学、教育法学、比较教育、教育改革与实验，以及现代教育技术知识、教育科学研究等。教师只有全面系统地掌握教育专业知识，才能确立先进的教育思想，正确选择教学内容与方法，把自己所掌握的知识和技能科学地传递给学生，促进学生的全面发展。

美国教育家科南特认为，受过专业教育学训练是"志同道合的标志"。所有进入教育界的人必须都受过这种特殊训练，这是学校行政人员和教师这两部分人的共同经验，使他们得以团结起来。此外，更重要的是："这种训练是教育专业不同于任何其他专业的标志，因为不是任何人都有资格从事公共教育事业的"；而且，"教师可以利用这种专门化的训练作为挡箭牌，来对付在普通教育方面具有同等学力的家长们。具体说来，教师往往面临着心情焦急而深切关怀的家长，从而必须讲出一套令人信服的、超群出众的知识，来为他的决定辩护。这样，无论是教师还是家长都可以安心了"。[10]184 科南特的这番话是颇有道理的。教育专业知识是教育实践的概括和总结，21 世纪的教师不仅要善于在教育实践中学习和运用教育专业知识，而且还要善于将自己的教育实践，尤其是成功的教育教学改革经验加以概括和总结，提升为揭示教育规律的新的教育理论和知识。

第二，学科教学知识。"学科教学知识"是教师对教育学、心理学、学科知识、学生特征和学习背景的综合理解。教学本身是个推理的过程，从理解开始，经过转化、教学、评价、反省，而达到新的理解。这就要求一名教师至少能够了解和掌握下列问题：某一学科的中心问题是什么？对某一单元来说核心概念是什么？把这些核心内容传授给学生应采取什么态度和方式？学生的兴趣是什么？如何激发学生的动机？教师如何测验和评估学生的学习成绩？教师的学科知识应该在特性上，而非内容上与其他人不同。教师不是历史学家，而是讲授历史的人；不是科学家，而是教授科学的人。举个不甚准确的例子来说，例如，15＋15＝30，一般"数学系"的学生掌握就可以了。但"数学教育系"还是不够的。还要研究 15＋15＝30 到底有多少个实现形式？有多少学习模式与方法？即要训练人的教学思维与教学方法，对学科知识本身进行加工和再创造，变成学科教育的内容。舒尔曼认为学科教学知识是区分教师和一般知识分子的一种知识体系。他提出，学科教学知识就是把"内容"和"教学"糅合在一起，变成一种理解，使其具有"可教性"；知道在某种特定主题、问题或议题上，如何针对学生不同的兴趣与能力，把教师自己的学科知识予以组织、表达和调整，从而进行教学。教师所需考虑的不只是学科本身，而要把学科内容当作与儿童整体经验的成长有关的因素，也就是要把学科"教育学化""心理化"。如此，教师的学科教学知识就会因为教师对学生、课程、情境以及教学法的了解而得以丰富扎实。用杜威的话来讲就是，教师在教授某一教学内容之前"应当想到种种问题。对于这一课题，学生先前的经验和以前学过的知识，有什么可以利用的？我怎样帮助他们形成新旧知识的联系呢？需要采用什么手段来激起他们渴望学习的动机呢？怎样才能把教材讲清楚，并使学生牢记教材呢？怎样才能使课题个别化，就是说，使它既具有某些显著的特征，而教材又能适合于每个人的特殊需要和个别的爱好"[11]230。在中小学班级教室中发展学科教学知识与在教师教育院校中学习各科教材教法是同等重要。因此，教师教育院校的教学实习应由各院系精通教材教法的教师与教育学院（系）的教师共同担任，使师范生不仅能建立一般教学知识，且能发展出学科教学知识、课程知识。

第三，教学情境知识。专业最终是关于"实践的"。理论知识是从业资格的基础，而专业实践本身是所有知识指向的终极目的。教师的专业发展与专业自主，具有明显的情境性的特点，优秀教师面对不确定性的教学条件能做出复杂的解释与决定，能在具体思考后再采取适合特定情境的行为。在教育工作中，很多情况需要教师机智地对待，这种教育教学的机智不是一成不变的，在一种情况下适宜的和必要的方法，在另一种情况下可能就是不恰当的。

只有针对学生的特点和当时的情境有分寸地进行工作，才能表现出教师的教学机智来。在这些情境中教师所采用的知识来自个人的教学实践，具有明显的经验性。而且，实践知识受一个人经历的影响，所以这种知识的表达包含着丰富的细节，并以个体化的语言而存在。但是，关于教学的传统研究常把教学看作一种程式化的过程，忽视了实践知识与教师的个人打算，这种传统研究限制了研究成果的运用。因此，教育工作者除了要充分运用所学的知识以教育学生之外，更需不断地针对教学情境中的问题，运用科学方法，探求问题的可能成因，了解问题的真相，并且进一步研究解决的方法。此外，还要配合时代的进步，不断改进教材教法，以资提升教育专业的品质，并主动参与教学行动研究。教师唯有在教学过程中能不断求新、求精，面对问题，解决问题，才有可能带动教育的进步，让学生也在潜移默化中，养成主动的研究精神，并学会搜集资料，分析问题，进而掌握解决问题的技能。

教师专业知识和技能发展成系统的课程、组合成结构性的专业课程计划并获得合法的确认，便成为教师专业化的知识基础和课程建构。教师的知识结构必须反映时代的知识水准和培养培训教师的专业要求。无论是教师的职前培养、入门适应还是在职培训，主要使命是在教师身上发展社会期待于他们的伦理的、智力的和情感的品质，以使他们日后能在他们的学生身上培养同样的品质。在某一学科上有专门的学问并不一定能成为专业的教师，因为作为专业人员的教师不仅要拥有学科知识，更要具备相当广泛的教育专业知识。因此，“所授学科方面的才能和教学方法方面的才能之间的平衡应注意加以保持……两者都是需要的，入门培训和在职培训都不应舍此就彼。”[3]143广博的科学文化知识、系统的学科专业知识和坚实的教育专业知识共同构成了现代教师必备的知识，三者缺一不可。知识建构与整合，意味着不是这些知识的简单累加，而是在培养、培训合格教师这一目标的导引作用下，分层次、分阶段地对相关知识加以选择，并按一定的逻辑顺序加以排列、组合和生成。

参考文献：

[1] 李·舒尔曼，王幼真，刘捷. 理论、实践与教育的专业化[J]. 比较教育研究，1999（3）：37-41.

[2] 罗莎·玛丽亚·托里斯. 没有师范教育的改革，就没有教育改革［A］//教育展望. 华东师范大学，译. 上海：上海教育出版社. 1997（3）：13，24.

[3] 联合国教科文组织. 教育：财富蕴藏其中［M］. 联合国教科文组织总部中文科，译. 北京：教育科学出版社，1996：142，143.

[4] Shulman L S. *Knowledge and Teaching*：*Foundations of the New Reform* [J]. Harvard Educational Review，1987：1-22.

[5] *European Journal of Teacher Education* [J]. 1999（22）：1.

[6] 谢维和. 实施素质教育需要高素质的教师（讲座提纲，2000年）[J]. 山西政报，2009（24）：2.

[7] 辛涛，申继亮，林崇德. 从教师的知识结构看师范教育的改革［J］，高等师范教育研究，1999（6）：12-17.

[8] *The Knowledge Bases of the Expert Teacher* [J]. Turner Bisset，Rosie British Educational Research Journal. 1999：41-42.

[9] 谢维和. 我国教师培养模式的制度改革［N］. 中国教育报，2002-03-02.

[10] 科南特. 科南特教育论著选［M］. 陈友松，主译. 北京：人民教育出版社，1988.

[11] 约翰·杜威. 我们怎样思维　经验与教育［M］. 姜文闵，译. 北京：人民教育出版社，1991：228，229，230.

[12] 刘捷，李庆丰，论教育科学与教师职业［J］. 山东师范大学学报（社会科学版）. 2002（1）：4.

[13] 谢安邦. 论师范教育的特性［J］，高等师范教育研究，1994（2）：16-24.

（原载 2003 年第 4 期）

我国教师专业化研究：成绩、局限、展望

吴永军

20世纪90年代末以来，随着新课程的深入推进以及受西方教育思潮的影响，教师教育成了我国教育研究中的热点课题，而“教师专业化”又如火山爆发，喷薄而成熟中之“显学”。但这些成果多而且杂，缺乏有效的整合。本文试图对这一研究进行较为全面的梳理，为今后相关研究提供一个新的“平台”。

一、教师专业化研究的成绩

当代语境下的“教师专业化”研究在我国才刚刚起步，但发展之迅猛令人惊讶。因课题研究需要，本人带领三位研究生通过检索“全国报刊索引”、“中国期刊网”以及新书等，发现至少有4 000余篇相关论文①和10余种专著。经过一个月的整理，② 我们认为，我国大陆地区教师专业化研究③取得了初步的、较为突出的成绩，除了研究人员多而分布广、成果的数量多得惊人以外，就其“质”而言，主要表现在对以下几个问题有了比较深刻的认识。

（一）关于教师专业化的界定

教师专业化研究首先就涉及对“专业化”的界定。这一问题十余年来一直被研究，几乎所有直接论述该论题的论文都对此有所阐述。而这一研究通常又包含两层相互联系的内容：专业性职业的特质、教师专业化本身的界定。

就前者而言，知识、自主权和责任被认为是“专业性”的特质。叶澜认为，专业性职业至少有三个方面的规定：第一，作为专业的职业实践必须有专业理论知识作依据，有专门的技能作保证；第二，作为专业的职业，承担着重要的社会责任；第三，作为专业的职业，在本行业内具有专业性的自主权。[1]就后者而言，一般认为，教师专业化包含两层含义：教师职业成为专门职业并获得应有的专业地位的过程以及教师成为专业人士的过程。前者主要是从外在的“体制”“制度”层面进行探讨，后者则从教师内在专业素质结构来研究。如叶澜认为，“教师专业发展”有两种理解：“教师专业”的发展与教师的“专业发展”，前者意指教师职业与教师教育（尤其是师范教育）形态的历史演变；后者则强调教师由非专业人员成为专业人员的过程。[2]199从笔者掌握的文献来看，大多数研究者是从“教师个体专业化”角度展开论述的。例如，中国教育学会第15次学术讨论会综

① 20世纪90年代中后期有2 000余篇，2001年至2007年7月就多达2 400余篇，而在“教师专业化”语境下，直接论述“专业化”（标题、关键词或内容含有该词语）有1 500余篇。

② 我们首先对4 000余篇文章进行编目，在泛读、统计研究主题的基础上，再从20余种核心期刊（如《教育研究》《课程·教材·教法》《华东师范大学学报（教育科学版）》《教育研究与实验》等）中筛选出300余篇论文，详细阅读和分析，同时，我们还注意搜集和分析少量著名学者在非核心期刊上发表的相关论文。另外，我们还对业已出版的相关学术专著进行了分析。

③ 此处“大陆地区”是对本文研究对象的限定，特指大陆学者（包括在海外留学、访学的学者）在大陆公开发行的学术期刊上发表的论文（含对国外相关研究的介绍和评论）和公开出版的专著。而“教师专业化”主要包含两方面内容：一是指教师职业与教师教育（师范教育）体制的“制度化”发展（从“非专业”发展为“专业”），二是指教师从非专业人员发展为专业人员的过程。本文统计、分析的主要是关于后者的研究文献。

述提到，与会专家、学者认为，教师专业化是“教师在整个专业生涯中，通过终身专业训练，习得教育专业技能，实施专业自主，表现专业道德，并逐步提高自身从教素质，成为一个良好的教育专业工作者的专业成长过程”[3]。

（二）专业化内涵及其结构的探讨

与“教师专业化”的界定密切相关，教师“专业化”究竟包含哪些内容，其基本构成有哪些，这些议题构成了我国教师专业化研究的另一主要内容。这类研究主要涉及：一是关于教师专业结构（素质构成）；二是教师专业化的知识与能力基础——尤其后期研究着重在“教师实践知识”方面。

既然教师作为专业人员，那么其必然具有相应的专业结构（素质结构）。关于这一点，学者的研究大同小异，多半从思辨角度出发，从知、情、意、行、能等方面推演出相关结构。如叶澜认为是教育信念、知识结构、能力结构、专业态度与动机、自我专业发展需要和意识；[2]230 朱小蔓认为是观念系统、知识系统、伦理与心理人格系统；[4] 林崇德等认为是职业理想、知识水平、教育观念、教学监控能力、教学行为与策略。[5]

关于教师专业化的知识与能力基础研究，其特点在于：既有对于国外研究的介评，又有自己的提法。其中国外的研究成果实际上成了我国这方面研究的重要基础。林崇德等认为，教师专业化的知识包括本体性知识、实践性知识、条件性知识；[5] 傅道春认为包括文化科学知识、专业学科知识、教育和心理学知识、教育情境知识。[6]122 这些认识和国外学者的看法具有一致性，如舒尔曼认为包括教材内容知识、一般教学法知识、课程知识、教学法内容知识、学生及其特点的知识、教育情境的知识、有关教育宗旨、目的、价值和它们的哲学与历史背景的知识。[7]

近年来，由于对教师专业化知识基础理解的转向，教师的“实践性知识”开始引起我国学者的普遍关注，一些有影响的杂志发表了一系列的论文。其实，早在十年前，林崇德等就对“实践性知识”有所涉及，[5] 只是没有凸显其重要价值，依然是在传统的教师知识观框架内给其定位。以往的教师专业化知识基础研究是不重视教师“实践性知识”的，以为教师知识就是关于学科、教育学、心理学等领域的公共知识。其实，实践性知识是非常重要的，它是教师在教育教学实践中形成、使用和表现出的显性或隐性的知识，通俗讲是关于“如何教（怎么教）”的知识。它是教师专业发展的主要知识基础，在教师的工作中发挥着不可替代的作用，① 有学者甚至认为实践性知识是教师专业的最主要、最根本的立足点，舍此，则有“教师专业被替代”的危险。[8]

关于教师能力基础，国内学者在这方面也着墨较多，但多数是纯粹的思辨式理论推演，如叶澜尤其强调，理解他人和与他人交往的能力、管理能力、教育研究能力（后来叶澜在其“新基础教育”实验中给予来自实践的论证）。[1] 有学者把教师的能力体系分为多级能力（一级、二级、三级乃至更多），一级能力包括基本认识能力、系统学习能力、调控与交往能力、教育教学能力、拓展能力等，各级能力又包含若干次级能力。[9] 对这一问题，在整合了国外研究成果的基础上进行理论和实证的系列研究的是林崇德、申继亮等人。他们认为，教师教学能力是教师能力基础的关键因素，它包括

---

① 详见：陈向明. 实践性知识：教师专业发展的知识基础［J］. 北京大学教育评论，2003（1）：104-112；孟宪乐. 实践知识：当代教师专业化新的知识基础［J］. 全球教育展望，2004（11）：52-55。

教学认知能力、教学监控能力、教学操作能力。[5]

（三）专业化过程的研究

这项研究包含两大内容：一是发展阶段及其特定阶段的研究（如专家教师与新手教师的比较研究），二是教师类型研究。

关于教师专业化发展阶段的研究，我国学者几乎都是在西方学者研究成果基础上加以推进的，因此，有许多国外成果的介绍，如傅乐：教学前关注、早期生存关注、教学情境关注、关注学生；伯利纳：新手、高级新手、胜任、熟练、专家；费斯勒：职前教育、引导、能力建立、热心和成长、生涯挫折、稳定和停滞、生涯低落、生涯退出等“阶段论”是经常被提及也在一定的程度上被我国学者所认可。① 我国学者在这一领域也开展了一些研究，有些是基于国外研究的推演，有的则是在对本土优秀教师或名师研究的基础上概括而来，而邵宝祥、钟祖荣等的研究则比较著名（可惜被关注和引用的甚少）。尤其是邵宝祥主持的全国教育科学“九五”规划教育部重点课题堪称典型，课题组成员在对全国 20 多个省市 3 000 多份中小学教师研究的基础上，从教师教育教学能力发展的角度出发，提炼出教师专业成长的“四阶段论”：适应阶段（从教 1—2 年）、成长阶段（从教 3—8 年）、称职阶段（35 岁以后高原阶段）、成熟阶段等。[10]68-70 王铁军等对“名师”的研究表明教师发展要经历：入职适应期（18—25 岁）、成熟胜任期（25—35 岁）、高原平台期（35—45 岁）、成功创造期（40—55 岁）、退职回归期（55—退休）。[11]

教师专业成长的阶段性不言自明，研究该问题，其背后的旨趣多半是寻找到教师专业成长的规律，为促进广大教师专业发展提供基础。因此，上述过程的每一个重要阶段，尤其是“新手教师”与“专家教师”阶段格外受到关注。我国这方面的研究，从概念的引用到研究框架乃至研究方法，多半是国外同类研究的翻版。

俞国良在研究专家型教师和新手教师的教学效能感差异后认为，前者个人效能感明显高于后者，专家型教师对教育在学生发展中的作用和自己的教学能力更有信心，对教学抱有更积极的态度；而后者的一般效能感高于前者。[12] 连榕等则对专家教师、熟手教师、新手型教师的心理特征、教学策略等做了系列研究。② 其中，就教学策略而言，不同类型的教师其教学策略水平存在着差异，新手型教师比熟手型教师更重视课前策略，但课中策略上显著低于熟手型教师，课后策略上二者没有差异；熟手型教师在教学策略三个维度上（即课前策略，包括计划策略和准备策略；课中策略，包括管理策略、动机策略、教学方法和指导策略；课后策略，包括评估策略、反思策略和补救策略）都显著低于专家型教师，专家型教师的教学策略表现出灵活性、创造性以及有效的反思能力。[13]

另外，一些“关键阶段”，如高原期、关键期、关键事件等的研究也构成了一道独特的风

① 详见：杨秀玉．教师发展阶段论综述［J］．外国教育研究，1999（6）：36-41；唐玉光．教师专业发展的研究［J］．外国教育资料，1999（6）：39-43；宋广文，等．教师的发展——一种关于专家型教师形成的认知心理学分析［J］．外国教育资料，2000（5）：41-43；庞丽娟，等．论教师专业化［J］．教育理论与实践，2002（1）：38-42；肖丽萍．国内外教师专业发展研究述评［J］．中国教育学刊，2002（5）：57-60；申继亮，等．国外教师教学专长及发展理论述评［J］．比较教育研究，2001（3）：1-5。

② 详见：廖美玲，连榕．新手-熟手-专家型教师成就目标定向与人格特征的研究［J］．应用心理学，2002（4）：41-46；连榕，孟迎芳，廖美玲．专家-熟手-新手型教师教学策略与成就目标、人格特征的关系研究［J］．心理科学，2003（1）：28-31；连榕．新手-熟手-专家型教师心理特征的比较［J］．心理学报，2004（1）：44-52。

景线。如郑友训对处于“高原期”的教师的研究就对教师的专业成长具有非常重要的启迪意义。[14]而陈德云对于处于专业发展“危机阶段”的教师的研究则为教师的有效培养和管理提供了一个可操作的成果。[15]

教师究竟成长为什么类型的教师，这也是我国学者着力研究的重要问题。在这一问题上有许多看似迥异却相似的提法，如研究型（科研型）教师、专家型教师、反思型教师、创新型教师、智慧型教师、特色型教师等。其中比较有共识的是“研究型教师”（“专家型教师”）。这类研究有很多，如高慎英等提出教师要成为“研究者”，这是一种专业化策略，教师应当在教学中研究，做中学。[16]申继亮等提出，现代教育的观点认为，富有经验的优秀教师应当成为科研型或专家型教师。[17]

（四）促进专业化的因素

研究教师专业化的主要目的是促进教师专业发展，因此，此类研究非常多，不仅有理论工作者的探讨，还有一线教师、行政人员发表的大量的经验性文章，展示出各种各样的做法。就学者的研究而言，大致可分为三个层面：一是教师专业化基本范式（模式）的探讨，二是促进专业化发展的基本途径的研究，三是一些具体方法做法的介绍。

就教师专业化的基本范式而言，有学者认为，教师专业化有三类取向：理智取向、实践—反思取向、生态取向。[18]9-12理智取向主张教师要具有“学科知识”和“教育知识”（能帮助学生获得学科知识），就得向专家（如大学学者）学习某一学科的学科知识和教育知识，正规的培训是基本策略。实践—反思取向不在于让教师获得外在的、技术性的知识，而在于通过“实践”促发教师“反思”，从而促发教师对于自己、自己的专业活动直至相关的物、事有更为深入的“理解”，发现其中的意义。生态取向认为教师专业发展不全然依靠自己孤军奋战，并非孤立地形成与改进其教学的策略与风格，而是更大程度上依赖于“教学文化”或“教师文化”，正是这些为教师的工作提供了意义、支持和身份认同，因此，促进教师专业发展最理想的方式应当是一种合作的发展方式，要构建一种合作的教师文化。

目前，走向“校本”是绝大多数学者比较认同的促进教师专业化发展的最主要途径。其中，教师专业发展学校、① 校本培训、校本教研是经常被人们提及的。而近几年来，深受国外教师专业化策略以及校本教研理念的影响，我国许多学者纷纷提出了多种实践取向的促进教师专业化发展的方法。其中，比较著名的是教育叙事、案例研究等。

作为一种质的研究方法，教育叙事近几年来被我国许多具有后现代情结的学者所追捧。教育叙事是教师通过讲述自己在教育教学（尤其是课堂生活）中的故事来表达自己对教育的理解，其实质是教师在教育生活中认识自我和把握自身命运的一种有效方式，[19]它还涵盖着教学经验的反思、案例研究、个人成长史（生活史）的撰写、教师专业日记等具体方法。

案例研究（课例研究）是广大教师开展“校本教研”的主要形式，它既可以是“教育叙事”的一种具体手段，也可以是一种相对独立的研究方法。案例研究（课例研究）广为专家学者和一线教师关注，这方面的理论与实践的成果很多。对“案例研究”把理论与实践较好地

① 详见：孙元涛，等. 教师专业发展学校：探索、经验与启示［J］. 教师教育研究，2004（1）：77-80；蒋茵. 国外教师专业发展的新范式及其对中国的启示［J］. 全球教育展望，2005（9）：24-27.

结合在一起而加以研究的是顾泠沅领导的课题组的系列成果。他们认为，以“课例”为载体，在教学行动中开展包括专业理论学习在内的教师教育——行动教育模式，既利于提高课堂教学实效，又利于教师的专业成长。[20]案例教学作为教师培训的重要途径，以案例的运用以及讨论为特征。案例教学在实施中，大致可分为案例引入、案例讨论、概括总结三个基本环节，其中，教师的教学行为等需产生一系列与以往不同的变化。

（五）对专业化的反思

在教师专业化研究与实践“炙手可热”“一哄而上”的热闹之中，对专业化的反思构成了我国专业化研究的一个独特板块。这些清醒而冷峻的反思的确振聋发聩。这些反思文章主要包括对专业化理论以及对专业化实践的反思。就理论上的反思而言，朱新卓针对教师专业化理论中的“理智取向”（强调知识、技术的作用）指出，教师工作具有不确定性、情境性、非线型性、复杂性及创造性等特点，对于生成性的教育情景，任何相对固定的技能技巧的作用都是非常有限的，因此，与其说教师职业是一门技术型的职业，还不如说教师职业是一门理念型的职业；而对于一门理念型的职业是难以实现一般意义上的专业化的。[21]孙春阳则从理论上阐明了教师专业化的基点应当是把“‘如何教’的知识和能力”作为教师专业的基点较为妥当。[8]

针对教师专业化实践中存在的问题，钟启泉给予了措辞严厉的批判。他认为，时至今日，干预、扰乱、冲击“教师专业化”的势力盘根错节，“专业自主”的声音非常薄弱，造成了当今“口号横行、专业弃守”乃至“教师文化”衰微的尴尬局面，具体表现在“工程化”驱动“专业化”（各地教育行政部门企图用工程管理的思维模式推进“教师专业化”，如“十百千工程”“百千万工程”“名师名校工程”等）、“消闲化”驱动“专业化”（教育杂志异化为媚俗的等而下之的“消闲”刊物）、“行政化”驱动“专业化”、“技术化”驱动“专业化”（“教师专业化”由“技术范式”来主宰，其着眼点仅仅在于追求控制与效率）。[22]

二、教师专业化研究的局限

尽管我国教师专业化研究取得了很大的成绩，但也存在着一定的局限。

首先，就量与质而言，成果多而且杂，缺乏有效的整合。仅21世纪初的短短六年间就有2 000多篇论文出笼，“繁荣”的背后存有一定的“泡沫”。许多论文一哄而上，坐而论道，泛泛而谈，论多证少，甚至有论无证，思辨性研究较多，难以产生“教育生产力”。例如，关于教师专业结构（素质结构），学者的研究大同小异，多半从思辨角度出发，从知情意行能等方面推演出相关结构。这种情况的出现和我国学者的学术背景、知识背景以及研究体制具有强相关。众所周知，我国众多的教育学类研究者（包括一些心理学者）多半是学教育、哲学、外语、历史等“文科”的，数理基础薄弱，实证性科学研究方法掌握不够，对比较复杂的统计与数据处理感到陌生，只能“坐而论道”；而且，科学的实证研究费时、费力，不如关在书斋里舞文弄墨“生产成果”来得快捷。

其次，受西方相关研究影响太深，本土化研究范型（研究的概念、范畴、模式、方法等）亟待强化。首先应当承认，“教师专业化”的产生与发展及其理念、模式等是西方社会的产物，我国这方面的研究深受西方研究的影响是很自然的事情。早期初涉某一课题，大量移译、借鉴尚属正常，而且是十分必要的，但一直持续下去则对实践毫无裨益（当然，跟踪世界研究前沿方向另当别论）。虽然我们也有一些本土化研究，但多半又以“思辨”、理论推演为主或经验介绍为多；缺乏“有实践支撑的理论”和“有理论指导的实践”。并且，本土化研究中有影响的成果很少，转化为实践，产生实际“教育生产力”的又少之更少。这种“去历史性”“去社会性”的研究思维与方法，忽视了本国的特殊历史性、文化性与社会性，无益于我国教师专业化的发展。

最后，许多成果主要集中在“名师”（特级教师、学科带头人等）研究上，对面广量大的普通教师（尤其是处于成长中的“成长型教师”）关注不够。过去我国教师专业化研究的样本与实践关注的对象是名师、特级教师，以此作为“典范”去引领、规范其余教师，这在实践中已产生许多问题。如由于“体制”原因（各级“名师”是有名额限制的，如市级学科带头人一般不到5%），许多教师因“晋升无望”而产生教学理想幻灭、职业满意度下降以及职业焦虑等现象，其负面影响不言而喻。因此，如何关注千百万普通教师（尤其是农村教师、成长型教师以及新手教师）的专业发展，如何让研究的问题更“情境化”、精细化与机制化（如“教师实践性知识到底如何影响教师专业发展、通常在什么情况下影响”等，而不是止于揭示“教师实践性知识影响教师专业发展”），这是摆在我国相关学者面前重大而又迫切的问题。

三、教师专业化研究的展望

当前，译介国外20世纪末的成果工作已基本结束，理智取向（数量技术模式）也越来越遭到人们的批评，现代性思维视域下的教师专业发展论也受到质疑。基于此，今后我国大陆地区教师专业化研究将沿着下列路径发展。

首先，是本土化研究已呈现强劲势头，逐步波及开来。笔者曾深切地感受到，尽管有那么多国外成果的介绍，但由于缺乏有效的整理、转化与吸收，加之“叙述风格”对广大一线教师形成的陌生而产生的区隔，很难产生“教育生产力”的效应。笔者曾利用暑假培训之际，对150位某市骨干教师进行测试，我们发现我们推荐的一些当今比较时髦的所谓教师“人文读本”（其中就有大名鼎鼎的马克斯·范梅南的《教学机智——教育智慧的意蕴》），除了“教育叙事”及教学反思之类的内容因新课程的倡导而被广大教师所熟知并运用以外，90%的内容教师看不懂。因此，我们再也不能仅仅满足于国外成果的介绍，而应把目光转向国内已有成果的转化与运用上。实际上，随着叶澜等一批本土化学者研究成果的不断成熟与推广（如“新基础教育”），相信今后会有越来越多的本土化成果的诞生和运用。

其次，超越技术，回归教师专业化的本真状态的研究成为趋势。这表现在两个方面：一是就范式而言，将由外在客体式转向内在主体式，即“外在客体式”的教师教育（进修）体系（制度、内容、方法）占主导地位的现象将逐渐减少（但这种范式不会消亡），“内在主体式”研修体系将成为主导模式，教师的自主学习、自我反思、教师个人知识（实践性知识）将会受到研究与实践的格外重视。当然，这并不意味着教师专业化的“个体化”，实际上，“生态取向”（同伴互助、教师合作）也日益受到重视，并与“内在主体式”研修体系构成教师专业化的两翼共生共长。二是“德性论”的崛起。以朱小蔓为代表的一批学者，基于教师专业化中的“技术化取向”，提出在提倡教师专业化的过程中，不能忽略其中的道德维度。他们认为，充分发挥教师的道德影响力，应当在专业发展建设中凸显出来。从教师专业发展的角度探讨今天的教师怎样才可能对学生构成道德方面的影响力，是一个值得研究的议题。[23]

实际上，中国传统文化中教师成长是非常重视“德化”的，“德性论”的崛起可视为当今教师专业化的一种本土化研究与实践的回归。

最后，后现代主义思想之一的“去精英化”将得以广泛体现，关注绝大多数普通教师，尤其是“成长型教师”（处于成长阶段的教师）的专业成长，将成为今后教师专业化研究和实践的重点。众所周知，过去我国教师专业化研究的样本与实践关注的对象是名师、特级教师，以此作为“典范”去引领、规范其他教师，这在实践中存在许多问题。且不说绝大多数教师一辈子都不可能成为这样的“明星”，就说名师、特级教师的成长是否具有规律性，还有待进一步的“实证研究”，因为现存名师群体的成长给人以许多偶然性、不可重复性之感。因此，用他们去引领广大“普通教师”，具有很大的虚幻性和蒙蔽性。而后现代思想之一的“去精英化”特别崇尚多元论，倡导平等，注重差异，把“重心下移”，研究和关注普通教师的专业成长，这才是教师专业化研究与实践的“回家之路”。

参考文献：

[1] 叶澜. 新世纪教师专业素养初探 [J]. 教育研究与实验，1998 (1)：41-46.

[2] 叶澜，等. 教师角色与教师发展新探 [M]. 北京：教育科学出版社，2001.

[3] 连秀云. 教师专业化建设：一个影响教育改革与发展的时代课题：中国教育学会第15次学术讨论会综述 [J]. 中国教育学刊，2003 (2)：48-51.

[4] 朱小蔓. 谈谈教师“专业化成长”[J]. 南通师范学院学报 (哲学社会科学版)，2001 (1)：87-92.

[5] 林崇德，等. 教师素质的构成及其培养途径 [J]. 中国教育学刊，1996 (6)：16-22.

[6] 傅道春. 教师的成长与发展 [M]. 北京：教育科学出版社，2001.

[7] 杨翠蓉，胡谊，吴庆麟. 教师知识的研究综述 [J]. 心理科学，2005 (5)：1167-1169.

[8] 孙阳春. 教师专业化：以何为基点 [J]. 教育发展研究，2003 (1)：58-59.

[9] 靳莹，王爱玲. 新世纪教师能力体系探析 [J]. 教育理论与实践，2000 (4)：41-44.

[10] 邵宝祥，等. 中小学教师继续教育基本模式的理论与实践 [M]. 北京：北京教育出版社，1999.

[11] 王铁军，方建华. 名师成功：教师专业发展的多维解读 [J]. 课程·教材·教法，2005 (12)：70-78.

[12] 俞国良. 专家—新手型教师教学效能感和教学行为的研究 [J]. 心理学探新，1999 (2)：4-6.

[13] 孟迎芳，连榕，郭春彦. 专家—熟手—新手型教师教学策略的比较研究 [J]. 心理发展与教育，2004 (4)：70-73.

[14] 郑友训. “高原期”：教师专业成长必须逾越的平台 [J]. 当代教育科学，2005 (11)：32-35.

[15] 陈德云. 教师专业发展的“危机阶段”关注 [J]. 上海教育科研，2003 (9)：9-12.

[16] 高慎英. 教师成为研究者“教师专业化”问题探讨 [J]. 教育理论与实践，1998 (3)：32-35.

[17] 衷克定，申继亮，辛涛. 论教师知识结构及其对教师培养的意义 [J]. 中国教育学刊，1998 (3)：55-58.

[18] 教育部师范教育司. 教师专业化的理论与实践 [M]. 北京：人民教育出版社，2001.

[19] 姜勇. 叙事研究与教师专业发展 [J]. 外国中小学教育，2004 (12)：16-19.

[20] 顾泠沅，王洁. 教师在教育行动中成长：以课例为载体的教师教育模式研究 [J]. 全球教育展望，2003 (1)：44-49.

[21] 朱新卓. “教师专业发展”观批判 [J]. 教育理论与实践，2002 (8)：32-36.

[22] 钟启泉. “教师专业化”的误区及其批判 [J]. 教育发展研究，2003 (21)：119-123.

[23] 朱小蔓. 教师专业发展与教师的道德影响力 [J]. 临沂师范学院学报，2006 (1)：1-4.

（原载 2007 年第 10 期）

教师的生命意义及其提升策略

于泽元　田慧生

马克思说："任何人类历史存在的第一个前提无疑是有生命的个人的存在。"[1]而任何有生命的个人，只要理智地存在着，都会自觉不自觉地感受着生命的意义。"教育是一个使教育者和受教育者都变得更加完善的职业"[2]，倘若一个教师不能体验到体现其内在尊严的人生价值与意义，我们很难想象他可以真正行使教育赋予他的使命，因此教师对于生命意义的体悟，要比一般人更为重要、更为迫切。那么，在教师专业发展中，教师的生命意义究竟体现在什么地方呢？教师如何通过具体的策略来提升生命意义呢？

一、教师生命意义的体现

人们对生命意义有着不同的理解，但是最为根本的，就是个体作为一个生命存在的目的和价值。"我"为什么要这样活着，"我"这样活着对于这个世界、对于他人究竟具有什么价值，是生命意义最为重要的追问。不管这种追问是否真正为个体所关注到，这样的问题所展示的内在图像实际上都沉淀到我们每一个人的心灵深处，指引着我们的思维和行动。教师的专业发展，首先是有目的的人的发展，然后是在具体环境和文化中的发展，而且所有的发展，都需要通过教师的专业实践来实现。最后，也是最为重要的，真正的教师专业发展，也是对自身的超越。因此，教师的生命意义，在自身的专业发展中体现为发展的目的性、整体性、实践性和超越性。

第一，教师的生命意义，体现为教师专业发展的目的性。这里所说的教师专业发展的目的性，并非指教师培训机构、大学或者学校领导的目的，而是教师个人的目的。人是一个目的性的动物，"人不仅拥有一个现实的世界，而且拥有一个可能的世界"[3]，这个可能的世界是人根据自己选定的价值理想在精神中建构起来的，产生于现实世界，又为现实世界提供了目的和意义参照。正是因为人有了自己的目的，在现实世界中所有进入人视野中的种种事物和现象才有了"意义"。

在教师专业发展中要体现出教师作为一个自主主体的目的性，必须具备三个条件。首先，教师对于教育必须有比较清晰而坚定的立场和价值观。立场和价值观是一个人的立足之地，是人的意志或者主体性的根本内容，也是行使人自由意志和主体性的出发点和最终归宿，教师所追求的发展目的，在很大程度上是由自己在教育上的立场和价值观所决定的。其次，教师必须有自主的愿望和能力，只有在对专业发展追求成为教师自我有机的一部分的时候，教师才可能产生真正强烈的自主愿望。但仅仅有愿望是不够的，教师还必须学会如何自主，即如何超越环境和他人的诱惑和限制，专心致志地"做自己"，走自己要走的路。最后，教师要具备自主发展的方法和策略。教师必须知道，有哪些途径，有哪些资源可以帮助自己成长，遇到问题时可以从哪些地方获得帮助，等等。

第二，教师的生命意义，也体现为教师专业发展的整体性，具体表现在自我内部的统整以及自我与他者、自我与文化的和谐。教师专业发展知名研究者富兰和哈格利伍斯（Fullan and Hargreaves）认为，当我们要理解教师专业发展的时候，首先必须认识到：教师是一个“人”。[4]而作为一个人，必须在把自身统一为一个整体的时候，才明白自己是谁，才可能在生活以及职业生涯中真正触及生命的意义。教师自身的统整就是指教师身、心、灵的统一与整合。所谓身，就是教师自我的言行；心则是指教师的知识、经验和信念；灵则是教师的精神或者存在价值，也就是教师对自身存在意义的思考。身心统一意味着教师能够做到心口一致、心行一致，敢于也能够直率、真诚地说话、做事，以问题为中心而不是以情绪为中心来处理问题，心灵统一意味着教师的信念和自我所追求的价值、所追寻的人生意义不相违背，在任何环境下都可以找到坚持自己的理由。身、心、灵的统一可以让教师把内耗降到最低程度，使自我有更多的自由和力量来不断发展，从而能够构建清晰的人生目标和价值体系，进入人生发展的快车道。在这个基础上，一个人才能够对“我”是谁，“我”想要的究竟是什么，“我”存在于世的意义何在等问题做出清晰的回答。只有在这样的基础上，教师才能在教育教学过程中自觉展露出自己的教育价值和教育追求。

然而，人自身的统整只是生命意义整体性的一个很小部分，人作为一个关系性的存在，唯有通过关系才能展现自我的风貌，实现自我的价值。教师不仅自身是人，而且所做的也是育人和成人的事业，因此提升自己对他人，尤其是对学生的爱的能力，显得尤为重要。在这方面，罗杰斯提出了一个重要的概念，就是“无条件的爱”。也就是教师对学生之爱，是不应该有任何附加条件的，不能因为他学习或者纪律，甚至品行较差，就对之生出嫌弃之心。只有这样，一个教师在他人眼里，才是一个真正的“师者”，才是一个“人师”，而不是一个只会照本宣科、片面追求升学率的“经师”。要培养这种爱的能力，最为主要的是具有移情的能力，就是真正理解他人，能够站在他人，尤其是学生立场上来思考问题、关心他人，和他人和谐相处。这不仅需要教师有广博的知识，更需要对人性有非常深刻的认识。因此，对人的认识本身而不是知识，才是教师专业发展的另外一个核心。

除了人与他人的关系外，人与文化的关系也构成了专业发展整体性的一部分。文化在实质上构成了教师生命意义生成的背景：文化使教师觉得自己应该朝向哪个方向发展以及如何发展，使教师以某种特定的方式与他人互动，从而产生各种意义。从这个意义上来说，文化正是教师生命意义所存在的时间和空间，正是在这个时空体内，教师理解了自己和环境，理解了进一步发展的可能性，并在此基础上获得了这种可能性。然而，文化并不一定会为我们提供正向的生命意义，有些时候它反而会扼杀我们对生命的渴望，消解生命的意义，使生活中的一切都归于平淡和冷漠。而且，文化具有相对稳定性，我们不能期望文化发生剧烈的变化来适应我们的生命。既然如此，教师必须学会和现有的文化和谐相处，并从文化中汲取一切可以供自己发展的资源和力量，不断在现有文化中发展壮大自己。愤世嫉俗或者与文化格格不入，都只会阻滞教师的专业发展。教师与文化和谐相处，首要的是学会对文化的有效解读。这里的有效，其实质就是让教师利用思维的力量，不断发现那些对自身发展有利的部分，理解它给自身提供的发展的可能性。这样，教师才会对发展充满激情，也始终会发现并利用发展的机遇。对于文化中对自身发展不利的因素，教师也不能假装视而不见，而应该运用思维的力量，详细审视其发生、发展的根源所在，在其产生之前就对之进行消弭或者稀释。通过上述两种方式，教师可以提升生命的质量，让自身的发展更富有勃勃生机和生命意义。

第三，教师的生命意义，还体现在教师专业发展的实践性上。教师的专业发展，是在其经验基础上的发展，是在其生活世界中的发展，因为无论对于教育者还是受教育者来说，教育都是一种生活方式，而且是一种日常生活方式[5]。然而，由于科学世界的“客观性”及其对世界把握的“高效性”，教育的生活世界领域不可避免地被其覆盖甚至取代。在教师专业发展中，科学世界的理念让一些人相信有一些所谓“好的”或“正确的”知识和能力，需要教师必须掌握，而教师的实践经验，在这些人眼里，则是落后或者错误的教育理念的代表，是教师专业发展需要克服的障碍。但是，抛开教师的实际经验，把另外一套所谓“科学的”东西灌输给教师，实际上消解或者稀释了这些内容对于教师自身成长的意义，因为教师的生命意义是和其实践水乳交融的，教师的专业发展，必须以其已有的经验世界为根基，才能够不断构建教师的意义世界，并让这样的意义世界澄明起来。当然，这并不是说，在教师专业发展中不要重视理论，理论非常重要，但是必须和实践水乳交融在一起，对于教师才是有意义的。另一方面，教师也需要对实践抱持一种“研究态度”，在实践中不断体验，对体验不断反思，形成个人实践理论体系。

第四，对生命意义的探寻，还表现在教师专业发展的超越性上。德国哲学家马克斯·舍勒（Marx Scheler）认为人是超越的意向和姿态，是生命超越本身的祈祷，是一个不断开放、不断生成的X。[6]也正是在自我超越之中，人才能够意识到自己生命的存在及其意义。超越性可以说是教师专业发展的最终目的。教师在专业发展中的超越性体现在两个层面上。一个层面和自由意志相关，强调的是对文化环境的超越。这种超越需要教师能够从现实文化的种种束缚中，以及从遮蔽身体和心灵的言说方式的禁锢中解脱出来，以自身的智慧更新对世界的理解，从而发现新的发展可能性。一个层面则是对自我的超越，这意味着教师必须认识到自己永远处于一种“未完成”的状态，永远是在专业发展的路上，因此需要不断反省自己的思维方式，从中发现内在的冲突，并在不断协调冲突的过程中把生命提高到新的层次。

二、教师专业发展中的生命意义提升策略

教师专业发展的目的性、整体性、实践性和超越性，让教师的生命意义真正凸显出来。目的性奠定了教师生命意义的方向，整体性提供了教师专业发展的底色和时空，实践性使教师的生命意义真正得以实现，超越性则体现了教师专业发展中生命意义的最终归宿。遗憾的是，在现有的教师专业发展实践中，往往难以从这几个方面来体现并提升教师的生命意义。在我们所开展的自我统整教师专业发展模式的研究中，主要采用了以下三个具体的策略，让教师在获得专业技能发展的同时，重新唤起意义意识，构建积极向上的生命意识，走向智慧的、自主的专业发展之路。

（一）提升教师生命意义的反省策略

反省从实质上来讲，就是对自我的重新再认识。如海德格尔所言，人类和其他物种的不同，就在于人可以意识到自己的存在，正是这种反省认识使人类超越了自然界其他物种，可以自觉地修正自己的生存状态。然而在日常工作中，繁忙而琐碎的事务使教师往往处于“行动之中”，而没有停下来思考的习惯。在我们前期的调查中，发现绝大多数教师就处于这种生命浓度被大大降低的状态，他们疲于应对不断袭来的压力，为学生的种种“不轨”行为焦头烂额，很少意识到自己生命的存在，几乎从来

没有想到“我”是谁，“我”来到这个世界究竟是为了什么等诸如此类的问题。即使一些非常优秀的教师，也只是在“技术熟练”地进行自己的工作，而很少思考自己的工作究竟为了什么，自己这样的行动背后，究竟蕴含了自己什么样的教育理想和追求。在这种情况下，不仅很多人生的乐趣被剥夺了，思考的时间和空间也被大大地压缩了，生命的浓度在不知不觉中降低了。[7]

要从这种“繁忙”的行动中发现并提升自我生命的意义，教师必须学会成为一个“反思性的实践者”，不仅对行动反思，而且在行动中反思；不仅对我们显而易见的行为进行反思，也要对那些我们平时注意不到，然而处处存在的缄默知识进行反思。在具体的反省策略上，笔者曾经在对教师进行培训时，采用了一个反省的层级（见图 1）。图 1 表明，教师在专业发展中的反省，可以从能够看到的行为出发，不断地深入下去，直到对自我的身份和生存价值的反省。通过这种方式，教师不仅可以对自我和现实有更加深刻的认识，也会对环境的认识更加深刻，体悟到人生的生命律动和意义，从而更有可能创造性地超越自我。

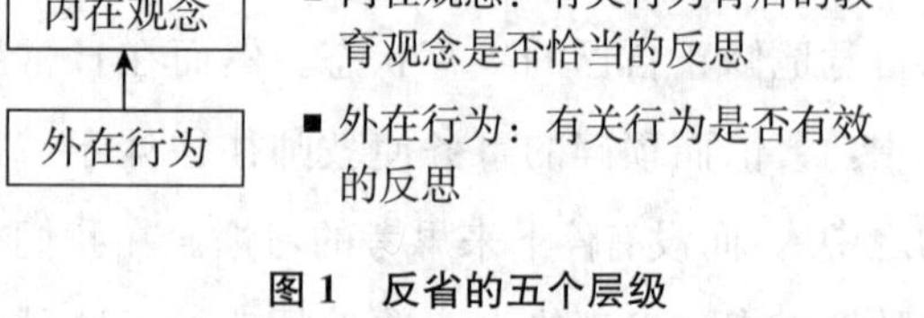

图 1 反省的五个层级

利用这样一个反省的层级，教师可以从行为或者现象入手，不断地进行深入的追问和思考，不断进入心灵中更为深层的东西，让生命的意义呈现出来，让自己的行为和观念变得更加透明，让自己内在的世界和外在的世界更加融合和统整，从而在提高实践水平的同时，提升生命的意义。

（二）提升教师生命意义的叙事策略

简单来说，叙事就是讲故事。人生就是一个故事，通过故事，我们才会对他人、世界和自我产生认识，才会把自我与世界、社会联系起来。可以说，叙事就是沿着时间的线性方向运动的事件的展开，从而给予人一个完整的、有血有肉的意义世界，它使我们认识世界，也使我们构建自己生命的意义。因此，在自我的专业发展中，叙事不仅可以改变教师行为，更重要的是，它可以成为教师对生命意义进行探寻和重构的重要途径。

叙事法的原理就在于，在我们日常生活与工作中，总是不自觉地按照文化中具有支配性的故事框架来建构和诠释自己的生活过程，慢慢形成了比较固化的自我解释图式，并用这种图式来选择某些经验，而忽略其他与之不相符合的经验。在这种基本的叙事框架被内在地固化下来之后，我们就不再思考自己的生活意义从何而来，只是觉得一切自然而然。要想探寻我们生命的意义，就需要觉察到这样的叙事框架所带来的自我解释图式，并在这样的解释图式之外发现“例外的事件”，从而解构我们心灵中已有的叙事结构，并因而构建出新的自我解释图式来，促进生命意义的自我超越。因此，叙事法在教师专业发展中的应用，基本上可以分为四个阶段：外化、例外事件、解构、重写故事。[8]

所谓外化，就是把自己的教育教学的故事，尤其是有关困难或者困惑的故事讲述出来。在外化过程中，教师通过对自己困惑的来龙去脉的陈述，把自己的困惑放到了一个故事里边，成为外在于人的故事情节。这个时候，人与困惑的距离就拉开了，从而可以更从容地审视自己的问题，不仅更加客观，而且更少自我防御。

虽然教师在经过了一段工作实践之后，已经形成了比较固化的自我解释图式，但是正如“盲人摸象”的隐喻一样，每个个体对世界的教育的认识都是不全面的，每个人总会无意识地“遗忘”某些东西，好像这些东西根本不曾存在过，但恰恰是这些东西，带来了个体超越的可能性。在平常情况下，这些东西会被自我解释图式遮蔽起来，但通过叙事，尤其是和专业培训人员进行的对话式叙事中，就会浮现出连叙事者本人都觉得惊讶的东西，就是和自我解释图式不一致的例外性事件。

例外性事件的出现，为原有自我解释图式的结构奠定了基础，因为教师会从中发现对教育现象其实可以有其他解释，自己原有的解释图式可能是不完善的，因此可能不再坚持认为自己原有的见解都是正确的，而以开放、接纳的态度来吸收新的事物和新的解释。这个时候，根据佛教的缘起理论，一个善念可以引发一连串善念，一个新的见解就可以引发一连串新的见解。这样一来，原有的自我解释图式就被解构了。

在原有解释图式被解构之后，如果就停留在这里，会给教师带来很多不安。一方面，问题并没有解决；另一方面，人是一个追求平衡的动物，这种非平衡的状态让人感觉一切都没有着落。因此，教师需要在例外性事件的基础上，构建新的自我解释图式。在这个过程中，对例外性事件进行丰富的描述是十分必要的，通过这样的方式，可以把新的解释图式重新放回到现实文化背景中，从而和现实契合起来。此外，还要注意在现实的工作和生活实践中，为这种内在的转变找到现实的依据，并为这种现实依据的出现举行仪式或者庆祝，以促使这种新图式稳定下来。

通过上述过程，一个崭新的自我就出现了，教师获得了超越性发展，生命意义也获得了很大提升。在具体实践中，在叙事之后，教师还需要把叙事获得的智慧应用于实践之中，在实践之后再进行叙事重写，这会进一步提升教师专业发展水平。

（三）提升教师生命意义的观想策略

用学术话语来说，“观想”就是把自我的“期望视觉化”，在自己所期望的事情没有发生之前，用眼睛看到，用耳朵听到，甚至用自己的皮肤感觉到。教师在日常实践中，也会经常自觉不自觉地以这种方式在内心预演即将到来的课堂教学，或者与学生的谈话。和这种自发的行为相比，观想法具有如下特色。

首先，观想是全息的。在观想的时候，需要教师把观想的内容放到具体文化场景中，让观想中的人物（主人公是自己，还包括自己班级的学生等）在这样的场景中彼此交往，处理各种事务。此外，不仅要看到事情怎么进展，还要看到每一个人在这个时候的思想、表情，甚至内心的心理状态。观想的全息性，使其和日常教师的内心预演区分开来，因为后者通常只关注到教师单方面的欲望和将要采取的行动，但是很少考虑这些欲望和行动在现实文化体系中会引起哪些反应。其次，观想是生动的。也就是说，教师要能够做到把自己想要做的事情栩栩如生地观想出来，越生动形象越好，彩色比黑白的图像更好。通过生动的画面，教师可以最大化地做到“观想的真实”，对将来的实践效果就更大。再次，前期的观想是直觉性的。也就是说，教师所观想的图像，是不能经过思维进行推理的，而是直接地、当下地体验到那种情境。如果思维参与多了，不仅图像难以出来，而且会漏掉很多信息。最后，观想的图像是可以修改和重演的。也就是说，如果教师在观想中，对自己所观想到的画面并不满意，或者经过观想发现了更好的境界，都可以依据自己的思想对观想的画面进行修正，并反复进行重演，直到这些景象成为自己内心中“自然而然的真实”，观想才算成功。

观想策略的实践，又分为两种方式：自我为主的观想法和尊师观想法。自我为主的观想法就是直接相信自身如何在文化情境中展开教育教学活动，具体有如下步骤。

（1）静心。由于种种内在的分裂和外在的影响，我们的内心其实很难静下来，常常处于一种浑浑噩噩的状态，这种状态并不利于我们真正看见“内心的影像”，我们首先需要让自己的心从混乱的思维状态下解脱出来。利用呼吸法或者专注法，就会让心真正静下来，为进一步观想做准备。

（2）观想教育教学环境。就是通过观想，让教育教学场景完全呈现出来，而且可以透过这样的场景，看到人物的内心世界，领会场景对于即将进行的教育教学的意义。

（3）自我的浮现。教师用内在的灵犀之眼，看到自己出现在这样一个场景中。这个时候，体察自己的目的，体会自己的情绪及其来源，观察自己在目的和情绪驱动下所做出的行动，从中顿悟如何使教育教学有效地进行下去。

（4）场景以及自我行动的修正。在观想过程中，观察自己的行为如何和场景相匹配或者冲突，发现最优化的情绪和行为方式，以之替代原有的行为和方式。

（5）自动化阶段。也就是通过反复练习，让你觉得这种最优化的情绪和行为方式是再自然不过的时候，练习就完成了，可以在实践中进一步体会。

尊师观想法主要的特征就是事先要选择一个和自己教学风格、语速，乃至教育教学思想非常相近的、自己非常尊敬的优秀教师，对他的课堂实录和上课录像反复观看，烂熟于心。接下来进行如下观想。

（1）静心。

（2）观想教育教学情境。通过观想，让优秀教师教学的情境完全从你的内心中显现出来，体会优秀教师在这个过程中的行动、思想和情绪。

（3）自我融入。也就是自我从场景的一个入口处，进入到教育教学场景中，走向优秀教师，然后慢慢融入优秀教师的身体中，和他成为一体。

（4）演绎优秀教师。在内心中，以这个优秀教师应有的思想、情绪去行动，去和学生互动，去处理自己在课堂教学中可能出现的问题。

（5）自动化阶段。通过反复练习，当你觉得这样的思想、情绪和行为方式成为再自然不过的事情的时候，内心的练习就成熟了，可以在实践中进一步体会。

观想的最大优势，就是把自己的期望可视化、现实化了。这样一方面让教师和自己的实践分离开来，让教师更容易理解自己的生命是如何运作和得到丰富的，降低自我对改变的防御；另一方面，观想通过非常直观的方式，通过内心的反复演练，让自己的未来成为某种内心的“真实”，成为自然而然的东西，在没有真实展开之前，已经进入了一个新的生命状态；此外，观想还让自己的目标和期望与文化环境充分结合起来，从而让自己的生命意义和文化契合起来，为生命意义的顺利展开铺平了道路。

无论反省法、叙事法还是观想法，都避免了仅仅从认知的角度来对教师进行专业发展，相反它们把教师的目的、情绪、动机、想象等与认知结合起来，并置于一定的文化背景中，很好地体现了教师专业发展的目的性和整体性。这三种策略同时也把教师的理论和实践联结起来，内在和外在联结起来，意识和潜意识联结起来，不仅让其专业发展更具实践性，而且也为教师打破自我的束缚、走向自我超越创造了条件，可以有力地解决教师专业发展中信念难以转变的难题。三种策略的这些特征，保证了实施这些策略的教师在生命意义的探索和提升方面走得更远，走得更好，发展得更为迅速。

参考文献：

[1] 马克思，恩格斯. 马克思恩格斯全集：第 3 卷［M］. 北京：人民出版社，1960：23.

[2] 叶澜，等. 教师角色与教师发展新探［M］. 北京：教育科学出版社，2001：3.

[3] 高德胜. 生活德育论［M］. 北京：人民出版社，2005：404.

[4] Fullan M，Hargreaves A. *Understanding Teacher Development*［M］. New York：The Falmer Press，1991：5.

[5] 丁钢. 让叙事作为一种专业生活方式［J］. 教育参考，2006（8）：29-30.

[6] 马克斯·舍勒. 人在宇宙中的地位［M］. 李伯杰，译. 贵阳：贵州人民出版社，1989：34.

[7] 张国庆. 第五项修炼：学会站着睡觉［M］. 北京：新世界出版社，2005：18.

[8] 李明，杨广学. 叙事心理治疗导论［M］. 济南：山东人民出版社，2005：115-138.

（原载 2008 年第 4 期）

新课程实施与教师专业发展的互动

马云鹏 董 静

许多研究表明，在实施新课程的过程中，教师培训、教师专业发展是一个重要因素。众所周知，课程改革的有效实施，离不开教师参与和投入，教师的观念、专业素养以及教学方式方法的改变都直接关系到课程实施的水平和成效。随着课程改革的不断深入，对教师的要求会越来越高，其内容与方式也会随之发生变化，教师自身素养的提高和针对课程改革的专业发展的途径与方法也必然产生变化。新课程需要专业素养高的教师去实施，同时，在实施过程中也会促进教师专业素养的提高。在调研过程中，笔者发现，具有较高专业素养的教师也会为课程改进积累经验，提出有益的建议。

一、课程改革对教师专业发展提出新的挑战

（一）课程改革的理念、目标与方法对教师提出新的要求

《基础教育课程改革纲要（试行）》和各学科课程标准，对基础教育阶段的目标、内容、方法与评价等提出了明确的要求，这些要求体现了许多新的理念。诸如关注学生发展的三维目标，即实现培养学生知识与技能、过程与方法、情感态度价值观；提倡教学方式的多样性，鼓励学生自主探索与交流等。实现这些目标，一方面需要有高素质的教师队伍，另一方面实施过程也应当成为教师不断提高和成长的过程。新课程在课程功能上的变化，要求教师不仅注重学生学习的结果，更要关注学习的过程，关注学生情感与态度的发展。新课程在内容结构上的变化需要教师更新知识结构，丰富知识内容，加深对本学科和相关学科知识的理解与掌握。新课程倡导的教与学的方法，要求教师改变单一的教学方式，设计与实施适合不同内容的教学方式，促进学生的发展。新课程提出促进学生发展和教师成长的多元的评价方式，要求教师改变以往单一的以纸笔测验为主的评价。这些变化无疑对教师提出了新的要求，每一位教师都要思考这样的问题：面对这样一些变化应当如何应对？应当采取什么措施？

（二）实施过程中出现的新问题对教师提出挑战

教师队伍建设是一项长期任务，新课程对教师队伍提出的要求，并不会在课程实施之前完全达到，应当在实施过程中，在教师与课程的互动过程中不断趋于一致。各级教育行政部门、教研机构以及学校在课程实施之前通过不同方式的培训，使教师在观念转变、知识更新以及方法熟悉等方面做了许多有益的工作，在一定程度上为新课程实施做了准备。然而，课程实施与教师发展是一个互动的过程，在课程实施的进程中，许多具体的新问题才逐渐地暴露出来，教师才会切实地感受到自己在哪些方面还不适应，需要用什么方式使自己得到提高。笔者于2001年、2003年、2004年和2006年先后四次对义务教育新课程实验区进行调查评估，发现教师对自己在课程改革中的作用，以及对培训和自身的适应性等方面的问题认识都发生一些变化。以下是教师在四次调查问卷中有代表性的例子。

第一次调查时，教师的想法多集中于外在的、形式的和宏观的问题，而对具体的微观问

题想得不多。

“作为一名教师，我认为改革势在必行，而且受益颇多。对于自身素质修养的提高，也是一种磨炼。虽然工作上的内容更加多了，但也充实了自己的学习，对于自身能力的提高也有很大帮助，学生自主学习的兴趣更浓。学生的不断成长与提高促使自己要不断地学习，为自己充电，以便更好地去教育学生。”

“课程改革对于我们教师来说面临一次严峻的考验，因为我们自身的知识底蕴已不能满足教学工作的需要，必须不断充电，以达到工作的要求，不然将会被淘汰！”

“对于这次课程改革，我是很有信心的，我相信课程改革一定会成功。在这之前，我从未参加过像这次这样大规模的改革，因此，有摸着石头过河的感觉，一脚深，一脚浅，在艰难地摸索着改革之路，但我所做的工作是有创新的。课程改革对我来说既是挑战，也是一次机遇，我会好好地把握，提高自己的业务水平。”

“我完全支持本次课程改革，但是老师的工作量太大、负担重，有时无力照顾全体学生，有点心有余而力不足的感觉。如何更好地理解学生的个性发展、个性差异以及主体地位？”

第二次调查中，教师所反映的问题与态度更多地深入学科内容和教学方法等具体问题上。

“虽然教师改变了教学理念，在思想上做好了充足的准备，可是以往教学方法的积习，在短时间内还无法改变。再加上学生多年形成的定势。因此我个人觉得我所在学校的学生有点‘夹生饭’的味道，我想随着课改的进一步推广，这种误区会改变。”

“在整个改革这段时间里，作为教师的我们工作努力，试图寻找更好的办法来进行教学，在教学中同事共同交流、研讨、集体备课。”

“通过近一年的课改教学，在使用新课程标准和新教材的过程中确实受益匪浅，然而在实际工作中也有一些困惑和看法：数学七年级下册第一章中的‘整式’和‘整式的加减’两节可否放在数学七年级上册的第三章中‘合并同类项’的前面，有利于学生对知识的整体性掌握。数学七年级下册第二章中第一节‘台球桌面上的角’学生不易理解，特别是女同学和农村学生没有亲身体会。”

“初中数学新教材，书面知识看似简单，但练习中的题难度较大。留给教师的余地较大，这当然有一定优点，如教师可以根据学生的情况任意扩展，但难易程度不好掌握，难了，怕违背《标准》，简单了，又怕智力高学生吃不饱，影响他们今后数学学习。”

“通过半年的教学改革，在具体运用教材中，我认为某家出版社的历史教科书，是一本能充分体现新课标理念的好教材。但我有一些想法：书中给的资料太难，学生自己无法完成。探究活动课，如“商鞅变法”“我走丝绸之路”等，不好操作。一些图示注解不清楚。”

第三次调查中，教师对课程改革进入理性反思和探索阶段，着力解决更深层次的专题性的、具有一定难度的问题。

“课程改革在小学已是第四年了，‘改’的理念深入人心，‘改’的行为正在形成之中。从初时热闹喧腾的场面走出来，教师学会冷静面对并评价自己的教育、教学，然而怎样更加接近‘改’的本质，这是大家正在思考的。”

“成功的喜悦与困惑的忧思交织，使我们对新课程改革既充满热情又保持冷静。在平衡而真实的心灵路标指引下，我们不再简单地悲观失望或沾沾自喜，而是稳重、理智地在课改之路上探索前行。”

“在实践中，我深深地体会到新课改给学校带来的活力，进一步明确了学生学什么和怎么学的问题，也明确了教师教什么和怎么教的问题，为学生提供了展示自我的空间，注重了学生多元能力的培养，能够从众多的信息中提取自己所需要的内容，由原来的‘授之以鱼’，变为了‘授之以渔’。不是领学生去打水，而是领学生去找水源，使教学更民主化、开放化、实践性更强，学生主体意识真正能够落到实处。”

“我是一名随着课程改革成长起来的教师，四年来感觉自己收获很大，从最开始困惑‘什么是课改的课’，害怕自己‘穿新鞋走老路’，逐渐在学习、交流与实践中明白课改的理念，并用理念指导教学，把理念化为行为。课堂上更注重学生的学情，而不是仅仅想着自己怎么完成教案，为了上好一节课，参加课改后，我要花更多的时间去准备个人思考、伙伴互助、专家引领、校本教研、上网交流，工作需要动更多脑筋，但个人素养的提高很快，教育教学水平有进步，教科研能力有所增强，希望课改能够更‘实’一些，我们一线老师也要克服浮躁的心态，不光追求形式，关键在于让学生更好地发展自我。”

“随着教学理念和教材的变化，教学评价的方式也应跟上，也应出现多元化的评价，而不是单一地从考试的方面量化学生，评价方式发生变化，对教师、学生、家长、社会产生认识上的变化无疑会产生促进作用。”

“学校评价老师、家长评价老师，甚至整个社会评价老师都过分依赖分数。我想，课程改革要继续下去，学生的评价体系应该彻底改变，在看分数的同时也应该看重能力。”

第四次调查中，教师对课程改革的理解更加理性和具体，在深入分析和研究与自身发展和学校文化有关的深层次的问题时，也思考存在的问题和如何使课程改革良性而有效地推进。

课程改革过程中一些全新的课程理念怎样和学生已有的知识能力、教师的基本能力相结合，发挥更大的作用？探究学习、合作学习方式非常有利于培养学生的能力，但是怎样在课堂上有效地实施、开发？

课程改革不仅仅是面向学生，更多是面向教师这个队伍。只有教师观念发生转变，学生才能更好地受益。所以说是师生共成长，但有时针对班额过大，教师所教年级过多等因素，也制约了教师更好地发挥自己的主导作用。

教学改革是一个长期系统的工作，作为普通教师很难从整体上加以把握。建议教育管理机关为教学改革设定不同时期的、明确的阶段目标，并分阶段进行总结、评价，便于一线教师学习、理解。

新课程改革让我们树立了新的教育理念，在一定程度上促进了我们教学方法和教学方式的改变。使我们更加重视学生的学习积极性、能力培养以及综合素质的提高。在新课改中，我们学会了从另一个角度看教育，学会了在实践中反思，还明白了以前一些好的教学经验也不能丢弃，教学仍需要真实、扎实、有效，以提高教学质量为前提。

课改提高了教师的教学教研水平，融洽了教与学的关系，教师之间的相互交流学习的机会增多了，打破了传统的教学形式的僵化，促使学生与教师的关系更加活跃，但是课改在我们乡镇学校很难全面开展，因教学经费十分缺乏，资源相对短缺，因而抑制了教师参与课改的积极性。

参与课程改革以来，教师的教研意识与教研能力得到了较大的提高，越来越感觉到自己知识的欠缺与贫乏，在实践中，能很好地遵循课程改革的需要。课程改革以来，观摩过多次公开课，他们都采用了小组合作的方式学习，但在平时课堂教学中，好像有时不需要这种方式，公开课和平时课有很多不同之处；参与课改后，老师的评价方式多样化，教学方法多样化等，不断地促进了学习，觉得很充实。

新课程提倡面向全体学生，重视学生自主

学习、合作交流、自主创新等能力的培养，注重学生的情感、态度、价值观。这在新教材中多有体现，但在实际教学中，有些时候很难做到面向每位学生，因为班额较大，评价体系滞后，多是以学生的成绩来评价教师，很大程度上影响了新课程的实施。

教师从开始重视教学方法选择，逐步体会转变成重视学生的学习过程体验及学习收获，紧紧抓住质量，课堂变实在了，“花架子”少了。

从上述课程实施进程的不同阶段教师对新课程的感受和存在的问题中，我们可以了解到，不同时期教师的需求和感受是不同的，对进一步提高和改进的要求也是不同的。在实验初期，教师更多是从整体上看，新的课程对“我”及其他教师意味着什么，我们是否有能力承担这样的课程改革的任务。在具体的教学过程中，由于课程目标、内容和方法的改变，带来教师工作量的增加，备课与上课的难度都加大了，需要的课程资源也增加了。而经过一两年以后的第二、第三次调查，教师对问题的认识和要求产生很大的变化。更多的教师关心学科内部的具体问题，关心教师交往、学校文化、教师文化、评价、校本课程开发、课程资源整合与综合应用等比较深层次和具体的问题。

二、课程实施不同阶段教师对于专业发展的需求

（一）课程实施的准备阶段

课程实施的准备阶段，其主要目的是使教师了解新课程、认识新课程，为具体实施在观念、方法和条件等方面做准备。这一阶段，新课程作为一个全新的事物，教师首先需要对其有一个整体的了解和把握，因为教师对新课程没有具体感受，很难预测在实施过程中会发现什么问题，基本停留在对改革概貌的认识、理念的把握和外部条件的准备上。在这一阶段，教师渴望获得更多的关于新课程的信息，他们对于新课程的理念、目标，新课程背景下自身的角色定位还处于模糊状态，同时，新课程所倡导的理念与教师原有的教学观念可能存在某些方面的冲突，如何消解这些冲突，如何使教师正确理解新课程，在课程实施中摆正自己的位置，从一开始就树立起课程实施的信心，这是这一阶段的主要任务。因此，这一阶段要充分利用各种渠道，让教师了解新课程，尤其要了解课程改革纲要、各学科课程标准的思想精髓。而比较好的途径就是教师培训，这一阶段的培训与学习的内容应以整体的和通识培训为主，以宏观的和粗线条的问题为主。学习的方式以讲座、参与式研讨等为主。在义务教育课程第一次进入 38 个国家级实验区时，基本上采取了这样一种方式，收到比较好的效果。通过比较系统的讲座可以使教师在比较短的时间内了解新课程的背景与理念。通过参与式的研讨，可以比较深入地分析改革的现状与需求，了解自己和同伴以往对问题的认识，对某些观点可以进行比较深入的讨论。

（二）课程实施的起动阶段

随着课程实施的起动，教师会在教学过程中遇到各种问题，有些问题是起动前可以预测的，有些问题是在实际操作之前无法预测的。如教学的程序与方法的问题，对具体学生的指导与评价问题，班级学生人数的差异与教学方式的选择问题，教材的呈现方式与内容选择的适切性、难易度等问题。随着课程实施进入具体操作阶段，教师对很多问题有切身的感受，如在具体学科的教学中教师缺乏对教材内容、教学方式的准确把握，处于摸索阶段。由于新课程以课程标准取代教学大纲，教材的选材与内容的呈现方式发生很大变化，教师必须改变对课程与教材的理解，更新教学方式，教师不再是单纯的知识传递者，不再只关心如何教，

也要关心为什么教、教什么的问题；新课程所倡导的教学方式与教师原有的教学习惯发生冲突，对教师提出了新的要求，教师要转变传统的教学方式，同时在教学过程中关注学生的知识与技能、过程与方法、情感态度与价值观等方面的发展。特别是品德与生活、品德与社会、科学课、艺术课、历史与社会课以及综合实践活动等课程，对教师来讲，都有一种全新的感觉。以艺术课为例，每个单元都是一个主题，比如，《金色的秋天》《过年》《运动的旋律》《黄河的故事》，每个主题都渗透了舞蹈、戏剧、诗歌、散文、绘画等多种艺术。由于课程内容和课题研究涉及多门学科知识，这就要求教师要改善自己的知识结构，使自己具有更广阔的教学视野。而综合实践活动要求教师改变原有的单兵作战的工作方式，原有的课堂教学组织形式会改变，综合运用课堂、学校、家庭与社会资源，也可能打破班级界限，根据课题的需要和兴趣组成研究小组。一项课题往往涉及语文、数学、地理、历史等多种学科，需要几位教师同时参与指导。教师之间的合作，教师与实验员、图书馆员之间，教师与社会和家长之间的配合将直接影响课题研究的质量。在这种教育模式中，教师集体的协调一致，教师之间的团结协作、密切配合显得尤为重要。而我们师范院校培养出来的教师都是分科教师，缺乏相应的知识结构，缺乏课程整合的能力，缺乏相互合作的意识，他们不知道如何设计与组织这种全新类型的课，这就无疑增加了实施的难度；随着课程实施的开展，新问题不断涌现，教师急需提高自身素质，解决摆在自身面前的种种现实问题，而这些问题只靠理念的把握和宏观的认识是难以很好解决的，必须采取具体的有针对性的培训与研究方式。所以，这一阶段教师的培训与学习方式应该以具体的针对性强的问题为主，进行专题式的培训与研修，以及针对某一个具体学科教学方式与方法的研究。特别是应当提倡运用案例分析和专题讨论的方法。这一阶段，教师对新课程有一个逐步适应的过程，因此教师自身也要不断地加强理论学习和实践探索，加强彼此之间的交流与合作，同时诚挚地向有经验的教师或课程专家寻求帮助与指导。学校也要创设良好的人文氛围，定期举办各种学术沙龙、专题讨论会，同时组织集体备课、听课、评课，使对教师教学的指导具有针对性和实效性。

在课程改革中，许多问题只有在实施的过程中，才能真正暴露出来，使我们不断地认识和了解。课程实施的一个重要任务也就在于可以从中了解我们原来不知道也很难知道的问题。正像富兰（M. Fullan）所说，不要假设你所要进行的改革是应该实施的和可以实施的。相反，应该假设实施过程的主要目的是通过实施者与有关因素的相互作用来转变你对应该做什么的认识。[2]对于在课程实施过程中起重要作用的教师也是如此，在课程实施之前，我们并不完全知道新课程对教师意味着什么，即使是教师本人，也可能不十分了解他们将面临的新课程对他们会发生什么样的变化。只有在实施一段时间后，对教师在新课程中的作用，在实施中遇到的具体问题才会逐渐显现出来。因此，应当在这一阶段安排多样性的、有针对性的培训与教研活动。如教学方式的专题研讨，某一学科的内容教学与评价的专题研究等。

（三）课程实施的深化阶段

互动调适的课程实施观要求教师创造性地理解和认识课程实施的问题，根据当时当地的情境，对课程进行改革和调适。教师之于课程实施，实质就是“在其现实性上，调和影响课程实施诸因素，平衡课程理想与实施情境的关系，创造教学新文化的过程”[3]。通过调研，我们了解到随着课程实施的不断深入，教师在自身教学方面的不断探索使课堂呈现了新面貌。教师从最初的角色定位、适应时期到现在的发展、创新阶段。如在湖北省武汉市武昌区一所中学的一节语文课《七根火柴》的教学过程，教师十分突出学生的情感体验，在创设了动人的情景中，组织学生讨论无名战士为什么是“无名”?“火柴”意味着什么?“七根火柴”与“生命”之间的关系，等等。这样既提高了学生阅读理解的能力、文本分析的能力，又将情感态度价值观教育落到了实处。湖北省一所农村中学的一节语文课，在班级人数较多的条件下，教师进行了很好的教学设计与组织，运用快速阅读、寻找人物和冲突的线索、角色扮演、学生评价、故事续编等教学方式，收到较好的教学效果。学生在课堂中十分活跃，课堂上的起伏应对绝不止于少数学生，看得出教师是在用心去思考和设计教学的，操作层面上是很突出的，很好地体现了语文新课标的理念。“教师的职责现在已经越来越少地传递知识，而越来越多地激励思考，除了他的正式职能以外，他越来越成为一位顾问，一位交换意见的参与者，一位帮助发现矛盾论点而不是拿出现成真理的人，他必须集中更多的时间和精力去从事那些有效果的和有创造性的活动：互相影响、讨论、激励、了解、鼓舞。”[4]实验区的教师发生了很大变化，从简单模仿到自觉行为，从外在地学习理念到内化的行动改变。在教师座谈中，一位教师说，“经过这几年的实验研究，现在已经由实验区的热情变为冷静地思考、主动地研究与调整。现在开展的教研活动与以往相比有很大不同，以前上公开课每一句话都要背下来，现在就不会这样做，而是抓住教学的几个主要环节，从总体上把握教学进程。教学过程中随学生的变化进行调整。”

在课程实施中，教师从最初对改革充满激情和冲动，中间又经历了改革的茫然和困惑，现在则进入了对课程改革的理性反思和探索阶段，着力解决深层次的专题性的、具有一定难度的问题。如校本教研、校本课程开发以及评价等方面的问题。教师的专业发展过程，实际上就是教师专业素质的提高过程，同时也必然是教师主动参与、解决教育教学实际问题的过程，因此教师自身要成为研究者，要在自身的工作岗位上针对遇到的问题开展研究，即所谓的校本教研。这一时期教师专业成长的方法应当以校本教研和课题研究为主。让教师在教学实践中能够主动、自觉和独立地开展教学反思和研究。教师可以通过确定研究课题、教研设计、行动研究、教研反思等程序开展各自领域的研究，提高自身研究能力。反思贯穿整个研究过程的始终，反思是教师职业要求和自我成长的核心因素，它能使教师保持一种积极探究的心态，能指导教师的行动，使之具有一定的预见性，并按照预定的目的去计划行动。“如果一个教师仅仅满足于获得经验而不对经验进行深入的思考，那么，即便是有‘20年的教学经验，也许只是一年工作的20次重复，除非……善于从经验反思中吸取教益，否则就不可能有什么改进’。他永远只能停留在一个新手型教师的水准上。”[5]正如J. Calderheal所说：“成功的有效率的教师倾向于主动地创造性地反思他们事业中的重要事情，包括他们的教育目的，课堂环境，以及他们自己的职业能力。”[6]仅仅停留在反思中，教师自身还不能得到充分的发展，他们要亲自进行研究，研究自身在教育教学中遇到的各种问题，而这就对教师自身的研究能力提出了更高要求，随着新课程实施的深入开展，教师自身积极要求进步，他们希望提高自身的研究能力，特别是针对教学、管理、评价等方面长期困扰自己的问题进行深入反思与研究，把“开展自己的教研，发表自己的见解，解决自己的问题，改进自己的教学”作为开展教学研究的目的。

新课程实施了三级课程管理体制，赋予学校、教师充分的课程实施自主权。特别是校本课程的开发，教师要参与到校本课程的开发、设计与实施中来，他们要充分分析校内外的课程资源，加以开发、利用，创设体现自身学校特色的校本课程，这就需要教师具有课程开发能力、设计能力、整合能力，具有课程意识。

评价是制约课程实施的瓶颈，学校如何评价教师，制约着教师在课程实施中参与的热情，同时也决定着教师专业发展的程度如何；教师如何评价学生，如何建立旨在促进学生发展的评价体系，这些都是教师需进一步思考的深层次的关键问题。

为了提高研究能力、课程开发能力，评价能力，教师一方面要加强自身学习，形成理论自觉，同时要在实践中不断发现问题，善于思考，善于多问几个为什么，并勇于在实践中探索、解决出现的问题。这一阶段的教师培训从通识培训、学科培训发展到了教学、研究、培训相结合的方式，培训的主体从师训部门的培训到以校为本的培训。为此，学校要创造良好的培训与教研机制，明确责任分工，形成学习型组织，建立良好的激励机制，鼓励教师立足本校，从本校实际出发开展研究，让教师成为真正的教学研究主人。同时给教师提供展示自我研究成果、进行经验交流的机会。在第三次调研中，95.5%的教师都认为新课程下，与同事的交流增多了，在教学中遇到困惑或困难时，同事是最主要的帮助者。

教师的专业发展需要有外部要求，更要有内部动力。内部动力的根本原因在于发展的需要。人的行为的产生最终是决定于内在需要与周围环境的相互作用，当人的需要没有得到满足时，会产生内部力场的张力，而周围环境因素则起着推动与促进的作用。人的行为方向决定于内部力场与情境力场的相互作用，其中内部力场的张力又是主要决定因素。[7]我们要关注教师自身在专业发展方面的需求，同时为教师的专业发展创设良好的外在条件。新课程的实施，既是一场深刻的教育变革，也是进一步提高教师专业化水平，提高基础教育质量的契机。课程改革与教师专业发展都是长期的任务，课程实施的过程与教师专业成长是一个相互促进的过程。课程实施的进程对教师专业发展不断提出新的要求，教师专业成长需要与目标的不断变化，教师培训与发展的方式也呈现出多样性与多元化的趋势。明确课程实施不同阶段教师专业发展的需求，积极探索促进教师专业发展的有效途径和策略，是推动基础教育课程改革顺利实施的基本保障。

参考文献：

[1] 教育部“新课程实施与实施过程评价”课题组. 基础教育课程改革的成就、问题与对策 [J]. 中国教育学刊，2003 (12)：39-43.

[2] Fullan M G. *The New Meaning of Educational Change* [M]. New York：Teachers College Press. 1991：105-107.

[3] 李臣之，课程实施：意义与本质 [J]. 课程·教材·教法，2001 (9)：12.

[4] 联合国教科文组织国际教育发展委员会. 学会生存 教育世界的今天和明天 [M]. 华东师范大学比较教育研究所，译. 北京：教育科学出版社，1996：108.

[5] 张立昌. 自我实践反思是教师成长的重要途径 [J] 教育实践与研究，2001 (7)：3.

[6] 李瑾瑜，柳德玉，牛震乾. 课程改革与教师角色转换 [M]. 北京：中国人事出版社，2003：78.

[7] 杨朝晖，李延林，张景斌. 立足校本，促进教师主体性发展 [J]. 课程·教材·教法，2005 (1)：76.

（原载 2008 年第 5 期）

教师成长不可缺失的特质：反思性分析

张定强

一、问题的提出

教师是教育高质量发展的决定因素，教师的成长与发展是教育事业有效运行的根本保证。因此，必须从战略高度、国家利益、民族兴旺的角度来审视教师成长问题。教师的职责是教书育人，而有效的教书育人则取决于教师的反思品质。唯有在反思观下的教书育人才是高效的、可持续的和有生命力的。教师也唯有在教育中形成反思意识、掌握反思方法、形成反思技巧才能建构优秀的教师教育文化，才能不断地优化教学思维，创造成长空间，使教师的专业化水平迈上新台阶。

审视当下的教育现实，许多教师非常敬业，拥有一颗执着的事业心，勤勤恳恳、认认真真地从事着教书育人的工作，可是教育效果却不尽如人意。深入分析与思考，发现许多教师缺失了反思的能力，表现为不愿反思、不去反思、不会反思。这种反思能力的缺失已成为制约教师专业成长的顽疾，成为课程有效运行、学生能动发展的瓶颈，制约着教育事业的发展。

教师缺失反思特质的根本原因是教师没有意识到反思性分析在教师职业生涯中的重要价值，没有从教育思想的深处重视反思意识的养成，出现了缺乏必要的反思意识、反思经验、反思技巧以及必需的反思工具、反思方法和反思机制。

教师的反思性分析是教师教育活动的逻辑起点，是从深层次体认、认同教师教学生命意义的基本表征，是培植教师教学权力、维护教学利益、促进教学发展、催生教学智慧的动力源，是用一种放大镜和显微镜的方式去透视教学现实，洞察教学本真的基本途径。因此，有必要在现状调查的基础上探析有关教师成长中反思性分析方面的问题。

二、教师反思性分析的现状审视

教师是在一个复杂的教育世界里不断追求着进步与发展，有效、高效的反思智慧是成就教育事业的关键。那么，在当前课程改革不断深入推进的新形势下，教师反思的现状如何？笔者通过问卷与访谈对参与国培项目的数学骨干教师进行了调查，以求真实了解教师在教育教学过程中对反思性分析的认知情况，了解教师运用反思性分析的方法以及教师对反思性分析所秉持的态度。

调查发现，教师把反思性分析仅局限在课后反思的层面，在受调查的52名骨干教师中，67％的教师认为反思性分析就是自我检查上课情况，然后在反思分析的基础上把新课程上好，仅把反思性分析定位在个体对教学认知的层面，说明大多数教师缺乏对反思性分析的深度认知。

在调查教师反思性分析的方法时，77％的教师认为反思性分析的方法就是在教案后将教学反思写上就行了，目的是应付上级对教案的检查。23％的教师有写教学日记的习惯，但没有把教学日记作为一种与自己进行教学对话的方式，没有认识到教学日记是自己对教学思想、教学方法进行再深入思考的营地，也没有把教学日记视作记录教学活动、审视教学得失、矫正教学问题的重要途径。对于其他的反思分析方法，诸如观察、调查、因果分析等教师们几乎不用，致使反思分析停留在表面，造成有些教师为自己教学中的失误寻找借口，如学生学习上出现问题要么是教科书编排不好，要么是学生素质有问题，好像与自己的教学无关。

虽然有87%的教师认为反思性分析有利于教师专业发展，但就是没有时间或者工作太忙而顾不上深度反思，即使想反思，也不知如何反思，可见，当下大多数教师有反思的意愿，但缺乏反思的方法与技巧。调查发现，教师很少用一种冷酷和充满怀疑的态度来看待自己的教学影响，没有从反馈恐惧中走出来，不敢从学生的角度、家长的角度、同行的角度来剖析自己的教学，这实际上就阻碍了教师在教育教学生涯上可能取得的成功。

基于此，很有必要从学理的角度分析反思性分析的基本内涵、特征、方法及教育价值。

三、反思性分析的基本内涵及其特征

（一）反思性分析的基本内涵

反思的思想由来已久，我国古代就有“扪心自问”“吾日三省吾身”等经典说法；西方哲学史上从泰勒斯，到苏格拉底、柏拉图、亚里士多德直到笛卡儿、康德都在自己的思想园地里审视种种问题，在思想中进行思想，即进行反思。在现实的教育研究与学术讨论中，反思一词也是经常出现的高频词，成为教师职业发展中被反复强调的一个关键词。熊川武指出，当代认知心理学全面地揭示了人的心理认知过程和因素，用“元认知”这个术语来代替反思这个概念。从元认知理论的角度来看，反思就是主体对自己认知活动的过程，以及活动过程中涉及的有关的事物（材料、信息、思维、结果等）的特征的反向思考，通过调节，控制自身的认知过程，以达到认知的目的。[1]

尽管在不同的时期和不同场合人们理解和应用反思的含义不同，但对反思所思考问题的角度以及反思对象和反思目的的认识是共同的。反思对象是思维本身，而反思目的是指导未来的思维活动。教师的反思就是对自己教育思维历程和结果进行的自我评价、自我探究、自我监控、自我调节活动，是一种基于现实、回顾过去、畅想未来的思维过程，是带着信念、继承、批判、记忆、联想等思维成分参与的认知过程，在这个带有追溯性、反思性思维的过程中形成的思维模式就是反思性分析，反思性分析是在反思过程中所形成的反思模式，是带着批判性、探究性、连续性的特质而进行的深度沉思，不仅需要一定的反思知识与技能，而且还需要维持这种过程有效进行的情感、态度、价值观的支撑，特别需要科学、灵动、有效的方法与技巧才能透视教育思维的本真。

反思性分析是在不断的反思进程中反思主体与反思客体之间所形成的互动式关联。这种关联所涉及的关键因素有反思主体、反思过程、反思客体、反思方法、反思决策、反思结果，这些因素是在一种分析思维状态下参与反思进程的，所谓分析思维是指教师更加理性地、审慎地做互动式关联分析，不仅指对教育的某一时段点后的反思，而且包含教育进行中的反思。这种反思性分析是教师教育文化的基本品质，它可以使教师更加客观地审视自己教学中深层次的问题，使教师的心灵从眼睛的束缚下解放出来，进而通晓教师之为教育的本真含义。

教师文化视野中的反思性分析是一种教育理想和教育追求的体现，也是教师的一种教育责任和教育策略，是反身向内的心性涵养和思辨体验。这种反思性分析是基于学生、基于时代、基于社会、基于自我的反思之境。这种反思性分析所秉持的基本理念是对学生利益至上的批判与反思，是在自己的教育面前置一面镜子，随时检测自己在教育生活中的一言一行，从根源上查究出现的问题，总结成功的经验，提炼教育的智慧。

反思性分析作为一种监督和反映教师教育文化系统的工具，不仅可以透视教育教学过程中的一切现象，而且能帮助教师达到对教育教学本质的深度认知，是教师的教育教学从表层走向深层的体现，从某种角度上讲就是教师教育文化的一种表征。

反思性分析是反思文化的一种凝练，教师成长中的反思性分析更是教师教育文化本质的探微，是教师成长过程中极为重要的动力源和助推器，不断提升教师的反思品质，促进教师的立场与经验（包括直接经验、间接经验、回忆性与期待性经验），促使教师对处在因果性与时间性的教育流中的所有因素进行批判性思考，从而提升教师教育教学生命的质量。

（二）反思性分析的基本特征

从学理的角度分析，教师成长中的反思性分析具有如下几个特征。

1. 实践性

教师的反思性分析是在教育实践当中发生的反思思维过程，是对教学情景进行及时洞察、检测、分析、评判，也是教学活动的一种践行，促使教学目标向预期的方向发展。这种基于实践、用于实践、行于实践的属性使反思成为教师教学的一种方式，有助于教学实践更加符合教学发展的基本规律。教师反思的核心是教学问题，因此要对教学理念、教学内容、教学行为进行反思。特别要结合教学设计、教学过程、教学评价等对教学理念、教学成果、教学作品、教学资源、教学过程、教学流程、教学节点、教学关键点进行反思，把反思性分析的着力点、提升点、注意点都融入教学实践当中，从而发现问题，进行科学的教学决策。

2. 批判性

苏格拉底指出，未经反思的生活是不值得过的。折射到教师从事的教学工作，就是“我们该怎样教学”，引领教师把教学存在或教学生活作为反思的中心，用批判性眼光来考量自己的教学世界。这种批判性的反思分析是在认知、评判、叙述、情感等因素相互作用下进行的，主要对与教师职业有关联因素的多层次反思，触及教师教学生命的核心，具有深刻的穿透力，如对教师职业意义的反思，对教学问题的探源，对教学现象的剖析，对教学内容方式的审视，对教学对象多角度认知，等等，这种有意识的记录、回忆、批判、反思就能从本质上考究教学决定与教学行为，从而不断释放教学能量，显现教学真谛。

3. 内在性

反思性分析是在感知、回忆、理解、期待中进行的，具有鲜活的生命力，因为教师的反思性分析主要是针对教学生命的追问，是一种以教师的生命来对证思量其他生命的过程，不仅是从内心深处对自己赖以存在的“教学生活”反思，而且要从教学生活中寻找知识、真理、语言世界的意义，通过多个视角对自己潜存的前提性假设进行反思，如教学是为了学生的发展，那我们每天的工作真的是为了学生的进步与发展吗？我们的教学在传播知识的同时，也在传播思想与方法吗？通过切身的教学生命体悟，来把握教学真谛，彰显教学生命活力。反思性分析总是与反思主体的情绪、信念、信仰有关，教师的行动总是态度意向于结果、操作意向于过程的，总是连接感觉（即时）与心境（持续）的，并与焦虑、悲观、欢喜等众多因素相伴随，因此这种内在性的反思分析过程就更加弥足珍贵，使教师能够真正享受到反思的乐趣，感受到教学的尊严和自由，就会如海德格尔所说的那样，有一种“泰然处之”和“虚怀若谷”的神态。

4. 持续性

教师的反思性分析是把反思片段不间断地

连接起来而成为一种连续反思的过程，使得反思在教学过程中具有持续的生命力和鲜活的力量，推动着教学不断优质化。通过挖掘、整理、理解，把当下点点滴滴的反思汇成一股反思之流，虽然有时很苦涩，有时很心痛，有时很兴奋，但教师的这种经历是教学成熟、智慧生成的必经之路，是教师自我认同、职业认同、唤醒教学自觉、彰显教学本真的必经之路。

四、教师进行反思性分析的基本方法

教师进行反思性分析的价值在什么情况下都不能低估，问题的关键就是必须掌握科学有效的反思性分析方法才能更好地去开掘其价值。反思性分析是反思主体主动建构反思模式的过程，作为反思主体的教师，怎样使自己对教学生活有清晰的认知和判断，这本身就是反思的核心内容。教师的反思态度、反思行为、反思方法决定着教师反思的质量，映射着教师的特质、文化认同及教学修正系统。作为教师的反思性分析，态度、意向、动机、本质是关键因素，态度对于社会来说是传统，对于个人来说是习惯性的，如听到看到不良学生的表现时易形成负面性态度，倾向于回避或远离他，有一种预防性的意愿。当一种态度改变或被另一种态度所取代，其主要的动因是动机发挥作用，然后寻找正当性理由，而驱动这种改变的因素是信念，是对本真状态的回归。因此教师的反思性分析的类型有意向性分析、动机分析、本质分析，[2]在相应的类型下就会生发出具体的分析方法。

（一）意向性分析方法

意向性分析方法是基于反思模式而生发的。是经验、前认知、前瞻性或预期性等因素成分较多的反思，主要体现在教师教育教学行为前，也就是说是在教学设计等层面的反思方法，具有心智式反思的特点。意向性是这种反思性分析方法的一种关键因素，是产生深度反思分析的基础，这种带有反思性质的分析触动了反思机制，开启了反思视域，在内心深处才有意愿对已有的一切进行审视和批判，才能更加理智地回应和纠正威廉·詹姆斯说的“有太多这样的人，在他们自认为思考的时候，只不过是在重复自己的偏见”[3]的现象，从而使教师的教育回归到理性的道路上来。

意向性分析是包括感知、回忆、希望、经验、活动参与其中的反思过程，其中调查的方法、观察的方法、猜测的方法是意向性分析的主要方法，如在进行教学设计时对学生学习现状的诊断，对教学内容的深度剖析，对教学方法的选择，对教学过程的周密思考等，都是通过调查方法而得出的真实教学信息；授课中观察学生的学习行为表现、倾听学生的言说、静心观察教学事件的进行等，都是通过观察的方法得出教学判断的。这种分析在不断地审视着教师的教学意向，可能发现教师最初对学生的期待是盲目的，靠以往经验构筑的期待有可能落空或不现实，因此通过观察、调查、猜测的视角就可以纠正以往的认知偏差，使期望值回归到理性的轨道上来。

（二）动机分析方法

动机分析方法是基于反思过程生发的分析方法。是从内心深处查究教学历程，真正地去审视内心所潜在、深藏的影响因素，激活沉默因素，唤醒对教学的热爱，这种动机分析带有创造性反思的特质，是对现象原因的解释，是寻找解决困难、矛盾、困惑的切入点。教师的动机分析可以使教师深刻地审视自己教学中采用行为的正当理由，可以使教学从无序的模糊状态变成一种有意义的分析过程，进而从质上认识教学的生命意义，使得对教学模式、教学行为的反思成为一种教师自觉自为的行为范式。教师所进行的动机分析更多的是对被关注的对象与过程，自我与他人，情绪与价值、意志，评估与信念、经验、态度等问题进行深入思考，是对自己赖以存在的教学价值的起因给予解释，是教学进步的最明显的标志。

动机分析的主要方法有反思日记法、事件描述法、因果解释法等。教学世界是一个丰富多彩的世界，在教学历程中会生发出许多感人并值得记述的事件，运用批判性反思日记法就会让宝贵的教学智慧得以留存。这种带有批判性的反思日记绝不是教学的流水账，它是通过书面语言、口语、行为纪实或成像，使教学故事真实展现，在静听与深想、记述与分析中深究内在的动机机理，从根源上找出原因，做出一种合理的解释。每一个教学片段都存在教学智慧。在教学长河中一个重要的具有转折点的教学事件需要描述，这种描述不是简单的现象复原，而是在复原中追忆，在追忆中进行反思，最终通过因果解释法提炼出值得分享的教学智慧。动机分析往往可以揭示出习以为常的教学假设中存在的问题，使教师对教学永远保持一种警醒状态，因为教师有时不知道教学问题到底出在哪里。在调研中我们问及课堂教学中是否有知识理解方面的问题，几乎所有的教师回答没有，这种过分的自信其实反映着反思能力的低下，反思技巧与方法的缺失，显露出的是教师没有真正明晰“理解”的含义，也说明了教学中存在着不能正确自我认知的现象；在问及如何进行教学诊断时大多数教师是基于已往的经验而做出说明，深层思考较少，这可能是造成有些教师教学效益低下的重要原因，因为许多教师为自己的教学“解释”进行开脱。为此我们倡导基于教师职业天分、职业发展、人格定位的动机分析方法以构筑教师的反思性分析机制的形成。

（三）本质分析方法

本质分析方法是把“特殊的事实”与“普遍的本质”区分开的分析方法，是运用哲学辩证思维的方法论去深层次对教学现象的事实与本质进行深刻反思的分析，这种反思真正带有原动力，是教学进步、提升的根本性力量。依据维特根斯坦的观点，一切问题都可以归结为“语言问题”，那么教学世界确实可以归结为语言问题，不管是文本语言的解读还是行为语言的表达，都是传达教育的真谛。剖开语言的外衣，可以直达教师文化的本质，虽然每个教师都在心中存有对教学文化的认识，都有一种分析框架与理念基础，但要清晰地进行本质分析却要有很大的勇气与意志力，因为这样的分析是对自我深刻的解剖，是直面心灵，坦然客观地、公正公平地对自我营造的教学空间、实施的教学行为、产生的教学效果进行逐一审视，进而对自己已有的教学信念、教学态度、意愿行动进行深度解剖，从源头上追究自己的教学责任，自我进行教学问责，真正达到“改变学生的世界”的教学目标。

本质分析的主要方法有追忆式反思法、过程式反思法、求证式反思法、重点式反思法，这些方法是基于回忆、联想、深思等思维活动进行的，同时借助于同事、学生、家长、管理者等的视角来帮助进行本质分析，这种全方位、立体式、多角度的本质反思就是对教育价值观、教育本体观的深度思考。只有这样才能对习以为常的强化训练、讲解讲授等做出中肯的分析与判断，才能对以教师为中心与以学生为中心的教学模式进行本质反思，才能使反思的经验、信念、意愿通过有效手段如听、看、说、想、做等行为进行验证、分析，使教学按自己预设的方向发展，并使路径得以拓宽，从而在不同情景下，把教学中的许多内在因素激活，使环境、知识、思考、目标、智慧、认知融入教学过程之中，生发出巨大力量。

五、教师反思性分析的教育价值

教师的反思性分析是教师专业成长的必经之路，这种反思不仅是教师教学智慧生成的重要历程，而且是教师天职的基本要求，是对学生、家庭、社会负责的基本表现，定位于自我成长的反思性分析，不仅使教师的教学生活生动且富有创意，而且能随时修正自己的教学系统，维护自己的教学尊严，营造良好的教学生态环境。

第一，教师反思性分析是教育动力机制的核心源泉。这种反思性分析对教学文化起着维持、检测、推动的作用，这种源泉提供的动力源后劲十足，使教师能够从深层次理解教育的意义，感受教育的价值，品味教育的甘甜，修正教学设计，维护教学权利，推动师生有效互动，使教学天地生发出应有的阳光和朝气。

第二，教师反思性分析是教师职业生涯中持续的活动过程，是形成教育活力凸显教学生命力量的源泉。在持续反思的过程中使教育理论与教育实践真正地走向融合，产生共振，使升华的理论能够直面教学实践，解决教育实践中的问题，同时在反思中通过对问题的思考与解决不断充实与完善理论、挑战理论、更新理论，为理论的建构与创新搭建适宜的平台。反思性分析的参与使教学活动中最为活跃的成分如直觉、反思、分析、感知、记忆、思维、经验、期待等不断激活变革的火花，使同质经验、异质经验有效整合，逐渐消除教育中的急躁心理，反思性分析可以使教师回归到教育的本真状态，无论是即时性反思、回忆性反思、期望性反思都是在连续的教学统一体即教育流中进行，把教学中的时间关系与因果关系链接起来，使之效率最大化。

第三，教师反思性分析中的问题识别与分析是教育进步的一种象征。教师必须持认真的态度、虚心和反省的精神，树立通盘考虑的思想，用科学的思维方式去提炼反思分析的内容，确立反思分析的方法，追寻反思分析的意义。虽然反思性分析的过程是艰难与苦涩的，面对的问题是触及内心、震撼灵魂的，也可能会使教师体验到一种失落感、挫败感，可能对教学的意义产生一些怀疑，对自己从教的能力产生怀疑，对出现的一些教育失误感到愧疚，等等，但这种痛苦的思考是作为一名优秀教师的必经历程，只有经过这种痛苦的思索与艰苦的锤炼，才能形成正确的自我认知观，形成一种反思文化，养成一种反思精神，营造一种对话机制，从根本上对自己的前见、偏见进行修正，在凸显教学个性化、特色化的基础上，打开主观性理解的视域，拓展性地去理解与实践教学的本原性问题。

第四，教师反思性分析会使教学用语、教学行为更加有利于学生的成长，使学生成为最大的受益者。反思性分析是教师对自己教育中的言与行进行彻查的过程，所以良好的反思语言、反思态度、反思行为就十分重要。这种反思性分析的过程就可以使教师养成一种良好的反思文化，形成一种和谐的交流模式与分享机制，使每个教师内隐的缄默性知识得以显现，使教师存在的不良言行习惯等得以改观，使教学能从基于问题的、基于过程的、基于结果的、基于管理的反思维度不断走向深入，进而从根本上透视教学现象，改进教学过程，深化教学认识，使教学在教师营造的适宜环境中实现学生利益最大化。

第五，教师反思性分析的真谛在于明晰教育的意义以及对教师素养本源性问题的思考。[4]这种带有自主性的反思性分析促进教师从教育的内部机制中审查和整理教学问题：我理解教育的意义吗？我在教育中的行为对吗？我在教学中传递了什么样的价值观与智慧？我是以什么样的态度从事教学的？同行、家长、学生是怎样评价我的教学的？我设计的案例、流程是否适合学生的学习需求？我的教学是否符合新课程所倡导的基本理念？这样的深度追查以及对教学事件做出的反应就是教学进步的表现。这种反思性分析使反思的道德力量不断显现，教师的生活目标更加明确，解释特定行为的理由更加富有理性；更进一步为教师进行教学研究与设计增加催化剂，每一位教师的反思性分析就成为教师智慧库的珍贵材料。[5]16

第六，反思性分析的实践性、批判性是教师职业的基本特征，也是教师成为反思型教师的关键。反思型教师能够在教学实践中有意识地考查课堂中存在的问题与矛盾，形成问题框架，并努力加以解决；能够意识到自己带到课堂中的前提假设与价值偏好，并进行质疑；能够注意自己教学的制度与文化背景，积极参与课程发展与学校变革，同时对自己的专业发展负责。[5]16 在反思性分析的结构属性中，要从教学的整体有机性、相关同步性、相对稳定性、自动调节性、动态开放性、管理可控性入手，在保持活力和拥有一颗自我宽恕的心的基础上去主动反省、深层反思。在反思中不断认识自我、变革自我，在改造教学现实的追求中，不断生成教育力量，汲取理论营养，形成一种良好的反思性分析场域，积聚教育智慧，创新教学行为，在可理解性的基础上超越常识之域，展现教育世界的新图景。

参考文献：

[1] 熊川武. 反思性教学 [M]. 上海：华东师范大学出版社，1999：47-52.

[2] 莱斯特·恩布里. 现象学入门 [M]. 靳希平，等译. 北京：北京大学出版社，2007：52.

[3] Timothy G. Reagan，Charles W Case，John W Brubacher. 成为反思型教师 [M]. 沈文钦，译. 北京：中国轻工业出版社，2005：1，188.

[4] 爱恩·戴维斯，爱恩·格莱格瑞，尼克·麦克基恩. 教师一定要思考的四个问题 [M]. 冯怡，译. 北京：中国青年出版社，2007：9.

[5] Stephen D Brookfild. 批判反思型教师 ABC [M]. 张伟，译. 北京：中国轻工业出版社，2002.

（原载 2011 年第 5 期）

教师专业学习共同体的实践基模及其本土化培育

陈晓端 龙宝新

教师长期生活在两个教育世界——个人的教育世界和群体的教育世界之中。其中，个人理念世界的提升与经验世界的扩充铸就了教师个人专业成长第一路径，而教师社群生活方式的变迁则构筑了教师专业成长第二路径。教师专业成长总是个体自觉与群体联动的合成品，是两者同步并进、交互作用的结果。教师专业成长的外显形态就是教师学习，它是教师的核心专业竞争力，因为人唯一持久的竞争优势，或许是具备比你的竞争对手学习得更快的能力[1]4。学习常常被看作一种身体与环境间的连接，这种连接使得有机体能够对变化着的环境做出适当的反应，[2]14 教师学习是教师与外部世界，包括教育世界与人际圈层实现信息流通、经验建构的基本途径。在教育生活中，教师个体既在向教育实践、教育知识学习，又在向其群体生活、专业社区学习。专业社群是教师专业成长的第二摇篮，① 构建并参与教师专业学习共同体（Professional Learning Community，即“PLC”）是教师专业实现整体、高效、迅猛成长的快车道，是突破教师个体的专业成长上限的重要方略。圣吉指出：“当团体真正在学习的时候，不仅团体整体产生出色的成果，个别成员成长的速度也比其他学习方式快。”[3]15 探明教师专业学习共同体的动态生成结构，绘制出其实践“基模”（archetype）②，并据此科学培育教师专业学习共同体，提升教师群体的教育智能，实现教师个体与教师社群的互依互助互推式发展，是当代教师教育改革的应有视野之一。

一、从共同体到专业学习共同体：教师专业学习共同体的特质审视

教师专业学习共同体脱胎于“共同体”与“学习共同体”，它既是共同体构想在教师社区中的一种实践形态，又是这种构想在教师行业中的一次重构与创造。每一次具体化实践都是特定理念发展中的一个创举，都意味着一种新事物的诞生，这一创举培育着新事物的特质与个性，并使之与旧事物、原理念区分开来。教师专业学习共同体亦是如此，尽管在“共同体”“学习共同体”的概念中蕴含着共同体的一般属性，但并未完全包容“教师专业学习共同体”的个性与特质。通过比较、参照，从中析出教师专业学习共同体的特质，是我们理解它、驾驭它、培育它的逻辑基点。

所谓“共同体”，按照滕尼斯的理解，它是指人们之间在自然情感的意志基础上亲密关联、守望相助并具有一定排他性的共同生活方式，其典型代表形式是血缘共同体、地域共同体与精神共同体。[3]15 由此观之，“共同体”存在的前提是人与人之间的自然情感，它是维系共同

---

① 笔者认为，“第一摇篮”是指教师的教育生活、教育实践。

② “基模”是系统动力学中的核心概念之一，是指在一个系统中事物一再重复发生的结构形态。本文中的“基模”概念就是指教师专业学习共同体这个学习型实践系统形成的基本结构形态。它是可以通过探究发现并加以培育优化的。关于“基模”概念的运用，可参见：彼得·圣吉. 第五项修炼：学习型组织的艺术与实务［M］. 郭进隆，译. 上海：上海三联书店，1998：102-103。

体的一条主线，是共同体赖以存在的生命线。人加入共同体的目的是要归依于群体，实现社会化的生存，共同体就是通过满足人的社会需要甚至精神需要来发展壮大的。可以说，共同体是建基于人与人之间的自然关联、天然缘分、情感契约基础上的社会群体，自然性、共生性、亲缘性是其共同特点。

共同体为人类的共同生活提供了一种组织形式，成员之间相互默契、信守契约、共处共生的存在状态为其他组织构架提供了一种原型与标杆。利用共同体的构架或理念来构筑一种服务于个体发展的社会机体成为许多学者的梦想，“学习共同体”就是在这一情势下诞生的，它期待借助“共同体”的形式来改造企事业、社会活动的内部组织结构。所谓学习共同体，它是指由学习者及其助学者共同构成的团体，他们彼此之间经常在学习过程中进行沟通、交流，分享各种学习资源，共同完成一定的学习任务，因而在成员之间形成了相互影响、相互促进的人际关系。[4] 如果说共同体是服务于社会成员的共同生存、适应生活需要的，那么，学习共同体则是指向群体成员的共同发展、创造活动需要的。学习共同体不再具有随缘性的成员组织原则，而是利用共同的“任务”将学习者统合起来，它是一种任务型群体而非自然型群体。学习共同体成员之间不再具有那种“为生存生活而相互依存”的被动性依赖关系，而是一种面向自我超越、自我更新的积极依赖关系，故它是一种积极型群体而非消极型群体。学习共同体关注的是共同体内部、学习者之间的经验交流、新知产生与信息共享，而非止步于人与人之间基本的精神、生活的需要，故它是一种创造型群体而非守成型群体。从这个意义上讲，从共同体到学习共同体的演变是一次质变：走向自觉、自主、创造是其实质，任务性、共创性、发展性成为学习共同体的新特质，共同的任务、共同的话题、共同的愿景、共同的价值成为学习共同体的新结点。学习共同体的完美形态就是圣吉所言的“学习型组织”，自我超越、合作文化、心智模式、共同愿景和基于对话的团队学习成为学习共同体的新要素，创造性张力、系统思考、深度会谈①成为提高其效能、加固其根本的关键策略。

如果说学习共同体可以在任何具有共同学习意愿的组织成员（如学习者、助学者、管理者）之中构建，那么，专业学习共同体则不具有这一属性，它仅适用于特定专业社群成员。“教师专业学习共同体”正是在学习共同体基础上发展起来的一种新型社会群体。赫德（Hord）指出：“当所有人合作开展共享性学习，并践行他们所学的内容，目的是提高自己作为专业人员的有效性和促进学生学习的时候，这些人所组成的就是（教师）专业学习共同体。”[5] 与普通学习共同体有别，专业学习共同体的成员是专业人员，面对的问题是专业问题，预期的目标是寻求专业的对策和共识，最终实现专业发展，故此，其圈子更小，层次更高，位于共同体系统中的最顶层。教师专业学习共同体正是如此。教师专业学习共同体的纽带不是一般的学业问题、学术问题，而是当下专业社群面临的亟待解决的实践难题，它是将该社区内所有教师聚拢起来、吸引到共同体内的一枚磁石，它生成着专业学习共同体的向心力。教师走进专业学习共同体的原动力是基于对教育事业的

① 深度汇谈与日常谈话不同，它指在所有对话者参与的同时，分享所有对话者的意义，从而在群体和个体中获得新的理解和共识的交流活动过程。根据圣吉的观点，深度汇谈是自由和创造性地探究复杂而重要的议题，先暂停个人的主观思维，彼此用心聆听”，最终得到“超过任何个人的见解”。关于这一概念的运用，可参见：彼得·圣吉. 第五项修炼：学习型组织的艺术与实务［M］. 郭进隆，译. 上海：上海三联书店，1998：270-274。

使命感、事业心与责任感，是其对信守的美好教育愿景的执着追随。教师专业学习共同体的生命线是其对教师专业成长的效能性，是专业会谈、专业探究对教师专业发展的实在价值。教师专业学习共同体存在的目的就是要针对教师社区共同面临的实践难题汇集专业创见、凝聚专业共识、寻求专业良策，努力实现个体发展与群体发展的共赢与互促。从这个角度看，教师专业学习共同体首先是事业型共同体而非普通共事型共同体，是一种面对实践难题的实践共同体而非知识型共同体，是以专业发展为主题的专业共同体而非研究者共同体，它就是教师社区内的一种智慧联盟、实践联盟、工作联盟、专业联盟。

二、教师专业学习共同体的实践基模

任何共同体的存在都是围绕某种稀缺资源而展开的，血缘共同体追求的是亲情，经济共同体追求的是利益，政治共同体追求的是权力，精神共同体追求的是心灵，而教师专业共同体追求的是专业智识。稀缺资源是共同体的固着点和原发点，服务于稀缺资源的聚合与增值是共同体构架的灵魂。在教师专业社群中，学习共同体是诱导专业智识生成的特殊装置，是教师个体展示专业自我的平台，是为教育难题寻求专业处方的智库，这就决定了它具有自身独有的结构。当然，任何“结构”都不可能是静态可见的，而是形成中、建构中的，它是事物内在关键联系的动态联结方式，是一系列“因果动环”（即“因果环状互动关系”）的复合，是“随着时间的推移，影响行为的一些关键性的相互关系”“这些关系不是存在于人与人之间的相互关系，而是存在于关键性的变数之间”。[1]11故此，结构平面图不可能全面展示教师专业学习共同体的结构，借助圣吉的“基模”概念是直观、全面、准确地把握教师专业学习共同体构架的科学策略。

“基模”由关系构成，关系由要素构成，要素是基模的构成原子。在绘制教师专业学习共同体的基模之前，必须完成的一项奠基性工作是找到其核心构成或关键元素，以确定构成基模的因果动环的节点。学习是人类的天性与禀赋，是教师专业发展的内在机制，教师专业学习共同体的内核是专业学习。教师学习可以在大学课堂中进行，可以在教育实践中进行，也可以在日常生活中进行，但这些学习大都是适应性学习、准备性学习而非创造性学习。教师专业学习共同体所有成员都是具有教育经验、置身于教育情境之中并具有一定教育判断力、选择力、创造力的成员，他们所需要的教师学习是一种面向实践难题、升华教育经验、聚集成熟智慧、分享成功实践的专业学习，这就决定了教师专业学习共同体所要促成或搭建的是一种前沿学习、探索学习、问题学习与社会学习。故此，统率教师学习的话题是教育实践中涌现出来的真问题、新难题，学习的对象是生成中的汇谈结果和参与者的睿智，学习的动力是内发、自发的，学习的方式是参与“深度汇谈”，学习的方向是自导的，学习的目的是走向专业成熟，等等。这种特殊的学习形态决定了教师专业学习共同体的使命是构筑一种教师专业发展的诱导性与支持性框架，以此为实现教师个体与教师群体的共同发展提供一种精神契约与文化支撑。与之相应，在教师专业学习共同体中，教师发展的动力、主体、方式、机制、内容等都具有了新的内涵与成分。

其一，教师发展的动力具有二重性，是原创性动力和感应性动力的交合，它们构成了教师专业共同体的双引擎。“开创型学习的动力，源自想要创造对人们有价值与意义的新事物的欲望”[1]47，教师参与专业学习共同体的内驱力就是这种追求原创的欲望。进而言之，教师参与专业学习共同体的原动力有两大来源：一个是教师在教育实践中“遭遇”和面对实践难题时产生的认知惊异与实践困惑。为原生实践问题讨教方家、寻求解释，共同求解、搜索“杠杆解”是推动教师参与学习的原创性动力源之一。另一个动力源是教师成就愿望、事业愿景与实际发展状况之间形成的创造性张力。正如彼得·圣吉所言：“当我们把“愿景”与一个清楚的‘现况景象’同时在脑海中并列时，心中便产生一种创造性张力。”[1]332 这两种动力构成了教师参与专业学习共同体的原初性动力，它还需要另一种动力——感应性动力的配合。在专业学习共同体中，每个教师面对的是具有丰富经验、专业才识的同行，自己所阐发的见解、所提出的教育问题、思考问题的独特视角随时都可能引起其他同事的回应、共鸣、深思与赏识。无论这些见解、问题、视角得到的是精神上的关注、认同、赞赏还是认识上的肯定、争议、重视与策略上的应对、建议，都可能激起教师继续探究、探讨、探寻的热望，形成一股前进的内驱力。这股力量就是感应性动力，或称激励性动力。它不像原创性动力那样来自教师与实践间的矛盾，而是来自共同体内教师之间的认识视差、经验差距、人际感应，这才是教师专业学习共同体内的一种独有力量。如果说原创性动力是推动教师参与专业学习共同体的原始动力，那么，一旦共同学习探究活动被启动，这种感应性动力日益成为维系教师专业学习共同体的主导动力，成为教师专业学习活动日趋强劲的核心动力。关注每个教师提出的原生问题，捕捉每个教师思维的灵光，聚集教师专业智慧碰撞中生成的“感应力”，是教师专业学习共同体持久深入发展的不竭能源。

其二，教师发展是双主体——个体与群体互利共益、互依共生的过程。在教师专业学习共同体中，教师发展首先是个体的发展，是每个教师进行专业智慧和专业知能的自我修炼、自我超越的过程。在这个意义上，教师专业学习共同体是每个教师个体专业才识的展台，探讨话题只是诱发这些才识显现的诱因而已。在专业汇谈中，教师从教的经验、智慧、灼见喷涌而出，其专业自我展现无遗，被暴露于众目睽睽之下，接受着同行的点评与审视。正是在同行眼光的审视之下，教师个体专业发展中的盲区、误区与优点、优势走向分化，其与其他教师之间认识经验的对流与交流随之展开，教师个体面临着专业发展的新机遇。在专业学习共同体中，教师个体学习是从参与开始的，“参与”的实质是共同体内不同“专业自我”的会面、对视与际遇、互动，是启动专业对话的门槛。继之，教师个体与其他专业人员之间的关系成为决定参与深度、对话质量、专业创造的关键参量。一个深度参与专业学习共同体的教师是与所有其他成员建立了关系网的教师，每种关系都是师生间信息、经验、智慧、情感交流的管道，每种关系的亲疏程度都是决定师生间信息、经验、智慧、情感流量及流速的关键参量。在网络式个体关系中，关系的受益者——教师个体实现了专业认识的增值、专业经验的扩容与专业精神的升级。同时，在专业学习共同体中，教师群体是专业发展又一主体。在共同体中，教师群体的存在形式不只是一个“概念”，它更是一种文化，一个社会，一种边界。不同共同体间的差异是主导文化的差异，这种差异使该共同体成为一个具有独特运作机制的“小社会”，其与其他共同体间的界限清晰可见。正是这一独特生态的存在，教师群体具有自身独有的发展愿景、智慧智商、文化秉性。教师群体文化对其所属每一个体的主要发展都具有阻力与助力的双重功能。经由整体互动，教师个体的愿景、目标、智慧、追求汇流为群体的愿景、目标、智慧与追求，为每个成员的发展提供了优越的平台与环境。但在某些情况下，它往往成为教师个体专业发展的上限，形成了其专业发展的空间与阈限，压制着教师个体发展潜能的发挥，“枪打出头鸟”正是这个道理。在此情况下，教师群体的专业成长与文化建设就成为教师专业学习共同体发展的重点。“实践社群是知识形成的内在条件，主要是因为它提供了一个诠释系统，用来对社群的传统建立意义。”[6]教师专业学习共同体就是通过对专业知识标准的把持来实现对教师个体的控制，可以说，没有教师群体的“转换型学习”（即那种面向改变我们认为理所当然的参照框架，如意义视角、智力习惯、心智背景的学习[2]49），没有共同体文化的重构与转变，教师个体的专业潜力是难以得到施展与解放的。在教师专业学习共同体中，教师发展是个体发展与群体发展之间的一场共舞：当教师个体投入而不消弭于群体，即以相对自主的姿态出现在群体中时，他能够实现与教师群体的一体化生存，教师群体的智慧就会增长；反之，随着教师群体智慧的增长，教师个体也会从中受益，其专业发展也能得到整个群体的有力支撑。因此，教师群体专业发展就是教师个体发展的空间和温室，它实质上就是一场为教师个体创造上限、拓展空间、构筑发展环境的实践。

其三，教师专业发展的机制是差异互动。专业学习共同体建立的前提是成员之间专业发展水平的相似性。所谓相似性，就是共同性与差别性的共存与混合，是指成员之间在发展状况上的大致相同而非绝对相同，发展水平上的相对差异、量的差异与绝对差异，知识结构、经验库存、教学风格等质的差异的同在。专业发展水平差距带来的是一种教导式学习，而相似的专业发展水平带来的是一种切磋式、创造式学习。在相似的专业发展情况下，教师间的相同性是专业学习共同体存在的基础，同属专业社区、共同面对教育实践、共同的教育经历与生活背景等都为共同体内展开汇谈提供了共同需要、共同话题、共同目标，所有成员拥有若干个共同的关注点，共同致力于解决一组问题，或者为了一个主题共同投身或参与是专业学习共同体的栖身之基[7]。应该说，离开了这种相同性，共同体的发展就失去了基轴和内线，相同性是教师专业学习共同体赖以存在的公共场与话语场。同时，差异性是共同体产生出新价值、新成果、新认识的资源性条件。在专业学习共同体中，每一个成员就是一门有待学习的课程。学习共同体成员间的专业差异、认知差异、经验差异、体验差异构成了教师专业学习共同体发展的资源和原料。可以说，正是教师间异质差异的存在才为共同体内的会谈提供了一种谈资，提供了一种交流对话的需要与相互的吸引力。教师间专业发展状态，包括水平、方向、领域等的差异在共同体内商谈、交流中不仅实现了专业洞见、专业智慧的共享与分享，而且还实现了增值与创生。专业洞见、专业智慧在摩擦碰撞、思维拼接、视界融合中实现了新生，专业歧见、专业误解甚至可能成为揭开新的专业论域、开启新的专业视野的一把钥匙。知识、信息、智慧一旦形成就会产生在主体间流动的势能，渴望分享是知识、信息、智慧的一种本能需要。专业学习共同体就是教师间的一道桥梁，教师间的专业差异顺着这道桥梁顺利实现了互动、互构与互生。“如果活动与个人的参与、参与者的知识和观点有着相互构成的关系，那么转变就是实践社群及其活动的基本属性。”[6]也就是说，教师间专业差异的互动势必导致整个专业共同体的转变与新生，进而整体带动教师群体的专业迅速发展。

其四，教师发展是通过学习型课程进行的。教师专业学习共同体是一种实践共同体而非一般的学习共同体。如果说圣吉所言的“学习型组织”是一种管理组织，是以学促管理，因为“传统权威组织的信条是管理、组织与控制，学习型组织的信条是愿景、价值观与心智模式”[1]170，那么我们认为：学习型组织属于“行政组织”的一种变形，其目的在于改变成员的组织行为。学习共同体属于“学习”而非一般行政组织，专业学习与探究是其主旨，它属于一种实践探究组织。为了使这种探究产出原创性、实效性成果，教师专业学习的课程必须是学习型课程而非教学型课程。教学型课程是“为了指导新加入者而设计的”，是“为学习提供一些具有结构性的资源”，故它必须“经由指导者的参与而传递”，其意义是“由指导者控制的”，而学习型课程则是“日常实践中的学习资源”，是“包含了情境式的课程，并且能随时形成新的实践”。[6]在教学型课程中，课程的掌控者——教师培训者拥有专业权威，把握着专业话语权，而在学习型课程中所有共同体成员之间是合作伙伴的关系，每个人都是学习型课程的主人。学习型课程具有三个明显特点：实践性、情境性与社群性。从某种意义上说，学习型课程就是“教育实践”的代名词，是一种教育实践所蕴含的教育智慧、教育理念、教育思维等的总体。无论这些智慧、理念、思维是有形的还是无形的，可言的还是不可言的，它们都构成了这种教育实践的参与者学习的对象。相对而言，教学型课程只是其中少量被语言化或图式化的内容而已。因此，学习型课程始终与教育情境黏合在一起，其中蕴含着丰富的教师学习资源，有待于教师去开掘。同时，学习型课程也不同于隐性知识，它是在教师社群内共同认可的教育实践的内容物。正如莱夫等人所言，“学习型课程是社群的特色”，只要身处这一社群，教师就能够自然而然地了解自己教育行为的意义，因为社群的所有参与者对此“有共同的理解”。[6]在专业学习共同体内，教师面对的就是这种学习型课程，它是教师共同体共同拥有的一笔教育财富，教师专业的真知灼见都是从不同视角来探索、探讨、探察这一课程的产物。“社群里的实践创造了广义上的一个‘潜在课程’，那些能够合法地从周边接触这些‘课程’的新加入者，便能够从中学习”[6]，学习型课程正是以“潜在课程”的形式存身于教师共同体内部的。从中发掘学习资源，析出教育智慧，理出行动策略，让潜在的智慧可视化、可分享，是专业学习共同体的神圣使命。换言之，教师专业学习共同体的实践就是面向学习型课程展开的一次“掘金”行动。

其五，教师专业发展的标志是一系列实践性理论的诞生。在教师专业学习共同体中，教师成长既需要过程控制，如差异互动，又需要终端控制，即一切围绕学习成果而展开。我们认为，教师专业学习共同体只是为教师专业成长搭建了一个舞台，一种专业学习的激励性机制，专业学习才是其内核与实质。

在教育生活中存在着两种专业学习：其一是理论提升式学习，即共同体成员在汇谈中通过聚焦共识、理性思考，形成对一种超主体、超情境、超时空，具有最大普适性和迁移性的教育理论，以此来结束汇谈，形成学习结论；其二是实践深化式学习，即针对特定问题，共同体成员在吸纳众人智慧、洞见、良方的基础上形成一种更加完善、更为丰富，对该问题有特效的实践处方，这就是实践性理论。实践性理论也即实践性知识，它是教师专业人员在特定情境下如何优选行动方案的微观理论，而一般理论则是关注教师专业人员如何从单一视角来简化教育情境、把握教育实践的宏观理论。如果说一般理论指导教师教育行动的模式是：“在S情境，如果想到C结果，就必须采取A行动”，那么，实践性理论指导教师教育行动的模式是“在S情境，如果想得到C结果，在

a^1、a^2……a^n前提下，采取A行动”。舍恩指出，“理论在两个相关命题中耗损：考虑完全的复杂性和具体性，以尽量可能最简单的方式完成。”[8]18学者所提出的抽象教育理论的致命性缺陷正系于此。基于实践性理论的教育行动是对多种教育情势进行通盘考虑的具体行动策略，是教师对教育情境、复杂情况进行综合权衡的结果。作为扎根于教育实践的教师专业学习共同体理应是面向实践性教育理论而展开的，是一种服务于教师使用理论（而非信奉理论）形成而存在的。实践性理论是与教师的教育行动直接统一的理论，是融入教师的教育价值、教育信仰、教育惯习的理论。改变并重构这种理论是专业学习共同体的终端目标，是教师专业成长的必经之途与直接标志。

基于上述认识，借助于圣吉的“基模”思想，我们将教师专业学习共同体的实践基模图示如下。

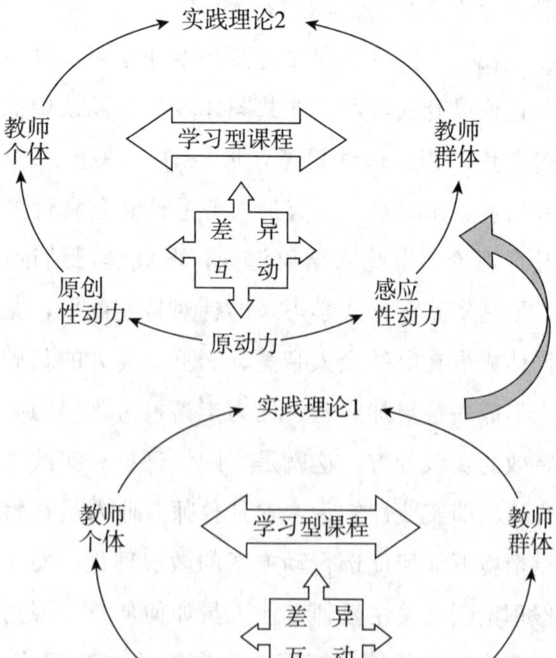

图1 教师专业学习共同体的实践基模

上图表明：教师专业学习共同体是教师个体及其群体在原创性动力与感应性动力的双重推动下，围绕学习型课程展开差异互动，不断创生和完善实践性教育理论，推进教师专业成长成熟的一种实践性构架。

三、本土化教师专业学习共同体的培育

“增强环路导致成长。”[1]209从教师专业学习共同体的实践基模可以看出：教师专业学习共同体要顺利构建并保持强劲的发展势头，有三个重要链环需要关注——成长需要的激发、实践问题的关注与良性互动文化的巩固，三者分别为教师专业学习共同体的发展提供了持续的动力源、鲜活的学习型课程和差异互动的平台。有了这三个支撑点，教师专业学习共同体就可能不断产出有效的实践理论，走上一条增强型发展之路。教师专业学习共同体没有统一的模式或样板，只有最符合学校校情的本土化、校本化的具体专业学习共同体样式。我们相信，无论是哪种教师专业学习共同体形态，只要能大致符合上述基模，它就有可能培育出一种能够完成教师专业发展重任的专业学习共同体。正是基于这一思考，我们认为，要构建出一种本土化的教师专业学习共同体，学校教育机构与教师专业发展支持者以及共同体的领导者应该考虑以下思路。

（一）成长需要的激发与交合

任何专业学习共同体的发展都要经历一个从无到有、从弱到强的过程。在这个过程中，成员成长需要的激发、学习愿景的催生尤为关键，它是推动专业学习共同体产生的基本内驱力。在缺少愿景的情形下，充其量只会产生“适应型学习”，只有当人们致力于实现某种他们深深关切的事情时，才会产生“创造型学习”。[1]103学习愿景催生的目的是要激起共同体

成员的创造性张力，为其专业成长提供一种原动力。实际上，在教育实践中经常有两种建立专业共同体的模式：一种是基于强制性制度变迁原理，利用行政力量来直接构建教师专业学习共同体；一种是基于诱致性制度变迁原理，利用教师内发的自然成长力量来建构教师专业学习共同体。笔者认为，前一种形式只是构造了教师专业学习共同体的“形”，而难以铸就其内在之“神”，要构建一种形神兼具的专业学习共同体，必须求助于教师共同成长需要聚合的路径。当教师个体的成长需要一旦被激发，共同体的促进者要善于引导这些需要走向聚合，尤其是要发现这些需要的交合点和公共点，使那些零散的成长需要围绕这些重合性需要聚合起来，汇聚成一股强大的合作需要与群体学习动力，敦促教师专业成长共同体的产生。

（二）问题的诱导与资源的敞开

在教师群体的专业成长内驱力形成后，它最需要的是一个议题或问题来统整，否则这些成长动力会消散，最终在无序的教育争辩与个体实践中被耗尽。因此，锁定研讨议题是引导教师释放专业成长力与原创力，聚合研究劲头和能量的枢纽。对教师而言，问题既是一种信息，又是一个成长诱因，有效信息能够凸显两难境地，而两难境地创造紧张，人们需要通过紧张来解决两难问题，[8]95 共同体内的汇谈活动随之发生。拟探讨问题的选定是一门艺术，问题的辐射面与现实性是决定其能否担负起该使命的关键。所谓辐射面，是指该问题能否成为专业共同体内的横断问题、共同涉及的问题。许多教育问题具有多面性，在不同专业领域会有不同的表现。一个有宽广辐射面的问题能够将教师专业学习共同体内的所有教师“串联”起来，使之在共同攻克难题中拉近关系、结为朋友，扩大信息、智慧沟通的效率与容量，迅速实现教师专业成长。所谓现实性，是指探讨问题与教师当下工作之间的相关度，它决定着问题探讨的意义与价值，决定着共同体成员参加汇谈的兴趣与热情。一个有现实意义的问题能够刺激教师的探究热情，提高专业学习的质量和效能，为教师专业发展创造契机。因此，专业学习共同体的核心成员或“辅导者”的重任是从探讨中形成的“生成性主题”中选择广辐射面、高现实性的问题来牵引探讨的方向，不断增强专业学习共同体内部的聚合力和向心力，延伸专业学习共同体的生命力。当问题锁定后，教师专业学习共同体应该善于激活各种学习资源，打开教师自身的认识、经验、智慧库存。在共同体内，每个教师自身都是学习型课程、学习资源的携带者。在问题的诱导下，在开放式的汇谈中，这些资源随之向每个教师敞开，共同体内的实质性专业学习活动随之就会被启动。

（三）任务的嵌入与制度的配合

教师专业学习共同体培育中至关重要的是向心力的供给与强化问题，因此，探究任务嵌入与宏观学校制度的配合对专业学习共同体的维系与发展非常必要。相对而言，对教师成长需要的激发与问题的诱导关注的是专业学习共同体的内力凝聚，而任务嵌入与制度配合则是补给教师专业学习共同体发育的外力。尽管外力关注的是共同体外部环境改善问题，而内力关注的是共同体内部环境优化问题，但在特定条件下，外力与内力之间无绝对差别。一方面，在外力的刺激或助推下，共同体成员更容易团结起来，方向一致，形成一股强大合力，从而加速内力的聚合；另一方面，外力可以通过各种方式，如内导、渗透、内化等转化为内力，成为共同体发展的直接推动力。随着任务的介入，专业学习共同体内教师之间的共同需要增加，合作需求更旺，群体愿景更易形成，内部差异互动的深度与频率会不断增加。当然，秩序是专业学习共同体健康发展的基本要求，尤其是那些自然的、隐性的合作契约与互动方式。相对而言，制度具有定型性与可视性，将共同体内部的所有秩序完全制度化是不利于教师群体发展的，甚至可能导致对某些创意、创举、创见的压制。但换个角度来讲，如果缺乏基本的制度供给与制度设计，专业学习共同体也难以获得强有力的支撑。在专业学习共同体中，必须把那些共同体自身形成的、成员高度认可的、基本的常识性的秩序，如对话原则、新成员加入规则等及时制度化，使之成为专业学习共同体持续发展的“稳定场”。[1]238 从这个意义上看，教师专业学习共同体需要的是内生性制度的配合而非强加性制度。

（四）成果的激励与成员身份的获得

对专业学习共同体而言，生命力的维系与强化首当其冲、压倒一切，这种“力”的持续供给是教师专业学习共同体持续延伸的生命线。相对而言，问题、任务、制度、资源等都只是这种“力”的诱导物与聚合物而已。随着专业学习共同体的成长，其内部基本运作机制基本成形、汇谈成果次第涌现，共同体的“辅导者”或核心成员应不失时机地捕捉那些凝聚着群体创意与灵光的成果，并对之加以肯定、评价、赞赏、提升，使之从缤纷芜杂的汇谈成果中“显现”出来，成为整个共同体阶段性探讨成果的结晶，以此来激发专业学习共同体的第二推动力——感应性动力。感应性动力是伴随着创造性成果而生成的一种动力，是源自人的成就感与满足感的一种动力，这种动力具有连续性与伴生性，是逐步引导专业工作者迈向成功的重要动力。如果说原创性动力是支撑教师专业学习共同体的启动性动力，那么，感应性动力则构成了支撑教师专业学习共同体的过程性动力，两者之间相互诱发与转化为专业学习者提供了不竭的前进动力。同时，随着创造性成果的产生，共同体内部成员会发生身份变化：那些对该成果贡献较大的成员在共同体内部的地位显得日益重要，他们拥有了更多的话语权与形成性权威，具有了“核心成员”的身份；那些对创造性成果贡献较小的成员在共同体内的地位则变得轻微，日益走向共同体的边缘，最终可能演变为共同体的“一般成员”。在专业学习共同体内部，随着话题的转移、探讨问题走向的游弋，共同体成员的身份是不断变化的，正是这种因问题、领域、情境而异的变动性身份，才使共同体保持着动态的专业能级和身份秩序，为专业汇谈创造了一种民主的话语空间与层级性动力。正如有学者所言，学习具有社会性维度，它“创造了意义和身份”[2]120，创造了一种人际社会关系与权力等级。

（五）共同体文化的建设、巩固与维护

教师专业学习共同体培育中的最后一个环节是文化建设。制度、任务、秩序都是暂时的、流动变化的，对专业学习共同体而言，最具象征性、本体性、稳定性的是共同体文化。教师个体拥有的是专业自我，教师群体拥有的是共同文化，文化是“超有机”“超稳定”的，是可以永续流转的，共同文化建设是共同体长期建设的目标和抓手。对教师专业学习共同体而言，共同文化不仅是共同体存在的本体，是使共同体一体化，成员具有一体感的根源，更是培育新成员的核心资源依托，文化“会塑造不同个体的思想”[9]，使之与其他共同体成员相似或一致。从这个意义上看，教师个体要实质性地加入专业学习共同体，就必须走进共同文化的核心圈层，努力为这种共同文化所接纳。其实，这一接纳过程也是教师专业学习共同体“教育”新教师，提升其专业水准的过程。因此，专业共同体文化的品质与成员未来素养之间呈正相关关系。专业学习共同体文化需要输血、滋养、维护，这种文化代谢活动主要通过两种途径来实现：其一是内部秩序的净化，即将这些不利于民主、开放、深层汇谈的契约、习俗、偏见清除出去，让健康、和谐、科学的风气成为专业共同体文化的主流；其二是人员的合理流动，即及时将一些具有新思想、新经验、新智慧的教师个体吸纳进来。正如莱夫等人所言："新加入者在参与中吸收行业'实践文化'的同时，也会为实践文化所吸纳。"[6]正是新加入者促成了专业学习共同体文化的转变与升级。对专业学习共同体而言，新成员并非一定是外来者，具有新观点的旧成员也可能成为共同体的新加入者，"只要不同的新观点能持续进行互动，每个成员的参与在某种程度上都是属于合法理的周边参与。换句话说，每个人都是转变的社群里未来的新加入者"[6]。也就是说，"新加入者"的"新"不是指"身份"的新，而是指其所承载的"学习型课程"之新、"观点"之新。共同体文化是教师专业学习共同体的精神不动产，是成员变化中的不变性，是不断积累增长中的精神财富。我们相信，共同文化的维护与滋养是引导教师专业学习共同体不断走向壮大、强劲、转变、新生的基本路径。

参考文献：

[1] 彼得·圣吉. 第五项修炼：学习型组织的艺术与实务［M］. 郭进隆，译. 上海：上海三联书店，1998.

[2] 克努兹·伊列雷斯. 我们如何学习［M］. 孙玫璐，译. 北京：教育科学出版社，2010.

[3] 斐迪南·滕尼斯. 共同体与社会［M］. 林荣远，译. 北京：商务印书馆，1999：15.

[4] 李冰. 教师学习共同体与校本培训方式初探［J］. 学校管理，2008（3）：2.

[5] Hord S M. Professional Learning Communities：What are They and Why are They Important?［J］. *Issues about Change*，1997（6）.

[6] Jean Lave，Etienne Wenger. Situated Learning：*Legilimated Perpheral Participation*［M］. Cambridge：Cambridge University Press，1991：95-117.

[7] 辛涛，申继亮，林崇德. 教师自我效能感与学校因素关系的研究［J］. 教育研究，1994（10）：16-20.

[8] 克里斯·阿吉里斯，唐纳德·A·舍恩. 实践理论：提高专业效能［M］. 邢清清，赵宁宁译. 北京：教育科学出版社，2008.

[9] Bruner J. *The Culture of Education*［M］. Cambridge，Mass：Harvard University Press，1996（1）.

（原载 2012 年第 1 期）

如何让教师在合作学习活动中掌握合作学习方法

王 鉴 李泽林

合作学习是新课程改革所倡导的一种新型学习方式，但在课堂中的有效应用并不理想。究其原因，主要是因为许多教师虽然在课堂教学中使用了合作学习的形式，但并未有效地理解合作学习的理念并掌握合作学习的方法。如何通过合作学习的活动让教师掌握合作学习方法，进而在课堂中有效地使用合作学习这一新型学习方式，在教师培训中显得尤为重要。

一、教师合作学习活动的设计与方法

（一）教师合作学习活动的设计

为了让学员真实地感受与体验合作学习活动的过程与方法，在授课之前可以将学员随机分为四个小组，并由学员自己命名，比如学员自己命名的“守望者”“HHLC”“三人行”“思维火花”等。培训教师随后明确提出本节课培训的主要任务，即理解合作学习的五个重要问题：什么是合作学习？为什么要倡导合作学习？合作学习的要素是什么？合作学习的形式有哪些？课堂教学中如何运用合作学习方法？

（二）教师合作学习活动的方法

1. 个体学习与体验。每个学员在纸上写出上述五个问题的答案，可以是关键词的形式（时间20分钟）；找五个学员分别表达自己关于这五个问题的基本观点（时间10分钟）。

2. 小组合作学习。小组合作学习方法分为两人一组合作学习和五人一组合作学习两种形式。两人一组（同桌之间）相互交换答案并交流（时间10分钟）。五人一组（小组学习）讨论并形成共识。每小组推选一个组长负责学习活动顺利进行，推选一个记录人，负责记录大家的观点，并将小组共识答案写在纸上，贴在墙壁上（时间20分钟）；推选一个报告人，向大家报告本小组的基本观点（时间30分钟）。

3. 交流与共享。在培训教师的引导下，由各小组答案中探寻共识观点，形成最优观点（时间30分钟）。

二、教师合作学习活动的过程与结果

（一）个体学习与体验

教师让每个学员在纸上写出上述五个问题的答案，可以是关键词形式，并让学员表达自己的观点。此活动主要是针对合作学习中的个体是一个独立的学习者，有其独特的学习经验，它是合作学习的起点。正如泰勒所指出的那样，学习经验就是指“学习者与使他起反应的环境中的外部条件之间的相互作用。”[1]55 为了实现教学目标，学生必须有这样的学习经验：“提供机会让学生去实践该目标所隐含的行为”。[1]57 个体独特的学习经验是开展合作学习的前提条件，合作学习是建立在个体学习基础上的学习，而不是与个体学习无关的学习活动。

教师布置任务以后，分别到各个小组巡回检查学员学习中出现的问题，随时发现问题并指导学员的学习活动。在这个过程中，有学员开始认真书写自己的观点；也有学员对自己的观点拿不定主意；有个别学员伸长脖子看其他学员的答案；还有学员打开参考书，寻找书中的正确答案。当培训教师发现学员对自己的观点不够自信的时候，为消除学员的顾虑，教师开始对学员进行引导：“我们所要写的是我们自己对这五个问题的理解与思考，大家不要想着从书本上、笔记上抄写。就写你自己的观点!”在教师的引导下，学员完全放开了手脚，开始认真地思考并分别在自己的练习本上写下了上述五个问题的答案。比如，学员们分别写道：“合作学习就是自己思考并参与到小组学习中，把自己的观点用语言表达出来，听取别人的观点，能够理解别人的观点并内化到自己的观点之中的一种互助式学习。”“倡导合作学习就是要激发自己的思考，和同伴交流思想，同时拓展自己看问题的角度。”“合作学习的要素有四个，即工具、参与者、引导者、目标。”“合作学习的形式主要有小组（分组）、师生对话、不同年级间的联谊交流、学术报告、讲座形式。”“课堂教学中运用合作学习方法时引导者要很好地引导（监控、组织能力），随时调整目标、驾驭课堂、观察课堂，注意合作效果的反馈。”

这些观点虽然有点稚嫩，甚至还有些错误，但它们是个体真实的经验与教学任务结合的产物，是学员们自主学习的表现，这些观点正是后续的合作学习的基础，是形成共享智慧的起点。

（二）同桌之间的交流与讨论

两个人一组（同桌之间）相互交流并讨论，这是课堂合作学习中最基本、最便捷的活动方式。在活动中，有的学员两人一组开始阅读对方的答案；有的学员两人一组开始讨论某一个问题；有的学员两人之间开始争论某一个问题；还有的学员并没有有效地组成两人一组开展活动，或独立思考、或静坐观望、或心不在焉。培训教师在课堂中及时发现那些没有参与两人一组合作学习的学员，引导这些学员尽快组成两人小组，并鼓励他们相互表达与交流各自的观点：甲表达，乙倾听，然后乙表达，甲倾听，相互借鉴其观点，进而修正自己的观点。教师让学员进一步以参与式体验的方式掌握两人一组合作学习的方法。在教师的引导下，学员之间交流与讨论活动更加有序、有效，形成了良好的合作学习气氛。比如，两人一组合作学习形成的观点：“合作学习就是不同的个体为了达到共同的目标，在学习过程中结合成不同的共同体而进行的学习活动。”“倡导合作学习可以帮助学生提高合作意识和团队精神，培养学生独立思考问题的能力。”“合作学习的要素有四个，即目标、角色、分工、反馈。”“合作学习的形式主要有同伴（或同桌）之间的合作学习、小组之间的合作学习和全班一起的合作学习。”显然，这些观点明显比个体学习经验基础上所形成的观点更加完善，逻辑表述更加顺畅，思路更加清晰，这为进一步开展小组合作学习打下了基础。

在这一活动过程中，学员不仅通过两人一组合作学习方式进一步深化了自己的认识，完善了相关的观点，向他人开始学习，合作学习活动真实发生，而且，在这一过程中，学员体会了合作学习的最基本的方法，比如表达与倾听、相互讨论、改变自己、形成共识等。

（三）小组合作学习

小组合作学习的关键有两个：一个是明确的责任分工，另一个是小组成员共同学习，即“同学”。首先是明确的责任分工：每个小组推选一个组长，负责本小组学员开展学习活动；推选一个记录人，负责整理大家的观点；推选一个报告人，负责陈述本小组的观点。其次是“同学”，即在分工完成各自任务的基础上，小组成员相互交流与讨论，最终要达成共识，每个学员都要积极参与其中，每名学员都要贡献自己的智慧，最终形成大家的共识。

培训教师布置任务之后，各个小组的同学抓紧时间进行小组交流与讨论：“HHLC”小组的学员在组长的组织下开展交流与讨论活动，确定小组的共识观点；“守望者”小组中一个学员已经迫不及待地开始在纸上写自己的观点，而其他学员在一旁观看；“思维火花”小组的学员先将大家的讨论意见写在纸上，准备形成较为成熟的观点后，再写到纸上；“三人行”小组由两名同学发表意见并开展讨论，另一个同学倾听并作详细记录。当培训教师走到“守望者”小组时，看到小组中同学分工不明确，讨论进展比较滞后时，就从方法上进行了专门的引导：“组长的责任就是要对小组内成员的职责进行分工，让每一个成员都承担一定的责任并完成相应的任务，组长还要引导本组成员对问题进行讨论并归纳总结。每个成员不仅要完成自己的任务，相互之间还要配合与支持，并服从组长的安排与协调。合作学习的形式是灵活多样的，合作学习的目的却只有一个，即通过小组内大家的共同努力完成学习任务。只要我们得到了合作组学习的‘意’就可以忘其‘形’了，所谓‘得意忘形’正是这个道理。”显然，小组合作学习活动中，“HHLC”和“三人行”小组分工明确、共同学习十分有效，而“守望者”和“思维火花”小组不论在学习方法上，还是在学习活动的组织上都存在这样或那样的问题。针对小组合作学习过程中各小组表现出的不同问题，教师有针对性地进行了现场指导，将小组合作学习的方法及时地讲给学员，并让他们通过参与体验，理解合作学习方法的精髓。

（四）成果交流与共享

成果的交流与共享主要包括两个环节：一是由各小组负责报告的学员报告本小组的基本观点；二是从各小组观点中归纳出大家共识的观点。在此项活动中每个小组均形成了关于五个基本问题的观点，但要形成全体学员的共识观点，还需要在教师的引导下，通过对各小组观点进行比较分析，求同存异，形成集体的共识。表1、表2、表3、表4、表5是四个小组关于五个基本问题的观点及教师对于这些观点的点评。

表1 问题一：什么是合作学习

组名	观点	教师点评
三人行	在课堂教学中，不同的个体为了共同的目标，以分工与合作进行的一种学习活动	合作学习的概念界定，要弄清其属概念和种差分别是什么。我们可以看出各小组共同的属概念是“一种学习的活动”，而种差是“分工与协作”，所以，合作学习就是“为了共同的任务，通过分工与协作来开展的一种学习活动”
HHLC	以共同目标为导向，个体通过合作的形式，完成学习任务的学习方式	
守望者	学习共同体为了完成共同的学习任务，分工合作的一种学习方式	
思维火花	在学习共同体中运用分工与合作的形式，完成共同的学习任务的一种学习方式	

表2 问题二：为什么要倡导合作学习

组名	观点	教师点评
三人行	1. 学生发展的要求 2. 社会发展的要求 3. 课程目标的要求	课程目标的要求与个体发展的要求、社会发展的要求不在一个层面上。如果从个体发展与社会发展的需要来讲合作学习的意义也是可以的

续表

组名	观点	教师点评
HHLC	1. 活跃课堂气氛，提高学习效率 2. 掌握合作学习方法 3. 培养学生创造力以及合作意识	该小组就是从学生发展的角度来讲合作学习的意义的，但在表述上缺乏统一的维度。大家实质上讲的是一个兴趣的培养问题、能力的形成问题以及合作的方法问题。这样是不是可以从“三维目标”的角度来表达合作学习的意义呢？“三维目标”我们大家都知道，但能否运用却需要不断地锻炼
守望者	1. 社会需要 2. 认知局限	这个小组和第一组的观点比较相似。所谓认知局限是不是学生发展上除了认知维度外，还有情感领域、动作技能领域？是不是和布卢姆的“三个领域”的表述相一致
思维火花	1. 认知成果的共享 2. 形成个体沟通交流的能力 3. 培养合作的意识	这个观点很好，我们可以从“认知、技能和情感”三个领域来分析。在宏观上讲，合作学习如同《学会生存》中讲的是为了人的发展。人为何要合作，因为学习中单独采用讲授的方式会使学习枯燥、单调乏味。《学记》讲道：“相观而善之谓摩”，同学之间在一起学习，相互观摩、相互促进，就是合作学习

表 3　问题三：合作学习的要素是什么

组名	观点	教师点评
三人行	1. 共同目标明确 2. 分工 3. 协作 4. 交流 5. 反馈	合作学习要素包括“任务、分工、协作、反馈”等，这样的要素也可以表述在合作学习的概念中，如，合作学习就是为了完成共同的任务，通过分工、协作、反馈的方式来开展的一种学习活动。其中最主要的就是“分工”与“同学”。“分工”是前提、是条件、是基础，“同学”是目标、是方法、是过程。合作学习活动能抓住这两个要素就足够了。“分工”是有规则的，表面看来可以任意分，但总是有规则的，教师要在合作学习的活动中探索其规则。“同学”就是让大家一起学习，而非独自学习。独学而无友，孤陋而寡闻；相观而善，经验共享
HHLC	1. 目标 2. 合作学习的内容 3. 方式（分工与合作） 4. 结果呈现	
守望者	1. 分工 2. 合作 3. 反馈	
思维火花	1. 学习任务 2. 分工 3. 合作 4. 共享	

表 4 问题四：合作学习的形式有哪些

组名	观点	教师点评
三人行	1. 同桌 2. 小组合作 3. 全班合作	组的划分思想是比较一致的，都是从学生参与合作学习的数量上来划分的。事实上，合作学习的形式是多种多样的，不同的标准或维度下可以划分出不同的合作学习的形式。至于合作学习到底有多少形式，没有标准答案，教师只有在实践中不断探索，才能积累更丰富的经验，形成更成熟有效的合作学习的形式
HHLC	1. 组内合作 2. 组间合作 3. 课堂内外	
守望者	1. 人数分组 2. 主题分组	
思维火花	1. 同桌分组 2. 小组 3. 全班分组	

表 5 问题五：课堂中如何运用合作学习方法

组名	观点	教师点评
三人行	1. 确定目标 2. 学习任务 3. 策略指导 4. 教师的监控 5. 评价	在合作学习方法的使用中，需要把握这样几点：一是从课堂教学出发，明确目标，让学生知道学习活动的任务是什么；二是教学组织者可以根据教学需要进行及时调整，发挥教师的指导作用；三是合作学习要有明确分工，让每个学生承担学习的责任、完成一定的任务；四是经验分享，共同学习，达成共识。在合作学习活动中，最关键的是“分工”与“同学”的方法的掌握，不仅教师要在这方面积累丰富的经验，而且在课堂教学中要教会学生掌握合作学习的方法
HHLC	1. 创造情景，呈现目标 2. 组织实施 3. 交流 4. 结果呈现 5. 总结与反馈	
守望者	1. 明确学习任务 2. 合理分工 3. 自主合作 4. 达成共识 5. 教师反馈	
思维火花	1. 确定任务 2. 选择形式 3. 开展 4. 评价	

通过比较分析上述四个小组关于以上五个问题的基本观点，可以形成全体学员共识的观点（见表 6）。

表 6　全体学员的共识

合作学习的五个问题	全体学员的共识观点
什么是合作学习	合作学习就是为了共同的任务，通过分工与协作来开展的一种学习活动
为什么要倡导合作学习	从三维目标来看：合作学习是知识与技能获得的一种有效方法；合作学习可以让学生掌握学习的方法，了解、参与、体验学习活动的过程；合作学习可以培养学生学习的兴趣、情感、态度等
合作学习的要素是什么	合作学习要素包括“任务、分工、协作、反馈”等，其中最主要的就是“分工”与“同学”
合作学习的形式有哪些	合作学习的形式是多种多样的，不同的标准或维度下可以划分出不同的合作学习的形式。比如按参与学习的数量可以有同桌两人一组的合作学习、4～8 人的小组合作学习、全班同学的合作学习等
课堂中如何运用合作学习方法	最重要的是教师不仅要积累并掌握“分工”与“同学”的方法，而且在课堂教学中要教会学生掌握合作学习的方法

三、教师合作学习活动的反馈与反思

（一）关于合作学习活动的反馈

合作学习活动中的五个问题，其实在理论研究中已较有共识，我们通过合作学习活动所获得的关于合作学习的理念与方法，与这些理论上的观点进行比较，就可以发现合作学习的效果与价值所在。

在“什么是合作学习”这一问题的理解上，美国的约翰逊兄弟认为：“合作学习就是在教学上运用小组，使学生共同活动以最大限度地促进自己以及他人的学习。”[2] 我国台湾学者黄政杰认为，合作学习是学生一起工作达成其共同目标，此目标不但有利于自己，也有利于他人。[3] 王鉴对于合作学习的理解更通俗更易于教师接受：一个人学习是个体学习，两个或两个以上的人共同学习就是合作学习。[4] 我们通过合作学习获得的结论与理论界的这些观点还是比较接近的。

在“合作学习的意义”这一问题的理解上，《学记》中有关于合作学习的诸多论述，比如“相观而善之谓摩。”“一年视离经辨志，三年视敬业乐群，五年视博习亲师，七年视论学取友，谓之小成；九年知类通达，强立而不返，谓之大成。”“独学而无友，孤陋而寡闻。”可见，合作学习并不是新课程改革之后的产物，而是自古有之。“同学”与“独学”都是学习的有效途径。而在新课程改革过程中，合作学习是作为对以讲授法为唯一教学方法的一种修正而出现的新型学习方式，它的意义在于：合作学习是获取知识与技能的有效方法之一；合作学习是培养合作精神、意识、能力的重要手段；合作学习活动中能有效地让学生了解学习过程，掌握学习方法，学会相互合作。我们通过合作学习所得出的结论也与新课程所倡导的合作学习的意义接近，而且我们也是通过“三维”的目标来表述观点的。

在“合作学习的要素”问题的理解上，理论界的观点比较丰富。有学者认为合作学习有六大要素：异质分组、积极互赖、面对面的促进性互动、个人责任、社交技能和小组自评等。[5]10美国的约翰逊兄弟也提出了合作学习的五个要素：积极的相互依赖、学生间面对面的相互作用、个人责任、在适当的人际及小组技巧方面指导学生、小组程度。[6]我们在合作学习中发现，如果合作学习活动的要素过多的话就难以把握，甚至抓不住重点，这样就如同没有要素一样，而我们在此基础上提出的两个要素，即“分工”与“同学”，就能够让教师较容易地理解并掌握它，在课堂教学中不断探索其方法与规则。这也是我们合作学习上的创新之所在。

在“合作学习的形式”问题上，理论界主要有以下几种观点。一种观点认为合作学习的形式主要包括：非正式学习小组、正式学习小组和学习团队。[7]另一种观点认为合作学习的形式包括：同桌之间的合作学习、小组内部的合作学习和全班同学间的合作学习。[4]还有学者认为合作学习的形式包括：师师互动型合作学习、生生互动型合作学习、师生互动型合作学习、全员互动型合作学习。[5]21-25我们在合作学习活动过程中对合作学习的形式有了新的理解，不仅上述观点都涉及了，还形成了自己的核心观点，即“合作学习的形式是多种多样的，不同的标准或维度下可以划分出不同的合作学习的形式”。这一观点对于教师在课堂教学中积极探索合作学习的多种形式有着十分重要的意义。

在“课堂中如何运用合作学习方法”问题上，理论界较缺乏相关的研究，因为这是一个实践性的研究内容，而教师更多的是做了实践方面的尝试而缺乏相关的理论研究。在合作学习活动过程中，我们针对合作学习概念的理解与合作学习要素的把握，提出了在“分工”与“同学”方面的规划与方法，不仅要求教师在实践中探索并积累这些方法与规则，而且要求教师在课堂教学过程中教会学生学会合作学习。至于这些理论上的理解在实践中的效果如何，还有待于实践的进一步检验。

（二）关于合作学习活动的反思

合作学习活动意义的反思：作为一种教师培训过程中使用合作学习方式来掌握合作学习方法的活动，其意义有两点。一是通过合作学习使教师理解合作学习的基本理论，即对合作学习的五个基本问题的认识，这些认识可以增加教师相关的知识，转变其观念，进一步形成教师关于合作学习的基本理念；二是通过合作学习活动使教师参与、体验合作学习过程，了解合作学习的方法，不仅自己掌握一定的合作学习方法，而且能够学会如何将合作学习方法教给学生，进而改变自己的课堂教学方式。

合作学习活动效果的反思：如果按照传统的讲授方法，五个问题用两个小时，可以让教师听到更多的信息，所谓学到更多的内容，但这是被动的学习，是自上而下地传授，教师从中接受的只是相关的知识，而以讲授法的形式讲授合作学习在形式上本身就是一个矛盾。此活动通过合作学习活动让教师掌握合作学习方法，使教师不仅形成了自己的观点，而且有一定的创新，更为重要的是他们确实体验到了真实的合作学习的形式与方法，参与了合作学习的过程，发现了合作学习的优势所在，进一步深化对合作学习的理解，增强使用合作学习的信心。从教师参与课堂教学的过程和形成的相应的观点以及课后教师的反馈方面都可以看出此活动良好的效果。

合作学习活动拓展的反思：如果仅仅认为在合作学习过程中，学员学会了合作学习的一些方法，那是不全面的。事实上，在合作学习过程中，学员不仅学到了自主学习的方法、合作学习的方法、探究学习的方法，而且还学到了个体独立学习、表达与倾听、分工与协作、参与与体验等学习方法。如果我们以同样的学习活动在教师培训中让教师掌握“什么是自主学习”“自主学习的特点是什么”“自主学习的形式有哪些”“课堂上如何运用自主学习”等问题的话，同样会收到较好的效果。同样的道理，以此活动还可以掌握“探究学习”的过程与方法。依此类推，此类活动运用好了，就会形成一种模式，使教师将这种模式有效地运用到自己的课堂教学中。

参考文献：

[1] 泰勒. 课程与教学的基本原理［M］. 罗康，张阅，译. 北京：中国轻工业出版社，2008.
[2] 王坦. 合作学习：原理与策略［M］. 北京：学苑出版社，2001：5.
[3] 黄政杰，林佩璇. 合作学习［M］. 台北：五南图书出版有限公司，1996：16.
[4] 王鉴. 合作学习的形式、实质与问题反思——关于合作学习的课堂志研究［J］. 课程・教材・教法，2004（8）.
[5] 靳玉乐. 合作学习［M］. 成都：四川教育出版社，2005.
[6] 大卫・W. 约翰逊，罗格・T. 约翰逊，卡尔・A. 史密斯. 合作性学习的原理与技巧——在教与学中组建有效的团队［M］. 刘春红，孙海法，编译. 北京：机械工业出版社，2001：12.
[7] 巴巴拉・G. 戴维斯. 教学方法手册［M］. 严慧仙，译. 杭州：浙江大学出版社，2006：114.

（原载 2012 年第 6 期）

教师专业成长：认同、养成、生发

洪早清

教师专业成长受社会外在因素和个人内在因素的共同作用，当外在因素越来越有利于促进教师专业成长的时候，教师专业成长的内在机理需要予以更为实际的关注。因为，在很大程度上，教师专业化本质上是教师个体成长的历程[1]，“更多的是‘自造’的，而不是‘被造的’，是自我实现、自我成长的历程”[2]。教师本人才是自身专业成长的主人，教师专业成长根本目标不仅是为了学会各种教学技术与方法，而是要成为具有教育人格和教育智慧的专业人员，缺乏与教师本体世界的积极对话，很难真正让教师本人实现“心”的成长。本文侧重从内生角度探讨如何促进教师专业成长，并从本体意义上认为：教师的专业成长具有个体认同、自我养成和自主生发的内在逻辑法则，教师专业成长更应该取向于尊重教师个体、回归教师本位、关注各种内生因素的联动与互动。

一、“认同、养成、生发”是教师专业成长的内在逻辑法则

什么是教师专业成长？有人认为，教师专业成长是教师从职业新手成为专家型教师，不断建构自身教育理念、完善知识结构、提升教育教学能力和形成教育教学风格的过程；[3]也有人认为，教师专业成长是指教师在不间断的学习、工作实践、探索、总结反思中，使其教育思考、教学经验、教学技能日趋进步、完善和提升的过程。[4]从有关教师专业成长的各种表述中，不难看出：教师专业成长就是教师个体内在专业特性和职业成就感不断提升的过程，相对于教师专业发展概念来说，教师专业成长更加强调内在性、自觉性和生长性。

教师专业成长内在地包含认同、养成、生发三因素良性循环的逻辑过程。认同是教师在教育成长及教育实践过程中逐步形成的对教师职业的理解和情感态度；养成是指教师个体通过持续的系统的专业体验与自省，逐渐形成好的专业习性和品行的过程；生发即教师专业素养的不断生成与发展。认同、养成与生发三个要素在教师专业成长中不是一种彼此割裂、界限分明的关系，而是呈现出层递深入、相互交织、互为因果的必然过程。对教师职业认同，必定能促进养成和生发；养成不仅能促进与激活生发，还有助于教师对其职业认同的深化；生发既是寓于养成之中，又可以看作认同和养成的结果，教师自我生成和发展越有意义，其职业认同感便越来越高。在教师专业内在成长关系中，认同、养成、生发三者相生相伴、三维互动，合力推动教师专业提升。同时，教师专业成长是一个常说常新的时代话题，无论是在校师范生还是在职教师，其成长无论是外在的观照还是内在的引导，都应体现认同、养成、生发三者并重，一体贯通，不能人为割裂它们的作用与意义。

首先，教师专业成长具有明显的个人和自我特征。一个人对教师职业感兴趣，乐意献身于教师职业，必然有其心理基础或前提，即发自内心对教师职业予以认同。不可否认，教师职业认同有其制度规定性和社会规范约束的一面，但教师在内心里建立起对教师职业的价值观念及情感态度过程相当复杂。每个教师作为一个独特的生命体，他对教师职业的感知和体

认不是外界轻易能够预设的。一名教师从接受师范教育到成为新手教师再到有经验的教师，既是一个教师的专业素养不断获得丰富、专业能力获得发展的过程，同时也是一个教师不断感知专业生活、体验专业实践、内化专业价值、获得专业技能、逐步认同自身从事的专业活动并积极投入的过程。在这一不断进行的动态的过程中，充满了教师自己对于自身价值和经验的感知与理解。而其中教师对于自己是谁，自己想成为什么样的教师，如何看待自己的教师角色等问题的思考，是其专业成长的基石和出发点。[5]可以说，教师职业认同是教师个体心理与教育环境持续磨合的结果，是教师专业成长的关键和内源性动力，相对于制度与规范的外在影响，教师职业认同更加凸显教师的“自我”意识和自我内在体认。

其次，如果说教师职业认同是当好教师的心理准备和前提，是教师专业成长的逻辑起点，那么养成无疑就是教师专业成长持续的“内塑”过程。教师工作需要德性、知识、能力、情意等的整合作用，教师素养的获得和提升要靠自我养成的路径来实现。不可否认，教师专业成长在相当一段时期是奉行“受学科内容的专业知识、教育学、心理学的学科原理与技术所制约”的培养与培训模式，[6]重“他培”而轻“自养”，外在的预设和安排居于主导地位。进入21世纪以来，教育理论研究和教师专业成长环境日新月异，教师培养取向从封闭走向开放，从“外铄”走向“内发”，越来越多的人在呼唤和关注教师个体生命的内在成长，强调教师在持续的教育体验、实践和反思中自主习得。研究与实践一再表明，教师的专业成长更多的是教师主体自我塑造的过程，是一个不断学习与实践、自我调节和自我超越的过程。从心理学角度讲，养成是一个不断内化生成的过程，提倡发自内心的情感体验和陶冶，强调个体在一种内心的愉悦和生命不断绽放中成长。从“培养”到“养成”，实际上体现了教师专业成长从“群体关注”到“个体关注”、从“阶段关注”到“终身关注”、从被动接受到自我驱动、从技术理性到情感理性的转变。教师养成的过程也是教师专业成长的过程，养成更能激发教师的专业成长意识、促使教师自觉追求专业成长和专业发展水平。

最后，教师专业成长通过教师专业素养不断生成和发展体现出来，因此，生成和发展可以看作教师专业成长的逻辑结果。养成既是教师专业成长路径，也是专业素养持续孵化生成的过程，养成的最终目的是要促进教师个体对教育理想境界的追求和生命价值的提升。教师的专业成长具有阶段性特征，教师的知识、情感、能力、智慧等素养有一个不断完善和发展过程。从哲学意义上说，养成是量变到质变规律的运用，养成一个好的品行，不断进行量的积累，久而久之，才可能产生质的飞跃。当然，养成如果不能有效促进教师专业新素养的生发，教师如果在养成过程中不能超越自我，其个体意义只能存在于平庸之中。优秀教师之所以成长得快，一个重要的原因在于他非常注重在每一个具体的教育教学现场中，既能引导学生生成，又能促使自己生成。

二、“认同、养成、生发”是三位一体的教育生存方式

同世间任何事物一样，教师专业成长也受内外因的共同影响，外因是教师成长的必要条件，内因是教师能够实现成长的根据，外因条件再好，也得教师自觉加以利用。在这个意义上说，“认同、养成、生发”式的教师专业成长就是教师积极响应外因的一种自主性教育生存方式。对于认同、养成和生发，人们往往乐于分开讨论和个别关注，作为研究无可厚非，作

为教师成长实践，则不能片面理解它们的意义，肢解它们的功能。从实际来看，认同、养成、生发各自的意义解读和整合的实践表达都值得进一步加以探索和研究。

一般认为，教师的职业认同就是教师在其职业生活中获得价值感和意义感的过程，确认自我能够在职业生活中获得幸福和尊严的过程。[7]现实中，教师是如何理解教师职业，形成了怎样的教师职业认同呢？调查表明，总体上我国在职中小学教师的职业认同水平比较高，教师职业认同不存在明显的学历、职称、学科和收入水平差异。但在性别、教龄段和区域上有显著差异，即女教师的职业认同水平显著高于男教师，21—25年教龄的教师职业认同水平显著低于其他教龄段的教师，城市学校的教师高于乡镇学校的教师，乡镇学校的教师高于农村学校的教师。[8]这与我国教师生存环境和成长实际是比较吻合的。相对于在职教师来说，在校师范生的教师职业认同状况则显得不容易测度，国家实行师范生免费教育政策以来，师范生的教师职业认同问题广受社会关注，相关研究成果渐渐多了起来，但结论却众说不一。如封子奇等认为，免费师范生对教师职业总体认同度较高，且受到政策和重要他人两个外部因素的影响；[9]赵宏玉等的研究显示：免费师范生的教师职业认同总体水平略高于平均水平，进一步提升的空间较大，值得注意的是随着年级的升高，免费师范生教师职业认同总体水平及内外部价值认同几乎都呈现出显著的下降趋势；[10]王鑫强等通过对三所师范大学1 230多名师范生的调查研究，发现在职业认同感上既具有职业效能感又具有高职业价值感的师范生仅占21.6%，而低职业效能又低职业价值感的师范生却占31.69%，进而指出免费师范生的职业认同感现状让人担忧，需要大力培养，特别要加强男师范生职业价值感的培养；[11]张燕等人的研究表明：免费师范生的教师职业认同略高于中等水平，存在较大的提升空间，其中，对教师职业的内在价值认同水平显著高于外在价值认同，而外在价值认同又显著高于意志行为认同。[12]以上虽然主要以免费师范生为例，但并不妨碍我们从中检视在校师范生教师职业认同的共性问题。

全面地看，教师职业认同既是教师个人的事，也是社会的事，应从个人和社会两个维度予以促进。就社会角度而言，要继续改变对教师过多的应然预设和大量的“去教师化”的烦琐规定，大力建构有利于教师身心和生命成长的教育生态环境，使教育的均衡发展尽快变成普遍的现实，帮助教师走出教育教学改革的焦虑与迷惘，让教师从制度、权力、文化和群体压力下获得心灵的解放。就教师个体而言，教师职业认同“是受教师主体内部因素与情感因素的驱动而主动发起的”，“是教师自觉自愿地对自身的身份定位和价值判断”。[5]换言之，职业认同就是“我是谁”“我为什么要当教师”“我应该怎样当教师”的自我追问和思索，需要一种强烈的自我意识的涉入，需要教师用心在实践中体验和反思获得。不可否认，教师职业认同形成是在外部社会规范和个体认识理解不断磨合中逐渐建构的，教师职业认同也会随着时代及教育环境的变化动态形成，但这并不意味着教师在建构个体的职业认同中可以盲从外在的各种话语或进行无原则的妥协，因为放弃了“自我”的认同便失去了价值判断力量和意义。此外，作为准教师，师范生缺乏对教育教学的实际体认，没有实践经验，他们对教师职业的认同主要受内外相关的各种信息的影响，具有多变性，其教师职业认同的建构不能仅仅停留在制度、组织和理性层面，而是要从思想和行为两方面同时进行，特别是要进一步重视在教育实践中的经常化体验，在实践的基础上加强引导。

教师怎样养成？教师需要养成什么？如前所述，养成是一个逐渐内化生成的过程，相对于“培养”，养成更加强调内在的自觉和自我长成。一般而言，教师的养成是要经过长期不断的教育实践、教育文化熏陶、教育生活体验等过程，包括教师德性、知识、能力、品格等的养成。事实上，在由师生共同构筑的生命场域中，教育情境总是千变万化、难以捉摸，置身其中，有的教师能自我养成，有的则因无法破解的内心困惑而平庸下去。看来，养成并非一般性的教育教学技能或行为习惯培养。

首先，养成应该是一种积极自我的心态。一个教师对自己的教师职业如果有较高认同度，他必然十分在意自己成为一个“什么样的教师”“怎样做才能成为一个好教师”等问题，然后他就要为自己的成长进行不断思考和规划，并逐步形成强烈的职业“自我期待感”和积极面对一切的心态。毋庸置疑，教师养成需要“外育”与“内修”的共同作用，需要整体浸染，但教师如果缺乏积极的心态和个人追求，再好的“外育”环境与条件，也难以改变其被动应对、松松垮垮的局面。

其次，养成是一种深度的实践参与。教育实践是教师学会教学的启蒙者和完成者，当教师全力凭借自己的经验、图式、策略、智慧来解决现实教育难题、应对教育困境时，其自身的经验系统、认识框架、教育惯习、价值信念等也随之改变，整个专业自我发生了实实在在的转变与重构。每经历一次实践，教师就会发生一次转变；每经历一次实践的洗礼，教师的专业就会变得更成熟一点。[13]离开了实践，教师便失去了养成的土壤，教师必须向实践求成长。所谓深度参与当然不是对实践的复制和模仿，而是要追求一种目标和价值，要结合自己的理论和专长全面参与思考过程，在行动和反思中有新的长成。

再次，养成就是不断习得与积累。教师专业成长是一个终身过程，教师成长具有鲜明的阶段特征和多样性特征，一个教师从新手到专家型过程基本上要经过起步—发展—高原—成熟几个阶段，每个阶段的追求和目标都不一样。教师在其专业成长生涯中必须连续不断地学习和实践，不断思考教育活动，不断反思自己的一点一滴，不断积累自己的“故事”和经验，在此基础上实现自我超越。

最后，养成是一种教师情感生活方式。教育是一种育人的活动，充满着情感的交流沟通，教师专业成长不是一个单纯的理性成长，还包括教育情感的培养与丰富，没有情感的教育是失败的教育，没有情感的生活是枯燥的生活。当前新课改的理念更是大力倡导教师教育教学不仅要关注学生情感的培养，更要体现自身情感的激发，教师若能把激情带入教书育人的生活中，他一定会感到自己的人生很有意义，而且会千方百计地去充实人生、丰富人生，他的生活也就一定会是愉快的、幸福的[14]。某种意义上说，教师就是靠激情去照亮学生的心灵、点燃学生的生命。教育实践深刻表明：师生之间、教师之间没有良好的情感表达是难以取得好的教育教学效果，好的教师都非常注重每一个教育教学细节的情感投入与释放。

生成和发展是教师专业成长的毕生追求，人们普遍认同的是教师专业成长就是教师专业道德、专业知能、专业情感不断建构生成的过程。这当然没错，除此之外，教师专业成长是否还有更为积极的意义需要解读呢？基于目前基础教育改革不断推进的需要，笔者认为起码有以下三点应该引起教育实践者和研究者的进一步重视。

一是教师要更加注重生成自我。自我即个体对自己主体存在的自觉。教师的自我不是一种个人主义意义上的自我，而是体现为积极的专业自觉和自己主导自己，没有自我意识的教师很难做到内涵式发展。基础教育新课程改革已进行了十多年，新课改的实施理念既解放学生又解放教师，给教师提供了更加自主施展和自主成长的教育氛围，但不可否认，不少教师在眼花缭乱的教育改革和各种学习培训中程度不同地迷失了自己，不知道自己是谁，找不到“我”在哪里，自己把握不了自己。因此，强调教师的生成不能忽视本源性的东西，在教师的专业成长中，自我和自我意识发挥着重要作用，“它意味着人不仅能把握自己与外部世界的关系，而且具有把自身的发展当做自己认识的对象和自觉实践的对象，人能构建自己的内部世界。只有达到了这一水平，人才在完全意义上成为自己发展的主体”[15]240。在这方面，特级教师窦桂梅的经验为教师专业成长提供了经典范例，她的总结也颇耐人寻味：“教师专业发展，首要的是教师有自我专业追求”“一个好的教师不全是靠培训成长起来的，更不是靠检查、评比造就的”“与其忙忙碌碌，不如围绕自己的特色钻研下去，深化、细化，创造属于自己的心灵财富，在浮躁的现实中寻求一份属于自己的宁静心境，并置身其中朝着理想的目标默默地努力，静静地成长”“教师不能没有独特的风格，不能没有鲜明的个性。随波逐流、循规蹈矩是自己成长的最大敌人”。[16]从本源上说，教师专业成长的空间应该是自己建构的，无论是教师的培养、培训，还是教师的自我发展，都应该十分注重引导和激励教师关注自我，实现自我的生成生长。

二是教师要能在实践中生成有意义的问题。解决问题是一种高级成长形式，在很大程度上，教师的生成和发展源于工作现场的问题困扰和对问题的探索，教育现场是教师成长的主要阵地，真实的教育现场往往千变万化，问题无时不在。但在教育实践中，问题意识并非人人都有，教师的问题生成能力没有得到普遍改观。教师工作表面平淡无奇，但教学的生成本质和交往性使其充满了智慧挑战。它以个人体验为研究起点，以如何促进人类成长、个体发展和生命意义的建构为依归。不能以技术理性化或思辨性的方式理解教师工作；相反，要在一个不断地面对和应付多变的教学情境、面对人的变化的多样性的思维框架中来理解它。[17]新课程改革要求教师成为学生学习的引导者、促进者，成为课程的研究者、开发者，教师要促进每个学生的身心发展，新旧转换需要教师具备较高的问题素养，能产生问题意味着深度思考或参与，没有问题就没有发展，问题能唤起教师成长的渴望和主动探究的激情。由于内外各种原因，时下不少教师在自顾不暇中已经难以提出有价值的、有意义的问题了。教师是新课改的实际操作者，如果只是简单地外在适应、依从或套用模仿，新课改的成效势必大打折扣，教师的专业成长也走不出内心的危机。

三是教师要能不断生成教育智慧。教育是一项智慧工作，从事教育活动的教师一定要具有教育智慧。“教育智慧是良好教育的一种内在品质，表现为教育的一种自由、和谐、开放和创造的状态，表现为真正意义上尊重生命、关注个性、崇尚智慧、追求人生幸福的教育境界。”[18]教育智慧渗透于教育活动的方方面面，且主要通过教师的教育教学行为表现出来，正如叶澜教授指出的，教师的教育智慧集中表现在教育教学实践中。他具有敏锐感受、准确判断生成和变动过程中可能出现的新情势和新问题的能力；具有把握教育时机、转化教育矛盾和冲突的机智；具有根据对象实际和面临的情境及时做出决策和选择、调节教育行为的魄力；具有使学生积极投入学校生活，热爱学习和创造，愿意与他人进行心灵对话的魅力。[15]26

"教师专业成长最为根本的问题或最终目标，不是为了学会各种教学技术与方法，而是要成为具有教育智慧的专业人员。"[19]换言之，教育智慧是教师教育理念、知识学养、情感意识、情境经验、个人风格等多方面素质的高度综合体现，教育智慧又是要经过长期丰富的实践、反思和感悟动态生成的。在新课改的推动下，教师教育智慧生成问题的研究已经越来越深入，教师教育智慧生成的环境也越来越好，作为个体的教师，应该进一步转变个人成长观念，努力克服满足于经验和一般的思想，进一步化被动为主动，注重形成积极的教育思维和教育生活方式，让自己在教育实践中不断焕发出生命活力，提升教育智慧水平。

认同、养成与生发，在逻辑关系上有先后，即先有认同基础，才能自觉养成，然后才有不断生成专业素养的可能。但在教师专业成长实际过程中，认同、养成与生发的主体都是同一的，在实践时间、空间和过程上往往表现出相互交织与相互影响的态势，三个因素彼此关联，相生相长，紧密构成教师专业成长的内在因素系统。教师专业成长应该做到"认同、养成、生发"三位一体，教师成长无论是外在的规划还是自我设计，都应把"认同、养成、生发"作为一个整体协同过程来看待，体现集成效应，而不是分开关注，互不照应。

三、"认同、养成、生发"是回归教师本位的教师专业成长现实路径

从研究视角看，教师专业成长主要有三种观点：一是教师专业发展的理智取向观，认为教师的专业能力受学科专业知识和教育学、心理学的原理与技术所制约，主张通过掌握这些知识与技能来提高专业性；二是实践-反思型教师专业发展取向观，主张教师通过"反思"理解自己的实践，并凭借"实践性知识"来保障教师的专业程度；三是生态取向的教师专业发展观，主张教师的专业成长是个体与环境互动的结果，强调"环境""氛围"对个人的影响。[20]三种取向除了第一种渐渐淡出研究者的视野外，其他两种取向目前都是研究热点，但不可避免地带有非此即彼的二元论思维。客观地看，教师的专业成长其实是个人内在因素和外在社会环境和氛围共同作用的结果，教师的专业成长既要走出自己，更需要走进自己。"认同、养成、生发"的教师专业成长路径观念，主旨上是强调教师专业成长的"内发"，但并不排除它对外在环境的依赖，相反它需要外在积极因素的持续配合才能有效达成。

教师本位的教师专业成长重视教师自我在专业成长中的主体价值，强调教师主体自觉。回归教师本位不是一个新要求，但教师的现实境遇反映出教师专业成长并未完全定位于教师本体。传统的教育几乎完全把教师发展置于"外铄"状态，教师也习惯于在工具取向、制度取向和技术取向的社会氛围下被动发展。新的教育时代，教师的观念和教师的含义发生了根本性的转变，教师专业成长应该得到真诚的本体性观照，但仍然有不少研究者和教育管理者注重从社会需要的角度对教师进行外在规范和要求，强调教师成长的社会化过程……忽视了教师职业的内在尊严与创造性劳动的欢乐，忽视了教师在教育过程中生命本质和高级需要的满足，忽视了教师首先应是一个情感丰富、蕴含着巨大生命活力和个性魅力的人。或者说，只是从'育人'的层面把教师成长的目标与价值设定为更好地完成教育教学任务，培养更多更好的学生，而忽视从'育己'的层面关注教师个体生命价值的提升[21]。教育改革首先是对教师的洗礼，改革能否取得成功首先在于教师的自我觉醒，我国新一轮的基础教育改革理念不可谓不新，架构不可谓不完善，推进措施不

可谓不细密，但成效总是不令人满意。关键是教师主体地位突出的还不够，教师自我意识感不强，内在驱动力不足。如何进一步引导帮助教师建构更加完善的自己？重要的是要有一条合适的引导路径让教师的成长回归教师本位，让教师成长的内在逻辑法则得到尊重，让外在的环境成为推动教师内涵发展的正能量。此外，相对于外在的控制和规范来说，教师从“外铄”转向“内发”的路要漫长艰难得多。正是基于这样的认识，我们呼吁教师专业成长要回归教师本位，并认为“认同、养成、生发”是在重视外在和内在目的统一的教师成长逻辑前提下，强调教师主体的主动参与、自我体认和自我实现，是一条回归教师本位的教师专业成长现实路径，有助于实现教师个体专业成长中的内外和谐和生命愉悦。

“认同、养成、生发”是建立在对外在环境依赖基础上的内生型的教师专业成长法则，教师本位的教师专业成长需要充分尊重教师的主体性体验、尊重教师的自由选择、尊重教师的个性成长。教师的主体性体验包含了对个体成长中各种因素的认识、判断和看法，这是一个具有鲜明的情境性、潜隐性和个体性特点的持续不断的动态过程，外力难以左右，“认同、养成、生发”协调互动机理恰好能够助推教师主体对教育意义的整体参悟和深度觉知。教师的自由选择是实施创新教育和个性化教育之必需，同时教师的自由选择也不是脱离教育意义的任意自由，而是基于对“什么是好的教育”“怎样进行好的教育”等理念的认同和意义判断进行的责任和价值选择，这种选择很明显是在长期的“认同、养成、生发”所积累的个人教育底蕴和教育智慧基础上进行的。教育需要统一的制度规范，教师专业需要统一规划，但教师的成长绝不能千人一面、同质化成长，没有教师的个性成长，没有教师发展的多样性，教育就没有活力，教育的境界、教学的风格和教师的灵魂就无从体现。“认同、养成、生发”是教师自己主导自己、自己塑造自己的一种成长方式，彰显了教师专业成长的主动、自由、创造意义，非常契合教师个性成长的现实需要，也利于发挥教师教育生命的最大潜能。

总的来说，教师专业成长是一个内涵丰富，带有很强的自主性、内在性和实践性的复杂的动态过程。教师专业成长需要从外到内的整体关怀，我们既要大力为教师构建和谐的成长环境，又要充分关注和研究教师专业成长的自主和内在机制。任何固定不变的观念或模式在变动不居的教育情境中都难以关照教师成长的完整意义，找到合适的现实路径可能比照搬固定的模式更有利于促进教师专业成长，“认同、养成、生发”三位一体的教师专业成长路径不一定是最优的选择，但它或许更符合教师现实成长需要。

参考文献：

[1] 教育部师范教育司. 教师专业化的理论与实践［M］. 北京：人民教育出版社，2003：26.

[2] 杜芳芳. 个人理论：教师专业成长的新视域［J］. 教育发展研究，2009（18）：80-83.

[3] 刘绍怀，王菊. 谈教师专业成长及教学能力的提升［J］. 中国高等教育，2011（13/14）：44-45.

[4] 贾亮亭，张秋杰. 教师专业发展与教师专业成长的差异及促成策略探究［J］. 教育导刊，2012（10）：65-68.

[5] 李彦花. 教师专业认同与教师专业成长［J］. 课程·教材·教法，2009（1）：78-83.

[6] 钟启泉. 教师“专业化”：理念、制度、课题［J］. 教育研究，2001（12）：12-16.

[7] 蔡辰梅，刘刚. “教师是一种良心活”：对教师职业认同方式的分析与反思［J］. 教师教育研究，2010（1）：6-11.

[8] 魏淑华. 教师职业认同研究［D］. 重庆：西南大学，2008：59.

[9] 封子奇，姜宇，杜艳婷，高钦. 免费师范生教师职业认同

及其影响因素研究 [J]. 河北师范大学学报（教育科学版），2010（7）：69-75.

[10] 赵宏玉，齐婷婷，张晓辉，闾邱意淳. 免费师范生的教师职业认同：结构与特点实证研究 [J]. 教师教育研究，2011（6）：62-66.

[11] 王鑫强，张大均，曾丽红. 师范生职业认同感的效能—价值双维核心模型的构建 [J]. 心理发展教育，2011（6）：662-669.

[12] 张燕，赵宏玉，齐婷婷，张晓辉. 免费师范生的教师职业认同与学习动机及学业成就的关系研究 [J]. 心理发展教育，2011（6）：633-639.

[13] 龙宝新. 论教师专业成长的实践逻辑 [J]. 教育科学，2012（4）：41-45.

[14] 何孔潮，杨晓萍. 教师发展 MP3：内涵、意蕴与价值 [J]. 教育科学论坛，2011（8）：39-41.

[15] 叶澜，白益民，王鲲，陶志琼. 教师角色与教师发展新探 [M]. 北京：教育科学出版社，2001.

[16] 窦桂梅. 激情与思想：我永远的追求——特级教师专业成长研究 [J]. 课程·教材·教法，2004（5）：3-13.

[17] 刘旭东. 问题意识与教师教学智慧的生成 [J]. 课程·教材·教法，2010（5）：104-108.

[18] 姜勇，洪秀敏，庞丽娟. 教师自主发展及其内在机制 [M]. 北京：北京师范大学出版社，2009：30-31.

[19] 何菊玲. 教师专业成长的现象学旨趣 [J]. 教育研究，2010（11）：88-94.

[20] 宋改敏，陈向明. 教师专业成长研究的生态学转向 [J]. 现代教育管理，2009（7）：49-52.

[21] 刘铁中，黎钰林. 关于教师成长内涵的理性思考 [J]. 开放教育研究，2005（5）：89-93.

（原载 2013 年第 12 期）

教师专业发展:“觉悟”与“正道”

胡定荣

从理论上讲，教师职业是专业，每个教师都应该成为专家型教师。从事实上看，成千上万的教师经过多年的努力，却鲜有成为教学有方、带班有道、深受学生欢迎、教学效果好、在教育教学的某一领域有深刻研究和认识的专家型教师。

为什么教师专业发展的高期待，换来的却是教师专业发展的低成效？难道说多数教师的专业发展只是一种不切实际的目标？如果不是，为什么只有少数教师能成为专家型教师，多数教师却不能成为专家型教师？

对于教师专业发展无效的原因的认识，国内学者从教师内外部做了分析。有的认为是教师自身缺乏专业意识、专业能力和专业行为。[1]有的认为是教师外部的行政主导专业发展体制导致了教师失去了专业发展的权利和动力。[2]对于如何促进教师专业发展，比较一致的看法是，从外部主导的教师专业发展转向教师专业自主发展，提高教师的专业自觉，[3][4]改善教师的教学行为等。但是，对于教师专业发展需要何种专业意识和专业行为，是否有一般或共同的专业发展途径，目前的研究还缺乏可操作和共识的观点。

笔者认为，教师专业发展不完全是教师个性化努力的产物，存在共性或一般规律；多数教师之所以不能够实现专业发展，是因为缺乏“正念”“正道”和“正确的指引”。基于对优秀教师成长经验的总结分析，[5]笔者认为，广大教师的专业成长需要有“专业觉悟”“修行正道”和“善知识”的指引。

一、教师专业发展的正念：“专业觉悟”

教师专业发展是在专业发展动力推动下进行的。对于教师职业为什么要实现专业发展的问题，以往的认识主要是从教师职业与其他职业相比较的特殊性和不可替代性出发，强调教师专业发展的目的是提高行业的质量标准，赢得社会尊重。在这种观念驱动下，教育行政部门把提高教师的知识和学历水平作为教师专业发展目标，教师个人往往把提高学历和评职称作为教师专业发展的目标。而一旦教师的职称和学历达到了标准要求，教育行政部门和多数教师往往就会失去教师专业发展的动力。

笔者认为，要使多数教师具有专业发展的动力，必须转变教师专业发展的目的观和动力观，使教师专业发展成为每一个教师从事教育教学工作的内在动力追求。

从教师职业的内在矛盾来看，教学是教与学统一的活动，是教师教学生学习或引起学生变化的活动。但是，在实际的教学活动中，多数教师每天起早睡晚，希望自己的学生能够成人成才，而多数学生却没有在自己的努力下健康成长。对此，多数教师百思不得其解、百试不得其果，没有体会到教师职业成功的快乐，有的甚至对教师职业产生了倦怠或麻木。对于这一矛盾或痛苦的事实，多数教师没有找到真谛，往往把造成教学痛苦的根源归之于学生不领情和不懂事，没有觉悟到造成苦果的根本原因正是在于自身的意识与行为，没有及时地对自己的教学观念和行为做出恰当的调整，以至于在不知不觉、不明不白和痛苦的煎熬中度过了自己漫长的教学生涯。

从教师职业的内在矛盾出发，每一个教师都需要离苦得乐，求得解脱。教师专业发展不是用各种知识技能去填充教师的大脑和增加教师的工作负担与痛苦，而是帮助教师追求教师职业的幸福。因此，教师专业发展的目标应从追求专业知识增长转向促进教师专业觉悟。

所谓觉悟，指通过观察、体悟来领悟真理，离苦得乐，获得人生的解脱。所谓教师专业觉悟，就是教师通过观察和体悟来领悟教育的真谛，发现教学兴废之道，从而指导教育教学实践，获得教育成功的体验和职业幸福。

教师的专业觉悟有以下特征：(1) 以“得道”与“解脱”为目的。“得道”就是发现教育教学的因果关系和获得有效教育教学之道，“解脱”就是摆脱教学失效带来的紧张、焦虑和痛苦，体验教育教学成功的幸福与快乐。(2) 以“情”“理”为内容。教师专业觉悟的内容包括积极的情绪体验和有效教育教学的知识与道理。(3) 以“己”“他”为对象。教师的觉悟，首先，是教师自己觉悟，把自己掌握明白的学习道理教给学生，这就是“觉己”。其次，是觉悟了的教师帮助未觉悟的同行教师觉悟，通过自己的觉悟带动更多的同行觉悟，这就是“觉他”。(4) 以教师自身的思考和行动为方式。教师的专业觉悟是对自己教学实践和观念的正确体会，它是教师自己生命体验的结果。它解决的是教师的切肤之痛，获得的是切己之知。

二、教师专业发展的正途：修行正道

关于教师专业发展途径的认识，目前比较一致的看法是：基于对教师自身教学实践的观察反思（或称行动研究）是教师专业发展的有效途径。国内外的研究者还总结出了行动研究从界定问题—设计干预方案—实施干预—评价效果的循环步骤。照理说，循此步骤，多数教师应该可以得“道”。但是，在教育实践中，大量的教师对自己的教学实践观而不察，见而不识，百试不得其果，百思不得其解。这说明，对教师专业发展的正确道路还有进一步思考的必要。通过对优秀教师成长过程的考察，笔者认为，教师专业觉悟的过程大体上可以分为八个阶段。可以把它称为教师专业修行的“正道”。

（一）“触”

教师的专业知识从教师的专业实践中来，教师的专业实践就是和学生打交道。教师在和学生打交道的过程中首先得接触学生，产生各种触觉。因此，教师和学生的接触是教师获得专业认识，走向专业觉悟的开始。

教师的专业接触是指教师全身心地接触全体学生，走进每一个学生的生活世界和心灵世界，和全体学生进行身心的双向交流。

教师全身心地接触学生，意味着教师要动用自己的眼、耳、鼻、身、意等去接触学生。例如，教师用眼接触学生，就会产生视觉；用耳去接触学生，就会产生听觉；用意识去接触学生，就会产生知觉；等等。全面地接触学生，就会获得丰富的感觉，就会对学生产生具体、丰富和生动的印象。

优秀的教师往往通过和学生的视线接触，观察到学生的迷茫，从而调整自己的教学内容及其呈现方式；观察到学生的专注、欣喜、愉悦之情，从而体会到学生的积极参与和教学成功的快乐；观察到学生在听讲中烦躁不安，从而觉察到教学的单调和枯燥，进而调整教学活动方式与内容，使更多的学生参与到课堂教学中来。特级教师李吉林在谈到和学生的接触时说道，学生的眼睛是“会说话的眼睛，是好奇，是求知，是灵性，是多情，是纯真，那里面蕴藏着娇嫩的宝贝，那是不能忽略，不能挫伤，不能压抑的”[6]。特级教师俞正强在谈到自己转化学困生的经历时指出，一旦学习困难的学生和你有了视线的接触，眼睛发亮，这就是你走向教学成功的开始。[7]

优秀教师在教学过程中往往会俯身倾听学生的声音，了解学生对学习内容和方式的真实感受，发现学生学习失效或有效的真正原因，从而对症下药，使学生能够学有所得。

教师接触全体学生，可以帮助教师获得对学生差异性的认识，领悟到因材施教的道理与快乐。特级教师于漪在谈到自己的专业成长时指出，每一个学生都是一本丰富的书，一个多彩的世界，教师要练就一副敏锐的目光，善于发现每个学生的长处和潜力。她自己正是通过对一本本书的认真阅读，一点点学习、领悟，逐步懂得为师之道，并品尝到其中无穷的乐趣。[8]

由此来看，教师专业的修行需从修“触”入手，变不接触、部分接触学生为全面接触全体学生，获得丰富的教学感性认识。

（二）“受”

所谓“受”，指承受动作的结果，产生反应和感受。教师运用眼、耳、鼻、身、意去接触学生，发出动作，必然会受到反作用，在教师的身体和心理上产生反应，形成感受。这种感受，可能是成功和愉快的，也可能是失败和痛苦的。优秀教师会对教学感受产生强烈的情绪反应，或者因为学生的成长与成功而兴奋；或者因为学生的不领会、不领情而食不甘味、坐卧不安。正是对教学接触活动结果的强烈情绪反应，教师有了惊诧、惊奇、惊喜或惊悸之情，就驱动和迫使教师去探寻成功的奥秘和痛苦的解脱之道，走上了“悟道”的路程。特级教师钱梦龙在反思自己教师专业成长经历时指出，正是由于他对自己在短短的四年内快速成为优秀语文教师的成功体验使他走上了语文教学研究的道路。[9]特级教师薛法根在反思自己专业成长经历时谈到，正是由于自己的作文公开课上砸了，使他走上了探寻成功的作文教学之道的路程。[10]

由此来看，教师的专业修行需要修“受”，只有让自己的教学产生了酸甜苦辣各种感受，丰富起来，才会对教学现象有所觉察和区分。

（三）“问”

所谓“问”，指教师对自己的教学行为引起的结果产生疑问。在教学过程中，教师要求学生做作业，但是，偏偏有一些学生不做或不交作业，这是为什么？教师要求学生认真听讲，但是，结果发现，上课认真听讲的学生学业成绩提不高，不认真听讲的学生学业成绩却始终保持良好，这又是为什么？

教学过程中产生的问题可以分为是什么的事实问题、为什么的原因问题以及怎么做的对策问题。譬如说，教师观察到学生不交作业的现象，这就需要从事实上弄清楚有多少学生不交作业，这些学生都是哪些学生（成绩好的学生还是成绩差的学生，男生还是女生等），这些学生是偶尔不交作业还是经常不交作业，从原因上分析到底为什么不交作业，然后寻找让这些学生自觉交作业的对策。

优秀教师不仅只是感受到了学生学习结果的差异，还对学生差异的具体表现、成因和对策提出疑问。如特级教师李明新在谈到他的专业成长经历时指出，他所在的北京小学一直倡导教师要有一双发现问题的眼睛，把研究、解决问题作为质量的生长点，要求教师“带着课题走进教室”。他在作文教学中观察到学生害怕写作文，不愿意写作文，于是，他就把调动学生作文兴趣、提高作文能力作为研究的课题。[11]

由此来看，教师的专业修行需要修“问”，只有在教学过程中产生了疑问或困惑，才会驱动教师不满足教学现状，寻求教学改变，而只有教学改变才能促进教师的专业发展。

（四）“设”

所谓“设”，就是对教师自身教学中产生的问题的原因做出假设，依据理论和事实依据，提出预想的改进方案。

普通教师在教学过程中遇到问题往往会把原因简单地归之于学生学习态度有问题，而不愿意从自身找原因，不会主动提出改进方案。如有的教师在教学过程中观察到学生不感兴趣，就提出学生不感兴趣我怎么办的问题，期待有高人指点。优秀教师则会基于自己的体悟，大胆提出假设，寻找解决办法。如李吉林观察到呆板、单调、低效的语文教学使学生流露出黯然神伤的表情，使她不由得产生焦虑之情，进而使她产生了如何才能使学生喜欢语文、学好语文的疑问，困惑中，她受外语情景教学法的启示，大胆提出通过创设生活情景让学生学习语文，提高语文学习兴趣的设想，由此走上情境教学研究之路。[12]16-17 李明新通过与学生的交谈，发现学生不愿意写作文的主要原因是因为学生把作文和生活割裂开来，认为写作文就是写做好事、英勇救人等。于是，他提出了引导学生从观察生活入手，使学生逐步消除怕作文的心理，激发学生作文兴趣的设想。[11]

由此来看，教师的专业修行需要修“设”，教师只有针对教学中的疑问提出假设，对教学现象的因果关系做出分析，才能获得教学知识。

（五）“验”

所谓“验”，就是对自己提出的假设进行验证，通过自身的教学实践来观察学生的反应，验证和体悟教学因果关系。在验证的过程中，要注意观察记录预想的结果是否发生；要有对比和适当的控制，保证因果关系的可靠性；验证要多次反复进行，通过重复验证，避免“偶然道”，求得“必然道”。

有些教师遇到教学问题时，往往不愿意尝试改变。即使尝试，也是偶尔和随意尝试。一旦尝试不见效，便很容易放弃教学改进的努力。优秀教师则会基于自己提出的假设大胆实践和持续探索。如钱梦龙在 20 世纪 70 年代末为了验证他提出的学生自主阅读能提高学生阅读能力的假设，在他所执教的两个班开始了对比实验，实验班以学生自学、交流、讨论为主，适当辅以教师指导；对照班则完全由教师讲授，学生的任务只是听取和记住。每次对比实验以后，他都以“突然袭击”的方式对两班学生就学过的同一篇课文、用同一套试题进行测试。经过三年的反复实验，验证了他原先假设的因果联系。[9]李吉林为了验证情境创设对于语文学习的效果，在自己的语文教学中进行了长达 28 年的探索。先是创设情境，对学生进行片断语言训练，发现有效果。接着，又在作文教学引入情境，为学生提供作文题材，也取得好的效果。紧接着，又在语文教学中运用情境，看它对学生审美能力提高的效果。发现情境教学对学生语言、作文和审美能力有效果后，李吉林老师又进一步验证教学情境创设对学生整体发展的效果。

由此来看，教师的专业修行需要修“验”，只有教师不断亲身的实践验证，才会有教学的不断创新和真切的体悟。

（六）“识”

所谓“识”，指教师对自己通过实验得到的经验加以提炼形成正确的识见或见解。见解就是见识和解脱。识见就是通过自己亲身的实验观察，发现和掌握教学规律，懂得教学兴废之道。解脱就是教师摆脱教学的紧张和焦虑，离苦得乐。教师解脱的关键或前提在于有没有形成正确的识见。教师的正确的识见不能和经验得到的结果画等号。

普通教师对教学现象的认识往往停留在经验认识阶段，把自身的教学经验绝对化，看不到自身教学经验的局限性。他们或许知道教学经验需要提炼，但是，不知道为什么要提炼，提炼什么和怎么提炼。

为什么要对教学经验进行提炼？因为教学经验受具体的时空条件限制，具有偶然性、片面性和主观性，没有揭示真正的因果关系，不是可靠的知识，单纯靠经验来进行教学，可能会误导自己和他人。因此，教学经验需要通过提炼来发现真正的因果关系，找到有之必然的条件，提高教师专业的胜任感和成就感。

提炼教学经验的什么？教学经验提炼就是对教学设想中的因果关系进行具体分析，揭示因果之间的具体的、本质的和必然的联系。如李吉林在语文教学中运用情境教学，发现情境教学对学生的语言、思维、审美等方面的发展都有显著效果。她便从因果两方面进行了提炼。从因的方面提炼，她概括出促进学生发展的情境具有“形真、情切、意远、理寓其中”的四个特点，归纳出情境的五种类型：“实体情境”“模拟情境”“想象情境”“推理情境”“语表情境”，总结出“以生活展现情境”“以实物演示情境”“以图画再现情境”“以音乐渲染情境”“以表演体会情境”“以语言描绘情境”六种途径。[13]从果的方面提炼，她总结出情境教学对学生的语言、思维、审美和道德发展都能起到好的作用，思维方面具体表现在学生思维准确性、形象性、逻辑性和创造性的发展。从因果联系方面提炼，就是要揭示二者之间起作用的过程与条件。李吉林概括出了情境教学之所以能促进学生整体发展的四条原理：暗示诱导原理、情感驱动原理、角色转换原理和心理场整合原理。[13]

教学经验怎么提炼？提炼因果关系的过程、方法和条件是什么？因果关系的提炼需要提炼者自身具备理论思维能力，同时，需要研究者借助于外部的相关理论知识来解释教学因果关系。如李吉林在概括情境教学的原理的过程中，既立足经验事实分析概括情境教学的特征，又带着问题从中国古代文论、现代心理学和脑科学的进展中去寻找情境促进学生的发展的依据及心理和神经生理机制。

由此来看，教师的专业成长需要修“识”和修“炼”。

（七）“述”

所谓“述”，指教师把自己觉悟的知识通过语言文字表述或表达出来。教师只有通过“述”才能使自己个人得到的知识转化为教师群体的公共知识，使自己更加明道，使同行能够闻道。有些教师在教师专业发展过程中不愿意写教学文章，害怕写文章，优秀教师则充分认识到表述自己教学思想的重要性，不辞辛苦地提高自己的表述能力。如李吉林在自己的教学职业生涯中撰写了大量的著作和论文，这些论文和著作很多得了奖。但是，李吉林谈到她写作的目的不是为了获奖，而是觉得通过写可以把零乱的思路、浅表的认识变得条理化，清晰和深刻。她认为教师撰写文章的过程是积累和总结经验的过程，也是一个特殊的“业务进修”过程。[6]39-42

由此来看，教师的专业修行需要修“述”，提高表达自己教学思想、教学见解的能力，使自己悟到的教学道理通过言说得以彰显，照亮自己和他人的专业发展路程。

（八）“度”

所谓“度”，指教师自己获得教育教学见解后，不满足于自己得道，进而产生了帮助同行教师得道并渡过教学难关的念头，做到“度己”与“度他”的统一。教师通过帮助同行教师，使自己悟到的见解在更大范围得到验证和提炼，获得更大的普遍性，从而走向专业的成熟与自信。有些教师害怕同行超过自己，往往不愿分享自己的教学经验，优秀教师则在自己觉悟后积极帮助同行教师，在帮助同行教师的过程中获得更大的专业发展和专业自信。如钱梦龙在构建了语文导读法后，虽然一些人对他的导读法提出质疑，但他在发展自己的教学思想的过程中始终保持自信，因为他的教学思想经过了无数人的实践证明是行之有效的。李吉林在构建了情境教学体系后，创建情境教育研究所，培养大量优秀的同行教师，使得她的情境教学思想由一所学校走向全国乃至国外。

以上是对教师专业修行过程的总体概括，教师专业修行的过程不是一次完成和一劳永逸的过程，而是一个循环往复的过程。教师永远在专业修行的路上。因此，教师不必患得患失，担心通过修行悟到的东西如何保住，而是需要通过不断的试验使自己悟到的东西得到不断的印证和丰富，最终达到大彻大悟的境界。

三、教师专业发展的正引：善知识的引领

强调教师专业成长是教师专业修行的结果，并不意味着否认外部力量的引领作用。教师的专业觉悟有的是通过自身修行获得，这可称之为“自觉”或“悟道”，有的是在专家、师傅的引领或同行的帮助下获得，这可称之为“引觉”或“闻道”。事实上，多数优秀教师的专业觉悟过程都体现了“自觉”和“引觉”的统一。如钱梦龙在提出语文教学自主阅读与学生发展课题时就受到了当时的教改实践的影响；[9]李吉林之所以能够提出语文情境教学法，她自称是受到了外语教师蒋兆一提供的外语教学情景教学法信息的影响，[12]16 后来，李吉林又提出情境教学与学生整体发展关系的课题和创建情境教学理论体系，她自称是受到了教育理论专家杜殿坤的影响。[12]39

那么，为什么大量的教师专业引领却没有产生良好的效果，有的甚至遭到教师的排斥？外部的引领如何才能起作用？从优秀教师的专业成长经历来看，我们认为，教师的专业修行的引领要起作用需要具备四个方面的条件：(1) 教师专业修行者有主动发展的愿望和困惑，带着问题求教于同行或专家。李吉林为什么能抓住外语情景教学法的信息？正如她所说，因为她一直在思考语文教学的有效途径，机会偏爱有准备的头脑。[12]39 (2) 专业引领者需要具备引领能力。教师专业引领者必须在引领的方面有所觉悟。(3) 教师专业引领需要结合教师专业修行的过程来进行，引导教师观察现象、丰富教学感受、澄清教学问题、明确假设、实施验证、形成见解、表达观点和运用推广教学思想。(4) 教师专业引领的最终目的是促进教师专业自主发展。教师专业觉悟是教师内部自身努力和外部的制度安排、专业引领共同作用的结果，但关键是教师自身的努力，外部的制度安排和专业引领只是助力，教师专业发展之路最终要靠教师自己去走。

综上所述，我们得出的结论是，教师的专业发展需要从关注教师专业知识的提高转向促进教师的专业觉悟。教师专业觉悟是教师通过观察和体悟来领悟教育的真谛，发现教学兴废之道，从而指导教育教学实践，获得教育成功体验和职业幸福。教师的专业觉悟以“得道”与“解脱”为目的；以“情”“理”为内容；以“己”“他”为对象；以教师自身的思考和行动为方式。教师专业觉悟需要经过专业的修行，即“触—受—问—设—验—识—述—度”。教师的专业修行需要“善知识”的引领。

我们假定，只要教师在专业发展的道路上发正念、走正道和经过善知识的指引，就一定能获得教育成功体验和职业幸福。我们认为，上述观点的确立有助于消除教师专业发展的宿命论和偶然论，提高广大教师专业成长的信心。我们希望上述观点能够得到广大同行和中小学教师的进一步验证。

参考文献：

[1] 贾群生. 专业性教师行为分析：教师研究的新视野 [J]. 教育研究，2009 (12)：75-79.

[2] 黄耀红，周庆元. 教师专业发展的问题反思与理念重构 [J]. 中国教育学刊，2007 (7)：69-72.

[3] 汪明帅. 从“被发展”到自主发展：教师专业发展的现实挑战与可能对策 [J]. 教师教育研究，2011 (4)：1-6.

[4] 舒志定. 论教师的专业自觉 [J]. 教师教育研究，2007 (6)：10-13.

[5] 胡定荣. 影响优秀教师成长的因素——对特级教师人生经历的样本分析 [J]. 教师教育研究，2006 (4)：65-70.

[6] 李吉林. 我，长大的儿童 [J]. 人民教育，2003 (17)：39-42.

[7] 俞正强. 教学应该发生在恰当的地方：对学困生问题的 20 年思考与感悟 [J]. 人民教育，2009 (11)：39-40.

[8] 于漪. 思念 [J]. 人民教育，2003 (6)：38-39.

[9] 钱梦龙. 草根式研究：基层教师的成才之道：以我的语文教学研究为例 [J]. 福建教育（中学版），2011 (7)：115-121.

[10] 薛法根. 教育的幸福 [J]. 人民教育，2003 (18)：41-43.

[11] 李明新. 没有终点的追求 [J]. 人民教育，2007 (17)：52-55.

[12] 李吉林. 情景教育的诗篇 [M]. 北京：高等教育出版社，2004.

[13] 李吉林. 为儿童学习探索 30 年 [J]. 全球教育展望，2008 (6)：17-21.

（原载 2014 年第 3 期）

论教师模仿学习的运行机制

李　森

约翰·杜威认为："经验这一名词可以用经验的或实验的思维态度来进行解释。经验不是一种呆板的、封闭的东西，它是充满活力的、不断发展的。"[1]经验通常是个体在长期的实践中，经过反复尝试、持续思考和深入反思而形成的具有个性化的认知图式和行动结构，体现出个体性、实践性、缄默性和情境性等特征。探讨经验传递的内在机制，既可以实现主体之间经验与智慧的分享，又可以减少不必要的自我摸索。教师之间的经验传递如何实现？尤其是新手教师如何有效地获得教学名师的宝贵经验，提升教学水平，是研究者关注的一个重要课题。在实践中，模仿在经验传递中扮演着重要角色，教师之间通常借助模仿的方式实现经验的传递和共享。基于此，揭示教师模仿学习的运作机制，促进教师之间的经验移植、改进和创新，有助于推动教师可持续地进行专业发展。教师模仿学习是教师主体通过对他者的观察、效仿、再现与创新，进而增强教学适应性，获得实践经验，促进专业成长，并提升教学合目的性与合理性的实践活动。[2]在这个过程中，教师主体对他者教学及其时空环境的认知，对他者教学表达及其内在思想的认同与内化，以及教师主体与他者之间的交往与互动，教师主体、他者和特定时空场境的内在关系等推动了整个模仿学习活动的运行。据此，教师主体的身体、认知、情感，教师主体与他者之间的互动，特定的时空场境等构成了教师模仿学习的内在机制。具体而言，教师模仿学习的运行机制包括具身认知机制、情感同化机制、实践互动机制和场域支持机制。

一、教师模仿学习的具身认知机制

具身认知是指"认知或心智主要是被身体的动作和形式所决定的。各种类型的认知活动，如观念、思维、概念形成、分类和判断等，都受到身体和身体感觉运动图式的制约和塑造。"[3]具体而言，包括如下要点。第一，在认知过程中，个体的心智、身体与环境是有机统一的整体，个体的身体运动、活动经验以及所处的环境制约着认知的过程和产生的结果。第二，身体的特性决定着认知过程和认知方式，身体影响和塑造认知。第三，在认知过程中，身体提供了认知的内容。"人们基于身体的主观体验奠定了认识或者思维的对象，身体以及身体与客观世界的互动提供了认识世界的最原始的概念。"[4]第四，认知的形成与身体的感觉运动系统密切相关。感觉运动的图式及其内隐的模拟在认知过程中发挥着重要作用，概念的理解、情绪的加工以及共情等体验均离不开认知的模拟过程，该过程复演着知觉运动的图式及其体验。

基于此，教师模仿学习的具身认知机制是指在模仿学习活动中，教师主体的身体和心智在教师主体对他者教学以及客观环境的认知以及模仿学习活动中蕴含的内在机理。它揭示了教师的身体、心智与外在环境相互作用的方式，具有三层意蕴。一是教师模仿学习活动的具身性。教师模仿学习活动的发生不仅涉及教师的身体构造、神经结构和知觉运动系统，而且蕴含着教师身体的体验、经历与经验。在教师模仿学习过程中，身体是模仿学习活动得以发生的前提，它不仅表征着模仿学习活动的过程，而且通过不同的动作和符号表征着不同的意义。二是教师模仿学习活动的整体性。教师模仿学习是心智、身体与环境相互作用的过程。在这个过程中，身体与环境提供着心智的内容，心智反映着客观世界。通过身体与环境的互动，不断丰富和完善着心智。三是教师模仿学习的情境性。具身认知理论认为，认知过程并非脱离情境、语境和文化的普遍的、客观的和中立的行为过程，而是一种具体的、嵌入环境之中的、价值关涉的过程。因此，教师模仿学习是极具情境性的个性化学习方式。[5]

在教师模仿学习过程中，教师主体对他者模仿学习的前提是教师主体对他者教学的觉知，再由觉知到认知，从而产生模仿学习的意识和行为。教师主体对他者教学的认知是一种具身认知，是嵌入教师身体、心智以及他者教学和环境统一体中的全息性认知。在这个过程中，教师主体是作为“整体的人”而存在，他不仅自身是一个完整的整体，而且教师主体与他者、环境也是相互交融的整体。教师模仿学习的具身认知机制揭示了认知之于模仿学习的内在机理。认知是教师模仿学习活动得以施行的前提和关键。教师主体的认知既包括对他者教学的认知，也包括对自身教学实际以及所处环境的认知。在模仿学习活动中，这种认知是一种具身认知，是教师主体的身体、心智嵌入环境之中的认知。他者教学的身体活动不仅给教师主体提供了模仿的信息，而且通过身体展现的系列符号表征了相应的意义。同时，教师主体对他者教学的认知和反应通过自我的身体动作得以确证。因此，身体及其活动提供了教师主体认知的对象以及模仿学习的内容，具身认知机制为教师模仿学习活动的运行奠定了前提。

二、教师模仿学习的情感同化机制

情感是指一个人在行动、活动过程中出现的由某一事物所引起的主观体验。它反映了该事物与个人的心理倾向（期望的目标、需要及态度意向等）的关系[6]。同时，也是“介于知觉、思考与外部动作之间的中介环节”[6]。从实质上讲，情感是一种主观体验，是主体对外界事物以及主体与环境关系的主观感受，并通过表情、语言、动作行为等表现出来。同化是指“个体对于输入的信息进行再组织，使之最大限度的与已有的认知结构-图式相适合，从而引起图式量变的过程”[7]。它是客体主体化的过程，即主体将外在信息纳入自我认知的结构中，并不断丰富自我认知图式的过程。据此，情感同化机制是指主体在情感上对他者的认同，并倾向于对他者的内在理念和外在行为方式进行效仿和学习的内在机理。情感同化机制在教师模仿学习过程中发挥着重要作用，它对教师模仿学习行为的发生和运行起着激发、联接和调控作用。

首先，教师模仿学习行为的发生不仅在于外界环境对于教师主体的刺激，以及教师自身需求的诱发，从而产生对他者教学的认知，而且更在于教师主体基于对他者教学认知基础之上的认同感和积极情感的生发。正是教师主体对他者教学的情感认同，使得教师主体产生了对他者教学进行模仿的动机，并进一步诱发了模仿学习行为，促进他者教学行为的主体化，从而汲取和同化他者教学的积极经验。同时，由于情感具有不同的层次，教师主体对他者教学的情感同化也会表现出差异性和层次性。当教师主体对他者教学的情感同化处于初级层次时，即教师主体仅仅是对他者教学的外部动作行为或者局部表示认同，因而其模仿对象及其行为也主要体现为外显行为。当教师主体对他者教学的情感同化处于高级水平时，那么教师主体不仅会对他者教学的外部行为表示认同，还会进一步分析和理解他者教学的因果关系和潜在思想，从而其模仿对象的范畴会进一步拓展，模仿的深度也会随之增加。

其次，情感同化机制在教师模仿学习过程中发挥着联接的功能。一方面，就教师主体而言，情感同化有助于促进教师主体的模仿认知转化为模仿行为。外界环境的刺激使教师主体产生模仿意识，但这种意识未必就能产生模仿行为。只有当这种刺激引起了教师主体的注意，并使得教师主体产生了一定的情感认同时，才有可能促进教师主体模仿行为的发生。从一定程度上讲，情感同化是联接教师主体模仿认知和行为，促进模仿意识转化为模仿行为的内在机制。另一方面，就教师主体与他者之间的关系而言，情感同化是联接教师主体与他者关系，促进其建立主体际交往关系的深层机制。情感是缩短人与人之间距离，消除人与人之间隔阂，促进人与人之间交往的融合剂。情感同化能够促进人与人之间深层关系的建立。在模仿学习过程中，教师主体对他者及其教学的情感同化，有助于缩短二者之间的交往距离，促进其交往关系的建立。

最后，情感对于教师模仿学习活动具有调控功能。在一定意义上说，教师模仿学习活动的进行不仅受教师主体情感的影响，而且受他者情感所制约。当教师主体处于积极的情感状态时，往往在模仿学习过程中表现出积极、乐观和主动的心态和行为；反之，当教师主体处于消极的情感状态时，则通常体现出冷漠、迟滞和被动的心态与行为。同时，情感状态对教师主体与他者之间关系的建立也发挥着重要的调控作用。因此，教师模仿学习的有效运行离不开教师主体积极的情感以及教师主体与他者之间良好情感关系的建立。

三、教师模仿学习的实践互动机制

实践是一个复杂的概念，在其历史演变过程中，内涵和外延都发生了极大的变化。在不同历史时期和语境下，实践呈现出丰富的内涵和多样化的特征。“实践”的英文是“practice”，有“练习”“实行”“应用”等含义，“实践”的希腊文、德文和拉丁文都有“行动”的含义，并且是与人的意志选择有关的活动。在早期古希腊人那里，实践是最广泛意义上的生活，是一切存在物包括动物在内的基本特征。”[8]马克思在批判吸收相关研究成果的基础上，对实践进行了较为完整的解读，将其理解为全部社会生活的本质，包括三层含义：一是实践具有生存论的本体论含义，关乎存在的本质、方式与意义等；二是实践涵盖了人类全部社会生活的统一概念；三是生产劳动是实践概念的基础性层面。[9]

可见，实践是一个内涵丰富的复杂概念，可以从三个方面理解。[10]一是本体论层面的实践概念。即从本体论或者生存论的视角解读实践，其内容包括实践与存在、实践与逻辑、理性、语言等丰富内容。二是道德伦理层面的实践概念。它主要指人的自由自律的活动，包括自由意志、道德、绝对命令等内容。三是认识论层面的实践概念。即认为实践是改造客观世界和主观世界，揭示其内在规律的能动性活动，突出表现为“做”“行动”等含义。教师模仿学习实践互动机制中的实践是基于认识论或者经验论的角度而言的，强调教师主体在模仿学习过程中与他者之间的互动行为，是一种变革教学实践、建立交往关系和获得教学经验的行为活动。因此，教师模仿学习的实践互动机制是指在模仿学习活动中，教师主体自身、教师主体与他者以及教师主体与环境交往互动的内在机理。它在实践层面揭示了教师主体模仿学习的交往本质和互动特性。首先，教师模仿学习的实践互动机制体现在教师主体自身的模仿学习中。这种实践互动形式通常表现为教师主体的自觉性反思，是教师主体对自我的教学追问和批判性审视。作为主体的人具有将自我客体化的能力，即将自我作为认识的对象。在教学实践中，教师主体将对他者模仿学习的过程、效果以及自我的教学现状作为审视的对象，并借助演绎分析、归纳综合、纵横比较等思维方式，对自我模仿学习进行批判和反思。在教师主体与自我的对话和互动过程中，通过不断追问和反复琢磨，有助于澄清教师主体关于模仿学习的前见，打破其对模仿和模仿学习的刻板印象和预设性解读，从而获得对模仿学习的本真理解。同时，通过教师主体自觉性的反思和自我意识及精神的互动，有利于深度理解他者教学的潜在思想，并有机地转化和内化到教师主体的认知结构和经验系统之中。

其次，教师模仿学习的实践互动机制体现在教师主体与他者的互动过程中。教师主体与他者的互动是教师模仿学习从单向模仿走向双向互动模仿的确证，是从个体式模仿走向群体式模仿的表征。教师教学的互动模仿不仅连接了教师主体与他者之间的交往关系，而且在很大程度上拓展了模仿双方的交往空间，丰富了二者的实践经验。根据交往互动水平的差异，在教学实践中，教师主体与他者之间的互动可以划分为表层互动和深层互动。所谓表层互动是指教师主体与他者仅仅是就模仿学习的显性问题进行简单的沟通与交流。通常表现为教师主体对他者模仿学习的相似度的交流，教师主体模仿学习的效果讨论，以及教学过程、策略和方法模仿的互动等。同时，在一定程度上讲，在模仿学习的表层互动过程中，由于教师主体对他者的模仿学习是一种自下而上的谦卑式学习和效仿，容易形成他者的教学权威，从而导致二者之间的互动缺乏平等性，进而使得教师主体与他者之间的互动表现出肤浅性、表面性和单一性。所谓深层互动则是指在模仿学习实践中，教师主体与他者能够就模仿学习过程中的深层问题进行互动沟通和深度交流。深层互动表明教师主体与他者之间不仅建立了平等的主体际交往关系，而且意味着教师主体与他者之间的交往逐渐从专业性交往走向精神性交往。在深层互动过程中，教师主体与他者之间的互动内容不再仅仅停留于教学动作、教学语言、教学方式等显性范畴，而是涉及教学价值取向、教学指导思想、教学原理以及个体实践经验等更为深刻和潜隐的内容。同时，教师主体不再是“一厢情愿”式地向他者学习，而是教师主体与他者之间的相互切磋、相互琢磨和共同探讨。因此，教师模仿学习的实践互动机制推动了教师主体从对他者教学的感性认知到情感认同，再到实践模仿的进程。同时，也揭示了教师主体模仿学习及其与他者建立多重交往关系的内在机理。

最后，教师模仿学习的实践互动机制体现在教师主体与环境的互动过程中。模仿学习是教师主体在特定时空环境中的行为活动。模仿学习过程必然受到时空环境的影响和制约，而且教师主体与环境的良性互动在一定程度上有助于模仿学习活动的运行，从而促进教师专业发展，提升教学质量。教师主体与环境的互动体现在两个方面：一是教师主体对环境的调控，即在模仿学习过程中，通过营造良好的环境氛围，充分利用情境的积极作用，提升模仿学习的效果；二是环境对教师主体的反作用，即特定的环境和情境往往会作用于教师的心理，从而对教师模仿学习产生一定的影响。这主要是从教师主体与环境关系的角度而言的，在实践中，教师主体与环境的互动并非简单的作用与反作用的线性关系，而是随着模仿学习活动的运行，表现出多层次的互动关系。总体而言，教师模仿学习的实践互动机制从认识论角度揭示了实践互动之于教师模仿学习的重要作用及其运作机理，阐明了教师模仿学习实践互动的不同表现形式及其积极价值，有助于更为全面和深刻地认识教师模仿学习的运行过程以及教师之间经验传递的内在机理。

四、教师模仿学习的场域支持机制

模仿学习是教师主体在特定场域中的行为活动，模仿学习的运行除了涉及教师主体的认知、情感以及教师主体与他者的实践互动之外，还受所处场域的影响。教师模仿学习活动的展开需要特定场域形成支持和保障机制，进而才能提升模仿学习的效果，并促进教师专业发展。关于场域，布迪厄指出："从分析的角度来看，一个场域可以被定义为在各种位置之间存在的客观关系的一个网络，或一个构型。"[11]随着社会的分化，社会逐渐由大量分化和自主的具有自身逻辑和必然性客观关系的小世界（场域）构成。基于此，场域即是指特定的时空环境及其关系网络，可以从两个方面理解：一是从实体的角度而言，场域是由时间、空间、人物以及事件等构成的客观场境；二是从关系的角度来说，场域是一定时空环境中的各种复杂关系网络、心理要素及其特定的文化。教师模仿学习的场域支持机制旨在强调特定的场域之于教师模仿学习的支持功能和保障作用，它是指通过统整模仿学习场域的构成要素及其关系，发挥其积极功能，为教师模仿学习提供支持性条件。具体而言，教师模仿学习的场域支持机制包括物理场域支持机制、心理场域支持机制和文化场域支持机制。

物理场域支持机制是从实体的角度而言的，旨在探讨客观物理环境对教师模仿学习支持作用的发生机理。康德指出，时间和空间是作为先验的形式而存在的，任何事物的存在和事件的发生总是置于一定的时空之中。因而教师模仿学习的运行离不开时间、空间以及时空环境中的物理因素的支持。具体而言，教师模仿学习的物理场域支持机制包括时空支持机制和物质条件支持机制。首先，时空为教师模仿学习的运行奠定了基础。教师模仿学习是在时间之流和空间之域中进行的，时间的历时性使得教师模仿学习过程得以通过前后相继的形式被记录和呈现，同时也为教师模仿学习过去经验的总结、当下问题的反思以及未来愿景的展望提供了可能；时间的暂存性使得教师模仿学习得以展开，并被认识；时间的易逝性倒逼着教师主体在模仿学习过程中抓住时机，并做出合理决策。与此同时，空间的广延性和开放性为教师模仿学习经验的传播、共享，以及教师主体与他者之间多重交往关系的建立提供了前提条件。其次，内置于时空之中的物质条件为教师模仿学习的运行奠定了基础。无论是从广义角度而言的阳光、空气、温度等，还是具体到教学过程中的教室、现代多媒体设备等都为模仿学习的展开提供了支持性条件。

心理场域支持机制是从关系的角度来说的，主要探讨教师模仿学习过程中的心理场域之于模仿学习活动的支持机制。心理场域是指在一定的时空环境中由于客观环境以及人与人之间的复杂关系作用于个体所形成的心理场。心理场域具有潜隐性、弥散性和感染性等特征，其以人与人之间的复杂关系为载体，而非以实体的方式呈现，并通过间接的方式作用于特定场域中的个体。心理场域一旦形成便会如涟漪一样层层扩散，并不断地传染和作用于场域中的每一个体。教师模仿学习的心理场域支持机制主要是从交往关系的角度为模仿学习活动的开展提供心理支持，包括三个方面：一是从教师个体的角度而言，教师主体良好的心理素质、统整的健全人格为教师主体模仿他者教学，并积极应对可能遭遇的困境和问题提供了心理支持。二是从教师个体与他者的角度而言，二者之间和谐人际关系的建立以及良好的心理氛围的形成，有助于建立一种积极的心理场域，从而缩短教师主体与他者之间的心理距离，促进主体际交往关系的构建，并推动模仿学习活动的有序运行。三是从教师个体与群体的角度而言，在模仿学习过程中，教师主体不仅会与他者发生交往关系，而且会涉及教学场域中的其他个体和群体，如同事、领导、学生和家长等。教师主体与相关个体及其群体之间良好人际关系的形成，在一定程度上，能够增强教师主体的心理能量，形成积极的心理场，进而促进模仿学习活动的运行，并提高教学质量。

文化场域支持机制是从精神的角度来讲的，旨在表明通过教师模仿学习的文化场域，形成向上的精神能量，为教师模仿学习活动的有效运行提供精神支持。“文化”是一个比较抽象的概念，很难进行确定性的定义。它由“文”和“化”构成，二者均为独体字。“文”在《甲骨文字典》中解释为“象正立之人形，胸部有刻画之纹饰，故从文身之纹为文。释义为：文，美也，冠以王名之上以为美称”[12]996。“化”则“象一正一倒之形，所含意不明。《说文》释义为：化，教行也。从匕从人，匕亦声。”[12]912恩斯特·卡西尔在《人论》中谈道：“对于理解人类文化生活形式的丰富性和多样性来说，理性是个很不充分的名称。但是，所有这些文化形式都是符号形式。因此，我们应当把人定义为符号的动物来取代把人定义为理性的动物。只有这样，我们才能指明人的独特之处，也才能理解对人开放的新路——通向文化之路。”[13]在这里，他指出所有文化形式都是符号形式。由此可见，文化也就是符号的集合，它是人类在生产过程中对各种实体进行抽象后形成的符号。基于此，文化具有复杂性和多样性，它潜移默化地影响着人们的生活方式和思维方式，正如沙因(Schein，E. H.)所说：“文化是更深层的为组织成员所共享的基本假设和信念，它无意识地发生作用，并以一种被人们视为理所当然的方式规定着组织对自身环境的认识。”[14]因此，文化通常以间接、隐性的方式作用于个体，文化的变革性、活跃性和创造性有助于激发教师模仿学习的动力。在模仿学习过程中，由教师文化、学生文化、课堂文化以及学校文化等构成的文化场域共同形成和提供了教师模仿学习的动力场，并给予了教师主体强有力的精神支持，从而使得在文化浸润中的教师模仿学习更具活力。

参考文献：

[1] 约翰·杜威. 经验与教育 [M]. 姜文闵，译. 北京：人民教育出版社，2005：168.

[2] 崔友兴，李森. 教师教学模仿的多重特征与实践价值 [J]. 课程·教材·教法，2015 (9)：103-107.

[3] 叶浩生. 身心二元论的困境与具身认知研究的兴起 [J]. 心理科学，2011 (4)：999-1005.

[4] Gibbs R. Embodiment and Cognitive Science [M]. Cambridge：Cambridge University Press，2006：78.

[5] 李森，崔友兴. 从离身到具身：数字化时代教师学习方式的现代转型 [J]. 教师教育学报，2016 (1)：13-18.

[6] 时蓉华. 社会心理学词典 [M]. 成都：四川人民出版社，1988：162-163.

[7] 林崇德，李春生. 中国成人教育百科全书·心理·教育 [M]. 海口：南海出版公司，1994：122-123.

[8] 黄文前. 现代视域中的实践概念：实践概念发展综述 [J]. 马克思主义与现实，2004 (5)：50-60.

[9] 俞吾金. 如何理解马克思的实践概念：兼答杨学功先生 [J]. 哲学研究，2002 (11)：16-21.

[10] 黄其洪，蒋志红. 论实践概念的三个层次 [J]. 现代哲学，2009 (2)：1-6.

[11] 皮埃尔·布迪厄，华康德. 实践与反思：反思社会学导引 [M]. 李猛，李康，译. 北京：中央编译出版社，1998：134.

[12] 徐中舒. 甲骨文字典 [K]. 成都：四川辞书出版社，2003.

[13] 恩斯特·卡西尔. 人论 [M]. 甘阳，译. 上海：上海译文出版社，2004：37.

[14] Schein E H. Organizational Culture and Leadership [M]. Sanfrancisco：Jossey-Bass，1985：6.

（原载 2017 年第 2 期）

第五编

教师角色和教师素养研究

我国专家型教师研究的回顾与展望

徐 红 董泽芳

国外专家型教师的研究起于20世纪70年代，[1]因研究者将认知心理学的专长研究方法引入教育领域而生；我国专家型教师研究源于90年代教师成长研究的转向，[2]其规模研究则源自20世纪末的“跨世纪园丁工程”。[3]目前，随着人们对教育价值的认识日渐深远与优质教育的呼吁日益强烈，教师的社会价值与职业地位迅速飙升，有关教师素质培养与专业发展的研讨迅疾升温，专家型教师的研究也全面展开。回顾我国专家型教师研究的历程，总结其成果、反思其问题、展望其未来，不仅有利于推动专家型教师的研究，而且有利于促进专家型教师的培养。①

一、专家型教师研究的重大成效

据初步统计，迄今为止，我国关于“专家型教师”的研究共发表了论文近900篇（包括61篇博士与硕士论文），论著近10部。其中，2000年以来发表的论文（论著）数量占总数的95%以上。从已收集的文献看，已有研究主要有以下五大成效。

（一）肯定了专家型教师的时代价值

专家型教师是教师专业化发展的理想目标，是中国教育事业的生力军，其时代价值已经得到学界认可。陈桂生指出，“专家型教师”乃当下“培养骨干教师的价值取向”，“影响教师进修与培养的抉择”“对于全面落实‘跨世纪园丁工程’与《中小学教师队伍建设‘十五’计划》”“全面提升教师素养”具有举足轻重的作用；[3]王长楷和邱玉辉认为，社会发展关键的推动力量是具有全面素质和高素质的现代人，而现代人培养的关键又在于具有终身学习能力和教育创新能力的专家型教师；[4]肖映雪认为，素质教育的核心就是要培养学生的创造性思维能力和创新精神，而学生创造性思维和创造性能力的培养依赖于专家型教师。[5]

（二）注重了专家型教师的内涵阐释

总览相关文献，我们发现，研究者从多个视角对专家型教师的内涵给予了阐释，归纳起来有三种观点。第一种观点为“特殊专长说”。“专长”即特长，该观点的持有者强调专家型教师应备“教育、教学与教研专长”中的一种或几种。其中，有学者仅强调“教学专长”。比如，张大均认为，专家型教师是指“那些在教学领域中，具有丰富的和组织化了的专门知识，能高效率地解决教学中的各种问题，富有职业的敏锐的洞察力和创造力的教师”；[6]有学者既强调“教育专长”也强调“教学专长”。比如，徐辉指出，“专家型教师是指在某一方面或某一领域（主要指教育教学）有专长的教师”；[7]有学者同时强调“教育、教学与教研专长”。比如，孟繁胜等认为，专家型教师是具有教育教学专长并且能够自我发展的研究型教师。[8]第二种观点为“特级教师说”。陈桂生认为，“专家型教师”主要指“造诣高深的中小学特级教

① 在中国期刊网优秀博硕论文数据库（1999—2010年）以“专家型教师”为关键词搜索，可找到相关博士论文4篇、硕士论文57篇，其中2001年之前0篇；在中国学术期刊网上以“专家型教师”为关键词可以搜索到相关文章823篇（1979—2010年），其中，1981年之前0篇，2000年之后789篇。

师”;[3]李继峰指出，“目前很多以教学创新成果享誉教坛的‘名师’、省市级以上的‘特级教师’等，可以说达到了‘专家型教师’的高度”[9]。第三种观点为“优秀教师说”。俞国良、林崇德旗帜鲜明地表明，“一般地说，优秀教师是一名专家型教师”[10]；马艳华指出，“专家型教师（Expert Teacher）是教师群体中的优秀分子，是对教师达到专业成熟状态时的称谓”[1]。

（三）重视了专家型教师的特征分析

已有研究主要分析了专家型教师在知识、能力、人格与行为等四方面的特征。顾明远结合国内外研究成果，提出专家型教师的特征是：“有较高的专门知识（所教学科）和技能；经过较长时期的专门职业训练，掌握教育学科的知识和技能，并经过‘临床’实习；有较高的职业道德；有不断进修的意识与能力”;[11]张正中指出，专家型教师在情感上表现为对事业的坚定信念和对理想人格的不懈追求，在认知方面具备广博专深的知识结构和丰富的个性化实践知识，在能力上体现为具有“超凡脱俗”的问题解决能力，在行为方面具有敏锐的洞察力和机智处理教育问题的能力;[12]俞国良等认为，专家型教师一是具有良好的、全面的知识结构，二是解决各种问题的效率高，三是在解决实践教学领域的问题时富有创新性和洞察力;[10]连榕认为，专家型教师“具有鲜明的情绪稳定性、理智、着重实际、自信心和批判性强的人格特点”;[13]周赞梅认为，专家型教师拥有比一般教师更详尽、更丰富、组织得更好且转换更加灵活的专门知识，具有很强的专业自主性和反思倾向，能够积极地回应环境并通过教学实践来提升自己，具有很好的自我意识、强烈的成就动机和创造性;[14]林崇德等认为，专家型教师最重要的能力是教学监控能力。[15]

（四）突出了专家型教师的素质探讨

教师素质是指教师完成教育教学活动所必备的条件。肖映雪立足心理学视角指出，专家型教师应具备丰富而高度组织化的知识并能有效运用，有很强的教学监控能力、教学反思能力、合理归因能力，很强的洞察力和创造性解决问题的能力，有较强的教育科研能力;[5]刘岩立足教育学视角提出，专家型教师应具备高尚的师德，科学的教育理念，相当的专业知识和专业能力，勇于创新、具有一定的创造性;[16]王峰等立足比较视角，认为教书匠与专家型教师在素质上的差别是，前者对教育教学少了一份投入、少了一份责任、少了一份执着、少了一份反思、少了一份热爱。[17]

（五）涉足了专家型教师的成长探究

已有专家型教师成长规律的探究已涉及专家型教师的成长阶段、成长途径与成长模式等方面。首先，涉及专家型教师成长阶段研究的主要有：连榕提出了“新手—熟手—专家”三阶段理论，此理论通过分析不同阶段教师的特点，运用对比分析的方法对专家型教师的教学专长发展做了深入研究;[13]李继峰等参考教师的工龄，把在岗教师的专业成长简化为新手型教师、胜任型教师、骨干型教师、专家型教师四个主要阶段。[9]其次，涉及专家型教师成长途径研究的主要有：俞国良等从操作层面提出培养专家型教师的思路，认为通过专家和新手完成一系列任务的比较，明确专家型教师的必备素质和行为特征系统，找到专家型与新手型教师之间的差别所在，发现新手型教师向专家型教师转变的特点和规律，最终实现从新手型教师向专家型教师的转变;[10]最后，涉及专家型教师成长模式研究的主要有：刘晓明根据专家型教师应具备的素质与特征出发，认为专家型教师成长的模式为学习、培养与研究三者的融合;[18]赵昌木详解了培养专家型教师的大学本位教师教育模式、PDS（professional development school）模式、STT（sehool-based teaeher training）模式、微格教学（microteaching）模式和师徒模式。[19]

二、专家型教师研究的主要不足

由于我国教师专业化的历程较短，加之学界对教师自身发展关注不够，使得有关专家型教师的系统研究明显不足。从已有文献看，该研究领域存在着以下五大问题。

（一）研究对象缺乏准确界定

已有“专家型教师”的界定十分模糊，使得现实中专家型教师的遴选既有难度又有偏差。当下，遴选专家型教师的途径有三。其一，“通过学生成绩来确定。……如果某位教师所教的学生的增长分数在一定地域范围内位居前20%，则将该教师作为专家型教师”[20]。其二，通过学校领导来确定。研究者列出专家型教师的相关特征，然后交给学校领导（校长、副校长、教导主任、教研室主任和年级主任）讨论，让他们据此提出专家型教师[20]。其三，依据教师的职称、学历、教龄、年龄和学生及家长的评价等来确定专家型教师。其实，这三条途径都是有待商榷的。对第一条途径来说，根据学生成绩遴选专家型教师的做法值得商议。原因在于：第一，不能仅凭学生的成绩来评判教师的教学水平。毋庸讳言，在“应试教育”影响下，学校为了尽可能提高升学率与“获奖率”，“不同程度地实施着异化了的差异教学”[21]。显然，在同样条件下，优秀班级学生的成绩通常比普通班级好。第二，不能简单依据学生成绩的增长分数来评判教师的教学水平。在同等条件下，课程性质不同，学生成绩增长分数迥异。如，在教师同等努力程度下，学生的数学成绩普遍较语文成绩增长明显。第三，不能单纯依据教学水平来遴选专家型教师。一方面，专家型教师与非专家型教师的区别不在于谁教学工作完成得更好，而在于前者在自己的成长过程中不断为自己设立更高的事业目标并努力达到这些目标；[22]另一方面，教学只是教书育人的一部分，如果一个教师无德，纵然他的教学水平再高，也难以育出德才兼备的学生。对第二条途径而言，通过学校领导来确定专家型教师不可靠。在传统文化影响下，学校领导常会“以己为中心，通过亲情、友情、同窗情、战友情、同乡情攀关系，扩充自己的差序格局”[23]，在尚无明确标准判定专家型教师的当下，由学校领导遴选专家型教师是不合适的。对第三条途径来讲，就更难以让人信服。比如，至今尚无证据表明教师的教育、教学及科研水平与教龄明显正相关；又如，现行的学生评教在彰显某些进步意义的同时，也凸显多种弊端，其中最大的弊端是师生为了“和气一堂”而相互抬高对方分数，以学生评教分数来评判教师的教育、教学及科研水平显然不当。

（二）研究风格缺乏本土气息

已有研究因缺乏本土意识而过多借鉴、效仿，甚至移植、克隆国外学者的观点或研究方法。其明显表现有二：一方面，已有研究界定“专家型教师”时缺乏本土气息。比如，当美国心理学家斯滕伯格指出“专家型教师就是具有教学专长的教师”[24]之后，国内学者也纷纷使用“专长说”来解说专家型教师，即使“特级教师说”“优秀教师说”也未摆脱斯滕伯格的“影响”；另一方面，已有研究在专家型教师问题研究方法上缺乏本土气息。综观相关研究，国内学者不仅模仿国外学者惯用的新手型教师与专家型教师相比较的研究方法，而且遴选新手型教师与专家型教师的标准与策略也效仿国外。

（三）研究内容缺乏深层分析

概览相关文献发现，已有专家型教师研究

大多浅尝辄止，缺乏深层挖掘。第一，在剖析专家型教师的价值上，研究者虽从“跨世纪园丁工程”的建设、《中小学教师队伍建设“十五”计划》的实施、创造性人才的培养、基础教育改革、素质教育与教育可持续发展等方面彰显了专家型教师应有的重要地位与重大价值，但所有论述仅处于应然状态，缺乏系统分析；第二，在阐释专家型教师的内涵上，研究者仅对“特殊专长说”“特级教师说”“优秀教师说”做了“是什么”的感性述说，缺乏“为什么”的理性反思；第三，在揭示专家型教师的特征上，以顾明远、俞国良、连榕等为代表的学者，虽从各自研究领域界说了专家型教师应备的特征，但缺乏对其“应然状态特征”进行系统的分析与论证；第四，在探讨专家型教师的素质上，研究者虽从不同视角指出专家型教师的素质应包含哪些构成要素，但未阐明这些构成要素之间的内在逻辑结构；第五，在探究专家型教师的成长上，研究者虽梳理了专家型教师的成长阶段，但缺乏对其进行充分阐释；虽指明了专家型教师的成长途径，但缺乏对其进行充分解析；虽介绍了专家型教师的成长模式，但缺乏对其进行充分论证。

（四）研究范式缺乏多元综合

研究范式是“一个科学共同体在思考和解决该学科领域重大问题时所形成的主导性的研究方式和共同规则。”[25]就教育研究范式而言，有质性研究范式与定量（量化）研究范式两大类。当下，两大教育研究范式在专家型教师问题的研究中明显分离。其中，质性研究范式取向的学者往往以教育哲学与教育原理为理论基础，或采用思辨的方式探讨问题，或采用实地研究的方式，通过参与观察、深度访谈等途径收集资料，运用文字描述的分析方法反思问题，从而在归纳推理的基础上建构理论；量化研究范式取向的学者则常常以心理哲学与认知心理学的原理为理论基础，采用实验与调查的方式，通过量表问卷或结构观察等途径收集资料，运用统计分析的方法考察变量之间的相关性或因果联系，从而在演绎推理的基础上检验理论假设。尽管各自取得了一些有价值的研究成果，但由于研究过程中“质”“量”分离与问题肢解，造成现实中专家型教师问题的研究目标、研究思路、研究视角、研究方法、研究内容乃至研究结论均为褊狭，从而使得相关研究在理论层面缺乏深度，在实践层面缺乏力度。此外，已有研究视角大多聚焦于专家型教师的“教学”，且研究重点集中于专家型教师的“教学专长”，导致这些研究难以“认清”当下专家型教师的“真面目”，从而贬抑了其价值。

（五）研究成果缺乏操作策略

审视已有相关研究，其成果的操作性明显不足。一方面，已有研究重描述轻操作。其一，已有研究尚未关注专家型教师的操作性定义；其二，有关专家型教师素质与特征的研究鲜有操作性成果。如此一来，专家型教师就成了教师专业发展过程中一个难以琢磨的象征符号，结果是，培养与培训专家型教师的机构因缺乏具体明确的相应素质指标为指引，导致其培养与培训目标相当盲目。另一方面，已有研究重思辨轻策略。其一，在肯定专家型教师的时代价值时，大多从思辨角度阐释其价值何在，鲜有如何彰显其价值的策略说明，使得专家型教师的应有价值没有受到应有的关注；其二，在探讨专家型教师成长问题时，通常局限于阐释成长的路径何在与障碍何在，鲜有如何履行相应路径与克服相应障碍的具体策略探索，使得专家型教师的培养与培训在实践中缺乏实用的操作指南。

三、专家型教师研究的应然趋势

在新课程改革、教师教育改革与教师专业

化发展等背景下，专家型教师研究的重要性与迫切性日益凸显。研究什么与怎样研究，应该成为专家型教师研究的未来方向与指南。

（一）重视概念界定

概念界定，即对某一概念下定义。由于概念是思维的基本单位，“反映客观事物的一般的、本质的特征”[26]，对于研究工作来说，界定概念可以精确研究的范围与基本内容，因而，界定某一事物所涉及的概念（尤其是核心概念）是研究该事物的逻辑起点，核心概念界定是否准确，直接关系到研究的成效。不言而喻，“专家型教师”的界定在专家型教师研究中至关重要。目前，学者界定“专家型教师”时，往往将之等同于“专家”的定义与“教师”的定义之和。如此界定虽有一定的合理性，但由此定义的“专家型教师”缺乏鲜明的特征。我们认为，界定“专家型教师”，除了依照“专家”＋“教师”的推论模式来初步定义，还应将初步定义的“专家型教师”与“学科专家”“名师”“特级教师”“研究型教师”“学者型教师”“反思型教师”“优秀教师”等相似概念作透彻比较，从中揭示“专家型教师”的独特本质。

（二）强化本土研究

所谓强化本土研究，即强化本土研究风格，指立足本土的研究思想与方法，不盲目模仿甚至移植国外的研究思想与方法。这是因为，“专家型教师”是一个本土性很强的概念。表现在：一方面，国外教师资格认证的标准与我国教师资格认证的标准不同，[27]国外专家型教师与我国专家型教师在内涵、标准与特征上定然有别；另一方面，“在不同发展程度的国家，教师的专业化程度是不平衡的，专家型教师的水平也是不平衡的”[28]。显然，国外专家型教师的水平与我国专家型教师的水平不属同一层次。为此，在专家型教师研究中，应当“以马克思主义的根本观点为指导，自觉研究新情况、新问题，吸取国外研究中的合理东西，为我所用，不断得出与客观实际相符的具体论断”[29]。唯有如此，我国专家型教师研究的成果才会具有现实性、针对性与有效性。

（三）深化理论探讨

由于我国专家型教师研究起步相对较晚，使得相关理论积淀缺乏，基础理论贫乏。正如前述，专家型教师的价值、内涵、特征、素质与培养等探讨大多处于应然状态，缺乏系统、深入的研究与反思。理论是行为的先导，是实践的指南，基础理论是理论体系的骨架，是纵深理论研究与应用开发研究的“敲门砖”与“脚手架”，基础理论研究的成果越厚实，纵深理论研究与应用开发研究就越有成效。为丰富专家型教师的理论研究成果，探寻有效的专家型教师培养之路，应当深化专家型教师的理论研究，尤其是基础理论研究。目前研究的重点主要是：深入挖掘专家型教师的价值，揭示专家型教师的内涵，继续探讨专家型教师的特征，进一步探究专家型教师的素质，探寻专家型教师的成长规律。

（四）拓展研究视野

审视各类研究方法，不难发现，“任何研究方法都有其局限性”[30]，因而，确立任何一种研究方法的霸主地位，都会窒息其他研究方法之生机[31]。为了提高研究成效，应当综合运用多种研究方法。由于研究方法是研究范式的核心，因而上述论断对研究范式同样适合。显然，对教育研究的两种范式来说，无论是质性研究还是定量研究都各有软肋，在研究过程中应当“质”“量”结合。已有专家型教师研究在研究范式上的“质”“量”分离，造成相应研究成果在理论层面缺乏深度，在实践层面缺乏力度。为此，在专家型教师问题的研究中，要拓展研究视野，做到“质”“量”结合，即既注重立足于直觉归纳与哲学思辨之上的细致、深刻的质性研究，也注重立足于理性逻辑与实验观察之上的客观、公正的定量研究，更注重将二者有机统一起来的综合研究。

（五）致力操作策略

策略，即计策与谋略的合称；所谓操作策略，即可操作性的计策与谋略。操作策略的研制总是为了促进相应目标活动的实施。为提高某一目标活动的成效，应当研制相应的操作策略。当下，培养专家型教师已是教师专业化改革的目标与追求，但遗憾的是，因缺乏培养专家型教师的相应操作策略，导致实践过程中专家型教师的培养举步维艰。可见，当务之急理应致力于培养专家型教师操作策略的研制。那么，到底应该怎样研制培养专家型教师的相应操作策略呢？由于“当前的教师专业化改革更集中于教学专业化的内涵发展上，即教学的品质、教师的专业行为表现”，[32]因而，教师专业化背景下的“专家型教师与非专家型教师的区别不在于教学工作是否完成得更好，而在于前者……常常质疑常规的行为，在看似‘没有问题’的现状中发现问题并加以解决”[22]。显而易见，培养专家型教师的操作策略与培养传统教师的操作策略定会存在较大差异。在对有关专家型教师的本质内涵、素质结构与行为特征等的认识还不甚透彻的当下，研制培养专家型教师的操作策略尚不现实。切实可行的做法为：以教育学、心理学、社会学、文化人类学以及行为科学等学科的相关理论为指导，首先，从操作层面挖掘专家型教师的本质内涵；其次，系统探讨专家型教师应具备的素质结构与行为特征；再次，从操作层面探寻专家型教师的成长路径；最后，从操作层面探索专家型教师的培养模式。

参考文献：

[1] 马艳华. 专家型教师的内涵及其进阶路径 [J]. 中国教师，2008 (12)：7-9.

[2] 连榕，孟迎芳，专家—新手型教师研究述评 [J]. 福建省社会主义学院学报，2001 (4).

[3] 陈桂生. “专家型教师”辨析 [J]. 江西教育科研，2003 (4)：6-7.

[4] 王长楷，邱玉辉. 改革高师教学模式培养专家型教师 [J]. 中国高等教育，2001 (9)：17-18.

[5] 肖映雪. 论中小学专家型教师的基本特征与培养 [J]. 西南师范大学学报（人文社会科学版），2001 (5)：55-58.

[6] 张大均. 教育心理学： [M]. 北京：人民教育出版社，2004：437.

[7] 徐辉. 师范教育与专家型教师的培养 [J]. 教育科学研究，2003 (4)：9-11.

[8] 孟繁胜，梅秀娟，王敬. 关于专家型教师培养的创新实践与理性思考 [J]. 中小学教师培训，2008 (11)：15-17.

[9] 李继峰. “专家型教师”的理念与成长 [J]. 当代教师教育，2008 (3)：20-24.

[10] 俞国良，林崇德. 论心理学视野中的教师培养与发展 [J]. 教育研究，1999 (10)：29-35.

[11] 刘微. 教师专业化：我们应该做些什么？[N]. 中国教育报，2002-04-21.

[12] 张正中. 专家型教师内涵、特征及成长阻碍因素研究 [J]. 湖南师范大学教育科学学报，2009 (2)：99-101.

[13] 连榕. 新手—熟手—专家型教师心理特征的比较 [J]. 心理学报，2004 (1)：44-52.

[14] 周赞梅. 专家教师研究 [M]. 北京：知识产权出版社，2006：68-116.

[15] 申继亮，辛涛. 论教师教学的监控能力 [J]. 北京师范大学学报（社科版），1995 (1)：9.

[16] 刘岩. 论专家型教师的素质及培养 [J]. 鞍山师范学院学报，2001 (01)：45-48.

[17] 王峰，邢莉. 教书匠比专家型教师究竟少什么 [J]. 当代教育科学，2005 (13)：35-36.

[18] 刘晓明. 关注教师的心理成长：专家型教师的心理塑造 [M]. 长春：东北师范大学出版社，2006：17.

[19] 赵昌木. 教师成长研究 [D]. 兰州：西北师范大学，2003：88-125.

[20] 俞国良. 专家—新手型教师教学效能感和教学行为的研究 [J]. 心理学探新，1999 (2)：32-39.

[21] 徐红. 教育公平视野下“流动借读生”教育研究 [J]. 教育研究与实验，2008 (6)：24-28.

[22] 袁梦. 专家型教师的成长之路 [M]. 长春：吉林大学出

版社，2008：15.
[23] 费孝通. 乡土中国　生育制度 [M]. 北京：北京大学出版社，1998：24.
[24] Ste Tnberg T，Horvath JA，R. A Prototype of Expert Teaching [J]. *Education Research*，1995 (6).
[25] 瞿葆奎. 教育学文集·教育学 [M]. 北京：人民教育出版社，1988：179.
[26] 中国社会科学院语言研究所词典编辑室. 现代汉语词典：第4版 [K]. 北京：商务印书馆，2002：404.
[27] 袁霞. 教师资格认证的中外比较 [J]. 教学与管理，2008 (10)：16-18.
[28] 傅道春. 教师的成长与发展 [M]. 北京：教育科学出版社，2001：17.
[29] 郑杭生. 中国社会结构变化趋势研究 [M]. 北京：中国人民大学出版社，2004：1-6.
[30] 吴康宁. 教育社会学 [M]. 北京：人民教育出版社，1998：20.
[31] 刘献君. 院校研究的基本范式：定性模式与定量模式 [J]. 现代大学教育，2003 (3)：7-11.
[32] 陈永明. 现代教师论 [M]. 上海：上海教育出版社，1999：182.

（原载2011年第7期）

职前教师专业身份建构之困境与出路
——对教师教育内涵式发展的思考

张 倩 李子建

在我国，始于1999年的制度-结构性的教师教育改革到目前为止已基本解决了我国基础教育师资“有没有”和“足不足”的问题。随着改革的推进，更深层次的质量问题，即“优不优”的问题开始浮现，由此催生的新一轮教师教育改革将改革目标定位在谋求教师教育“内涵式发展”上。[1]然而，何谓教师教育的“内涵式发展”，如何通过教师教育改革来实现这种发展，政策文本并没有给我们答案，现实中持续推进的教师教育改革却在不断拷问着每一个教师教育的研究者和改革者。

一、教师教育内涵式发展的关键

首先要梳理的是启动这一轮教师教育改革的实践背景，即是什么启动了我们对教师教育的内涵式发展的思考与求索。

2007年，通过前一轮教师教育改革对原有师范教育系统的大规模布局调整，我国开放型教师教育体系已初步建成，但农村和落后地区的师资水平依然没有得到显著改善。为此，教育部在部属师范院校中开始实施免费师范生教育项目，吸引和鼓励优秀的学生从事教育行业，为农村和落后地区提供充足的、优质的教师。然而从首届免费师范毕业生的就业意向来看，改革的效果不佳。据调查，首届免费师范毕业生中仅有31.9%表示愿意选择从事教学类职业，其中愿意支援农村等贫困落后地区教育的比例更低。[2]这样的结果说明粗放的经济投入与数量扩张是无法达成优质的教师教育的。

由此我们开始探索优质教师教育的核心内涵，思考教师教育如何才能从过去以结构调整和数量增多为主的“外延扩张式的发展”转变为以质量提升为核心的“内涵式发展”。

英国教育部的一项大型实证研究“新教师的养成”项目（“Becoming A Teacher”project）在这个问题上给了我们提示。这项研究对英国目前五大教师教育模式及其效果进行了长达六年（2003—2009年）跟踪性的比较研究，其样本包括4 790名职前教师。研究的结论指出，无论采取怎样的培养模式，优质的教师教育首先应该能让未来教师有一颗“乐于从教的心”。因为正是这颗“乐于从教的心”让未来教师珍惜教书育人的机会，生发出教书育人的荣誉感和责任感；也是这颗“乐于从教的心”决定了初任教师入职意愿、留职意向以及未来长久的职业承诺。他们将这颗“乐于从教的心”定义为职前教师的专业身份。研究结论还强调，仅仅采取经济手段提高教师职业的吸引力，研发各种能力标准和评价指标，却漠视或忽视职前教师专业身份这个最根本的基石，是舍本逐末的，因为只有“乐于教”才能“适于教”，也才可能“善于教”。[3]西方其他国家的实证研究也证明，那些从教意愿并不强的人，往往抗压力较差，即使顺利入职，也容易因为日常教学中的挫折和打击而选择退出教师职业。[4]因此，近年来饱受初任教师的高离职率困扰的西方教师教育界，开始高度关注职前教师的专业身份，有关教育当局甚至将其列为教师教育的重要目标（如加拿大魁北克省教育局和美国全美数学教师委员会)。[5]西方国家的教师教育研究者也指出，应该从能否帮助未来教师建构教师专业身份，能否为未来教师提供一个支持他们专业身份持续发展的连续体（continuum）来评价教师教育项目，甚至依此重建教师学习观以及教师教育研究框架。[3]

基于这样的研究和实践背景，我们认为，教师教育内涵式发展的关键是转变教师学习观和教师培养模式——从仅仅关注职前教师知识技能的增长转变为关注职前教师的专业身份认同。要启动这样的转变，首要的是分析我国职前教师的专业身份及其发展困境，寻找困境的突破口，以探索教师教育的"内涵式发展"的可能路径。

二、我国职前教师的专业身份及其发展困境

作为学术概念的"教师专业身份"，其实至今尚未在学界形成一个确定而统一的定义。为了准确地理解和把握我国职前教师的专业身份，我们首先尝试对当前西方国家的教师身份理论进行系统梳理，并对其实证研究中的"职前教师专业身份"的概念进行元分析。通过梳理和分析，我们发现相关量化实证研究中"职前教师专业身份"主要包括四个构成元素，即入学动机、职业承诺、角色认知和专业取向（或教学信念），而质化研究则主要从"对身为教师的自我的理解"和"对教师角色（包括教学实践）的理解"这两方面来讨论职前教师专业身份认同。

综合相关质化和量化研究成果，我们确定了职前教师专业身份的两大支柱，即角色定位和职业承诺。前者主要关注职前教师对教师这个社会角色及其专业实践的理解，后者关注职前教师对教师这个角色的认同与归属，更准确地说，是他们从教意愿的强弱。下文也主要从这两个方面来分析我国职前教师的专业身份及其发展困境。

（一）角色定位之困境

定位教师角色，意味着寻找"何谓好教师"的答案。它是每个教师建构其专业身份的第一步，因为它决定了这个职业对他们的意义，也决定了他们将如何评价身为教师的自我。西方国家的实证研究指出，教师的角色定位不仅是一个个体行为问题，还是一个既不能独立于社会文化的历史传统，又不能跳脱出真实的学校实践框架的社会建构过程。在我国职前教师角色定位的场景之中，最大的挑战恰恰来自传统师道文化与真实学校实践之间的冲突。

众所周知，我国传统的师道文化强调为师之道在于"教书育人"，其中又以"育人"为首，即今天我们说的"立德树人"。然而在高风险的考试评价制度之下，现代学校对教师绩效的考核更多是强调教师的"教书"能力与表现，或者更确切地说是提高学生在标准考试中的成绩的能力。摆在我国职前教师面前的是"教书"与"育人"孰轻孰重的两难选择。在入职后汹涌而来的绩效压力下，教师还能坚持自己当初的"育人"理念，潜心教书育人吗？坚持自己的育人理想，又会不会耽误学生的"前程"，影响他们取得优异的考试成绩呢？

当"教书"与"育人"成为彼此抗衡的角色期待的时候，两者之间的张力及其所带来的道德压力，令每个职前教师在角色定位过程中感到焦虑，构成了我国职前教师身份认同危机之首。只是由于职前教师缺乏机会深入教学实践亲历"两难"，这种焦虑更多地以一种潜伏的形式存在。

（二）职业承诺之困境

如果说角色定位回答的是"何谓好教师"，那么职业承诺则是确定"（身为教师的）我应该如何"的答案。换言之，职业承诺是教师对自

我与教师角色之间的关系的定义，是每一个教师（包括职前教师）的专业身份的最根本的内核。只是对于职前教师来说，这个问题首先是“我是否要从教”，随后才是“我应该如何教”。西方国家研究已经证实，要避免优质教师教育资源的浪费，帮助职前教师及早确认这一点至关重要。[3]然而，目前我国的教师培养模式和就业模式都不利于师范生确定和形成稳定的职业承诺。

其一，从师范生招录制度来看，近年来我国都采取提前批次录取的方式来确保和提高师范生的生源质量，这种方式将接受高等教育的机会与从教志愿相捆绑，一些从教意愿并不强的学生为避免丧失接受高等教育的机会而采取权宜之计，选择了自己并不喜欢的师范专业。

其二，从培养模式来看，我国职前教师教育以四年一贯的定向封闭的培养模式为主，该模式强调学科专业课程和教育专业课程的同时进行，即西方学者所指的“同步模式”（concurrent model）。[6]它要求所有有志于从教的学生在进入高等教育阶段前即作出关于未来职业的选择，包括从教的学段和学科等。①

因此，在现行的师范生招录和培养的制度下，我们的未来教师很可能是为了规避丧失接受高等教育的风险，而选择报考师范专业，又在尚不明确自己是否有机会被录取之时，就必须做出坚定的职业承诺。因为在四年一贯的师范教育中，他们没有选择其他职业教育的机会。然而根据拉斯（Raths）的价值形成模型，职业承诺的本质是个体对某种职业价值形成认同，并做出承诺。只有通过价值澄清和自由选择所形成的价值观才会被珍视，最终才会成为个体所秉承的信念和承诺。[7]从这个角度来看，我国定向封闭式的职前教师培养模式已经把这个价值形成过程压榨为高考志愿这个有且仅有一次的高风险的选择行为。这是导致我们职前教师职业承诺缺失的“先天性障碍”。

不仅如此，这些具有“先天性障碍”的职业承诺，在四年后还必须面临开放的劳动力市场竞争“夹击”。因为自20世纪90年代师范教育改革以来，原有的师范生统一分配的局面已经彻底打破，师范毕业生已不再必然从教。一方面在开放的劳动力市场竞争中，师范毕业生（不包括免费师范生）未必能谋得一份教职；另一方面师范毕业生也不必再遵守契约而只能选择从教。如此一来，最初入学动机就较弱的师范毕业生，一旦发现理想的教职工作难以谋求，而其他行业能提供较好的甚至更好的入职机会（工作地点和报酬），自然会选择转行。

显然，在缺乏价值澄清和自由选择机会的定向封闭的教师培养模式和开放的劳动力就业市场竞争的合力之下，我国职前教师想要建构和保有一份积极且稳定的职业承诺并不容易。

三、解困之路径——从专业身份的视角来审视教师教育系统的设计

以上两大职前教师专业身份建构之困境，论其根源，可谓盘根错节，驳杂而深远，但若要寻找解困之路，当前最为迫切的还是真正从专业身份建构与发展的角度来审视我们的教师教育系统的设计。依此线索，本文参考西方国家的相关实证研究，提出以下两条解困思路。

（一）形塑三维平衡的角色观

困境之首在于角色定位之难，在于“教书”与“育人”之间非此即彼的两难选择，因此欲

① 西方国家的中小学教师的培养多采取专业教育和师范教育分段的阶梯式教师教育模式（consecutive model），其主要特征是职前教师可先接受学科专业教育，再选择是否接受师范教育。该模式没有将是否接受师范教育与是否接受高等教育和接受怎样的高等教育联系起来，给予了师范教育的候选者更大的自由选择空间。

解困，首先应深度剖析这种“两难”。西方国家的实证研究发现，其实教师的角色定位过程中面对的不仅仅是“两难”，而是始终都需要处理和平衡一种三维的张力，即教师在教育教学实践中至少要同时兼顾三个亚身份（sub-identity）——教育专家（pedagogical expert）、教学专家（didactic expert）和学科专家（subject matter expert）。[8]每一个亚身份对应着不同的实践需求和角色期待，要求着不同的专业素养和技能，如教育专家要求的是指教师对学生情意和价值观引导的素养；教学专家强调的是教师在课程设置安排和课堂教学方面的能力；学科专家对应的是教师在所教学科方面的知识技能。研究者指出，这三者在同一实践情境之中往往需要教师做出不同的反应，有时这些需求甚至是矛盾的。因此，教师应具有相当的协调和平衡能力方能驾驭同一实践情境中多重而矛盾的亚身份。所以，保持这三个亚身份之间的平衡，是教师进行合理的角色定位、形成稳定而统整的专业身份的关键。从另一个角度来看，角色定位从失衡走向均衡本身就是教师专业身份发展的重要表征之一。[8]

由此可见，角色定位之难确实是新教师专业身份建构过程中必须攻克的难题，只是这个难题，因为我国传统师道文化与现代学校绩效制度的博弈局面而更集中地体现为“教书者”与“育人者”这两个亚身份之间的张力，进而形成一种非此即彼的是非选择。因此，“脱困”的关键在于纠正职前教师的这种“非此即彼”的角色观，重建一种三维平衡的角色观，这也是教师专业身份发展的必由之路。

要帮助职前教师重建三维平衡的角色观，需要教师教育者有意识地去引导职前教师反思自己业已形成的角色意象。然而，作为一种心理工具系统，身份是一种潜伏的心理机制，个体往往并不自觉其作用，只有个体体验到个体和集体文化之间的张力时，它的作用才外显。身份本身的这种特性，决定了突破两难困境的唯一途径就是让职前教师及早地意识到这个困境，唤醒他们的角色意识，教师教育者才能针对每个人暴露出来的既有角色认识，展开专业性引导，纠正他们失衡的角色观，重构一种三维平衡的角色观。当然，这对教育者本身的实践经验和专业素养提出了较高的要求，因为教师教育者只有真实地体验到职前教师将要经历的两难困境，才能根据职前教师专业身份发展的需要来改进教学方法与手段，为职前教师的专业身份建构提供专业的引导。因此，“鼓励承担教师教育类课程的中青年教师到中小学从事至少一年的教学工作”是非常必要的教师教育改革的举措。[1]

另一方面，增加师范生的中小学教育实践时间，丰富实践内容，也是促进职前教师反思和重建自己的角色观的有效举措，因为推动身份建构与重构的关键在于个体主动参与实践及由此形成的经验。因此，“强化职前教师教育的教育实践环节，要求师范生到中小学和幼儿园教育实践不少于一个学期”成为新一轮教师教育改革的重要举措。[1]

（二）制定考察求学动机的职前教师选拔制度

通过教师教育帮助职前教师树立积极而坚定的职业承诺，确保师范毕业生能够“乐于教”和“安于教”，以保证教师教育资源的有效利用，是各国教师教育改革的主要目标之一。然而从欧美诸国居高不下的初任教师的离职率[4]以及前文提及的我国首届免费师范毕业生的从教意愿调查结果来看，到目前为止，教师教育改革在这方面的效果并不明显。这提示我们，既然教师教育难以彻底扭转和改变师范生的职业承诺状态，那么将师范生的职业承诺列为招生录取的重要考察方面就非常必要了。

关于如何在招生录取过程中有效考察候选者的职业承诺，西方国家的实证研究给了我们很重要的线索。研究表明，师范生的入学动机对职业承诺具有明显的预测性。[4]其中，持内部动机和利他动机的师范生趋向于建立更为积极而稳定的职业承诺，因为持这两种动机的职前教师往往认为教学不仅是一份工作和事业，而且是志业。从教对于他们来说是自我价值和社会价值的实现，具有不可替代性。因此，他们的求学动机较强，未来从教的意愿也更强，而且由于求学期间的扎实学习，他们将来从教的能力也更强。从“乐于教”到“善于教”，再到“适于教”和“安于教”，这样的良性循环将帮助他们从最初的利他的和内部的求学动机中萌发出坚定的职业承诺。相反，对于持外部动机的师范生来说，教师职业是一份可选的、可替代的工作，与梦想和追求无关。驱动他们选择师范教育的是一些外在于教育教学实践的“利益”或因素，如“长假期”“工作稳定”“社会地位高”“方便照顾家庭”“家长意志”或“考不上理想的学校或专业，退而求其次”等。因此，一旦就业市场中出现更佳的就业机会，他们往往会选择转行。研究表明，持外部动机的师范毕业生的入职率和留任率都明显低于持内部动机和利他动机的师范毕业生。[4]根据这些研究发现，我们应该制定考察求学动机的职前教师选拔制度，比如在师范生招生录取工作中积极引入面试环节，对候选者的入学动机进行考察，尽可能将师范教育的资源优先提供给那些持内部动机和利他动机的候选者。换言之，我们要改变以往的招生录取观念，不再简单地以高考分数为指标，录取分数最高的学生，而是尽可能录取真正“乐教适教”的优秀学生。

正如比利时学者凯尔曼斯（Kelchtermans）所说，“教师是一种高度自我涉入的职业”[9]。关注职前教师的自我、理解职前教师的专业身份建构并为其创造条件，是教师教育的核心内涵，也是教师教育内涵式发展的关键。有鉴于此，我们以我国当前教师教育的培养模式为脉络，检视我国职前教师在角色定位和职业承诺两方面的身份建构困境，并进一步结合西方国家的实证研究探索了解困的思路与路径。当然，冰冻三尺，非一日之寒，解困也难以一举成功。只有当所有教师教育者真正转变理念，认识到教师专业身份在教师成长和专业生活中的关键作用，开始从身份建构的视角来系统地检视当前教师教育的结构与模式、质量与效益，思考教师教育的未来发展路向时，这场旨在促进教师教育内涵式发展的综合改革才能真正取得成功。

参考文献：

[1] 教育部国家发展改革委财政部关于深化教师教育改革的意见［Z］. 教师［2012］13号.

[2] 甘丽华. 调查显示首届免费师范生仅2%愿去农村 仅三成选择从事教学类职业［N］. 中国青年报，2011-03-12.

[3] Hobson A J，Malderez A，Tracey L，et al. Becoming A Teacher：Student Teachers'Experiences of Initial Teacher Training in England［Z］. Nottingham：Department for Education and Skills（DfES），2006.

[4] Hong J Y. Preservice and Beginning Teachers'Professional Identity and Its Relation to Dropping out of the Profession［J］. Teaching and Teacher Education，2010（8）：1530-1543.

[5] Quebec Ministry of Education. Teacher Training：Orientations/Professional Competencies［EB/OL］. http://www.mels.gouv.qc.ca/dftps/interieur/PDF/formation_ens_a.pdf.2001.

[6] Musset P. Initial Teacher Education and Continuing Training Policies in A Comparative Perspective：Current Practices in OECD Countries and A Literature Review on Potential Effects［Z］. OECD Education Working Papers，2010.

[7] Raths L E. Values and Teaching：Working with Values in the Classroom［M］. Columbus，Ohio：C. E. Merrill

Publications，1966：47.

[8] Beijaard D，Verloop N，Vermunt J D. Teachers' Perceptions of Professional Identity：An Exploratory Study from A Personal Knowledge Perspective [J]. Teaching and Teacher Education，2000 (7)：749-764.

[9] Kelchtermans G，Ballet K. The Micropolitics of Teacher Induction：A Narrative-biographical Study on Teacher Socialisation [J]. Teaching and Teacher Education，2002 (1)：105-120.

（原载 2014 年第 3 期）

中小学教师身份认同危机产生的精神来源及其解决

容中逵

除了物质因素外，教师身份认同危机的产生还有精神方面的来源。这些来源包括生理和心理两方面：前者决定教师生命肉体能否继续承载教师职责功能的发挥；后者决定教师能在多大程度和多长时间上继续承受教师职责功能的发挥。二者相互关联渗透，对教师身份认同共同产生负面影响。本文拟在浙江、河北、四川三省调研基础上，探讨教师身份认同危机产生的精神来源、可能诱发的教师身份认同问题及其相关解决措施。①

一、关于生理方面的身体压力问题

如果一份职业较易引发身体不适甚至疾病，那么相关从业人员便难以形成对该职业的认同。不幸的是，教师正是这样一种职业。教师的身体压力大致有以下三方面。

（一）教学任务繁重

教学任务是指教师在校期间所承担教学工作量的大小及其所耗费的时间和精力程度等。教师教学任务繁重主要表现有二：一是授课科目多，即同一教师承担不同科目教学的门类多；二是授课时间长，即同一教师在单位时间内进行课堂教学的时间长。据在浙江、河北、四川三省的调查表明："被调查的 2 950 名教师，承担 2—3 门课程教学工作的比例达 51.2%，还有 14.9%的教师担任 4 门及以上课程的授课任务；周课时量在 16 节以上的比例高达 51.3%，还有周课时量在 20 节以上的教师比例为 22.9%。"另据在浙江省永嘉县的个案调查表明："B 乡中心小学全校 6 个班级只有 7 名教师，除了校长外，其他每位教师几乎都是包教一个班级，每人周课时都在 25 节以上"；而在四川省双流县九江镇初中的个案调查表明："全校周课时在 12 节以下的教师仅有 5 人，占 11.1%；周课时在 12—19 节的有 18 人，占 40.0%；20 节及以上的有 19 人，占 42.2%"。[1]179-180 上述授课科目和课时量还只是外在可见的量化数据，如果加上内在的工作量，教师的教学工作就更是超负荷运行了，因为当前许多学校对教师的教学常规管理十分严格，对备课、上课、作业检查和反馈辅导等一系列活动制定了十分细致的考核方案，教师必须按照既定的常规来从事并规范自己的日常教学行为，特别是备课和批改作业这种隐性的工作任务，因教师的尽责程度不同更是难以估量。所有这些都给教师的身体带来了不良影响。

（二）管理任务繁杂

管理任务是指除了教学任务之外的与教学相关的教育管理事务。其主要表现有二：一是学习管理耗时。教学的核心是以学生学业为基础的全面发展，为了有效促进学生的学业发展，除了正常的课堂教学之外，晨读、自习以及相关社团课程的组织安排等都成为教师日常工作的重要构成部分，教师不得不为此付出相应的时

① 调查样本分别为浙江省的永嘉、开化、玉环、临安、龙泉，河北省的威县、丰宁、三河、曲周、望都，四川省的安县、温江、大英、简阳、绵竹。文中相关数据如未作特别说明的，均源于此，具体统计表格因篇幅所限不再单独呈现。

间和精力。在浙江等三省的调查统计表明："82.4%的教师兼任班主任、辅导员、管理员和后勤等工作，在相关兼职类别中，中层及以上行政兼职占 17.8%，年级组长和教研组长占 13.1%，班主任占 52.5%，各类辅导员占 16.8%。"二是生活管理费力。这一点尤其体现在乡村中小学上，乡村学校布局调整使得越来越多的学校向乡镇集中，其人员和学校规模都在逐步扩大，寄宿制日益普遍，由此带来的学生日常生活管理也成为教师特别是班主任最伤脑筋的事。

（三）其他任务烦琐

其他任务是指除了教学、管理之外的其他事务。教师在学校中不仅要从事正常的课堂教学任务，还兼具多种其他不同角色，而不同角色又会有相关的不同事务要处理解决；如果将上述相关兼职角色分配到每周的具体工作当中，教师势必将许多时间和精力投入非课堂教学当中。此外一些必须参加的非教学任务也占据了不少教师日常教学工作时间。譬如，每所学校定期召开的行政例会、教学例会和政治学习活动等都是教师无法回避的；教研活动也是每所学校的常规项目，特别是备课组，由于它直接关涉每所学校和每门学科的教学实际质量，所以由此带来的一系列包括公开课、示范课、同课异构以及各种教学技能竞赛等活动也必然会占据教师的许多课外时间和精力；而综合实践活动课程和拓展类课程特别是校本课程的开发等也都会应然地占据教师的日常工作时间和精力。虽然上述种种工作可能从不同侧面促进教师的教育教学工作，但在客观上都给教师带来了隐形的工作压力。

二、关于心理方面的精神压力问题

教师不仅身体压力大，而且精神压力也大。从压力来源看，教师心理压力主要有四个方面。

（一）学生发展忧心

这主要表现在两方面：一是对学生学业成绩的忧心。在无其他更具考核量化手段的情形下，学业成绩是最重要的体现，所以担心学生学业成绩的好坏自然成为每位教师必须面临的问题。教师的专业化发展对教师的要求越来越高，而以生为本、以学主教的各项课程和教学改革又要求教师必须高度尊重学生的主体性和个性，加之相关教育政策法律法规还对学生进行了层层保护，因而在这种既要尊重学生兴趣、爱好、个性又要使学生学好的双重要求下，教师时常会感到力不从心，总有一种说不出的忧虑，不只担心自己的教学能力无法及时满足学生的需要，更担心因学生学业成绩难以提升之后所带来工作考核压力，这一现象尤其表现在新任教师上。据课题组在浙江、河北、四川三省的调查表明："有 61.7%的教师担心学生学业成绩跟不上"，特别是在一些农村地区，由于留守儿童过多、班级规模过大给教学带来的困难，让许多教师对如何提高学生学业成绩深感苦恼和不安。二是对学生各种身心问题的忧心。学生的学业成绩固然重要，但在当前我国社会治安问题丛生、心理疾病增多的大环境和整个社会分工逐步精细化的过程中，学生的身心健康问题也变得日益突出。不出事则已，一出事便是学校和教师的责任，因而教师特别是班主任随时都在为学生的身心健康提心吊胆：既担心学业成绩优异的学生会变得高分低能，也担心差生因学业失败而产生诸如嫉妒、抑郁、走极端等心理疾病；既担心学生在校内出现诸如食物中毒、房屋倒塌等意外伤害，也担心校外因社会治安问题产生诸如绑架、骚扰等威胁学生身体生命安全的恶性事件。据课题组在浙江、河北、四川三省的调查表明："33.6%的教师担心学生会出各种问题。"

（二）学校考核揪心

这主要表现在两方面：一是日常管理考核。这些考核从各个方面规约着教师的整个在校行为。虽然一些措施对学科教学和班级管理等确实提高了不少成效，但也使教师普遍感到身心疲惫，并在麻木中变得习以为常。二是职称评定考核。职称意味着教师业务水平的高低，业务水平的高低又是教师赖以安身立命和获得认可的重要来源和依据，所以但凡有一丝上进心和自尊感的教师都会将其视为从事教师职业的全部，但在目前这种激烈的竞争态势下，不仅职称名额有限，而且评定要求和标准又特别苛刻，譬如：浙江省杭州市出台的《杭州市教育局关于印发〈中小学等晋级中级、高级专业技术资格教学能力水平考核要求〉和〈中小学教师等晋升高级专业技术资格英语水平考核要求〉》（杭教职称〔2014〕5号）对晋升高级专业技术资格做了严格规定，要求均须通过教育教学能力笔试、面试和英语考试，并按不同类别和层级制定了8个类别的具体实施细则。河北省2015年重新修订了《河北省中高级专业技术职务任职资格申报评审条件》（冀职改办字〔2015〕271号），规定高级教师职称的申请必须具备如下条件："高中教师完成教学工作量360学时以上，初中380学时以上；主持完成2项校本研修任务，并具有完整的总结报告；获得县级以上荣誉称号和县级以上优质课1次以上；专著1部或本人教学案例1篇或县级以上优质课教案1篇及本人教学案例1篇"等。河北省丰宁县凤山二中还为此制定了本校细致的《高职评审方案》（2016），对学历、资历、获奖、论文专著、荣誉称号、科研成果等六项制定了具体量化打分办法。上述考核评定内容广泛，要求越来越高，变动越来越快，特别是在教育教学改革背景下，许多要求让教师措手不及，部分教师在无力企及之后便选择了放弃。据课题组在浙江等三省的调查表明："有69.4%的教师认为工作压力来自学校要求过高、职称评定太难。"

（三）家庭负担扰心

这主要表现在两方面：一是因家庭负重本身带来的心理反应。在正常情形下，除了那些退休教师外，许多教师正处于青壮年时期，没有结婚的必然要结婚，而结婚就会涉及经济储备。在浙江省临安青山湖中心小学的集体访谈中，不少大龄未婚青年教师在被问及"大概什么时候成家"这一问题时都说"没钱"，尽管是玩笑话，但从中也可以部分反映出青年教师的一种普遍心态，特别是当婚姻与住房等无条件地绑定时，这种内心的焦虑更为明显。事实上，相较未婚者，已婚者的家庭负重更大，因为他们当中许多都处于上有老、下有小的人生负担最重时期。据课题组调查表明："在浙江、河北、四川的单身教师比例分别只有7.2%、6.5%、4.5%，但已婚有老小的家庭却分别高达73.5%、72.6%、72.6%"[1]70，家庭负重之大不言而喻。二是因家庭成员对其工作所持态度而带来的心理反应。由于是家庭重要一员，所以教师家庭其他成员对其工作所持的态度自然会影响到教师的身份认同，毕竟教师的子女也要应对学习与择业，教师家庭也要面临诸多问题的解决，而一旦教师难以解决或无力解决自身家庭所面临的问题时，家庭其他成员便会变相地产生对教师职业的不满，继而埋怨或反对教师的日常教育教学工作。据课题组在三省的调查表明："22.2%的教师认为子女教育或就业问题难以解决，13.1%的教师认为家人对自己的工作不够支持"是导致自己工作不适和心里不快的重要因素。

（四）社会评价烦心

这主要表现在两方面：一是以分数和升学为基底的单一评价标准。虽然分数是检测师生教学成效的重要方式和体现，我国自20世纪90年代以来也对“应试教育”采取了种种改革措施，但唯考试和分数至上主义却将广大教师置于一种被整体异化的社会评价氛围，学业成绩依然是教师业务水准高低的“温度计”，因学生学业成绩好坏导致的升学率仍是评价学校声望和水平高低的“晴雨表”，如此一来，社会对学校和教师的评价也就逐步步入类似科举时代的那种恶性循环。据课题组在浙江、河北、四川三省的调查表明：“有55.3%的教师认为工作压力来自家长和社会过分关注分数，30.2%的教师认为来自工作得不到公正评价和回报，14.5%的教师认为校际评比竞争太激烈。”二是以学生全面发展为基底的多元评价要求。社会对教师的评价在内容上是十分单一的，就是以学生成绩好坏为标准，但对教师为达成这一目的的过程和方法却又十分多元，既要达成学业成绩结果这一“好”，又不能造成学习这一过程的“坏”。事实上，这种让教师同时确保教学过程和教学结果双重“道德性”的要求和目的，囿于教育这一社会活动本身的质的规定性，是很难同时达成的。[2]正因如此，被访谈的河北省丰宁县教育局L书记兼副局长曾戏说道：“你老师不是能嘛，考分要高、身体要好，知识要精、品德要行，这是必需的！现在课改这架势，老师哪是老师，是神仙，神仙当然要往‘死里整’了……”

三、关于生理、心理压力诱发的教师身份认同问题

生理、心理压力是当前制约我国教师身份认同的两个重要精神来源，那么其对教师身份认同又产生了哪些具体影响呢？主要有如下三方面。

（一）身体状况欠佳，职业疾病明显

这主要表现在两方面：一是身体不适明显。由于工作压力大，教师会经常出现紧张和焦虑的情况，继而导致出现失眠、消化不良、呼吸困难或头晕等症状。据在浙江、河北、四川三省的调查表明：“每天早晨起床感到身体疲惫的教师占35.1%；因工作感到非常紧张的教师占29.5%；失眠的教师占8.5%；消化不良或食欲缺乏的教师占13.1%；呼吸困难或头晕者占14.8%。”另据腾讯教育2014年近42万份的调查结果显示：“29%的被调查教师反映其身体健康状况较差，30%的教师处于极度疲劳状态，对工作缺乏冲劲和动力，并表示在实际工作中会出现精疲力竭甚至害怕工作的情况。”[3]可见，教师身体不适并非危言耸听的现象。二是职业疾病普遍。由于工作强度大、时间长且处于疲劳状态，教师身患慢性咽炎、颈椎炎、脊椎炎、腰肌劳损、下肢静脉曲张等职业病的比例也随之增加。这些疾病不仅影响到教师本人的身体健康，更影响了教师能否继续从事日常教育教学工作的可能性程度。据调查表明：“浙江、河北、四川三省教师在体检时发现患慢性咽炎的比例分别高达57.4%、61.6%、63.1%，患颈脊椎炎的比例分别高达35.7%、30.9%、32.8%，患腰肌劳损的比例分别达5.6%、6.1%、3.2%，还有少数教师患有下肢静脉曲张。”三是病假现象增多。在上述身体不适和疾病状态下，教师病假的频率也相应增加。在河北调研时一位校长告诉笔者：学校现有教职工45人，年龄在50岁以上的29人，其中长期生病的有4人，隔三岔五因病请假的有10人，不少教师患有咽喉炎、颈椎炎等职业病，由于经费紧张，无法保障教师定期体检并及时给予治疗，导致教师请病假现象比较普遍，影响了学校教育教学工作的正常开展。

（二）精神面貌不振，职业倦怠突出

有学者将教师职业倦怠的表现归结为“身体耗竭；心智枯竭；情感衰竭；同事关系紧张，人际关系恶化；消极怠工，责任感丧失”[4]五

种形式，笔者的调研再次表明这种状态并非个别现象，而具有普遍性：一是任教热情减退，情绪情感淡漠。不少教师在工作中不负责任，具有明显的逆反心理，以一种消极否定的态度和冷漠的情绪情感去对待周围的人，对他者不信任和无同情心，人际关系恶化。这种情绪既表现在教师对待学校教育教学工作本身的态度上（譬如与学校领导对着干），也表现在对待学生的态度上（譬如在语言和行为上对学生过分苛刻）。二是自我效能感变弱，职业幸福感降低。不少教师在工作中烦躁易怒、悲观沮丧而容易迁怒他人，自信心不足且工作机械低效。在浙江、河北、四川三省关于“教师职业满意度”的调查表明：“35.6%的教师对自身职业表示不满意，24.5%的教师表示非常不满意，15.4%和22.3%的教师表示满意和比较满意，只有6.2%的教师表示非常满意。”[1]96 事实上，许多研究都表明，当前我国中小学教师的职业倦怠是一种比较普遍的现象。譬如，在东北的调查表明，45.5%的中小学教师已经出现职业倦怠，其中14.6%的教师出现严重的职业倦怠，并且初中教师的职业倦怠值要明显高于小学教师和高中教师[5]。另一项对江西省7所中小学192名教师的调查研究也表明，有92.7%的被调查中小学教师至少出现轻微职业倦怠；58.8%的教师出现中度倦怠；23%的教师出现高度职业倦怠[6]。而在浙江、河北、四川的调查表明，“由于工作负荷过重、工资待遇和职业认同感低等原因，教师的职业幸福感普遍低下，在工作生活中体验到很幸福、幸福和比较幸福的教师分别占4.2%、10.3%和19.3%，而表示不幸福的却占36.7%”[1]96。

（三）从业动力不足，职业认同扭曲

这主要表现在三方面：一是常规教学活动应付化。中小学教师的创造性主要体现在教学技能、方法策略和对不同学生情境化的因材施教上，这需要教师不断深入钻研学生和教材。但目前不少教师已不愿意将时间和精力投到认真备课、了解学生和为学生辅导答疑上，多年来重复一本教案，按照自己的那套惯常做法年复一年地“教”着，至于学生应学到或已学到什么已不再过多关注。而在学校检查教学常规时，很可能也会临时抱佛脚，连夜将备课本、PPT等相关资料凑齐应付了事。不少教师已经没有上公开课和竞赛课的激情，甚至连正常的听课、评课和讨论学习也不愿意参加了。二是各类改革形式化。日常教学活动是应付，而对各类课程与教学的改革活动，教师也缺乏热情，采取“说一套、做一套”的表面应付策略。据调查表明：“有37.3%的教师对课程与教学改革处于被动应付状态，14.5%的教师对课程与教学改革消极抵制或我行我素。”可见，顺应自然、不思进取已成为教师存在的普遍心理，学校教学文化呈现“惰性”样态。虽然教师对外出研修培训的热情度相对高一些，但仍有22.5%的教师缺乏主动性。三是职业认同扭曲化。由于没有得到社会的充分肯定与尊重，待遇低且工作强度大，使得许多教师难以体验到作为教师的职业快乐和幸福，不少教师仅将教书视为一种无可奈何的谋生手段。我们在浙江、河北、四川另一项关于“您为什么选择教师这个职业”的调查结果表明：53.9%的教师将其视为一种谋生手段，23.6%的教师认为是教师职业稳定，只有6.9%和15.6%的教师认为是教师职业具有一定的社会地位和具有使命感；而关于“如果有机会调离农村到城里任教或从事其他比较理想的工作，您愿意放弃目前这份职业吗”的调查显示：表示“愿意立即放弃”的教师占63.9%，表示“考虑一段时间再说”的教师占20.3%，表示“不放弃”的教师仅占15.8%。[1]97

四、教师身份认同危机精神来源问题的解决

上述生理、心理压力诱发了教师的身份认同危机并共同造成了教师的职业倦怠，要解决教师的职业倦怠问题，应着重解决如下两类问题。

（一）关于工作压力性职业倦怠的问题

其一，管理制度的民主化问题。教育管理学的基本原理告诉我们，以民主的方式将教师纳入管理系统能够增强教师的主体意识和自我管理意识。为此，一方面，要实行民主管理，增强教师的主体存在感。教师民主参与管理“本质上是广大教师与学校党政领导真诚沟通、相互合作和分权的过程”[7]，因而要将广大教师视为学校发展的核心依赖力量予以高度尊重，通过各种途径让广大教师切实参与到学校各项事务的决策、政策的制定和具体管理过程之中，以增强教师主体性、责任性和自我成就感的方式去减少其职业倦怠感。在当前形势下，要特别解决“教代会”的名存实亡状态，建立有效的教师资讯反馈机制及其学校现实决策中的作用。另一方面，要给予教师人文关怀，增强教师的群体归属感。从某种意义上说，人活在精神世界里，没有良好的精神状态和积极的精神追求，即使生活在优越的物质条件中也难有自我实现感，作为社会良知代言人的教师更需要他人的尊重与信任。因此，要平等地对待教师、虚心听取教师的意见、给予教师充分发挥自我的空间，为教师提供各种足以增进其职业归属感的条件。譬如：关心适龄青年教师的婚恋问题、恰当解决教师子女的求学问题、努力改善教师的居住工作条件、给予特殊教师特别的关心、广泛提供教师研修机会、丰富教师文娱生活等以调节缓解教师的工作压力。

其二，能力提升的针对性问题。教师职业倦怠除了管理的非民主化因素外，还有一个重要因素就是教师的教育能力难以胜任日常教育教学需要和思想观念难以进行有效自我统整。为此要加强两类培训的针对性：一方面，要切实增强职前职后教师教育培养的针对性。不仅要增强职前教师专业知识技能和课堂教学实践能力的培养，严格教师职业规范和职业准入制度，对不同阶段的任职教师规定相应的学历资格，还要切实增强职后教师教育培训的针对性，通过开展校本研修去促使教师不断对自己的教学实践及其间存在的问题进行分析以提高反思能力，特别是在中小学阶段，对教师晋级的考核不应过分注重学科专业知识的考核，而要以教学实践能力为首。另一方面，要切实加强教师对教师职业本身认识和自我统整培训的针对性。教师身份认同自我统整有两个重要方面，一个是其对自身所从事的教师职业内涵构成及其价值取向出现认识偏差；另一个是其对教师系统内部不同阶层（譬如城乡、中小学和大学）之间因不同特质及由此带来的不同经济、政治地位和待遇出现认识偏差。这些偏差需要教师进行有效自我统整，更需要有意识地对教师进行关于教师职业本身认识的培训。为此，要切实加强教师自我统整能力的培训，通过培训加强加深广大教师对教师职业特殊性和不同职业门类及同一职业内部不同层级上差别的理解与接受，最终在价值取向上达成恪守本职工作，确保自身心理平衡而不至于在与其他职业和其他教师的比较中丧失斗志或出现心理失衡。

其三，职称评定的激励性问题。职称评定是影响教师职业认同的重要因素，在某种程度上，它是教师工作压力性职业倦怠的根本所在。为此，一方面，要切实明确职称评定的量化条件和标准。各级各地应当就教师不同层级职称特别是那些能够体现教师教育教学实践能力核心条件的评定做出公开明确的量化标准，此间最忌大而化之的弹性政策。因为一个没有明确

区分度、操作性、执行力的职称评定方案不仅无法考核评估，更会对教师身份认同产生歪曲、践踏和异化的负面作用。另一方面，职称评定要切实保证客观公正。有了公开明确的职称评定条件和标准，并不必然就能客观公正付诸施行，所以此间还需进一步剔除因人情僭越标准现象的产生，因为此等现象一旦产生，对教师身份认同将是灭顶之灾，它会诱发教师外在、内在价值取向的颠覆式逆转。

（二）关于认知观念性职业倦怠的问题

其一，尊师重教的社会氛围营造问题。大力营造尊师重教的社会氛围是解决教师认知观念性职业倦怠的基本措施。这是包括支配阶级、教育思想家和普通社会民众在内的所有人都必须共同努力并力图达成的目标。为此，一方面，要正确看待教师的劳动及其价值。作为社会良知代言人的教师不仅专事人类文化传播之责，还兼及敦风化俗之任。这样一种职业理应受到世人的尊重。只有在全社会形成一种高度肯定教师劳动及其价值的普遍性观念，才能使教师在社会中享有较高职业声望和社会地位。另一方面，要给予教师合理适切的社会期望。只有正确地认识到了教师的“能”与“不能”，才能有的放矢地对待教师的工作，让教师在最大限度地发挥其“能”的作用的同时减轻其无名紧张、焦虑、抑郁，减轻其社会压力并有效防止相关心理问题的产生。教师并非圣人，亦非神仙。我们不能责成每个教师都要成为集教学专家、科研能手、管理精英为一体的无所不能之人。我们不可将教育过程的道德性与教育目的的道德性混为一谈，从而将教师置于一种道德两难的境地，特别不能因对学生主体性的确定而遏制教师专业性的发挥。

其二，尊师重教各自所应承担的责任与作用问题。一是支配阶级要重点解决两个问题。首先是思想观念方面的，即从内心真正做到尊重知识和尊重教师。这种尊重不只体现在其操控的资源和物质利益分配上，更主要体现在其本身对教师的人格尊重上，否则，支配阶级的口是心非与言行不一将直接导致教师职业倦怠的产生与教师身份认同构建的迷失混乱。其次是制度设计方面的，即支配阶级应当从国家制度层面给予教师从事政治管理的相应途径。事实上，从教师产生的根源看，教师原本所承担的职责功能与政治管理者从事的具体事务，本质上是一样的，都是敦风化俗并引导社会正向发展。换言之，“学而优则仕”在某种程度上是一种相对合理的治世模式，教师身份认同之所以出现危机最初也是源自这一观念和制度的减弱和丧失，因而支配阶级应当设法寻求一种可以使教师直接从事政治管理事务的路径来，以满足其更大的“达则兼济天下”的社会担当。二是教育思想家应重点解决两个问题。一个是对教师工具价值与生命价值的辩证理解。当前最重要者是要摒弃那种因强调教师生命价值正当性而全然否定教师的工具价值。另一个是在此基础上，树立正确的教师义利观，要将“正其义不计其利，谋其道不计其功”“舍利取义”的义利观作为教师价值取向的主导方面来予以阐释、解读、宣扬和引导。如果作为教师思想启蒙者的教育思想家都在义利观上出现异化，那么因价值矛盾而带来的教师职业倦怠和身份认同混乱将会势属必然。三是普通社会民众所应承担的责任和作用。此处普通社会民众包括教师家庭成员、学生家长、大众传媒机构的从业人员等。就内容而言，其解决教师职业倦怠主要涉及负面强化的遏制和正面引导的强化两个方面。就教师家庭而言，教师的家庭成员应当给予教师以宽容和理解，身为教师家庭一员，对处于不同职业生涯阶段的教师需要给予不同侧重点的支持、理解与帮助，而不是讽刺、埋怨、打击甚至行为阻抗。毕竟，家是每个人内心深处最温暖的港湾，其对缓解教师工作压力、放松紧张、保持心理健康有益。就学生家长而言，应当尊重教师的人格独立，信任并赋予教师教育管理自己子女的权力和权利，与教师建立一种基于道德性和教育性之上的正常交往关系，而非通过利益引诱去腐蚀破坏教师职业的神圣性和腐蚀教师职业价值取向根基的道德性。就大众传媒从业人员而言，则应加强对教师正面形象的塑造、确立与宣扬，坚决遏制那种以极端个案形式、以点代面去抨击教师集体行为的出现，并对那些潜在促使教师价值取向异化的思想观念和行为予以揭露批判，这一点在当下这个已经被网络全身心监视的时代尤为重要。

参考文献：

[1] 肖正德，林正范，等. 农村教师的发展状况和保障机制研究 [M]. 杭州：浙江大学出版社，2014.

[2] 周浩波. 教育哲学 [M]. 北京：人民教育出版社，2000：172-192.

[3] 腾讯教育. 教师生存状况调查报告：八成教师表示压力大 [EB/OL]. http://edu.qq.com/a/20140910/002030.htm. 2014-09-10.

[4] 金忠明. 教师教育的历史理论与实践 [M]. 上海：上海教育出版社，2008：174-176.

[5] 胡洪强，刘丽书，陈旭远. 中小学教师职业倦怠现状及影响因素的研究 [J]. 东北师大学报（哲学社会科学版），2015 (3)：233-237.

[6] 雷万胜，张志明，姜莉. 中小学教师职业倦怠研究 [J]. 中国健康心理学杂志，2006 (2)：159-161.

[7] 褚宏启. 中国教育管理评论：第2卷 [C]. 北京：教育科学出版社，2004：140.

（原载2017年第3期）

谈教师语言艺术

张 锐 朱家珏

教师语言是一种职业语言，是教师的行业用语。尽管它与其他行业用语有许多共性，但其特异性是显而易见的。比如，它是一种带有书面语言色彩的口头语言；带有会话语言色彩的独白语言；带有态势语言色彩的有声语言；还是一种带有感情色彩的庄重语言，等等。

从教育专业用语来看，教师语言是一种以教育、教学为目标的语言表达方式。因此，它一方面具有明显的教育性，一方面又具有某种规范性，即教师语言应该是规范性的语言。它既是教法、教态与教学语言的统一，也是教师身教与言教的统一。

教师语言，通常有广义与狭义之分。

广义的教师语言，一般包括教师在从教过程中运用的所有语言表达形式，既包括教育性语言，也包括教学性语言。诸如：讲解语、问答语、启示语、表扬语、批评语、疏导语、劝诫语等。

狭义的教师语言，一般指教师的课堂语言或教学语言，即教师在各个教学环节中运用的语言表达形式。如导语、提示语、分析语、过渡语、辨析语、小结语等。

比起其他职业用语，教师语言还是一种个性化的语言，“言如其人”。教师在语言中熔铸了他的个性特征，因此，每个教师的语言，都有各自的特点，比如，特殊的语气、语调，特有的、让学生一听便知的音色、口头禅、惯用语，等等。

一、教师语言艺术的重要性

语言是教师用来传授知识、进行教育的主要手段。教师能否掌握语言的艺术，直接影响着教育的效果。

苏霍姆林斯基在谈到教师素养时指出：“教师的语言修养在很大程度上决定着学生在课堂上的脑力劳动的效率。”精心设计的、闪耀着智慧火花的教师语言，能把模糊的事理讲清晰，能把枯燥的道理讲生动，能把静态的现象讲得活起来，启发学生去探索、去追问、去挖掘，使学生的思维经常处于活跃的状态，从而大大地提高学习效率。无数生动的教例表明，语言能力强的教师固然教学效果未必都好，但教学效果好的教师必定语言能力较强，有的还能堪称语言艺术家。在班主任工作中还能发现：教师的威信与威望，除其他因素外，还与教师语言的威力与魅力有很大关系。可见，掌握教师语言的艺术，对于完成教育、教学工作十分必要。

但是，相当多的教师不重视语言技巧的把握，不懂得教师语言的艺术，甚至存在着三“不”、两“没有”的现象：

不规范——语音不规范，南腔北调，方言土语充斥课堂；语法不规范，说话颠三倒四，语句不完整。

不恳切——讲话模棱两可，似是而非，不得要领。

不生动——说的是“字儿话”，语言干瘪，艰涩难解。

没条理——东一句，西一句，语意跳跃，语义杂糅。

没感情——板着面孔讲说教式语言，不真诚，没热情，干巴巴，冷冰冰。

这样的教师语言，怎么能唤起学生的注意力，怎么能激发学生的思维呢？

国外一些有关训练教师语言的规定值得我们借鉴。比如，美国的一些高等师范院校专设教师语言课（有的叫“会话矫正”课），按必修课安排，并通过较严格的考试。对教师能力的考核，也是按是否了解教学对象、是否熟悉教学内容，是否掌握教学方法，以及是否能驾驭教学语言这四个方面进行考评。其中，在教师语言的评测标准方面，都提出了较高的要求，考查教师是否懂得运用教学语言来调动学生的学习积极性，使所教的课程适应不同水平学生的需要。

再有，从教学对象来看，青少年学生对教师的语言，普遍具有一种美好期待的心理。这是因为这个时期的学生，其视、听感受性已大大增强，对周围客观事物的感受十分敏锐，常常表现为兴奋、惊奇、好思索，可是又由于知识的不足，理性思维的难度大，常需要依靠教师用语言的直观去解析某些较复杂的事理；再加上这个时期的心理倾向，呈现一种不稳定、多变、兴趣多向性等特点。这些生理与心理的特征，决定了他们对教师语言有一种期待的心理，一种渴求的心态。语言优美，好听，动听，有意思，听起来不费劲就明白了，即创设一个良好的学习情境，使他们愉快、动情。

还有，教师提高语言艺术修养，还是培养青少年学生语言美的需要。

作为人类灵魂工程师的教师，也应该是塑造社会公民语言美的工程师。对教师来说，语言本身，既是“言”传，也是“身”教。教师的话直接影响、感染、熏陶着学生的心灵。在这方面，教师应当把青少年一代语言美的培养，看作一项有着战略意义的任务。这是由于在一个较长的历史时期内，学校教育只重读写，轻视听说，尤其是经过“文化大革命”，使得许多青少年既不会写，也不能说。有的站起来发言战战兢兢，语汇贫乏，条理不清；有的语言粗鄙，不堪入耳。这种状况和我们这个以历史悠久、高度文明而著称的中华礼仪之邦，是很不相称的。因此，塑造青少年一代语言美，提高语言表达能力，这是一项有着战略意义的任务。作为教师，应当以优美的、艺术的语言示范，以自己的言传身教来感染学生，教育学生。

此外，教师语言艺术还是教师风格的重要组成部分。也就是说，教师既是学问家、教育家，也应是语言艺术家，是这三者的统一，并由此构成了每个教师的自己的风格。它又不是这三者的简单叠加，而是某些新品质的融合，是一种创造。同是一部教材，你也讲，我也讲，但风格不一，有的殊途同归，而有的却效果各异。其中，教师通过自己富有个性的语言去施加影响，去处理教材，则是构成不同风格的重要方面。

综上所述，学习、把握教师语言的艺术，既是完成教育、教学任务的重要手段和前提条件，也是教师有效地影响或改变学生心理、行为的必不可少的本领，还是师生之间情感相通，心理相容，使师生做到亲密无间的重要条件。

二、教师语言的特征

我们大致可以从教师语言修养、语言表达方式以及教师语言心理等角度，来阐释教师语言的特征。

（一）从语言修养的角度看教师语言的特征

其一，具有示范性与楷模性。教师的语言应当是优美的语言。而有的教师为了逗乐，常在讲话中加进一些土话、俚语，这样做，一般是不可取的。这种过分化的口语，反而会降低讲课的质量。讲课不等于说相声，虽然相声艺术中的某些技巧可以借鉴。在学生看来，教师是知识的化身。教师说的每一句话，一般都是对的，所以，他们总是有意无意地把教师的讲话当作楷模。教师应考虑到自己语言的影响力，感染力，要设法使自己的语言成为学生可以仿效的那种文明、文雅的语言。

教师自觉地说普通话，这也是示范性、楷模性的一种要求。对此，教育部曾在1984年7月发出的《关于加强中小学教师普通话培训工作的通知》中指出："要把中小学的普通话培训列入师资培训计划。……在组织教师过'教材关'的培训阶段，应要求语文教师能够达到使用普通话进行教学，在组织教师全面达到合格要求的培训阶段，则应要求各科合格教师都能够使用普通话进行教学。"只有教师带头学习、运用普通话，自己说一口漂亮的普通话，给学生做出示范，成为学生学习普通话的活样板，才能为全民推广普通话做出积极贡献。在这个意义上说，普通话应该成为教师典范的职业语言，样板语言。

其二，具有适应性与针对性。教师的语言，必须选择在学生现有的语言接受能力的起点上，也就是说，学生有相应的预备知识与语汇储备，能听得懂；而且还能促进学生语言能力的提高和智力的发展。如对低年级的学生，应当选用语调抑扬顿挫、生动形象，富有知识性、趣味性的语言；而对高年级学生则应多选用科学性、逻辑性、启发性的语言。这种语言的适应性与针对性，是教师语言的另一特征。

其三，具有准确性与鲜明性。准确性，是教师语言的基本素质。因为教师是传授科学知识的，如果自己的用词不准确，表述不科学，就容易把传授的知识讲走了样儿，或引起歧义，造成学生理解的失误或产生新的疑点。鲜明性，是教师语言功力的又一表现。语言生动形象，深入浅出，善于运用多种语言修辞技巧，使那些深奥的道理形象化，抽象的道理具体化，让学生一听就清，一听就明，产生顿悟，留下鲜明的印象。

其四，具有逻辑性与哲理性。不管是文科教师还是理科教师，在科学技术日益发展的今天，越来越需要学习一些形式逻辑和辩证逻辑的有关知识，使自己的教学语言有条有理，上下承接，推导有致，言之成理。只有这种立论精辟的语言，才能达到简练而深邃，富有哲理性。即古人所言的"其言也，约而达、微而臧、罕譬而喻"。这样的语言，话不在多，说出的话往往可以产生"点石成金"的效果。

其五，具有量力性与启发性。教师的语言应当包含较丰富的理性信息，即讲授的内容里有"新知"，这样，学生听起来才不会走神。但信息量又不宜过大。这是因为学生在听讲时，为了领悟其内容，必须有思考教师语言内容的时间（把教师的话转换成相应的表象和概念）。有关研究材料表明：教师一口气说出5—9个意义单位构成的句子时，听讲人大约可在五秒钟保持着有效的记忆。过长的句子，过多的严密句，其句意不能完全进入学生的意识里，因此，注意力就会分散。其次，语速也要快慢适度。再有，教师语言中应深蕴着潜在的信息内容，具有启发性，有助于学生展开想象与联想，举一反三，触类旁通，联系已知，去解决新知。为此，教学语言中常运用追补语（又叫插说，穿插讲些相关的事例或知识）、引导语（如"关于这个问题，同学们想一想：是不是可以这样领会"？引导思路，引导方法）、商讨语（以一种商量、讨论的口气来引发、诱导），等等。

（二）从语言表达方式的角度看教师语言的特征

其一，口头语言和书面语言的结合运用。教师的课堂语言，既有书面语言那种简括，条理、规范的特点，用来讲授定理、定义、结论等；也有口头语言那种自然，亲切、灵活的特点，用来具体的阐释事理，描绘情景，用来组织教学，启发诱导。

其二，独自语言和会话语言的结合运用。教师在做系统讲解时，主要运用独自语言。这种独白语言要求有更严格的逻辑连贯性、句子的完整性和修辞的准确性。一般不得有语误，也不能有较长时间的停顿。教师在课堂上的组织教学，进行问答，讨论时，又要运用有来有往的会话语言，以便进行师生的双边活动。教师应当把独白语言与会话语言，根据教育、教学活动的需要，灵活而自然地组织起来。

其三，口头语言和态势语言的结合运用。教学是面对面地进行的双边活动，学生一方面在听老师讲授，另一方面在看老师的手势，动作，表情。教师就应当善于把口头语言和态势语言巧妙地加以结合运用，以收到相得益彰的教学效果。

（三）从教师语言心理的角度看教师语言的特征

教师语言本身，还反映着教师的语言心理，即具有三种意识：

自信意识——教师语言本身，充满着自信，语气恳切，语义肯定。相信自己对知识的传授是正确的，对学生的情况是了解的。哪里是教学的重点，哪里是难点，哪里是兴奋点、哪里是低潮点，都能心中有数，因此，讲起话来非常自信。

吸引意识——教师在讲话过程中，始终存在着一种潜意识，即我怎样讲，才能吸引学生，才能让他们有兴趣，老在心里默念着："他们听进去了吗?"因此，教师语言中常带有问询语、反问语、试探语、提醒语、幽默语等。

反馈意识——教师面对学生讲话时，始终是眼观六路，耳听八方，时时探求学生的反应。对学生的每一个动作，每一种眼神，都能从中获得反馈，立即采取应急讲话措施。因此，教师语言中常常有加重语、提示语、激励语、诙谐语、警告语等。

综上所述，从各个角度来考查教师语言的特点，我们可以发现：学习、把握、不断锤炼教师用语，是多么不容易的事。只有用心体察这些特点，并在教育实践中去运用，才能逐步掌握一些教师语言的艺术，成为学生欢迎的教师。

三、教师语言艺术

掌握教师语言的特点，进而做到讲话得体、巧妙、讲究策略、具有语言机智，富有成效地完成教育、教学任务，这就可以说大体把握了教师语言的艺术。

教师语言艺术，既包括教育性语言的艺术技巧，诸如表扬、批评、疏导、开导、说理、规劝等；也包括教学性语言的艺术技巧，诸如导语、阐释、讲解、归纳、引申、推理、应变，等等。

从教师运用口语的艺术技巧来说，教师语言艺术还包括：停顿、变调、节奏、修辞、重音，等等。

把上述这些语言艺术技巧，分门别类地进行研究，总结其规律，并且探讨如何训练、掌握，这就是"教师语言艺术"或曰"教师口才学"的任务了。这门专门研究教师语言的学科，是建立在应用语言学、教育学、心理学、教师学等学科基础上的边缘学科，是一门大有发展前途的实用性理论学科。

四、师范院校亟需开设"教师语言艺术"课或讲座

既然"教师语言艺术"是一门相对独立的课程，又是教师必须掌握的技能、技巧，它理应在师范院校的教学体系中占有一席之地。各级师范院校都应该像戏剧院校重视演员的言语

表达，开设“台词训练”课，司法院校开设“司法口才学”等一样，也应该在语文课之外，专门开设“教师语言艺术”课或讲座（或称“教师口才学”“教师口语训练”等）。这是由于师范生的口语能力，有其特殊的要求，它很难通过一般语文课的训练达到。一般语文课是基础工具课，虽然也有一些听、说训练的内容，但一般都以读、写能力的培养为重点；而“教师语言艺术”课，则是旨在培养教师口语技巧的课，是语言实践课，是师范生的专业技能培养课。这是两门目标不同、教材编排体系不同、教法不同的课，虽有相通的一面，但又不能相互取代。

我们欣喜地看到，一大批中师相继开设了“口语训练”课或讲座。北京师范大学开设的“教师语言艺术”课，已成为全校学生喜爱的“热门”课之一，每次开课时报名者多达三四百人；上海师大、山西师大等校也陆续开设“朗诵与演讲”“教师口才学”等，也深受学生的欢迎。这一切情况表明：加强口语研究，特别是推进口语教学，在各级师范院校逐步创造条件，陆续开设教师口语训练课，已成为师范院校教育改革的重要课题。

（原载 1991 年第 3 期）

教师知识概念的溯源

邹 斌 陈向明

自20世纪80年代以来，教师知识已成为世界各国教师教育研究领域越来越关注的热门话题，“教师知识”一词也成了使用频率较高的词汇之一。由于教师教学活动的多变性，研究者选取研究问题的角度不同以及人的认识能力有限，目前对“教师知识”这个概念的定义还未形成共识。在对诸多文献检索和分析的基础上，笔者发现，学界对“教师知识”中学科取向的“内容知识”和实践取向的“默会知识”探讨得最多，观点最明确，事实依据也最充分。

一、学科取向的“内容知识”

持这种观点的主要代表人物有舒尔曼（Shulman，1986）、格罗斯曼（Grossman，1988）、莱园哈特（Leinhardt，1985）、科克伦（Cochran，1993）、徐碧美（Tsui，2003）等。这些学者认为，教师需要掌握的最重要的知识是“内容知识”，主要包括两方面的内容：学科知识以及把学科知识加工转化为学生能够理解的学科教学法知识（pedagogical content knowledge）。

对教师“内容知识”研究最著名的当推美国斯坦福大学的教育学教授舒尔曼。舒尔曼与其同事所进行的“教学知识发展”研究项目与当时美国的“霍姆斯小组”所推进的教师教育改革密切相关，对教师的知识研究产生了很大的影响。他们的研究之所以引起广泛关注，主要在于他们针对以往大多数教学实证研究过于强调教学的一般性特征而忽略了具体学科内容的问题。他们把在各种各样教学研究中缺乏对关注学科问题的范式称为“缺失范式”。[1]57 他们提出了以学科知识、学科教学法知识和课程知识为主要内容的教师知识框架，认为教师知识由如下七个方面构成：1. 学科知识，主要指学科的内容知识；2. 学科教学法知识，指为了促进学生理解而使用类比、图示、演示和解释等方法，有效地表征学科知识；3. 课程知识，指对教材和教学计划的掌握；4. 一般教学法知识，指超越于各学科之上的关于课堂管理和组织的广义的原则和策略，即普遍适用于各个学科的教与学的原则和技能；5. 学习者的知识，包括学习者的特征和认知，学习者的发展和动机；6. 教育环境的知识；7. 教育的目的、目标和价值的知识。在这七个方面，学科知识和学科教学法知识占了很大的比重，而“学科教学法知识”一词就是由舒尔曼创造的。他强调，成功的教学不仅需要教师掌握学科理论知识，而且需要将学科理论知识加工、转化为学生能够理解的学科教学法知识。[1]60

受舒尔曼的影响，格罗斯曼提出教师知识主要包括四个方面：一般教学法知识；学科知识；学科教学法知识；情境知识。在这四种类型的知识中，她认为学科知识和学科教学法知识处于中心地位，并与其他两种知识相互作用。格罗斯曼和她的同事通过对英语教师的课堂观察发现，学科知识贫乏的教师只会按照教科书的结构组织教学内容，把学科知识表征为一系列静态的事实，而且对自己欠缺的知识往往采用回避的教学策略，避免学生的提问，不能和学生建立积极而有意义的对话。而学科知识丰富的教师不仅不再严格套用教科书的结构，而且还能根据学生的实际，采取其他有效的组织安排，用恰当适宜的多样化表征，帮助学生建立概念间的联系，从而达到预期的教学目的。格罗斯曼等人的研究，充分肯定了教师的学科知识对其教学过程、教学内容和教学质量所起的决定性作用。

莱因哈特等人也从不同侧面分析了包括教学法知识在内的教师“内容知识”。莱因哈特和她的同事认为教师知识主要有两大方面：学科知识和课堂结构知识。学科知识不仅包括学科概念之间的联系，还包括教师对学生错误类型的理解以及教师对课程的表述。而课堂结构知识则包括教师合理的教学设计、教师顺利地进行课堂教学、从一个阶段自然地过渡到另一个阶段、清晰地解释教学内容所需的技术。[2]17 对此，莱因哈特和她的同事通过对专家教师和新手教师的对比研究给出了具有说服力的解释：专家教师的课堂教学目标明确，结构紧凑，概念解释清晰连贯；他们在表达学科知识上以多元表征系统为特征，有利于引导学生从熟悉的内容进入到不熟悉的内容；他们能够将课堂上的主题拆分开来，通过各种方法逐渐引出整个主题。而新手教师由于缺乏足够的学科知识和完整的课堂“图式”，以致教学目标含混，课堂结构零碎，概念之间彼此孤立，前后解释缺乏紧密的联系，结果使得学生从一个不熟悉的问题走向另一个不熟悉的问题。由此可以看出，学科知识、课堂结构知识和舒尔曼等人所说的“内容知识”及“学科教学法知识”有着明显的相似之处。

科克伦等人曾提出一个“教学的内容认知”模型。这一模型突出了教师知识的四个方面：学科的知识、教学的知识、学生的知识和环境背景知识。他们认为这四个方面构成了教学的内容知识，并强调只有当这四个方面有机地结合起来，才能有效地组织课堂教学。[2]16 中国香港地区有学者也认为，学科教学法知识在教师教学行为中占有核心地位，是一个整合的连贯的整体，具有情境性和实践性，因为它与课堂的具体环境密切相关并且体现在教师的课堂实践行为之中。[1]64

但也有研究者并不把学科教学法知识看成教师的“内容知识”，而仅把学科知识作为教师的内容知识。瓦恩伯格和威尔森在肯定教学方法的重要性时说：“学科知识是教学的核心，但专家的内容知识并不是搞好教学的唯一决定因素……实际上，正是由于具有在不同教学方法之中转换的能力，使他们赢得了‘聪明的实践者’的美誉”。[1]67

二、实践取向的“默会知识”

持这种观点的主要代表人物有施瓦布（Schwab，1969）、舍恩（Schon，1983）、波兰尼（Polanyi，1959）、德弗莱斯兄弟（H. Dreyfus & S. Dreyfus，1986）、艾尔贝兹（Elbaz，1983）、拉夫（Lave，1988）和莱因哈特（Leinhardt，1988）、本纳（Benner，1996）、弗里曼（Freeman，2000）等。这些学者认为，教师拥有的知识是一种独特的知识，它具有实践性、情境性、模糊性、个人性的特点，而且常常难以用语言来表达。这种知识与具有理论性、系统性、严密性及客观性的科学知识有着根本的区别。

施瓦布是对教师“实践性知识”进行研究的鼻祖，他提出了“实践性样式”的术语。[3] 1969—1984年，施瓦布在他供职的芝加哥大学发行的《教育学》《课程研究》杂志上陆续发表题为《实践》的四篇论文，阐述“实践性话语”的特征，并在学科结构上提出了影响后人的“实词结构”（substantive structure）和“句法结构”（syntactic structure）的概念。一个学科的“实词结构”指的是在研究某种学问时所采用的术语结构，构成该学问命题化的知识、概念、原理、法则的结构。它与知识的内涵相对应，能够很好地解释为什么同一学科会有不同的学派：采用不同的术语作为研究问题的核心概念，就会有不同的“学问”特征。而“句法结构”是指表现某种学问的认识方法、表达方法和论述方法的修辞“结构”，它与用于表征知识的修辞相对应。“句法结构”的提出，肯定了教师知识结构中的实践技能，说明了为什么对同一个概念或某些深奥的知识经不同的教师讲授，学生会有不同的理解，会有不同的实际效果。施瓦布指出，教师“实践性样式”的知识特征就是技法，是以多元观点深入思考一件事物的技法，以及在做出实际决策时综合多样理论与方法的技法。作为推进“学问中心课程”的结构主义课程研究者，施瓦布的研究对课程结构的设计有很大的影响。然而，他对教师知识和教师行为的影响则不如舍恩，这从学界把划分研究教师知识的肇始定在20世纪80年代初期而不是60年代或70年代可看出一二。

舍恩是美国麻省理工学院的哲学教授，于20世纪70年代和他的同事开始关注“专业实践”中理论与实践的关系。他领导的研究小组通过对学校校长和教师的研究，提出了“反思性实践者”的专有名词，并取代了过去“技术熟练者”的说法。“反思性实践者”的提出具有划时代的意义。通过对“技术理性”的批判，舍恩肯定了教师这一专门职业，为教师专业化奠定了强有力的理论基础。正如舍恩在《反思性实践者——专业人员是如何思考的》（1983）一书中所指出的，在“技术理性”的支配下，即便公共价值再高的职业（如教师），也被认为是一种目的含混、内容庞杂、系统知识与科学技术基础不充分、不严谨的职业。而“反思性实践者”具有自己的思维和行动特征，其反思具有两种方式：“对行动反思”和“在行动中反思”。前者发生在他们对自己已经做的或经历的事件进行反思，后者发生在行动过程中，特别是当遇到不曾预料的疑难情形时，能够找到一种看待问题或现象的新方法，并产生一种新的理解。这种新的理解的产生，是通过“与情境的对话”，运用经验中培育的“默会知识”对问题反复“重新框定”（reframing），并寻找新的出路的结果。舍恩认为，当实践者如此反思时，就会成为实际情境中的研究者，并在这种过程中获得“正式的和严谨的专业知识”，而且这种知识是直觉的，是“默会的”“行动中的知识”。

教师就是这种典型的实践者，教师知识就是这种默会、直觉、正式且严谨的专业知识。与科学研究传统所要求的不同，教师并不是简单地将理论知识“运用”到自己的教育教学实践中，而是在学习理论和亲身实践中逐步形成自己的“使用理论”。当在新的情境中面临新的问题时，教师会通过自己的“使用理论”与情境（包括情境中的人，如学生、同事、家长、学校领导等）互动，共同对面临的问题进行“重新框定”，进而寻找新的解决问题的对策。教师的“知”是在如此“行动中的知”，是动态发展的、不断创生的，其严谨性和可靠性必须通过公开对话来检验。

需要指出的是，尽管舍恩的研究具有广泛的影响，但是他对专业知识的理解在很大程度上来源于迈克尔·波兰尼。波兰尼在《人的研究》（1957）一书中明确提出：人类有两种知识，一种是“显性知识”（explicit knowledge），一种是“默会知识”（tacit knowledge）。[4]前者通常被人们描述为“知识”，能够用书面文字、地图、数学公式来展示。而这只是知识的一种形式，还有一种知识是未被作为“焦点意识”而感知的、未被精确化的、不能被系统表述的、在行动中起“支援意识”作用的知识。波兰尼认为，后者事实上支配着人的整个认识活动，为人的认识活动提供了最终的解释性框架乃至知识信念，构成了人的认识和行为的必要基础。“默会知识”这一概念的提出，对于研究专业工作者的知识具有十分重要的作用。例如，具有广泛影响力的德弗莱斯兄弟所提出的专家知能理论，就带有明显的波兰尼的痕迹。他们在总结专家成长的五个阶段时曾说，熟练的实践者和专家是根据他们过去的具体经验进行判断的，而且他们的判断往往是难以用语言解释的。[1]13 教师的知识中很大一部分也具有这一特征，由于无法明确地言表，这类知识似乎“只能意会而不能言传”，也就是波兰尼所说的“附带性或工具性知识其本身是不可知的……正是在这种意义上它是不可言传的”。[5]

艾尔贝兹是最早（1983）对教师的“实践知识”进行系统探讨的研究者之一。她通过对一个有着丰富经验的中学教师莎拉的研究，得出如下结论：教师以独特的方式拥有一种特别的知识——“实践知识”。她在解释教师的“实践知识”时特别指出，教师的学科知识（对教师的学科知识研究影响深远的是上面提到的舒尔曼，而艾尔贝兹早于舒尔曼注意到教师的学科知识[1]50 同教师具有的其他领域的知识一样，也是实践知识，它是由一定的实践情境塑造的，也为这一实践情境服务。[6]55 她认为实践知识“突出了教师情境的行动和决策取向的属性，并在一定程度上，将教师知识理解为教师对该情境反映的一个函数”。[6]5 显然，艾尔贝兹认为教师知识是动态的、不断发展变化着的，而且这种变化是随课堂实施环境变量的变化而变化。虽然艾尔贝兹从静态的角度给出了教师知识的基本构成，但她认为，当教师的知识与实践联系起来的时候就是动态的，而且这种动态的教师知识是直觉的、默会的。

与艾尔贝兹的“实践知识”相似的是拉夫（1988）提出的“情境知识”。这是一个十分重要而有用的概念。拉夫认为，知识是实践者在对他们所工作的具体环境的回应中发展起来的，教师的工作环境与其回应环境方式的不同则形成了教师知识的不同。实践者对环境的回应不是单方面的，也不是局部的，而是“全人行动，人景互动”，在互动中形成辩证的关系。他认为，辩证关系不仅仅是指双方相互影响……（当）一个元素的存在必须以另一个元素的存在为前提时，一种辩证关系才能产生。[1]71 这就是说，教师的知识和蕴含这知识的行为共同组成了他们存在的情境；反过来，这一情境也是形成他们知识的一个不可或缺的部分。

受拉夫“情境知识”的影响，莱因哈特、本纳、弗里曼等分别对教师工作做了进一步的研究。他们提出，教师知识“蕴含在环境的组织结构中”，但又不完全被环境所制约。专家教师和非专家教师的差异，取决于他们作为工作环境中的一个因子与具体的工作环境互动的方式。这些学者的后续研究，加深了人们对教师情境知识的理解，有利于理解教师在实践层面上主动回应环境的行为特点。

三、两类知识之间的关系

从上文可见，教师知识的提法及表述各有侧重，有的倾向于学科取向的“内容知识”，而有的倾向于实践取向的“默会知识”。研究者不同的倾向性表达了各自对教师知识的分析视角，以及建立在不同视角基础上的判断标准，从而展示了不同类型的教师知识的状态和来源及其在教师专业发展中的功用。

“内容知识”是教师通过有意识的学习内化而成的、可以明确表述的外显性知识。在“内容知识”中，教师的学科知识、教学法知识与课程知识是主体，这些知识的获得主要通过学习外在已有的知识体系，从其来源上有着共同的知识基础，具有明显的教师职业群体的类知识特征。相比之下，“默会知识”则是教师在个人经验基础上建构起来的、不能明确表述的内隐性知识，包括教师个人的教育信念、教师对自我的了解和调节意识、教师对学生的感知和沟通能力、教师应对多变的教育情境的教学机智、教师在教学活动中对“内容知识”的理解、把握和运用策略、教师在日常行动中展现的批判反思精神等。从其来源上，它不是产生于外在已有的知识体系，而是个人在实践过程中经过与环境的对话与交流，在不断反思的基础上逐渐生成的，是教师个人所拥有的独特性知识，具有较强的情境性与针对性。

教师知识的不同来源和状态决定了不同知识类型的价值和作用。“内容知识”是区分教师职业与非教师职业的主要条件，是教师入职的基本前提，是教师作为一个“专业”或“准专业”的基本标志。对于教师个人而言，“内容知识”不仅成为教师个人获取教师资格的依据，能促使教师个人教育教学水平的不断提高，而且是教师“默会知识”发展和变化的重要影响变量。对于教师群体内部而言，“内容知识”又是区分不同学科教师的基本前提，它决定着教师内部的专业分工。“默会知识”则不断塑造着教师的价值取向，丰富着教师的教育教学经验，形成教师应对各种复杂情境的策略与方法，提升着教师职业探索的兴趣与动力。它具有强大的价值和行为导向功能，在教师接受“内容知识”时起过滤的作用，并在教师解释和运用“内容知识”时起重要的引导作用。它促使教师在复杂、多变的教育实践中不断对自己所遭遇的问题情境进行反思和重构，并根据具体情况采取行动干预。

“默会知识”对于教师个人专业发展的意义不同于“内容知识”。教师的“内容知识”为“默会知识”的形成与发展奠定了基础，教师如果没有“内容知识”无法成为教师，也就无法将自己在“非关注阶段”和“虚拟专注阶段”所形成的“默会知识”整合到自己成为教师之后的教育教学实践当中。但是，教师如果只有“内容知识”也无法成为“成熟的”“具有个性特征的”优秀教师。从这个意义上讲，“内容知识”为教师职业走向个性化提供了条件。而“默会知识”则是教师职业个性化的凝结与聚集，是教师职业个性化程度的展现，是不同教师专业成熟的重要尺度。教师的“内容知识”与“默会知识”不是非此即彼的关系，两者之间相互交融，无法清楚地分开。舒尔曼在把“内容知识”划分为“学科知识、一般教学法知识、学科教学法知识、教育环境知识与教育目的、目标和价值的知识”后，很快就有学者提出不同的看法，认为“学科教学法知识、教育环境知识与教育目的、目标和价值的知识”不仅仅是严格意义上的“内容知识”，还渗透着个性化的“默会知识”。正如徐碧美所言，学科教学法知识是“一个整合连贯的整体，具有情境性和实践性”。而舍恩在提出“默会知识”时，则隐含了“默会知识”形成中所具有的“内容知识”属性。他认为教师通过“对行动的反思”与“在行动中反思”会不断获得正式和严谨的专业知识，只不过这种专业知识在当时是直觉的，是默会的。也就是说，这种正式而严谨的专业知识可以在脱离情境之后通过梳理而获得“内容知识”的地位。“内容知识”与“默会知识”的划分在一定程度上是为了研究的方便，教师在实际教育教学过程中并未明确地意识到两类知识的存在及其相应的表达方式。很少有教师能说清楚自己在解决问题的过程中，哪个层面（或什么时候）使用的是“内容知识”或“默会知识”，“教师知识常常是一个整体，不能分成截然不同的知识领域”[1]73。教师的工作实践是针对具体问题的，而且是在具体的情境中发生的，因而其工作是一个整体运用知识的过程，而不是简单动作或知识分解式教学。运用知识的整体性这一特征，促使那些不断进取的教师在长期的工作过程中既不断提高自己的专业知识水准，又逐步演化出自己独特的教学风格。

廓清教师的这两类知识，目的在于引起人们对教师知识内涵的全面理解，促进教师专业发展。毫无疑问，教师所拥有的知识决定着教师教育教学工作的效果，影响着教师自身的成长，但目前不少人对教师知识的认识存在偏颇。他们尚未认识到“只可意会，不可言传”的东西也是“知识”，因此更无法采取措施促进教师“内容知识”和“默会知识”之间的转化与整合。这种现象在我国的教师职前教育中尤为突出。大多数高师院校在突出学科专业知识教育的同时，虽然也强调实践环节，但在具体操作时往往过于关注技术和技能的“内容知识”，如“三字一话”和现代教育技术。这类训练通常停留在“内容知识”的程序化展现上，没有让学生在真实的课堂情境中充分理解教学目标和课程含义，感受课堂氛围，更没有有意识地引导学生去感悟、领会和内化指导教师的“默会知识”。与此同时，教育专业知识的教学也只是传授与讲解，没有有意识地渗透“默会知识”，以致学生普遍感到枯燥乏味。与职前教育相比，教师的职后教育在观念上已有所变化，已注意到了教师自身职业实践的价值，要求淡化高校以知识传授为主的继续教育模式，凸显校本培训。有鉴于此，希望上述对教师知识的追本溯源和对比分析能够为我国目前的教师教育改革提供一定的理论参考。

参考文献：

[1] 徐碧美. 追求卓越教师专业发展案例研究 [M]. 陈静，李忠如，译，北京：人民教育出版社，2003.

[2] 范良火. 教师教学知识发展研究 [M]. 上海：华东师范大学出版社，2003.

[3] 佐藤学. 课程与教师 [M]. 钟启泉，译. 北京：教育科学出版社，2003：388.

[4] 波兰尼. 科学、信仰与社会 [M]. 王靖华，译. 南京：南京大学出版社，2004：111.

[5] 迈克尔·波兰尼. 个人知识迈向后批判哲学 [M]. 许泽民，译. 贵阳：贵州人民出版社，2000：131.

[6] Elbaz F. *Teacher Thinking*：*A Study of Practical Knowledge* [M]. London：Croom Helm，1983.

（原载 2005 年第 6 期）

师德崇高性与底线师德

李　敏　檀传宝

一直以来，人们很少对传统师德发展的路径产生过置疑，也十分认同传统师德所包含的各个层面的内容。但是最近几年来，随着国家和社会进一步加大对教育事业推进力度以及时代环境的巨大变化，人们逐渐对教师职业道德的内容、评价标准等产生了困惑和置疑。不少学者开始呼吁师德建设应当从强调师德崇高性转向探讨底线师德的边界及内容。如有学者提出教师职业道德只是一种底线道德，主张关注教师职业道德的普适性和低调性，认为教师职业道德只需要起码的规范要求来确保教师教育行为的道德性。[1]这种观点逐渐得到了越来越多的响应。那么，究竟应当如何看待师德崇高性和底线道德呢？2001 年 9 月 20 日中共中央颁发的《公民道德建设实施纲要》指出："坚持把先进性要求与广泛性要求结合起来。"这一指导思想与师德发展的思路高度一致，我们也将在这一总体思路下去理解和把握师德崇高性与底线师德的关系。师德发展的历史和经验均证明，师德发展需要兼顾底线要求和高层次需要，师德体系需要平衡"崇高"与"底线"两个价值层面。目前，人们对"崇高师德与底线师德应当合理共存"这一观点已达成基本共识，同时也在实践工作中有意识地自觉兼顾师德崇高性和底线师德两个方面。当前的师德发展所面临的主要问题是，人们在对师德崇高性和底线师德的现实动态把握中遇到了新的状况。

一、"抽象"和"不当"："师德崇高性"立场上的困境

在人类道德史上，教师职业道德往往处于当时社会道德的最高水准上，代表着社会成员道德涵养的最高层次。在世人看来，教师应该去追求德行完美，而且应该是德行完美的人。这也就是说，人们常常标榜和追求师德崇高性。崇高的教师职业道德曾激励了无数的教师选择、从事教师这个"太阳底下最光辉的事业"。师德发展和师德建设离不开师德崇高性，教师职业道德需要高层次需求，"教育工作者承担了维护最高道德标准的责任"[2]。但目前在师德崇高性问题上存在着"抽象"和"不当"的问题。

所谓"抽象"问题，是指在教师职业道德的结构组成中，关于教师职业理想的表述过于抽象，以致架空了崇高师德的现实感。比如，教育部于 2005 年 7 月下发的《关于进一步加强和改进师德建设的意见》中指出，树立正确的教师职业理想：广大教师要有强烈的职业光荣感、历史使命感和社会责任感，以培育优秀人才、发展先进文化和推进社会进步为己任，站在时代的前列，努力成为为人民服务的践履笃行的典范。要志存高远，爱岗敬业，忠于职守，乐于奉献，自觉地履行教书育人的神圣职责，以高尚的情操引导学生全面发展。要正确处理个人与社会的关系，反对拜金主义、享乐主义和极端个人主义，把本职工作、个人理想与祖国的繁荣富强紧密联系在一起。[3]从这些措辞中不难感受到师德构成中的教师职业理想由于表达抽象而显得高不可及。现实表明，师德崇高性如果仅限于抽象的表达，便会从整体上无限拔高师德的评价标准，这可能会让许多原本无关道德判断的教师行为背负上"不道德"的罪名，从而让广大教师长期处于一种道德负重

之中。

所谓“不当”问题，是指对师德崇高性的理解和把握存在误区，比如树立“病态”的师德形象、“不食人间烟火”的师德形象等。让我们来看几位媒体宣传的模范教师。

2006年9月7日，国家人事部、教育部决定授予汪来九、陶海林、张昭、王玉贵四位同志“全国模范教师”荣誉称号。汪来九现为安徽省黄山市黟县宏潭乡毛田小学教师，从教35年来，在“一师一校”的教学点，总结摸索出一套适合山区教学的复式教学方法，为一个200多人的村民组先后培养出70多名学生到大中专学校学习。陶海林现为海南省工业学校教师，19年来扎根在山区，在平凡的岗位上做出了不平凡的业绩。张昭现为陕西省西安市长安区韦曲街道何家营小学校长，2006年7月13日凌晨，他在学校值班，发现两名盗贼正在行窃。在与盗贼英勇搏斗中，身受重伤。王玉贵现为山东省阳信县第二高级中学高级教师、副校长。2005年3月12日晚，王玉贵在值班巡查时，发现一伙歹徒在教学楼殴打学生，他奋不顾身冲上前去制止，徒手与歹徒搏斗，被歹徒连砍5刀。[4]

从这几位教师的身上，我们感受到了他们对教育事业真挚的情感和为教育献身的高尚道德情操，在物欲横流的今天，这样的教师值得人们尊敬和爱戴。但是他们的特殊境遇并非全部适宜进行师德榜样的宣传并予以普遍推广。像张昭和王玉贵两位教师，他们在危急时刻的行为令世人敬仰，但令更多的普通教师望而却步甚至胆寒，绝大多数教师对此类宣传的回应仅仅是心存敬意而已。而汪来九老师等，就其奉献精神而言，当然应当肯定，但其35年“一校一师”的从教状况也暴露了制度上的不公正以及榜样学习的某些困难。这些状况在此次课题组调查研究中得到了充分印证。调查结果显示，教师普遍表示难以认同过于强调奉献精神和牺牲精神的教师职业道德，分别有80.8%和74.4%的教师最为反感树立“牺牲自己的家人、家庭，一心扑在事业上”和“不顾个人身体情况，带病坚持工作”的师德形象，这种态度在发达地区更为明显；有38.8%的教师反感树立“长期拿出个人的钱物补贴困难学生”的师德形象，这在欠发达地区表现得最为明显。这表明，虽然不同地区对师德的理解略有差异，但是教师开始对当前一味倡导教师的无私奉献精神和无畏牺牲精神表示不满。以上情况反映出目前我们所追求的师德崇高性存在着“不当”的问题。从教师群体内部而言，这类师德楷模不具有现实影响力还只是问题的一方面，教师毕竟可以自主决定是否学习他们的精神和行动。问题的另外一个重要方面是，对于教师群体的外部社会而言，极容易通过社会舆论形成“过高”的师德标准。现实表明，脱离实际、要求过高的师德标准在一定程度上影响了师德工作的正常建设与发展。社会成员作为非专业人士，往往想当然地将媒体宣传的教师行为视作教师应当无条件履行的职责行为，并以此去判断教师是否具备基本的师德。在很多由社会舆论促生的师德标准中，如若教师在遇到危急情况时不能无条件挺身而出就会被视为“缺德”的教师。这种师德标准无疑以缺乏专业认定、高标准的师德被转移了，它既没有理智地在崇高师德与底线师德之间寻求平衡，也没有认真思考盲目吹捧的崇高师德是否还存在“不当”的问题。

无论是师德崇高性问题上存在的“抽象”问题还是“不当”问题，都需要通过教师职业道德的重新定位和结构调整加以改进。对待“抽象”问题，可通过增加合理、适当的底线道德成分进行调和，力求达到师德崇高性与底线师德之间的平衡和一致；而对待“不当”问题，则需要全社会的人们实事求是地从教师的立场出发去影响或引导师德发展，加强对教师的人文关怀，建立教师专业组织监督师德工作的开展，适当调控社会舆论机制，尽快建立起一套健康、人性的教师职业道德体系。

二、“反抗”和“下移”：“底线师德”立场上的困境

实际上，在关注师德崇高性问题时，师德的底线问题就已经在讨论之中了。“底线师德”具有具体、下限、操作性强、可变动等特点，它与“崇高师德”分别把持着师德体系的“下边界”和“上边界”。教师职业道德需要底线，这是师德体系发挥职业性功能的前提和基础。教师的职业生活需要底线师德予以保证，以确保教师能够在伦理上达到起码的要求。

从目前情况看，“底线师德”似乎是人们正在极力呼吁和争取的东西，但在现实中，说“底线师德”是个实存物丝毫不会错。在现实问题上，人们习惯于使用内心的一套约定俗成的潜在评判标准去衡量教师的职业生活和职业道德。这套潜在评判标准相对于教育领域所倡导的、规范化的师德标准而言，具有道德评价的优先性，而且往往与法制标准结合起来使用，显现出得天独厚的底线特征。所以，人们能够观点一致地区分出哪些现象是违背教师职业道德的，哪些现象是遵从教师职业道德的。存在这样一个约定俗成的隐性师德标准并不是偶然现象，它是自古以来就强调道统、强调“学而优则仕”的中国社会重视教育发展的必然产物。不过，在当代多元化发展的中国社会，它自觉或不自觉地引发了两种趋势：一是基于对底线师德的极力拥护，出现了对儒家师德标准的反抗；二是师德的底线出现“下移”倾向，从而导致人们在评价师德的态度和标准上出现了混乱。

（一）对儒家师德标准的反抗

一直以来，我们始终坚守的是儒家关于“经师”和“人师”的教师标准。教师不仅要“恒其教事”，而且负有“正人心”的重要任务，教师必须在实际行动和道德行为上能做学生的榜样。就如王夫之所言：“立教有本，躬行为起化之原；谨教有术，正道为渐摩之益。”毋庸置疑，儒家的师德标准在中国的教育发展中始终处在根基的位置。然而当前，出现了不同的声音。

有观点认为，过去谈师德的种种圣人标准，遵循的是儒家道统的思想，在今天的社会是不支持的。如我国台湾学者但昭伟曾撰文呼吁，应解除教师身上的传统道德枷锁。

> 我认为当老师的既然“无力”承担社会对他们高规格的期许，基于可行性的考量，社会就“不应”对他们有那么高的期许；老师就应和其他人士一样，接受同一套道德规范的约束，而不是去承受一套比较高规格的道德要求。而假如我的论证有理，老师去“合法”的风月场所（如有人陪酒的场合，或有人伴舞的舞厅），就不应受社会大众的侧目，任何法律也不得在这方面来约束老师。

他旗帜鲜明地坦言自己的立场：

> 第一，以儒家为基调的日常道德要求相当高远，而有许多人在道德上的机运可能不够好，他们道德禀赋和道德资本的累积不足以让他们来符应高规格的道德要求，所以儒家道德观不能作为日常生活的行动及思维准则。因为许多人无力履行那样的道德要求，所以儒家道德观仅能作为文化理想。第二，一套太高远的道德要求可能会产生某些严重的副作用，这些副作用不是我们所乐见的。为了避免这些副作用，在两害相权取其轻的考量下，我们最好还是不要采行一套高远的道德要求。第三，老师在学校中所应落实的道德规范不应该是以儒家为基

调的日常道德要求。不仅如此，老师作为教育工作者，他们教育学生的任务仅限于上班时间，在非上班时间，他并没有担负教育学生的义务。[5]

这些观点表达了抛弃儒家教师标准的强烈愿望。对于这一论调，我们应当采取实事求是的历史和现实的批判态度。

客观地说，我国古代的师德观念，尤其是儒家对教师的要求，确实存在某种程度上的“圣人化”倾向，上文中反对儒家师德标准的声音也正是紧紧抓住儒家的道德要求规格过高这一点展开抨击的。在我们看来，首先这种抨击否定了教师职业道德在崇高性方面的需要，它倾向于建立一套实用的日常道德规范，希望以此对教师的行为做出具体的约束，也就是说，仅仅关注底线师德问题。我们认为，否定师德崇高性有悖教育的真义。对于教师而言，“向善性”是神圣的教育使命做出的本质规定，任何社会历史发展阶段都不应当摒弃师德在崇高性方面的追求。其次应当看到，当前一些社会研究领域对儒家思想的抨击存在一个“误读”的问题。从“儒家思想的观点表达”到“人们对这些观点的意义领会”，有一个客观见之于主观的再解释过程。很多时候，是人们按照自己的理解和需要将儒家原本朴素的思想观点推向了虚泛的高度。而事实上，儒家许多关于师德的思想都是非常精辟且有现实针对性的。如孔子曾对教师道德做过多方面的论述，并形成了我国教育史上第一个教师道德体系，其内容包括：学而不厌，诲人不倦；以身作则，言传身教；热爱学生，有教无类；不耻下问，知过即改；因材施教，循循善诱。又如西汉初年的教育家韩婴在他的《韩诗外传》卷五中说：“智如泉涌，行可以为表仪者，人师也。”这些要求道出了师德的关键要素，概括了教师职业的基本道德要求。而且就儒家倡导的尊师重道，要求教师“行可以为表仪”，拥有较高的道德标准本身而言，也未必一定没有其合理性。

至于具体到当前社会应该怎样去发展、细化和使用这些原则，则需要结合时代的特定要求。目前我们把师德标准定高了，没有考虑太多师德发展的现实需要，仅仅止于用原则性的思想观点去指导具体的教师实践，缺少现实指向的行为规范和行动细则……这些不足主要是由当前的师德工作没有开展好造成的，不能将责任全都追加到传统儒家思想上。当前的中国社会仍旧是一个备受儒家文化恩泽的“儒文化”社会，儒家思想深深扎根在中华民族的精神气节之中。对于源远流长的儒家文化，我们应当继续葆有尊重和感恩的情怀，应当充分理解和发展博大精深的儒家传统文化，既要看到儒家师德崇高性又要照顾到时代发展的师德需求，着力于崇高师德和底线师德的有机结合。

（二）师德底线出现“下移”倾向

首先应当认识到，师德底线出现下移发生在相应的社会文化背景之下。当前社会的道德底线正在发生着下移，人们内心的那些关于师德的潜在评价标准也在悄然无声地发生着改变。[6]当前社会对于“有偿家教”的态度转换就是一个典型表现。过去，“有偿家教”一直处在社会的消极评价之中，被不同程度地视为是违背教师职业道德的行为。但根据新近颁布的政策，“有偿家教”被社会和学校有条件地予以接纳。在许多省市地区出台的政策中，教师参与“有偿家教”以不影响正常教学工作为边界。在“有偿家教”问题上，师德的底线下移了。

师德底线下移现象还表现在诸多方面，如名师跑点讲学、教师追求时尚消费等，对于这些变化，人们不应做过多道德上的辨别和判断，而应当看到社会环境的变化和人性尺度的调整。师德底线下移带给师德发展最重要的思考应当是，如何在师德建设工作中辨别出哪些道德因素应当归结到职业范畴中来？哪些道德因素适宜做教师职业道德上的判断？哪些道德因素能够归于底线道德的范畴加以规范和细则方面的约束？……通过对这样一些问题的思考和追问确保师德之“底线”的合理性和有效性。师德底线出现下移，这一新的状况在很大程度上反映出社会正处在大跨度地发展和进步中。前进的步子迈大了，势必会让宏观的社会发展和微观的师德建设都遭遇“乱花渐欲迷人眼”的情景。对于师德建设而言，一方面要牢固树立崇高师德与底线师德相结合的思想，另一方面要集中精力关注不断变动的师德底线问题，努力让师德底线划定在尽可能精准的位置上。

目前在教育现实中广泛存在的问题、矛盾以及困惑，反映出我们的师德工作在很大程度上没有满足社会、教育以及教师自身发展的需要，师德建设工作需要从多方面进行努力和突破。师德发展在当代中国呈现出新的特点和趋势。对此，我们应当从社会环境和师德工作本身两个方面同时行动，将崇高师德与底线师德进行有机整合，公正评价和对待儒家传统的师德思想，从容应对当前师德底线下移的新状况。做到既尊重师德的高层次需要，又注重底线师德的合理性与贯彻落实，努力将师德建设推向专业化的发展道路！

参考文献：

[1] 甘剑梅. 教师应该是道德家吗：关于教师道德的哲学反思 [J]. 教育研究与实验，2003 (3)：25-30.

[2] 全美教育协会. 道德规范 [Z]. 檀传宝，王丽娟，译. 中国教师，2005 (7)：63.

[3] 教育部要求进一步加强和改进师德建设工作 [J]. 人民教育，2005 (8)：26.

[4] 余冠仕，续梅，唐景莉. 用实际行动诠释高尚师德 [N]. 中国教育报，2006-09-08 (1).

[5] 但昭伟. 多元价值社会与教师道德枷锁的解除 [A]. 黄藿. 教育专业伦理 [C]. 台北：台湾五南图书出版有限公司，2004：49-50.

[6] 李甘省. 我们的道德底线在哪里？ [J]. 才智（才情斋），2004 (5)：50.

（原载 2008 年第 6 期）

问题意识与教师教学智慧的生成

刘旭东

一、教师日常的教学生活需要强化问题意识

生活是有意识的生命创造活动，也是创造人的世界的生活方式，创造性本身就寓于生活的过程中，无时无刻会遇到问题，问题解决始终挑战着人类的智慧。生活过程中所遇到的问题在性质、形态、内容等方面具有不可重复性，教师工作在形态、内容等方面都与此相同。威尔逊、舒尔曼和里克特（Wilson，Shulman & Richert）指出，对教师知识的任何描述都应包括“教师知识的实践性和在一定程度上个性化”[1]57，而这种个人化实践知识的内涵为：“它是一种重构过去的特殊方式，是一种处理当前情境中的突发事件的为了未来的意向”[2]。教师工作是基于教学情境展开的，犹如马克斯·范梅南所说：“教育的意义必须到教育的实际生活中去寻找，因为如果我们将种种假设和给定的意义都搁置起来的话，所剩下的就只有教育学的生活体验了。”[3]65 为此，以坦然的心态面对问题，并积极捕捉解决问题的机会是生活和教育的意义所在，也是展现生活和教育智慧、实现自身发展的途径。而这个过程的实现在于教师面对日常化的教学生活具有强烈的问题意识。教学过程中的问题无时不在，但问题意识却不是人人都有，也并不是每个人都能够清晰准确地知觉和把握情境、顺利地解决所遇到的问题。有学者指出：“教师们必须认识到的（也是最难认识到的）事情就是他们的真诚愿望并不能保证实践的纯洁性。”[4] 问题意识并不仅是心理活动过程，在更高意义上，它是一个人人生观、价值观的流露。

问题是“给定信息和目标之间有某些障碍需要被克服的刺激情境”。[5] 根据问题的起始状态、允许操作的状态和目标状态的不同，可把问题意识划分为常规性问题意识和非常规性问题意识。所谓常规性问题意识，也就是课题化的问题意识，它表现为问题的起始状态、允许操作的状态和目标状态度是明确的，只需沿着既定的路径进行就可以解决的问题。因此，这类问题意识的特点是边界清晰，尝试的过程也是可以预知的，可谓“殊途同归”。所谓非常规性问题意识，也就是生活化的问题意识，表现为问题的起始状态是明确的，但是允许操作的状态和目标状态却是不明确的，选择何种解决问题的路径也是不可预知的，需要运用富有创造性的智慧能力予以解决，这类问题意识多出现在诸如像教学这样的生活化的情境中。问题意识的差异决定了在解决上述两类不同性质的问题时需要采取不同的策略。

“解决问题是一种高级形式的学习，而创造性则是解决问题的最高表现形式。”[6] 对于问题解决策略，有诸如行为主义学习理论、格式塔学习理论，其中影响较大的是杜威提出的以反思为中心的五阶段理论。他认为，解决问题的思维过程是：（1）暗示，困惑、挫折或意识到困难的状态；（2）理智化，确定疑难究竟在什么地方，包括不太具体地指出所追求的目的，需要填补的缺口或要达到的目标；（3）假设，提出问题的种种假设；（4）推理，如有必要，连续体验这些假设，并对问题重新加以阐述；（5）用行动检验这些假设，进行验证，证实、

驳斥或改正假设。[7]杜威的问题解决策略的启发在于，对于非常规性的生活化问题，不能像常规性问题那样只要沿着既定的路径就能得以解决，而是与疑问情境的创设、清晰的问题意识和对疑难的把握、据此提出解决问题的种种假设、积极主动地尝试和对假设的验证密切相关。对于教师来说，要能够清晰地把握教学中的疑难所在，就需要对教学活动的生成本质有深刻理解，具有积极的思维方式和明确的问题意识，能及时进行教学反思和开展行动研究，并把这个过程作为教学工作的常态。然而，并不是所有教师都能认识和把握这一点，在教学过程中仍然存在着固守教学的惯性而对其发展变化性视而不见的现象。正如有关研究所揭示的："新手教师在备课时往往会严格遵守既定课程大纲所规定的目标"，更"倾向于根据权威设定的规则和指南行事"，而不能根据学生的需要和自己的目标做出，不能依靠自己的判断行使自主权。[1]28要改变这种状况，就要准确地把握教师工作的性质。

对于教师工作的性质，有两种截然相对的观点。一种观点是从外铄的角度来看待教师工作，认为它必须严守既定的规则，而这些规则是由外在的客观力量预设并赋予的，它既可能是课程（教科书）的逻辑，或某种文化因素所决定的思维和行动方式，也可能是人为的制度和规则。因此，教学就是按照某种既定路线行进的活动。还有一种观点认为，教师工作依据的是活动本身所固有的进程，而不是知识本身。这个过程是生活化的，具有显著的生成性，犹如怀特海所说："教育是训练对于生活的探险；研究则是智力的探险。"[8]前者是典型的传统教师观，视教师工作为按某种脚注展开的活动。而后者则是具有现代意味的教师观。在后者看来，变化是事物的本质，未来有多种发展的可能，教师工作不能被诠释为依照某种刚性知识及其框架的展开，相反，要充分揭示教师工作的变化性。

教师是以促进学生发展为己任的专业化职业，是在与学生不间断的交往中实现工作目标的。根据斯图尔特对职业与智力的关系的研究，教师是一个有高智力要求的职业。在其所做的"陆军普通分类测验（AGCT）分数"的研究中，罗列了30种职业，其中教师职业对智力水平的要求居第三位。[9]教师工作表面平淡无奇，但教学的生成本质和交往性使其充满了智慧挑战。它以个人体验为研究起点，以如何促进人类成长、个体发展和生命意义的建构为依归。不能以技术理性化或思辨性的方式理解教师工作；相反，要在一个不断地面对和应付多变的教学情境、面对人的变化的多样性的思维框架中来理解它。正如杜威所说："各种概念、理论体系，不管怎样精雕细琢、自圆其说，都只能是一些假说。其所能达到的永不会超过不确定的概然性。"[10]因此，真正之于教师发展和教学问题解决有价值的是具有情境性的、个别化的知识。它以个人体验为研究起点，以如何促进人类成长、个体发展和生命意义的建构为依归，关注实践智慧和自我反思性。理解并解释教师独特的经验和体验对于教师专业发展有极为重要的价值，能够帮助我们在教学存在的意义上揭示生命与教学活动的偶然性以及生活及其情境的流变性、不确定性的关系，彰显具有实践色彩的教学智慧、教师个人的缄默知识和本土经验以及教学活动过程中的互动关系的内在价值。

二、教师教学工作中遇到的问题是复杂多变的

学校生活千变万化，决定了教师工作的变化性，认识到这一点，关系到教学价值观的建立以及是否能够准确地把握教师专业发展的内

涵。如前所述，教师工作是在与学生、同事以及家长，乃至社会等各方面的相互交往中实现的。这些因素的运动变化性，要求教师工作不能简单地依从某种套路或程式，而必须尊重情境的变化发展性，及时适应不同的情境，这就决定了问题之于教学智慧生成的关键作用。教师教学工作的复杂多变性主要表现在以下两个方面。

（一）教学是基于情境知识的活动

面对教学情境中存在着的诸多困难和问题，一味地把目光转向外界、转向专家是不可取的，也是不现实的。每个人对教学的理解以及在教学过程中所担负的职责不尽相同，不同教师所面对的教学情境以及需要解决的问题的重心也不一样。为此，不能用普适的思维和方法来解决所遇到的问题。1966 年，联合国教科文组织在其《关于教师地位的建议》中指出，研究人员发现，教师每小时做出 30 个与工作有关的重大决定，在有 25—40 名学生的班上，教师与学生之间每日交往 1 500 次。根据这一事实，舒尔曼做出结论：医生所遇到的可与教师所遇到的复杂情况相比的唯一一次是在发生自然灾害时或之后的医院急诊室中。在这样复杂不定的情况下，了解情况、做出决策的能力，在教学中就像在其他专业领域中一样至关重要、困难重重而且颇具挑战性。培养做出决策的能力，在师范教育中与在任何其他形式的专业培训中一样重要。[11]这个研究表明，教学现象发生在具体的情境中，教学行为也展开于特定的情境中，它决定了教师知识是“情境知识”。这种“情境知识”是“实践者在对他们所工作的具体环境的回应中发展起来的”[1]514，其纷繁复杂性是任何一种理论都难以详尽诠释的。在复杂不定的教学情境中，处于问题情境中的教师对所遇到的困难和困惑有自己的感受与体会和解决问题的思路与策略，他们了解情况、审时度势地做出决策的能力就像在其他专业领域中一样至关重要。困难重重但颇具挑战性，这为教师进行创造性工作留下了极大的开拓空间。这个空间使教师工作摆脱模式化桎梏，得以在创造的过程中生成教育活动的意义，学生得以在学习中获得成长的契机。对这个情境的把握既取决于外在条件的支持，更取决于教学智慧。

（二）教师知识具有显著的社会学特征

没有一位教师是空着脑袋走进课堂的。正如曼海姆所言，人的意识不可避免地依赖于人的社会地位。任何一位教师都会因自身所处的时代、文化背景、家庭环境、受教育经验等使其带着某种前提进入教学。换言之，教师是依据某种知识背景进入课堂的，这种具有个人背景的个人知识与其教学智慧的生成直接相关。它参与对教学文本的解读，是教学意义生成的基础，具有情境性、个别化的特点。目前有关教师知识的研究很多，其中较有代表性的有舒尔曼、斯滕伯格、格罗斯曼等人的观点。[12]在舒尔曼建立的教师专业知识分析框架中，他把教师知识分为学科内容知识、一般教学法知识、课程知识、学科教学法知识、有关学生的知识、有关教育情境的知识、其他课程的知识。斯滕伯格把教师知识分为内容知识、教学法知识、实践知识。格罗斯曼则把教师知识分为学科内容知识、学习者和学习的知识、一般教学法知识、课程知识、情境知识、自我知识。其中舒尔曼所说的有关教育情境的知识、斯滕伯格所说的实践的知识、格罗斯曼所说的情境知识等都直接与教师个人背景知识相关。它的存在使个人化的教师知识具有了合理性，构成教师教学实践的知识社会学基础，也是理解教师工作的关键。

教师不是生活在真空中。他在工作中所遇到的问题都是具体情境中的新问题，在时空的意义上具有唯一性和不可逆性，具有鲜明的复杂性。正如埃德加·莫兰所表达的："科学需要复杂的思想不仅是为了适合于考察现实的复杂性，而且是为了考察它本身固有的复杂性以及它使人类面对的问题的复杂性。"[13]6 "第一条通向复杂性的途径是偶然性或无序性的不可消除性。"[13]139 情境的复杂变化性使教师工作成为具有鲜明变化特征的职业。变化性固然使教师工作随时会出现各种各样的困难和问题，但正如莱茵·哈特所发现的那样，犹如其他职业，"教师知识也是在学校的具体情境和课堂情境中形成的"[1]55，教学中的问题需要教师通过独立思考把已掌握的解决问题的规则重新加以整理和组合，从中获得有利于解决当下问题的线索和方法，而不能直接套用已有的经验来解决。因此，问题意识的生成与解决问题的过程，既是教师适应生活、迎接挑战的过程，同时也是他获得发展的过程。对它的认识关系到对教师工作性质的思考、教学价值观的建立和能否准确地把握教师业发展的内涵；同时，能够帮助教师不断地拓自己的视野，获得新知，锻炼能力。

三、教师解决问题的过程是教学智慧生成与发展的过程

教学智慧是教师自己在教学中不断实践和解决问题的过程中生成和发展起来的，也是其得以从传统意义上被研究的"他者"的地位中解放出来、由教学活动被动的实施者转变为教学活动的主体的必需途径。"只有针对学生的特点和当时的情景有分寸地进行工作，才能表现出教师的教学机智来。"[14] 在这一过程中，教师既在运用专家的学术理论，也在提炼自己的朴素经验，最终形成其个人"行动"理论。教师要摆脱情境在表象上呈现出来的周而复始性，避免陷入琐碎事务之中，就应当在以下几方面做出努力。

（一）形成积极的思维方式

一位教师的成长肯定会受到诸多因素的制约和影响，必然会遇到这样或那样的困难。对此，教师要以积极的思维方式看待自己专业发展中所遇到的各种问题。在各种问题中，有一些是经过努力可以解决和克服的，但还有一些是教师自己力所不能及的。对此，教师需要把注意力集中在自己可能解决的那些方面，而不要被个人力所不能及的方面所左右。如果对于力所不能及的方面关注得太多，或者把自己的一切发展都归因于此，那就意味着会漠视教学活动中本有的能动要素，低估教师个人的能动性，使自己的成长完全受人摆布，问题意识也会随之被淡化。习惯于传统教学模式的教师，对于目标达成度的关注高于学生发展，希望教学目标是预设和既定的。他们往往把教学理解为是游离于社会之外孤立进行的活动，在教学改革中不善于从"实践社群"的角度考虑问题，认为只要按照规定动作行事即可，不希望在教学过程中冒太大的风险，把教学理解为是"忠实执行"的过程，对改进教学的积极性不高。而对于那些富有创新性的教师来说，把全部的教学指向既定目标的达成是令人窒息的，他们更喜欢挑战和目标的动态生成性，变革的思想方法使他们更加关心学生的发展和通过社会变革推进教学和课程改革工作。实际上，对于教学智慧的生成与发展来说，它固然受一定的外部条件制约和影响，但外部条件并不能对其发挥决定性作用，真正对教学智慧有实质意义的是教师个人的主观能动性和能否与同伴进行密切合作。

合作是教师促进自我判断、自我效能和一般的心理调整和发展的有利条件。在合作与交流中，如果教师相互之间的关心越多，异质的个人经验使教师能够以积极的思维方式和学习的态度看待与解决教学中存在的问题。为了达

成共同的目标，他们就越努力工作，而为达成共同的目标所进行的协同努力会激发更高的自我判断、自我效能个人控制和对能力的自信，就能更多地看到推进教学工作的各种积极因素并主动地利用和开发它，进而实现个人的发展。

（二）使反思成为自己的生活方式

反思是教师在教学实践中依据一定的观念、教学结果、教学伦理、教学背景等，批判性地审视自己的教学及其行为的过程；也是教师不断探究与解决自身与教学目的、教学工具等方面的问题，将“学会教学”与“学会学习”结合起来，努力提升教学实践合理性，使自己成为学者型教师的过程；同时更是他敏锐地把握情境、发现问题，生成清晰的解决问题的策略的关键。前已述及，在教学过程中，教师个人知识参与到了活动中，但这种具有个人色彩的教师知识的丰富性难以用语言来表达，它具体体现在根据情境和解决问题的过程之中。正如马克斯·范梅南所指出的那样：“语言并不足以描述经验，最好的词汇也无法表达我们隐秘世界的丰富性和独特性……语言最终是无法触到我们内在经验的基本特征和隐秘品质的。”[3]3为此，教师对个人的生活经验进行认真反思成为一件十分有价值的活动。通过对它的反思，可以帮助我们发现许多鲜为人知但却又非常有价值的领域，进而有助于深化对教学智慧的认识。

反思是在特定的情境中实现的。但是，关注情境性并不意味着教师完全被某个具体的环境所决定或限制；而是强调存在着“情境可能性”，即“在某种情境下个人所看到的和所选择的回应方式有多种可能”[1]266而反思是提升教师在教学情境中的选择能力、形成对个人专业发展有本体意义的个人化实践知识的关键。“反思行动是一个过程，目的是加强人们的沟通交流能力，以他们最贴切、最合适的交流方式进行沟通。”[15]反思是教师走向专业自主的工具，它以探究和解决教学问题为基本点，策略是合作和交流。在反思中，教师不是一般地回想教学，也不是形成一种面向学生时的教学方法或策略，而是通过探究处于教学的决策和技术以及伦理等层面的教学主体、教学目的、教学工具等方面存在的问题，以提高自己的专业素养、改进教学实践，努力提升教学实践的合理性。为此，需要教师养成自觉反思的习惯，善于运用反思策略持续地进行反思实践，使反思成为教师的生活和存在方式。如是，教师在心理上就有了一道“警戒线”，它随时提醒教师对自己的教学保持应有的警觉，一旦有可疑之点或遇到特定刺激（如困难、问题等）便自然进入反思状态。

（三）行动研究

行动研究对于解决教学过程中所遇到的困难和问题具有不可多得的有效性。行动研究在性质、定义和目的上都倾向于变革，希望用研究和工作统一的策略实现进步。当教师以研究者的心态置身于教学情境，以研究者的眼光审视已有的教学理论与现实问题，并以研究者的精神不断发现问题、解决问题时，自身的反思意识和能力、专业意识和能力就得以确认和发展。在这个过程中，他们不断设计、创造、实施新的实践方案，不断反思、概括自己实践的成败得失，不断改进、优化自己的职业行为，充分体现和发展反思意识和能力进而实现专业自主和自身解放，使其从传统意义上被研究的“他者”的地位中解放出来，由问题的旁观者转换为问题的解决者。在此，教师不再是技术人员，不再是单纯用教育理论工作者构思、设计好的课程达到他们预设目标的知识传授者，也不再是纯粹依赖习惯、经验进行教学活动的实践者。对于教师工作来说，它以与人交往为主要内容，不仅仅是“看”“说”或“思”，更为重要的是它作为实践性、建构性的活动，通过被纳入人类实践体系之中而重构教学生活和教师的个人生活，是“做”的活动。在“做”的过程中，思维的客观真理性和现实的有效性得以结合。在这层意义上，教学智慧是教师自己在教学中不断实践和探索中获得的。因此，积极开展行动研究对于重建学校文化，生成教学智慧是一条行之有效、意义重大的策略。

参考文献：

[1] 徐碧美. 追求卓越：教师专业发展案例研究［M］. 陈静，李忠如，译. 北京：人民教育出版社，2003.

[2] 迈克尔·康纳利，琼·克兰迪宁. 教师成为课程研究者：经验叙事［M］. 刘良华，邝红军，译. 杭州：浙江教育出版社，2004：27.

[3] 马克斯·范梅南. 生活体验研究：人文科学视野中的教育学［M］. 宋广文，等译. 北京：教育科学出版社，2003.

[4] Stephen D Brookfield. 批判反思型教师 ABC［M］张伟，译. 北京：中国轻工业出版社，2002：1.

[5] 皮连生. 教育心理学第三版［M］. 上海：上海教育出版社，2004：160.

[6] 韩进之. 教育心理学纲要［M］. 北京：人民教育出版社，1989：185.

[7] 杜威. 我们怎样思维·经验与教育［M］. 姜文闵，译. 北京：人民教育出版社，1991：88-93.

[8] 怀特海. 教育的目的［M］. 徐汝舟，译. 北京：生活·读书·新知三联书店，2002：146.

[9] J·M·索里，C·W·特尔福特. 教育心理学［M］. 高觉敷，等译. 北京：人民教育出版社，1982：575.

[10] 杜威. 哲学的改造［A］//洪谦主编. 西方现代资产阶级哲学论著选辑. 北京：商务印书馆，1964：175.

[11] 联合国教科文组织国际教育局. 关于教师地位的建议［J］. 教育展望（中文版），1997（3）.

[12] 教育部师范教育司. 教师专业化的理论与实践［M］. 北京：人民教育出版社，2003：56.

[13] 埃德加·莫兰. 复杂思想：自觉的科学［M］. 陈一壮，译. 北京：北京大学出版社，2001：6，139.

[14] 刘捷. 专业化：挑战 21 世纪的教师［M］. 北京：教育科学出版社，2002：236.

[15] 大卫·阿彻，凯特·钮曼. 沟通与权力：反思行动实用参考资料［M］. 北京：中国农业大学出版社，2005：5.

（原载 2010 年第 5 期）

兴趣是最好的老师

——关于教育者的兴趣

郭 戈

面对名利物欲的充斥和精神家园的迷失，作为典型知识分子的教育者，理应率先自觉和醒悟，树立超凡脱俗的理想追求，养成纯粹理性的专业志趣。这既是教育园地志存高远的美好夙愿和应有之义，又是提升教育职业素养、领引社会风气的现实需要，还是推进作为国运基石的教育堪当大任、进而实现教育强国之梦的迫切要求。在此之下，我们以为，激发和培养教育的兴趣，实为当下教育者最急需的可贵心理品质和精神素养，也是值得大书特书的一个重要问题。

一、为何要养成对教育的兴趣

兴趣是最好的老师，对教育者也是一样。所谓教育者的兴趣或教育兴趣，即指教育工作者特别是教师对教育事业、教学工作、学生和所教学科发自内心的喜欢和热爱。广而言之，它还包括教育者执着的追求、广泛的兴趣爱好和快乐向上的人格。从教育心理学上讲，这种兴趣是他们热切专心于教育或积极探究教学而带有强烈情绪色彩的意向活动、积极态度和心理倾向，它表明教育者与教育事业毫无功利地完全融为一体，是纯感情的，既给教育者主动行为提供内在的动力，又给人带来愉快或快乐的情绪体验。

首先，教育兴趣是教师热爱教育、爱护学生的一个支撑点。教育主要是心灵交融、情感碰撞的工作。爱是教师的灵魂，没有爱就没有教育。要保持一颗热爱之心并始终如一，则需多方努力，而最重要的是要保持职业兴趣，因为这个最低层面的热爱却是维持教育者主动行为的最强大而持续的动力。

其次，教育兴趣是教师职业走向快乐幸福的重要基础。从教育伦理学上看，追求幸福快乐是人生目的，也是教育的目的和教师职业道德构建的出发点。兴趣与满足总可以带来快乐，持久的职业兴趣和满足带来的必然是生命的充实和生活的幸福。

最后，教育兴趣是直接影响学生学习兴趣的关键因素。教育是师生心灵交融、情感碰撞的工作，激情感染激情，兴趣激发兴趣。教师有多喜欢学生，学生便会有多喜欢教师；教师有多厌倦教，学生便会有多厌倦学。教师的悲哀就是学生对你所教的学科没有兴趣，教师最大的悲哀就是把一个对这门学科有兴趣的孩子弄得没兴趣。实践证明，许多学生之所以对某一门学科感兴趣，甚至因此走上了专业研究的道路，许多情况下是受教师的感染、启发和鼓励而促成的。

《国家中长期教育改革和发展规划纲要(2010—2020年)》也鲜明提出："以教育为职业者，必须具有淡泊名利的高尚志趣"，"以人格魅力和学识魅力教育感染学生"，并"要求教师具备广博的知识和广泛的兴趣"。此外，最近一些调查报告披露的令人担忧的教师幸福指数，以及一些地方教师的"无兴趣病"和职业倦怠的倾向，也表明当前强化教育兴趣问题和研究的重要性和紧迫性。

二、教育是特别有乐趣的事业

从事教育特有趣味，作为人师自得其乐，

乃以往圣人名家之人生经验和切身体会。在我国古代，老子开创了乐业（“乐其业”）之先河，孔子开创了乐学（“好之”“乐之”）之先河，孟子开创了乐教（“得天下英才而教育之，三乐也”）之先河。我们仿佛看到这些伟大的智者，在对他的学生不厌不倦地循循善诱、指点迷津；又仿佛看见他们白发须髯，看着弟子们茁壮成长、才人辈出而闭目颔首，一脸的自得和满足。这何尝不是人间一种崇高而美好的境界呢？

梁启超在《敬业与乐业》《趣味教育与教育趣味》等文中将古代乐教观发扬光大，从而形成了较为完整的“教育趣味”思想。他说：“我确信‘敬业乐业’四个字，是人类生活的不二法门”；“敬业即是责任心，乐业即是趣味”，是“我生平最受用的两句话”。“厌倦是人生第一件罪恶，也是人生第一件苦痛”，“孔子屡屡说：‘学而不厌，诲人不倦。’……问他为什么能不厌不倦呢？只是领略得个中趣味，当然不能自已”。“所以我们要选择趣味最真而最长的职业，再没有别样比得上教育。”梁启超呼吁：“在教育界立身的人，应该以教育为唯一的趣味。”

从事教育特有乐趣，作为人师别有趣味，也为教育事业和教师职业特性所决定。在各行各业中，教育面对天真烂漫的青少年儿童及其变化多端的心理世界，面对浩瀚无际和丰富多彩的知识海洋，实为一种能给教育者带来尊严与欢乐的职业。教师职业对象是学生，工具是科学知识，在工作中既要不断传授知识、培养学生，又要不断钻研知识和研究学生，由此构成了教师职业的双重特性，进而决定了教师专业具有双重兴趣。它要求教师不但对教育事业、培养学生充满兴趣或志趣，并且对所教的学科也抱有浓厚的兴趣。这双重兴趣或许又分别包含着既密切联系又相互区别的两种兴趣：前者是对学生的兴趣和对教师职业的兴趣，后者是对任教学科的兴趣和对任教学科教学的兴趣。

三、教育兴趣的素养及养成

教育者的兴趣素养有：1. 对从事教育事业和教师职业充满兴趣或志趣；2. 喜爱学生，对培养学生和学生发展饶有兴味；3. 痴迷任教学科，对它有着浓厚的兴趣；4. 具有比较广泛的兴趣和爱好；5. 有钻研教育教学理论和方法的兴趣，包括研究“兴趣教育”的兴趣；6. 做快乐有趣的教育工作者。这些与现行教育学提出的教师一般素养并不矛盾，不过是给教师职业素养添加更多的“燃料”和“调料”、赋予更多的动力和情感色彩而已。

既然兴趣是可以培养的，那么教育的兴趣也可想方设法加以养成。比如，教师要有责任心和爱心，多与学生交流，善于学习和借鉴，体验内在成功感，掌握教育学、心理学以及学校管理，对教师个体的理解和尊重，等等。胡适说过：“对教育兴趣的培养，有许多方法，教育影响是其中的一个。”梁启超认为，“凡职业都是有趣味的，只要你肯继续做下去，趣味自然会发生”。即深入其中，专心致志，刻苦努力，不甘落后，除去妄想，一步一步奋斗，并细心体会其中的变化、发展和妙味，工作趣味自然生成。苏霍姆林斯基的建议是“提倡教师在日常工作中做一些科学研究”。他说：“如果你（校长）想让教师的劳动能够给教师一些乐趣，使天天上课不致变成一种单调乏味的义务，那你就应当引导每一位教师走上从事一些研究的这条幸福的道路上来。”

需要指出的是，由于兴趣的表现是多层次的，影响兴趣形成的因素是多方面的，所以如何有效地让教师都具有教育的兴趣，如同学生学习兴趣的培养以及教师爱的情感的形成等问题一样，都是一项复杂的系统工程，很难确定地说有些什么特殊的方法和灵丹妙药。对此，我们要有清醒的认识，需要专门做深入广泛的调查和研究，应当系统把握、整体运用、综合调理，而不能局限于一两种具体的养成方法之中，不能为兴趣而兴趣，更不能追求一时的表面的兴趣。

鉴于教育工作和教育兴趣的特殊重要性，对教师兴趣素养的要求应当比对学生的更加严格。从学校教育管理上，建议强化以下几个关键环节：一是加强师范生的兴趣教育特别是教育兴趣的培养，正如2010年召开的全国教育工作会议提出的："师范学校的专门训练，不限于教学的技能，而尤其在于多年的教育文化氛围中涵濡浸渍，使学生对教育实践的兴趣油然而生，对于教育事业的敬仰日益坚定。"二是在选择录用教师的入口上一定要把好教育兴趣关，即把好教师入口关，促使优秀而有志于从教的人才当教师。三是对于在岗教师要注重教育兴趣的培养和培训工作。四是对确不喜欢教育工作和教师职业的劝其改行或换岗。五是创设良好的环境，组织开展丰富多彩的活动，引导教师的业余生活和爱好。要采取一系列行之有效的方法，努力确保在岗教师都有教育的兴趣。

总之，具有持久高雅的教育兴趣，应为教育工作者的一项重要的心理品质，也应成为好教师的主要标准之一。如果所有教育者都具有这样的职业素养、达到如此的精神境界——从教是他的最爱，当老师是他的志趣，所教学科是其专业兴趣所在，那么我们的教育事业必将充满生机活力而大有希望，教育强国之梦也将指日可待。

（原载2014年第1期）

论教师教育者教学能力要素、结构与特征

刘　鹂

教师教育者①何人？教师之教师。教师教育者何责？培养教师。教师教育者为未来之教育培养教师，在教育生态系统中居于重要的地位，其“专业化是教师教育专业化的重要指标”[1]。教师教育者既是教师，具有教师群体的共同属性和特征，同时又是培养教师的教师，他们的本体性知识与条件性知识有更多的交会点，因与其指导对象未来的职业角色具有某种程度上的同一性，其教学行为本身即具有教师专业引领之指导性、示范性等多重特质。指导教师学习者如何“学”只是其教学职能的一部分，更重要的是教他们怎样“教”，并不可避免地用自身的教学行为示范着“教”，这是教师教育者教学角色的特殊性所在，也是对其专业化教学能力的要求。正因为此，决定了其教学能力是复杂的各种能力之集合体，与广义的教师教学能力相较，具有独有的特征和结构。对该问题的探讨，既是从人力因素方面促进教师教育质量提升的现实需要，也是教师教育者自身专业化发展的自在诉求。

一、方法与路径：教师教育者教学能力要素探寻

教师教育者教学能力是以整体样态呈现的，研究其结构特征问题，首先需要将其分解，辨别构成要素及要素的关联性以作为进一步分析的基础。

解构教师教育者教学能力，主要采用改良的德尔菲专家咨询法并辅以前期调查访谈及后期的验证性因素分析。前期调查访谈用作初步的要素梳理以形成专家咨询的基础，德尔菲专家咨询用以确立教学能力的构成要素以及要素之间的相互关系，交叉检验结构关系之合理性则使用验证性因素分析法。具体工作路径如下。

先期调查。先期采用调查法和访谈法获得教师教育者本体、教师学习者、毕业于师范专业的初任教师、教师教育管理者对于教师教育者教学能力最原初的认识和要求，结合文献研究结果，梳理出教师教育者教学能力构成的可能要素并形成首轮德尔菲专家咨询表。咨询表包括层级指标及属性描述、指标归属类别、重要性判定、特点体现适切性判定以及咨询表整体评价、建议等内容。

建立专家组。综合考虑资历经验、区域特征、学科构成、研究特长等因素，用目的抽样法选择德尔菲专家 17 人。专家覆盖教学理论、学科教学论和基础教育领域，平均年龄 51 岁，从事相关工作 20 年以上，全部具有高级职称，属于专家型学者。其中，82.4%的专家是教授、博导。

德尔菲咨询。发送咨询表，由专家独立完成对解构的教学能力构成要素之重要性和合理性的评判，逐项分析调整要素所处结构位置并决定其取舍。

统计回授。回收并赋值计算，使用均数 M、

① 教师教育者有广义和狭义之分。所有与教师培养发展有关的人员均可视为广义的教师教育者，也包括作为反思性实践者的教师自身，狭义的教师教育者则是对某些方面做出了限定。本文中使用狭义概念，指在高等院校下设师范专业中从事课程教学的专业教师群体，在西方被称作“Teacher Educators based in Normal Universities”。

满分频率 K 和众数指标共同判定因素重要性，用四分位差 QD、变异系数 V 判定专家意见一致性，使用界值法筛选因素。结果表明 41 个预设因素中有 36 个基本通过重要性和意见一致性筛选，但各层级因素在表达、归属上均有需要修改之处。根据统计结果和专家意见调整要素框架形成第二轮专家咨询表，附匿名整合后的专家意见，统一回授给专家方便参考并进行再次咨询。

形成框架。两轮次专家咨询回授后，专家意见的协调系数达到研究设计的终止咨询指标要求，咨询终止。按第二轮专家意见再次调整要素及框架，与专家个别沟通，在取得专家认可和意见相对统一的前提下确定教学能力的构成要素并形成初步的教师教育者教学能力结构框架。

交叉检验。根据形成的能力框架设计问卷并针对教师教育者重新进行调查，使用 AMOS 工具对教学能力主因素进行验证性因素分析，目的在于交叉检验专家咨询结果的合理性。检验表明主要拟合数据表现良好，CFI、TLI、RMSEA 以及 CMIN/DF 等指数均处于证明模型拟合较好的数据区间内[2]，证明教学能力框架结构良好、维度有效，最终确立结构框架并作进一步的特征分析。

二、要素与解读：教师教育者教学能力辨析

经过要素初探、专家咨询和验证性交叉检验，教师教育者的教学能力被分解为三级指标体系的能力要素群，包括一级指标（主维度）3 个、二级指标 9 个以及三级指标 36 个（见图 1）。

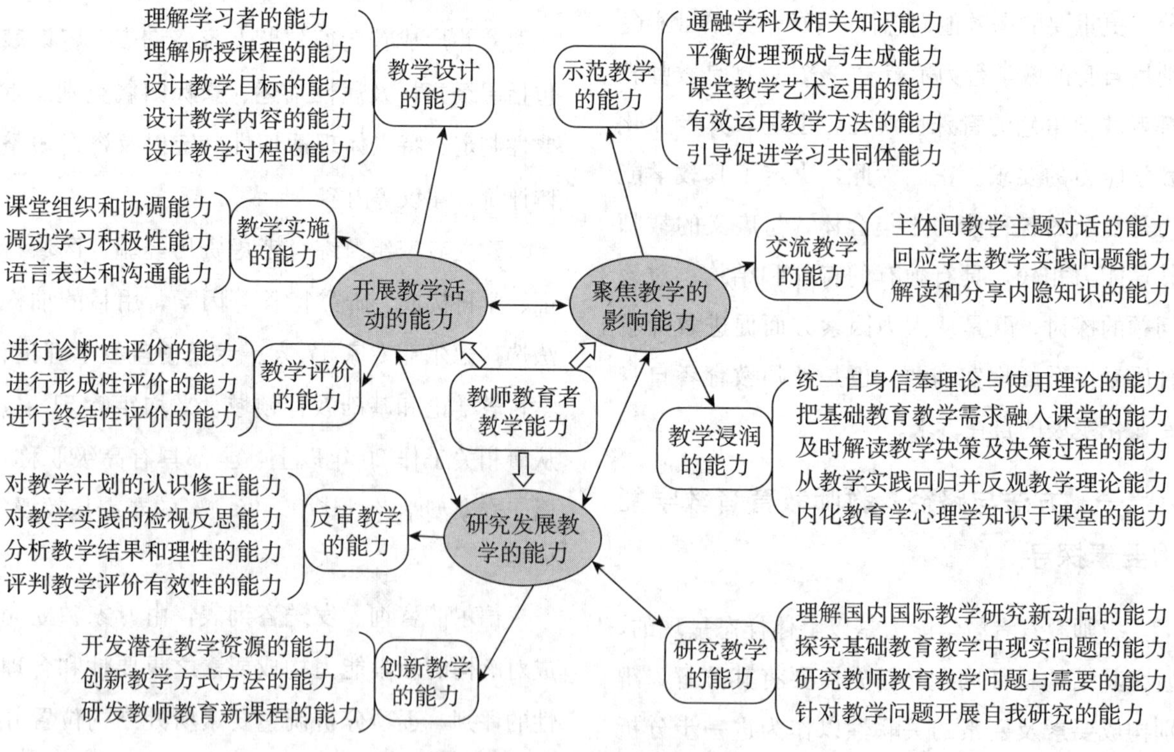

图 1 教师教育者教学能力要素

（一）“开展教学活动的能力”维度

该维度包括教师教育者作为教师应具备的开展教学活动所需的各种基本能力，这些能力与非教师教育者相比并无明显区别。能力维度下属 3 个二级指标和 11 个三级指标，分类方面借鉴了教师教学活动的一般分类方式。二级指标包括：教师教育者按照所授学科课程要求对自身教学活动进行整体规划设计的“教学设计

的能力”，按照所授学科课程内容要求完成具体教学活动和任务所需的“教学实施的能力”以及评价教学起点及教学效果的“教学评价的能力”。三个子能力群共同对教学活动的开展产生影响，是教师教育者在教“学”过程中所需的基本能力集合。

（二）“研究发展教学的能力”维度

这是教师教育者围绕教学任务、活动对教学理论和实践问题进行思考、研究和创新所需的各项能力，也是教师教育者教学能力的核心。该维度能力是在基本教学能力之上发展起来的，对教师而言是更高的能力要求和教学专业持续发展的依托。但对于教师教育者，因其群体角色和培养对象的特殊性，该能力是其教学能力的必构要素。具体包括：“反审教学的能力”，此为教师教育者指向教学实践，对自身教学活动的认识、反思、修正和评价的能力。教师专业发展必须使教师成为有清醒的自我意识和理性的自我批判的教师[3]，对教师教育者尤为如此。对教学的反思审度是教学研究的基础，具备此项能力有助于教师教育者认识修正教学计划、检视教学实践、对教学结果做出合理性分析并评判教学评价本身的有效性，是其教学专业发展的基础。“研究教学的能力”，是指教师教育者理解教学实际及其发展动向，进行多层面多领域研究的能力。能力指向与教学直接关联的问题研究，包括目标性地认识理解教学研究发展动向、方法性地针对教学问题开展自我研究、领域性地探讨教师教育和基础教育教学中的现实问题等，与这些研究相关联的能力可以帮助教师教育者更好地教“教”和教“学”。“创新教学的能力”，是教师教育者在研究的基础上创新教学的方式方法以及开发课程、教学资源等方面的能力。这是对教师教育者的较高要求，也是其教学专业职责和任务。所包含的开发潜在教学资源、创新教学方式方法、研发教师教育新课程等能力对创新性的要求有所不同，或为类创造特征，或为真创造特征，但整体上皆以教师教育者教学学术能力作为精神内核。

（三）“聚焦教学的影响能力”维度

指向教师教育者不受课程内容局限，在教学过程中通过自身教学实践和有意识的教学专业引领，对教师学习者学“教”产生正影响的各种能力。维度反映教师教育者最具角色特质的能力要求，包含3个二级指标和14个三级指标。其中，“示范教学的能力”指在课程教学中，教师教育者通过自身教学行为对学习者进行教学示范的能力。教学中的示范表现多样且不论是否存在主观意愿，在教师教育的课堂无时无刻不在发生，“对教师学习者教学观念的形成产生重要影响”[4]。因此，教师教育者良好的教学示范能力显得尤为重要，如平衡处理预成与生成能力、课堂教学艺术运用能力、信息技术与课程融合能力、引导促进学习共同体能力等都是重要的能力构成。“交流教学的能力”，是教师教育者与教师学习者以教学问题为关注点进行沟通交流、讨论分析的能力。强调在主体间以“教学”为对象，以教学理论、教学知识、教学问题等一系列与教学有关的议题为内容进行交流，包含教师教育者对自身教学内隐知识的剖析、解读和分享，这也是教师教育者专业化的教“教”能力的重要组成。“教学浸润的能力”，指在教学过程中教师教育者有意识地为教师学习者形成良好的教学意识、态度和方法提供隐形支架并产生潜移默化影响的能力[5]。此能力直接指向教师培养中教“教”和学“教”的需要，表现在教师教育者可以将自身信奉理论与使用理论协调统一、能够适时解读自身在特定情境中的教学决策、借由教学实践引导学习者反思和评析教学理论、关注基础教育教学对教师的需求等方面。这些能力行为交织在教学过程中，对教师学习者的教学专业发展起到切实的影响。

（四）能力要素的辨析

对能力要素做进一步辨析解读，各能力要素以及由要素群组成的三个维度各自具有不同的能力目标和作用，从而确立了它们作为独立要素的存在价值。不同的教学能力维度和要素在教学实践中相互交叉和影响。其中，“研究发展教学的能力”是教学能力的内在核心，也是其他维度教学能力得以不断发展的基础和保障，同时还是教师教育者完成其角色使命和自身教学专业成长的必需。因为只有建立在不断反思和研究基础上的教学才是有生命力的教学，才可能是不断勉力前行的教学。而且作为高等院校专职培养教师的教师，更应站在教学理论与实践发展的前沿，在研究教学的基础之上对教学的理论知识、实践方法有所创新本是其固有的角色任务和需要倡行的专业行为。因此，由“反思教学的能力”“研究教学的能力”和“创新教学的能力”三个子能力群共同构成的“研究发展教学的能力”当仁不让地成为教师教育者教学能力的核心因素。

另两个维度，“开展教学活动的能力”和“聚焦教学的影响能力”同样作为教师教育者教学能力的重要组成，其作用各不相同。前者体现的是对教学能力的基本要求。教师教育者虽为教师之教师，但其职业角色首先是教师，教学设计、实施、评价的能力这些作为教师应具备的基本教学能力也必然是教师教育者教学能力的重要内容。与之相比较，“聚焦教学的影响能力”体现的则是教师教育者教学能力的专业特质。教师教育者的职责是培养教师，如何通过教学引导和教学示范帮助教师学习者觉察感受“教”的思想和行为，体会教学理论与教学实践之间的关系是该部分能力在教学实践中的表现样态。以引领教师学习者教师专业发展为主导的示范教学、交流教学以及教学浸润的能力等子能力群，既体现着教师教育者教“教”的内容性、层次性和功能性要求，又聚合构成“聚焦教学的影响能力”整体，这一维度的能力是教师教育者最有特色的教学能力表现。

三、系统与关联：教师教育者教学能力结构审视

在剖析教师教育者教学能力构成要素的基础上，根据教学能力构成主因素间的关系，结合教师教育的培养目标，重新架构了以整体样态呈现的教学能力模型。该模型表达了教师教育者专业化的教学能力构成特点、发展趋向及三个维度间的关系（见图2）。

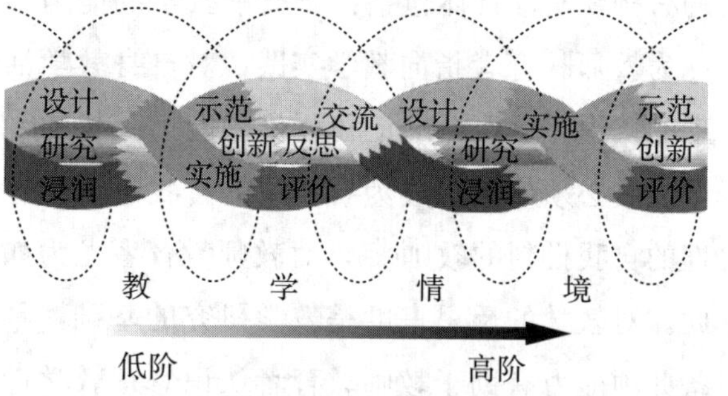

图2　教师教育者教学能力模型

从整体来看，教师教育者的教学能力是一个由不同维度交织的，从低阶到高阶不断发展的连续统一体。它以“研究发展教学的能力”为结构支撑，由“开展教学活动的能力”和“聚焦教学的影响能力”围绕作为教学专业发展核心的“研究发展教学的能力”共同构成能力总体。其中，“开展教学活动的能力”和“聚焦教学的影响能力”因具有相同的实践路径和相似的实践元素，表现为并行的双螺旋结构，对教学的影响有明显的交替性、混合性特征。正如在实际的教学情境中，教师教育者教“学”的行为与教“教”的行为不可能完全分开一样，其能力构成中“开展教学活动的能力”和“聚焦教学的影响能力”也不可能完全地区分开来。

二者在“研究发展教学的能力”支撑下指向不同且关联的行为目标，聚合产生影响，形成完整的教学场域（如图2中虚线所示）。

以能力构成的三个维度及其下属的能力群做细部分析，其发展同样表现为三个从低阶到高阶的微循环连续统。其中，“开展教学活动的能力”由设计、实施、评价教学的能力群组成，其发展即为这些能力群组的循环发展。在教学实践中，通过教学的设计、实施和评价，以及在评价基础上的再设计、再实施、再评价，逐步发展与之对应的“教学设计的能力”“教学实施的能力”和“教学评价的能力”。通过在反思研究基础之上的不断循环，实现“开展教学活动的能力”由低阶向高阶的持续发展。其他两个维度能力的发展具有与“开展教学活动的能力”基本相同的逻辑。“研究发展教学的能力”表现为从教学研究初始的“反审教学的能力”，到相对完善的“研究教学的能力”，直至更高要求的“创新教学的能力”的发展，这是一个不断循环提升的过程。与之类似，“聚焦教学的影响能力”表现为从基础的“示范教学”到深度的“交流教学”直至全面的“教学浸润”能力发展路径，是一个具有发展连续性的能力统一体。总体而言，三个维度能力发展的微循环是一个连续的不间断的过程。在发展的微循环中，各维度能力要素表现为形式上的回归，实质上的提升，相互联系的教学能力要素共同构成了教师教育者教学能力整体。

四、似同与非同：教师教育者教学能力特征分析

省思教师教育者教学能力问题，并不意味着其教学能力与非教师教育者的教学能力存在本质上的区别。但是，无本质区分不能视为二者等同，教师教育者的教学能力与非教师教育者相比，具有概念表达的一致性与概念内涵的差异性。

概念表达的一致性指教师教育者的教学能力应是在教师一般教学能力的基础上，整合教师培养要求、适应教师教育教学活动需要的一套能力体系。它遵循教学的一般规律，反映教学的本质属性，因此在概念表达方面是一致的。而内涵的差异性指教师教育者的教学能力具有内部构成上的特点，因为这些特点的存在使得其能力要素在相同的名词表达下蕴含着不同的内在要求和含义。对于教师教育者而言，教学能力内涵差异产生的原因，主要是由于其培养职前教师的教学活动本身就包含两个不同但又相互关联的领域——教学与示范引领。其中，教学领域包括教师教育者对知识信息的管理、结构化处理以及教师学习者对它们的理解掌握。而在示范引领领域，教师教育者需要通过自身教学实践活动以及与学生之间的关系性实践和行为，为缺乏教学实践经验的教师学习者提供有益的教学示范，并使它们成为教师学习者专业知能的一部分，从而引导其专业发展。这两个领域的要求聚合在一起，造成了教师教育者教学角色的特殊性和教学能力内涵的差异性。这些差异可以从教师教育者教学能力的典型特征：示范、融通、交互和创新性中得以体现。

（一）教学能力行为的示范特质

示范性是教师教育者教学能力的典型特征之一。“学高为师，身正为范”，为人师表是对所有教师共同的要求。但是对于教师教育者而言，示范性有着更加丰富和具体的含义。教师教育者的示范，不仅是在品德和一般意义上的行为示范，更是一种具体的无时无刻都可能发生的教学行为的示范，会潜移默化地影响教师学习者未来的教学选择和行为，因为“相比较教师传授的教学知识，学习者更愿意模仿教师的教学行为”[6]。所以，教师教育者“在授导知识的同时，还要通过自身的教学行为示范如

何做教师、如何教学，这是教师教育者独有的专业性表现”[7]。教师教育者的教学行为“是对他们自己正在从事的教师这一职业要求的最佳解释”[8]。

具体而言，教师教育者教学能力中的示范性表现在教师教育者能够在教学中审慎地处理好自己课堂中教与学的问题，能够结合自己的教学实践引导教师学习者理解什么是好的教学，怎样做对提高教学的有效性更有意义，即“展现你所描述的，示范你所倡导的”。教师教育者必须知道怎样为教师学习者更专业的教学提供支架[9]，教师教育者需要有能力把教学理论转译成教学实践的语言，成为“连接教学理论和学校教学实践的桥梁”[10]，通过教学的“示范”使教师学习者透过实践的过程领会理论的意蕴与价值[11]。平衡处理预成与生成、引导促进学习共同体等能力都是这些要求下的具体体现。

（二）能力结构表现中的融通特质

融通，即教师教育者应具有将教学相关的多方知识、多种经验融会贯通的能力，这是其教学能力的重要特征。具体地说，融通性可以体现在两个方面：本体性知识与条件性知识的交汇融合以及教师教育与基础教育的需求相通。能力表现有：内化教育学心理学知识于课堂的能力、融通学科及相关知识的能力、把基础教育教学需求融入课堂的能力等。

教师教育者应具有将本体性知识与条件性知识交汇融合的能力。作为培养教师、研究教学的专业人员，在教师教育者的专业知识体系中，本体性知识与条件性知识是一种非分离的状态，具有一体化特征。所有教师做好教学工作必须了解和熟悉的教育学、心理学、教学法方面的条件性知识，于教师教育者而言可能就是他们所教授的学科知识，即本体性知识。教师教育者需要做的就是将两部分知识充分地交汇融合，在本体性知识的解读过程中充分发挥条件性知识的作用，在条件性知识的运用过程中渗透对本体性知识的理解是对教师教育者教学能力要求的特殊性所在。

此外，教师教育者还应具有将教师教育课程教学与基础教育实践需求融通的能力。教师教育作为供给侧为基础教育培养师资，只有充分了解基础教育实践及改革的需求，才可能使教师学习者在大学课堂教学中体验未来中小学课堂教学改革的力量[12]，从而有针对性地为基础教育培养真正能满足教学和发展需要的合格教师。但是由于种种原因，我国教师教育服务基础教育的意识并不明确，很多教师教育者仍故步自封在高等教育的象牙塔内，没能做到与基础教育的变革同步发展更新，更难言说引领其变革，致使培养的准教师不能完全适应基础教育新课改的需要[13]，这是我们现实的问题。要解决这一问题，教师教育者必须自觉地加强对基础教育教学改革和问题的关注，有意识地弥补自身基础教育教学经验和认识的不足，主动在教师教育的教学中融入基础教育新的实践需求，培养教师学习者适应基础教育教学特点和改革发展需要的能力。

（三）教学引领为目标的交互特质

教师教育者的教学能力中还具有很强的交互性特征。这种交互，不仅指与学习者就课程内容本身进行的交流沟通，更指向以“教学”为内容，在教学实践过程中为提高教师学习者的教育教学意识和能力进行的即时交流和沟通，具体表现在两个方面：以课程内容为中介的交互和以教学引领为目标的交互。

以课程内容为中介的交互和所有教师在教学中表现出来的交互特征与行为具有一致性，是教师在教学过程中以课程、教学内容、学习问题为中介，与学习者之间的双向交流和沟通活动，提问应答、讨论反馈都可以是交互的外在表现。与之相较，以教学引领为目标的交互则带有教师教育的显著特点，如“主体间教学主题对话的能力”“解读和分享内隐知识的能力”等能力要素就是教师教育领域特有的，也是教师教育者教学能力特殊性的表现。这种交互的特殊性表现在指向的目标和内容完全聚焦于“教学”之上。以教学引领为目标的交互强调教师教育者能够通过指向教学问题的讨论，与教师学习者沟通和分享自身关于教学的观点和理解。教师教育者通过在课堂上实践自己倡导的教育教学理念，把所信奉的教育教学理论转变为行动中的理论[14]，更重要的是经由对学习者教学实践问题的关注和反馈，与学习者交流对教学的认识和思考。能够在教学之中针对“教学”与教师学习者进行交互以帮助学习者理解教学，通过交互的活动与学习者交流关于教学的知识与方法，这些能力是教师教育者教学能力的特色表现。

（四）指向教学发展的创新特质

教师教育者的教学能力具有明确的创新性特征。现代社会需要创新能力，创新也是教育教学发展的动力。教师教育者作为研究教学、培养教师的专业人员，其教学能力具有创新特质是必然的要求。以研究促创新，以创新促教学，“开发潜在教学资源”“研发教师教育新课程”等能力是教师教育者创新能力的具体体现。创新性的内核是创造，创造有两种形式：类创造和真创造。教学中以创造为内核的创新可以分为两种：以类创造为特征的创新和以真创造为内核的创新。教学生活中，教师的教学创新多是以类创造为特征的创新，这种创新以对已有的教学方法、策略、模式进行改造或进行创造性的使用为特征，由教师与学习者在教与学的思维和实践活动中展现。以类创造为特征的创新不强调原创性，是教师较易实现的创新活动。相比较而言，以真创造为内核的创新就复杂和困难许多，因为这种创新强调原创性和系统性，原创和系统是真创造的特征。对于教师教育者而言，对教学的研究和发展本就是其角色职责所在。因此，既需要具有能够改造现有教学方式方法、进行教学创新的能力，也需要具有能够通过原创引导教学理论、教学实践发展的创新教学的能力。创新的教学资源、创新的教学方法、创新的课程体系这些能够体现教学的学术性特点，以真创造为特征的创新是教师教育者教学能力中不可忽视的要素。

通过对教师教育者教学能力要素、结构与特征的分析，可以明确这样的认识：教师教育者的教学能力是复杂的各种能力之集合体，是教师培养中在教“学”、教“教”和示“教”需求下的综合能力，具有独特的结构和特征。教师教育者作为教师学习者最直接的影响者、最明晰的示范者和最可能的引领者，应具有更加全面和更高水平的教学能力来应对现代社会对教师培养的新要求。

本文对教师教育者教学能力的省思，是在教学论框架下对教师教育者在教学活动中所依靠和表现出来的，与教师培养需要密切相关的能力构成和应凸显特点的分析，是源自对教师教育教学本质的认识及人才培养需要的回应。教师教育者在教学实践活动中需要的一般能力，如观察力、记忆力、思维能力等不在本文讨论范围之内。

参考文献：

[1] 刘径言. 高校教师教育者的专业成长：特征、困境与路径 [J]. 教师教育研究，2015 (3)：13-18.

[2] 刘鹂，王娜. 教师教育者教学能力模型架构的验证性因素分析 [J]. 黑龙江高教研究，2014 (4)：8-11.

[3] 曹永国. 在做什么，抑或知道在做什么：教师的前提性反思的危机与重建 [J]. 华东师范大学学报（教育科学版），2014 (1)：41-49.

[4] Greetje T. Teacher Educators Modelling Their Teachers? [J].

European Journal of Teacher Education, 2009 (3): 225-238.

[5] 刘鹂. 教师教育者教学能力探析 [J]. 陕西师范大学学报(哲学社会科学版), 2016 (1): 158-164.

[6] Ducharme E R. The Values of Teacher Educators [M]. New York: Teachers College Press, 1993: 23.

[7] Guilfoyle K, et al. Becoming Teachers of Teachers: The Paths of FourBeg inners [M] //T Russell, F Korthagen. Teachers Who Teach Teachers. Washington, DC: Falmer Press, 1995: 45.

[8] 李放放, 蒋柯. 国外高等教育教师教育者职业资质研究述评 [J]. 武汉理工大学学报(社会科学版), 2010 (6): 913-917.

[9] Kenz. Becoming A Teacher Educator: A Personal Perspective [J]. Teaching and Teacher Education, 2004, 21: 118.

[10] Slick K. The University Supervisor: A Disenfranchised Outsider [J]. Teaching and Teacher Education, 1998 (8): 821-834.

[11] 吕立杰, 刘静炎. 在理论和实践之间教与学: 西方国家教师教育者"自我研究"运动述评 [J]. 全球教育展望, 2010 (5): 42-46.

[12] 朱旭东. 教师教育标准体系的建立: 未来教师教育的方向 [J]. 教育研究, 2010 (6): 30-36.

[13] 江家发. 新课程背景下的高师院校教师教育改革 [J]. 高等教育研究, 2006 (6): 68-72.

[14] 赵明仁. 师范大学中学科教师教育者的身份认同 [J]. 高等教育研究, 2014 (8): 61-67.

(原载 2016 年第 9 期)

教师学习力：核心要义、受限表征及培育路径

毛　菊

2016年，中国学生发展核心素养研究成果正式发布，其"'内涵发展'的政策指向就在于每个学生学力提升与人格陶冶"[1]4。学习力是除了道德、人格外，对现代学生最重要的素养要求。学生学习力的培养，尤其是"创造型学习力的育成不仅仅是知识的习得与再现的'记忆型'学习力，更必须是能动的'思考型'学习力"。[1]5这一目标实现的基本前提就是教师学习力的培养和发展。实际上，关于教师学习力的既有研究主要聚焦教师学习理念、方式、现状、对策及支持条件，缺乏在核心素养时代对教师学习力的深入探究。反观当下，教师学习力在一定程度上呈现退化趋势。恰如有学者所言，审视和研究教育现场，教师反思力、接纳力、探究力、生成力的退化已成为真实而荒谬的教育问题。[2]因此，考察教师学习力的核心要义、受限表征以及培育路径，对养成我国学生核心素养与深化教师专业发展具有重要的理论和实践价值。

一、教师学习力的核心要义

（一）教师学习力的内涵

学习力在英文中有"learning power""learning ability"两种表达方式，可分别译作"学习力量""学习能力"。教师学习力就是教师在学习与职场中展现出来的学习力量、能力。具体来讲，克里克认为学习力包括情感、认知、意愿、行动、品性、价值观、态度，且这些维度不能分离。[3]科比认为，学习力是包括学习动力、学习态度、学习方法、学习效率、创新思维和创造力的一个综合体。[4]二人都认为学习力是一种包含先天与后天成分在内的综合力量，包括最基础的学习动力、认知能力、思维能力。教师学习力也是如此，且其呈现与发展都孕育于教师学习过程中。教师学习过程是教师与外在中介的互动中产生不平衡，进而以个体经验为出发点，与中介相互作用不断合法化知识（使知识看起来自然和正确的过程）、意义建构的循环发展过程。[5]教师学习力就是此过程中与外界形成动态平衡的支撑力，是一种综合的能量、能力，它包括启动教师学习所需的基础力，教师个体认知过程、教师与外部互动中所需的顺应力、转换力、互惠力。这四个维度与克努兹·伊列雷斯提出的"作为能力发展的学习"在意义上不谋而合。他指出，学习能力由功能性、敏感性、社会性组成，这种具有广泛度和多样性特征的学习满足了它在现代社会作为能力发展的需求。[6]其中，功能性表达了顺应力、转换力的意义，敏感性相当于基础力，社会性体现了互惠力。分而言之，教师学习基础力是所有学习活动必备的心智能量，也是激发学习活动的起点，如意志、情感、动机等，能够让教师对自我、外在环境具有敏感性，是不断维持与重建平衡的基本动力。教师学习顺应力是在顺应学习中对部分或整体心智图式重构所需的能量，其中反思、理解是顺应力的重要要素。教师学习转换力是在运用先前解释去诠释对个体经验意义的新的或修正过的解释以引导未来行动的过程[7]291中的批判性反思、创造性、自反性。正如库伯学习圈理论所示，教师学习顺应力、转化力是教师学习内部获得过程所需的力，也是教师学习从初级走向高级

不可或缺的力。贾维斯就学习过程区分了九种不同学习类型，即假设、不加思考、拒绝、前意识、实践、记忆、沉思、反思性实践和体验学习。其中前三种反应是非学习性的，接着三种反应是非反思性学习，而最后三种反应则为反思性学习。贾维斯把后三种学习视为“较高级的学习”。[7]261 毫无疑问，教师学习的顺应力、转化力当属高级学习过程，它是教师作为专业人士、育人之人不断超越自我专业水准及保障新时代学生发展质量的必然诉求。然而，囿于个体内部获得的教师学习是不完整的，有时甚至是低效的，教师学习还具有社会属性，它不可能脱离特定的社会文化，“人是关系的存在”，教师学习必然要在互动、对话中通过协商不断生成意义。尤其在“教师学习共同体”作为一种新专业发展范式的趋势下，学习的社会性引起了广泛关注，其焦点体现为互惠力。教师学习互惠力，即教师在学习中善于与他人合作、对话探究的能力。上述四个维度在教师学习中相互作用、密不可分，仅凭单一维度支持的教师学习终究无法长久，也无法收获高质量的结果。充分、深入地挖掘教师学习力潜在、综合的功效可以形成教师智慧，因为智慧常常被看作成人思维水平的顶峰或标志。[7]145

（二）教师学习力的价值

教师学习力的价值不囿于教师自身，它关系到教师为学生建构何种课堂生活，如何影响学生发展。它是教师与学生、教学建立关联的重要驱动力，是激活教育生命的动力源。

首先，教师学习力有助于职业内在意义转化。从历史发展而言，人们对教师职业的认识多停留于工具价值，视其为实现教育目的的执行者。此种浅表化的认识，一方面窄化了教师职业的多样性，另一方面忽视了教师职业内在的个人生命价值。从人学立场分析，“能给人以尊严的只有这样的职业，在从事这种职业时我们不是作为奴隶般的工具，而是在自己的领域内独立地进行创造”[8]。“独立地创造，是人的生命存在的本质方式。”[9] 当教师仅以“工具”方式存在，既无法真切体味到做教师的价值，也不可能走入高阶生命境界，只能在单一枯燥的循环中度日。相反，通过学习力的综合作用展现出的“创造”，能够建立职业与生命的关联，带给教师高质量的职业生活。每次课堂的精彩，每次教师生活的重构，都彰显着教师“创造”的力量、教师学习力的价值。即使在知识本位的教育观下，创造性思维品质的培养仍是教育的目的指向。教师职业的内在生命意义蕴含在不断创造与超越之中。“创造”需要“个体的经验与独立思考、理解与体悟、运用、提升”，这些过程内含教师的学习力。教师凭借它能更好地从外部世界获得经验、知识、文化等，并转化为自身发展的持续能量、精神食粮。不仅如此，中国学生发展核心素养实质上是对学生学习力高度重视的体现，是对“应试教育”的反思批判。教师只有唤起学生内在的学习力才能拥有充盈活力与生命力的职场生活。

其次，教师学习力可促进学生学习力的发展。在教育教学中，教师和学生组成了学习共同体。有学者认为，学校教育主要是不断改变学生的认知结构，其核心是概念转化，而概念转化必须有教师的引导与干预。任何个体几乎不可能自发地接触到可让其原有概念发生转化的因素。媒介者可以利用各种手段使这个生产过程更为轻松地实现。这正是教育之精妙。[10] 也正是教师的价值所在。在认识论概念转换模型时，教师必须创设带有探究、反思、批判意味的学习环境，这是引导学生概念转化的重要元素，同时也能促进学生学习力的发展。如佐藤学所言，学生学习力的形成必须有教师的高端引领，提供高于学生已有理解水平的任务，形成“挑战”。而这种高端引领既需要教师本人经历过，也需要教师具备学习力。如此，方能有意识、有指向地为发展学生学习力服务。

最后，教师学习力有助于社会适应与变革。教师学习力在日益复杂的教育环境中无比重要，首先体现为对环境的适应能力。“学习是有机体普遍存在的适应环境的一种手段。”[11]拥有良好学习力的教师变通、适应的能力相对更强。科布、德莱弗等学者也表示“学习同时具有个体和社会过程的特征，学习过程就是积极的个体建构与对广泛社会实践文化适应的过程”[12]。对教师与自我而言，这种适应不仅指向自我专业素养的提升，也是教师从内部“思考”或经验他自己的身份建构过程，具有心智的特征，理解、反思等元素极其重要；对教师与社会而言，《2012 年全民教育全球检测报告》列出了所有青年都需要的三类主要技能——基础技能、可转移技能、职业技术技能。[13]40 其中，可转移技能指分析问题、解决问题、创造力等，隐含着对学习力的需求。可转移技能是三种技能中最具有迁移性的能力，决定个体是否具备适应快速发展的社会、应对人类生存中出现的问题。具备良好学习力的教师同样能够更好地适应教育改革。联合国教科文组织在《反思教育：向“全球共同利益”的理念转变?》中强调，“人文主义价值观”是突破异化、商品化学习的重要原则，它所倡导的“批判性思维、独立判断、解决问题，以及信息和媒体素养是培养变革态度的关键”。[13]30 对教师学习力的重视正是突破简单功利、实用的培育导向而符合人文主义价值观的举动，它有利于把教师培养为变革者。长期以来，教师被视为知识分子，人们期望教师成为社会变革的调节器、时代变革的引领者。而教师学习力的培育有助于变革态度的生成，变革态度又是成为变革者的基础。因此，不论从个体还是社会角度来看，教师学习力都有深远的价值。

二、教师学习力的受限表征

教师学习力的价值并非囿于教师个体，它具有较强的辐射性。反观现实，教师学习力的发展尚存在诸多的限制因素。

（一）机械思维范式不利于教师学习力的发展

教师学习力作为一种能量、能力的产生与发展，要在教师个体与各要素的互动中经过长期积淀而成。当教师学习中的各要素相互作用形成一个系统，那么这种“专业学习系统作为一种教育性环境，会赋予教师生产他们自己知识和产品的力量”[14]164。这种力量中蕴含着教师学习力。系统思维则把教师学习置于与其他要素如他人、资源、时空等的互联、动态发展中，多种要素交织、不同能量碰撞会使教师学习力培育更具活力。然而，如果仅关注学习网络中教师个体学习的机械思维方式，将之作为教师学习力培育的设计理念是不可取的。机械思维认为，事物都可以运用分析法不断还原为单独、割裂的要素，事物特性是由这些单独要素累加来解释。学习网络中要素的割裂状态会极大削弱教师学习力的发展动力及空间。然而，机械思维范式由于其操作的便捷仍受到实践青睐，但其不利于教师学习力发展亦是值得关切的现实，其负面影响体现在：首先，重视教师学习的工具指向忽视教师学习力生成的过程。教师教育从目标分解到活动设定的程式化方式窄化了教师学习力发展的弹性空间，在工具化、功利化思路下，教师教育项目往往忽视互联的各因素，省去过程中本应有的时间意义，遮蔽心智育成过程。当教师教育以一次性学习方式代替学习的动态性，教师学习更多地体现的是开处方。“教师学习系统不应被设计成一个开处方的项目，而是创设一种教师了解自身实践的学习环境来支持他们决定展开的任何变革”。[14]76否则，教师学习力的发展就会在一次性学习中停留在浅层。其次，用线性、机械思维去框定教师学习力发展的复杂现实是不合实际的。任何事情的进展都不是各部分的简单之和，事物也不是简单的一一对应关系、必然的因果关系，简单、机械的设计思维无法充分调动教师学习力的各维度会使其发展处于片面、分裂状态。

（二）外塑的教师专业发展方式不利于教师学习力的生成

学习力的发展孕育于学习过程之中，教师学习过程的状态决定学习力是否会生芽、成长。我国教师专业发展仍偏重通过外力、外塑来进行，教师习惯以听为主，被动接受和执行，缺乏基础力的教师学习难以促使其他维度学习力产生联动效应。具体表现为：“旁观者”的教师学习难以激发学习力，学习力的生成必须靠教师卷入自己的学习。“被发展”的专业发展模式中教师不是学习的真正主人，教师学习的顺应力、转化力难有成长；忽视教师经验与需求的学习，学习力也缺乏扎根点。如前所述，教师学习力以个体经验为出发点而不断生成意义，忽视“教师个体经验”就相当于切断了学习力的有效生长点。专家知识与教师个人知识由于不同的形成逻辑难以在教师学习中凝聚汇合点，从而产生教师“信奉理论”与“使用理论”的割裂。教师学习也缺乏足够的动力、兴趣，导致学习难以持续。

（三）教师教育者创设学习力培育环境的意识和能力淡薄

首先，教师教育者缺乏基于成人学习规律创设培育学习力的环境。教师作为成人，其学习具有独特性。正如诺尔斯所言，我们要从“学习情境”而不是“学习者”角度来分析何种方式适合成人学习，培育教师学习力。然而，“我国绝大多数地区采用的还是传统式集中授课的教师培训模式”[15]。此类培训往往忽视教师作为成人的学习规律与特性，忽视教师思维、反思、创造力的培养。教师教育者的重要作用是帮助教师学习，然而如果支持教师学习的方式、内容与教师成人学习的特性错位，教师学习力无疑会失去培育的土壤。其次，教师教育者指导教师学习力的能力不足。教师教育者作为教师的指导者，需要具备指导技能、促进反思的能力、清晰明确的行为示范能力、给予有益且及时反馈的能力等，[16]最终让教师成为能够独立学习的人。杜威曾提出学习取决于两种结合：实践与反思、理论与实践。可见，作为成人的教师，反思能力的提升是必须具备的重要能力。然而，目前我国教师教育者在新课程培训中时常“用灌输式告诉教师们如何进行发现式教学；用被动式接受告诉教师们如何开展自主式探究；用口耳相传告诉教师们如何开展实践活动……使教师培训走入不良循环”[17]。此种既不让教师体验又不关注教师思维能力提升的真空化学习环境的不良循环，会致使教师学习力的衰退。

三、教师学习力的培育路径

教师学习力究竟该如何培育？有三种发展相对完善的理论揭示了可培训的学习力：加涅认为学习力可培训的部分是智慧技能，还有随着经验和智力功能的发挥而发展的战略思维能力；第二种理论观点的代表是斯滕伯格，他认为学习力是一种智能形式；第三种观点建立在元认知及认知发展心理学的基础上，强调随着学习力的发展，思维的意识、学习策略在运用中也会随之发展。[18]显然，这三种关于可培训学习力的共同点在于强调学习力中的智能、思维能力部分。基于教师学习力的四维度，结合可培训学习力的认识，笔者认为应重点培育教师学习的顺应力、转化力，其核心元素为理解、思维、反思、批判性反思。

（一）以问题解决为驱动培育教师学习力

“问题”是引发教师思考及培育思维能力的重点。不论持何种观点的成人学习研究者，都把“问题解决”作为教师重要的学习方式。金斯伯格非常注重通过“关注问题—收集数据—识别问题—回应或行动”[19]的行动学习促进教师发展、建构新的意义。此种学习具有超越外在驱动，维持教师长久学习的特点，以“问题”贯穿始终，教师在主动的问题解决中不仅思维能力得以锤炼，有意义学习也才能发生，知识也更容易理解、保留、转化，并生成他们所坚信的“使用理论”、教育智慧。“问题解决是最真实的，因而也是学习者能够投入的最相关的学习活动。”[20]15但在培育教师学习力时有一点需明确，即问题分结构化问题、非结构化问题。所谓结构化问题是事先建立好目标、路径的问题；非结构化问题则相反。对教师而言，教育情境的千变万化决定了遇到的绝大多数是非结构化的问题。以非结构化问题驱动的弹性空间更有利于反思、批判性思维能力的提升。不仅如此，“当问题的结构化越弱，它们的解决方案就越需要更多的社会和文化协商”[20]2。无形中，教师学习的互惠力也成为教师正视、解决职业中问题的必然之需。因此，在培育教师学习力时，教师教育者、培训机构、学校应以“结构性问题”为基础、教师职场中的“非结构性问题”为主开展学习。

（二）创设真实性学习环境为支架培育教师学习力

对成人而言，关注学习的支持环境往往比关注学习本身更重要。而真实性的学习环境更容易激活教师已有经验，调动教师学习的基础力，这也是培育教师学习力的脚手架。创设什么样的环境就会引导教师学习力朝什么方向发展及发展的程度。在学习研究领域，从广义上讲，学习环境的真实性有两层含义：预先验证和自然真实。“预先验证指分析活动体系和尝试模拟真实问题的学习情境。自然真实是实践领域，学生被安排在真实的情境里，他们通过参与到与领域密切相关的活动中学习技能”。[20]145不论是预先验证，抑或是自然真实，孕育于教师学习中的学习力都应指向帮助教师更深刻地理解、变革自身的实践。因此，植根于真实性学习环境的教师学习力培育会使它具有更强的张力、更好的迁移性、更大的影响力。在教师正规、非正规的学习中，这两类真实性的学习环境要结合使用，以问题为焦点，为教师学习力发展提供支持。比如，当下很多学者探讨的基于教育实践场景的教师工作场学习，就是基于自然真实环境展开学习、培育学习力的典型。教师经常需要在工作场中处理问题，他们学习的主要渠道是工作场，在工作场所中通过主要经验而学习。

（三）以对话-合作为主要形式培育教师学习力

教师学习中的对话—合作突出了学习的互惠力，也是学习社会性的必然体现。对话是高质量教师学习的重要元素。霍德曾说：“著名的成人学习理论家简·维勒在研究保罗·弗莱雷等人的理论后，确定成人学习最好是通过发生在相互尊敬和安全的氛围中的对话，尤其是植根于他们现实生活的对话中。”[21]158然而，现实中教师之间的“对话”往往效果不佳，他们甚至把对话、谈话相混淆。其实，对话是谈话的一种。霍德提出了四种谈话类型：平行谈话，这些谈话即来即去，只陈述信息，不期望回应；交流谈话，即交流信息，扩展观点和视角；适应性谈话，即在扩展信息或者观点时，学习者通过重构信息或者以新的方式看待世界；生产性谈话/创造性谈话，即不仅仅散播信息，也会对重构思维产生作用，获得新信息或解决问题的新方法，它可以带来学习的巨大跳跃。[21]194在四类谈话中，真正的对话是创造性谈话。创造性谈话需要教师倾听他人，只有真正彼此倾听，才能产生有效的谈话，对话才能切实发生，高层次的学习互惠力也才能得以培育。教师要能识别在各类谈话中花费的时间，加大创造性谈话，从而改善对话学习质量。然而，每位教师的固有经验与观点都类似一个过滤器，它既是教师学习的基础，也会限制对话的发生、学习力的发展。因此，教师要保持开放的态度，以相互信任为基石，从而达到深度对话。教师对话学习中必然有合作，合作学习中需要对话。教师合作学习是学习互惠力培育最直接的体现、最基本的形式。它不仅是教师学习的方式，还是一种生活方式、价值观，培养了教师之间的相互理解、相互信任、相互欣赏的合作文化和生活态度，是产生教育智慧的重要源泉。教师学习的互惠力能使教师之间建立良好的学习关系，营造和谐的学习氛围，因而是教师学习中必然的人际诉求。

概而言之，教师学习力是变革时代教师必备的能力，是以不变应万变的基本能力。尤其在各国都强调“学生核心素养”的背景下，聚焦教师学习力是个时代命题，它的意义远远超越了教师甚至教育本身，而具有重要的社会价值。

参考文献：

[1] 钟启泉. 基于核心素养的课程发展：挑战与课题 [J]. 全球教育展望，2016 (1)：3-25.

[2] 崔振成. 超越悲剧：教师学习力的退化与提振 [J]. 东北师大学报（哲学社会科学版），2014 (5)：101.

[3] Ruth Deakin Crick., Learning how to learn：the dynamic assessment of learning power [J]. The curriculum journal，2007 (2)：139.

[4] 胡爽，陈秉初. 学习力“六要素”的解析与分层 [J]. 教育现代化，2015 (1)：55.

[5] 毛菊. 20 世纪 80 年代以来西方教师学习理论研究：社会建构的走向 [D]. 北京：北京师范大学，2015.

[6] 克努兹·伊列雷斯. 我们如何学习：全视角学习理论 [M]. 孙玫璐，译. 北京：教育科学出版社，2010：29.

[7] 雪伦·B. 梅里安，罗斯玛丽·S. 凯弗瑞拉. 成人学习的综合研究与实践指导：第 2 版 [M]. 黄健，等译. 北京：中国人民大学出版社，2011.

[8] 马克思，恩格斯. 马克思恩格斯全集：第 40 卷 [M]. 北京：人民出版社，1982：6.

[9] 叶澜. 教育学原理 [M]. 北京：人民教育出版社，2007：289.

[10] 安德烈·焦尔当，裴新宁. 变构模型：学习研究的新路径 [M]. 杭零，译. 北京：教育科学出版社，2010：98.

[11] 梁忠义，车文博. 实用教育辞典 [M]. 长春：吉林教育出版社，1989：402.

[12] Driver R. Constructing scientific knowledge in the classroom [J]. Educational researcher，1994 (1)：5-11.

[13] 联合国教科文组织. 反思教育：向“全球共同利益”的理念转变？[M]. 联合国教科文组织总部中文科，译. 北京：教育科学出版社，2017.

[14] Garry F. Hoban. Teacher learning for educational change：A systems thinking approach [M]. Open University Press，2002.

[15] 关松林. 发达国家中小学教师培训的经验与启示 [J]. 教育研究，2015 (12)：127.

[16] 杨秀玉，平翠. 荷兰教师教育者的角色定位与专业发展项目研究 [J]. 外国教育研究，2016 (12)：37.

[17] 吴卫东. 教师培训师：教师培训者的专业化目标 [J]. 教育发展研究，2012 (8)：71-75.

[18] Sharon J. Derry., Debra A. Murphy. Designing systems that train learning ability：from theory to practice [J]. Review of educational research，1986 (1)：3-8.

[19] Ginsberg M. B. Transformative professional learning：A system to enhance teacher and student motivation [M]. Corwin，2011：12.

[20] 戴维·H·乔纳森. 学会解决问题：支持问题解决的学习环境设计手册 [M]. 刘名卓，金慧，陈维超译. 上海：华东师范大学出版社，2015.

[21] Shirley M. Hord，James L. Roussin，Willi-am A. Sommers. Guiding professional learning communities：inspiration，challenge，surprise，and meaning [M]. Corwin，2009.

（原载 2018 年第 7 期）

小学教师教学胜任力的调查与思考

何齐宗　龙　润

小学教育是我国九年义务教育的基础阶段，也是受教育者实现德、智、体、美全面发展目标的奠基阶段。小学教育的质量与教师队伍的质量息息相关，建设一支高素质的教师队伍是保障基础教育质量的前提。调查和分析小学教师的教学胜任力，可以为教育管理部门了解、评价小学教师队伍的现状提供新路径和工具，并为学校和教师科学认识、提升教学胜任力提供有益参考。

一、研究工具

小学教师教学胜任力是指小学教师所具有的富有成效地完成教学目标所需要的特质群，主要包括知识素养、教学能力、职业品格与个人特质。

本研究采用文献法、德尔菲法、因素分析法和统计法，将小学教师教学胜任力确定为知识素养、教学能力、职业品格和个人特质四个维度，以及教育知识、学科知识、通识知识、教学设计、教学实施、教学探索、职业态度、职业情感、职业追求、自我特性及人际特征等11个方面的内容，并设计相应的调查问卷。问卷内容包括三个部分：第一部分为调查对象的基本信息，有15个项目；第二部分为教师教学胜任力测评，由一组陈述组成，有83个项目，每个陈述有“极不符合、较不符合、略不符合、有点符合、比较符合、完全符合”六种回答，分别记1-6分；第三部分为教师教学相关情况调查，含21个项目。经过试测和信效度检验，该问卷可以用于小学教师教学胜任力的测评调查。

二、研究对象

2016年9月至2017年4月，课题组分别向江西省小学教师发放问卷15 500份，回收问卷14 652份，回收率为94.5%；有效问卷13 721份，有效率为93.6%。从性别看，男性教师占36%，女性教师占64%；从年龄看，19—30岁教师占43.1%，30—40岁教师占30%，40—50岁教师占20.9%，50—60岁教师占6%；从教龄看，0.5—10年教龄的教师占49.2%，10—20年的占24%，20—30年的占20.6%，30—40年的占6.2%；从学历看，学士占56.9%，大专占37.2%，高中或中专占5.6%，硕士占0.1%，其他占0.2%；从职称看，小教高级占42.1%，小教一级占30%，小教二级占13.2%，小教三级占3.3%，没评职称的占11.4%；从任教课程看，语文教师占49.8%，数学教师占38.5%，英语教师占6.4%，其他学科教师占5.3%；从任教年级看，六年级教师占20.3%，五年级教师占21.7%，四年级教师占18.4%，三年教师占16.4%，二年级教师占12.7%，一年级教师占10.5%；从教师任教学校所在地域看，乡村学校教师占72.7%，城区学校教师占27.3%。以上数据显示，本次调查对象的性别、年龄、教龄、学历、职称、任教课程、任教年级、任教学校地域等均有一定的比例，比较符合当前该省小学教师的分布情况。

三、研究结果

（一）小学教师教学胜任力的总体水平

表 1 各项指标得分

指标	得分	指标	得分	指标	得分
宽容性	5.35	教学内容安排	5.07	师生互动	4.73
职业境界	5.35	教学对象分析	5.05	学科发展动态	4.72
沟通能力	5.34	启发技巧	5.05	心理状态	4.71
合作精神	5.34	教学评价	5.04	民主性	4.71
职业理想	5.30	课堂组织	5.00	教学方法选择	4.71
责任心	5.30	教学研究	4.99	教学实践知识	4.69
公正性	5.27	教育理论知识	4.98	单位认同	4.62
教学目标设定	5.20	计划性	4.98	幽默感	4.59
教学情感	5.19	批判思维	4.98	教学自主	4.55
专业认同	5.19	信息获取与处理	4.97	身体状况	4.41
职业信念	5.19	严谨性	4.96	自我调控	4.39
师生关系	5.16	自信心	4.94	自然科学知识	4.38
进取心	5.14	教学改革	4.93	平等性	4.37
激励艺术	5.13	学科专业知识	4.87	人文社科知识	3.95
坚持性	5.12	教学演示	4.84	适应性	3.57
教学反思	5.11	教育技术运用	4.76	待遇认同	2.14
语言表达	5.10	职业规划	4.75		

从测评结果可知，小学教师的知识素养表现得分为 4.66、教学能力为 4.96、职业品格为 4.86、人格特质为 4.83，综合表现为 4.86。如将 6 分转换为优秀、5 分转换为良好、4 分转换为合格，其余表现转换为不合格，那么我们可以得出如下结论：当前江西省小学教师教学胜任力的整体表现基本达到良好水平或者说接近良好水平，但在具体指标上表现出一定的差异。完全达到良好水平的指标有：宽容性、职业境界、沟通能力、合作精神、职业理想、责任心、公正性、教学目标设定、教学情感、专业认同、职业信念、师生关系、进取心、激励艺术、坚持性、教学反思、语言表达、教学内容安排、教学对象分析、启发技巧、教学评价、课堂组织等。其他指标离良好水平均存在一定的差距，其中人文社科知识、适应性和待遇认同甚至没达到合格水平（见表 1）。

（二）小学教师教学胜任力的差异比较

为进一步了解小学教师教学胜任力的现状，即检验不同特征的小学教师教学胜任力是否在各个变量上存在差异，本研究主要采用独立样本 T 检验和单因素方差分析进行数据处理。

1. 性别差异

以性别为自变量，以教学胜任力总分及各一级指标为因变量进行独立样本 T 检验，发现小学教师教学胜任力总分与性别无关。但一级指标中的知识素养、教学能力和职业品格均存在显著的性别差异，男教师在知识素养和教学能力方面优于女教师，而女教师在职业品格方面优于男教师，个人特质则不存在明显的性别差异（见表 2）。

表 2 不同性别教师教学胜任力总分与一级指标 *t* 检验

	性别	人数	平均分	显著性检验	
				t 值	*p* 值
胜任力总分	男	4 942	4.871 6	1.057	0.291
	女	8 779	4.860 3		
知识素养	男	4 942	4.763 7	11.660	0.000
	女	8 779	4.598 4		

续表

	性别	人数	平均分	显著性检验	
				t 值	p 值
教学能力	男	4 942	4.982 1	2.974	0.003
	女	8 779	4.946 3		
职业品格	男	4 942	4.831 9	−4.520	0.000
	女	8 779	4.880 0		
个人特质	男	4 942	4.825 1	−0.6 47	0.518
	女	8 779	4.832 5		

2. 年龄差异

针对小学教师的年龄进行单因素方差分析，由于年龄是连续变量，跨度较大，因此将年龄转换成类别变量，具体细分为4组等级数据，分别为第一组（19≤a≤30）、第二组（30<a≤40）、第三组（40<a≤50）、第四组（51<a≤60）。通过教师年龄的等级数据对教学胜任力总分及各一、二级指标进行单因素方差分析，结果表明，小学教师在教学胜任力总分及所有一级指标上均呈现明显的年龄差异（见表3）。

表3　不同年龄教师教学胜任力总分与一级指标差异分析

	年龄分组	人数	平均分	显著性检验	
				F 值	p 值
胜任力总分	第一组	5 917	4.768 6	101.141	0.000
	第二组	4 114	4.910 1		
	第三组	2 867	4.978 1		
	第四组	8 23	4.928 7		
知识素养	第一组	5 917	4.470 9	216.554	0.000
	第二组	4 114	4.748 0		
	第三组	2 867	4.886 7		
	第四组	8 23	4.754 9		
教学能力	第一组	5 917	4.824 7	148.566	0.000
	第二组	4 114	5.032 1		
	第三组	2 867	5.107 4		
	第四组	8 23	5.045 7		

续表

	年龄分组	人数	平均分	显著性检验	
				F 值	p 值
职业品格	第一组	5 917	4.807 6	33.886	0.000
	第二组	4 114	4.886 2		
	第三组	2 867	4.929 3		
	第四组	823	4.908 5		
个人特质	第一组	5 917	4.765 8	41.156	0.000
	第二组	4 114	4.853 2		
	第三组	2 867	4.914 6		
	第四组	823	4.877 4		

从均值来看，处于第三组的小学教师在教学胜任力总分及各一、二级指标上的平均分均为最高，排在其后的依次是第四组、第二组和第一组。由此可知，小学教师年龄在50岁之前教学胜任力水平会随年龄的增长而不断提高且各年龄分段的表现呈现显著的差异，在50岁后其教学胜任力水平下降，其差异也较为显著。

3. 教龄差异

针对小学教师的教龄进行单因素方差分析，由于教龄是连续变量，跨度较大，因此将教龄转换成类别变量，具体细分为4组等级数据，分别为第一组（0.5≤b≤10）、第二组（10<b≤20）、第三组（20<b≤30）和第四组（30<b≤40）。通过教师教龄的等级数据对教学胜任力总分及各一、二级指标进行单因素方差分析，结果表明，小学教师在教学胜任力总分及所有一级指标均呈现明显的教龄差异（见表4）。

表4　不同教龄教师教学胜任力总分与一级指标差异分析

	教龄分组	人数	平均分	显著性检验	
				F 值	p 值
胜任力总分	第一组	6 745	4.774 8	108.688	0.000
	第二组	3 294	4.927 5		
	第三组	2 828	4.980 6		
	第四组	854	4.944 0		

续表

	教龄分组	人数	平均分	显著性检验	
				F 值	p 值
知识素养	第一组	6 745	4.488 2	223.375	0.000
	第二组	3 294	4.768 4		
	第三组	2 828	4.898 7		
	第四组	854	4.774 4		
教学能力	第一组	6 745	4.834 4	159.030	0.000
	第二组	3 294	5.055 8		
	第三组	2 828	5.111 4		
	第四组	854	5.068 1		
职业品格	第一组	6 745	4.810 2	37.048	0.000
	第二组	3 294	4.899 0		
	第三组	2 828	4.929 0		
	第四组	854	4.917 1		
个人特质	第一组	6 745	4.768 1	56.428	0.000
	第二组	3 294	4.867 3		
	第三组	2 828	4.915 1		
	第四组	854	4.890 0		

从均值来看，教龄处于第三组的小学教师在教学胜任力总分及各一级指标上的平均分最高，排在后面的依次为第四组、第二组和第一组。由此可知，教龄未满 30 年的小学教师教学胜任力水平随教龄增长而有显著提高，但在教龄满 30 年后，其教学胜任力水平趋于稳定。

4. 职称差异

本研究中的小学教师职称主要分为五种，分别为未评职称、小教三级、小教二级、小教一级和小教高级。以教学胜任力总分和各一级指标为因变量，以职称为自变量做单因素方差分析，发现职称对小学教师教学胜任力水平及其在各一级指标上的影响均较为显著（见表5）。

表 5 不同职称教师教学胜任力总分与一级指标差异分析

	职称	人数	平均分	显著性检验	
				F 值	p 值
胜任力总分	没评职称	1 564	4.720 9	75.538	0.000
	小教三级	449	4.713 1		
	小教二级	1 810	4.799 3		
	小教一级	4 124	4.834 3		
	小教高级	5 774	4.957 0		
知识素养	没评职称	1 564	4.380 8	156.954	0.000
	小教三级	449	4.444 3		
	小教二级	1 810	4.514 2		
	小教一级	4 124	4.594 7		
	小教高级	5 774	4.839 7		
教学能力	没评职称	1 564	4.734 5	120.846	0.000
	小教三级	449	4.774 0		
	小教二级	1 810	4.861 2		
	小教一级	4 124	4.925 3		
	小教高级	5 774	5.089 3		
职业品格	没评职称	1 564	4.803 2	24.539	0.000
	小教三级	449	4.751 4		
	小教二级	1 810	4.825 4		
	小教一级	4 124	4.837 3		
	小教高级	5 774	4.917 3		
个人特质	没评职称	1 564	4.736 0	24.539	0.000
	小教三级	449	4.696 7		
	小教二级	1 810	4.798 6		
	小教一级	4 124	4.809 8		
	小教高级	5 774	4.889 6		

从表 5 的数据可知，小学教师的职称影响其教学胜任力水平及其在各一级指标上的得分。具体表现为，小学教师的职称越高其教学胜任力水平也越高。

5. 学历差异

在学历方面，本研究主要对比了高中（或中专）、大专、本科、硕士生和博士生学历的小学教师在教学胜任力水平上的差异。将学历作为自变量，以教学胜任力总分和各一级指标得分为因变量进行单因素方差分析（见表6）。

表6　不同学历教师教学胜任力总分与一级指标差异分析表

	职称	人数	平均分	显著性检验	
				F 值	p 值
胜任力总分	高中（或中专）	765	4.875 9	5.538	0.000
	大专	5 103	4.895 1		
	本科	7 806	4.842 9		
	硕士	18	5.003 3		
	博士	6	4.537 7		
知识素养	高中（或中专）	765	4.643 8	7.794	0.000
	大专	5 103	4.708 6		
	本科	7 806	4.625 9		
	硕士	18	5.034 7		
	博士	6	4.270 8		
教学能力	高中（或中专）	765	4.969 6	5.844	0.000
	大专	5 103	4.994 2		
	本科	7 806	4.934 8		
	硕士	18	5.207 8		
	博士	6	4.512 3		
职业品格	高中（或中专）	765	4.884 4	3.934	0.001
	大专	5 103	4.887 1		
	本科	7 806	4.844 4		
	硕士	18	4.886 6		
	博士	6	4.590 3		
个人特质	高中（或中专）	765	4.840 7	3.302	0.006
	大专	5 103	4.855 5		
	本科	7 806	4.811 7		
	硕士	18	4.884 4		
	博士	6	4.600 0		

从均值来看，学历对小学教师教学胜任力水平的影响不显著。在教学胜任力总分上，除本科学历小学教师与硕士学历小学教师对比产生显著差异外，其他学历间两两对比均呈现不显著差异。在一级指标中，大专与本科教师、本科与硕士学历教师均在知识素养方面存在显著差异。而在教学能力、职业品格、个人特质方面，仅有大专与本科学历教师存在显著性差异。

6. 专业出身差异

在专业出身方面，本研究主要对比了师范类与非师范类小学教师在教学胜任力水平上的差异（见表7）。

表7　第一学历性质分组教师教学胜任力总分与一级指标差异分析

	第一学历性质	人数	平均分	显著性检验	
				F 值	p 值
胜任力总分	师范类	11 311	4.869 6	2.245	0.025
	非师范类	2 410	4.839 9		
知识素养	师范类	11 311	4.685 2	8.372	0.000
	非师范类	2 410	4.529 9		
教学能力	师范类	11 311	4.965 2	2.220	0.026
	非师范类	2 410	4.930 8		
职业品格	师范类	11 311	4.864 0	0.576	0.565
	非师范类	2 410	4.856 4		
个人特质	师范类	11 311	4.830 8	0.401	0.688
	非师范类	2 410	4.825 1		

通过对第一学历性质不同的小学教师教学胜任力进行独立样本T检验发现，第一学历是否为师范类影响到小学教师教学胜任力水平及其在知识素养和教学能力上的表现，但对其职业品格和个人特质无显著影响。第一学历为师范类的小学教师在教学胜任力总分、知识素养和教学能力上的得分均高于第一学历为非师范类的小学教师。

7. 任教课程差异

因语文、数学和外语三科小学教师占调查对象比重较大，且为小学最为核心的三门课程，故本研究主要分析这三门课程教师的教学胜任力。通过对任教不同课程小学教师的教学胜任力总分及其在各一级指标上的得分进行单因素方差分析发现，不同学科小学教师在教学胜任力水平及各一级胜任力特征上均具有统计学意义上的显著差异（见表8）。

表8　不同学科教师教学胜任力总分及各一级指标得分差异分析

	平方和		df		平均值平方		显著性	
	组间	组内	组间	组内	组间	组内	F值	p值
胜任力总分	32.733	4 744.321	14	13 706	2.338	0.346	6.755	0.000
知识素养	65.281	8 738.760	14	13 706	4.663	0.638	7.313	0.000
教学能力	53.818	6 240.005	14	13 706	3.844	0.455	8.444	0.000
职业品格	26.641	4 685.784	14	13 706	1.903	0.342	5.566	0.000
个人特质	26.206	5 460.713	14	13 706	1.872	0.398	4.698	0.000

为更深入地了解语文、数学和外语教师在教学胜任力水平上的差异情况，对这三门课程小学教师进行LSD事后多重比较发现，在教学胜任力总分上，小学语文教师与小学数学教师差异较为显著，且均与小学外语教师产生极其显著的差异。由此可知，小学数学教师教学胜任力水平高于小学语文教师，而小学语文教师教学胜任力水平又比小学外语教师更胜一筹。

表9　不同学校教师教学胜任力总分与一级指标 t 检验表

	学校性质	人数	平均分	显著性检验	
				t 值	p 值
胜任力总分	城区学校	3 744	4.886 0	2.632	0.009
	乡村学校	9 977	4.856 3		
知识素养	城区学校	3 744	4.725 4	6.057	0.000
	乡村学校	9 977	4.632 6		
教学能力	城区学校	3 744	5.000 6	4.391	0.000
	乡村学校	9 977	4.943 6		
职业品格	城区学校	3 744	4.865 1	0.297	0.767
	乡村学校	9 977	4.861 8		
个人特质	城区学校	3 744	4.833 8	0.937	0.647
	乡村学校	9 977	4.828 3		

8. 任教学校差异

如表9所示，小学教师教学胜任力总分与其所在学校性质呈现显著性差异。在一级指标中，知识素养和教学能力与学校的城乡性质呈现极其显著的差异。从平均分看，城区学校小学教师得分高于乡村学校小学教师；职业品格和个人特质则与之无关。

四、结论与建议

（一）基本结论

1. 小学教师教学胜任力总体处于良好水平但存在不足

测评结果显示，江西省小学教师教学胜任力的平均得分为4.86分，说明该省小学教师教学胜任力总体处于良好水平。具体来看，该省小学教师各一级指标平均分由高到低排序分别为：教学能力、职业品格、个人特质和知识素养。由此可知，该省小学教师的教学能力较强，而知识素养相对较弱。多数二级指标平均分超过4.5分，但通识知识和职业情感得分相对较低；多数三级指标得分较高，但身体状况、自我调控、自然科学知识、平等性、人文社科知识、适应性、待遇认同等指标得分较低，均在4.5分以下。

2. 不同小学教师之间教学胜任力存在一定差异

从年龄看，不同年龄段的小学教师教学胜任力呈现显著差异，年龄在40—50岁的小学教师平均得分最高。以50岁为分界点，年龄处于50岁前的小学教师教学胜任力水平随年龄的增长而不断提升，但50岁后教学胜任力水平发生较为显著的下滑。从教龄看，教龄未满30年的小学教师教学胜任力水平随教龄的增长而不断提升，但教龄满30年的小学教师教学胜任力水平趋于稳定。从职称看，职称在小教三级及以上时，小学教师职称越高的教学胜任力水平越高。从学历看，第一学历为师范类的小学教师教学胜任力高于第一学历为非师范类的小学教师的教学胜任力。从任教课程看，教学胜任力得分由高到低排序依次为小学数学教师、小学语文教师和小学外语教师。从任教学校类型看，城区学校教师教学胜任力高于乡村学校小学教师的教学胜任力。

3. 多种因素影响小学教师教学胜任力

调查发现，影响江西省小学教师教学胜任力的因素主要有以下几点。（1）教研组织及其活动。小学教师所在学校教研组织开展教研活动频率越高，越有助于小学教师教学胜任力水平的提高；小学教师参与教研活动的次数越多，其教学胜任力水平也越高。（2）教师培训。小学教师所在学校组织的教师培训越多，越有助于小学教师教学胜任力水平的提高；小学教师参与教师培训的频率越高，其教学胜任力水平也越高。（3）文献阅读频次。小学教师对各类文献的阅读频次越高，其教学胜任力水平越高；小学教师的藏书和报刊订阅量越多，其教学胜任力水平也越高。（4）教学借鉴。经常主动观摩其他教师教学并向同事请教教学问题的小学教师在教学胜任力水平上的表现明显优于没有进行教学观摩和没有向同事请教教学问题的小学教师。（5）教学研究。小学教师所承担的教学研究课题级别越高，其教学胜任力水平越高；发表教学研究成果越多的小学教师，其教学胜任力水平也越高。（6）教学压力。教学压力越小的小学教师教学胜任力水平越高。

（二）主要建议

1. 积极开展教研活动

从学校层面来说，教研组织是教师进行教学研究和思想碰撞的重要平台。调查结果显示，有教研组织且经常开展教研活动的小学教师教学胜任力水平明显较高。学校可根据不同的学科建立不同的教研组织，积极开展教研活动，以活跃教学研究气氛，加强教师间的相互学习与交流合作。从教师角度来看，小学教师需端正态度，积极参与教研组织开展的各类教研活动，以不断提高自身的教学胜任力。

2. 加强教师在职培训

调查结果表明，经常开展教师培训的学校，其教师教学胜任力明显高于未开展或较少开展教师培训的学校的教师。对学校而言，切实开展各类教师培训是提高小学教师教学胜任力的重要途径。开展教师培训要丰富培训的内容与形式，增强培训的吸引力，努力提高培训的效果。

3. 引导教师广泛阅读

从调查结果看，小学教师的文献阅读频次、藏书和报刊订阅量与教学胜任力水平呈正比关系。针对小学教师的文献阅读，学校要不断充实图书并改善阅览条件，积极组织各种读书活动，鼓励教师广泛阅读，拓宽知识视野，提高知识素养。就小学教师自身来说，一方面，要不断学习专业知识，关注专业动态，紧跟专业发展前沿；另一方面，还要尽可能拓展阅读范围，主动学习教育教学理论以及自然科学知识和人文社会科学知识。

4. 促进教师交流学习

由上文分析得知，重视教学观摩和主动请教教学问题的小学教师教学胜任力水平均较高。教学观摩作为教师之间交流学习的重要形式，也是提升小学教师教学胜任力水平的有效途径。学校可根据实际情况，将教学观摩制度化，定期或不定期地组织各种形式的教学观摩活动，如校外公开课程、校内示范课和教研组内部听课等，并鼓励教师跨学科、跨学段听课，对教师听课提出最低要求，并对不同人员的听课要求做出具体规定。小学教师应主动参加学校组织的各种教学观摩活动，并主动向其他教师请教和讨论教学问题。

5. 提高教师教研水平

教师的教学工作不是简单地教授课本知识，教学研究能力也是教师教学胜任力的重要体现。一名好的教师应当具备较强的教学研究能力。学校应积极提供教学研究平台，鼓励教师申报各级各类教学研究课题，学校也可以考虑设立教学研究项目。对在教学研究方面取得成绩的教师，学校要给予相应的物质或精神奖励，从而更好地促进教师的教学研究。教师也应主动投入教学研究活动之中，不断提高教学研究的能力，以教学研究提升教学质量。

6. 减轻教师心理压力

教书育人的使命赋予了教师较高的成就动机，而现实中往往由于各种原因，使教师产生心理焦虑与挫败感。调查结果显示，教学压力过大会对小学教师教学胜任力产生消极影响。减轻小学教师不必要的心理负担和精神压力是提升小学教师教学胜任力的重要途径。学校应积极为教师创设和谐、宽松、愉悦的环境，营造互相尊重、友好和关爱的氛围，妥善解决各种矛盾和冲突。教师则应增强心理素质，正确处理由各种矛盾和冲突所产生的困扰，努力提高自身的抗压能力。

（原载 2018 年第 7 期）

第六编

教师教育政策研究

论我国师范教育体制的改革

唐任伍 朱明光

新中国成立以来，我国的师范教育得到了很大发展。但是目前我国基础教育的师资仍然严重不足，质量也不高，远远不能适应现代化建设事业发展的需要。据统计，初中教师209.7万人中，达到大专毕业以上学历者只占23.4%；高中教师45.9万人中，达到大学本科毕业以上学历的也只占58.5%。根据《中共中央关于教育体制改革的决定》，在约占全国人口四分之一的城市、沿海各省中的经济发达地区和内地少数发达地区，1990年左右要普及初级中学教育。实现这一要求，初中在校学生大约增加300万人。如果按16至18名学生配给一名教师计算，就要增加教师20万人左右。考虑到教师自然减员及部分不合格教师的调整，总共需要增加初中教师75万人，高中教师30万人。到1995年全国大部分地区普及初中教育，预计十年内，初高中教师共需增加130万人。而目前全国在校的师范专科学生只有16万人，连同在校的师范本科学生一起也只有36万人。显然，这种发展规模很难满足普及九年制义务教育的需要。

《决定》指出："师范院校要坚持为初等和中等教育服务的思想""从幼儿师范到高等师范的各级师范教育都必须大大发展和加强。"按照这一精神，要想完成普及九年制义务教育，尽快地为中小学培养出合格师资的任务，必须改革我国现行的师范教育体制。

发展教育事业首先要培养师资。这是常识，也是教育工作的规律。过去师资的培养跟不上教育事业发展的需要，加上"文化大革命"对师范教育的破坏，以致现在出现了师资数量不足、质量也不合要求的现象。为了改变这种状况，建议扩大师范教育的规模，不仅师范教育的类型和形式可以多样化，而且在课程设置和行政管理方面也要下功夫。

现在把我们的设想分述如下。

一、师范教育可以有多种类型

（一）一般师范院校

以现在的师范院校建制为基础，在国家投资条件不变或略有增加的情况下，基本上保持目前全日制学生招生数量。其中师范大学或条件好、基础雄厚的师范学院，扩大师范研究生招生数量。师范专科学校的学制可以目前的三年缩短为两年，以缩短初中师资的培养周期。

（二）专门师范学院

根据国家急需和教育事业的发展，在条件好的地区增设一批专门师范学院，如体育师范学院，外语师范学院，音乐师范学院，美术师范学院等。特别是为普教师资奇缺的外语、音乐、体育、美术等科多培养一些教师，也可以把以前一些大学的分院改成专门的师范学院，或在一些专门大学，如外语学院，美术学院，音乐学院中，增设师范系，为中小学培养师资。

（三）教育学院

在目前建制的基础上，扩大规模，充实力量，开办四年制的本科或二年制的专科，为普及教育培养师资。同时正规化地轮训在职教师，使在职教师每隔数年，有一次再学习的机会，以适应知识更新和现代教育发展的要求。

（四）工程师范学院或工程教育系

从我国教育事业的发展趋势看，职业教育

将有较大发展，因此，需要一大批中等职业学校的教师。这批教师的来源，除了一般师范院校的培养外，应当利用目前我国一些工科院校力量雄厚、人员充足的优势，大力发展工程师范院校或工程教育系，为职业学校培养师资。这种办法既不需要投资，又不需要另起炉灶，只在原有大学（学院）中增加一个建制就行了。同时，还能充分利用仪器设备等各种实验条件，保证培养师资的质量。

（五）综合性大学增设师范教育学院

世界许多国家的综合大学基本上都设有师范教育学院，而我国基本上没有这种建制。实际上，综合性大学里设立师范教育学院，对于培养合格的中等教育师资，具有很大的优势，它既能很好地兼顾"学术性"和"师范性"，又能有效地解决当前一些综合大学人员超编的现象，充分利用现有的条件。而且许多综合大学毕业生往往要到中学任教，倘能在他们学习期间给予一些教育专业训练，必能有助于提高教育质量。

二、师范教育可以有多种形式

发展师范教育，以最大的努力迅速满足九年制义务教育所需要的师资，在形式上不必都建立新校，而应当是在目前建制的基础上，充分挖掘现有老校的潜力。

（一）适当扩大全日制师范院校招生数量

我国大部分师范院校条件都比较好，师生的比例和国外的大学比较起来，都高得多。当今世界高校师生比例平均为1∶14，而我国1981年底统计，平均为1∶5，有些高校集中的地区，其比例更低，北京为1∶3.3，上海为1∶3.9，因此，大有潜力可挖。我国现在的师范专科学校学制为三年，高中毕业的学生到师专学习二年，到初中任教应该说是可以胜任的。我国目前师专的规模都比较小，大多数在千人左右，适当扩大规模，增加招生人数，是没有什么问题的。

（二）大力发展广播电视师范大学、夜间师范大学和函授师范大学

我国的广播电视大学、夜大学、函授大学，近几年发展很快，取得的效果也比较显著。但是，在师范性方面还没有引起足够重视。我们认为，举办广播电视师范大学、夜间师范大学、函授师范大学，不仅是培训在职教师，而且应当向社会开放，为社会上各种有志于从事教育事业的人提供途径和机会，通过广播、电视、函授等各种方式，使人才向教育界流动。例如，俄罗斯现在是890所高校，在校学生530.1万人，其中夜大学生和函授生就有231.5万人，占总数的43.6%，在函授生中，三分之一以上的人学习师范，师范院校中的每5个学生中就有2人是函授大学生。

（三）开办短期师范大学

利用社会力量，开办各种短期师范大学，是培养教师的一个有效方法。今后应把范围扩大些，利用民间力量，海外力量等各种方式，大力发展这类学校。

（四）从自学人员中招考基础教育师资

目前我国青年中，学习风气日益浓厚，通过自学，专业基础知识扎实的自学者不乏其人。我们可以招考有志于教育事业的自学成才者，为他们提供任教的机会，补充教师队伍。

三、改革师范教育的课程结构

由于现代科技的迅猛发展，知识积累过程的加快，新时期基础教育的师资知识结构必然要有一个大的更新。师范教育的课程结构也应有适当的改革。

（一）提高教育学、心理学，社会学等学科在高等教育中的地位

我国的一些综合性大学设立师范教育学院，专门培养各种类型的师资，并进行各个阶段的教育理论研究。师范教育学院对其他各个学院中的学生进行系统的教育学、心理学方面知识的传授，这样，就能克服目前的综合性大学的学生毕业后大多数担任教师工作而没有教育学方面知识的矛盾。在没有条件专门设立教育学院的大学，教育课程可以聘请师范院校的有关教师承担，或者在学生学完专业课程以后准备当教师之前再到师范院校，集中进行教育专业的学习和训练。

（二）文理课程相互渗透

由于现代科学技术的发展，新知识、新学科以及边缘学科不断出现，因此，在课程上，要注意对学社会科学的学生加强自然科学和技术科学的教学，对学习自然科学的学生加强社会科学的教学，扩大师范院校学生的知识面，使学生在未来教育中有更强的适应能力。

（三）增设选修课

设选修课是改善学生的知识结构的重要形式。选修课分指定选修课和自由选修课，指定选修课的目的是加深和补充必修课，列入教学计划之中；自由选修课主要涉及学生感兴趣的最新学科，新理论。

四、师范教育管理结构的改革

师范教育体制的改革，是一项系统工程，在管理结构上也应配套进行。

（一）提高教师的政治地位和经济地位

设立国家级“功勋教师”等荣誉奖章；对成绩卓著的教师实行重奖；定期选派优秀的中小学教师组成代表团，出国考察、参观和进修；定期出版《中国优秀教师传》，发表中小学教师的论著，提高他们的政治地位和社会地位；使中小学教师享有比同等学历从事其他职业较高的工资和其他待遇。

（二）行政管理权限下放，业务上实行网络式的管理

国家一级只从办学方针，政策上加以指导，在业务上组织专门的以专家为核心的管理班子，对所有的师范教育，教师任命等事务，进行科学的考核，并在这种考核的基础上，确定某所学校的业务地位。至于用人权、招生权、财务权等，国家只用立法手段予以监督，可以下放到学校，调动学校办学的积极性。在业务上，可以参照经济区的划分标准，组成以地区为特点的教育协作区，在一个协作区中，确定一所或几所中心师范大学，并由此辐射开去，组成一个师范教育网络系统，处理业务上的各种事项，并负责对外交流、人员流动等。

（三）设立专门的教师考核机构

国家教委设立教师考核的专门机构，一方面研究制定对教师工作的考核标准；另一方面负责指导各地从自学、广播电视师范大学、夜间师范大学等途径选拔教师

考核按照专业知识和教育知识两方面的要求，采取统考方式。非师范院校毕业没有受过专门师范教育的学生也可以参加考试，成绩合格者，由国家教委发给统一的某级教师资格证书，并在教育岗位上享有相应的待遇。

师范教育管理体制改革的目的，不仅在于大大扩充师资队伍的数量和规模，更重要的是大大提高师资的业务水平，大大提高教师在全社会中的地位。因此，必须给中小学教师以崇高的荣誉和优于其他职业的物质待遇。但是，这种荣誉和待遇之所以是合理的，必要的，不仅在于教师职业本身的社会功能，而且在于享有这一荣誉和待遇必须付出相应的劳动（主要

体现为知识和能力的获取与奉献）。因此，教师资格的评价是全部改革的核心。不建立起严格的科学的资格审定和授予制度，就不可能使教师得到应有的荣誉和待遇，因而也就不可能吸引人才向教育界流动。目前有一种恶性循环的现象：师资越缺乏，越使得大量不合格的人流入师资队伍；师资队伍的素质越差，越使得提高教师荣誉和待遇失去了理由，成为一句空话；而教师的社会地位和待遇越低，越使人才外流，师资就越缺乏。因此，我们的改革，就是要把这种恶性循环变成良性循环；教师的素质越高，他们享有的较高地位和待遇越名正言顺；教师的社会地位和待遇越高，就越能吸引人才，有利于教育事业的发展。因此，建立保障这种良性循环的管理制度是非常重要的。

（原载 1987 年第 7 期）

教师教育的特性与政策选择

胡亚天

教师教育是教师职前培养、入职辅导、职后培训的统称。目前，随着学习化社会的不断发展和教师教育改革的逐步深入，我国的教师教育已经从数量满足型向质量提高型、从定向封闭型向非定向开放型转变，并呈现出一些新的特性。因此，教师教育政策的重点也转移到重视教师教育质量、开放教师教育市场等方面。

一、教师教育的特性：确定教师教育政策选择的现实基础

教师教育的特性就是教师教育区别于其他各类教育的、特有的性质。准确、科学地认识教师教育特性，对于正确选择教师教育政策具有非常重要的意义。

（一）教师教育的双专业性

20世纪80年代以来，教师专业化理论使人们肯定了教师劳动的专业性。这种专业性劳动要求教师既是学科方面的专家，又是教育方面的专家。换句话说，教师要进行有效的教育、教学活动，不仅要有精深的学科专业知识和广博的科学文化知识，还要具有娴熟的教育学识与技能。这就决定了教师教育必须包括学科专业与教育专业两种专业教育。因此，教师教育的专业属性具有“双重性”，即“双专业”的特性。这是教师教育与其他各类专业教育的重要区别。过去，人们习惯把学科专业教育归结为学术性，把教育专业教育归结为师范性，形成了对学术性与师范性持不同看法的长期争论。实际上，它们都是教师教育不可缺少的、统一不悖的两个重要方面。目前，学科专业与教育专业、学术性与师范性的双重整合与质量提升已经成为世界教师教育改革与发展的共同特性和趋势。

（二）教师教育的高学历性

教师教育发展经历了一个分级、分层到最终在大学确立教师教育地位的过程。最初建立的是培养小学教师的中等师范教育，其后出现了培养中学教师的高等师范教育，再后高等师范教育又取代了中等师范培养小学教师。现在，许多发达国家的教师教育已发展成为大学教育制度的一个重要组成部分（如美国是由综合性大学承担教师教育任务，法国是大学与高等师范院校合作承担教师教育任务），教师教育已基本实现了高等教育化，获得硕士学位和博士学位者在中、小、幼教育领域任教的人数不断增加。特别是近十年来，我国中小幼教师的教育已全面向专科、本科学历提升，其他中等、高等学校教师教育也全面向硕士研究生学历以上提升。可以说，这种对某一行业所有从业人员全面提升学历教育标准的现象是非常少见的。这表现了现代社会与教育发展对教师提出的高标准、严要求，也说明了教师教育对教育事业与社会发展的重要性。

（三）教师教育的终身性与广泛联系性

教师的专业性劳动需要教师专业知识与专业技能的不断丰富和发展，要求教师成为终身学习者，这些都有赖于教师教育的配合和保证。一方面，根据教师专业发展的理论，以终身教育思想为指导，教师教育已开始对教师的职前准备、入职辅导、在职提高进行全面的规划设计，形成了内部各阶段相互衔接的终身

性；另一方面，教师教育在专业课程与通识课程、道德教育与知识教育、正规教育与非正规教育、培养教师智能与发展教师非智力因素、教师专业发展与学校条件改善、理论研究与教学实践等都有着广泛的、纵横交错的复杂联系。正是这种具有终身性、广泛联系性的教师教育为教师专业发展提供了全程的、全方位的支持。

（四）教师教育的多元化与开放化

一方面，当代教师教育打破了单一由师范院校承担的定向型模式，形成了综合性大学或大学与高等师范院校共同参与的非定向型的多元化、开放化局面；另一方面，当代教师教育为了适应学习化社会的需要，突破了传统的师范教育主要是为中小学培养师资的模式，扩大了教师教育的服务对象和服务范围，广泛地为普通教育、高等教育、成人教育、职业教育、社区教育、军事教育、家庭教育、企业教育培养和培训高质量、高水平的师资，从而开放了教师教育的服务市场，使教师教育服务也呈现出多元化、开放化的局面。

二、教师教育的政策选择：促进教师教育的政策保障

行业背景是专业教育发展的重要基础，凡是行业的社会地位高、发展前景好，其相应的专业教育（如金融、经济、法律等专业教育）也能获得较快的发展。教师教育是从事培养和培训教师的基础性工作，是一项公益性较强的事业，如果要加强行业支持，一方面需要不断提高教师职业的社会地位，另一方面就需要政府的政策支持和财政支持。就我国教师教育的发展现状和趋势看，教师教育的政策选择既要考虑社会发展需要与教师教育的特性，又要以提高教师教育质量为最终目标。为此，我国教师教育的政策选择可考虑如下四个方面。

（一）重视教育科学的学术价值，制定重大教育科研成果的高级物质奖励与教育科研立项的经费倾斜政策

教育科学是反映人类教育活动与教育规律的知识体系。它的发展像数学、化学等自然科学一样，需要专业人员采用各种先进的技术设备和手段（如录音录像），运用科学的研究方法（如计算机数理统计法），进行广泛、深入、持久的调查、实验等学术研究，涉及生理学、环境学、心理学、哲学、未来学等许多自然科学和人文社会科学，要求有大量人力、物力、财力的投入，具有复杂性和创造性；另外，教育科学研究与社会政治、经济、文化、科技的发展有着密切联系，教育科学发展对综合国力的提高具有重要作用。这种复杂性、创造性、重要性决定了教育科学研究的困难程度和承担社会责任的重大，也决定了教育科学是学术性非常浓厚的科学。不承认教育科学的学术价值是对教育科学不了解所致，是对教育科学的偏见。

根据 1998 年《中国教育统计年鉴》中的有关数据进行分析，我们对承担教师教育任务的部属师范大学发展现状得出以下结论：一是师范大学的学科设置比较全面，不偏科；二是师范大学的科研能力、科研水平在整个高等院校中处于中等水平；三是师范大学的科研能力和科研成果表现为人文社会学科强于自然学科、基础研究强于应用研究，人均人文科研课题与成果是部署院校中最多的；四是师范大学对代表国家最高研究水平的国家自然科学奖、国家科技进步奖极少问鼎；五是师范大学缺乏全国顶尖级学术带头人。[1]

所以，首先要制定重大教育科研成果的高级物质奖励政策，把教育研究成果看作对国家有重大贡献的科学成果并加以重视，改变标志国家科研和教学最高水平的奖励项目很少涉及教师教育领域的现象，充分调动广大教师参与

教育科研的积极性；其次，实行对重大教育科研立项的经费倾斜政策，改变传统的“人文社会科学研究不需要进行实验，不需要太多资金”的落后观念，切实提高教育科学理论研究与实践研究的学术地位，改善教育科研的物质条件；最后，对教师教育实行重点资助政策，使之与其他各类高等教育有公平竞争的机会，并吸引优秀学科带头人，发展学科综合优势，实现以提升师范性为目标的学术性发展。

（二）部分取消专科学历的教师教育，实行重点发展硕士研究生层次教师教育的政策

在我国一些发达地区，许多省市已经明确规划，在21世纪初要使相当比例的中小学教师成为具有硕士研究水平的学术型、研究型教学骨干；教育部也已启动提高中小学教师专业水平的“园丁计划”。因此，提高教师教育的学历层次与质量规格已成为教师教育政策的重要方面。由于我国地域辽阔、人口众多、地区差异很大，教师教育必须分类指导、分层办学。

首先，对教育部直属的综合性师范大学和举办教师教育的重点综合大学实行重点发展博士研究生层次教师教育的政策，为国家的教育决策提供学术研究保证、科学实验支持，并为高层教育行政管理部门与其他各类高等教育培养培训高质量的教育专业人员。其次，对省地级、直辖市的地方师范大学和举办教师教育的地方大学实行重点发展硕士研究生层次教师教育的政策，在教师教育的本科阶段致力于广博的文理综合与专业学科的教育，在研究生阶段专门进行教育科学的专业教育与专业训练，培养教育对象的反思习惯与研究能力，从而为我国普通中小幼教育、职业与技术教育、社会与企业教育提供一定数量的、有质量保证的学术型、研究型教学骨干。这将是我国未来教师教育发展的重点内容和艰巨任务。因为，如果设想我国1 000多万中小学教师中的10%达到硕士研究生水平，就有100多万潜在的高校研究生，所以，我国硕士研究生层次的教师教育急需扩大规模。[2]1997年开始的教育硕士专业学位试点工作截至2001年11月，已有29所师范大学参加，这能为全面发展硕士研究生水平的教师教育提供丰富经验。最后，对一般高等师范院校实行重点发展本科层次教师教育的政策，以满足广大农村地区的普通教育、职业教育、技术教育等对本科学历水平教师的需求，促进教师教育办学层次与质量规格的全面提升。

（三）全面认识教师教育一体化的内涵，建立全方位的教师教育一体化体系

教师教育一体化包括五个方面的含义：一是纵向意义上的一体化，即打破教师教育职前培养、入职辅导、职后培训的割裂局面，建立一个内部各阶段相互衔接、相互补充的教师教育体系；二是横向意义上的一体化，即充分利用各种教育资源，建立学历教育与非学历教育、正规学校学习与教师自我导向性学习、互助性学习等非正规学习相结合的教师教育体系；三是发展意义上的一体化，即将教师的知识、技术、能力等智力因素发展与态度、情感、意志等非智力因素发展有机地结合起来；[3]四是研究意义上的一体化，即教育的理论研究和实践研究的一体化，如反思研究、行动研究、叙事研究、案例研究等；五是整体意义上的一体化，即教师教育与学校发展的一体化。因此，教师教育要从这五个方面，积极探索和建立全方位的、立体交叉的一体化新模式。

在探索全方位教师教育一体化的新模式中，必须重视以下几个基本思想：1. 注意选择性，加强通识课程、综合课题、教育专业课程的建设；2. 重视研究性，使教师教育从灌输型向研究型、从经验型向专家型转变；3. 加强实践性，改革现有教育专业课程的教学，通过案例

教学、实践课程、聘请中小学教师到大学讲课等方法，使学生的理论学习更好地指向实践；4. 提倡创新性，大胆探索和研究，提出有前瞻性、有创见性的改革方案；5. 力争全面性，建立从目标、课程到研究、管理等全方位的一体化体系。

（四）开放教师教育市场，健全和实施教师教育的专业化制度

随着终身教育趋势的加强，人们对教育的需求越来越大，对高质量教师的需求也越来越大。面对巨大的教育市场，教师教育必须吸纳社会各种有利资源，不断开放教师教育市场。特别是1999年《中共中央国务院关于深化教育改革全面推进素质教育的决定》中提出鼓励综合性大学和非师范类高等院校参与中小学教师教育。要使我国的教师教育获得良性循环和可持续发展，就必须建立、健全和全面实施教师教育的专业化制度。

这些制度主要包括：1. 教师教育机构认证制度。建立全国的教师教育市场，运用市场机制，审查和认定承担教师教育任务的学校资格。2. 教师教育课程认定制度。包括对教师教育的课程门类、课程结构、课程内容、教材及教学安排等进行全面的考查和认证，确保教师教育课程的教学水平与教师教育质量的不断提高。3. 教师教育协作制度。建立由承担教师教育任务的高等院校、教师专业学会、教育行政部门与各级各类学校的合作伙伴关系，及时地互相提供各种信息资源与智力资源，如大学为教师教育提供学术支持，专业学会和政府机构要提供相关的专业标准，各级各类学校为教师教育提供实践场所和机会等。4. 教师教育质量评估制度。对承担教师教育任务的高等院校实施动态的、定性与定量结合的质量评估与检查，实行优胜劣汰。5. 教师资格证书制度。遵循专业性、多样性、发展性、开放性原则，[2]318-319面向全社会进行教师专业资格认定工作，为所有愿意并有能力从事教师职业的高校毕业生提供机会。6. 教师继续教育制度。鼓励在职教师采取各种方式接受终身教育，为教师创造知识更新与能力提高的有效途径，并使教师可以根据具体工作的需要自主选择教师教育的内容和形式，促进教师的专业发展和专业水平的不断提高。7. 教师岗位评聘制度。加强对教师的考核、聘任工作，促使教师不断进取、提高综合素质。

总之，从长远的角度考虑，制定适度超前的、可持续发展的教师教育政策应当是我们的必然选择。因为，未来教育及社会的发展取决于教师质量的好坏，而教师质量的好坏最终又取决于教师教育质量的高低。

参考文献：

[1] 高等师范教育体制改革研究组. 中国教师教育的新境界：中国高等师范教育体制改革研究［M］. 北京：北京师范大学出版社，2001：55-67.

[2] 刘捷. 专业化：挑战21世纪的教师［M］. 北京：教育科学出版社，2002.

[3] 张贵新，饶从满. 关于教师教育一体化的认识与思考［J］. 课程·教材·教法，2002（4）：58-62.

（原载2003年第5期）

社会阶层中的教师职业

赵昌木

随着工业化进程的加快，社会结构发生了深刻变化，触及社会结构的基本要素，直接或间接地影响人们的经济地位和社会地位。当人们获得社会报酬（如金钱、权势或尊重）的机会取决于他们个人的特征或群体特征时，就出现了社会不平等。这种不平等被构筑于社会结构之中，而社会阶层就表明了不同群体间的结构性不平等。作为一个职业群体，教师在社会阶层中处于何种位置，所处的阶层又对生活产生什么影响，是本文着重探讨的问题。

一、社会经济中的教师收入

社会成员对社会资源的占有状况不同，从而形成了不同的社会阶层。在社会层级结构中，经济报酬是一个重要指标，社会经济地位主要根据各个职业群体的经济特征来测量。为了更清晰地认识社会结构中的教师职业，我们依据教师收入的客观数据来阐明教师的经济地位。

人通过职业所获得的收入充分表明其经济状况。收入包括两类：狭义的收入，即工资，这是较易测量的；广义的收入，即除了工资，还包括了养老金、福利收入、投资利润及其他收入，这部分较难测量。在美国，作为专业人员，中小学教师与工程师、医务人员、商务管理人员、社会科学研究人员、社会工作者、历史学工作者等人员相比，工资是最低的。[1]在法国，教师是公务员，但低职称教师起点工资较低，比一般学历相近的图书馆员和军队下级军官的起点工资还低。[1]根据英国 1997 年行业的工资收入情况，在农业、矿产和采掘业、制造业、建筑业、批发零售和修理业、旅馆餐饮业、交通和邮电通信业、金融保险业、房地产和租赁业、政府和公共行政部门、教育部门、医疗保健和社会工作部门等行业中，金融保险业工资比较高，农业的工资比较低，教育排在第 5 位。从近 40 年英国职工平均工资收入看，1966 年，英国平均周工资为 18 英镑（男职工 23 英镑，女职工 12 英镑），其中医生、教师、工人的周工资分别为 57 英镑、27 英镑和 20 英镑；1996 年，英国平均周工资增至 351 英镑，其中医生、教师、工人的周工资分别为 852 英镑、444 英镑和 281 英镑；到 2006 年，英国平均周工资增至 503 英镑（男职工 571 英镑，女职工 437 英镑），其中医生、教师、工人的周工资分别为 1 348 英镑、640 英镑和 432 英镑。[2]

在我国，根据全国 1978—2002 年行业职工平均工资统计数据，在农林牧渔业、采掘业、制造业、电力、燃气及水的生产和供应业、建筑业、地质勘查业、水利管理业、交通运输仓储和邮电通信业、批发零售贸易和餐饮业、金融保险业、房地产业、社会服务业、卫生体育和社会福利业、教育、文化、艺术和广播影视业、科学研究和综合技术服务业、国家机关、党政机关和社会团体 15 个行业中，教师工资在第 9—14 位。[3]162 我国 2003—2005 年行业职工工资统计数据表明，农林牧渔业、采矿业、制造业、电力、燃气及水的生产和供应业、建筑业、交通运输仓储和邮政业、信息传输、计算机服务和软件业、批发和零售业、住宿和餐饮业、金融业、房地产业、租赁和商务服务业、科学研究、技术服务和地质勘查业、水利、环境和公共设施管理业、教育、卫生、社会保障和社会福利业、文化体育和娱乐业、公共管理和社会组织19个行业中，教师工资排在第11—12位。[3]161-166 2005年中小学教师工资与信息传输、计算机服务和软件业职工，金融业、科学研究、技术服务和地质勘查业职工，电力、燃气及水的生产和供应业职工，房地产业职工，交通运输仓储和邮政业职工，文化体育和娱乐业职工，卫生、社会保障和社会福利业职工，租赁和商务服务业职工，采矿业职工，公共管理和社会组织职工相比，工资是最低的。

上面的数据可以反映教师职业收入的基本状况，同时也表明教师职业在社会阶层中的经济地位。在当今世界中，各国教师职业的层级位置没有本质的差异，即使在工业化水平差距较大的国家之间也是如此。从经济收入看，中小学教师位于社会阶层的中下层。然而，西方国家的学者一般把中小学教师看作中产阶级。罗伯特认为，美国的中产阶级包括十分明显的两个部分。中上层阶级主要由高收入的商业和专业人员组成。中下层阶级分享了中上层阶级的大多数价值标准，不过，由于他们缺乏在教育或经济方面的有利条件，所以不能享受同样的生活方式。这个阶层的人从事着多种不同的工作，但都不是体力劳动。中小学教师就属于这一阶级。[4]41-342 吉登斯也把教师、专业医务人员和服务行业中的雇员归于中产阶级，[5]只不过专业医务人员位于中产阶级的上层。在大多数工业化国家中，中产阶级已占人口的大多数。这很大程度上是因为专业性、管理性和行政性职业的增加所致。与工人阶级不同，中产阶级的成员通常拥有允许他们出于谋生的目的而出卖自己的智力或技术的受教育背景或技术资格。这部分人的社会经济地位主要受其与权威的关系以及所拥有的技能或专业知识的影响。许多中产阶级职员，如经理和监工，之所以获得较高的收入，是因为他们与权威的关系更接近，与工人阶级的其他部分相比享有更多的特权。在工业化进程中，具有劳动力市场所需求的技能中的中产阶级雇员，能够在资本主义制度中发挥一种特殊的权力形式。格伦斯基曾提出衡量职业群体的位置层级的两个决定性因素：一是对社会的重要性程度，二是需要的训练和天赋。前者涉及功能的重要性，后者涉及稀缺性。[6]39 事实上，一个社会并不需要使分配到不同位置上的报酬与不同位置的功能重要性相对应。只需要给不同位置提供足够的报酬，以保证能够吸引到胜任者即可。如果一个位置很容易被填补，就不需要提供很高的报酬，即使很重要。另一方面，如果位置不重要但很难获得，相应的报酬就必须高到足以吸引到胜任者为止。教育事业不可谓不重要，但中小学教师职业的专业性有待提升，在某种程度上具有很大的替代性。教师需要一定的天赋和训练，但教学所需要的天赋大多数人都具备，并且训练不需要很长时间。可以说，能够从事教学职业的人并不是稀缺的，这也影响了教师的经济地位。

二、社会地位中的教师声望

职业声望是人们对每种职业的意义、价值与声誉的社会反映和综合评定。社会学家曾通过工业化社会的民意测验，研究公众对多种职业声望高低的评定。多年来，在美国和加拿大等开展了这项研究的国家里，人们的评定都非常一致。声望与从事不同职业的劳动者的收入有密切关系；掌握政治权力的人往往地位较高。在美国的职业声望等级的评定（1925—1963）中[4]309-310，最高法院法官、内科医生、科学家、州长、大学教授、国会议员等排在前10位，公立学校教师在87种职业中占第29位。可见，最有声望的职业是那些高收入的工作、提供政治权势的工作或要求具有专业化知识的工作。20世纪70年代，英国的职业声望评价排在前列的是医生、律师、会计、高级公务人员、牙医、建筑师等，中小学教师在124种职业中排在第38位。从英美等国职业声望的评定中可以看出，中小学教师位于社会阶层的中上层。我国学者对北京地区职业声望进行调查研究(1997—1998)，结果显示，在100种职业中，科学家、大学教授、工程师、物理学家、医生排在前5位，中小学教师排在第29位。[7]1999年在全国63个城市居民中进行职业声望调查，选取了69种具有代表性的职业，调查结果表明，市长、政府部长、大学教授、电脑网络工程师、法官在69种职业中排在前5位，中小学教师排在第30位。[8]2001年在全国12个省及直辖市进行职业声望调查，根据人们的主观评价，获得了81种职业的声望得分，得分排在前10位的是人大常委会主任、市长、法院院长、工程师、科学家、县委书记、大学教授、大学教师、政府机关局长、外资企业经理，中学教师排在第12位，小学教师排在第35位。[9]从我国近年来的职业调查可以发现，处于转型期的职业声望评价一致性较低，但对中小学教师的声望评价却基本一致，其职业声望位于社会阶层的中上层。这与中小学教师中下层的经济地位相比有一定的差异。作为收入较低的专业人员，中小学教师似乎是靠其专业身份和教育上的成就来获得声望的，而不是靠收入。教师接受过系统教育和培训，学历层次较高，他们在工作中促进了学生发展和社会化，并为学生学习提供服务，正是由于教师职业功能的重要性和教育水平而得到人们的尊重，给予他们较高的声誉也是自然的。

对不同国家职业声望等级的比较研究，可以发现，我国教师职业声望等级与经济发达国家的职业声望等级基本上是一致的。然而，职业声望的测量数据和层级也存在不少的问题。首先，任何职业声望等级的测量都没有令人满意的精确性和确定性，职业声望的社会层级是比较模糊的，因为社会声望是变动的，只能表明人们当时的价值取向。其次，教师职业的声望等级可以作为一般意义上的职业地位指标，可以与其社会经济地位的复合型测量进行比较，即从收入、教育、住房、财产等方面的数据得出职业地位。最后，职业声望与技术、权威、经济权力、财富、收入之间有很高的相关性。但是，声望分数是对职业社会经济特征的有误差的估计，与社会经济地位有实质性的差异。[6]240教师职业的经济尺度处于教师社会阶层的中心地位，比职业声望的分数更加客观。声望是对“道德价值”的量度，地位的道德价值反映了人们对具有社会意义的资源和报酬的控制。在很大程度上，职业声望是一种特殊形式的社会舆论，就社会作用而言，它可以对收入和权力起着平衡和纠偏的作用。

三、社会阶层中的教师生活

教师职业在社会阶层中的位置对其生活方式、兴趣和交往产生深刻影响。职业是一个人的社会身份、生活机遇以及物质享受的最主要的决定因素之一。职业相同的个体倾向于经历相似的社会顺境逆境，保持相近的生活方式，共享相似的社会生活机会。教师群体有着相似的教育、收入和职业背景，并且由于相近的生命体验和适合于他们的生活方式的惯习或价值观而结为一体，构成一个具有共享认同感的群体。从经济资本看，中小学教师缺少较高的收入，物质并不富有。从文化资本看，他们受过良好的教育，文化资本丰富。正因如此，他们精心预算，在食品、文化和外表形象上进行理性消费，显示出自己的生活品位。例如，在法国，教师与制造业、商业雇主的生活方式存在明显的差异。教师的总支出比平均水平低，在食品上支出低（占预算的24.4%），在外表形象上的支出有限（虽然他们在健康上的支出是最高消费者之一)，而在文化上的支出相对较高(占预算的4.3%，包括书籍、报纸、娱乐、体育、玩具、音乐、音响)。而工业和商业雇主在食物上的支出意外地高（占预算的37.4%)，文化上低消费（1.3%)，外表形象上中等支出(12.7%)。[6]444 教师的文化资本比经济资本多，因而在所有消费中讲究节约，以最小的经济代价追求新颖，但他们有意识地反对大吃大喝、经济上炫耀的暴发户。可以说，每个阶层都有自己的文化品位、生活风格和主观偏好。衣着、说话方式、兴趣、习惯和行为，都能折射出教师的社会地位和生活品位。然而，阶层并不能机械地决定教师的消费实践和生活方式。因为，现代社会的消费行为日益受到大众文化和个人多元身份的影响，消费方式也日趋个性化或个体化，并通过个人偏好不断创新、再生和特别化的形式而主观建构。

社会阶层深深地植根于人们的角色关系以及社会交往之中。人们倾向于与自己类似阶层的人发展密切关系。地位、态度、价值观和行为的类似促进了社会地位占据者之间密切或一致关系的形成。在社会声望、经济地位、信仰及价值观等方面有类似特征的职业群体彼此吸引，而不同的群体成员则彼此回避。教师拥有一定的学历，受过正规的教育，对有着较高文化资本的群体认同度高。在与其他群体成员的交往中，教师的话语、价值观、信念和行为方式等无不显示出自身的职业特征。教师又是一个相对封闭的群体，他们虽然在工作中与不同的人打交道，但更多地局限于群体内或学校内，接触最多的是学生和同行。在交往中，教师有意识或无意识地淡化了他们的职业与其他生活的边界。对教师来说，教学花去了他们大量的时间和精力，并施展出他们的才智、技术和能力。教师职业对他们个人具有双重含义：一是它耗尽兴趣和能力，这些兴趣和能力在其他职业也许有所保留；二是它给其他选择性的职业生活几乎没有留下多少空间。在工作中，越是要求教学具有创造性、非凡的见识和专业技能，越是给予教师发挥创造潜能的机会，因而减少了寻求其他职业机会或与其他职业群体打交道的可能。当教学被概念化为两个人或更多人之间的交往活动，而不是工具性活动时，它就使教师在教学交往中获得情感的满足和愉悦。这也许是教师职业的意义和价值所在。

参考文献：

[1] 顾明远，薛理银. 比较教育导论 教育与国家发展［M]. 北京：人民教育出版社，1996：326.

[2] Office for National Statistics. New Earnings Survey 1997 (Part A)［A]. Department of Social Security. *Households Below Average Income* 1966—2006［C]. London：The Stationery Office，Used by permission of Oxford University Press，2007.

[3] 国家统计局. 中国统计年鉴：2005年［Z]. 北京：中国统计出版社，2005.

[4] 伊恩·罗伯逊. 社会学［M]. 黄育馥，译. 北京：商务印书馆，1990.

[5] 安东尼·吉登斯. 社会学［M]. 赵旭东，等译. 北京：北京大学出版社，2003：292.

[6] 戴维·格伦斯基. 社会分层［M]. 王俊，等译. 北京：华夏出版社，2005.

[7] 李强. 转型时期冲突性的职业声望评价［J]. 中国社会科学，2000 (4)：100-110.

[8] 李培林，李强，孙立严等. 中国社会分层［M]. 北京：社会科学文献出版社，2004：129-130.

[9] 李春玲. 当代中国社会的声望分层：职业声望与社会经济地位指数测量［J]，社会学研究，2005 (2)：74-102.

（原载2008年第6期）

论我国教师教育新体系的六个特征

朱旭东

一、问题的提出

教师教育是当今世界各国普遍关注的重要教育议题之一，在一个追求教育质量的时代，教师教育是一个绕不过去的重要议题。在这个议题讨论中，教师教育质量成为核心内容，从逻辑上说，只有教师教育高质量才可能实现高质量的教育。而对于我国来说，教师队伍面临着诸多困难和突出问题，如教师队伍整体素质偏低。据统计，具有专科以上学历的幼儿园教师、小学教师仅为 60.3%和 78.3%，具有本科以上学历的初中教师仅占 64.1%，具有研究生学历的高中教师、中等职业学校教师、高校教师仅为 3.6%、4.0%、49.4%。① 高质量教师的培养对于我国教师队伍建设来说是十分重要的，而高质量教师显然需要高质量的教师教育体系，只有教师教育体系具备了高质量才有可能培养出高质量的教师，因而重建一个高质量的教师教育体系成为必然。同时，在教师队伍建设中还存在教师资源配置不均衡问题，具体表现在教师资源城乡分布不均衡、区域分布不均衡、学科分布不均衡，更严重的是，教师结构性矛盾突出，合格幼儿园教师数量严重不足，音乐、体育、美术、信息技术等学科的教师十分紧缺，因而严重影响到教育公平。实际上，不均衡的教师资源配置在某种程度上是由于教师教育体系的不公平导致的，如教师教育院校之间水平的不均衡、学段教师培养的层次水平不均衡、区域之间教师教育体系的不均衡等。这也直接影响到我国的教育公平，因为教师教育体系不均衡和不公平直接决定了教师培养质量的水平差异，所以影响到教育资源配置的不均衡，因而，构建一个公平的教师教育体系对于教师资源配置的公平性具有重要的作用。随着高校改制升格、高等教育成本分担和大学生自主择业政策的实施，高校，无论是师范院校，还是非师范院校，都走向了综合化的办学道路。从把教师培养作为单一目标到作为特色目标的转变，教师教育在高校内外都发生了巨大变化，这种变化主要表现在稳定的、独立的师范院校体系走向解体，师范院校转型为综合院校。师范院校本身综合化趋势不可逆转，导致师范院校内部非教师教育学科、专业、方向设置挤占了原有仅为教师教育所享用的资源，非专业性的问题越来越突出。为此，重建一个开放、灵活、专业性和一体化的教师教育体系成为这个时代的一个重要任务。本文就是基于以上背景来讨论教师教育体系的特征的，问题是，我们要重建一个什么样的教师教育新体系？它应具有哪些特征？基于笔者的田野经验（也仅限于非结构化观察）和相关数据，本文试对这些问题进行讨论。

二、教师教育新体系的建构

我们在讨论教师教育体系的特征之前，首先需要回答何谓教师教育新体系这个问题。本文

① 数据来源：教育部普通高校人文社会科学重点研究基地北京师范大学教师教育研究中心：《构建我国现代教师教育体系研究报告》，教育部教师工作司委托“构建我国现代教师教育体系”研究课题，2012 年。

从宏观和微观两个角度来理解教师教育体系。从宏观上，它是指一个国家培养和培训教师的机构层级化构成的系统，从我国高等教育机构的管理层级性来看，教师教育机构显然是这个管理层级化高等教育体系的一部分。管理层级化高等教育体系是由中央级高校、省部共建级高校、省级高校和地方级高校构成的。需要指出的是，中央级高校主要指教育部直属高校，其余高校从管理上都属于省级高校。因此，我们可以基于管理层级来构建一个教师教育体系（见表1）。

表1 基于高校管理层级的教师教育体系

大学类型	教师培养层次	二级学院	学科专业	培养数量类型
中央级高校	研究生层次	教育研究生院	中学教育为主	补充数量、市场数量
省部共建级高校	本科生、研究生层次	教育研究生院或学院	中学教育为主	规划数量、补充数量和市场数量
省级高校	本科生、研究生层次	教育学院	小学教育、中学教育为主	规划数量
地方级高校	专科生、本科生层次	教育学院或教育学系	学前教育、小学教育、中学教育为主	规划数量

这个体系是一个教师教育的常规体系，它消解了师范和非师范的两分法，① 以管理层级化来理解遵循了中国高校的管理特色，同时还决定了教师培养的层次，并且指明了基于培养层次需要的教师教育机构。于是，在宏观教师教育体系条件下，我们需要建构微观层次的教师教育体系，它就是以二级学院为主体的教师教育机构的系统。这个系统由于宏观体系的管理层级化而体现了其培养层次的层级化和专业化，为各自机构的教师教育学科专业特色的形成奠定了基础。

当然，我们还可以换个角度构建教师教育体系，如高校分类。从高校分类原则来看，通常把普通高等学校分为综合研究型大学、综合教学型大学、多科研究型大学、多科教学型大学、单科大学。以此为依据，可以建立分类的教师教育体系（见表2）。

表2 基于普通高校分类的教师教育体系

大学类型	教师培养层次	二级学院	学科专业	培养数量类型
综合研究型大学	研究生层次	教育研究生院	中学教育为主	补充数量和市场数量
综合教学型大学	本科生层次	教育学院	学前教育、小学教育、中学教育	规划数量

① 教师教育领域长期存在着“师范性”和“学术性”之争。从历史上来看，在独立、封闭、单一的师范院校时代，这个争论是必然的。因为师范院校从个体主义角度上都在培养教师，无疑，学科和专业也就是学术性和师范性必然在孰重孰轻问题上进行争执。由于涉及培养过程的利益问题，资源分配、课时安排和教师培养本身都存在着竞争。而在开放灵活的教师教育体系时代，不必要存在这种纷争，因为只要在高等教育机构内建立专业学院，如教育学院（部）、教师教育学院等，专门从事教师培养和培训的专业研究、教学和服务，与承担学科教育的文理学院不会发生冲突；至于教师培养中必要的学科教育，通过通识教育过程和高等教育机构整体设计各类人才培养计划协同各培养单位来完成，从而实现教师培养的学科教育目标。因此，在教师教育领域应取消师范和非师范院校的两分法称谓。实际上，今天所谓的“师范院校”已经没有意义了，从师范专科到师范大学都在走综合化道路是不争的事实。

续表

大学类型	教师培养层次	二级学院	学科专业	培养数量类型
多科研究型大学	研究生层次	教育研究生院	中学教育为主	补充数量和市场数量
多科教学型大学	本科生层次	教育学院	学前教育、小学教育为主	规划数量
单科大学	专科生层次、本科生层次	教育学系	学前教育为主	规划数量

从现实政策需求角度建构新体系来看，我国未来教师教育体系应该是以“师范院校为主体、综合大学参与的开放灵活的教师教育体系”，形成一个师范院校、综合大学和教育大学的教师教育体系，师范院校主要指师范学院以上层次，综合大学主要是省级管理的综合院校，尤其是省部共建和省级的院校，并在大学水平上建立二级专业学院，即教育学院（部、系），教育大学主要是区县级教师进修学校升格而成的教师培训机构，从而使高质量、公平、开放、灵活、专业和一体化的教师教育体系真正形成（见表 3）。

表 3　基于现实政策需求的教师教育体系

<table>
<tr><th colspan="2">教师教育院校</th><th>教师培养层次</th><th>二级学院</th><th>学科专业</th><th>数量类型</th></tr>
<tr><td rowspan="2">师范大学</td><td>教育部直属</td><td rowspan="2">研究生层次</td><td rowspan="2">教育研究生院
（教师培训学院）</td><td rowspan="2">中学教育为主</td><td rowspan="2">市场数量
和规划数量</td></tr>
<tr><td>省部共建和省级</td></tr>
<tr><td colspan="2">地方师范学院</td><td>本科生层次</td><td>教育学院
（教师培训学院）</td><td>中学教育、学前教育
和小学教育</td><td>规划数量</td></tr>
<tr><td colspan="2">教育大学</td><td colspan="4">区县教师培训</td></tr>
<tr><td rowspan="2">综合大学</td><td>教育部直属</td><td rowspan="2">研究生层次</td><td rowspan="2">教育研究生院
（教师培训学院）</td><td rowspan="2">中学教育为主</td><td rowspan="2">市场数量
和规划数量</td></tr>
<tr><td>省部共建和省级</td></tr>
<tr><td colspan="2">地方综合学院</td><td>本科生层次</td><td>教育学院
（教师培训学院）</td><td>中学教育、学前教育
和小学教育</td><td>规划数量</td></tr>
</table>

因此，从总体上看，教师教育新体系应该是以《国家中长期教育改革和发展规划纲要（2010—2020 年）》中提出要建立一个“以师范院校为主，综合大学参与的开放灵活的现代教师教育体系”为政策价值取向，以管理层级和院校类型两个维度建构的高等院校体系中的层级化的二级专业学院体系，通过教师教育专业设置，在补充数量和市场数量与规划数量相结合的需求下构建的教师教育新体系。

三、教师教育新体系的特征

（一）教师教育新体系的高质量性

无论从管理层级还是从分类角度来看，抑或从现实政策角度来看，教师教育体系的高质量性特征是我们首先需要讨论的议题之一，它涉及教师教育机构的办学水平、教师培养的诸环节、教师培训和教师教育者队伍等方面的高质量性。

1. 教师教育机构办学的高水平

如前所述，提高教师队伍整体素质的一个重要标志是学历水平，而学历水平是由教师培养机构的层级和类型决定的，因此教师教育体系的高质量性首先表现在层级化的教师教育体系的高质量性。层级化是教师教育体系的客观存在，但它必须有一个基准质量，那就是本科学历。尽管目前让所有教师都要达到本科学历是不现实的，但从未来发展的方向来看，需要确定这样的目标。为了实现这个目标，承担教师教育的机构在办学水平上应是高质量的，它至少应该是一个由985院校、211院校和省部共建院校以及省级师范院校和综合院校构成的教师教育体系，而不是中职、中专、高职、高专等院校构成的体系。从比较的角度来看，发达国家在历史上从未有过职业院校培养教师的体系，即使在美国，社区学院这么发达，也没有参与教师教育，所有的教师培养都在大学，或者高水平的文理学院。这也就是我们提出的实施教师教育机构大学化战略的意图所在，即便是学前教师教育机构也应该在高等教育机构中设置。举例说，1973年土耳其实施《国家教育基本法》后，学前师资培养步入高等院校和大学化的阶段。1980—1981年，土耳其启动两年制的学前教育师资培养方案。1991—1992年，又启动4年制的培养方案，在大学教育学院接受4年职前教育，成为土耳其幼儿园教师的最低入职学历要求。

针对我国教师资源结构性紧缺的问题，还需要一些教师培养的专门学院，但必须具有高质量性。音乐学院、体育学院、美术学院等专门学院也应该是教师教育体系的一个构成部分，专门学院培养音体美教师是教师教育体系高质量性特征的重要表现。

2. 教师教育新体系诸环节的高质量

“高质量”教师教育体系还体现在教师培养的诸环节当中，包括教师职前培养的高质量，入职指导的高质量和职后培训的高质量。

（1）招生条件的高质量。教师教育体系的高质量性从诸环节上首先表现在教师教育专业的招生条件的高质量，必须招收优秀的毕业生，优秀性表现在会考成绩优秀，高考成绩必须在二本线以上，以及具备不同学段的学校教师的基本素养。因此，需要通过相关素质的测试，如幼儿园教师、小学教师的艺术素养测试，所有教师的汉语水平测试和从教倾向性测试，如从教信念、热爱学生等。

（2）培养过程的高质量。教师教育体系的高质量性还表现在教师培养过程的高质量。在必须接受完整的通识教育基础上，课程、教学、实践都需要高质量。

①课程的高质量。重构课程体系，建构一个通识教育课程、学科教育课程、专业教育课程和实践课程体系，渗透中国文化，传承中国文化。在课程体系中必须设置《中国教育基础》① 和《学会教学》两门必修课程。

②开展小班化②、方法灵活多样的教学。正如前文所说的，通过补充、市场和规划的招生，在减少招生数量的基础上，开展小班化教学，提高培养过程的质量。国内外的经验都证

① 从笔者个人的观察，在去过的众多国家，教师教育课程中都会开设本国的“教育基础”这门课，而唯独我国的教师培养没有这样的课程，导致的结果就是，一个中国的师范生不知道中国教育是什么，不知道中国教育是由哪些部分构成的，不知道中国教育的哲学基础、心理学基础、社会政治文化基础是什么，更不用说为什么。总之，通过教师教育培养出来的教师没有中国教育知识，也不具备基于中国学生的心理基础从事教育教学的专业能力。这种状况必须改变。这涉及中国教育自尊、自信的问题，涉及教育传承什么文化的问题。它是一个严肃的话题。

② 有趣的是，在大学，学科教授指责教育学教授，甚至否定教育学的现象长期存在。学科教授通常会认为，师范生学教育学没有什么价值，因此不需要开设，甚至认为没有教育学，师范生同样可以教学。这里有一个误区，由于师范生的学科教育分散在各学科院系，因此永远都是小班化教学。而教育学需要面对全校的师范生，大学在配置教育学教师的时候又不是按照师范生数来配的，因此教育学、心理学的课程永远都是大班教学。可见，小班教学的学科教授指责大班教学的教育学、心理学教授不在一个逻辑上，是没有道理的。事实上，无论讨论哪个学科和学段的教育教学问题，都需要教育学、心理学基础。可以肯定地说，不是教育学、心理学没有用，而是大班教学不可能起到小班教学的效果。

明，只有开展小班化教学，才可能保证教师培养质量。

③制定教育实践的标准，包括教育实践校的资格标准，指导教师的标准，指导教师的师范生指导数量标准，教育实践的内容标准。只有符合这些标准，才可能保障基本质量。

(3) 培养结果的高质量。高质量的教师教育体系的重要标志在于培养了高质量的教师。它主要表现在达到国家颁布的教师专业标准，通过了国家统一的教师资格考试，通过规定的实践时间锻炼，具备独立从事教育教学工作的能力。

3. 教师入职教育的高质量

教师入职教育从环节上应该属于培养过程，这里我们单独来讨论是想表明教师入职教育的高质量对于儿童的重要性。儿童无论何时都需要高质量的教师，无论他是新教师，还是老教师。为此，只有高质量的入职教育环节，才可能使新教师体现高质量。这个环节必须引起我国教师培养的重视。因为现实中，中小学校长抱怨新教师到学校后不能胜任教学工作的比例很高，甚至认为现在的教师培养质量已经大大降低了。从国际比较中可以更进一步地说明教师入职教育的高质量的重要。在德国，新教师在成为正式教师之前必须参加两次国家考试，有两年时间必须在中小学实习；在美国，笔者实地考察过的密歇根州立大学（MSU）的教师教育专业是五年制的，其中第五年在中小学校实习；新西兰教师理事会（the New Zealand Teachers Council）出台了“入职指导计划”（Induction and Mentoring Programme），也称“建议与指导计划（the Advice and Guidance Programme）”，规定“初任教师必须完成2年试用期的培训任务才能从临时注册教师认证为完全注册教师”，这是新西兰初任教师入职教育制度的正式确立。由此可见，教师的入职教育的高质量是教师教育体系高质量的重要体现。

4. 职后培训的高质量

教师教育体系的一个重要组成是教师培训，培训的高质量在一定程度上比教师培养意义更大，因为教师培训面对的是我国上千万的在职教师，这个庞大的教师队伍如果在教师培训质量上没有得到保障，那么我们每年用于教师培训的经费如何对国人交代？为此，要建立一个高质量的教师教育体系也包括教师培训，要从培训机构到培训项目设计、培训项目实施、培训项目评估或者培训质量评估等方面进行标准、资质等的制度建构。高质量的教师培训具体体现在教师培训项目的专业化，这与教师教育体系的专业性联系在一起，在下文进行讨论。

这里需要指出的是，区县级进修学校的质量问题要引起地方政府的高度重视。区县级教师进修学校在当前虽然仍承担着区县教师培训的主要任务，但执行任务的能力却需要重点提高。我们的建议是，把区县级教师进修学校纳入省级管理范围，否则受到区县经济和管理等方面的影响，以至于有的县根本没有开展教师培训工作，这样的状况怎能保障教师质量？因此，需要对教师培训机构进行重组，尤其在管理上进行调整，由省级部门统一管理。另外，教师进修学校需要高等教育化。

5. 教师教育者队伍的高质量

无论提出怎样的教师教育体系的高质量性目标，都需要有一支高质量的教师教育者队伍作为支撑。在我国，教师教育者队伍从来源上说具有多样性特征，大学教师教育者、中小学指导教师、教研员或研修员、培训机构的培训者等都是教师教育者队伍的组成部分，而这支队伍中除了高校教师教育者队伍，都具有中小学的实践背景，但在学术能力上还存在着不能满足要求的问题。这支队伍具有丰富的教育教学的实践经验，但缺乏开展指导工作的理论水平，没有理论基础的指导无法进行专业判断和专业选择，从而影响指导的质量，为此需要提升教师教育者的学历水平和学术能力，超越中小学教师指导中小学教师的经验水平。

当然，高等院校的教师教育者队伍必须具有走入实践的研究水平，加强与中小学之间的联系，甚至规定教师教育专业的教授们必须深入中小学的工作时数。

（二）教师教育新体系的公平性

与教师教育新体系的高质量性联系在一起的是公平性。这种公平性主要表现在教师教育院校水平的相对均衡性、区域教师教育体系的公平性和学段教师教育体系的公平性。

1. 教师教育院校水平的相对均衡性

教师教育的公平性表现在整体教师教育院校水平的均衡性。它应该从“金字塔型”的教师教育体系向“梯型”的教师教育体系转变，使教师教育院校之间的水平差距缩小。这直接影响到教师教育专业的资源配置的公平性，包括财政资源、人力资源、物质资源等，特别是人力资源配置的均衡性。

教师教育院校水平之间的差异性在一定程度上与我国普通高校的中央与地方管理体制相关，因而影响到了教师教育体系的不公平性。正如前面构建教师教育新体系所表明的，它具有四个层级，即中央级教师教育机构、省部共建的教师教育机构、省级教师教育机构和地方教师教育机构。这四个层级的教师教育机构在办学水平、资源配置等方面存在较大差距，在一定意义上说也体现出不公平性。

院校水平高低直接决定了教师教育体系的二级专业学院的水平，因此影响到二级专业学院的公平性。

2. 区域教师教育体系的公平性

教师教育体系在我国存在着区域性差异，东西部的高等教育体系差异特征决定了东西部教师教育体系的差异特征。这种差异特征也表现出了明显的不公平性，因此东西部教师教育体系的不公平性是当前我国教师教育体系存在的问题之一，东部地区的教师教育体系主要以本科院校为主（江苏省例外），呈现出“梯型”的教师教育体系，而西部地区依然还存在着“金字塔型”的教师教育体系。

3. 学段教师教育体系的公平性

学段教师教育体系的公平性是指培养和培训不同学段教师的体系在机构性质、资源配置等方面的同等性和均衡性。不同学段的教师教育体系的公平性是由其专业性的同等性地位决定的。事实证明，幼儿园教师和小学教师在专业性上并不比中学教师的专业性低，它们之间是同等的。由于今天的教师教育体系在专业性的认识上并没有这种同等性，所以在建立教师教育体系的公平性上还存在着很大问题。政府规划部门允许职业院校来培养幼儿园教师，甚至小学教师，这是教师教育体系不公平的突出表现。从体系的设计上已经把幼儿园教师培养置于低水平上，这与人的发展在幼儿期作为关键期的科学认识是矛盾的。把人的发展的第一个关键期的教育托付给只接受了低水平教育的教师，是对中华民族未来很不负责任的行为。

教师教育体系在学段之间的公平性，直接决定了教师教育学科设置、学科之间的资源配置等方面的公平性。

（三）教师教育新体系的开放性

教师教育新体系的高质量性会决定教师的高质量性，公平性会决定不同类型教师的专业等同性，但它们都需要通过开放性来实现。

1. 教师教育机构的开放性

从传统的封闭的教师教育体系向开放的教师教育体系转变，这给教师教育体系提出了开放性的要求。这种开放性允许高水平的大学参与教师教育，使教师教育由国家的高水平的高等院校来承担。如果我们与发达国家美国比较(见表4[①])，我们可以得到一个比较有趣的结论，中国教师教育体系总体质量偏低，这缘于机构的开放程度不够高。

表4 中美教育机构总数和高水平大学参与数对比

	中国	美国
教师教育机构总数	2009年，有2 749所教师教育院校，其中培养本科层次师范生的师范院校有108所，非师范院校352所	教师教育机构的院校1 300多所，全都是本科以上院校
高水平大学参与数	以2010年为例，我国非师范类的"985工程"大学37所，"211工程"大学103所（含37所"985工程"大学)，实际招收本科师范生的"211"工程大学14所，"985"工程大学共4所	2011—2012年公布的世界排名前50名的美国大学有28所参与教师教育，占76%

从中美两国比较中我们看到，中国本科教师培养机构是460所，与美国的1 300多所相比有很大的差距，关键问题是，我国460所高等院校承担了所有本科以上教师的培养，显然从数量上会很大，这种数量概念其实是质量的一种反面。假设1 300多所大学培养的数量与460所是一样的，那么显然在培养过程中每个机构的培养数量比460所机构的培养数量要少得多，因此可能培养的质量要高得多。在培养数的总量上相同，机构越多，质量就越高。[②] 从总体上说，扩大培养和培训的高水平院校数，缩减每个院校的教师培养和培训数，是未来中国教师教育体系必须选择的方向，而扩大培养和培训的高水平院校数需要开放性条件来保障。

为此，要允许高水平大学参与教师教育，通过专业认证，承担教师资格课程的开设，达到在教师培养数总量不变的情况下使更多的高水平大学能够培养教师，既达到开放性目的，又实现高质量的目标。

在中国，由于教师教育体系长期以来是以师范院校为主体，从师范生的招生、培养到毕业，都是一个相对完整的体系，教师教育体系的开放性并不特别明显，没有像一些发达国家那样，还有"选择性教师教育专业（alternative teacher education program)"（是为那些非教师教育专业的在校学生或工作多年后想进教师专业的社会人员提供的专业)，因此我国教师教育体系必须走向开放。为那些有志于教师专业的非师范生或社会人员提供求职机会。

2. 教师培养模式的开放性

教师教育体系的开放性还表现为教师教育机构的教师培养模式的开放性。这种开放性是由我国区域差异决定的。不同区域对教师的需求是不同的，因此在建立教师培养模式的时候也必须开放。当前有关教师培养的模式很多，如4+X、4+1、4+2、3+2、3+1、1+3、2+2等，不一而足，但都仅仅是时间模式，没有体现出理论模式或意义模式。这需要进一步探索。

3. 保障体系运行的制度开放性

制度开放性主要表现在教师资格证书制度

① 表中数据来自教育部普通高校人文社会科学重点研究基地北京师范大学教师教育研究中心：《构建我国现代教师教育体系研究报告》，教育部教师工作司委托"构建我国现代教师教育体系"研究课题，2012年。

② 从我国现阶段的教师教育状况来看，主要还是处在一个满足数量型的教师教育体系阶段，要走向高质量型的教师教育体系需要两个条件，一是扩大教师教育的高水平大学机构数量，二是减少每所高水平大学机构的总体培养和培训数。这也是实现小班化教学基本前提，而小班化教学又是高质量的前提。

的开放性。在一定程度上，教师教育体系的开放性是由教师资格制度的开放性决定的。从理论上说，教师资格制度是为所有有志于经历教师专业生活的人士设计的，甚至是为了吸引最优秀的人才从事教师专业提供制度保障。从国际经验来看，学工程学的学生同样可以通过教师资格制度而获得相应的从教条件，一个学医的应届毕业生如果想获得一个教学职位，那么必须满足教师资格制度规定的相应条件，甚至一个大学毕业生在经历多年家庭生活后重返职场也可选择教师职位，而想要获得这个职位同样必须满足教师资格条件，这就意味着教师资格制度是开放的。但问题是，教师资格制度规定要获得教师资格证书必须在通过认证的教师教育机构修读教师教育课程，并且在机构的组织下参加在幼儿园、小学或中学的实践，同时参加全国统一的教师资格考试，那么由机构构成的教师教育体系显然要为所有申请教师资格的社会人员开放其教师教育课程和安排实践机会。这种开放性是现代教师教育体系的一个重要特征。

（四）教师教育新体系的灵活性

教师教育体系的开放性与教师教育体系的灵活性是联系在一起的，教师教育体系的灵活性主要指教师教育机构能够适应教师需求的变化而做出的调整，而这种调整主要取决于一个国家教育体系在发展过程中因社会变化、人口变化、经济结构调整而导致的劳动力市场的变化所提出的教师需求的变化。它主要表现在教师教育体系的目标、学制、模式的灵活性和保障教师教育体系运行的制度灵活性。

1. 教师教育体系的目标灵活性

教师教育体系的目标灵活性，是指不同教师教育机构在教师资格制度和教师专业标准的条件下，可以根据其所属类型和层次开展不同学历水平的教师培养和培训。

2. 教师教育体系的学制灵活性

根据不同的教师培养和培训目标，各院校可以制定灵活的学制。培养本科学历的教师可以采取灵活的学制，如4＋0、4＋1模式等；研究生层次，包括教育学硕士和教育专业硕士的教师培养，可以采取集中或分散的培养学制。

3. 教师教育体系的模式灵活性

根据学段、区域差异等的需要，设计灵活的教师培养模式，幼儿园和小学教师培养在专业学院，中学教师采取学科教育和专业教育相结合的培养模式。同时，还可以为非教师教育专业的学生设计培养模式，从而形成教师教育专业培养模式和可选择性教师培养模式。

4. 保障教师教育体系运行的制度灵活性

教师教育体系的有效运行需要灵活的制度做保障，因此我们在理解现代教师教育体系的特征时，把制度灵活性纳入整体特征内。现代教师教育体系的制度包括教师资格制度、教师教育质量保障制度、教师教育专业制度、教师教育管理制度，这些制度应当具有灵活性的特征。教师资格制度的灵活性体现在不同学段教师资格的融通性；教师教育质量保障制度的灵活性。体现在评估质量的变化性，可以根据院校性质不同而做评估调整；教师教育专业制度的灵活性在于不同院校可以根据自身的力量选择设置专业；而教师教育管理制度则基于政府、院校和专业机构的层级性管理进行灵活变通。

（五）教师教育新体系的专业性

教师教育体系的专业性是指承担教师培养和培训的机构的专业性，也就是通常所称的专业学院，即教育学院（部），有的国家称之为教育学系、或教育学部、或教育学院（一般称为SCD），从而决定了教师培养的专业性和教师培训的专业性。这些专业性又以专业标准为条件，包括教师资格的专业规定、教师专业（发展）标准、教师教育专业的资格认定评估和质量评估的标准，也包括教师教育者的专业条件。

1. 体系的机构专业性

教师教育体系的专业性首先体现在培养教师的机构在高等教育院校中的专业性，也就是教师教育由教育学院①来承担。由于高等教育院校具有类型化和层级化特征，尤其在我国还具有管理层级化特征，因此教育学院也具有这些特征，从而构筑了教师教育专业机构的层级化体系，形成从本科教师教育到研究生教师教育体系的高质量的教师教育专业化体系。我们可以称之为教师教育体系的专业学院化。

2. 保障体系运行的制度专业性

教师教育机构的专业性需要相应制度作保障，这种制度也需要体现专业性，我们称为保障教师教育体系运行的制度专业性。由于教师教育机构由教育学院承担，教育学院又有教育学的多学科性特征，因此需要建立教师教育专业制度，形成学前教育、小学教育、中学教育、特殊教育、职业教育的教师教育专业制度体系，把这些专业纳入教师教育学科，从而使教师教育体系在教育学院得到有效运行。同时教师教育机构在制定教师教育专业课程和教学计划时需要依据“教师专业标准”，接受“教师教育专业评估”，以保障教师教育的质量，从而保障教师教育体系的高质量。

3. 队伍的专业性

教师教育体系的专业化和教师教育学科化提出了教师教育的队伍的专业性需求，也就是教师教育体系的专业化表现在教师教育队伍的专业性。专业化机构和专业化学科最终需要有专业化的教学、研究和服务的队伍，显然教师教育需要这样的队伍，它应该具有高学位、具有多年的中小学或幼儿园的工作经验，具有实践意识，能够走进中小学课堂并具有给予中小学教师指导能力的队伍。我们可以称之为专业化的教师教育队伍。高等学校设有教师教育专业职称的队伍，建立教师教育专业职称制度对于教师教育的一体化进程具有特别重要的意义。因为长期以来教师培训人员没有学科依托，没有专业职称归属，教师教育专业职称的建立可以使教师培训者开展教师培训研究，从而使教师培训从项目设计到实施以及评价都体现专业性，最终可以获得教师培训的专业研究成果，从而使教师培训更具有专业性和研究性。

（六）教师教育新体系的一体化

教师教育体系的一体化既指教师培养和培训统一纳入普通高等教育机构，使教师培训成为高等学校的一个部分，既从学科建制上是教师教育学科的一个部分，又从科学研究上成为教师教育研究的一个重要对象；还指在同一机构内部的教师培养和培训的一体化，把学历提升的继续教育转变为专业教育的一个部分，由二级专业学院来承担教师培训的任务。

1. 教师教育机构一体化

传统的教师教育体系是由独立的师范院校和教育学院构成的，它们分别承担教师职前培养和教师职后培训的任务，之间没有联系。这种体系虽然具有一定的合理性，可以有一支专门的力量去从事教师培训工作，但对于广大的中小学教师而言却带来很大的麻烦，重复学习的概率很高，无效学习成为困扰中小学教师挥之不去的完成国家规定的继续教育的繁重任务。为此，需要从体系重构上把教师培养和培训的机构一体化，将教师培训纳入高等教育的范畴，

① 教育学院在本文中只是一种指称，代表所有培养教师的机构。在现实中，由于中国教师教育体系正处在转型期，教师教育机构呈现出多样化的形态。比如，一所师范大学可以同时存在教育科学学院、初等教育学院、学前教育学院。同时，传统的文理学科院校还培养中学教师，显然这是一种转型的形态，而不是组织结构应当具有的形态，需要通过专业制度进行机构调整。

纳入教师教育学科建设。

2. 教师培养和培训计划设计的一体化

教师培养和培训机构的一体化显然需要教师培养和培训计划设计的一体化，从教师培养和培训的目标、课程、教学和评价都要体现一体化。

3. 教师教育管理一体化

教师教育机构一体化和计划设计的一体化势必需要教师教育管理一体化。要把传统的继续教育学院和教务处的管理模式进行管理权限的转移，统一由教师教育专业学院来进行管理，建立集培养和培训的招生、学籍、计划、教学、评价等管理于一体的专门管理部门。①

四、结语

通过以上对教师教育新体系的构建及其六大特征的分析，对于我国进一步建立健全教师教育体系及其保障制度具有重要启示。第一，坚持高质量性，提高教师资格的学历要求，制定严格的教师资格标准和考试制度，并从选拔、培养、入职和培训等各个环节构建标准本位的教师教育质量保障制度，确保高质量的教师进入教师队伍。第二，坚持公平性，发挥政府在教师教育管理制度中的宏观调控作用，通过相关的制度和政策设计，保证农村地区、边远地区和经济贫困地区都能公平地享有优质的教师教育资源，并能培养和引进符合其地区实际的专业化教师队伍。第三，坚持开放性，即以标准本位的教师教育质量保障制度为基础，使教师的培养培训面向通过资质认证的院校开放，教师资格的获得面向符合标准要求的非师范生及社会人员开放，积极吸收社会的优质资源和优秀人才进入教师教育领域。第四，坚持灵活性，在确保质量和严格标准的基础上，制定实施灵活的教师资格制度，鼓励教师教育院校根据省情、校情，探索和改革人才培养模式，以调动和发挥各主体参与和推进教师教育改革发展的主动性和积极性，尽可能满足不同区域、院校、人员在教师教育中合理的特殊要求。第五，坚持专业性，以教师专业发展为基点，确立教师教育的专业教育地位，科学设置各级各类教师教育专业，并通过教师资格更新等制度设计，引导教师可持续地实现专业发展。第六，坚持一体化，既要通过教师资格证书制度、教师教育质量保障制度，将教师的职前培养和在职培训进行一体化设计，又要通过教师教育管理制度，科学统筹各级各类教师教育院校和资源，为构建一体化的教师培养培训模式提供支持和保障。

（原载 2011 年第 12 期）

---

① 我国建立了专业教育学位制度，包括教育硕士和博士制度，但培养的任务由谁来承担？本应该由专业学院，即教育学院（部）来承担，但现实是由研究生院来承担，也表明我国的教师培养的专业化水平急需提高。

农村教师队伍结构的失衡问题与优化策略

肖正德

教师队伍结构合理与否是衡量教师队伍质量的重要标志，是形成高质量教师队伍整体素质的重要条件。《国家中长期教育改革和发展规划纲要（2010—2020年）》（以下简称《纲要》）中明确提出要努力造就一支“师德高尚、业务精湛、结构合理、充满活力”的高素质、专业化教师队伍。然而，通过对浙江省临安市、诸暨市、开化县、磐安县、永嘉县、松阳县6县（市）565名农村教师结构状况的调查与分析，发现当下农村教师队伍在年龄、学历、职称、学科、知识等方面普遍存在结构性失衡问题，很难达到《纲要》中对高素质教师队伍的要求。缘此，急需国家、政府与教育行政部门制定与采取切实有效的政策和措施，优化农村教师队伍结构，提升农村教师队伍的整体素质。

一、农村教师队伍结构的失衡问题

（一）年龄结构失衡问题

从年龄结构上分析，农村教师老化和断层现象日益严重，老教师和年轻教师占大多数，中青年教师比例偏低。调查显示，50岁以上的老教师和30岁以下的青年教师所占比例大，合计为69%；而30—50岁年龄段的教师数量相对较少，为31%。如表1所示，农村教师的年龄结构呈现为两边高、中间低的“驼峰形”分布状态。

表1　浙江省6县（市）农村教师年龄结构调查数据

合计		30岁以下	31—40岁	41—50岁	51—60岁
人数	565	205	80	95	185
百分比	100%	36.3%	14.2%	16.8%	32.7%

农村教师年龄结构失衡，主要原因有二：一是由于在“文化大革命”特殊历史背景下，出现了“小学不出大队，初中不出联队，高中不出公社”特殊的教育现象，致使大量的“老三届”高、初中毕业生和一批“文化大革命”时期的高、初中毕业生走上教育岗位。虽然这部分教师在特殊的年代、艰苦的环境中为我国的教育事业做出了不可磨灭的贡献，但随着社会的发展与进步，他们已进入职业生涯中的“老年期阶段”，很难适应当下课程与教学改革的新要求。二是由于城乡教育在办学条件、教育教学环境、福利待遇等方面存在较大的差距，农村教师流动呈现由边远贫困乡村向乡镇流动、乡镇向县城流动、县城向地级市或省会城市流动的态势，而且数量在逐年扩大。在农村中小学骨干教师本来就奇缺的境况下，中青年骨干教师再一级级向上流动，农村教师队伍犹如釜底抽薪。笔者查阅了浙江省永嘉县H乡中小学教师变动情况登记表，发现2010—2011年度该乡有5位骨干教师调离，全部流入城镇学校。目前，“留守”该乡中小学讲台的基本上是三拨人：第一拨是“民转公”教师，他们年龄偏大，大多出于本乡本土；第二拨是大学刚毕业通过公开招考进来的年轻教师；第三拨则是代课教师。

（二）学历结构失衡问题

从学历结构上来看，农村教师的第一学历层次普遍较低。调查显示，农村小学教师第一学历为中师的最多，占63.2%，第一学历为大专以上的只占15.7%，此外，还有21.1%的是高中及高中以下学历。农村初中教师的第一学历为大专层次的占 66.7%，本科学历的只占 15.5%。被调查的农村中小学中没有研究生学历的教师，这与目前城市中小学研究生学历教师逐年增多的态势存在天壤之别（见表2）。

表2 浙江省6县（市）农村教师第一学历结构调查数据

学校类别	合计		高中及高中以下	中师	大专	本科	研究生
小学	人数	57	12	36	7	2	0
	百分比	100%	21.1%	63.2%	12.2%	3.5%	0
初中	人数	45	3	5	30	7	0
	百分比	100%	6.7%	11.1%	66.7%	15.5%	0

农村教师的第一学历层次偏低，许多教师是通过各种渠道获得大专或本科学历的，但事实上没有真正接受正规的大专或本科教育。而且，不少教师是为了应付职称评聘或提职的目的而进修学习，他们依据考试的难易程度来选择专业和学习方式，而很少考虑与其所教授学科有多大关联性，这样的学历提升学习实质上对于提高自身的业务水平不会起到应有的作用。调查显示，有 72.3%的农村教师所拥有的最高学历是通过非全日制学习途径取得的，其中通过函授、电大和自学考试三种方式获得文凭的就占 82.6%。调查发现，第二学历教育对农村教师业务能力的提升非常有限，许多教师获得了文凭却没有提升专业水平，可以说是有其名而无其实。

（三）职称结构失衡问题

教师职称结构在一定程度上代表了教师队伍素质的高低。从当前农村中小学专任教师职称构成状况来看，具备高级职称的教师所占比例偏低。调查显示，具有初级职称的农村教师约占五分之二，中级职称的占二分之一强，而高级职称的教师比例很小。此外，还有相当比例未评职称的初任教师（见表3）。

表3 浙江省6县（市）农村教师职称状况调查数据

合计		未评职	初级	中级	高级
人数	565	43	223	290	9
百分比	100%	7.6%	39.5%	51.3%	1.6%

农村教师职称偏低，结构不合理，有诸多因素使然。一是农村学校相较于城市学校，各方面条件明显落后，这在很大程度上制约与影响了农村教师的专业发展，评职称时若是将农村教师与城市教师排在一起，显然对农村教师不利，尤其是农村教师能评上高级职称的更是寥寥无几。二是如前所述，许多评上了高级职称又积累了足够的教学经验、取得优异教学成绩的中青年教师不是被层层抽调到城里的学校，就是流失到经济较发达的地区任教。特别是近些年高中扩招，许多高中学校只好从初中挑选优秀骨干教师来补充。笔者所调查的这几个县（市）中，几乎每所乡镇初中都面临着优秀教师被挖走的窘境，严重影响了农村教师队伍的稳定和整体素质的提升。三是每年中级、高级职称评定有一定的名额限制，无法满足更多的教师参评，因此，出现了大量具备评职条件的教师未晋升职称的现象。特别是农村中小学高级职称指标实在太少，农村教师评上高级职称十分困难，这在一定程度上影响了农村教师专业发展的积极性。

（四）学科结构失衡问题

农村教师在学科结构上也存在不合理现象。调查显示，语文、数学、科学、历史与社会、思想品德等基础课程的教师相对富余，而英语、音乐、体育、美术、信息技术等专任教师非常紧缺。在农村中小学普遍存在着这种现象，许多课程虽然在学校的课表上明确安排了，但实际上没有教师可上课，这些课只好或者改上其他课程，或者让学生自习。尤其是一些规模较小的乡村小学，有相当一部分教师基本上是包班任教，无论语文、数学还是其他科目，都由一个教师担任，甚至还有一个教师担任几个年级课程的现象。通过对浙江省永嘉县 N 乡 113 名专任教师调查显示，语文、数学、科学、历史与社会、思想品德五门课程专任教师合计 88 名，占 77.9%；而英语、音乐、体育、美术、信息技术五门课程专任教师合计 25 名，只占 22.1%；3 所村小都没有配置英语、音乐、体育、美术、信息技术等课程的专任教师，这些课程基本上处于有课无专任教师上的境况，导致这些课程要么由其他学科教师兼任，要么聘请代课教师来“顶窟窿”，实在无法解决的学校就干脆不开设这些课程了（见表 4）。

表 4　浙江省永嘉县 N 乡各学科专任教师调查统计（人）

调查学校	语文	数学	英语	科学	历史与社会	思想品德	音乐	体育	美术	信息技术
初中	14	12	5	7	6	4	1	1	0	1
中心小学	13	12	2	2	1	1	1	1	1	0
A村小学	3	3	0	0	0	1	0	0	0	0
B村小学	3	2	0	1	0	0	0	0	0	0
C村小学	2	2	0	0	0	0	0	0	0	0

农村教师学科结构性失衡，主要由下列几方面原因使然：一是由于城乡教育在办学条件、教育教学环境、福利待遇等方面存在的事实差距，毕业生就业时首先考虑的去向是经济比较发达的城镇，而偏远落后的农村地区少有人问津，英语、音乐、体育、美术、信息技术等就业时相对吃香的学科教师更不愿到农村中小学任教。二是目前城乡中小学教师编制遵照国家统一规定的标准，即师生配置比小学为 1∶23，初中为 1∶18，这一规定对农村学校，特别是对班额较小的乡村小学尤为不利。因为学生总体人数少，一些农村小学就不能足额配齐各门课程的专任教师，以致出现一名教师包教一个班、各门课程都由一人承担的窘态。三是农村学校校长人事权力缺失，新教师由各级编制办、教育行政主管部门和财政部门联合招聘与委派，以致出现学校严重缺编的学科教师分不来，却要无奈接收已相对剩余的学科教师。四是在教师学历进修中，学非所教的问题非常严重。如前所述，大多数农村教师在学历提升中，选择的是汉语言文学教育、思想政治教育等文科专业，原因是这些专业比较容易拿到毕业文凭，以致出现许多农村学校文科教师普遍剩余，而其他学科教师非常紧缺及教师学非所用的困境。

（五）知识结构失衡问题

良好的知识结构是教师从事教育教学工作的前提条件，是提升教师专业发展水平的重要因素之一。由于受教育背景和区域环境的影响与制约，农村教师在知识结构上也存在严重的失衡问题，难以适应课程与教学改革的要求。[2]首先，是教育学科知识不够。由于传统教师教育中教育学科知识的比重偏小，且多是按公共课要求开设，不受学生重视，以致出现多数农村教师的教育理论知识缺失的状况。况且农村学校还存在很大比例的非师范学校毕业的教师和代课教师，教育学科知识更加缺失，他们对教学理论、教学规律一知半解，对新的教学思想接受缓慢，对新的教学方式方法不能有效运用。调查显示，有 48.8%的农村教师认为自己最迫切需要补充的是教育学和心理学方面的知识。其次，是通识类知识欠缺。新课改要求教师不仅要具有精深的专业知识，而且要有广博的通识类知识。然而，大多数农村教师的通识类知识明显不足。农村教师学习与培训的机会缺失，加上许多农村教师安于现状，缺乏学习的内在动机，所以在面对新课改时，他们往往显得力不从心，难以适应新课改的要求。调查显示，有48.5%的农村教师认为自己的原有知识不能胜任新课程的教学，有32.9%的农村教师认为自己的原有知识基本过时，仅有16.6%的农村教师认为自己的知识能胜任新课改的教学。再次，是实践性知识不完备。新课改背景下大多数农村教师仍习惯于固定的教学模式，习惯于照本宣科向学生传授课本知识，由此带来的问题是教师个人的实践性知识被忽视，教学成了一种程式性的活动。同时，农村教师教学工作负担普遍繁重，致使他们少有时间和精力去有效地反思与总结自己的教学实践，从而不能有效地发挥他们的实践性知识在教学中的作用。最后，是信息技术知识匮乏。随着计算机时代的到来和教学改革的深入，教师信息化教学的能力成为实现学校教育现代化、提高教学质量的关键。新课改要求教师在教学过程中要应用现代信息技术，实现教学内容呈现方式和教学方式的变革。然而，农村中小学教育信息化进程缓慢，农村教师信息技术知识匮乏，信息化教学的能力普遍偏低。表5是永嘉县N乡中小学113名教师信息素养的调查数据，从中我们可以清晰地看到农村教师信息技术知识的现状，如会制作多媒体课件、会上网查阅资料的教师寥寥无几，足见农村教师尤其是乡村小学教师信息技术知识匮乏这一严酷的事实。

表5 浙江省永嘉县N乡教师信息技术知识调查数据 （人）

调查学校	调查人数	会开关电脑	会电脑打字	会编辑电子文稿	会制作多媒体课件	会上网查阅资料
初中	56	43	21	15	5	19
中心小学	36	27	16	10	3	15
A村小学	8	6	2	1	0	0
B村小学	7	5	1	0	0	0
C村小学	6	3	0	0	0	0

二、农村教师队伍结构的优化策略

（一）建立农村教师长效补充机制，为农村学校补充高素质骨干教师和紧缺学科专任教师

建立农村教师长效补充机制，吸引优秀人才到农村学校任教是优化农村教师结构的主要渠道。国家、各级教育行政部门要积极采取切实有效的措施，建立农村教师长效补充机制：一是在深入推进部属师范大学师范生免费教育的基础上，鼓励各地区积极推进省（市）属师范大学师范生免费教育。要紧紧围绕“未来的教育需要什么样的教师”“未来教师需要什么样的素质”等问题，将部属师范大学师范生免费教育深入推进。同时，积极筹措资金，创新性建立省（市）属师范大学师范生免费教育制度，培养造就优秀教师，更好地为农村基础教育服务。二是努力提高农村教师的工资待遇，切实落实农村教师的补贴政策，大力改善农村教师的工作和生活条件，吸引高学历、高层次、高素质的师范毕业生充实到农村教师队伍中来。尤其要推行“农村学校教育硕士师资培养计划”，探索为农村中小学培养补充高素质骨干教师的途径。[1]三是实施“农村义务教育学校教师特设岗位制度”，定向为农村学校补充英语、音乐、体育、美术、信息技术等紧缺学科专任

教师，优化农村教师队伍的学科结构。

（二）实行农村教师弹性退出机制，优化农村教师队伍的年龄结构

编制问题是制约教师队伍结构的症结所在，由于年龄关系农村教师在短时间内不能退出教师队伍，而编制的限制又造成师范院校毕业生无法进入教师队伍。这种农村教师总数超编与实际满足教学需要的教师缺编、师范院校毕业生难进与不合格教师难出的矛盾，成为农村教师队伍的结构性困境。国家可以将这部分教师退休年龄适当提前，对那些年龄满 55 周岁或教龄 30 年以上的男教师、年龄满 50 周岁或教龄 25 年以上的女教师，不能适应新课改教学要求而且难以提高自身水平的实行退养，形成农村教师队伍弹性退出机制。然后教育行政部门根据各学校实际情况和学科教师缺编情况有计划有步骤地补充招录高层次、高素质的专业教师，优化农村教师队伍的年龄结构。

（三）加大农村学校人事制度改革力度，促进农村教师学科结构趋向合理及高级职称比例逐渐提高

一是完善农村教师聘任制。各级政府、教育行政部门要增强意识，充分认识到教育系统人事编制工作的特殊性以及目前教师编制多部门管理的状况给学校教育工作带来的限制，并果断采取措施，改变现在教师编制由各级编制办、教育行政主管部门和财政部门联合管理的现状，给学校更多的用人自主权。同时，建立人事预警机制，改变“需要的人进不来，不需要的人硬塞来”的农村学校用人窘状，为农村学校教育工作创造良好的用人机制，从而优化农村教师队伍的学科结构。二是在人事编制核定过程中，要充分考虑农村人口居住分散、学校服务半径过大、学校学额较少等实际，在考虑到师生比的同时，重点考虑编制能否满足新课改和提高教育质量的需要，可以由原有的按师生比方式配置教师改为按班师比或课时比给农村学校配置教师，适当增加农村学校必要的教师编制，足额配齐各门课程的专任教师，改变一名教师包教一个班、各门课程由一人承担的现状，促进农村教师学科结构趋向合理。三是职称评定时，实行有差别的倾斜政策。农村教师与城市教师分开评定职称，实行农村教师职称考核指标单列，并要适当为农村学校增加高级职称指标，逐渐提高农村学校高级教师的比例，优化农村教师队伍的职称结构，推动农村教师队伍专业化发展。

（四）深化师范院校课程改革，输送知识结构合理、适应农村学校教学需要的“全科型”教师

从目前师范教育的课程结构看，存在着“陈旧”“封闭”等弊端，这是造成农村教师知识结构“先天不足”的原因所在，若是不改革，就难以培养出有较优化的知识结构的新型师资。为此，建议师范院校紧密结合农村中小学教学需要，深化课程改革，调整课程设置，避免农村教师知识结构的“先天不足”。第一，设置综合化和多样化的课程，改变目前师范课程中忽视各门学科之间相互联系的弊端，加强学科之间的横向联系，设置多规格、多层次、多方式的课程体系，适当减少必修课，增加选修课，既要注意增设有关学科的最新成就、发展趋势、新学科知识和科学方法论、学习方法论等选修课，又注重开设音乐、体育、美术、计算机等应用性强的课程，同时还要开设通识课程，做到文理互相渗透，从而培养出能够适应农村学校教学需要的“全科型”教师。[3]第二，实行主、辅修制度。师范院校要实行主、辅修制度，即在保证学生修好主修专业的前提下，根据自愿的原则，允许学生参加辅修专业的学习。学生在修读本专业的同时，选择另一非本院系的

专业修读，为辅修第二专业。若辅修专业课程考试合格并修满规定学分的，可以单独颁发辅修第二专业证书。通过师范院校的课程改革，为农村学校输送知识结构合理的“全科型”教师或具备第二专业的教师，从而优化农村教师队伍的知识结构和学科结构。

（五）加强农村教师的培训工作，提升农村教师的教育理论知识与实践性知识水平

切实落实“国培计划”，开展以新课程、新知识、新技术、新方法为重点的新一轮农村教师全员培训。在培训工作中，既要注重农村教师教育理论知识的提升，又要加强他们实践性知识的建构。一方面，要加强农村教育理论知识培训。当前农村教师教育理论的不足与欠缺，已成为制约这些地区新课程改革的关键性因素。因此，必须重视与强化农村教师的教育理论培训工作。可以通过专题讲座、问题研讨、案例分析等多种方式，强化对教师的理论培训，帮助广大教师树立现代教育观、教师观和学生观，有效提升教育理论水平。另一方面，以实践为导向，建构农村教师实践性知识。要促进农村地区的新课程改革，不仅需要农村教师掌握与新课程相关的理论，更要求他们不断地反思与总结自己的经验，丰富自己的实践性知识，提升自我学习、自我发展的能力。农村教师培训要坚持以实践为导向，以师徒帮带、课堂观摩、教育叙事、教学日志、反思评价等校本培训为主要方式，帮助农村教师总结与评价自己的教学，反思自己的教学行为，以此来提高教师自我诊断、自我反思的能力，建构起自己的实践性知识。[4]通过加强农村教师全员培训工作，提升他们的教育理论知识与实践性知识水平，从而优化他们的知识与能力结构，有效提升农村教师队伍的整体素质。

参考文献：

[1] 肖正德. 新时期促进农村教师发展的战略意义及其保障机制 [J]. 南京社会科学，2011（4）：7.

[2] 孙刚成，乔刚. 谈西部农村学校教师知识结构的失衡与优化 [J]. 教育探索，2010（2）：112-114.

[3] 于伟，李广平，秦玉友等. 我国农村义务教育教师队伍的结构问题与对策 [J]. 中国教师，2007（7）：12-13.

[4] 蒋茵. 知识结构失衡与培训范式的转换：农村教师专业发展探究 [J]. 中小学教师培训，2011（4）：10-13.

（原载 2012 年第 4 期）

改革开放 40 年来我国中小学教师政策的发展历程及特点分析

王光明　廖　晶

教师政策是党和国家为调动教师的积极性，提高教育质量，对教师的要求及待遇方面做出的准则性的规定。[1]改革开放以来，我国颁布一系列政策文件，规范和促进了中小学教师队伍建设。回顾改革开放 40 年来我国中小学教师政策的发展与变革，可为新时代中小学教师队伍建设提供历史经验与启示。

一、改革开放以来我国中小学教师政策的发展历程

改革开放 40 年来，党和国家针对不同时期中小学教师队伍建设存在的问题，出台了一系列教师政策。从总体上看，我国中小学教师政策经历了恢复发展、法制规范、振兴发展和新时代建设四个时期。

（一）恢复发展时期（1978—1991 年）

改革开放之初，教师队伍数量严重不足，建设一支数量充足、合格稳定的教师队伍成为社会发展的迫切需要。大力发展师范教育，着力加强教师培训，整顿现有教师队伍成为重要举措。

1. 大力发展师范教育

1978 年，教育部颁布《关于加强和发展师范教育的意见》，强调大力发展和办好师范教育，要求各地努力办好中等师范教育。为响应这一政策号召，《关于办好中等师范教育的意见》《中等师范学校规程（试行草案）》《中等师范学校教学计划（试行草案）》以及《关于基础教育师资和师范教育规划的意见》等文件相继出台，[2]为我国中等师范教育快速发展奠定了制度基础。1985 年，《中共中央关于教育体制改革的决定》充分肯定并强化了已有的师范教育体制，要求把发展师范教育作为发展教育事业的战略措施。1986 年《中华人民共和国义务教育法》出台，规定国家采取措施加强和发展师范教育。随后，国家教委要求对发展师范教育给予人力、物力、财力等方面的保证，并规定师范院校可采取提前单独招生或参加统一考试提前录取的办法，吸引更多生源。[3]35 师范教育的蓬勃发展有效缓解了教师队伍数量的短缺。

2. 着力加强教师培训

1979 年，教育部颁发《关于加强教师培训工作的意见》，首次在官方文件中出现“教师培训”字样，[3]表明教师培训开始受到国家关注和政策支持。1980 年，《关于进一步加强中小学在职教师培训工作的意见》发布，强调要制定和完善中小学在职教师培训计划，建立健全在职教师进修的考核制度，改善教师进修院校办学条件等。[4]1982 年，《关于加强教育学院建设若干问题的暂行规定》颁布，许多地区恢复和建立了教师进修学校。1983 年，教育部颁发《关于加强小学教师在职进修工作的意见》，指明了教师培训的形式和任务。1985 年，《中共中央关于教育体制改革的决定》提出要使绝大多数教师能够胜任教学工作的发展目标，以及只有具备合格学历或具有考核合格证书才能担任教师的准入要求。这些政策的出台，为 20 世纪 80 年代以学历补偿为特点的教师培训政策定下了基调，同时也促进教师在职培训进入稳步发展阶段。

进入 20 世纪 90 年代，随着学历提升培训

的迅速推进，中小学教师学历合格率大幅提高，教师培训开始关注教师专业能力发展。为了让教师不仅学历合格，在政治思想、师德修养、教育理论、教学艺术、工作能力等方面都合格，[5]教师培训在继续强化学历补偿的基础上，开始向继续教育过渡。1990年，全国中小学教师继续教育工作座谈会召开，号召各地积极开展中小学继续教育试点。[6]1991年，《关于开展小学教师继续教育的意见》颁布，规定了继续教育的任务、层次、内容、形式和方法等内容。

3. 整顿现有教师队伍

为了保持教师队伍的稳定性，调动教师的积极性，国家加强了对教师的管理。一方面，对现有教师队伍进行整编。1983年，教育部出台《关于中小学教师队伍调整整顿和加强管理的意见》，要求制订中小学的编制标准和合格教师的质量标准，制止骨干教师和合格教师外流。另一方面，提升中小学教师的社会地位和工资待遇。1985年，全国人民代表大会通过《关于教师节的决定》，决定每年9月10日为教师节；1987年，国务院《关于提高中小学教师工资待遇的通知》明确要求，中小学教师现行的工资标准提高10%；1991年，《关于认真检查教师工资待遇有关政策的通知》要求，各地检查落实国家规定的各项教师工资政策，坚决杜绝拖欠教师工资的现象。

这一时期，教师职业地位得以恢复，教师数量不足问题得到缓解，教师队伍建设的各项工作逐步走向正轨。

（二）法制规范时期（1992—2001年）

1992年，党的十四大提出“科技进步、经济繁荣和社会发展，从根本上说取决于提高劳动者的素质，培养大批人才。我们必须把教育摆在优先发展的战略地位……加强师资队伍的培养和建设”。这是改革开放后首次在党的全国代表大会中对教师队伍建设做出明确要求。

这一时期，我国的“法治”意识逐渐加强。党的十四大提出要高度重视法制建设，加强立法工作。党的十五大提出“依法治国”基本方略。在教育方面，1993年，《中华人民共和国教师法》（以下简称《教师法》）出台。1995年，教育的根本大法《中华人民共和国教育法》（简称《教育法》）颁布实施，为教师政策的制定与实施提供了法律依据，至此教师政策进入法制规范时期。

1. 明确教师专业地位与合法权益

《教师法》指出，“教师是履行教育教学职责的专业人员”，第一次在法律上明确教师的专业地位，规定教师具有教育教学、学术研究、指导学生、享受国家规定的福利待遇、参与学校民主管理、参加培训这六项权利，同时对教师的工资、津贴、住房、医疗等待遇做出规定和保障。《教育法》从上位法的角度再次强调“全社会应当尊重教师”，重申“国家保障教师合法权益，改善教师的物质待遇，提高教师的社会待遇”等内容。法律对教师地位和权益的保障，在社会上产生了积极反响，对提高教师的社会声望起到了重要作用。

2. 规范教师管理制度

法律的完善使教师管理的各项制度得到了规范。第一，建立教师资格制度。《教师法》规定教师资格制度是我国教师的职业许可制度。《教师资格条例》《〈教师资格条例〉实施办法》对教师种类、资格条件、资格考试、资格认定等做出了具体规定，推动了教师资格制度进入实施阶段。第二，严格教师聘任制度。20世纪90年代初期，国家教委颁布《关于中小学教师职务聘任工作中有关问题的通知》《关于当前做好中小学教师职务聘任工作的几点意见》等文件，为实现教师职务由任命制向聘任制转轨奠定了基础。其后，《教育部办公厅关于当前加强教师队伍管理的通知》《面向21世纪教育振兴行动计划》《国务院关于基础教育改革与发展的决定》等文件进一步推动了教师聘任制的落实。第三，强化教师考核制度。《教师法》明确提出，要对教师的政治思想、业务水平、工作态度和工作成绩进行考核。2000 年，教育部《关于加强中小学教师职业道德建设的若干意见》要求，“把职业道德作为考核教师工作的重要内容和职务聘任的重要依据”。第四，加强教师编制管理。为更好地落实教师聘任制度，国家开始核定中小学教职工编制标准。2001 年，中央编办、教育部、财政部联合发布《关于制定中小学教职工编制标准意见的通知》，对中小学教师编制的原则和标准做出了明确规定。

（三）振兴发展时期（2002—2016 年）

2002 年，党的十六大确立全面、协调、可持续的科学发展观。“以人为本”“科学发展”的思想指导着教师政策的制定，要求“加强教师队伍建设，提高教师的师德和业务水平”。2007 年，党的十七大明确提出“扶持贫困地区、民族地区教育……加强教师队伍建设，重点提高农村教师素质”，促使教师政策在追求效率的同时更加兼顾公平。2012 年，党的十八大提出“把立德树人作为教育的根本任务……加强教师队伍建设”，对教师的素质和能力提出了更高要求。为实现党和国家对教师队伍建设的殷切希望，教师政策不断改革创新，推动了中小学教师队伍建设的全面发展。

1. 加强薄弱地区教师队伍建设

为推进义务教育均衡发展，切实加强薄弱地区教师队伍建设成为教育工作的重中之重。首先，教师政策的制定开始向薄弱地区倾斜。2005 年，教育部《关于进一步推进义务教育均衡发展的若干意见》指出，“要统筹教师资源，加强农村学校和城镇薄弱学校师资队伍建设……核定教师编制时要向农村学校倾斜，新增教师要优先满足农村学校、城镇薄弱学校的需求”。其次，创新薄弱地区教师队伍补充机制，鼓励优秀人才到艰苦贫困地区从教，促进优质教师向农村边远地区流动。定期选派城镇教师到农村交流任教，建立城镇教师支援农村教育制度；制定“特岗计划”政策，公开招聘高校毕业生到西部“两基”攻坚县农村义务教育学校任教；实施“免费师范生”政策，引导优秀师范毕业生到农村教育基层任教。最后，提升薄弱地区教师的能力素质。2012 年，教育部等多部门联合出台《关于大力推进农村义务教育教师队伍建设的意见》，要求“加强农村教师国家级示范培训，积极探索农村教师远程网络培训的有效模式，为农村义务教育教师建立网络研修社区”。2015 年，中央深化改革领导小组审议通过《乡村教师支持计划（2015—2020 年）》，要求“全面提升乡村教师能力素质，把乡村教师培训纳入基本公共服务体系，保障经费投入，确保乡村教师培训时间和质量。”

同时，为了促进政策的有力落实，教育部加大了对政策实施情况的通报。如定期对连片特困地区乡村教师生活补助实施情况进行通报，公布全国乡村教师队伍建设优秀工作案例等。

2. 推进教师工作的标准化建设

教师培养与培训的标准化是保证教师质量的基本前提。[3]314 进入 21 世纪后，经济、社会、文化的变革对教师能力和素质的要求越来越高，推进教师培养与培训的系统设计和标准化建设成为迫切需要。

在教师培养方面，教师专业标准、教师教育课程标准、教师教育机构资质认证标准、教师教育质量标准的建设稳步推进。《2003—2007 年教育振兴行动计划》指出，要制定教师教育机构资质认证标准、课程标准和教师教育质量标准，建立教师教育质量保障制度。2004 年，教育部启动教师教育课程标准的研制工作，2011 年《教师教育课程标准（试行）》正式颁布，成为制定教师教育课程方案、编写教材、开发课程资源以及开展教学、评价和管理的依据。随后《关于大力推进教师教育课程改革的意见》《关于开展教师教育国家级精品资源共享课建设工作的通知》等系列文件相继出台，完善了以教师教育课程标准为基础的教师教育体系建设。2012 年，教育部公布的《小学教师专业标准（试行）》和《中学教师专业标准（试行）》成为引领中小学教师专业发展的基本准则，为教师素质的专业化提升提供了方向和标尺。[7]

在教师培训方面，加强培训课程的标准化建设，对师资比例、实践性课程比例提出明确的量化要求。为规范“国培计划”项目管理，提高培训质量，教育部委托全国教师教育课程资源专家委员会研制的《“国培计划”课程标准（试行）》2012 年发布，并要求各地参照该标准设置培训方案。

3. 全面深化教师人事制度改革

依托职称改革，加快了教师人事制度改革。2006 年，人事部印发《事业单位岗位设置管理试行办法》及其实施意见，使中小学教师职称制度进入规范化轨道。2009 年，《关于深化中小学教师职称制度改革试点的指导意见》发布，围绕体系构建、评价标准、评价机制等对中小学教师职称制度进行改革。同时，着力完善评价政策，并据此改革分配制度。2008 年教育部出台《关于做好义务教育学校教师绩效考核工作的指导意见》，提出“着力构建符合教育教学和教师成长规律、导向明确、标准科学、体系完善的教师绩效考核评价制度”。绩效考核评价的内容涉及“师德和教育教学、从事班主任工作等方面的实绩”，并进一步强调将绩效考核结果作为绩效工资分配、教师资格认定、岗位聘任、职务晋升、培养培训、表彰奖励等工作的重要依据。同年，国务院办公厅印发《关于义务教育学校实施绩效工资的指导意见》，规定从 2009 年 1 月 1 日起，对中小学教师实行绩效工资改革。2014 年，教育部、财政部、人社部联合印发《关于推进县（区）域内义务教育学校校长教师交流轮岗的意见》，提出教师“县管校聘”管理制度。2015 年，人社部、教育部联合印发《关于深化中小学教师职称制度改革的指导意见》，以健全制度体系、完善评价标准、创新评价机制、实现评聘衔接为核心举措，在全国范围内推动中小学教师职称制度改革，首次设立了正高级职称。

（四）新时代建设时期（2017 年至今）

2017 年，党的十九大提出，“加强师德师风建设，培养高素质教师队伍，倡导全社会尊师重教”。2018 年，《中共中央国务院关于全面深化新时代教师队伍建设改革的意见》（以下简称《意见》）出台，成为新中国成立以来中央出台的第一个专门面向教师队伍建设的里程碑式政策文件，描绘了新时代教师发展的蓝图。

1. 认识教师工作的极端重要性

新时代党和国家对教师工作的重视达到了新的政治高度。习近平总书记多次就教师工作发表重要讲话、做出重要论述。党和国家对各级党委和政府提出明确要求，指出要从战略高度认识教师工作的极端重要性，把教师队伍建设作为一项重大政治任务和根本性民生工程。要求各省、自治区、直辖市党委常委会每年至少研究一次教师队伍建设工作，对教师工作要优先谋划，优先投入，优先满足。为保障教师政策落地见效，实行一把手负责制，并将教师队伍建设情况作为党政领导班子和有关领导干部考核、奖惩、任免的重要参考。

2. 教师职业的公共属性得到认可

《意见》明确了教师职业的公共属性，确立公办中小学教师为国家公职人员的特殊法律地位，并要求提升教师的政治地位、社会地位、职业地位。对中小学教师的工资实行长效联动机制。加大教师表彰力度，积极营造尊师重教的社会氛围，真正让教师成为令人羡慕的职业。

3. 教师教育迎来发展新契机

2017年，教育部印发《普通高等学校师范类专业认证实施办法（暂行）》，为推进教师教育质量保障体系建设，提高师范类专业人才培养质量提供有力支撑。2018年，教育部等五部门印发《教师教育振兴行动计划（2018—2022年）》（以下简称《计划》），指出要采取切实措施建强做优教师教育，推动教师教育改革发展。《计划》列出的十大主要举措明确了今后五年的具体任务，为教师教育发展带来新契机。

二、改革开放以来我国中小学教师政策的特点分析

纵观改革开放以来教师政策的发展历程，可以发现教师政策围绕教师的“进”“用”“出”，不断调整、丰富和完善，形成了相对系统、完整的教师政策体系。[8]在整体上呈现出螺旋式上升的发展特点，并且越来越强烈地表现出促进教师专业发展的价值取向。[9]虽然不同时期政策的重点不尽相同，但提升教师职业吸引力、提高教师培养质量、加大教师培训力度、激发教师专业发展活力均是改革开放以来加强教师队伍建设的重要举措。

（一）以地位和待遇为抓手，提升教师职业吸引力

经合组织（OECD）研究表明，世界上半数以上的国家都在担心优质教师和紧缺学科教师的供给问题。[10]提升教师职业吸引力不仅能够吸引优质人才从教，保障优质教师供给，还能改善教师队伍结构，缓解紧缺学科教师供给不足的问题。教师职业的吸引力已成为世界各国教师政策的重要关注点。提高教师社会声望和福利待遇，增加教师的职业认同感和专业自主权是发达国家尤其是教育强国的普遍做法。

改革开放以来，为提升教师职业吸引力，国家高度重视提高教师地位，保障教师工资与福利。在恢复与发展时期，国家对师范生实施单独招生、提前录取、公费教育、毕业分配工作等政策优惠，并通过设立教师节、建立特级教师荣誉制度，提高教师的社会地位，提高并保障中小学教师工资待遇，来增加教师职业的吸引力。在法制规范时期，除了延续上一阶段的政策举措，还通过立法确立了教师的专业地位。对教师的工资及福利待遇的保障也更加具体，不仅明确规定教师的平均工资水平不低于或者高于国家公务员的平均工资水平，还完善了对教师津贴、住房、医疗等方面的法律保障。在振兴发展时期，为进一步吸引优秀人才从教，国家实施免费师范生政策，扩大教育硕士招生名额，将优质教育资源向师范生倾斜。同时，加大对优秀教师的表彰力度，通过引导社会舆论，积极营造尊师重教的社会氛围，提升教师的社会地位。进入新时代，党和政府在提升教师职业吸引力方面除了继续落实关于教师地位待遇的各项举措，还首次明确教师作为国家公职人员的特殊法律地位，将提升教师的政治地位、社会地位、职业地位作为教师队伍建设的目标。“真正让教师成为令人羡慕的职业”彰显了党和政府努力提升教师职业认同感和职业幸福感的决心。

（二）从“合格”走向“卓越”，不断提高教师培养质量

改革开放至今，我国教师政策一直为扩大教师培养规模，提升教师培养质量保驾护航。40年来，教师培养的价值取向逐渐从“合格”走向“卓越”。

改革开放初期，教师队伍数量严重不足，制约了教师培养质量的提升。为尽快培养合格教师，在恢复发展和法制规范时期，国家大力发展师范教育，鼓励非师范院校参与师范生培

养，扩大教师培养规模，缓解数量不足问题。伴随教师数量问题的基本解决，提升教师培养质量的需求日益凸显。

振兴发展时期，社会的进步推动教师培养的价值取向逐渐由“合格”走向“卓越”。进入21世纪以来，国家实施一系列强有力的举措，提升了教师培养质量。首先，加强师范生生源建设。在教育部直属师范大学开展师范生免费教育，以优质的平台吸引优秀人才从教，从源头上加强中小学教师队伍建设。其次，实施卓越教师培养计划。改革教师培养模式，提出大学、政府、中小学三位一体的协同育人模式，鼓励多方参与教师培养，以丰富的资源保障师范生培养质量。再次，相继出台《教师教育课程标准（试行）》《小学教师专业标准（试行）》《中学教师专业标准（试行）》《普通高等学校师范类专业认证实施办法》等政策文件，以严格的指标对教师培养过程、质量进行规范和管理。最后，改革教师资格制度，严格把好“入口关”。取消对师范生教师资格的直接认定，实施中小学教师资格国家统考，考试内容从教育学、心理学扩大到教育理念、职业道德、法律法规、科学文化素养、阅读理解、语言表达、逻辑推理、信息处理、学生指导、班级管理等内容，考试难度也大幅增加。

进入新时代，教师的角色与使命有了新的内涵。《意见》《计划》为新时代“卓越”教师的培养做出了部署，促使新时代教师向着践行立德树人根本任务，在实现“经师”与“人师”统一的道路上不断前行。

（三）以服务教师专业成长为旨向，全方位加大教师培训力度

教师培训是促进教师专业发展的主要环节。从恢复发展时期为满足合格教师要求，以学历补偿为主的职后培训，到法制规范时期以适应素质教育改革需要，补充知识、提升技能为主的继续教育，再到振兴发展时期以促进专业发展为主的分级、分类、分科的专项培训，教师培训的人力、物力、财力投入在不断增加，教师培训的覆盖面和影响力在不断扩大，教师培训的制度在不断完善。[11]尤其是2010年“国培计划”全面启动，国家加强教师培训的顶层设计、示范引领，使得教师培训的专业化程度大幅提升。培训形式不断丰富，短期集中培训、远程培训、置换脱产研修、名师工作室建设、线上线下相结合的混合式研修等相继开展；培训方式不断创新，参与式学习、体验式学习、行动学习、现场学习、网络学习等推陈出新；培训层次分类更加细化，《中小学幼儿园教师培训课程指导标准》的出台为不同学科、不同发展阶段甚至不同教学能力水平的教师提供了培训指导，确保了“分层培训”“按需施训”的实效。

当前，按时完成规定学时的教师培训已成为中小学教师资格五年一周期定期注册的必要条件。新时代的到来，让教师教育的“源头”地位重新回归，以服务教师专业成长为旨向的教师培训也必将得到加强。

（四）以管理体制改革为突破口，不断调节教师专业发展活力

教师管理体制是促进教师专业发展的外部保障，管理体制顺畅与否决定了教师专业发展活力强弱。改革开放以来，我国教师政策围绕教师资格制度、教师聘任制度、教师职称制度、教师资源配置、教师工资待遇等方面持续深化改革，不断激发教师专业发展的热情与活力。

首先，严格教师资格准入，实行教师资格定期注册制度，注册不合格的不得从事教育教学工作，适度增加教师专业发展压力。其次，通过建立教师聘任制度、完善职称制度畅通教师职业发展渠道，激发教师专业发展动力。再次，积极提升教师工资待遇与社会地位，为教师专业发展提供保障。最后，通过改革教师编

制，调节教师资源配置，创新提出义务教育教师“县管校聘”的管理体制，让教师从“学校人”变成“系统人”，确保教师专业发展机会均衡。

总体来说，改革开放40年来，党和国家对教师工作充满关怀。自党的十四大以来，在历届党的全国代表大会报告中，对教师工作都做出了明确部署。特别是党的十八大报告提出，“把立德树人作为教育的根本任务，加强教师队伍建设”；党的十九大报告提出，“落实立德树人根本任务，加强师德师风建设，培养高素质教师队伍，倡导全社会尊师重教”。可以说，党对教师队伍建设的基本方略不仅为中小学教师职业发展提供了良好的社会环境、政策保障，也为中小学教师专业成长提供了价值引领。当前，我国中小学专任教师突破1 100万，教师队伍结构得到优化，教师配置得到较大改善，生师比逐渐降低，高学历教师比例增加，中小学教师素质得以提高，教师队伍的活力进一步释放。[12]与此同时，我国教师队伍建设的瞩目成绩也得到了国际的关注和认可。而这些成绩的取得均得益于我国教师政策体系的逐渐完善和政策举措的精准高效。

随着中国特色社会主义进入新时代，教师是教育发展第一资源的战略意义更加彰显。面对新方位、新征程、新使命，加强教师核心素养和能力建设，是适应新时代教育事业发展的内在需要，是践行立德树人根本任务、落实人才培养需求的根本保障。促进教师核心素养和能力的发展，需要有力的政策支持。提升教师职业的吸引力，提高教师培养质量，加大教师培训力度、增强教师专业发展活力是促进教师专业发展的有效举措，可以为教师核心素养和能力发展的政策建设提供启示。但如何确保这些举措为教师核心素养和能力的发展精准护航，仍需探明政策对教师核心素养和能力发展的影响路径，廓清影响政策落实的需要解决的问题。为此，政府、社会、学校等多方面应加强协同，以建设保障政策有效运行的支持系统。

参考文献：

[1] 孙绵涛等. 教育政策论：具有中国特色的社会主义教育政策研究［M］. 武汉：华中师范大学出版社，2002：318.

[2] 任胜洪，张翔. 改革开放以来我国中小学教师培养制度的变迁［J］. 教学与管理，2013（36）：43-45.

[3] 张彩云等. 中小学教师工作政策研究［M］. 北京：人民教育出版社，2015.

[4] 李瑾瑜，史俊龙. 我国中小学教师培训政策演进及创新趋势［J］. 西北师大学报（社会科学版），2012（5）：83-89.

[5] 曲铁华，崔红洁. 我国教师教育政策的演进历程及特点分析：基于（1978—2013）政策文本的分析［J］. 国家教育行政学院学报，2014（12）：56-62.

[6] 国家教委副主任柳斌同志在全国中小学教师继续教育工作座谈会上的讲话［J］. 中学教师培训，1991（1）：3-5.

[7] 段志贵，秦虹，宁连华. 从外延到内涵：数学教师专业发展研究走向：近年来数学教师专业发展研究述评［J］. 数学教育学报，2017（6）：72-79.

[8] 杜晓利. 教师政策［M］. 上海：上海教育出版社，2012：8.

[9] 吴文胜. 基于专业发展的教师政策回顾与展望［J］. 教育科学研究，2018（1）：38-42.

[10] 谌启标. 教师教育改革政策的国际比较研究［M］. 北京：法律出版社，2014：7.

[11] 廖晶，王光明. 中小学数学教师“五高”培训模式的建构与应用［J］. 数学教育学报，2017（5）：17-19.

[12] 靳晓燕. 教师队伍建设取得突出成就［N］. 光明日报，2017-09-03（004）.

（原载2018年第11期）

新中国成立以来教师教育培养目标的嬗变

崔　宇　石　艳

教师教育培养目标是指一定社会对各级各类教师教育的人才质量规格的总要求。[1]长期以来，“培养什么人”的问题一直受到学界关注，且被认为是一个国家全部教育实践活动的前提性和基础性问题，是教育的首要问题。[2]而教师作为人才培养的教育活动发起者，关于“培养什么样的教师”这一问题较少得到人们的重视与探讨。教师教育培养目标的确立与发展不仅影响教师队伍的整体素质，而且关涉人才培养的质量。政策作为国家、政党为实现一定历史时期的路线和任务而规定的行动准则，[3]对教师教育发展与教师培养具有指向性的引领作用。从这个意义上讲，将“培养什么样的教师”这一问题置入教师教育政策演进的历史脉络进行审视，对新中国成立以来教师教育培养目标的发展历程与内在逻辑进行深入思考，具有重要的前提性意义与时代性价值。

一、我国教师教育培养目标的演进历程

新中国成立以来，我国教师教育培养目标大致经历了四个阶段，并具有阶段性特征。

（一）合格胜任型教师：目标初设时期的足额达标（1949—1977年）

新中国成立初期，为适应并支持当时的政治经济建设与教育事业发展，我国对教师教育培养目标进行初步设立与探索。《中国人民政治协商会议共同纲领》作为纲领性文件奠定了新中国文化教育工作的新民主主义基调，规定“中华人民共和国的文化教育为新民主主义的，即民族的、科学的、大众的文化教育”，教育工作要“给青年知识分子和旧知识分子以革命的政治教育，以应革命工作和国家建设工作的广泛需要。”[4]1可以说，当时我国迫切需要政治立场纯洁、数量足够且资质上能够胜任教学工作的教师队伍。

首先，国家建设的需要以及教师队伍的数量需求等方面急需合格胜任型教师。据统计，为贯彻教育为工农服务的方针，当时在全国范围还需增加100万名小学教师，15万到20万名工农教育教师，3万名中学教师。[5]因此，1953年召开的全国高等师范教育会议提出，要采取多种临时过渡办法，解决师资大量缺乏的问题。[4]246-250而这样的师资数量缺口以及过渡策略的制定，也影响了我国这一时期对教师教育的政策引领。

其次，教师的培养方式与培养目标均指向培养合格胜任的教师。当时我国教师培养主要采取正规教育与短期训练相结合的方式，以补足合格教师的数量缺口。1949年召开的第一次全国教育工作会议提出，“要改进师范教育，加强教师轮训和在职学习，培养大批称职的教师。”[4]8从新中国首次教育工作会议就从数量与质量上强调“大批”“称职”的教师教育培养目标便可看出，足额达标教师的培养具有紧迫性与重要性。为贯彻落实会议精神，教育部于1952年颁布试行《关于大量短期培养初等及中等教育师资的决定》，提出为了适应大量和急迫的需要，我们培养师资的工作应以短期训练为重点。短期训练师资的方式应该多种多样。[4]162

新中国成立初期，我国基于教育发展需要对教师教育予以政策支持，使师资不足的情况得以改善。同时也要正视，教育发展与教师培

养在“大跃进”与“文化大革命”期间也历经了波折，缺乏政策支持。但总体来说，合格胜任型教师是新中国成立初期亟待培养的。

（二）素质发展型教师：目标重建时期的专业浮现（1978—1992年）

随着党的十一届三中全会召开，全党工作重心移到社会主义现代化建设上来，各项事业发展均需强有力的人才支撑，高度重视教育发展与人才培养，显然势在必行。早在1978年，邓小平同志就提出尊重人才、尊重知识。而“一个学校能不能为社会主义建设培养合格的人才，培养德智体全面发展、有社会主义觉悟的有文化的劳动者，关键在教师。”[6]1607 因此，我国这一时期对教师教育培养目标进行重建，认为仅仅合格胜任已无法满足现代化建设对教师的要求，只有专业化水平更高的素质发展型教师，才能培养更高质量的社会主义建设人才。

首先，重新确立教师教育的战略地位，恢复教师培养，强化教师质量。这一时期教师教育政策以1978年颁发的《关于加强和发展师范教育的意见》为标志，提出力争在三五年内有计划地培训，[6]1649 以恢复并解决前一时期教师质量下降的问题。1980年，教育部召开全国师范教育工作会议，指出“在提高质量的基础上稳步发展，建立一个健全的师范教育体系”，同时还在教师知识、教育规律与师德三方面对教师提出要求。[7]584 这体现了我国教师教育培养目标开始指向强化教师专业素质。

其次，我国对教育优先发展的认识不断深化，提出培养专业化水平较高的素质发展型教师。《中共中央关于教育体制改革的决定》强调“教育必须为社会主义建设服务，社会主义建设必须依靠教育”，[6]2286 并提出“建立一支有足够数量的、合格而稳定的师资队伍，是实行义务教育、提高基础教育水平的根本大计。”[6]2287 1985年11月召开的全国中小学师资工作会议提出，把师资队伍建设作为发展教育事业的决定性环节，“为形成一支宏大的，高水平的，年龄、专业和层次结构合理的中小学师资队伍奠定基础。”[6]2334 为完成上述目标，国家教委于1986年发布《关于加强在职中小学教师培训工作的意见》，强调“要组织他们学习新知识，学习和掌握新的教育理论和教学方法，总结教育、教学的经验，不断提高政治、文化和业务水平，并培养一批各学科的带头人和教育、教学的专家。”[6]2372

这一时期的教师教育培养目标进一步发展，教师的培养与评价在专业化水平方面具有明确要求，对教师知识、教育规律、教学方法、师德师风等方面的强调也有所深化。

（三）内生动力型教师：目标转型时期的自主自觉（1993—2009年）

党的十四大提出，我国现代化建设进入新阶段，经济建设必须依靠科技进步和劳动者素质的提高。《中国教育改革和发展纲要》指出，“振兴民族的希望在教育，振兴教育的希望在教师”，教师要“进一步转变教育思想，改革教学内容和教学方法，……加强基本知识、基础理论和基本技能的培养和训练。”[8]3467-3473 我国进一步强化了对教师专业发展的要求。

首先，教师资格标准的制定体现了对教师专业发展要求的深化。1995年12月12日发布的《教师资格条例》进一步规范并加强了教师队伍的专业发展。1997年颁布的《高等师范教育面向21世纪教学内容和课程体系改革计划》强调“以教学改革为核心”，提出“培养和造就具有现代教育思想和观念、热爱教育事业、思想品德优良、专业基础扎实、从教能力强和富有创造力的新型师资。”[8]4292 这些政策保障了教师专业地位，强化了教师专业发展。

其次，素质教育的全面推进对自主自觉的内生动力型教师提出了明确要求。1999年发布的《关于深化教育改革全面推进素质教育的决定》提出，“建设高质量的教师队伍，是全面推进素质教育的基本保证”，教师要“增强实施素质教育的自觉性；要不断提高思想政治素质和业务素质，教书育人，为人师表，敬业爱生，要有宽广厚实的业务知识和终身学习的自觉性。”[9]289 自此，“自觉性”“终身学习”等话语开始出现在教师教育政策文本中。2002 年颁布的《关于“十五”期间教师教育改革与发展的意见》进一步强调了教师发展的自觉性，提出“坚持以提高教育质量为核心，以教师专业化为导向”，要求教师“提高终身学习的自觉性，不断拓宽业务知识、提高业务水平。”[9]1146-1147 2004 年，国务院批转《2003—2007 年教育振兴行动计划》，提出构建“促进教师专业发展和终身学习的现代教师教育体系”，[10]337 为现代化建设提供更大的智力支持和知识贡献。

为了给现代化建设提供人才支撑，我国对教师专业发展的要求进一步提高，突出教师专业发展和终身学习的自觉性，从而培养自主自觉的内生动力型教师。

（四）创新综合型教师：目标深化时期的公平与质量兼顾（2010 年以来）

党的十九大把教育纳入民生事业，努力让每个孩子都能享有公平而有质量的教育。而打造一支高质量的创新综合型教师队伍正是新时期教育公平发展和民族复兴的重要基础，可见教师教育培养目标明确指向公平与质量兼顾。

首先，教师专业发展需求的多样化指向高素质专业化创新型教师的培养。《国家中长期教育改革和发展规划纲要（2010—2020 年）》提出，强国必先强教，有好的教师，才有好的教育。[11] 随后，《教师教育课程标准（试行）》要求教师教育课程应“引导教师加深专业理解，更新知识结构”，同时还强调满足教师专业发展的多样化需求。[12] 2012 年印发的《小学教师专业标准（试行）》与《中学教师专业标准（试行）》将能力为重作为基本理念，强调教师应能内省式地改进教学工作、制定发展规划、提高专业素质。[13]

其次，教师肩负的促进教育公平使命要求他们成为创新综合型教师。2012 年颁布的《国务院关于加强教师队伍建设的意见》围绕促进教育公平、提高教育质量要求，提出“到 2020 年，形成一支师德高尚、业务精湛、结构合理、充满活力的高素质专业化教师队伍”。[14] 这也是新时期公平而有质量的教育对教师素质的新要求。2019 年，中共中央、国务院印发《关于深化教育教学改革全面提高义务教育质量的意见》，从课堂教学质量与教学方式等方面，要求教师加强差异化教学和个别化指导等公平素养。[15]

这一时期教师教育政策将教师视作教育公平发展的基础，在培养教师自主自觉发展的同时，强调提高教师的综合素质与创新能力，从而促进教师更好地提供公平而有质量的教育。

二、教师教育培养目标的内在逻辑

我国在各时期的政治任务、经济发展与文化建设有所不同，因而教师教育培养目标也具有阶段性特征，但总体来说具有一定的内在逻辑。

（一）由表及里：教师教育对教师综合素质的要求向内部深化

目标初设时期的教师教育偏重教师素质的外在性要求，强调教师政治立场纯洁与胜任教学工作能力。此时的教师教育政策对教师的培养目标所运用的话语常表述为“光荣历史使命”[4]8“又红又专的工人阶级自己的教师队伍”[7]219 以及“革命化、劳动化的教师队伍”[7]397-398 等。目标重建时期的现代化建设需要教育贡献力量，为了“多出人才、出好人才”，教师教育政策对教师的培养目标开始朝内部转向。尤其是“又红又专”在此时的内涵同新中国成立初期相比有所发展，即“专并不等于红，但是红一定要专”。[6]1778 所以教师教育政策强调教师“专”的发展，注重教师对专业知识、教育理论和教学方法的学习。随着教育现代化的发展与转向，教师教育政策对教师的理论深度、知识基础、基本技能等方面的要求进一步提升，以强化教师业务水平，提高教师队伍质量。进入新时代，随着我国社会主要矛盾的转化，教育领域的主要矛盾也有所转变，教师在教育公平发展中的作用也愈发关键。[16] 故而此时教师教育政策要求教师加深专业理解，更新知识结构，兼顾公平与质量。只有这样，教师教育才能更好地为建设教育强国提供师资保障。

（二）由静及动：教师教育对教师专业发展的引领向终身延展

目标初设时期，教师教育政策对教师专业发展的规定以培养“称职”教师为目的，以缓解师资匮乏的现状，对教师专业素质并不做深入要求，更不必说其专业发展的自主性。当然，这与我国当时的时代背景与发展状况有关。目标重建时期，虽然教师教育政策对教师培养目标转向专业发展的提升，但此时的教师专业发展仅停留在静态层面。也就是说，虽然教师教育政策在教师知识、教学方法、教育规律等专业素质方面对教师做出规定，但这是出于对培养高素质人才进行现代化建设所做的考虑，在一定程度上忽视了对教师自身专业发展自主性的引领。

随着教育现代化发展以及科教兴国战略实施，我国对教师教育培养目标的要求也越来越高，仅从静态角度对教师专业发展进行规定与促进的思路已显动力不足，教师教育政策开始覆盖教师专业发展的自主性培养与终身发展，以此来“培养适应 21 世纪社会和教育发展需要的新型师资”。[8]4292 目标深化时期，教师教育政策对教师专业发展的要求进一步深化。《教师教育课程标准（试行）》指出，“教师是终身学习者，在持续学习和不断完善自身素质的过程中实现专业发展”。[12]《小学教师专业标准（试行）》与《中学教师专业标准（试行）》均强调，教师要“具有终身学习与持续发展的意识和能力，做终身学习的典范”。[13]《中国教育现代化 2035》也对此做出强调。[17] 可以看出，教师教育对教师专业发展的引领向终身延展，以保持教师提升自身学习能力与专业素养的动力永不枯竭。

（三）由象及意：教师教育对教师的最终塑造向教育家升华

“培养和造就一批教育家”这种话语表述近年来才出现在教师教育政策文本中，这不仅是我国教育事业发展所需教师角色的时代转变，也是教师教育对教师培养目标的必然导向。教育家与一般意义上的教师不同，教育家将生命与教育融为一体，他们不是把教育当作职业，而是将其视作为之奋斗的志业。在以教育为志业的前提下，教师把教学、学习、学校与学生都视为与教育合为一体的事情而为它们考虑、忠诚于它们、热爱它们。[18]

目标初设时期，由于受当时社会发展条件制约，胜任教学工作即可达到教师教育政策对教师提出的培养目标。直到国家教委 1986 年颁布《关于加强和发展师范教育的意见》，强调教师教育要使师范生“成为有理想、有道德、有文化、有纪律，热爱教育事业的一代新师资。……使学生在校期间就能立志把从事中小学教师工作作为自己的终身职业”，[6]2404 我国的教师教育培养目标才有了“以教育为志业”的萌芽与倡导。1999 年，时任教育部部长陈至立在全国中小学教师继续教育和校长培训工作会议上的总结报告中强调，要采取多种有效措施培养和造就一批在国内有较大影响的教育家，并且他们要在教育教学工作中起示范作用。[9]383-386随后，教师教育政策开始提倡促进教师成长为教育家的培养取向。2007年，《国家教育事业发展“十一五”规划纲要》明确提出，要“培养和造就一批教育家”。[10]1379

《国家中长期教育改革和发展规划纲要(2010—2020年)》强调，鼓励教师“创新教育思想、教育模式和教育方法，形成教学特色和办学风格，造就一批教育家”。[11]可以看出，教育家的塑造在我国教师教育发展与教师培养的比重中愈发重要。2018年颁布的两个重要文件——《中共中央国务院关于全面深化新时代教师队伍建设改革的意见》与《关于实施卓越教师培养计划2.0的意见》均强调，到2035年，教师综合素质、专业化水平和创新能力大幅提升，培养造就数以万计的教育家型教师。[19][20]可以说，培养和造就教育家，不仅是我国教师教育对教师的理想塑造，也是我国教育改革与发展的必然要求。

三、教师教育的时代展望

教师教育培养目标的嬗变既是我国教育改革与发展的历史缩影，又是我国教师队伍建设进程的集中体现。从其演进中可以看出教师教育正在朝着公平转向，并在逐步彰显与深化。展望未来，教师教育可以从以下方面加强。

（一）教师教育要凸显公平取向

教师教育公平取向在落实与推进中形成了从“补齐”向“适合”演变的发展逻辑。在目标深化时期，公平取向的教师教育是一种“补齐”逻辑，即从资源均衡配置的宏观层面重点关注乡村教师较之城市教师而言处于弱势地位这一难题，进而通过一系列倾斜性政策来缩小二者差距。因此，这是一种以规模、比例、结构等为尺度的资源配置公平，是教师队伍建设所追求的外部公平取向。

尽管执行以外部公平为取向的教师教育政策非常必要，但并不充分，有时甚至适得其反。有研究在评价教育综合实力时提出了一个概念性公式，即“教育综合实力”=“教育的硬实力”×“教育的软实力”。其中，教育的硬实力指“规模、比例、结构”等外部指标，取值范围在0到1；教育的软实力指“自由、平等、区别”等内部指标，取值范围在−1到+1。由于“教育软实力”的正负取值可以影响到“教育综合实力”的总体方向，因而“自由、平等、区别”等指标就成为公式的关键。[21]我国教师教育的外部资源已得到较为均衡的发展，但其内在“品质”相对容易被忽视。

因此，教师教育要进一步向内部过程公平深化，表征为“适合”的逻辑，即从微观层面关注每位教师是否具备公平意识与能力，是否始终保持对学生及其背后文化差异的敏感度，从而对其“差异性对待”，使得每个学生都能享有更公平的学习机会。

因此，教师教育要凸显公平取向，关注多元视角和公平性[22]，进一步实现公平转型，在培养目标上将社会审辨能力纳入教师教育过程中，以识别并帮助那些处于“不利境遇”的学生。[23]

（二）教师专业发展要培育公平素养

教师专业发展是各国教师教育改革的主要目标，最终指向教师素质提升和教育质量提高。教师专业发展研究形成了专业主义与发展主义两股思潮，前者从静态角度概括教师作为一种专业都由哪些要素构成，后者从动态角度强调教师持续专业发展。[24]因此，教师专业发展一方面要从教师教育的课程角度来培养教师的专业知识、技能与信念，另一方面要注重教师职后的专业学习和反思。

20世纪90年代以来，尽管我国教师教育改革始终深耕教师专业发展，并取得重要成就，但仍在一定程度上忽视了对教师进行公平意识与能力的培养。教师是教育公平的重要实践者与推动者[25]，如果教师没有公平的信念与态度，没有对公平的认知和能力，那么他们是很难觉察到学校教育实践中的结构性不平等现象，因而也很难助推教育公平，促进每个学生发展。

教师教育一方面要建构具有包容性的教师教育课程，更新教师的专业知识结构，让他们提高公平方面的知识与意识，为学生提供更公平的学习机会；另一方面可以从职后加强教师的合作意识与反思能力，帮助他们审视教育系统与自身的“文化偏见”，从微观层面提高教师课堂教学公平的意识和能力。

（三）卓越教师专业标准要追求过程公平

教师教育改革的根本目的是提升教师培养质量，促进教师专业发展。大力提高教师培养质量成为我国教师教育改革发展最核心最紧迫的任务。而卓越教师对教师专业发展起着重要的目标引领作用。因此，教育部陆续出台“卓越教师培养计划”及其2.0版的政策文本，旨在全面引领教师教育改革发展。

卓越教师专业标准是实现这一目标引领的基本保障，它关系到我们如何认识卓越教师。研究者对卓越教师的理解一般有两种观点：一是侧重从教师素养和能力结构等方面定义卓越教师，[26]二是侧重从专业精神、专业知识、专业能力等因素框定卓越教师。[27]综合以上两种观点，卓越教师与普通教师的区别在于“程度”上，即卓越教师是在教师专业标准中的“专业理念与师德、专业知识和专业能力”等维度的基础上对优秀教师的更严格要求。

尽管在“卓越教师培养计划”实施过程中也面临“卓越教师标准不明确”[28]的问题，但今后制定卓越教师专业标准不能仅从“程度”上来考虑，还必须在“性质”上进行拓展，公平理应成为卓越教师专业标准的重要组成部分。2014年第四届国际教师职业峰会的主题就很好地诠释了公平与卓越之间的内在关联：“不顾及公平的优质会导致严重的社会经济分裂，而如果公平以优质为代价，又会使教育的目标荡然无存。”[29]有学者主张我国卓越教师培养要吸收国际卓越教师培养的成功经验，在重视教师培养的专业原则基础上，强调教师培养的教育正义原则。[30]因此，若要丰富和发展卓越教师专业标准，就必须强调卓越的性质：关注公平正义的教师才是卓越的教师，过程公平理应成为卓越教师的专业标准要求。

参考文献：

[1] 朱旭东，胡艳. 中国教育改革30年：教师教育卷［M］. 北京：北京师范大学出版社，2009：121.

[2] 石中英. “培养什么人”问题的70年探索［J］. 中国教育学刊，2019（1）：51-57.

[3] 辞海编辑委员会. 辞海［K］. 上海：上海辞书出版社，1980：1465.

[4] 何东昌. 中华人民共和国重要教育文献：1949—1975［M］. 海口：海南出版社，1998.

[5] 俞嘉怡，荀渊. 1949年以来我国教师教育变革特征及其政策价值［J］. 全球教育展望，2015（4）：80-103.

[6] 何东昌. 中华人民共和国重要教育文献：1976—1990［M］. 海口：海南出版社，1998.

[7] 金铁宽，等. 中华人民共和国教育大事记［M］. 济南：山东教育出版社，1995.

[8] 何东昌. 中华人民共和国重要教育文献：1991—1997［M］. 海口：海南出版社，1998.

[9] 何东昌. 中华人民共和国重要教育文献：1998—2002［M］. 海口：海南出版社，2003.

[10] 何东昌. 中华人民共和国重要教育文献：2003—2008［M］. 北京：新世界出版社，2010.

[11] 国家中长期教育改革和发展规划纲要（2010—2020年）［EB/OL］.（2010-07-29）［2020-02-24］. http://www.gov.

cn/jrzg/2010-07/29/content_1667143.htm.

[12] 教育部关于大力推进教师教育课程改革的意见 [EB/OL]. (2011-10-08) [2020-02-24]. http://www.moe.gov.cn/srcsite/A10/s6991/201110/t20111008_145604.html.

[13] 教育部关于印发《幼儿园教师专业标准（试行）》《小学教师专业标准（试行）》和《中学教师专业标准（试行）》的通知 [EB/OL]. (2012-09-13) [2020-02-24]. http://www.moe.gov.cn/srcsite/A10/s6991/201209/t20120913_145603.html.

[14] 国务院关于加强教师队伍建设的意见 [EB/OL]. (2012-09-07) [2020-02-24]. http://www.gov.cn/zhengce/zhengceku/2012-09/07/content_5390.htm.

[15] 中共中央国务院关于深化教育教学改革全面提高义务教育质量的意见 [EB/OL]. (2019-07-08) [2020-02-24]. http://www.gov.cn/zhengce/2019-07/08/content_5407361.htm.

[16] 崔宇，石艳. 教师的社会学知识：公平视域下教师知识的转向及其实践路径 [J]. 教育发展研究，2019 (4)：35-43.

[17] 中共中央、国务院印发《中国教育现代化 2035》[EB/OL]. (2019-02-23) [2020-02-24]. http://www.gov.cn/xinwen/2019-02/23/content_5367987.htm.

[18] 金生鈜. 以教育为志业：教育家的精神实质 [J]. 中国教育学刊，2011 (7)：1-6.

[19] 中共中央国务院关于全面深化新时代教师队伍建设改革的意见 [EB/OL]. (2018-01-31) [2020-02-24]. http://www.gov.cn/zhengce/2018-01/31/content_5262659.htm.

[20] 教育部关于实施卓越教师培养计划 2.0 的意见 [EB/OL]. (2018-10-10) [2020-02-24]. http://www.moe.gov.cn/srcsite/A10/s7011/201810/t20181010_350998.html.

[21] 吴康宁. 教育的品质：教育强国的“软实力”[J]. 教育发展研究，2015 (11)：1-4.

[22] 伍远岳，杨莹莹. 迈向多元化的教师教育研究：改革开放 40 年的回顾与展望 [J]. 教育研究与实验，2019 (1)：53-60.

[23] 石艳，崔宇. “新教育公平”观与教师教育转型 [J]. 湖南师范大学教育科学学报，2018 (5)：110-116.

[24] 朱旭东. 教师专业发展理论研究 [M]. 北京：北京师范大学出版社，2011：前言.

[25] 崔卓. 教师公平意识：内涵、价值及培养 [J]. 国家教育行政学院学报，2012 (12)：39-42.

[26] 毕景刚. “卓越教师”计划之背景、内涵及策略 [J]. 教育理论与实践，2014 (11)：33-35.

[27] 柳海民，谢桂新. 质量工程框架下的卓越教师培养与课程设计 [J]. 课程·教材·教法，2011 (11)：96-101.

[28] 王瑛，李福华. 关于“卓越教师计划”实施的思考：基于若干所高等院校“卓越教师计划”实施情况分析研究 [J]. 中国大学教学，2013 (4)：26-28.

[29] 孙云鹏，陈跃. 优质、公平、全纳：为所有学生提供高质量的教学：2014 年国际教师职业峰会综述 [J]. 世界教育信息，2014 (23)：29-34.

[30] 何菊玲，杨洁. 他山之石：国际卓越教师培养之成功经验 [J]. 陕西师范大学学报（哲学社会科学版），2018 (1)：162-169.

（原载 2020 年第 9 期）